Gautier, au carrefour de l'âme romantique et décadente

« Le livre de Mercedes Montoro Araque sur *Gautier, au carrefour de l'âme romantique et décadente* force l'admiration. Il révèle la connaissance très approfondie de l'auteur sur l'artiste romantique. Son analyse toujours fine et sensible s'appuie sur des outils théoriques qu'elle domine parfaitement et sur une culture incontestablement solide.

Cette spécialiste de l'imaginaire révèle la richesse et la complexité de l'œuvre de Gautier en montrant au lecteur avec précision à quel point le mythe introduit dans l'œuvre littéraire étudiée une dimension polyphonique. Elle révèle la singularité de cette œuvre à un moment carrefour de l'histoire littéraire tout en soulignant la force des représentations collectives dans l'écriture singulière.

Grâce à cette herméneutique instauratrice, de la remythification Montoro Araque prouve brillamment que l'œuvre de Gautier n'est pas un objet, un magasin d'images et de motifs, mais un trajet anthropologique que l'auteure replace en plus dans un mouvement littéraire fascinant, celui qui conduit Gautier, comme ses contemporains Jules Barbey d'Aurevilly, Baudelaire et même Flaubert, du romantisme au décadentisme. »

—Gérard Peylet, Prof. Emerite Université Bordeaux

« Les œuvres de Théophile Gautier, et particulièrement sa prose —comptent parmi les textes fondateurs de la littérature française du XIXe siècle, ceux qui paraissent essentiels du point de vue de la formation d'une esthétique novatrice, et révélateurs d'un puissant imaginaire aux connotations plurielles.

Mercedes Montoro Araque aborde l'univers gautiériste pour en signaler une évolution — mais aussi une concomitance— allant de l'esprit romantique en plein essor vers les prodromes des conceptions symbolistes et/ou décadentes. En outre, fidèle aux propositions et méthodes d'approche durandiennes, l'auteure se propose d'interroger l'œuvre de Gautier en tant qu'une sorte de "Grand-Œuvre" alchimique. Aussi multiplie-t-elle des questions concernant la possibilité d'appliquer à ses analyses et commentaires une clé hermétique, permettant de "lire [...] l'œuvre gautiériste, en tant que mythe hermétiste".

Mercedes Montoro Araque se livre aux exhaustives analyses des textes de Gautier pour étayer ses argumentations sur des multiples voix critiques, provenant des dizaines de travaux et d'études critiques : gautiéristes, durandiennes et générales. Directement citées et commentées, évoquées sous forme de grandes notes en bas de page ou bien mises en exergue des chapitres successifs, ces études sont résolument orchestrées et permettent de mesurer l'étendue de l'érudition de l'auteure. Une érudition au service de la méthode conceptualisée par Gilbert Durand, ayant pour corollaire le dépassement de la mythocritique et mythanalyse, jusqu'à ce qu'il en naisse une mythologie. Une mythologie qui permet à Mercedes Montoro Araque d'explorer "un imaginaire syncrétique, hermétique et pluriel, ancré au carrefour de l'âme romantique et décadente". »

—Barbara Sosień, Prof. Émérite Université Cracovie, Jagellon

Gautier, au carrefour de l'âme romantique et décadente

Currents in Comparative Romance Languages and Literatures

Tamara Alvarez-Detrell and Michael G. Paulson
General Editors

Vol. 254

The Currents in Comparative Romance Languages and Literatures
series is part of the Peter Lang Humanities list.
Every volume is peer reviewed and meets
the highest quality standards for content and production.

PETER LANG
New York • Bern • Berlin
Brussels • Vienna • Oxford • Warsaw

Mercedes Montoro Araque

Gautier, au carrefour de l'âme romantique et décadente

PETER LANG
New York • Bern • Berlin
Brussels • Vienna • Oxford • Warsaw

Library of Congress Cataloging-in-Publication Data

Names: Montoro Araque, Mercedes, author.
Title: Gautier, au carrefour de l'âme romantique et décadente /
Mercedes Montoro Araque.
Description: New York: Peter Lang, 2018.
Series: Currents in comparative Romance languages
and literatures; volume 254 | ISSN 0893-5963
Includes bibliographical references and index.
Identifiers: LCCN 2018022816 | ISBN 978-1-4331-5156-9 (hardback: alk. paper)
ISBN 978-1-4331-5157-6 (epdf) | ISBN 978-1-4331-5158-3 (epub)
ISBN 978-1-4331-5159-0 (mobi)
Subjects: LCSH: Gautier, Théophile, 1811–1872—Criticism and interpretation.
Classification: LCC PQ2258.Z5 M68 2018 | DDC 843/.7—dc23
LC record available at https://lccn.loc.gov/2018022816
DOI 10.3726/b14321

Bibliographic information published by **Die Deutsche Nationalbibliothek**.
Die Deutsche Nationalbibliothek lists this publication in the "Deutsche
Nationalbibliografie"; detailed bibliographic data are available
on the Internet at http://dnb.d-nb.de/.

A ma mère nourricière; à celle qui fut née de la mer, Morgane…

« Je pense quant à moi que toute œuvre humaine, de la plus humble jusqu'au Grand Œuvre, présente à la lecture du créateur d'abord, de l'interprète ou de l'amateur ensuite, de vivants et émouvants visages où non seulement chacun peut reconnaître comme en un miroir ses propres désirs et ses propres craintes, mais où surtout ces visages et leur dévisagement font se lever à l'horizon de la compréhension ces "grandes images" immémoriales qui ne sont rien d'autre que celles que nous ressassent éternellement les récits et les figures mythiques ». (Durand [1979] 1992: 7)

Remerciements

Grand merci à mon épurateur *habituel…*

« Qui ne "meurt" pas de n'être qu'un homme ne sera jamais qu'un homme ». (Bataille, G. [2004] *L'expérience intérieure*. Paris : Gallimard, p. 47)

Sommaire

Préface

Le présent essai sur Théophile Gautier prendra place dans la riche exégèse de cet auteur, trop méconnu, protéiforme et même inclassable, qui synthétise portant une singulière créativité du milieu du 19 siècle européen.

Ecrit à la première personne, mais doté d'un riche et précis appareil de notes critiques, le livre de Mercedes Montoro nous entraîne dans le corpus des nouvelles et des écrits esthétiques de Gautier, convoquant les personnages, les histoires, les mythes, les hypotextes, les références historiques, la galerie picturale personnelle de l'auteur, en mettant au service de leur intelligence, une fine sensibilité, une vaste culture et un exigeant souci théorique herméneutique.

La nouveauté et la force du livre viennent de ce que l'interprétation des textes littéraires est sous-tendue par un paradigme fort, celui de la "mythodologie" de Gilbert Durand. Affilié aux écoles de Gaston Bachelard et de Carl-Gustav Jung, Gilbert Durand a, dès les "Structures anthropologiques de l'imaginaire" (réédité chez Dunod, 12ème édition, Paris, 2016), en 1960, mis en place un modèle structural, celui d'un "structuralisme figuratif" (qu'il voulait plus riche que celui de la sémiotique issue de la linguistique formelle), de décryptage des œuvres de l'imagination, incluant les mythes et les représentations religieuses, et surtout les créations artistiques (peinture, littérature, musique).

L'imaginaire d'un créateur n'est plus seulement éclairé par une sorte de génie personnel ("*ingenium*"), ni comme une sorte de reflet de déterminants culturels et historiques (école déterministe qui a longtemps mis l'art sous la dépendance du sociologique). L'imaginaire constitue un monde propre, doté de consistance et de cohérence, combinant narrativement ("*sermo mythicus*") un ensemble transcendantal de symboles, archétypes, schèmes (inscrits dans un soubassement corporel) qui peuvent être configurés selon deux régimes (nocturne unifiant et diurne, divisé) et 3 structures (mystique, diaïrétique et synthétique). Pour les œuvres langagières, ces structures figuratives bénéficient d'opérateurs grammaticaux que sont les verbes, noms et adjectifs épithètes.

Une fois identifiés et systématisés ces entités et leurs constructions ternaires possibles, Durand rénove la psychologie de la création par une "mythocritique" qui interprète l'universel psychique des images du créateur à partir de configurations redondantes voire obsédantes de son œuvre. Plus tard, Durand achève son programme anthropologique d'étude de l'imaginaire en complétant la "mythocritique" par une "mythanalyse" qui inscrit le mythe personnel de l'œuvre dans un imaginaire collectif, en une époque et une aire géo-culturelle donnée. Si le structuralisme figuratif a valorisé d'abord l'espace synchronique des images, la "mythanalyse" va réintroduire la dimension diachronique en situant une œuvre dans un englobant historique, qui se trouve lui-même ordonné par des cycles de variations (de 150 ans) qui font alterner des figures mytho-psychologiques de référence (Prométhée, Dionysos, Hermès, etc.). Ainsi Durand a-t-il mis à la disposition des chercheurs de l'imaginaire un outil herméneutique complet, statique et dynamique, synchronique et diachronique, qui éclaire chaque œuvre comme une réalisation "typique", le type s'inscrivant à égale distante de l'universalité des langages et codes symboliques, et de la particularité existentielle et esthétique d'une œuvre.

En s'inscrivant dans le sillage de l'école de Grenoble, qui s'est développée autour de Durand à travers une pléiade internationale de chercheurs, Mercedes Montoro nous livre un véritable travail d'expérimentation et d'application du paradigme anthropologique du maître. Si l'auteur maîtrise avec brio la critique littéraire de Gautier (avec une affinité particulière avec Marcel Voisin), si elle sait faire consonner avec son maître tous les compagnons de route (Pierre Brunel, Yves Durand, André Siganos, Françoise Bonardel, etc.), élèves et actuels continuateurs qui ne cessent d'ouvrir et d'enrichir l'héritage durandien, c'est bien l'arsenal conceptuel, méthodologique et épistémologique de Durand qu'elle illustre, rend opératoire et confirme.

Après un rappel des acquis durandiens (chapitre 1), soutenue par le commentaire éclairant de Blanca Solares (chapitre 2), elle reprend d'abord le projet "mythocritique", pour trouver dans l'œuvre de Gautier les trois structures, scandées par l'analyse de verbes, noms et épithètes: une structure nocturne, intimiste (chapitres 3 à 7), avec de belles analyses des thèmes du miroir et du masque ; une structure diaïrétique, inséparable d'un imaginaire ascensionnel et héroïque, à dimension individuante et initiatrice ; et une structure synthétique où les mythèmes sont traités selon les règles symboliques des cycles et rythmes.

L'approche du chapitre 6 permet de mettre en évidence, dans le sillage de Durand et ses études postérieures aux *Structures anthropologiques de l'imaginaire*, combien les personnages mythologiques donnent lieu à des recréations (ce que nous avons appelé une "mythophorie") faites de "dérivation" et d'"usure" (un bel exemple, parmi d'autres, est développé à propos de la métamorphose du mythe de la Toison d'or), ouvrant ainsi un espace de variations des matrices mythiques ; il reste alors à faire émerger (chapitre 7), objectif revendiqué de la "mythocritique" chez les auteurs affiliés à ce projet herméneutique, un complexe personnel, qui est l'expression d'une subjectivité hantée par le temps et la mort et qui projette dans son monde imaginaire propre les affects primaires et secondaires de son individualité.

Mais si beaucoup —trop— d'études littéraires s'arrêtent souvent à cet exercice, oubliant la seconde partie de l'œuvre de Durand, Mercedes Montoro s'empare bien, dans sa troisième partie, du projet "mythodologique" en donnant toute sa place à la "mythanalyse" (Chapitres 8 et 9). L'imaginaire déjà déployé gagne ainsi une profondeur supplémentaire en prenant place dans la culture du milieu du XIXème siècle, en une époque charnière entre romantisme et décadentisme. Elle reconstitue ainsi le fond culturel (peinture et musique) qui inspire l'imaginaire de Gautier dans son époque et en un lieu, la France, en suivant la métaphore paradigmatique durandienne, comparant l'évolution de l'imaginaire à un fleuve avec ses différences morphologiques de flux, allant de la source au delta.

Mercedes Montoro dresse alors un tableau érudit et complet de la culture romantique (Gautier était ami, entre autres, de Nerval et Baudelaire) en restituant les forces dominantes et récessives, pour saisir l'œuvre de Gautier comme un passage, cherchant à exprimer une sorte de *"coïncidentia oppositorum"* (entre classicisme et romantisme, entre romantisme et décadentisme). L'œuvre apparaît ainsi comme traversée par un retour du mythe hermésien, alchimique, païen, qu'illustre la très belle étude sur le féminin, son ambivalence (vierge et putain, Femme essentielle et femme fatale), aidée en cela par les éclairages jungiens d'un Pierre Solié. De la monographie classique le livre ouvre alors sur un panorama des grandes figures symboliques du masculin et du féminin, de l'"animus" et de l'"anima" dans la culture contemporaine du siècle.

Mais le but ultime de la méthodologie durandienne n'est pas de dissoudre l'œuvre dans un langage combinatoire de symboles au détriment de son esthétique personnelle (Durand a consacré de nombreux textes à l'esthétique). Mercedes Montoro aborde, dans un chapitre 10 essentiel, la philosophie personnelle de Gautier, qui est inséparable d'une esthétique de la beauté et de l'art pour l'art. Reprenant les questions de stylistique, de la place du mythe de Pygmalion inversé (figure qui anime l'inerte et qui pétrifie le vivant), développant la galerie personnelle de tableaux réinsérés dans l'œuvre (avec une très précieuse étude du peintre Chenavard), qui nourrit par le pinceau la créativité de l'écriture, Mercedes Montoro restitue chez Gautier une esthétique de l'imaginaire, adonnée toute entière au culte salvateur de la beauté, révélant ainsi une sorte de religion de l'art, à laquelle Gautier à sacrifié toute sa créativité.

Ainsi cet essai étincelant d'intelligence et de cultures littéraire, historique et anthropologique, non seulement éclaire à nouveaux frais une grande œuvre, éclectique, syncrétique, mais fait de cette exégèse, à la manière durandienne, une sorte de manuel appliqué d'une école herméneutique qui fait de l'imaginaire un "monde" qui a ses lois propres, irréductibles aux autres apports des sciences humaines et sociales, mais qui porte aussi en lui une réponse esthétique et métaphysique à la question du sens de la vie, entendue comme euphémisation par l'art de l'angoisse devant le temps et la mort.

Jean-Jacques Wunenburger

Introduction : Une « chambre du milieu » pour lire Gautier

> « L'alchimie de la transmutation, de la transfi-
> guration symbolique ne peut, en dernier ressort,
> s'effectuer que dans le creuset d'une liberté. Et la
> puissance poétique du symbole définit la liberté
> humaine mieux que ne le fait une quelconque
> spéculation philosophique » (Durand [1964]
> 1993 : 39).

Le présent ouvrage est avant tout, le fruit d'une conscience qui s'efforce de procéder dans "le creuset d'une liberté" offerte par le symbole, tout en professant
un grand respect pour les travaux sur l'imaginaire que l'anthropologue savoyard,
Gilbert Durand, a publiés dès 1960. Cette méthode, résumée et reprise en 1979
(vingt ans après la première formulation de son auteur) avec l'expression "structuralisme figuratif", conçoit d'un côté, la « structure » en tant qu'élément dérivant
« dans son dynamisme même » de la « position "ouverte" du symbole » ; et de
l'autre, elle définie la "figure", « le sens figuré » comme l'élément qui « distribue
les structures » car, « c'est la signification qui oriente le signe. C'est le dynamisme
de la lecture qui promeut l'écriture » (Durand [1979] 1992 : 89).

Or, pour bien cerner le bien-fondé du présent volume et dégager la problématique qui y sera exposée, quelques précisions sur le pourquoi du sujet et du choix de la méthode s'imposent. Je dirai, tout d'abord, que l'époque romantique, "cette époque tumultueuse", conçue, « à l'analyse positiviste comme le moment du progrès majeur et du triomphe de l'extraversion conquérante de l'Occident » est « paradoxalement », et « en même temps », tel que le suggère l'anthropologue de l'imaginaire, un moment où "se creuse" déjà, « dans cette ascension irrésistible la caverne romantique de l'intimiste ». Par sa richesse donc, en "imaginaires antagonistes", venant « compenser et charger de nostalgie, sinon de culpabilité, l'axiologie triomphante du monde nouveau émergeant de la Révolution française » (Durand [1979] 1992 : 244–245), l'époque romantique est une période plus que propice à l'étude mythodologique. En cernant, ensuite, l'œuvre du, soi-disant romantique "gilet rouge", —dont la prédilection personnelle joue certes, un rôle non négligeable —, non seulement je délimite mon champ d'étude au sein d'une mythologie romantique, mais aussi ce choix, me permet-il d'appliquer une mythocritique, aboutissant sur une mythanalyse : l'œuvre de l'auteur de Tarbes contenant à mon avis, également, le germe de l'époque qui a suivi la sienne. Enfin, axer mon analyse d'une œuvre singulière et inclassable, comme celle de Gautier, à l'étude des mythes, à une mythocritique, se définissant, par son constant questionnement « sur le mythe primordial, tout imprégnée d'héritages culturels, qui vient intégrer les obsessions, et le mythe personnel lui-même » (Durand [1979] 1992 : 184), m'offre la possibilité, d'un côté, de rappeler au lecteur, l'essentiel de cette théorie anthropologique —dans un premier chapitre théorique— ; et de l'autre, de la mettre en pratique, grâce précisément, à la «prégnance du symbole et la mythologie du "verbe" humain» (Durand [1979] 1992 : 99). En définitive, en tant qu'outil pluridisciplinaire, cette méthode me permet de laisser flâner mon esprit parmi d'autres domaines des sciences humaines, et de ne pas cloisonner l'analyse de la littérature à un domaine strictement littéraire. Ce qui illustrerait, ou du moins je l'espère, le souhait largement manifesté comme étant le plus cher à son créateur, à savoir, celui de créer une « méthode de critique qui soit synthèse constructive entre les diverses critiques littéraires et artistiques, anciennes et nouvelles, qui jusqu'ici s'affrontaient stérilement » (Durand [1979] 1992 : 342).

Or, comment procéder plus concrètement, pour une application pragmatique de cette mythodologie à l'œuvre de Gautier ? Préalablement à "ma mythocritique"[1] dans la deuxième partie de cet ouvrage —dont la première partie théorique exposera plus clairement mon positionnement— je vais délimiter ici, sommairement et en guise d'introduction, mon objet d'étude, pour mieux expliciter ma méthode et la terminologie du mythicien, à laquelle je souscrirai. Toute mythodologie sous-entend certes, l'étude du mythe, en tant qu'objet primordial d'étude, car elle focalise le processus compréhensif de l'œuvre « sur le récit mythique inhérent, comme *Wesenschau*, à la signification de tout récit » (Durand [1979] 1992 : 341–342). Malgré les controverses que l'utilisation du terme "mythe" a pu susciter à partir et au-delà de tous les ouvrages consacrés au problème de la nature et de la fonction du mythe, l'étude des mythes en littérature est à n'en plus douter, un des regards possibles, et par là, tout à fait légitime, qu'un critique littéraire peut porter sur l'œuvre à analyser : le *sermo mythicus* étant compris ici, en suivant l'anthropologue de l'imaginaire, comme le référent invariant permettant de comprendre une société, une culture, une époque et par conséquent, une œuvre. C'est donc, à un arpentage à la recherche du *sermo mythicus* que j'invite mon lecteur dans les pages qui suivent, tout en évitant de tourner le dos à « la poésie », à « "l'art" littéraire », et en définitive, à tous ces «langages de base de *l'animal symbolicum*» —«pictural, plastique, musical, dramaturgique, chorégraphique, rituel, mythique »— ignorés des méthodes strictement structuralistes et formelles des années 70 (Durand [1979] 1992 : 87). L'approche mythocritique de l'œuvre se fera ainsi tout d'abord, aux chapitres trois, quatre et cinq de ma deuxième partie, par « un relevé des "thèmes", voire de motifs redondants, sinon "obsédants" qui constituent les synchronicités mythiques de l'œuvre » (Durand [1979] 1992 : 343). Suivra ensuite, au sixième chapitre, le « repérage des leçons différentes du mythe et des corrélations de telle leçon d'un mythe avec tels autres mythes d'un espace culturel bien déterminé ». Pour ce faire, je n'aurai pas toutefois, recours à l'utilisation « du type de traitement "à l'américaine" », tel que Gilbert Durand le préconise (Durand [1979] 1992 : 343). En revanche, j'appellerai dans un premier temps, à l'« émergence »[2] du nom, laquelle me conduira ensuite, —au septième chapitre— au mythe « rayonnant » entre les lignes, « à l'arrangement et la sériation existentiels des images obsédantes », au « complexe personnel » de Gautier (Durand [1979] 1992 : 184). Le but de ce recours à une terminologie, dont la paternité revient au mythocriticien comparatiste Pierre Brunel (Brunel 1992), n'étant autre que de montrer combien les deux méthodes, loin de se confronter stérilement, peuvent s'avérer complémentaires.

Mais revenons au mythe et à son rapport particulier avec la littérature. Plusieurs ébauches taxinomiques ont été faites à propos de la nature du mythe et beaucoup d'encre a coulé, certes, sur le sujet. Philippe Sellier, dans son article *Qu'est-ce qu'un mythe littéraire?*, tentait de définir, dès 1984, le mythe littéraire par rapport au mythe ethno-religieux, en établissant cinq types différents de mythes, tous compris sous l'appellation « mythe littéraire ». Sans doute, est-ce un des problèmes essentiels de la mythocritique : doit-elle se limiter à l'étude du mythe en littérature ? Ne devrait-elle pas démolir toute frontière, d'un côté en évitant « la réclusion textualiste ou logocentrique de la littérature » (Walter 2011 : 50), et de l'autre, en exposant l'objet d'étude au crible de l'ensemble des sciences humaines[3] ? Après s'être interrogé sur l'usage du même terme, "mythe", « pour certaines productions des peuples sans écriture et pour les plus hautes réussites de la littérature », Philippe Sellier arrive à la conclusion suivante: la possibilité « d'un démenti partiel aux critiques de Claude Lévi-Strauss à l'encontre de la littérature comme charpie, comme bric-à-brac ou comme brocante par rapport à l'orfèvrerie mythique. Nous disposons —dit-il— déjà du diamant du poème. Il faudra certainement lui ajouter, comme quintessence de la littérature écrite, une organisation moins liée à l'instant, le mythe littéraire. Le mythe ethno-religieux n'aura pas légué sa perfection seulement à la musique: il subsiste du "mythe dans la littérature" » (Sellier 1984 : 113, 125–126). A la lumière d'une classification comme celle de Philippe Sellier, où la notion de mythe littéraire reste toutefois, vaste, vague, voire discutable[4], la complexité du sujet s'avère patente. André Siganos a tenté d'élaborer quant à lui, une nouvelle classification des mythes, à partir de différents types de textes fondateurs. Il a opposé « mythe littérarisé » et « mythe littéraire », tenant compte de l'existence d'un texte fondateur non littéraire, dans le premier cas, et littéraire dans le second. Dans ce deuxième groupe de mythes, il a inclus et les mythes « type Œdipe, avec Œdipe Roi », et les mythes, « type Don Juan », c'est à dire, et les mythes relevant d'une création littéraire individuelle ancienne et ceux relevant d'une création littéraire individuelle récente (Siganos 1993 : 79). Soit. La précision pourrait être pertinente. Or, dans une analyse de l'œuvre de Gautier, une analyse où le mythe est « tout enrobé de littérature » (Brunel 1988 : 11) et *vice versa*, où l'œuvre littéraire nous parvient aussi, « tout imprégnée, et enrobée, aussi de mythe » (Chauvin 1993 : 57), la précision d'André Siganos me semble inutile : tout en faisant coïncider l'un des deux types de « mythes littéraires » avec la seconde catégorie sellierienne, à savoir celle « des mythes littéraires nouveau-nés » (Sellier 1984 : 116), la deuxième classification de Siganos, ne parvenant qu'à éclaircir, à mon avis, partiellement le monde flou sur lequel nous travaillons.

En définitive, outre le fait de révéler l'insolubilité du problème de sa définition, les différentes approches apportées par ethnologues, historiens de religions, anthropologues au fil du temps, ont insisté sur trois caractéristiques de la notion du mythe, soulignés depuis 1963 par Mircea Eliade: sa forme (il s'agit d'un récit), son fondement (une croyance religieuse), son rôle (expliquer l'état du monde). Il est évident aujourd'hui, comme le souligne fort bien Philippe Walter, «que le mythe (dans son extension ethnoreligieuse) est un phénomène universel » existant « pour toutes les civilisations de la terre » et appartenant « à toutes les époques »

(Walter 2005 : 263). Sans trop m'y attarder, je soulignerai toutefois, avec André Siganos, que « le mythe "ethnoreligieux" (Sellier, 1984) a généralement été constitué comme une manifestation particulière de l'esprit humain, soit homologue au langage (Cassirer, 1972), soit, en lui-même, langage spécifique (Lévi-Strauss, 1958), révélateur, dans le besoin qu'il traduit de *raconter les origines,* d'une double fonction hiérophanique et étiologique » (Siganos 2005 : 85). Soulignons également, que même si la distinction d'André Siganos entre « mythe ethnoreligieux »[5], « philosophique »[6], « socio-historique »[7] me semble plus que pertinente —et cela malgré le fait que j'estime, tout comme lui, que certains usages du mot « mythe » sont en effet, abusifs— je ne retiendrai que la distinction établie dans *Le Minotaure et son mythe*, et saluée par Pierre Brunel et Gilbert Durand entre « mythe littéraire »[8] et « mythe littérarisé »[9], quoique en la reformulant, dans l'optique apportée par Philippe Walter. Selon le célèbre médiéviste, un mythe littérarisé serait celui qui est « infiltré, refaçonné et parfois déformé par la littérature » (Walter 2005 : 263). C'est justement ce phénomène d'infiltration, de façonnage constant voire même de dégradation subi par tout mythe lors de son entrée en littérature, qui met en exergue le rapport complexe que la littérature et le mythe entretiennent et sert, en outre, à définir une « mythodo-logie »[10], « largement pluridisciplinaire ! » (Durand 1996a : 222).

En effet, la question que tous les chercheurs en imaginaire —aussi bien, les strictement littéraires que ceux qui se rangent plutôt, du côté de l'anthropologie et de la sociologie, voire, ceux qui, comme moi, considérons en revanche, que l'isolement est inutile puisque l'imaginaire se trouve justement, à la croisée des chemins, en tant que « lieu de "l'entre-savoirs" » (Durand 1996c : 215)— se posent est la suivante : peut-on accepter l'illusion rétrospective qui permettrait d'établir le mythe comme « matrice originelle d'où aurait émergé, après l'impulsion fondatrice, l'espace-temps de la littérature ? » La question pourrait se résoudre —et j'utilise bien le conditionnel, car la question est loin d'être résolue— avec le postulat suivant : « mythe et littérature se seraient nourris l'un l'autre dans une sorte de rythme respiratoire qui les aurait constamment éloignés pour toujours mieux les réunir » (Huet-Brichard 2001: 13). Comment alors, analyser les mythes (ceux qui reprennent un fonds mythique ethnologique et religieux commun ou ceux qui renvoient à une œuvre originale, littéraire et originelle)? Comment déceler ce qui appartient au textuel, au particulier et ce qui relève du mythe, du collectif si, comme soulignait Brunel, « le mythe » nous revient « tout enrobé de littérature » (Brunel 1988 : 11), tout comme « la littérature » nous parvient « tout imprégnée, et enrobée, du mythe » (Chauvin 2005 : 175) ? La critique hypertextuelle d'un Gérard Genette tout comme la mythocritique durandienne et la mythocritique

comparatiste de Brunel, ou plus largement, la mythocritique de l'école grenobloise —dans le sillage de Gaston Bachelard, Mircea Eliade, Carl Gustav Jung,
entre autres— peuvent nous fournir des pistes sur la façon de procéder.

Si un « texte peut toujours en lire un autre et ainsi de suite jusqu'à la fin des
textes » (Genette 1982), si tout hypertexte (nous entendons par là, texte à résonance mythique) sous-entend l'existence d'un texte antérieur ou hypotexte[11] et
que comme précise Philippe Walter, «on étudie toujours les mythes à partir des
textes littéraires parce que c'est bien souvent la seule manière de les atteindre»
(Walter 2005 : 265), ne serais-je pas en train de souligner avec Lévi-Strauss,
Raymond Trousson, Brunel, Danièle Chauvin, Philippe Walter et bien d'autres,
qu'un « mythe n'acquiert un sens qu'une fois replacé dans le groupe de ses transformations » (Lévi-Strauss 1979 : 15) ? Qu'en définitive, le mythe ne peut être
compris que comme « l'addition de toutes ses variantes » (Walter 2005 : 268) ?
Enfin, Philippe Walter le souligne fort bien, « le propre du récit mythique est de
pouvoir subir des variations et métamorphoses de sa structure de surface sans
modifier sa structure de base ». Dès lors, puisque « le mythe premier n'existe pas »,
puisque le mythe est la somme de toutes ses versions, il s'avère essentiel pour les
études en mythocritique de procéder à l'analyse des mythèmes —« la plus petite
unité de discours mythiquement significative » (Durand [1979] 1992 : 344)— en
les référant, tout aussi bien à un paradigme syntagmatique que paradigmatique,
en ajoutant ainsi à la synchronie la diachronie. C'est donc à l'établissement de ces
mythèmes ou « "atomes" mythiques » dont le « contenu peut être indifféremment
un "motif", un "thème", un "décor mythique"[12] (G. Durand), un "emblème"[13],
une "situation dramatique" (E. Souriau) » (Durand [1979] 1992 : 344–345) que
je m'adonnerai dans les lignes qui suivent, et ce, non seulement dans l'œuvre de
Gautier, mais aussi dans son rebondissement vers l'âme décadente, par le biais
de la notion durandienne de « bassin sémantique » (Durand 1996a : 81). La
mythocritique « met ainsi en évidence », souligne Durand, « chez un auteur, dans
l'œuvre d'une époque et d'un milieu donnés, les mythes directeurs et leurs transformations significatives. Elle permet de montrer comment tel trait de caractère
personnel de l'auteur contribue à la transformation de la mythologie en place, ou,
au contraire accentue tel ou tel mythe directeur en place » (Durand [1979] 1992:
347–350). La mythocritique, en définitive, souligne le « mythicien », quelques
années plus tard, nous permet «de plonger notre regard dans le regard du texte
jusqu'aux ultimes confrontations avec la geste des héros immémoriaux et des
dieux » (Durand 1996a : 192).

Tout en partant donc, de l'idée que tout mythe se fait mythe littéraire par
sa présence dans le « temps et l'espace littéraire » (Albouy 1969 : 9) ; tout en

considérant que le *sermo mythicus* est l'un des objets d'étude plausibles pour toute œuvre de culture ; et en définitive, tout en concevant la mythologie durandienne comme une option pertinente et originale pour étudier non seulement, l'imaginaire gautiériste en soi, mais aussi, pour suggérer son appartenance aux bassins sémantiques romantique et décadent, je procéderai comme suit : une première partie théorique, me permettra de rappeler les deux concepts clé des travaux de Durand, et d'évoquer le rôle des différents centres de recherche sur l'imaginaire et des publications associées pour la diffusion et application de cette méthode d'approche dans le monde entier. Le deuxième chapitre de cette première partie théorique reproduira, quant à lui, mon enrichissant et inédit dialogue avec l'anthropologue durandienne, Mme Solares Altamirano, sur le rôle joué par la mythocritique dans le progressif décloisonnement des sciences humaines, ainsi que dans les enjeux à s'imposer pour l'avenir. Suivra, dans la deuxième partie, beaucoup plus pragmatique et axée sur l'œuvre de l'auteur au "gilet rouge", une analyse mythocritique de l'imaginaire de l'auteur en tant que « forêt de symboles » (« Correspondances » in Baudelaire [1857] 1972 : 38). Par cette lecture mythologique de l'imaginaire gautiériste —jamais faite auparavant de façon aussi exhaustive, à partir de l'œuvre de Gautier—, cet ouvrage offre une nouvelle et innovatrice approche qui permettra de déceler les symboles, archétypes et mythes romantiques dans l'œuvre narrative de l'auteur de Tarbes, tout en nous informant sur la façon dont l'écrivain les recrée, jusqu'à en faire son propre "complexe personnel". Par ces deux lectures mythocritiques complémentaires — ralliant l'optique durandienne et brunelienne— de l'œuvre gautiériste, j'établirai des ponts méthodologiques avec d'autres chercheurs en imaginaire —comme André Siganos et Yves Durand—, mais aussi, essayerai-je d'estomper la controverse autour de la mythocritique, depuis toujours suscitée entre l'anthropologue et le comparatiste, Pierre Brunel. Cette double approche méthodologique, aux chapitres trois à sept, me semble certes plus que pertinente, car même, si ce sont surtout « la geste », le « drama » et l'attribut qui « caractérisent le dieu » (Durand 1996a : 190), le nom, peut quant à lui, grâce à « l'émergence » (Brunel 1992 : 2017) contribuer à éclaircir les rapports mythe et littérature et surtout, contribuer à expliciter les procédés d'écriture de l'auteur. Double approche enfin, innovatrice dont le but n'est autre que de mieux souligner leur convergence méthodologique lorsqu'il est question, comme c'est le cas ici, de « mythocritique littéraire » appliquée à l'œuvre de celui qui a « toujours préféré la statue à la femme et le marbre à la chair » (Gautier [1874] 2011 : 439). Une lecture mythologique de l'œuvre gautiériste au fil du temps, doit s'interroger, également, « sur le mythe primordial, tout imprégné d'héritages culturels, qui vient intégrer les obsessions, et le mythe personnel lui-même ». Pour ce faire, l'établissement, au chapitre sept, d'un récit mythique implicite, d'un « complexe personnel » (Durand [1979] 1992: 184), aux échos décadents s'avère non seulement, le cheminement logique, selon la méthodologie du mythicien, mais pertinent, novateur et actuel. En définitive, celui qui cherchait à faire de son œuvre, une œuvre immortelle ne peut que se féliciter !, car la critique —quoique assez riche et étendue dans le temps, et dans l'espace[14], certes !—, ne semble pas pour autant, avoir épuisé le sens de son œuvre. L'auteur de Tarbes, souvent qualifié de romantique, —quoique, à mon avis, inclassable car à mi-chemin entre l'âme romantique et décadente—, n'a jamais fait l'objet d'une étude détaillée et minutieuse, à la lumière de la mythodo-logie durandienne, enrichie des apports de la mythocritique brunelienne. Enfin, la troisième partie de cet ouvrage devra se lire comme une tentative d'approche mythanalytique des bassins sémantiques romantique et décadent : la « quête ini-tiatique ou plus souvent prométhéenne » —qui, aux côtés de la « religion de la femme », constituent les deux « axes mythologiques du Romantisme » (Durand [1979] 1992 : 251)— ouvrant la voie à la mythologie dionysiaque, voire hermé-tique dans le siècle finissant ; l'alchimie comme philosophie de l'occulte, chère au Romantisme français, qui aboutira à l'émergence de l'androgyne dans la période décadente; la théorie de l'art pour l'art —héritière de la philosophie néoclassique du Beau— que des auteurs comme Baudelaire, Nerval, Chenavard, Delacroix, entre autres, n'hésiteront point à suivre … ne sont que ces quelques redondances mythiques, ces quelques « structures mythiques, ou mythèmes » (Durand [1979] 1992 : 193) ou encore, ces quelques « renaissances culturelles périodiques », ou « mythologèmes significatifs » (Durand 1996a : 129) signant —par le biais de la notion de bassin sémantique — non seulement l'inclusion de l'imaginaire gautiériste à mi-chemin entre les « deltas » du romantisme et les périodes de « confluences » et du nouveau « nom du fleuve » décadent, mais aussi, « le génie singulier » (Durand 1996a : 129) de la société française du XIXᵉ siècle.

En espérant contribuer à faire tomber quelques uns des "voiles", dont l'au-teur disait avoir couvert son œuvre; en espérant savoir "lire" comme l'auteur l'avait demandé, ou dans tous les cas, avoir contribué par cette «"chambre du milieu" de la lecture»[15] (Durand [1979] 1992 : 222) que se veut la mythodologie, à évoquer et constituer une certaine "tigrure de l'âme" (Durand [1980] 2010 : 510), une « épaisseur du sens qui seule donne consistance et vie aux épures struc-turales » (Durand [1980] 2010 : 508), j'achève cette introduction sur ces mots de l'auteur:

Lire un écrivain, c'est se mettre en communication d'âme; un livre, n'est-il pas une confidence adressée à un ami idéal, une conversation dont l'interlocuteur est absent? Il ne faut pas toujours prendre au pied de la lettre ce que dit un auteur: on doit faire la part des systèmes philosophiques ou littéraires, des affectations à la mode en ce moment-là, des réticences exigées, du style voulu ou commandé, des imitations admiratives et de tout ce qui peut modifier les formes extérieures d'un écrivain. Mais, sous tous ces déguisements, la vraie attitude de l'âme finit par se révéler pour qui sait lire, la sincère pensée est souvent entre les lignes et le secret d'un poète, qu'il ne veut pas toujours livrer à la foule, se devine à la longue; l'un après l'autre les voiles tombent et les mots des énigmes se découvrent ». (Gautier [1865] 1970 : 93–94)

Notes

1. Le terme "mythocritique" est un terme connu de tous; un terme, dont la paternité revient (loin de moi l'idée de l'en déposséder!), à Gilbert Durand. Si j'utilise le possessif c'est, justement, pour démarquer ma propre méthode tendant, comme le lecteur pourra le constater dans les pages qui suivent, à ne plus dissocier mythocritique et mythocritique comparatiste : une promenade en dehors du domaine strictement littéraire étant plus que pertinente, lorsqu'il est question du mythe. L'entretien avec Blanca Solares au chapitre deux illustrera sans doute, ce besoin pluridisciplinaire lorsqu'il est question d'imaginaire.

2. Dans la partie théorique de son œuvre *Mythocritique. Théorie et parcours*, Pierre Brunel consacre un des chapitres à la délimitation des termes comme « émergence », « flexibilité » et « irradiation ». Il les considère comme des phénomènes, des accidents particuliers des mythes, difficiles « à capturer dans le filet des règles générales ». Cependant, il nous précise qu'il est possible de trouver chez un écrivain des occurrences mythiques (un nom, une caractéristique ou un acte) qui peuvent faire émerger le mythe en question. En ce qui concerne la « flexibilité », le mot, dit-il, « permet de suggérer la souplesse d'adaptation et en même temps la résistance de l'élément mythique dans le texte littéraire, les modulations surtout dont ce texte lui-même est fait ». Enfin, l'irradiation est comprise comme « présence d'éléments mythiques dans le texte »; élément mythique « essentiellement signifiant », qui fera placer l'œuvre sous le signe du mythe sous-entendu. Plus concrètement, le premier et le dernier phénomène, dont l'auteur parle, renvoient, respectivement, à la notion de mythe explicite et implicite dans l'œuvre littéraire (Brunel 1992 : 72–86).

3. Voire… au crible des autres aires indo-européennes ou non, tel que Philippe Walter le suggère, mais qui ne sera pas évidemment, mon propos ici, car ceci dépasserai largement l'objet de cet ouvrage. En effet, aux dires de Walter, il est évident que l'on ne peut pas « dégager la signification des motifs mythiques en restant confiné à un texte

isolé et statique. Ainsi », continue-t-il, « un mythe ne se réduit jamais à la surface plane d'un texte mais il participe plus largement d'une "mémoire" que nous qualifierons d'indo-européenne, et qui est la clé de sa logique interne ». Enfin, conclue-t-il, « il s'agira de se demander si le mythe "indo-européen" existe dans les aires non-indoeuropéennes, ce qui fournirait l'indice d'un archétype » (Walter 2011 : 50).

4. Je ne souscris pas par exemple, à la considération de « mythes littéraires » concernant sa troisième catégorie, c'est-à-dire, celle qui « est constituée par des lieux qui frappent l'imagination » (Sellier 1984 : 115–118).

5. « Issu de la pensée primitive ou sauvage », écrit André Siganos, c'est à vrai dire « le seul à mériter vraiment son nom ». Il ne peut être « envisagé tout à fait de la même façon selon qu'il nous parvient sous forme de texte, ou qu'il est recueilli dans des sociétés encore orales aujourd'hui » (Siganos 2005 : 89).

6. « Les mythes platoniciens », précise l'auteur, avec lesquels « nous passons du tiers inclus ou tiers exclu, de la transmission à la démonstration » (Siganos 2005 : 89).

7. « Le mythe du Progrès, le mythe du Peuple (Pessin) », explique l'auteur, c'est-à-dire, « ce que l'on appelle (pour nous indûment) mythe est repéré par une sociologie et une philosophie de l'Histoire visant à envisager, dans une société donnée, à un moment donné, quelle idée la gouverne massivement, et quelles en sont les implications et les expressions à tous les niveaux de fonctionnement ou de création (…) à l'époque moderne et contemporaine, nous serions ainsi passés en Europe d'une période « prométhéenne » à une période « dyonisiaque » (Durand, Maffessoli) » (Siganos 2005 : 89).

8. Il revient à Philippe Sellier d'avoir proposé en 1984 une définition du mythe littéraire. Par rapport au mythe ethnoreligieux (récit fondateur, anonyme et collectif, tenu pour vrai, remplissant une fonction socioreligieuse, gouverné par la logique de l'imaginaire et caractérisé par de fortes oppositions structurales) le critique écrit, « le mythe littéraire —si nous acceptons provisoirement de supposer tels quelques récits auxquelles cette dénomination n'est pas discutée (Antigone, Tristan, Don Juan, Faust)— ne fonde ni n'instaure plus rien. Les œuvres qui l'illustrent sont d'abord écrites, signées par une (ou quelques) personnalité singulière. Évidemment, le mythe littéraire n'est pas tenu pour vrai ». Et de conclure, « si donc il existe une sagesse du langage, c'est du côté des trois derniers critères qu'une parenté pourrait se révéler entre mythe et mythe littéraire. Et de fait —indice encourageant— on ne peut à leur propos répondre aisément par la négative. Logique de l'imaginaire, fermeté de l'organisation structurale, impact social et horizon métaphysique ou religieux de l'existence, voilà quelles questions l'étude du mythe invite à poser au mythe littéraire » (Sellier 1984 : 113–115). Tout en respectant l'optique de Philippe Sellier, André Siganos distingue deux types de mythes littéraires : « il s'agira d'un mythe littéraire si le texte fondateur se passe de tout hypotexte non fragmentaire connu, création littéraire individuelle fort ancienne qui détermine toutes les reprises à venir, en triant dans un ensemble mythique trop long (type Œdipe avec Œdipe-Roi ou Dionysos avec

Les Bacchantes) ; « Il s'agira encore d'un mythe littéraire, le plus indéniable celui-là, lorsque le texte fondateur s'avère être une création littéraire individuelle récente (type Dom Juan) » (Siganos 1993 : 32). Philippe Walter, quant à lui, distingue entre mythe « présent dans la littérature (comme socle de son invention et de sa composition) et un mythe créé de toutes pièces par la littérature car la littérature possède une évidente fonction mythopoïétique: elle peut inventer ses propres mythes, tel le mythe du Graal, né sous la plume de Chrétien de Troyes au XIIᵉ siècle » (Walter 2005 : 265). Quant à moi, le grand bric-à-brac qu'est devenu actuellement le concept, —pouvant sans doute s'expliquer, par le fait qu'il s'agit d'un syntagme intégrant, d'un côté un substantif qui souligne l'interdépendance de deux domaines comme l'anthropologie et la littérature, et de l'autre, un adjectif renvoyant à la spécificité de la littérature— pourrait se résoudre en partant de la différence essentielle entre mythe ethno-religieux et mythe littéraire, établie dès 1984 par Sellier. Une fois cette différence primordiale établie, il faudrait toutefois, éviter des dénominations abusives qui feraient rentrer sous la rubrique « mythe littéraire » ces « images-forces », soulignées par André Dabezies dans *Visages de Faust au XXᵉ siècle,* comme « le Progrès, la Race, la Machine » et que Pierre Brunel n'hésite pas à introduire dans une nouvelle catégorie de mythes littéraires, à savoir, « tout ce que la littérature a transformé en mythe » (Brunel 1988 : 13–14).

9. « Il s'agira d'un mythe littérarisé si le texte fondateur, non littéraire, reprend lui-même une création collective orale archaïque décantée par le temps (type Minotaure) » (Siganos 1993 : 32).

10. C'est évidemment, un clin d'œil à Gilbert Durand. « Temps du mythe, géographie mythique », précise Durand, « sont les bases mêmes de toute mythologie » et « nous laissent entrevoir, mieux, nous permettent de justifier ce que toutes les démarches d'une "épistémologie du signifié" de la connaissance la plus moderne nous laissent constater, à savoir une philosophie —au sens le plus précis et le plus fort du terme : une approche, un amour du *Sapiens* pour la "sagesse"— entièrement renouvelée, "sans frontières" ». Et de conclure, « tels sont bien, évoqués à grands traits, les horizons d'une mythologie où nous ont conduits notre commune réflexion, notre information largement pluridisciplinaire ! » (Durand 1996a : 222).

11. Aux dires de Gérard Genette, l'hypertextualité est « toute relation unissant un texte B (que j'appellerai hypertexte) à un texte antérieur A (que j'appellerai, bien sûr, hypotexte) sur lequel il se greffe d'une manière qui n'est pas celle du commentaire » (Genette 1982 :13).

12. En conséquence, le décor, notion forgée par Gilbert Durand en 1961, serait « le moyen par lequel toute littérature touche et communie en chaque lecteur avec ce qui est à la fois le plus intime et le plus universel » (Durand 1983 : 14). Quant à la notion de "thème", Raymond Trousson y revenait dès 1965: c'est « l'expression particulière d'un motif, son individualisation ou, si l'on veut, le résultat du passage du général au particulier ». Le « motif » est conçu comme « une toile de fond, un concept large,

désignant soit une certaine attitude —par exemple la révolte— soit une situation de base, impersonnelle, dont les acteurs n'ont pas encore été individualisés —par exemple les situations de l'homme entre deux femmes, de l'opposition entre deux frères, entre un père et un fils, de la femme abandonnée, etc. » (Trousson 1965 : 12–13). Pour Simon Jeune, cependant, « types » est l'équivalent de ce que Raymond Trousson appelait « thèmes » (Voir Jeune, S., *Littérature générale et littérature comparée*, Minard, 1967, p. 62, note 29. Cité par Brunel 1992 : 28). Pierre Brunel ajoute: « l'un et l'autre évitaient alors le mot "mythe" sans y parvenir complètement » (Brunel 1992 : 28). Tel est ainsi conçu dans son œuvre de 1981, où Raymond Trousson écrit « littéraires ou religieux, l'on peut considérer que les mythes, ou les thèmes, sont demeurés la représentation symbolique d'une situation humaine exemplaire, d'un cas particulier haussé à la valeur exemplaire » (Trousson, R., *Thèmes et mythes*, Bruxelles, Ed. de l'université de Bruxelles, 1981. Cité par Brunel 1992 : 28–29). C'est alors que Pierre Brunel conclut: « le thème me semble se distinguer de ces différentes notions par son caractère général, je dirai même abstrait. En 1965, Raymond Trousson appelait "thème" ce que je nommerais plus volontiers "type" (sur ce point, je suivrais S. Jeune), et "motif" ce que je préfère désigner comme "thème" ». Et un peu plus loin, il ajoute ces quelques lignes sur le motif: « qu'on le considère comme un élément variable du mythe (ce que fait Claude Lévi-Strauss dans son *Anthropologie structurale*), ou au contraire comme élément itératif (Gérard Genot réserve ce terme pour « une séquence (…) susceptible de se rencontrer avec les mêmes caractéristiques dans des discours divers »), il s'agit en tout cas d'un « élément » que doit faire apparaître l'analyse, et non d'un ensemble à analyser » (Brunel 1992 : 30). En ce qui me concerne, cet ouvrage révélera que le terme "décor" a gardé le même sens que celui que son "père" lui avait attribué; "thème" et "motif" (Voir Durand [1979] 1992 : 345) étant, par ailleurs, un écho de la note personnelle que Pierre Brunel y a ajoutée.

13. Pour Philippe Sellier « le mythe littéraire implique non seulement un héros, mais une situation complexe, de type dramatique, dans laquelle le héros se trouve pris. Si la situation est trop simple, réduite à un épisode, on en reste à l'emblème; si elle est trop chargée, la structure se dégrade en sérialité » (Sellier 1984 : 124).

14. Les nombreuses thèses réalisées et en cours sur l'œuvre de l'auteur dans le monde entier témoignent en effet, de la richesse de son œuvre et des lectures toujours à affiner. Voir : http://www.theophilegautier.fr/theses/

15. En suivant Gilbert Durand, il me semble en effet, « qu'au cœur de la mêlée des critiques ennemies, il y avait un terrain de réconciliation, d'entente, une "chambre du milieu" de la lecture, en deçà de l'écriture certes, mais liée par ces fameuses structures, au-delà des contingentements extrinsèques de l'histoire, de l'économie et même la biographie fût-elle psychanalytique, mais où toutes ces contingences s'exprimaient ». Le mythe étant, continue l'auteur, « ce "carrefour", métalinguistique comme l'a fort bien vu jadis Claude Lévi-Strauss, métahistorique comme l'ont vu tous les

anthropologues de Eliade à Corbin, mythe où convergent aussi bien les intimations historiques, sociales et philosophiques que les motivations psychologiques » (Durand [1979] 1992 : 222).

Bibliographie

Albouy, P. (1969) *Mythes et mythologies dans la littérature française*. Paris : Armand Collin, coll. U2.

Baudelaire, Ch. ([1857] 1972) *Les Fleurs du mal*. Paris : Gallimard (1re édition 1857 ; édition de 1861).

Brunel, P. (1988) *Dictionnaire des mythes littéraires*. Paris : Editions du Rocher.

Brunel, P. (1992) *Mythocritique. Théorie et parcours*. Paris : PUF. Nouvelle édition augmentée : (2016) Grenoble : ELLUG/coll. « Ateliers de l'imaginaire ».

Chauvin, D. (1993) « Mythocritique et hypertextualité. L'exemple de l'apocalypse », in *Iris* n° 13. Grenoble : ELLUG/CRI.

Chauvin, D. (2005) « Hypertextualité et mythocritique » in Chauvin, D., Siganos, A. et Walter, Ph. (2005). *Questions de mythocritique. Dictionnaire*. Paris : Imago, pp. 175–181.

Durand, G. ([1964] 1993) *L'Imagination symbolique*. Paris. PUF/Quadrige.

Durand, G. ([1979] 1992) *Figures mythiques et visages de l'œuvre. De la mythocritique à la mythanalyse*. Paris : Dunod. (1re édition, Berg International éditeurs, 1979).

Durand, G. ([1980] 2010) *L'Ame tigrée*, in *La sortie du XXe siècle*. Paris : CNRS Editions.

Durand, G. (1983) *Le Décor mythique de La Chartreuse de Parme: les structures figuratives du roman stendhalien*. Paris : J. Corti.

Durand, G. (1996a) *Introduction à la mythodologie. Mythes et sociétés*. Paris : Albin Michel.

Durand, G. (1996b) « Redondances mythiques et renaissances historiques », in Durand, G. *Champs de l'imaginaire (textes réunis par D. Chauvin)*. Grenoble : Ellug, pp. 169–179.

Durand, G. (1996c) « L'imaginaire, lieu de "l'entre-savoirs" », in Durand, G. *Champs de l'imaginaire (textes réunis par D. Chauvin)*. Grenoble : Ellug, pp. 215–227.

Gautier, Th. ([1865] 1970) *Spirite*. Paris : Flammarion. (1re parution : « Spirite, nouvelle fantastique », *Le Moniteur universel*, 17 novembre au 6 décembre 1865. Ensuite : (1866) *Spirite. Nouvelle fantastique*. Paris : Charpentier.

Gautier, Th. ([1874] 2011) *Histoire du Romantisme suivi de Quarante portraits romantiques*. Préface d'Adrien Goetz, avec la collaboration d'Itaï Kovács. Paris : Gallimard, 2011. Voir en version numérisée, une édition plus complète : (1874) *Histoire du Romantisme, suivie de notices romantiques et d'une étude sur la poésie française (1830–1868)*, Paris : Charpentier.

Genette, G. (1982) *Palimpsestes. La littérature au second degré*. Paris : Seuil.

Huet-Brichard, M.-C. (2001) *Littérature et mythe*. Paris : Hachette Supérieur.

Lévi-Strauss, Cl. (1979) *La Voie des masques*. Paris : Plon.

Sellier, Ph. (1984) « Qu'est-ce qu'un mythe littéraire? », in *Littérature*, n° 55 (octobre 1984). Paris : Larousse.

Siganos, A. (1993) « Du mythe littérarisé au mythe littéraire », in *Iris*, n°13. ELLUG/ C.R.I. : Grenoble.

Siganos, A. (2005) « Définitions du mythe », in Chauvin, D., Siganos, A. et Walter, Ph. (2005). *Questions de mythocritique. Dictionnaire.* Paris : Imago.

Trousson, R. (1965) *Un problème de littérature comparée: les études de thèmes.* Paris : Minard.

Walter, Ph. (2005) « Mythologies comparées », in Chauvin, D., Siganos, A. et Walter, Ph. (2005). *Questions de mythocritique. Dictionnaire.* Paris : Imago, pp. 261–270.

Walter, Ph. (2011) « L'avenir du passé » in Durand, Y., Sironneau, J.-P., Araujo, A.F. (2011) *Variations sur l'imaginaire. L'épistémologie ouverte de Gilbert Durand. Orientations et innovations.* Bruxelles : EME, pp. 39–57.

Première Partie

Parlons « mythodologie »

1

Mythodologie-s durandiennes ou la « passion herméneutique » du *sapiens*[1]

> « C'est (…) le mythe qui m'est apparu comme ce "carrefour", métalinguistique (…) métahistorique (…) mythe où convergent aussi bien les intimations historiques, sociales et philosophiques que les motivations psychologiques (…) carrefour sémantique où convergent les différentes approches du texte, c'est-à-dire les différentes lectures » (Durand [1979] 1992 : 222).

Sous l'influence d'Henri Corbin, l'anthropologie "comparatiste " de Gilbert Durand arrive à instaurer un type d'universalité « qui ne se déduit ou ne se réduit pas à des schèmes formels ou géométriques, elle s'ancre (par-delà les typologies régionales propres à telle ou telle science) dans le domaine très concret —parce que éprouvé— des archétypes, dans un *Mundus imaginalis* qu'a trop souvent méprisé l'investigation occidentale » (Durand [1980] 2010 : 570–571). Universalité donc, et point ethnocentrisme, ouverture et interdisciplinarité sont les piliers de la mythodologie durandienne que je tiens à cœur d'explorer ici pour mieux l'appliquer.

Pour revenir aux deux méthodes dont j'aurai la difficile tâche, —car non seulement ayant été établies avec rigueur scientifique tout au long d'une vie par son créateur, mais aussi amplement évoquées lors des différentes rencontres et publications scientifiques[2] des différents CRI de par le monde— de résumer ici, commençons par le commencement !, avec un bref rappel historique du CRI que j'ai connu[3], —et sous le sillage duquel je me positionne—. Je suivrai ensuite, un fil d'Ariane plus ou moins temporel, à partir de trois articles qui me semblent clés pour la compréhension de la mythodologie durandienne, —« Méthode archéty-pologique : de la mythocritique à la mythanalyse » ([1989] 1996), « Le voyage et la chambre dans l'œuvre de Xavier de Maistre » ([1972] 1979) et « Pérennité, dérivation et usure du mythe » ([1978] 1996)—, avec des va-et-vient, en filigrane, vers les ouvrages consacrés aujourd'hui de la « mythodologie » et qui, "pas à pas" dans la mythocritique vers la mythanalyse, non seulement nous ont ouvert la voie vers l'inter, la pluri- et la trans-disciplinarité[4] mais aussi, constituent le socle scien-tifique indubitable des différentes applications de cette méthode dans le monde d'aujourd'hui et de demain.

D'hier à aujourd'hui : « pas à pas mythocritique »[5]-s…

À l'origine fut donc…la mythocritique : ce terme, aux dires de son créateur savoyard, a été « forgé vers les années 1970 sur le modèle de celui utilisé vingt ans plus tôt par Charles Mauron « psychocritique » (1949), pour signifier l'emploi d'une méthode de critique littéraire ou artistique qui focalise le processus com-préhensif sur le récit mythique inhérent, comme *Wesenschau*, à la signification de tout récit » (Durand [1979] 1992 : 341–342).

Et dès 1989, dans un article publié d'abord en espagnol[6] et repris dans *Champs de l'imaginaire* (1996), Durand insiste sur le fait que cette méthode est « valable pour tout message émanant de l'homme et non seulement pour le mes-sage "littéraire" encadré par le code d'une langue naturelle ». Ouverture tout à fait logique et point réprobatrice —bien au contraire !—, de celui pour qui « il n'y a qu'*une* "science de l'homme" », et pour qui « les découpages épistémolo-giques (en psychologie, sociologie, médecine, histoire, littérature, esthétique, etc) ne sont que circonstantiels, simples "points de vue" sur un objet unique : *l'homo sapiens sapiens* » (Durand 1996f : 133). En se révoltant contre le monothéisme rationaliste de l'*Aufklärung* (XVIIIᵉ siècle), contre l'historicisme positiviste (XIXᵉ siècle) et son mythe messianique (symbolisé par l'arbre de Jessé), contre la psy-chanalyse freudienne[7] et la linguistique étroitement saussurienne au XXᵉ siècle, le théoricien de l'imaginaire nous a offert « la solution heuristique de l'archétype », —défini dès 1964, comme « forme dynamique », comme « structure organisatrice des images »[8]— en tant que postulat épistémologique possible dans les sciences humaines. Du structuralisme figuratif[9] à la méthode archétypologique, de la méthode archétypologique à la mythodologie, de la mythocritique à la mythana-lyse… La socio-anthropologie de Gilbert Durand nous a certes, non seulement ouvert, mais aussi montré la voie. Et ce, tout en persévérant dans cette dimension structurale transcendantale[10], tout en multipliant les exemples pour mieux illus-trer sa thèse selon laquelle, « pas plus qu'il n'y a une pensée sans images, il n'existe pas de structures anthropologiques sans contenu figuratif[11] » (Durand [1961] 1983 : 6), nous convainquant, en définitive, aisément de la portée scientifique et philosophique de ses travaux pour étudier l'humain.

À partir des recherches, comme on le sait, aussi éloignées que celles de l'école de Léningrad et ses déjà célèbres, « réflexes dominants »[12], de l'éthologie contem-poraine avec ses fameux *Urbilder* ou «indicateurs »[13], ainsi que des recherches de la psychologie des profondeurs ou de l'histoire des religions, Durand décrit et articule un « *sensorium* commune anthropologique » —ce que Richard Wagner appelait « l'humain absolu »— afin de rendre possible la communication entre les hommes dispersés sur terre ou distanciés dans le devenir (Durand 1996f : 141). Or, tout en insistant sur le fait que les instances de cet « "l'humain absolu" sont irréductiblement plurielles », il établit ses trois célèbres « attitudes structurales des systèmes d'images[14], irréductibles les uns aux autres, et induisant au moins trois types d'imaginaire, de raisonnement, et finalement de déterminismes et de vérités tout aussi irréductibles » (Durand 1996f : 140). Et c'est justement dans ce que j'appellerai un chronotope[15] anthropologique idéal, que l'archétype devient « matrice de tout imaginaire », et que le « *sermo mythicus* » se voulant la « matrice de tout discours », le devient aussi, « de toute littérature orale ou écrite » (Durand 1996f : 141). Comment oublier par ailleurs, l'importance accordée par le maître savoyard à l'archétype en tant que « "creux" originaire »[16], et au mythe qui « n'est fait que du "remplissement" de ses diverses et concrètes leçons », tout mythe n'étant en définitive « que l'ensemble de ses "leçons", de ses lectures » (Durand 1996f : 142) ? Si, aux dires de Durand, « toute pensée humaine qui se "formule" se "déroule" sur le mode du "*sermo mythicus*", comment ne pas lire dans « la mytho-critique » la généralisation et banalisation de toute *catabase* olympienne ? « La mythologie », écrit l'anthropologue, « descend de l'Olympe, et en se généralisant, en se banalisant, se fait "mythocritique" » (Durand 1996f : 142).

Mais comment procéder au juste, pour faire de la mythocritique, une méthode se voulant avant tout, « synthèse constructive » entre les diverses cri-tiques littéraires et artistiques, anciennes et nouvelles « s'affront[ant] » jusqu'ici « stérilement » et se situant dans la « confluence entre ce qui est lu et celui qui lit » (Durand [1979] 1992 : 342–343)? Si « le mythe se décompose en quelques indispensables "mythèmes[17]" », écrit toujours Durand dans son article de 1989, « qui en donnent synchroniquement le sens archétypique » et ne semble constitué que « par les "leçons" (la *Rezeption* pour ainsi dire, selon la terminologie de Hans Robert Jauss) circonstanciées par tel accueil, telle lecture bien particularisée » (Durand 1996f : 142), cela suffirait alors de s'adonner à l'établissement de ces « indispensables mythèmes » tout en étant attentif aux différentes leçons chez un auteur ou artiste donné.

C'est justement à quoi s'applique Durand en 1972 dans son article consacré à Xavier de Maistre[18] : il y établit trois étapes dans la démarche mythocritique[19]. Dans un premier temps, après une « explication quasi stylistique et extensive », il parvient à dégager des images ou « amorces symboliques » récurrentes dans l'œuvre maistrien. Dans un deuxième temps, il s'attarde —et ce, un peu à la traîne des *Métaphores obsédantes* conduisant *au mythe personnel*[20] chez Charles Mauron,— sur les « résonances psychocritiques de ces symboles dans la biographie », et « dans l'autobiographie et les lettres de l'auteur »[21]. Suivra enfin, « une amplification ultime » à la psychocritique, « qui retrouve le texte de l'œuvre en tant qu'univers ordonnant des valeurs "numineuses"[22], et par là », continue-t-il, « ordonné aux grands mythes passibles d'une mythologie, fondant une "mythocritique" » (Durand [1979] 1992 : 172–173). Et de conclure, « la mythocritique » se définie ainsi, par son constant questionnement « sur le mythe primordial, tout imprégnée d'héritages culturels, qui vient intégrer les obsessions, et le mythe personnel lui-même » (Durand [1979] 1992 : 184).

En définitive, loin de se vouloir simple « méthode de critique littéraire », j'insiste !, la mythocritique est conçue par le théoricien de l'imaginaire comme « synthèse constructive » entre les diverses critiques littéraires et artistiques (Durand [1979] 1992 : 342) et surtout, définie par un constant questionnement sur le « mythe primordial », qui à la fois, nous parvient tout « imprégné d'héritages culturels » (Durand [1979] 1992 : 184). Une mythocritique dont le but n'est autre finalement, que de déceler un noyau mythologique derrière tout récit (écrit ou oral, littéraire ou non) —j'ouvre ici une petite parenthèse pour rappeler que le principe de correspondance entre récit et mythe est hérité de Mircea Eliade[23]—et ce, tout en tenant compte du « primat du verbal[24] et de l'épithétique sur le nom » (Durand 1996a : 191).

Dans son article « Pérennité, dérivations et usure du mythe »[25], Durand prend soin de bien souligner parmi ses propos de montrer, « en quelque sorte de donner un modèle quasi mécanique de fonctionnement du mythe, du "comment" du mythe et non pas du "pourquoi" », et pour ce faire, il insiste sur le fait qu'il va se rabattre « sur le terrain bien littéraire des mythologies véhiculées par la littérature »

(Durand 1996e : 81). Certes, il faut le reconnaître, en rappelant la belle formule de Brunel, « le mythe » nous revient « enrobé de littérature » (Brunel 1988 : 11), tout comme la littérature nous parvient « tout imprégnée, et enrobée, du mythe » (Chauvin 2005 : 175). Autrement dit, « on étudie toujours les mythes à partir des textes littéraires parce que c'est bien souvent la seule », —ou du moins une des meilleures !— « manière de les atteindre» (Walter 2005 : 265). Et Durand a recours souvent —mais pas que !— à ce terrain bien littéraire des mythologies véhiculées par la littérature… ce qui n'est pas pour déplaire, justement, aux littéraires que nous sommes dans la grande majorité.

Mais revenons à l'article qui nous occupe, car Durand y donne sa propre définition de mythe[26] à partir de quatre éléments constitutifs : à savoir, le mythe « apparaît d'abord comme un discours qui met nommément en scène des personnages, des situations et des décors plus ou moins non naturels » —entendons par là, non naturel et non profane— ; ce discours est « segmentable en petites unités sémantiques » appelées « "mythèmes" » comme chez Lévi-Strauss ; troisièmement, il souligne une « "prégnance symbolique" » (Ernest Cassirer), dans le discours mythique, à savoir, « sinon une croyance (…) une sorte d'engagement prégnant dans le mythe » ; enfin, en tant que quatrième élément, continue-t-il, « le mythe » a également une logique qui lui est propre, « une logique qui n'est pas notre logique habituelle de l'identité et du tiers exclu de type aristotélicienne ; c'est une logique que certains dénomment "présémiotique", que d'autres appellent "conflictorielle", que Lévi-strauss a tendance à appeler "dilemmatique" », c'est-à-dire, « une logique qui fait tenir ensemble, sinon des contradictoires, du moins des contraires ». Après quoi, Durand s'attarde sur le repérage du mythe, que ce soit à travers « le nom propre, le nom du personnage, du lieu, du décor ou des éléments de décor » ou bien, à travers « les articulations » « redondantes » « des mythèmes » (Durand 1996e : 84–85).

Ainsi, introduit-il les trois concepts évoqués dès le titre pour montrer comment le mythe peut être manipulé dans le texte littéraire. Après avoir appliqué un traitement « à l'américaine »[27] (à la façon lévi-straussienne) au mythe de Prométhée et après avoir suivi Jung, Propp, Souriau et Greimas dans un projet « sémantique » où « on ne peut pas séparer la forme du fond » (Durand 1996e : 89), le critique savoyard considère que « s'il n'y a pas trop de perte de contenu » et que l'on peut retrouver « toujours une attitude (…) prométhéenne », il est bel et bien question de « pérennité », de ce « quelque chose qui se maintient », de cet état « sempiternel, se maintenant dans une sémantique fixée une fois pour toutes » (Durand 1996e : 86–87). En revanche, lorsque le mythe « est à la limite, un cadre, sinon formel, du moins schématique », lorsqu' « il est sans cesse rempli par des éléments différents »[28], Durand parle de « dérivation ».

Un peu plus loin il parlera de « dérivation par amplification » face à « dérivation par schématisation ou appauvrissement » : la première, pour évoquer la dérivation où certains mythèmes seraient remplacés par d'autres ; la deuxième pour faire allusion à leur disparition sans remplacement (Durand 1996e : 95). Cette dernière opposition lui permet enfin, d'introduire le concept d' « usure » pour évoquer justement ce moment où la dérivation par amplification fait « perdre le fil conducteur de l'ensemble constitutif du mythe » voire même, où « le nom » même semble « vidé des mythèmes constitutifs ». C'est ce dernier cas qu'il appellera « usure par usurpation du nom » ou « usure par excès de la dénotation » très courant en littérature où il y a des pertes constantes de « substance et de décor mythiques ». Or, insiste-t-il, s'agit-il pour cela d'une disparition du mythe ? Et bien non ! Malgré ce « vidage de la substance mythémique », il est bien question d'usure et non pas de « disparition, car le germe mythémique peut toujours bourgeonner à nouveau. Je crois effectivement », souligne-t-il, « qu'un mythe ne disparaît jamais ; il se met en sommeil, il se rabougrit, mais il attend un éternel retour, il attend une palingénésie » (Durand 1996e : 96–101). Enfin, et tout en ajoutant une dernière typologie d'usure, il précise combien le mythe peut également souffrir d'usure « par excès de connotation avec abandon ou perte du nom propre ou de l'attribut précis ». A la fin de son article, il n'oublie pas de souligner comment et « paradoxalement, tout mythe est toujours nouveau puisqu'il est investi dans une culture et dans une conscience », quoique « son schématisme, lui, ne l'est jamais » (Durand 1996e : 105).

Soit. Ces trois articles —car célèbres, pionniers et illustrant très clairement la méthode— méritaient, à mon avis, d'être rappelés plus ou moins *in extenso*. Mais voyons comment l'eau de la mythocritique a coulé sous les ponts depuis.

La mythocritique a, certes, fait du chemin, —du très bon et long chemin depuis, je dirais— d'abord en faisant —qu'à la surface !— école, ensuite en devenant parfois, un peu trop à la mode et réduisant souvent malheureusement, la perspective universelle originelle[29]. Certes, « l'École de Grenoble », est citée à plusieurs reprises par Durand, en tant que «foyer incontestable de ces études de mythocritique », non seulement en raison de la création du premier « Centre de recherche sur l'imaginaire » à Grenoble, en 1966 à l'initiative de trois professeurs »,— les regrettés Léon Céllier, Paul Deschamps et Durand, lui-même— mais également, en raison de sa rapide diffusion[30] de par le monde — car en « 1982 », continue-t-il, on pouvait recenser « 43 » centres de recherches sur l'imaginaire au sein d'un « Groupement de recherches coordonnées (GRECO) au CNRS français »— et ce, à partir des travaux pionniers durandiens de 1960, qui ont servi de point de départ à une première génération de chercheurs voyant leurs travaux édités depuis 1972 jusqu'à 1989, et à partir desquels Durand évoquait déjà le débordement d'une stricte mythocritique et décelait une mythanalyse (notamment dans les travaux de Gilbert Bosetti, Alain Rocher, Jean Marigny, Arlette et Roger Chemain…) pouvant situer cette école grenobloise dans le paysage des « Nouvelles Critiques » (Durand 1996a : 198–199). Cette « École de Grenoble » est à nouveau citée —aux côtés du « LAPRIL de Bordeaux, l'EPRIL de Perpignan, le CRISM de Dijon, le GRIM de Barcelona etc. » —dans le célèbre « L'imaginaire, lieu de "l'entre-savoirs" »— justement par son « exemplarité » dans le dégagement des « socles imaginaires » d'abord, et tout naturellement, dans les œuvres littéraires (en lettres et arts) et peu à peu, grâce à l'articulation avec d'autres disciplines, en allant « derechef transcender ce premier et naturel terrain » (Durand 1996c : 217).

Or, est-ce pour autant que les investigations des différentes générations de mythiciens autour de l'école de Grenoble —beaucoup d'entre eux éparpillés ensuite, après formation, dans les cinq continents du monde— semblent standardisées? Rappelons d'un côté, combien toute uniformisation scolastique ne serait que la preuve de son sclérose (Durand [1961] 1983 : 5), et de l'autre, combien les éventuelles « querelles internes à ces "nouvelles critiques" » —qui certes, ont existé[31]— n'étaient pour Durand, « que le signe de leur vitalité ! » (Durand 1996c : 217). Sans oublier que cette méthode, par définition, se veut également dépendante de l'univers mythique compréhensif de l'exégète[32], et donc, à être toujours reformulée, à un certain degré, individuellement. Mythodologie alors, ou mythodologie-s durandienne-s ? Je m'inclinerai pour la deuxième option. «L'imaginaire et les mécanismes ou les organismes de cohésion des images» devenant ainsi en définitive, « la ferme assise de la mythocritique », à partir de laquelle une exploration personnelle, pluridisciplinaire et amplificatrice est toujours possible, voire indispensable (Durand 1996c : 217).

Puis, la mythanalyse émergea. Pour Durand, la différence essentielle entre mythocritique et mythanalyse sera exprimée comme suit : « cette méthode est l'indispensable introduction à tout diagnostic d'un mythe soit dans un texte oral ou écrit, ce qui donne notre « mythocritique », soit dans un contexte social ou historique, ce qui donne (…) la mythanalyse » (Durand 1996a : 198). Et un peu plus loin, d'ajouter, « lorsque la "grandeur relative" d'une œuvre vient coïncider avec la longueur temporelle d'un siècle, il faut troquer une mythocritique pour une mythanalyse » (Durand 1996a : 202).

Comment procéder alors, méthodologiquement parlant, pour faire de la mythanalyse ? « Toute mythanalyse », soulignait-il dès 1979, « devra commencer par l'examen mythocritique le plus exhaustif des "œuvres" —ou des "biens"— d'une époque ou d'une culture donnée. Peintures, sculptures, monuments, idéologies, codes juridiques, rituels religieux, mœurs, vêtements et cosmétiques », autrement dit, « tout le contenu de l'inventaire anthropologique » devrait « également » pouvoir renseigner le chercheur en mythanalyse sur « tel ou tel moment de l'âme individuelle ou collective » (Durand [1979] 1992 : 340).

Le terme « mythanalyse », comme nous le savons, « a été forgé sur le modèle de psychanalyse (Durand, 1972) » et même s'il appartient tout d'abord, à Denis de Rougemont[33], il été ensuite, repris par Durand dès 1979 dans *Figures mythiques et visages de l'œuvre*. Le terme « définit une méthode d'analyse scientifique des mythes afin d'en tirer non seulement le sens psychologique (Paul Diel, J. Hillman, Yves Durand), mais le sens sociologique (Claude Lévi-Strauss, D. Zahan, G. Durand) ». Tout en s'inspirant donc, à la fois des travaux du structuralisme de Claude Lévi-Strauss[34], ainsi que de « toutes les recherches thématiques ou des analyses sémantiques de contenus », la mythanalyse « tente de cerner les grands mythes directeurs des moments historiques et des types de groupes et de relations sociales » (Durand [1979] 1992 : 350).

Une convergence est ainsi, progressivement observée par le maître savoyard entre les « "sciences de la littérature" et celles de la société. Les unes et les autres », continue l'auteur, « apparaissaient comme des modalités, sinon d'un *sermo mythicus,* du moins d'un "récital" (mot cher à Henry Corbin !) d'images qui dérivent suivant sinon des lois, du moins des modèles que nous tenions à cerner avec précision » (Durand 1996f : 148). C'est alors que Durand décide d'élaborer une « topique »[35], « élément de base », précise-t-il, « d'une "sociologie des profondeurs" ». Ainsi définit-il combien « d'une part (…) toute société apollinienne est grosse de l'*Ombre de Dionysos*, toute "âme" humaine collective ou individuelle est tigrée », et « d'autre part, le changement groupal, objet de l'historien est "transition de phase" (chère aux physiciens, E. Guyon, Toulouse, etc.) mais dans laquelle la mémoire ne perd pas —et "ré-injecte" pour parler comme Bohm !— le phasage antécédent » (Durand 1996f : 149). Mais ce sera avec la notion de bassin sémantique qu'il réussira à exprimer au mieux, comment des boucles ou segments sémantico-stylistiques de longue durée peuvent émerger progressivement au sein du bouclage antérieur[36].

Le bassin sémantique serait bel et bien alors, « l'échelle topologique de ces "bouclages" ». Or, tout en sachant que « dans "l'histoire" des actes et des œuvres humaines », il s'établit des sous-systèmes « jusqu'à l'infini », il conviendrait de « repérer les "boucles"» les «plus englobantes et plus différenciées (…) dans la durée ». Une durée qui, par ailleurs, rappelons-le, ne correspond pas dans l'optique durandienne, au « temps linéaire des horloges newtoniennes », mais plutôt au *kairos* humain, le temps du sens, des maturations ». Dès lors, c'est en se rapprochant de « ce que les économistes appellent un *trend* séculaire » —à savoir, ces phasages dont les commencements « se font de façon latente[37], occultée par de lents "ruissellements" et dont l'"explosion" dynamique se situe dans les décades 60–70 de chaque siècle calendaire— et tout en constatant que toute société « possède une mémoire stockée dans des institutions informatives : monuments, documents, modes de vie, langues naturelles, etc. », grâce à laquelle le « réemploi » ré-injecté « s'impose » (Durand 1996f : 149–151), qu'il annonce sa définition de bassin sémantique dès 1989[38], comme suit :

> Ces réemplois (qui ne sont nullement des répétitions mécaniquement stéréotypées, mais, comme l'explique le concept de "ré-injection", chaque emploi est modifié par l'accroissement du stock d'information) creusent dans un ensemble socio-culturel ce que nous avons appelé des "bassins sémantiques", identifiés par des régimes imaginaires spécifiques et des mythes privilégiés. (Durand 1996f : 152)

Pour ensuite, la profiler en 1996, en écrivant :

> Ère de quelque cent cinquante années environ où un "air de famille", une isotopie, une homéologie commune, relie épistémologie, théories scientifiques, esthétique, genres littéraires, "Visions du monde"…, bref, ce que j'ai appelé une homéologie sémantique, ou, pour faire plus imagé, un "bassin sémantique". (Durand 1996a : 81)

L'établissement de ses six célèbres étapes, « par d'autres métaphores potamologiques »[39] lui auraient permis non seulement de bien insister sur leur articulation «en mouvement spiralé »[40], mais surtout de montrer combien « la méthode archétypologique dans ses développements heuristiques arrive à couvrir tout le champ de l'anthropologie ».

En définitive, c'est grâce à ces deux méthodes —mythocritique et mythanalyse— développées dans leurs concepts opératoires, évoqués ci-dessus— à savoir, « structure figurative », « schème »[41], « constellation d'images », « décor mythique »[42], « mythe », « archétype », « mythème », « trajet anthropologique »[43], « bassin sémantique », « mythe latent et patent » etc—, que la mythodologie durandienne nous apparaît aujourd'hui comme un parfait et excellent « renouveau de l'humanisme » (Durand 1996f : 154–155).

En 2005, le besoin est ressenti par les différents centres de recherche et notamment par les auteurs qui sont à l'initiative de l'ouvrage *Questions de mythocritique*, de resituer la mythocritique dans une optique, de plus en plus, ouverte pour mieux être repensée, en mettant « en perspective différentes méthodes » et en confrontant l'approche mythocritique « à d'autres voies de la critique » (Chauvin, Siganos et Walter 2005 : 7). En effet, l'imaginaire se doit d'être analysé loin d'une optique close qui l'enfermerait définitivement dans une méthode stricte et confinée à un seul champ d'étude. Mes chers maîtres de l'école grenobloise soulignent en même temps, la tendance actuelle « où de nombreux critiques —littéraires, historiens, sociologues ou philosophes— retrouvent le mythe pour interroger l'art et la culture, l'histoire et l'idéologie ». En définitive, le postulat de la mythocritique se doit aujourd'hui de « tenir pour essentiellement signifiant tout élément mythique, patent ou latent, et donc d'organiser à partir de lui toute l'analyse de l'œuvre » mais, sous une forme qui « soit elle-même garante d'ouverture, de dialogue et de confrontation » (Chauvin, Siganos et Walter 2005 : 7). C'est en définitive, en proposant « des réflexions qui soient à la croisée des pistes, qui interrogent les concepts de l'extérieur tout autant que de l'intérieur du champ mythocritique » (Chauvin, Siganos et Walter 2005 : 7–8) que la mythocritique peut être enrichie voire même, renouvelée.

En 2011, *Variations sur l'imaginaire,* sous la direction d'Yves Durand, Jean-Pierre Sironneau et Alberto Felipe Araujo se veut un ouvrage insistant sur « l'épistémologie ouverte de Gilbert Durand », tout en soulignant dans le sous-titre, qu'on continue à la recherche « d'orientations et innovations ». Aurait-on, de l'extérieur, la sensation que la mythocritique semble un peu tourner en rond, à la recherche de sa propre et unique méthodologie alors qu'en réalité, la mythocritique se veut par définition, méthode critique plurielle, faite de diverses et complémentaires « variations sur l'imaginaire » ? La fécondité heuristique de la théorie durandienne n'a été qu'un point de départ, —et non des moindres ! rappelons-le— car, comme Jean-Jacques Wunenburger le souligne fort bien, « les recherches de Durand peuvent figurer parmi les rares tentatives scientifiques, dans le domaine des sciences humaines, à avoir réussi à conjoindre, dans une même méthode, synchronie et diachronie, invariance et différence, structure et genèse » (Wunenburger 2011 : 11). Le point de départ d'un vaste réseau international de chercheurs renouvelant l'approche méthodologique du maître savoyard d'objets disciplinaires et transdisciplinaires, de concepts complémentaires —notamment dans l'optique plus littéraire et comparatiste de Brunel, mais pas seulement— et d'hybridations avec d'autres méthodologies, afin de mieux faire fructifier son héritage intellectuel parmi les sciences humaines et sociales. Et ce, —je n'insisterai jamais assez, en reprenant le philosophe de l'imaginaire— loin « de stériles querelles d'école » (Wunenburger 2011 : 6) !

En 2014, le numéro 20 de la revue internationale francophone en sciences sociales, *Esprit critique,* est consacré à « l'Actualité de la Mythocritique », sous la direction de Fátima Gutierrez et Georges Bertin, qui n'hésitent pas à souligner combien l'apport essentiel de Durand a été celui « d'une anthropologie fondamentale revisitant tous les aspects de la connaissance de l'homme en société » (Gutierrez et Bertin 2014 : 5). En 2015, enfin, Gilbert Durand et son anthropologie à la « figure symbolique d'Hermès » (Chemain-Degrange et Bouvier 2015 : 11) continuent d'être au cœur et à l'origine des recherches scientifiques et d'ouvrages au titre évocateur, tel le dernier en date —et tout en restant dans les limites établies par la langue française—, « de l'enracinement au rayonnement ».

Ci-dessus, j'avais parlé de différentes écoles… Sans négliger la contribution de l'école de Grenoble, —par son rayonnement à l'international notamment, dans la première décennie de l'année 2000— dans la rapide création en 2012 du vaste et pluridisciplinaire réseau internationale CRI2I, ne pourrait-on pas évoquer alors, l'existence au présent, non plus de différentes écoles autour de la mythodologie durandienne mais, plutôt, des différentes mythodologie-s, tendant à renouveler constamment, l'approche du maître savoyard ?

« Tigrure »-s[44] épistémologique-s? Avenir-s imago-centriques…[45]

On l'aura compris, la mythocritique par conséquent, en tant qu'option épistémologique "amplificatrice" ne se contentera ni d'une recherche limitée au texte —dans un espèce de « solipsisme textuel »[46] qui prônerait que tout est dans le texte et rien en dehors de lui—; ni encore moins, d'une recherche limitée à la seule biographie ou psychologie de l'auteur. La mythocritique devra parvenir, en revanche, à dégager les mythèmes, à partir des différentes leçons, dans les réseaux, tout aussi bien paradigmatique, relevant d'une mémoire culturelle que syntagmatique, relevant d'une adaptation textuelle. La mythocritique atteindra ainsi —ou du moins visera-t-elle !— ces "valeurs numineuses", dont le patrimoine culturel d'une société, se voulant « œuvre de mémoire » (Tadié 1999. Cité par Walter 2011 : 49), s'avère le grand réceptacle et le meilleur milieu pour leur rayonnement.

Les distances se faisant de plus en plus courtes et les centres de recherche sur l'imaginaire de par le monde de plus en plus nombreux et en contact, en raison des nouvelles technologies, ainsi que, et surtout, en raison de la fondation en 2012 du réseau international CRI2i[47] à Cluj-Napoca, il faut avouer que la mythodologie durandienne comprise à présent, avant tout comme une « anthropologie

ouverte et actuelle » (Wunenburger 2015 : 147) a encore un bel avenir devant
elle. Ces cinquante années de *praxis*, et de positionnements théoriques divers et
enrichissants : vis-à-vis de l'objet (mythe *versus* mythe littéraire, mythe individuel
ou mythe sociétal, mais mythe enfin, de nos jours, dans les média numériques,
les jeux vidéos, les séries TV et d'autres domaines d'émergence de l'imaginaire
comme l'architecture, l'urbanisme, le design, la mode, la santé et les différentes
thérapies, l'innovation technologique, les industries culturelles, la pédagogie, et
un long etc.) ; de la terminologie (durandienne ou autres, telle que l'AT9, le
syntagme minimal[48], émergence, flexibilité, irradiation etc) ; de la méthode (l'évolution diachronique des structures dans l'histoire, déplaçant le centre d'intérêt
des structures invariantes des mythes vers leurs transformations temporelles et
spatiales) ; du corpus (l'analyse d'œuvres strictement littéraires et artistiques ayant
cédé la place à un corpus où d'autres discursivités, politique, publicitaire, techno-
logiques, neuro-scientifiques, numériques… qui se laissent peu à peu déchiffrer
par les modèles durandiens) et ce, dans le monde entier, auraient servi à ouvrir
une nouvelle période de développement des recherches sur l'imaginaire. Loin de
s'avérer de simples passes d'armes entre chercheurs de différentes écoles, ces tâtonnements passés à mi-chemin entre la mythocritique et la mythanalyse, et à présent, devant ouvrir la voie par une confrontation heuristique et dynamique aux
courants de recherches convergents ont, sans doute, contribué à mieux définir et
cerner l'objet d'étude qui n'est autre, en fin de compte, comme le voulait Durand,
que l'humain.

Avec son épistémologie ouverte, Durand nous a offert un éventail herméneutique sans précédent, et constitué même une véritable "révolution copernicienne"[49] —comme le soulignait Jean-Jacques Wunenburger—, dans le sens où
l'archétype devient « creux originaire » et matrice de l'imaginaire, où le *muthos*
préside au *logos*, où la logique du mythe se veut « alogique »[50], et où c'est du mythe
enfin, d'où découle le principe de « redondance »[51], qui s'avère, en dernier lieu,
la clé de toute interprétation mythologique. Une épistémologie ouverte en outre,
qui nous permet de ne pas nous cantonner à une seule discipline dans des sociétés
faites, de plus en plus, de diversité culturelle.

Aux nouvelles générations de « mythiciens » ou "mythodologues" de transmettre cette inquiétude herméneutique et heuristique que le théoricien de l'imaginaire a généreusement voulu nous léguer. Nos étudiants semblent éveillés à la plu-
ridisciplinarité, et même si les esprits inquiets se font rares, la transmission de cette
« éthique intellectualiste de la connaissance »[52] qui fut celle de Durand, se construit
me semble-t-il, à pas[53] de géants. Son retentissement se fera donc, entendre par
la récolte, après semence, de nouveaux échos, de libres rebondissements, des

ruissellements, en définitive, pluriels dans des sociétés de plus en plus multiculturelles. Appelons-le dissémination conciliatrice, foisonnement pluriel et contradictoriel —en reprenant Lupasco[54]— ou tigrures épistémologiques en définitive, qui se construisent et se construiront sur le socle imago-centrique d'un *Hermès généreux*[55]!

Notes

1. Je reprends dans le titre cette heureuse expression durandienne, prononcée à Convento da Arrábida, à propos du passage de l'interdisciplinarité à la transdisciplinarité et reproduite dans son article déjà célèbre, « L'imaginaire, lieu de "l'entre-savoirs"». « Certes », souligne-t-il, « passer d'un niveau à l'autre implique bien un "saut", une discontinuité qui diversifie les "acquisitions" des savoirs. Mais ces ruptures, ces "non" indiquent une continuité asymptotique dans ce que l'on pourrait nommer la "passion herméneutique" du *sapiens* » (Durand 1996c : 225). Précisons par ailleurs, comme le souligne Basarab Nicolescu, que cet article intitulé « L'imaginaire, lieu de "l'entre-savoirs" » a été publié pour la première fois, en 1996 dans *Champs de l'imaginaire* « sous une fausse mention », car le 1er congrès international de transdisciplinarité n'a pas eu lieu à l'Université internationale de Lisbonne en novembre 1994, mais à « Convento de Arrábida », au Portugal (Nicolescu 2015 : 200–201).
2. Parmi les plus récentes en langue française, voir : (Durand, Sironneau et Araujo 2011); (Gutiérrez et Bertin 2014); (Chemain-Degrange et Bouvier 2015).
3. L'histoire du CRI semble s'écrire autrement, pour celui qui n'a connu que le CRI-C de Chambéry. Or, je considère en revanche, que loin de continuer à nous regarder en « chimères de faïence », comme ce fut le cas dans le passé, aux dires de Jean Michel Hétru, nous devrions y trouver plutôt, un enrichissement et une complémentarité réciproques (Hétru 2015 : 76).
4. « Nous montrions », souligne Durand, « dans notre intervention de 1991, combien la multidisciplinarité, l'accès à "l'entre-savoirs" était indispensable à l'avancement de toute "discipline" singulière. Ici », continue-t-il, « nous faisons un pas de plus : nous constatons qu'une interdisciplinarité initie une transdisciplinarité, une "réelle présence"—comme le dit de toute œuvre littéraire George Steiner— par delà les "étants" que nous distribuent nos disciplines » (Durand 1996c : 225–226). Et un peu plus loin de conclure, « se pose aujourd'hui l'appel même de cette transdisciplinarité à travers nos modernes "disciplines" (…) Ne doit-on pas entrevoir, à l'horizon de cet imaginaire, l'au-delà transdisciplinaire qui organise les constellations d'images et les syntaxes du mythe, l'au-delà ultime —qui pour nous humains est ce qu'Henry Corbin appelait "l'imaginal"— qui, en fin de compte, file le destin de tous nos savoirs ? » (Durand 1996c : 226).

5. Clin d'œil également à l'article où le maître se positionne en transmetteur, en professeur, en didacticien de la mythocritique, afin de « suggérer de bonnes (…) recettes » pour « bien interpréter une œuvre de la culture » (Durand 1996g : 229–242). L'article a été magistralement traduit en espagnol en 2012 par Blanca Solares Altamirano in : (Durand 2012).

6. Publié sous le titre « Método arquetipológico : de la mitocrítica al mitoanalisis » dans *Congreso de Literatura,* II^do Congreso mundial Vasco, chez Castalia, Madrid, 1989. Et réédité par Danièle Chauvin avec d'autres articles publiés originairement à l'étranger dans le numéro 1 de la collection « Ateliers de l'imaginaire ». Voir : (Durand 1996f : 133–156).

7. Rappelons que tout en accordant la paternité de la découverte de l'inconscient à Freud, Durand lui reproche de limiter le rôle de l'image à « être l'indicateur des stades variés du développement de l'unique et fondamentale pulsion (la "libido") où un traumatisme affectif est venu bloquer l'accomplissement normal du désir ». Sa théorie autour de l'image et l'imaginaire n'hésitera pas en revanche, à boire à la source des travaux de Jung —à qui il reconnaît avoir « normalisé le rôle de l'image », et « pluralisé la libido » (Durand 1994 : 24) mais aussi de ses continuateurs pour qui « non seulement il y a deux matrices archétypiques, productrices d'images, s'organisant en deux régimes mythiques, *animus* et *anima* mais encore ces derniers se pluralisent en un véritable "polythéisme" psychologique » (Durand 1994 : 24–25).

8. « L'archétype », écrit Durand, dès 1964, est « une forme dynamique, une structure organisatrice des images, mais qui déborde toujours les concrétions individuelles, biographiques, régionales et sociales, de la formation des images » (Durand [1964] 1993: 66).

9. « Lorsqu'il est question d'anthropologie », écrit le théoricien de l'imaginaire dès ses premiers textes, « le substantif de structure doit donc être souligné par le qualificatif de "figurative". Toute œuvre humaine nous révél[ant] cette prégnance essentielle des images qui la constituent et font d'elle une "œuvre" communicable à toute l'espèce » (Durand [1961] 1983 : 6). C'est à partir de l'isomorphisme entre « figure » et « image » que l'épistémologie durandienne évoluera d'un structuralisme figuratif (notamment dans *Structures Anthropologiques de l'Imaginaire et* son illustration, *Le Décor Mythique de la Chartreuse de Parme*) à une méthode archétypologique (l'archétype se trouvant être des « essaims d'images, ces constellations cohérentes et stables » (Durand [1961] 1983 : 6), puis à une mythodologie, avec sa célèbre distinction entre mythocritique et mythanalyse que j' essayerai d'aborder dans les lignes qui suivent.

10. Aux dires de Jean-Jacques Wunenburger, « l'épistémologie de Durand connaît, en effet, une évolution continue sans que la dimension structurale transcendantale ne disparaisse jamais ». En effet, alors qu' « en 1960 l'archétypologie figurative est marquée —dans le sillage de Jung— par une bio-psychologie, l'alliance de la réflexologie et de la psychologie des profondeurs *via* l'archétypologie », avec le temps, « Durand s'ouvre sur un double élargissement des structures : 1) d'une part par le biais d'une

ontologie de l'image, pensée comme kerygmatique, à la suite de la rencontre avec le gnosticisme de Henry Corbin, pour qui l'ordonnancement des images correspondrait à des formes épiphaniques d'un monde spirituel (…) ; 2) et d'autre part par la réintégration d'une approche algébrique liée à la théorie des catastrophes de René Thom » à la suite et « sous la pression de l'esprit de Cordoue », *Science et conscience,* et du nouvel esprit scientifique, couvrant ainsi un large spectre où le poétique pur de l'imaginal reste compatible avec une *épistèmé* mathématique, cybernétique et informatique ». Enfin, continue le professeur Wunenburger, « après les années 1990 », —c'est la troisième phase dans l'épistémologie durandienne— « on assiste à une accentuation croissante de l'étude de l'évolution diachronique des structures dans l'histoire, étude qui aboutit à la formulation de la "mythodologie" comme science des déclinaisons culturelles et des cycles de dominance et de récession cycliques des mythes dans la culture » (Wunenburger 2015 : 143–144).

11. Je tiens à rappeler ici la belle formule de Fátima Gutiérrez, selon laquelle, « pour le structuralisme figuratif, *au commencement* (de la pensée) était l'image » (Gutiérrez 2014 : 12).

12. Selon la thèse de Durand, soutenue en 1959, « il existe bien des *Urbilder* chez *sapiens sapiens* reposant sur les structures de « reflexes dominants » : soit celles —que nous partageons avec bon nombre de vivants— intégrées par les "réflexes d'avalage et de nutrition", soit celles intégrées dans le processus des "réflexes copulatifs" et de la rythmanalyse qui s'y trouve liée, soit celles enfin qui semblent bien plus spécifiques —à partir d'*homo erectus*— aux hominiens : "les réflexes dominants posturaux"» (Durand 1996f : 139).

13. « Depuis, l'éthologie contemporaine (K. Lorenz, N. Tinbergen, A. Portmann, E. Kaïla, E. Eibesfelf, R.A. Spitz, etc.) », précise Durand, « est venue préciser et confirmer cette théorie des "indicateurs" spécifiques qui sont des "déclencheurs" sous forme de signaux imaginaires, les fameux *Urbilder* repérés chez des animaux aussi divers que la tique (…), l'épinoche, le lézard vert, l'oie cendrée, etc. (K. Lorenz) » (Durand 1996f : 139).

14. Il parviendra alors à concevoir « tout imaginaire humain » comme étant « articulé par des structures irréductiblement plurielles, mais limitées à trois classes gravitant autour des schèmes matriciels du "séparer" (héroïque), de "l'inclure" (mystique) et du "dramatiser" —étaler dans le temps les images en un récit— (disséminatoire) » (Durand 1994 : 26).

15. Durand insiste sur le fait que l'archétype fonctionne « par delà tout espace socio-culturel, et en deçà de tout temps historique, demeur[ant] comme entité constitutive et formatrice, en une sorte d'empyrée anthropologique, tels que les "gènes" de l'espèce *sapiens*» (Durand 1996f : 142).

16. « Les archétypes ne sont pas des formes abstraites et statiques, mais des dynamismes formatifs, des "creux" (ou "moules") spécifiques qui, nécessairement s'accomplissent

et se remplissent (…) par l'environnement immédiat, la "niche écologique" » (Durand 1996f : 140)

17. Le terme est de Claude Lévi-Strauss pour souligner la « plus petite unité sémantique dans un discours et qui se signale par la redondance » (Durand 1994 : 40).

18. Le chapitre nº 5 des *Figures Mythiques et Visages de l'œuvre*, intitulé « De la psychocritique à la mythocritique : le voyage et la chambre dans l'œuvre de Xavier de Maistre » est paru originairement sous forme d'article « le voyage et la chambre dans l'œuvre de Xavier de Maistre » dans *Romantisme,* Revue de la Société des études romantiques, nº 4, Flammarion, 1972 (Durand [1979] 1992 : 170–190). Selon Brunel, «l'étude sur "Le voyage et la chambre dans l'œuvre de Xavier de Maistre" (…) est le texte le plus éclairant sur la méthode d'analyse littéraire que tente de promouvoir Gilbert Durand » (Brunel 1992 : 47).

19. L'objet de la mythocritique se doit ainsi, de prendre comme point de départ l'analyse du mythe à partir d'un corpus de textes littéraires —ou d'autres créations artistiques— choisi. Comme Durand, précise, « l'approche de l'œuvre peut se faire en trois temps qui décomposent les strates mythémiques : (1) D'abord par un relevé des « thèmes », voire des motifs redondants, sinon « obsédants » qui constituent les synchronicités mythiques de l'œuvre. (2) Ensuite par l'examen dans le même esprit des situations et des combinatoires de situation des personnages et des décors. (3) Enfin par l'utilisation d'un type de traitement « à l'américaine » tel celui que fait subir Lévi-Strauss au mythe d'Œdipe, par le repérage des leçons différentes du mythe et des corrélations de telle leçon d'un mythe avec tels autres mythes d'un espace culturel bien déterminé » (Durand [1979] 1992: 343). Une fois le repérage du mythe fait, c'est par la comparaison interne (étude des différentes versions d'un même mythe) ou, lorsque c'est possible, par la comparaison externe (pour les mythes relevant de civilisations différentes) que l'interprétation mythique peut se faire. La mythocritique « met ainsi en évidence », souligne Durand, « chez un auteur, dans l'œuvre d'une époque et d'un milieu donnés, les mythes directeurs et leurs transformations significatives. Elle permet de montrer comment tel trait de caractère personnel de l'auteur contribue à la transformation de la mythologie en place, ou, au contraire accentue tel ou tel mythe directeur en place » (Durand [1979] 1992: 347–350). Or, malgré les nombreux centres de recherche sur l'imaginaire de par le monde et les amples et sérieuses recherches effectuées jusqu'à présent, une théorie et une méthodologie de la mythocritique resteront toujours partiellement à construire ou du moins, à reformuler individuellement.

20. Tout en gardant la distance vis-à-vis du mythe personnel, auquel Durand préfèrera la formule, "complexe personnel".

21. Évitant d'emblée, précise Durand, toute « imposture ». Clin d'œil à l'ouvrage polémique de Raymond Picard, *Nouvelle critique, nouvelle imposture.* « Dès lors », précise Durand, « la mythocritique, si elle est bien Nouvelle Critique dans sa démarche, ne peut pas être taxée de « nouvelle imposture », puisque dans le cas du chef d'œuvre, le

texte même de l'œuvre devient langage sacré restaurateur et instaurateur de la réalité primordiale constitutive du mythe spécifique » (Durand [1979] 1992 : 172, 184–185).

22. Durand préfère garder « avec les anthropologues le nom de "mythe" pour ce qui implique vraiment la numinosité dernière, surculture par rapport à une culture donnée, surnature humaine par rapport à la Nature en général » (Durand [1979] 1992 : 184).

23. « Le récit épique et le roman (…) prolongent, sur un autre plan et à d'autres fins, la narration mythologique (…) la prose narrative, le roman spécialement, a pris dans les sociétés modernes la place occupée par la récitation des mythes et des contes dans les sociétés traditionnelles et populaires » (Eliade 1963 : 230).

24. « Un mythe » rappelle-t-il quelques années plus tard (1996), « existe par sa geste, par son *drama*, par son cortège d'épithètes et de verbes. Toute la mythologie classique nous enseigne que, bien avant le nom, c'est l'attribut qui caractérise le dieu (…) Verbes et "gestes verbaux" sont donc le socle le plus profond de la signification du langage. (…) La parenté de tout texte littéraire —oral ou écrit— avec le mythe me paraît donc évidente, et légitime toute tentative de mythocritique » (Durand 1996a : 190–192).

25. Cet article a été publié pour la première fois dans les *Problèmes du mythe et de son interprétation,* actes du Colloque de Chantilly, 24–25 avril 1976, par les Belles-Lettres en 1978. Il a été ensuite publié dans : (Durand 1996e : 81–107).

26. « Je n'attache pas une très grande importance à une définition », souligne-t-il, « car celle-ci se modifie opérationnellement » (Durand 1996e : 84). Rappelons toutefois, ses deux célèbres —car originaires— définitions du mythe : « c'est un système dynamique de symboles, d'archétypes et de schèmes, système dynamique qui, sous l'impulsion d'un schème tend à se composer en récit. Le mythe est déjà une esquisse de rationalisation puisqu'il utilise le fil du discours, dans lequel les symboles se résolvent en mots et les archétypes en idées ». (Durand [1960] 1984 : 64).Quelques pages plus tard, sa définition semble bien plus vaste : « "le terme "mythe" recouvre pour nous aussi bien le mythe proprement dit, c'est-à-dire le récit légitimant telle ou telle foi religieuse ou magique, les légendes et ses intimations explicatives, le conte populaire ou le récit romanesque » (Durand [1960] 1984 : 411).

27. En effet, à partir du célèbre « traitement à l'américaine », Durand conservera tout aussi bien l'analyse « diachronique du déroulement discursif du récit » que « l'analyse synchronique à deux dimensions », à savoir, « celle à l'intérieur du mythe à l'aide de la répétition des séquences et des groupes de rapports mis en évidence » et « celle comparative avec d'autres mythes semblables », auxquelles le mythicien savoyard ajoutera « l'analyse des isotopismes symboliques et archétypaux qui seule peut donner la clé sémantique du mythe » (Durand [1960] 1984 : 416–17).

28. Autrement dit, et même si c'est « grossier », pour mieux se faire comprendre, il n'hésite pas à recourir à la « sociologie de Taine » pour souligner combien la « structure

d'un mythe est toujours remplie par la "race, le milieu et le moment" » (Durand 1996e : 87).

29. Sur l'emploi abusif et aux dires de Fátima Gutiérrez « inexact du terme mythocritique », voir : (Gutiérrez 2014 : 7–18). Sur une critique de la notion de mythe littéraire chez Sellier et Brunel, voir (Ghiasizarch 2015 : 225–245). Ajoutons à ces deux exemples, —où, à mon avis, une certaine légitimité peut finalement, leur être accordée—la confusion plus que conceptuelle, chez certains de nos collègues espagnols s'invitant récemment à la "mode" de l'imaginaire. Une confusion entre d'un côté, le mythe ethno-religieux —selon la définition classique de l'historien des religions Mircea Eliade— et, de l'autre, les différents phénomènes de pérennité, dérivation et usure du mythe en littérature, dans des analyses narratologiques —dans lesquelles, par définition, les pouvoirs poétiques de l'image se perdent en évacuant la pluralité anthropologique au profit du « monothéisme » de la « structure abstraite et toute-puissante » (Durand 1994 : 39)— qui semblent vouloir s'ouvrir —lentement mais maladroitement— vers une application plus que douteuse, mimétique et caricaturale des régimes nocturne et diurne durandiens, et dans tous les cas, vers une compréhension erronée du fonctionnement de la substance mythémique et mythique.

30. « Si j'insiste un peu sur cette "diffusion" », souligne Durand, « ce n'est pas pour en revendiquer la paternité ! Tout au plus pour me situer parmi ses initiateurs aux côtés du regretté Léon Cellier avec mon travail de 1960 sur *Le Décor mythique de la Chartreuse de Parme* et pour marquer le rôle pionnier et capital de l'École de Grenoble qui, avec les travaux édités (pour ne citer que le département qui concerne les mythocritiques littéraires et ses 80 thèses soutenues, dont 25 de doctorat, depuis 1972…), avec les travaux donc de Simone Vierne (Jules Verne, 1972), de Jean Perrin (Shelley, 1973), de Chantal Robin (Proust, 1977), de Paul Mathias (Baudelaire, 1977), d'A. Frasson-Marin (Calvino, 1983), de Danièle Chauvin (Blake, 1981), et ceux, où déjà se profile une mythanalyse, de Gilbert Bosetti (le roman italien du XXe siècle, 1981), d'Alain Rocher (la mythologie japonaise, 1989), de Jean Marigny (la littérature anglo-saxonne, 1983), d'Arlette et Roger Chemain (le romain africain, 1973), chercheurs qualifiés auxquels sont venus se joindre depuis peu Philippe Walter (imaginaire médiéval) et André Siganos (bestiaire de l'imaginaire). Certes, le Centre de Grenoble est pluridisciplinaire et ses travaux débordent une stricte mythocritique : il nous a toutefois semblé bon d'insister sur son importance dans le paysage actuel des "Nouvelles Critiques" » (Durand 1996a : 198–199).

31. La première en date et non moins enrichissante, celle suscitée par Pierre Brunel en 1992 dans son célèbre *Mythocritique. Théorie et parcours*. Le comparatiste rétorquait à cette « structure que tent[ait] de faire apparaître » Durand dans son étude mythocritique de Xavier de Maistre, d'être « moins constituée de résurgences mythiques que de thèmes ou archétypes. Les éléments mythiques —et dans le cas de Xavier de Maistre le mythe unique— (…) pren[ant] surtout « valeurs d'emblèmes ». Et de conclure, « de toute façon, une étude rigoureuse ferait apparaître que les éléments mythiques » « ne

sauraient s['y] réduire au seul mythe d'Agar qui n'est explicite que dans *La Jeune Sibé-rienne* » (Brunel 1992 : 53). C'est dans sa conclusion au chapitre que Brunel semblait vouloir nous éclairer sur sa différence entre comparatisme et mythocritique : « Xavier de Maistre n'intéressait le comparatiste que dans la mesure où il avait séjourné en pays étranger ou parce que le *Voyage autour de ma chambre* pouvait passer pour une imita-tion lointaine du *Voyage sentimental* de Sterne ». Alors que la méthode durandienne est présentée comme "ouverture au comparatisme" avec « une tout autre voie », le regard critique se trouvant alors sollicité par ces « éléments *autres* » dans le texte, « au même titre qu'un mot étranger, qu'une citation de Dante ou Goethe ». Ces éléments *autres* se trouvant, aux dires de Brunel, à mi-chemin entre « une mythocritique et une archétypocritique » (Brunel 1992 : 55). La différence essentielle entre la méthode durandienne et les études comparatistes de Brunel —toutes deux aussi pertinentes, voire complémentaires !— résiderait, je crois, tout simplement dans l'option épis-témologique, largement revendiquée et chère à chaque critique : à savoir d'un côté, la mythocritique et de l'autre, la prestigieuse et traditionnelle littérature comparée. Donc, il est question de deux courants herméneutiques se servant de méthodes dif-férentes, et trouvant dans le mythe littéraire un point de convergence. Or, alors que pour l'anthropologue l'objet mythique se trouverait au point de départ, et sur la ligne d'arrivée pour devenir le but presque exclusif d'une analyse tout aussi bien syntagma-tique que paradigmatique, d'une analyse culturellement illimitée et en aucun cas eth-nocentriste, d'une analyse centripète et centrifuge, balayant tous les champs culturels et scientifiques ; pour le « mythocriticien comparatiste », l'objet mythique se trouve-rait, parmi tant d'autres éléments dans le texte, sur la ligne d'arrivée (ligne littéraire, certes, étant question de littérature comparée, —mais pas que !, car les incursions dans le domaine de la musique et l'art sont également autorisées et bienvenues—), et ce, dans le vaste domaine de la culture occidentale. C'est dire combien pour moi, il serait plus justifié de parler non plus de « querelle » —tout autant « stérile que verbeuse » (Durand [1979] 1992 : 87)— mais de complémentarité.

32. Tel le créateur de l'œuvre d'art, le critique, n'est-il pas également soumis à des struc-tures, à un appareil psychique, à l'histoire ou à un milieu sociohistorique donné (Durand [1979] 1992 : 342–343) ?

33. Voir : (De Rougemont 1961). Aux dires de Brunel, le néologisme est, certes, utilisé tout d'abord par l'essayiste suisse, quoique « c'est parce qu'il confond tout, le thème et le mythe, le mythe et l'archétype, le signifié et le signifiant, que Denis de Rouge-mont peut ainsi élargir démesurément le domaine de Tristan et substituer au mythe de Tristan ce qu'il appelle tout aussi improprement le mythe occidental de l'amour » (Brunel 1992 : 43).

34. Soulignons ici, la dette avouée de Durand envers Claude Lévi-Strauss sur « ce qu'il y a de fructueux dans son exploration du mythe. C'est lui en effet qui repéra la qualité essentielle du *sermo mythicus*, à savoir la redondance. N'étant ni un discours pour démontrer, ni un récit pour montrer, le mythe doit user d'une insistance persuasive

que dénotent les variations symboliques sur un thème ». Ainsi c'est en regroupant des « "essaims" », des « "paquets" », des « "constellations" » d'images en diachronie comme en synchronie autour des « mythèmes », à travers son « traitement à l'américaine », que la méthode lévi-straussienne s'avère pour Durand « l'indispensable propédeutique à tout traitement du mythe » (Durand 1994 : 40).

35. Selon cette « topique socioculturelle », « l'imaginaire mythique fonctionne » « comme une « lente noria qui, pleine des énergies fondatrices, se vide progressivement et se refoule automatiquement par les codifications et les conceptualisations, puis replonge lentement —à travers les rôles marginalisés, contraints souvent à la dissidence— dans les rêveries remythifiantes portées par les désirs, les ressentiments, les frustrations, et se remplit à nouveau de l'eau vive du ruissellement d'images» (Durand 1996a : 143). En vérité, souligne Durand, cette « "topique" socio-historique est bouclée en une sorte de diagramme où "l'implicant" général (le *sermo mythicus* et ses noyaux archétypiques) contient pour ainsi dire les "explications", les déploiements que sont le "ça" social analysé par les mythiciens, le "moi" social passible de la psychosociologie et le "surmoi", le "conscient collectif" en tant que domaine des analyses institutionnelles, des codifications juridiques et des réflexions pédagogiques » (Durand 1996a : 134).

36. Par exemple, la boucle du « romantisme » émerge de l'*Aufklärung* du XVIIIe siècle (Durand 1996f : 150).

37. La notion de latence est héritée d'un sociologue comme Roger Bastide, empruntée à la psychanalyse. Durand considère les concepts de *latent* et de *manifesté* comme les deux concepts auxiliaires qui recoupent tout aussi bien « les deux moitiés dynamiques de la topique, que quatre des six phases du bassin sémantique : "partage des eaux", "confluences", "nom du fleuve" et "aménagement des rives" ». En effet, souligne-t-il, « le "mythe latent" est un personnage "en quête d'auteur", ou mieux un mythologème (…) en quête d'un nom qui le fixe et le substantive. Le mythe est latent parce que son *ethos* est refoulé, il n'ose pas dire son nom ! ». Ainsi, les phases qui précèdent la dénomination explicite d'un mythe de culture (à savoir, "ruissellements", "partage des eaux" et même "confluence") de même que la "partie souterraine" (à savoir la partie droite du diagramme de la topique, où, dans une culture donnée un mythe se constitue face aux mythes officialisés) renvoient à cette notion de latence. En revanche, « à l'autre extrémité du panorama mythologénique, que ce soit dans les dernières phases du "bassin sémantique" : le "nom du fleuve", "l'aménagement des rives"…ou dans la partie "à ciel ouvert" —la partie gauche de notre diagramme !— de la topique, nous avons ce que les analystes et Roger Bastide appellent le *manifesté*, le "patent", lorsque le mythe ose dire son nom » (Durand 1996a : 164).

38. Dans l'article précédemment évoqué, originairement publié en espagnol, « Méthode archétypologique : de la mythocritique à la mythanalyse », à la suite du IIe congrès mondial basque, et à présent édité dans *Champs de l'Imaginaire*.

39. Et à présent, bien connues de tous les mythologues, suite à leur explication détaillée dans son chapitre sur « la notion de "bassin sémantique" » à savoir : (1)

Ruissellements ; (2) Partages des eaux ; (3) Confluences ; (4) Au nom du fleuve ; (5) Aménagement des rives ; (6) Épuisement des deltas (Durand 1996a : 85).

40. «Déjà sous les "rivages" philosophiques d'un bassin sémantique », précise-t-il, « se forment les "ruissellements" d'un autre bassin et sous les "deltas et les méandres" se précise le "partage des eaux" du fleuve à venir…» (Durand 1996f : 152).

41. Parmi le vocabulaire de l'archétypologie, Durand défini le schème —qu'il avoue avoir emprunté à « Sartre, Burloud et Revault d'Allonnes » lesquels, à la fois l'ont repris de la « terminologie kantienne »— comme « une généralisation dynamique et affective de l'image, il constitue la factivité et la non-substantivité générale de l'imaginaire (…) Ce sont ces schèmes qui forment le squelette dynamique, le canevas fonctionnel de l'imagination » (Durand [1960] 1984 : 61).

42. Pour Durand, « le décor est donc, autant qu'il se peut, subjectif, mais d'une subjectivité universalisable, transcendantale, c'est-à-dire faisant appel au fond immémorial des grands archétypes qui hantent l'imagination de l'espèce toute entière ». Ainsi le définit-il comme « le moyen par lequel toute littérature touche et communie en chaque lecteur avec ce qui est à la fois le plus intime et le plus universel » (Durand [1961] 1983 : 14).

43. Défini dès 1960 comme cet « incessant échange qui existe au niveau de l'imaginaire entre les pulsions subjectives et assimilatrices et les intimations objectives émanant du milieu cosmique et social » (Durand [1960] 1984 : 38).

44. Je fais allusion dans mon sous-titre aux vers célèbres de Victor Hugo :
    « Ah ! fais cela, toi, l'homme à qui l'horreur agrée,
    Esprit de jour taché de nuit, âme tigrée ! »
    (Hugo, V. « L'Ange », in *Dieu*)
    (extraits du recueil *Dieu* (3ᵉ volet posthume) après *La légende des Siècles* et *La Fin de Satan,* d'une trilogie inachevée. Voir : http://gallica.bnf.fr/ark:/12148/btv1b6000826p [date de dernière consultation: 13/11/2017]). Ces vers ont inspiré —même dans le titre !, comme on le sait—, l'ouvrage de Durand, *L'âme tigrée : les pluriels de Psyché* (Durand [1980] 2010). Ils ont également, nourri l'essentiel de l'œuvre durandienne, en considérant que tout monopole est stérile, que la tigrure « essentielle pour la santé mentale » réside justement, dans la pluralité de sa psyché et que le jour où l'esprit « ne secrète plus rien, il désymbolise » (Lambert 2015 : 173).

45. « L'imago-centrisme », précise Jean Jacques Wunenburger, « remplace ainsi le logo-centrisme comme dans les théories cosmologiques, l'héliocentrisme a détrôné le géocentrisme » (Wunenburger 2011 : 15–16).

46. Je reprends ici, l'heureuse formule de Philippe Walter, car je partage avec lui l'idée du terrain stérile et de la vacuité herméneutique où nous conduisent encore, notamment au sein de l'université espagnole, les études littéraires axées exclusivement sur la narratologie et la prétendue forme ou expression textuelle, totalement dissociée du contexte culturel et social (Walter 2011 : 48).

47. Voir : *Bulletin de liaison n° 12 des Centres de Recherches sur l'Imaginaire*. Cluj, printemps 2013 dans sa version numérique in : http://litt-arts.univ-grenoble-alpes.fr/fr/comp osantes-scientifiques/reseau-international-cri2i-62726.kjsp?RH=LITTEARTSFR_ CS04;http://amisgilbertdurand.com/cri/bulletins-cri/;http://phantasma.lett.ubbcluj.ro/? page_id=36&lang=en [date de dernière consultation : 12/10/2017].

48. Le « syntagme minimal » serait pour André Siganos, une « "matrice narrative" (Astier), déterminé[e] à partir d'un texte fondateur », une « articulation linguistique de mythèmes » ou encore, « des éléments fonctionnels minimaux » — deux ou trois phrases simples, avec sujet verbe et complément, résumant les traits essentiels du mythe— « sans lequels le mythe n'aurait plus de sens » (Siganos 2005 : 91–92).

49. Pour le professeur Wunenburger, « la pensée durandienne ébauche une véritable philosophie de l'esprit à laquelle elle impose un renversement, un demi-tour sur elle-même : si la connaissance (…) semblait reposer jusqu'ici, de manière dominante, sur le centre de gravité de la raison, posée comme instance autarcique, elle est soumise à présent à une véritable révolution copernicienne, qui la déplace de la périphérie vers le centre» (Wunenburger 2011 : 15–16).

50. « Il résulte de cette conception autre de l'identité », écrit-il, « une logique —ou plutôt une alogique !— de l'imaginaire, qu'il soit rêve, rêverie, mythe ou récit d'imagination » (Durand 1994 : 54). Philippe Walter y revient notamment lorsqu'il écrit : « la logique du mythe n'est pas celle du langage verbal et échappe à la rationalité et au sens commun généralement convoqués dans l'interprétation des textes » (Walter 2011 : 51).

51. « De cette logique », écrit Durand, « commune à la pointe de la science et à l'imaginaire découle le principe de *redondance* repéré par tous les mythiciens (ceux qui pratiquent mythocritique et mythanalyse), de Victor Hugo à Lévi-Strauss » et que « d'autres », continue-t-il, « appellent "émergence" » (Durand 1994 : 56). Rappelons que pour Brunel, comme pour Durand, les auteurs n'ont pas besoin de raconter les épisodes mythiques en entier. Or, alors qu'il « suffit du nom, qui est le premier à émerger, d'une caractéristique (…), d'un acte fondamental (…) » (Brunel 1992 : 73) pour le comparatiste ; c'est plutôt la geste, le drame, le verbe et son cortège d'attributs qui apportent la clé interprétative, bien avant le nom, pour l'anthropologue. (Durand 1996a : 190–192).

52. Je reprends ici la belle formule avec laquelle Jean Jacques Wunenburger qualifie l'œuvre de Durand : « en ce sens », écrit-il, « l'œuvre de Durand reste profondément attaché à une sorte d'éthique intellectualiste de la connaissance. Nul prophétisme moral ne remplacera, á ses yeux, le patient dévoilement de la vérité de la nature humaine » (Wunenburger 2011 : 19).

53. Clin d'œil, de nouveau, à ses modestes « Pas à pas mythocritique », datant de 1996, qui laissaient prévoir, toutefois, combien sa mythologie était « le fruit de centaines de travaux effectués en France et à l'étranger par environ 600 chercheurs (valables !) situés dans plus de 50 centres et dans les cinq parties du monde » (Durand 1996g : 242).

54. Par allusion à la « logique dynamique des contradictoires » du théoricien de la physique Stéphane Lupasco, où la logique bivalente d'Aristote cède sa place à une dialectique se voulant « triadique, c'est-à-dire, fondée sur un dénivellement référentiel » (Durand [1979] 1992 : 69). Nous savons combien la « figurativité » d'une structure par sa « philosophie du creux » et du « dynamisme du remplissement » dans la conception durandienne est héritière de cette logique (Durand [1979] 1992 : 73).

55. L'expression est d'Antoine Faivre. Voir : (Faivre 1980 : 221–224).

Bibliographie

Brunel, P. (1988) *Dictionnaire des mythes littéraires.* Paris : Editions du Rocher.

Brunel, P. (1992) *Mythocritique. Théorie et parcours.* Paris : PUF.

Chauvin, D. (2005) « Hypertextualité et mythocritique » in Chauvin, D., Siganos, A. et Walter, Ph. *Questions de mythocritique. Dictionnaire.* Paris : Imago, pp. 175–181.

Chauvin, D., Siganos, A. et Walter, Ph. (2005) *Questions de mythocritique. Dictionnaire.* Paris : Imago.

Chemain-Degrange A. et Bouvier, P. (2015) *Gilbert Durand. De l'enracinement au rayonnement.* Chambéry : Éditions de l'Université Savoie Mont Blanc (Laboratoire LLSETI), coll. « Écriture et représentation ».

De Rougemont, D. (1961) *Comme toi-même. Essai sur les mythes de l'amour.* Paris : Albin Michel.

Durand, G. ([1960] 1984) *Les Structures anthropologiques de l'imaginaire.* Paris : Dunod (1ʳᵉ édition, Bordas, 1969).

Durand, G. ([1961] 1983) *Le Décor mythique de la Chartreuse de Parme. Les Structures figuratives du roman stendhalien.* Paris : José Corti.

Durand, G. ([1964] 1993) *L'Imagination symbolique.* Paris. PUF/Quadrige.

Durand, G. ([1979] 1992) *Figures mythiques et visages de l'œuvre.* Paris : Dunod. (1ʳᵉ édition, Berg International éditeurs, 1979).

Durand, G. ([1980] 2010) *L'Ame tigrée, in La sortie du XXᵉ siècle.* Paris : CNRS Editions.

Durand, G. (1994) *L'imaginaire : essai sur les sciences et la philosophie de l'image.* Paris : Hatier.

Durand, G. (1996a) *Introduction à la mythodologie. Mythes et sociétés.* Paris : Albin Michel.

Durand, G. (1996c) « L'imaginaire, lieu de "l'entre-savoirs" », in Durand, G. *Champs de l'imaginaire (textes réunis par D. Chauvin).* Grenoble : Ellug, pp. 215–227.

Durand, G. (1996e) « Pérennité, dérivations et usure du mythe », in *Champs de l'imaginaire (textes réunis par D. Chauvin).* Grenoble : Ellug, pp. 81–107.

Durand, G. (1996f) « Méthode archétypologique : de la mythocritique à la mythanalyse », in *Champs de l'imaginaire (textes réunis par D. Chauvin).* Grenoble : Ellug, pp. 133–156.

Durand, G. (1996g) « Pas à pas mythocritique », in *Champs de l'imaginaire (textes réunis par D. Chauvin).* Grenoble : Ellug, pp. 229–242.

Durand, G. (2012) "La mitocrítica paso a paso" (traducción de Blanca Solares Altamirano). *Acta Sociológica*, No. 57, 2012. México, D.F., MX: Red Universidad Nacional Autónoma de México. Retrieved from http://www.ebrary.com.

Durand, Y., Sironneau, J. P., Araujo, A. F. (2011) *Variations sur l'imaginaire. L'épistémologie ouverte de G. Durand. Orientations et innovations,* Bruxelles : E.M.E, coll. « Transversales philosophiques ».

Eliade, M. (1963) *Aspects du mythe.* Paris : Gallimard.

Faivre, A. (1980) "Un Hermès généreux", in Maffesoli, M. (1980) *La Galaxie de l'Imaginaire: dérive autour de l'œuvre de Gilbert Durand,* Paris: Berg International, pp. 221–224.

Ghiasizarch, A. (2015) « Critique de la notion de mythe littéraire chez Ph. Sellier et P. Brunel : une autre vision » in *Iris N° 36 : « Les imaginaires du cerveau (deux) »,* Grenoble : Ellug, CRI, pp. 225–245.

Gutiérrez, F. (2014) « Mythocritique, Mythanalyse, Mythologie La théorie fondatrice de Gilbert Durand et ses parcours méthodologiques », in Gutiérrez, F. et Bertin, G. *Esprit critique. Revue internationale de sociologie et des sciences sociales,* vol. 20, N° 1 : « Actualité de la mythocritique : hommage à Gilbert Durand », Hiver 2014, pp. 7–18 (en ligne sur : http://amisgilbertdurand. com/actualite-de-la-mythocritique/ [date de dernière consultation : 12/10/2017].

Gutiérrez, F. et Bertin, G. (2014) *Esprit critique. Revue internationale de sociologie et des sciences sociales,* vol. 20, N° 1 : « Actualité de la mythocritique : hommage à Gilbert Durand », Hiver 2014 (en ligne sur : http://amisgilbertdurand.com/actualite-de-la-mythocritique/ [date de dernière consultation : 12/10/2017].

Hétru, J.-M. (2015) « Une petite histoire du CRI », in Chemain-Degrange, A. et Bouvier, P. (2015) *Gilbert Durand. De l'enracinement au rayonnement.* Chambéry : Université Savoie Mont Blanc, Laboratoire LLSETI, pp. 67–78.

Lambert, J. C. (2015) « Un entretien avec Gilbert Durand », in Chemain-Degrange A. et Bouvier, P. (éds) *Gilbert Durand. De l'enracinement au rayonnement.* Chambéry : Éditions de l'Université Savoie Mont Blanc (Laboratoire LLSETI), coll. « Écriture et représentation », pp. 173–175.

Nicolescu, B. (2015) « Itinéraires transdisciplinaires de l'œuvre de Gilbert Durand de Venise à Convento da Arrábida », in Chemain-Degrange A. et Bouvier, P. (éds) *Gilbert Durand. De l'enracinement au rayonnement.* Chambéry : Éditions de l'Université Savoie Mont Blanc (Laboratoire LLSETI), coll. « Écriture et représentation », pp. 191–205.

Siganos, A. (2005). « Définitions du mythe », in Chauvin, D., Siganos, A. et Walter, Ph. (2005). *Questions de mythocritique. Dictionnaire.* Paris : Imago.

Walter, Ph. (2005) « Mythologies comparées », in Chauvin, D., Siganos, A. et Walter, Ph. *Questions de mythocritique. Dictionnaire.* Paris : Imago, pp. 261–270.

Walter, Ph. (2011) « L'avenir du passé » in Durand, Y., Sironneau, J.-P., Araujo, A. F. (2011) *Variations sur l'imaginaire. L'épistémologie ouverte de Gilbert Durand. Orientations et innovations.* Bruxelles : EME, pp. 39–57.

Wunenburger, J. J. (2011) *L'Imagination. Mode d'emploi ? Une science de l'imaginaire au service de la créativité.* Paris : Manucius, coll. « Modélisations des imaginaires ».

Wunenburger, J. J. (2015) « L'épistémologie de l'anthropologie de l'imaginaire selon Gilbert Durand », in Chemain-Degrange A. et Bouvier, P. (éds) *Gilbert Durand. De l'enracinement au rayonnement.* Chambéry : Éditions de l'Université Savoie Mont Blanc (Laboratoire LLSETI), coll. « Écriture et représentation », pp. 133–148.

2

De la littérature comparée à la « mythocritique ». Perspectives d'avenir pluridisciplinaires

Entretien avec l'anthropologue durandienne, Blanca Solares

Cet entretien auquel Mme Solares m'a fait l'honneur de répondre, n'est qu'une preuve de plus de l'envergure et de la portée internationale —transatlantique!—, de l'œuvre théorique de Gilbert Durand, dont les domaines d'application, loin de se restreindre à la littérature, s'avèrent de plus en plus nombreux et pourtant, plus reliés que jamais par la méthodologie de l'imaginaire.

Mercedes Montoro : En tant que sociologue et philosophe de formation, en tant qu'enseignante de la Chaire « Sur l'imaginaire » (« De lo imaginario »), au sein du CRIM (Centro Regional de Investigaciones Multidisciplinarias) à l'UNAM (Université Nationale Autonome de Mexique), et également, en tant que traductrice vers l'espagnol de Gilbert Durand, vous avez largement développé et contribué à faire connaître l'œuvre de l'anthropologue savoyard dans les pays hispanophones, tout en insistant sur le rôle primordial de l'imaginaire, au sein des cultures humaines. Depuis quelque temps, la banalisation et malheureusement, les malentendus voire, les contresens autour de la notion d'imaginaire circulent au sein de nos universités et notamment, dans les médias quelque peu victimes encore, d'une rationalisation trop pesante et réductrice. Et pourtant, d'un autre côté, tel que le suggère le professeur Wunenburger, « il faut bien constater une résurgence inattendue de la notion d'imaginaire à travers, par exemple, la valorisation de la conduite de récit (après la mort du « grand récit », voici les petits récits, le *storytelling*) dans la vie sociale et politique contemporaine et à l'occasion du développement des technologies de la communication, des biotechnologies qui semblent réactiver un riche imaginaire que l'on croyait devenu désuet ou réservé aux contes d'enfants (le Cyborg)» (Wunenburger 2011 : 9). Pourriez-vous donner votre propre définition de l'imaginaire, tel que vous l'appliquez à votre domaine de recherche ?

BLANCA SOLARES : Il ne faut pas oublier, avant tout, que "l'imaginaire" est un terme ambigu. Le point de départ de la pensée occidentale est la dichotomie *mythos-logos*. Face à la prépondérance de la "rationalité en finalité" (Weber), propre de la révolution industrielle, alors à ses débuts, le Romantisme français, anglais et allemand aux XVIIIᵉ-XIXᵉ siècles, —Blake, Schelley, Hugo, Nerval, Hölderlin, Schelling— met *l'imagination,* au premier plan, ainsi que son langage, le *mythe* et le *symbole*, en tant qu'éléments clés pour la compréhension d'une réalité qui ne se limite pas aux faits perceptibles, aux données ou aux causes positives et rationnelles. C'est-à-dire, que face à la conception de la Nature comme "recours" d'exploitation propre à la pensée scientifico-technologique de la modernité, les romantiques insistent sur la reconnaissance de la Nature en tant qu'*énigme* et de l'homme en tant qu'*unité* de corps et âme, conscience et désir, raison et imagination.

Nous ne pouvons pas négliger toutefois, que le symbole et le mythe —chers à la protestation romantique— ont également été instrumentalisés par le Nazisme et en général, par tout totalitarisme au XXᵉ siècle, tout comme de nos jours, peuvent le faire par exemple les *mass médias*. Rappelons que Gilbert Durand, lui-même, avait intégré la Résistance pendant la Seconde Guerre Mondiale. Par conséquent, l'imaginaire, —et non seulement pour moi— est un concept repris, sans relâche, dans le domaine des sciences humaines (Freud, Cassirer, Bachelard, Breton), afin de donner à *l'imagination symbolique* un statut scientifique, et plus encore, ontologique. L'imagination n'est plus la "folle" du logis —tel qu'une soi-disant pensée sérieuse veut la qualifier— mais plutôt "la reine de toutes les facultés humaines ", tel que le suggère Baudelaire. Dans les années soixante, années proches du Romantisme, et années, également, de la contre-culture américaine (Marcuse) dans bien de régions du monde, l'imagination atteint une résonance particulière parmi les revendications du mouvement étudiant (" L'imagination au pouvoir !"), quoique l'*imaginaire* en tant que concept va bien plus loin. Car, il est bien question de fonder une *science de l'imaginaire* qui rende compte de l'union des couches les plus profondes de l'inconscient avec les produits dérivés de la conscience. L'imaginaire, tel que je le conçois en total consonance avec l'école de Grenoble et le philosophe de l'imagination Wunenburger, est, si l'on veut, un arbre ; et ses racines, la force qui fait que l'imagination s'exprime dans toutes ses arborescences ou formations symboliques. La conceptualisation de ce processus et ses dangers est précisément ce à quoi la théorie de l'imaginaire de Gilbert Durand se consacre, une théorie que je souscris évidemment et que j'essaye de recréer et d'appliquer dans mes recherches.

MERCEDES MONTORO : Cette première définition de l'objet qui nous occupe étant certes, nécessaire, —en raison justement, de la crise actuelle des sciences humaines, mais également, de la portée libératrice qu'il y projette— et à la fois, quelque peu dangereuse ! Car toute terminologie, nous le savons, est toujours révisable car vite démodée. C'est peut-être, le reproche, le plus commun, adressé à l'œuvre de Durand : sa terminologie —quelque peu alambiquée et amphigourique des *Structures anthropologiques de l'imaginaire*—. Une complexité terminologique, par ailleurs, compréhensible si nous ne perdons pas de vue le contexte de création de celle qui fut sa thèse de doctorat, inscrite dans le structuralisme des années 60, et qu'il a par la suite, redéfini, profilé et enrichi dans une épistémologie évoluant constamment, sans que la dimension structurale transcendantale ne disparaisse jamais. Que garderiez-vous de cette première herméneutique durandienne, dans laquelle l'archétypologie figurative s'avère marquée —notamment, dans le sillage de Jung, Bachelard, Lévi-Strauss entre autres— par une biopsychologie, inspirée de la réflexologie et de la psychologie des profondeurs ?

BLANCA SOLARES: Les termes que nous utilisons pour comprendre la réalité font toujours l'objet d'une révision car la vie est mouvement. Mais ils ne périment pas aussi rapidement que la mode mercantile le voudrait. Ce qui est important dans la théorie de l'imaginaire de Durand, c'est qu'il évoque précisément ce qu'il y a d'éternel chez l'homme, de structurel ou transhistorique, ce qui explique qu'après cinquante ans depuis la première édition des *Structures Anthropologiques de l'Imaginaire*, non seulement l'ouvrage continue à être réédité, mais ses traductions se multiplient. Sa pensée est profonde et très complexe, sans aucun doute. En pleine apogée du structuralisme et du tournant linguistique posé par H. G. Gadamer et P. Ricœur dans le domaine de la philosophie, Durand fait un pas en avant, en élargissant ce virage vers une *herméneutique symbolique*. C'est une pirouette qui dans le domaine de la danse, par exemple, suppose beaucoup d'entraînement, non sans une dose d'audace. *L'herméneutique première* de Durand garde ce premier élan, la fraîcheur et les difficultés de l'émerveillement et de la quête. Ensuite, vien-dra *L'Imagination symbolique*, beaucoup plus fluide et synthétique. La première exprime donc, tous les doutes de la construction, et par conséquent, dévoile son cheminement, son processus de croissance. Ce qui me semble une contribution essentielle de cette "herméneutique première", c'est la récupération et l'insistance sur le *corps* en tant que source d'affection et d'intellect, de symbolisation exprimée dans le Régime Diurne et Nocturne de l'Image, le premier dérivé de la position *posturale* du corps, et le deuxième, de la *digestion* et de la *sexualité*. Ensuite, dans ses « Éléments pour une fantastique transcendantale » (Livre III), la synthèse de cette ontologie peut être comprise par le biais de la notion de « trajet anthropolo-gique » —l'incessant échange, accord, ou encore mieux, selon moi, *harmonie* entre notre système biopsychologique et les images dérivées des intimations du milieu cosmique et social—, c'est-à-dire, la relation physique et spirituelle de l'homme avec son environnement naturel et transcendant (dieux, hommes et cosmos), clé du processus d'humanisation qui donne comme résultat une esthétique qui, sans doute, est également une éthique et une pédagogie de l'imagination. "La beauté sauvera le monde", dit Dostoïevski ; tandis que Romain Gary, poète français d'origine juive-lituanienne, écrit: "Je ne crois pas qu'il y ait une étique digne de l'homme qui soit autre chose qu'une esthétique assumée dans la vie, cela jusqu'au sacrifice de la vie même ".

MERCEDES MONTORO : Le philosophe de l'imaginaire Jean-Jacques Wunenbur-ger, qui a préfacé cet ouvrage et que vous connaissez très bien, a insisté sur le fait qu'avec le temps, « Durand s'ouvre sur un double élargissement des structures : 1) d'une part par le biais d'une ontologie de l'image, pensée comme kérygmatique, à la suite de la rencontre avec le gnosticisme de Henry Corbin, pour qui l'ordon-nancement des images correspondrait à des formes épiphaniques d'un monde spirituel (…) ; 2) et d'autre part par la réintégration d'une approche algébrique liée à la théorie des catastrophes de René Thom » à la suite et « sous la pression de l'esprit de Cordoue », *Science et conscience,* et du nouvel esprit scientifique, couvrant ainsi un large spectre où le poétique pur de l'imaginal reste compatible avec une épistémé mathématique, cybernétique et informatique » (Wunenburger 2015 : 143–144). Vous avez été invitée récemment, à assister aux conférences du Cercle d'Eranos (*Eranos Kreis*), à Ascona, en Suisse, où on le sait, Durand a donné des conférences, en tant que membre du Conseil Consultatif et où il a rencontré Jung, Ricœur, Corbin, Eliade, entre autres … Quelles réflexions souhaiteriez-vous partager avec nous sur cette belle expérience autour de la présence vive de Durand dans ce haut lieu du savoir ?

BLANCA SOLARES: Tel que nous le soulignons au début de cet entretien, l'Occident part de la scission *mythos-logos*, science-religion, rêve-réalité, art-science. C'est dualiste. La théorie de Durand, à l'unisson de la pensée chinoise —ce qui n'est pas un hasard, à mon avis, tel que son mariage avec Chao Ying Sun le prouve !— est dualiste et *ternaire* : deux régimes, trois structures (schizomorphe, mystique et synthétique). Ce qui est *ternaire*, dans la pensée chinoise fait allusion, tout d'abord, au *Yin*, en rapport avec le féminin (ce qui est humide, matriarcal) ; ensuite, au *Yang*, ardeur, feu, progression ascendante ; et enfin, au *«vide-médian »*, aux dires de François Cheng, à l'interaction des trois souffles à l'intérieur de chaque entité vivante ou ce qui permet, justement, la circulation et la transformation de toutes les manifestations du réel. La théorie de Durand qui est à l'origine, à mon avis, de la discussion lors des rencontres à Cordoue, fait appel au *dialogue* des opposés ; aux opposés et au "vide-médian", autrement dit, à l'espace intermédiaire de rencontre avec l'inconnu de la nature et l'homme. La pensée occidentale s'enrichirait à n'en plus douter, si elle acceptait l'intégration de ce tiers élément. Chose, par ailleurs, qui se fait dans les domaines les plus créatifs des sciences, des sciences humaines, et plus particulièrement, dans le domaine artistique.

Avec Kerényi, Eliade, Coomaraswamy, G. Scholem, T. Suzuki et Joseph Campbell, parmi d'autres, Gilbert Durand fut l'un des membres les plus importants du Cercle D'Eranos, après le conflit belliqueux. Le Cercle d'Eranos se développe autour de la figure de C.G. Jung et reste toujours ouvert à l'étude des images archétypales des cultures, aussi bien d'Occident que d'Orient. Durand prononce sa première conférence en 1964, en tant que disciple et ami d'Henry Corbin et ne cesse de le faire au long des seize années qui suivent. Je ne peux m'empêcher de remémorer ici, la célèbre photo de Durand à Eranos, avec le tableau noir plein de notes, en essayant d'illustrer sa mythodologie, sa mythanalyse, sa mythocritique et l'anthropologie du symbole face à un auditoire de sages et de savants, ce qui sans doute, fut un encouragement inestimable pour sa pensée.

Oui, j'aimerais partager ici, quelque chose par rapport à cette expérience. Avez-vous entendu parler du *Genius loci* d'Eranos ? Je rappellerai que toutes ses réunions depuis plus de sept décennies ont eu lieu à Ascona, dont l'atmosphère et la géographie sont sans doute, privilégiées. Quoique … plus que privilégiées, ce serait plus juste de dire, "magiques" : le climat, les vallées, et les montagnes dessinées sur la surface du lac Majeur. Au loin, la neige, plus près, les palmiers tropicaux. Incroyable, non ? De suite, on a l'impression de rentrer dans une atmosphère de réconciliation. Le lieu vous transforme. Maintenant que vous m'avez posé la question … je me souviens d'un fait étrange, à mon arrivée avec mon époux. On ne trouvait pas l'endroit : plus on croyait s'approcher, plus on s'en éloignait. Impossible de trouver la célèbre maison Eranos. Finalement, ce fut le professeur monsieur Fabio Merlini, directeur de la Fondation, qui envoya nous chercher, Ricardo Bernardini, le fameux investigateur de l'œuvre de Jung. Il y a de fait, une sculpture dédiée à ce *Genius loci* d'Eranos, devenu, à mon avis très justement, son emblème. Tous les conférenciers ont reconnu, d'une façon ou d'une autre, avoir expérimenté cette sensation de suspension du vol du temps —bien sûr, avec une certaine ouverture d'esprit !—. Par ailleurs, vous pourrez comprendre l'émotion, lorsqu'après avoir traversé les brumes d'Avalon, et après avoir écouté ces conférences, on s'assied à la fameuse *Table Ronde,* la même table où Jung et le groupe d'érudits s'asseyaient, pour partager un repas et une agréable conversation —faut-il rappeler que nous nous trouvons dans la partie italienne de la Suisse, une région bien plus détendue que la partie allemande ?— pour ensuite, nous diriger vers le Monte Veritá. Savez-vous, par ailleurs, que cet endroit, depuis le début du XXᵉ siècle, a été un lieu ouvert à la libération du corps, au féminisme, au végétarisme et à tout autre mouvement de vie alternatif à la société industrielle ? Il n'a pas seulement été un lieu de rencontre d'anarchistes et d'hommes de lettres (Bakunin, H. Hesse, Tristan Tzara), mais il a également, vu naître la danse moderne avec Rudolf Laban, Mary Wigman et Isadora Duncan. La célèbre Maison Annata est construite à la façon Bauhaus. Un certain charme se dégage de cet endroit qui vous saisit.

MERCEDES MONTORO : « Après les années 1990 », —c'est la troisième phase dans l'épistémologie durandienne— « on assiste à une accentuation croissante de l'étude de l'évolution diachronique des structures dans l'histoire, étude qui aboutit à la formulation de la "mythodologie" comme science des déclinaisons culturelles et des cycles de dominance et de récession cycliques des mythes dans la culture » (Wunenburger 2015 : 143–144). Que reprenez-vous justement, de cette mythanalyse et de son célèbre bassin sémantique? Tout en revenant au complexe, riche et passionnant XIXᵉ siècle, —au cœur du débat dans cet ouvrage et auquel vous avez consacré un ouvrage intitulé *Mito y Romanticismo* en 2012 (Mexico : UNAM)— vous semble-t-il pouvoir être encadré, entre d'un côté, Prométhée, « comme mythe du progrès technique, chargé d'espérances messianiques, d'idéal prométhéen » ? Et de l'autre, dans les dernières décennies du siècle, Dionysos, « le dieu vin » qui « assure à l'être de culture un accès mesurable et contrôlable à l'émotivité première de sa propre nature », comme corollaire de tous ces mythes de l'intimité « qui avaient été un "refuge" durant tout le XIXᵉ siècle » (Durand [1979] 1992 : 266) ? En définitive, Prométhée et Dionysos, vous semblent-ils constituer les socles mythiques constituant la conscience du Romantisme, tel que l'a longuement illustré Durand, « ces mythes qui hantent une collectivité d'homme tout entière à travers le temps d'une histoire culturelle ou dans les instants privilégiés qu'enchâssent les grands événements sociaux » (Durand [1979] 1992 : 239) ?

Blanca Solares : L'une des contributions les plus importantes de la théorie durandienne est de souligner que le mythe est bien plus important que le déterminisme des "conditions historiques et sociales", propre du matérialisme et de l'historicisme. C'est le mythe, et sa narration, qui oriente et donne *sens* à l'histoire. Evidemment, cette affirmation s'avère un scandale dans le domaine académique. Selon la théorie de Durand, la culture occidentale, notamment, à partir du XIXᵉ siècle, est traversée par le mythe prométhéen, s'opposant parfois au mythe dionysien. Cette façon de lire l'histoire a pour but non pas de classer systématiquement une période, mais de nous orienter dans la compréhension de la culture. Autrement dit, la mythanalyse et le bassin sémantique tentent de nous familiariser avec un substrat de la réalité qu'aucune autre donnée accumulée et analysée statistiquement de façon isolée ne parviendra à nous apporter : quel est le sens existentiel qui régit la vie à une époque donnée ?

Mercedes Montoro : Concernant la notion de mythe, adhérez-vous à la vaste définition du mythe proposée par Mircea Eliade —une définition qu'un comparatiste tel que Pierre Brunel reprend dans le domaine littéraire[1]? Ou adhérez-vous plutôt, à celle déjà célèbre de Durand, le considérant comme un « système dynamique de symboles, d'archétypes et de schèmes, système dynamique qui, sous l'impulsion d'un schème tend à se composer en récit », une définition où « le mythe est déjà une esquisse de rationalisation puisqu'il utilise le fil du discours, dans lequel les symboles se résolvent en mots et les archétypes en idées » (Durand [1960] 1984 : 64) ? Une définition par ailleurs, celle de Durand où « "le terme "mythe" recouvre (…) aussi bien le mythe proprement dit, c'est-à-dire le récit légitimant telle ou telle foi religieuse ou magique, les légendes et ses intimations explicatives, le conte populaire ou le récit romanesque » (Durand [1960] 1984 : 411)? Notion qui pour nous, les littéraires, consiste, tel que vous le savez, à le trouver « infiltré, refaçonné et parfois déformé par la littérature » (Walter 2005 : 263). Après votre longue carrière et votre responsabilité au sein du projet « Herméneutique et histoire du mythe (symbole, art et religion) » au CRIM, voudriez-vous apportez quelques nuances à ces définitions du mythe ou des précisions méthodologiques concernant votre corpus axé, si je me m'abuse, sur la culture de l'Ancien Mexique et les religions mésoaméricaines?

BLANCA SOLARES: Je ne vois pas de contradiction entre la conception du mythe selon Eliade et celle de Durand. L'une enrichit l'autre, tout en la précisant. La littérature, relevant d'une créativité personnelle, n'est pas directement un mythe collectif, même si l'écrivain se nourrit des voies mythiques de son époque, souvent vécues inconsciemment, tout en y ajoutant des variantes : c'est ce que la mytho-critique aborde. Le mythe pour Eliade et Durand est quelque chose de *vivant*. C'est quelque chose d'inséparable du rite et de tous les "arts" qui l'accompagnent, théâtre, danse, musique, chant, liturgie, à un moment et un lieu précis. C'est la raison pour laquelle, tout aussi bien Durand qu'Eliade ont recours à l'herméneu-tique, afin d'approcher le sens vivant et directeur que le mythe a pour une com-munauté, à vrai dire, presque d'initiés. C'est justement, ce que j'ai essayé de faire en me rapprochant de l'archétype de la Déesse de l'ancien Mexique et de la pensée indigène mexicaine qui persiste encore. Méthodologiquement, bien évidemment, il faut partir de quelques données, étudier les sources archéologiques, les codex, les manuscrits de la Colonie rassemblant les mythes et les rites anciens, faire un travail ethnographique, découvrir la persistance de son culte de nos jours. Toute notion d'épigraphie et de náhuatl étant par ailleurs, bienvenue! Mais en fin de compte, il est surtout question de découvrir ce qui n'a pas été dit, ce que l'ensemble de toutes ces données n'expliquent pas, le *sens* directeur de l'archétype de la Déesse pour le maintien de l'équilibre existentiel de l'homme dans l'antiquité ; sans oublier, ce qu'il continue à nous dire dans la modernité. C'est pour cela que nous avons besoin de l'herméneutique du mythe et du symbole, une question magistralement formulée par l'ensemble d'érudits du Cercle d'Eranos. Nous avons besoin de la *mythodologie* pour découvrir la pérennité et les métamorphoses du mythe, les-quelles, en même temps, enrichissent la définition de mythe : façon de donner un sens à la réalité, mode axiologique de comprendre la vie (Ortiz-Osés) ; « matrice génératrice » (Wunenburger) ; narration qui ouvre un monde et qui bouge en deux directions (celle de tout ce qui est absent et celle de tout ce qui est présent), histoire qui nous apprend à rallier l'origine et la fin (protologie et eschatologie). La réalité ne s'explique pas par la "cause", il faut découvrir son "arché".

MERCEDES MONTORO: Voilà des concepts clef et chers à la mythodologie : constellation d'images organisées par des régimes, catégories structurales, images primordiales (*Urbilde*r et archétypes), trajet anthropologique, schème, symbole, mythe, motif, (Durand) mythème (Lévi-Strauss, Durand), traitement « à l'améri-caine » (Lévi-Strauss), syntagme minimal (Siganos), phases du bassin sémantique (Durand) … Lesquels vous semblent peu opératoires dans votre option hermé-neutique, dans la « position culturaliste » qui semble être la vôtre ?

BLANCA SOLARES: Tous ces concepts me semblent importants. Néanmoins, il en manque un, dont je me sers toujours, car il me semble essentiel : la notion de *psycho-histoire*. Forgée notamment par Erich Neumann, éminent disciple de Jung, elle suggère l'interpénétration de la temporalité historique avec la dynamique de la psyché collective et individuelle. Outre les faits historiques objectifs et ordonnés chronologiquement en tant que progrès et développement technico-scientifique, la corrélation d'une recherche archétypique est aussi, nécessaire. La tendance occidentale vers la maîtrise et l'émancipation de la Nature se traduit, symboliquement, dans le mythe du héros qui tue le dragon. Psychiquement, cependant, la prépondérance de cette tendance appartient à une étape spécifique du développement de la psyché, celui de la "conscience patriarcale" qui n'est pas le dernier et qui implique la répression et/ou exclusion de son opposé complémentaire.

MERCEDES MONTORO : Citons un exemple concret pouvant illustrer votre méthode. Après deux volumes sur les *Imaginaires musicaux. Mythe et musique* que vous avez édité en 2015 (Mexique : UNAM) et un ouvrage qui vient de paraître au titre évocateur, *Gilbert Durand. Escritos musicales. La estructura musical de lo imaginario*, force est de constater que vous accordez une importance capitale à la redondance du mythe, comparée par Durand, à la redondance musicale. C'est également une tendance très actuelle des études comparatistes en littérature que « cette réflexion conjointe sur la poétique des mythes et le dialogue entre texte et musique» (Gély 2004). Pouvez-vous nous résumer, —en avant-première, peut-être, en langue française !—, vos conclusions sur cette belle étude associant Mozart, Wagner et Orphée ? A cet égard, je ne peux m'empêcher de vous demander votre point de vue sur l'idée évoquée par Durand lorsqu'il souligne que « mythe comme musique "montrent", "donnent à voir" et entendre et, pour bien montrer, répètent » (Durand 1989 : 144). Que pensez-vous du fait que c'est grâce à ces redondances que « musique et mythe » renvoient à *l'illud tempus*, à une « durée bouclée sur elle-même et par elle-même, comprimée dans un instant présent et éternel » (Durand 1989 : 144) et que c'est, peut-être, grâce à ces « redondances » du mythe d'Orphée, repérées dans votre dernier ouvrage, que le mythe d'Orphée, le motif de la lyre et la musique en définitive, deviennent une expression de l'imaginaire, en tant que structure, elle-même, musicale?

BLANCA SOLARES: En mettant en exergue cette contribution de la pensée durandienne, j'essaye de souligner en même temps sa complexité : son appartenance au régime nocturne de l'image (face au régime diurne schizomorphe régnant actuellement) ; l'importance de l'écoute (face à une prépondérance du sens de la vue ; une écoute prête à accueillir l'avènement annonçant un nouvel accord harmonieux entre les entités du cosmos) ; et plus particulièrement, l'interpénétration fondamentale des deux régimes de l'image donnant lieu à un troisième, le mythe et ses langages, parmi lesquels aucun autre ne semble plus pertinent, fluide et proche, que la Musique. Mythe et musique, dans la terminologie de Durand, sont semblables, synthétiques et disséminatoires ou redondants. Ce qui a beaucoup à voir, tel que le suggère Pascal, et qui émerge dans la théorie de l'imaginaire, avec le fait que l'homme est mortel et de toute évidence, "capable du meilleur comme du pire". Plutôt que séparer —j'insiste !— il est question d'unir, d'intégrer. Il n'y a rien de nouveau sous le soleil. Tout semble toujours nouveau parce qu'il est question d'émergence "entre" des entités vivantes, différence et répétition dans le sens de la vie. Une vie qui implique l'ascension du visible vers l'invisible, du fini vers l'infini tel que l'aventure mythique le raconte, "les instants qui surgissent dans l'intervalle qui donne accès à ce qui est Ouvert". *Je cherche la sonorité qui se crée dans le passage entre deux notes,* dit le compositeur Federico Mompou. Le psychisme et les affects s'expriment et se réalisent par le biais d'un *rythme* qui est pulsion vitale, et en même temps, expression et manifestation de la durée.

Mallarmé dit que la poésie est « une explication orphique de la terre ». Orphée, le poète à la lyre, commande avec son charme sonore le mouvement des rochers, des arbres et des animaux. Expérience indispensable pour pouvoir accéder à la source véritable des choses, au Souffle primordial, matière et esprit à la fois où tout se relie et se tient, tel que l'écrit le poète François Cheng, et qui anime tous les êtres vivants. Une conception mytho-mystique de l'univers généré par un son primordial que les cultures traditionnelles partagent.

De telle sorte que dans le troisième livre des *Structures…*, Durand ne peut cesser de se questionner après le complexe périple réalisé : que seraient les Argonautes sans la lyre d'Orphée ? Qui donnerait la cadence aux rameurs ? Y aurait-il même, une Toison d'or ?

La traduction de ces textes musicaux de Durand a exigé de ma part non seulement, la maîtrise de sa théorie mais aussi, une immersion dans l'œuvre des compositeurs évoqués et dans les avatars du mythe dans la musique contemporaine. J'ai souffert, certes, mais j'ai surtout apprécié cette recherche avec laquelle j'ai découvert l'imaginaire, symboliquement aussi, comme va-et-vient (*la mer, la mer, toujours recommencée* de P. Valéry o *La mer* de C. Debusy).

Corporellement, en plus, nous sommes résonnance même avant la naissance, encore dans le ventre maternel. Résonnance qui doit être comprise, en accord avec le compositeur italien Giacinto Scelsi, « en résonnance avec l'esprit divin ». Dans l'histoire des cultures, c'est la même chose exprimée par l'ethnomusicologue

Marius Schneider, lorsqu'il évoque *l'origine musicale des animaux-symboles* existant dans les cultures pré-totémiques. Au commencement, selon lui, était le son, et par conséquent, le rythme. La substance *sonore* est peut-être la matière première du monde. Autrement dit, selon le *Livre des Mutations* : « la vie engendre la vie. Il n'y aura pas de fin ».

Mercedes Montoro : Nous venons de le voir, d'un côté, ces « réemploi »-s "ré-injectés" du mythe d'Orphée, sembleraient avoir « creusé »[2] suffisamment « dans un ensemble socio-culturel » identifié par le mythe en question, et pouvoir faire l'objet d'une mythanalyse. Et de l'autre côté, la mythocritique, —définie dès 1998, par un mythocriticien comparatiste de la taille de Pierre Brunel comme « une des chances qu'a la littérature comparée d'échapper aux computs vertigineux pour devenir une autre forme de la critique littéraire » (Brunel 1998 : 234)— s'avère une preuve de plus, que le décloisonnement et le dialogue sont, non seulement, possibles mais, nécessaires pour faire avancer la recherche en sciences humaines. Quelles perspectives d'avenir trouvez-vous plus concrètement, dans votre centre de recherche sur l'imaginaire au Mexique ou dans le CRI2I, dont vous venez de rejoindre le bureau permanent, ouvrant les outils et méthodes de l'école française d'anthropologie de l'imagination symbolique non seulement à tous les domaines de sciences humaines, mais également, aux techniques, aux technologies, aux services pouvant répondre aux besoins sociétaux de production et d'innovation?

Blanca Solares : J'ai envie d'envoyer mes étudiants à Grenade ! Il ne faut pas oublier que la crise des sciences humaines provient justement de son cloisonnement. On a oublié que leur objet est l'humain et que l'humain n'est pas une partie mais un tout (conscient et inconscient, corps et esprit). La force libératrice que projette la techno-science actuelle à partir de cette scission est hautement dangereuse, car elle permet par exemple, une vie exceptionnellement confortable pour une partie de la population qu'elle fait plonger dans la passivité, tout en occultant l'exploitation et la violence qui la rend également, possible. Mais cette force libératrice des techno-sciences ne permet pas la compréhension du *sens,* la signification, la direction que nous devons prendre dans nos vies. L'intégration est nécessaire, une conception unitaire et organique de *l'uni-vers* en mouvement. Quant à mon domaine anthropologique, à quelques exceptions près, le Mexique refuse le comparatisme, qu'il accuse encore de dilettante et de manquer de rigueur, ce qui à mon avis, étouffe l'anthropologie au Mexique. Il est donc, plus que nécessaire d'enrichir une tradition avec une autre, afin de mieux la comprendre ; ouvrir les voies de communication et de circulation entre les entités vivantes de l'univers et leurs produits culturels, en dépassant les sectarismes nationalistes. La spécificité différentielle d'une culture ne doit jamais s'opposer à ce qui est universel. Bien au contraire ! Le but de toute culture est de créer les conditions, afin qu'à partir d'un contexte géographique et historique particulier, s'avère possible une forme d'organisation, rendant possible la vie collective et plurielle ; afin qu'à partir d'un point de vue et d'une sensibilité particulière on puisse profiter de tout ce que la Vie et l'Humain nous offrent. Beaucoup de chemin encore, donc, à parcourir ! On n'a pas l'habitude de pratiquer l'anthropologie comparée et encore moins, la mythanalyse.

La création du CRI2I (2012) sous l'important élan intellectuel de Jean-Jacques Wunenburger, s'avère un domaine privilégié d'échange d'idées et *d'affinités électives* qu'il faudra cultiver. A partir du respect, l'affection et l'amitié, on discute, on enrichit les différentes applications des théories de l'imaginaire, revisitant le «nouveau esprit anthropologique» et son développement, en dehors des modes intellectuelles ou conflits académiques. A partir du structuralisme figuratif et de l'herméneutique du mythe, on doit être capable d'offrir, tel que le suggère Baudelaire dans *Les Fleurs du Mal, le meilleur témoignage (…) de notre dignité.*

Notes

1. « Avec Mircea Eliade », écrit Brunel, « on peut donc considérer que "la définition la moins imparfaite parce que la plus large" du mythe est celle-ci : "le mythe raconte une histoire sacrée ; il relate un événement qui a eu lieu dans le temps primordial, le temps fabuleux des "commencements"» (Brunel 1992 : 59).
2. Sa célèbre définition de bassin sémantique (Durand 1996 : 152) a été rappelée au chapitre un de cet ouvrage.

Bibliographie

Brunel, P. (1992) *Mythocritique. Théorie et parcours.* Paris : PUF. Nouvelle édition augmentée : (2016) Grenoble : ELLUG/coll. « Ateliers de l'imaginaire ».

Brunel, P. (1998) « Littérature comparée : les théories de l'imaginaire et l'exégèse des mythes littéraires », in Thomas, J. *Introduction aux méthodologies de l'imaginaire,* Paris : Ellipses, pp. 225–234.

Durand, G. ([1960] 1984) *Les Structures anthropologiques de l'imaginaire. Introduction à l'archétypologie* générale. Paris : Dunod/Bordas.

Durand, G. ([1979] 1992) *Figures mythiques et visages de l'œuvre. De la mythocritique à la mythanalyse.* Paris : Dunod. (1re édition, Berg International éditeurs, 1979).

Durand, G. (1989) *Beaux-arts et archétypes. La religion de l'art.* Paris : PUF.

Durand, G. (1996f) « Méthode archétypologique : de la mythocritique à la mythanalyse », in *Champs de l'imaginaire (textes réunis par D. Chauvin).* Grenoble : Ellug, pp. 133–156.

Gély, V. (2004) « Mythes et littérature : perspectives actuelles », *Revue de littérature comparée*, 3/2004 (n ° 311), pp. 329–347 in https://www.cairn.info/revue-de-litterature-comparee-2004-3-page-329.htm

Solares Altamirano, B. (2012) *Mito y Romanticismo.* México: UNAM, "Cuadernos de Hermenéutica".

Solares Altamirano, B. (2015) *Imaginarios musicales. Mito y música.* México : UNAM, "Cuadernos de Hermenéutica", 2 vol.

Solares Altamirano, B. E. (2018) *Gilbert Durand. Escritos musicales. La estructura musical de lo imaginario.* Barcelona: Anthropos Editorial.

Walter, Ph. (2005). « Mythologies comparées », in Chauvin, D., Siganos, A. et Walter, Ph. (2005). *Questions de mythocritique. Dictionnaire.* Paris : Imago, pp. 261–270.

Wunenburger, J. J. (2011) *L'Imagination. Mode d'emploi ? Une science de l'imaginaire au service de la créativité.* Paris : Manucius, coll. « Modélisations des imaginaires ».

Wunenburger, J. J. (2015) « L'épistémologie de l'anthropologie de l'imaginaire selon Gilbert Durand », in Chemain-Degrange A. et Bouvier, P. (éds) *Gilbert Durand. De l'enracinement au rayonnement.* Chambéry : Éditions de l'Université Savoie Mont Blanc (Laboratoire LLSETI), coll. « Écriture et représentation », pp. 133–148.

Deuxième Partie

L'imaginaire gautiériste, cette « forêt de symboles »

Redondances et constellations d'images

> « L'être solaire s'obombre d'étranges nuits. Et
> ses nuits frémissent de la nostalgie du jour. C'est
> cette dialectique qui nous permet de situer
> l'homme et l'œuvre. Elle nous paraît unifier
> une création en apparence dispersée et d'ailleurs
> inégale ». (Voisin 1981 : 12)

Parler de « constellations d'images » supposera, dans les lignes qui suivent, l'immersion dans l'œuvre gautiériste. L'évocation ponctuelle de quelques symboles, archétypes, schèmes, gravitant souvent —et inévitablement chez Gautier !—, autour des figures mythiques montrera comment la polarisation constante d'une certaine catégorie d'images peut définir ensuite, par sa convergence, une structure d'imagination propre à Gautier. Un isotopisme[1] fournissant « le diagnostic essentiel sur l'orientation des "essaims" d'images » (Durand [1960] 1984 : 433) qui demeure, par ailleurs, évident, comme dans le mythe, mais dont la différence principale réside ici, dans le caractère statique, face à l'organisation dynamique du récit mythique.

Ma méthode éclectique n'hésitera pas à avoir recours à une terminologie durandienne et brunelienne, deux méthodes mythocritiques pour les œuvres de culture, —et donc, littéraires !—, dans le sillage de Bachelard, Jung, Ricœur,

Corbin entre autres, et considérées, comme étant complémentaires. «Symboles, archétypes, schèmes »[2], régimes nocturne et diurne[3] de l'image vont côtoyer ainsi, « motifs » et «thèmes »[4], ou d'autres notions —telles que celles relevant d'une mythocritique comparatiste, à savoir, « émergence, flexibilité, irradiation » (Brunel 1992)—, afin de mieux arpenter les chemins pluriels de l'imaginaire gautiériste.

Un réservoir d'images, toute une « forêt de symboles » —faisant en outre, écho à son admirateur et ami Baudelaire !— qui gravitent essentiellement, autour du régime nocturne et diurne de l'image, et dont la « dialectique » a permis à Marcel Voisin de situer « l'homme et l'œuvre » (Voisin 1981 : 12) dans un ouvrage déjà classique dans les études gautiéristes, intitulé justement, *Le Soleil et la nuit, l'imaginaire dans l'œuvre de Gautier*. Mais deux régimes, par la même occasion, qui, tout en appelant aux structures héroïque et mystique de l'imaginaire, n'hésitent point à se laisser happer par le messager Hermès, tel que je l'esquisserai, dès la fin du chapitre qui suit. C'est justement, ce passage d'une structure bipartite —dans laquelle, les schèmes[5] s'avèrent résumés par l'idée de « la verticalisation ascendante et celui de la division », quant au geste postural, ainsi que par celui de « la descente ou blottissement dans l'intimité », concernant le geste de l'avalage (Durand [1960] 1984 : 61)— à une tripartition par l'inclusion de la structure synthétique —dont le schème la contenant vient constitué par la geste rythmique et saisonnière du devenir— ce qui me permettra de justifier l'inclusion de l'imaginaire gautiériste, notamment, dans ma dernière partie, au carrefour de l'âme romantique et décadente.

3

Etre et paraître : miroitements, doubles, regards croisés

> « (…) l'analyse des isotopismes symboliques et archétypaux (…) seule peut donner la clef sémantique du mythe ». (Durand [1960] 1984 : 417)

> « Le miroir est toujours un prodige où la réalité et l'illusion se côtoient et se confondent ». (Baltrušaitis 1978 : 281)

Selon la critique de la réception, toute démarche herméneutique « se conçoit comme unité de trois moments, celui de la compréhension (*intellegere*), celui de l'interprétation (*interpretare*) et celui de l'application (*applicare*) ». Et Jauss de continuer, « c'est à Hans-Georg Gadamer que nous devons la redécouverte de l'importance de l'unité triadique de la démarche herméneutique » (Jauss 1988 : 357). C'est donc, en suivant cette "démarche herméneutique" que la "compréhension" des symboles, archétypes, et schèmes, résultant d'une première lecture m'a conduite vers une première intuition interprétative, que je développerai dans les lignes qui suivent. Les rubriques: "être et paraître", "connaître et renaître", et "devenir" —inscrivant l'appareil symbolique au niveau verbal (Durand [1979]

1992 : 16)—, apporteront la clé de mon "application" personnelle de la grille de lecture mythocritique à l'œuvre gautiériste, tout en me permettant de rejoindre ces « trois expériences fondamentales, production, réception, communication, de l'activité esthétique ». Des « expériences », tel que Jauss le souligne bien, « que l'on peut saisir en se reportant à l'histoire des concepts réunis dans la triade *poiésis-aisthésis-catharsis* et rattacher à la jouissance esthétique qui en est le commun dénominateur » (Jauss 1988 : 433).

"Être et paraître" par conséquent, dans un premier temps, —dont les motifs du miroir, du double et du regard, dans leur imbrication constante, me permettront de préciser les contours— qui sera suivi, dans un deuxième et troisième temps, d'un "accès à la connaissance", en tant que cheminement initiatique, pour mieux "renaître" et "devenir". Je débuterai à présent, par la « fantasmagorie », telle que Max Milner l'a définie : la « fantasmagorie touche aux racines mêmes du fantasme », écrit-il,

> Elle en exprime l'évanescence et le décentrement en frustrant le regard au moment même où elle le comble, et constitue ainsi le moyen par excellence de ce va-et-vient autour des limites, de ce brouillage des pistes et des repères qui amène le lecteur à affronter sa propre vérité sous la forme d'une énigme qui ne doit pas avoir de réponse ». (Milner 1982 : 259)

Car ce terme, très en vogue au XIXᵉ siècle, me semble en effet, contenir l'essentiel d'une nouvelle modalité de l'activité imaginaire, illustrée par Gautier. En s'éloignant tout aussi bien de l'imagination reproductrice —qui avait comme point de départ une esthétique fondée exclusivement sur la *mimésis*— que de l'imagination créatrice —qui tendait à substituer au monde réel, un monde différent, mais ordonné selon les mêmes lois—, Gautier donne à voir, par le biais de cette première constellation d'images, son particulier arbitrage entre création et réalité. Il sera alors question d'un entre-deux à la limite entre être et vouloir être, entre être et désir, entre être et illusion. Être et paraître, en définitive, qui non seulement, octroie un lieu privilégié au regard porté sur l'être, au regard de l'être dans le miroir, et, en définitive, au regard de soi-même sur son propre dédoublement mais aussi, qui nous offre une mise à distance de l'œuvre en tant que miroir aux alouettes.

Miroitements, dédoublements, ou regards croisés évoqueront en définitive, « l'ouverture d'un espace intérieur, d'une autre scène dans laquelle les images se projettent, se métamorphosent et se succèdent avec l'illogisme du rêve ». Et ceci ne constitue-t-il pas à la fois, tel que Max Milner l'a évoqué, « une voie d'accès vers les profondeurs » ? Des profondeurs « où l'être intérieur et l'être extérieur, le désir et la réalité, entretiennent des rapports autres que dans la vie de tous les jours » ? Des profondeurs, en définitive, d'« une puissance redoutable, mettant l'homme à la merci de ce qu'il y a en lui de moins contrôlé, le soumettant au règne de l'illusion, et le privant, au risque de la folie, de ses facultés d'adaptation au monde » (Milner 1982 : 23) ?

Miroir, mon beau miroir…

Ce motif présent dans la mythologie de presque toutes les cultures —et dans les mythes de Narcisse, Vénus, Psyché, Faust ou Méduse en particulier—, ainsi que dans divers procédés spéculaires —telle la fameuse structure en abîme, concernant la peinture, la littérature ou le cinéma fantastiques, entre autres— suggère à lui tout seul, toute « une métaphysique de l'imagination » (Bachelard 1942 : 35). En tant que variation nyctomorphe et aquatique, il semble tout aussi bien pouvoir être associé à la femme, à l'autre que soi, qu'au moi du héros. Car comme le soulignait fort bien Bachelard, « à l'être devant le miroir » on peut tout aussi bien poser une double question, « pour qui te mires-tu ? », ou « contre qui te mires-tu ? » (Bachelard 1942 : 31). Est-ce que cette récurrence au motif, dans l'imaginaire gautiériste, donne « une expérience poétique complète », en rêvant d'abord, « avec la matière » (Bachelard 1942 : 32)? Sous quelle optique le fantastique gautiériste le décline-t-il? Surgit-il comme lieu de connaissance par sa capacité à refléter tout aussi bien, la lumière[6] que l'ombre, la vérité et le mensonge, la pensée mimétique ou les différentes errances de la psyché humaine ?

Les lignes qui suivent montreront comment, tout en refusant de se limiter exclusivement à plagier le monde sensible, les miroirs gautiéristes nous livrent une connaissance à des degrés différents : connaissance de soi, de l'autre, voire de l'au-delà. Le miroitement qu'ils provoquent, les éblouissements et éclats qu'ils suggèrent nous donnant à lire non plus l'équivalent mimétique d'un réel, en tant qu'unique existence tenue pour vraie, mais un réel peuplé d'apparences, d'hallucinations. Un irréel dans tous les cas, permettant d'échapper à la connaissance sensible et de suggérer une transcendance dans l'immanence, à l'instar du symbole. Echapper au sensible, enfin, à travers le miroir pour mieux permettre, tel que le souligne fort bien Sabine Melchior-Bonnet, déployer ses effets optiques « jusqu'à inverser »[7] même « leur sens » (Melchior-Bonnet 1994 : 117).

En effet, le miroir s'avère tout d'abord, chez Gautier outil de connaissance de soi, irrémédiablement associé à Narcisse : « les personnages à tendances narcissiques » étant certes, « légion dans l'œuvre de Gautier », tel que le grand spécialiste en la matière, Max Milner, le souligne (Milner 2000 : 218). La seule convergence de quelques motifs comme l'eau, le miroir, et le reflet idéal suffisent pour faire émerger dans un récit comme *Le pavillon sur l'eau*, l'image mythique de Narcisse —tout en constituant par ailleurs, « une expérience poétique complète », comme le précisait Bachelard (Bachelard 1942 : 32)[8] :

> Le temps était beau, aucun nuage ne voilait le ciel; il ne faisait pas assez de vent pour agiter une feuille de tremble, pas une ride ne moirait la surface de l'étang, plus uni qu'un miroir. (Gautier [1846] 1862–1873 : 363)

> Le jeune homme posa la main sur son cœur, mit des baisers au bout de ses doigts et les envoya au reflet avec un geste plein de grâce et de passion. (Gautier [1846] 1862–1873 : 367)

Enveloppe narcissique convenant tout aussi bien, aux héros qu'aux héroïnes gautiéristes, et dont le symbolisme rappelle ici, précisément l'enseignement que le Narcisse ovidien[9] avait négligé : la recherche démesurée de l'autre, en soi même, pour mieux construire son propre moi. Tchin-sing, croit rencontrer dans l'eau son double miraculeux, le reflet féminin qui l'aidera, par la suite, à surmonter sa fragile identité. De même, Ju-Kiouan, hésitant entre l'image, l'apparence et la réalité, croit apercevoir « dans une position pareille à la sienne, une figure qui lui ressemblait d'une telle façon, que si elle ne fût pas venue de l'autre côté du bassin, elle l'eût prise pour elle-même » (Gautier [1846] 1862–1873 : 364). Ce "jaspe" —dont la symbolique n'a pas pu non plus, être méconnue de cet amoureux de la culture chinoise— rencontre, enfin sa "perle"[10].

> En voyant cette ombre dans l'eau, elle comprit que sa beauté avait une sœur ou plutôt un frère; (…) l'orgueil de se croire unique céda bien vite à l'amour, car dès cet instant, le cœur de Ju-Kiouan fut lié à jamais. (Gautier [1846] 1862–1873 : 365)

L'armure narcissique sert ainsi, aux personnages à cimenter dans leur solitude destructrice, une complémentarité créatrice, par le biais de l'amour de l'autre. Dans son article sur « Narcisse maléfique », Max Milner insiste justement sur ce « vide, qui marque profondément les personnages narcissiques dans les récits de Théophile Gautier ». A ce propos, le critique évoque, en exemple, Octave de Saville, dont le mal « est un désintérêt total pour le monde extérieur » exempt, tout aussi bien, d'une « valorisation de soi » —sous-entendue dans le complexe narcissique— que d'un « repli sur soi », qu'Octave se hâte de remplacer par « un élan inassouvi vers l'autre » (Milner 2000 : 221–222). Gautier résumera ce mal-être dans ces paroles d'Octave à Balthazar Cherbonneau : « Eh bien, docteur, je me meurs d'amour » (Gautier [1856a] 1990 : 384).

Or, en est-il toujours ainsi ? Sigognac, dans le *Capitaine Fracasse*, d'Albert dans *Mademoiselle de Maupin* ont une complaisance, secrète ou avouée, à chercher dans le miroir non plus une complémentarité, mais plutôt un nouveau paraître : Sigognac, en raison de son nouveau métier de comédien, où il semble être bien plus près de la vérité et de son rêve (Gautier [1863] 1994 : 106); d'Albert, en raison de son idéal de beauté grecque, qu'il tentera de rapprocher, en redessinant même, ses traits dans la glace.

> Bien des fois je me regarde, des heures entières, dans le miroir avec une fixité et une attention inimaginable, pour voir s'il n'est pas survenu quelque amélioration dans ma figure ; j'attends (…) que mon profil prenne ainsi le calme et la simplicité du profil grec. J'espère toujours qu'un printemps ou l'autre je me dépouillerai de cette forme que j'ai, comme un serpent qui laisse sa vieille peau. (Gautier [1835] 1966 : 152)

« Curieux Narcisse que celui-ci », conclut Max Milner après cet exemple, « dont le rêve le plus cher est d'être un autre que lui-même ! » (Milner 2000 : 219). Un autre, qui peut s'avérer plus réel lorsque l'être et le paraître entrent en jeu, en devenant perméables et en activant le processus de dédoublement, si cher à Gautier : « nous autres, pauvres comédiens, ombres de la vie humaine et fantômes des personnages de toute condition », dira Le Pédant sans hésiter à Sigognac, « à défaut de l'*être*, nous avons au moins le *paraître* qui lui ressemble comme le reflet ressemble à la chose » (Gautier [1863] 1994 : 104. C'est moi qui souligne). Quoique, Gautier le sait, ce paraître n'est qu'un « reflet », une apparence qui « ressemble » mais n'est pas « la chose » même. Un simulacre pouvant évoluer au gré du vent, tel un miroir aux alouettes, tel que je tenterai de l'expliciter, ci-dessous.

Entre également, en jeu par le biais du motif spéculaire, un deuxième degré de connaissance, la connaissance de l'au-delà, permettant de répondre à un autre mythologème[11] : le *qui suis-je ?* —suggéré dans le motif du miroir— nous conduit alors, à l'éternelle problématique du *où vais-je ?*, dans laquelle les coordonnées spatio-temporelles sont forcément sollicitées. Les motifs du miroir vide[12], du miroir de Venise[13] désorganisant l'espace pour qui s'y mire, le motif du miroir maléfique, voire prophétique, nous invitent à découvrir, dans l'œuvre gautiériste, une intégration des structures du régime nocturne —mystique et synthétique !— au sein même, des structures du régime diurne. Des personnages comme Onuphrius, Olaf-de Saville, Octave-Labinski, Paul d'Aspremont évoquent comment la logique dualiste peut se résoudre par le biais des structures mystiques, voire synthétiques. Et ce, en transformant le miroir du principe delphique, —le célèbre « connais-toi toi-même »[14]— miroir à l'origine, inscrit au régime héroïque, en miroir thériomorphe, mais aussi, en miroir de l'intériorisation, annonçant l'union des contraires.

L'eau[15] est en effet, source de connaissance de soi, associée symboliquement au miroir, tel qu'on vient de le voir. Et justement, tout deux, « le miroir et l'eau sont, au même titre, des foyers fantasmagoriques par excellence » (Baltrušaitis 1978 : 189). De miroir narcissique, le miroir devient, alors, magique, divinatoire, maléfique dans l'œuvre qui nous occupe, dont la connaissance projette le héros vers l'avenir ou dans un au-delà, source de mystère. Ainsi le précisait Rita Benesch dans sa thèse, lorsqu'elle écrivait, « le miroir, objet commun, banal, apparaît dans l'univers gautiériste comme doué d'un pouvoir magique (…) C'est par le miroir, frontière franchissable entre le réel et l'irréel, que se manifeste à l'être le monde mystérieux de l'au-delà » (Benesh 1969 : 84–85). Soit. Un au-delà temporel, proposé à la momie Tahoser[16], à travers un « riche miroir de métal poli » placé « sous [sa] tête », précise le narrateur, « comme si l'on eût voulu fournir à l'âme de la morte le moyen de contempler le spectre de sa beauté pendant la longue nuit du sépulcre » (Gautier [1857] 1986 : 85). Otto Rank le souligne bien, le rite mortuaire de l'embaumement, chez les Egyptiens, de même que le recours aux dons aux morts, chez beaucoup d'autres peuples, « montre bien qu'on s'est fait une idée très matérielle de l'âme, qu'on croyait pareille au corps ». Quelques lignes plus bas, il cite Erwin Rohde[17], à propos du thème de l'immortalité des âmes: « elles vivent à peine plus que le reflet du vivant dans le miroir » (Rank 1973 : 64). Le motif du miroir, intimement lié à la croyance en une seconde vie après la mort chez les Egyptiens, est ainsi récrée par Gautier, afin de préserver la beauté de Tahoser de l'anéantissement éternel et d'assurer la perpétuation de sa vie —ne serait-ce que fictive !— après la mort.

La figure mythique faustienne —sur laquelle je reviendrai plus loin — concentre la valeur magique du miroir dans l'œuvre narrative de Gautier. La magie étant, aux dires d'André Dabezies, un des mythèmes importants du mythe de Faust, dont la « signification apparaît d'ailleurs comme évidemment ambiguë »: d'un côté « la magie alchimique » renvoie « aux désirs et aux ambitions de l'homme », et de l'autre, « la magie noire et intéressée renvoie au pacte diabolique » (Dabezies 1972 : 303). Quant à la figure d'Hélène, continue Dabezies, « (…) depuis le *Récit populaire*, c'est de Méphisto que Faust recevait Hélène, elle-même figure démoniaque » alors que, « dans sa ferveur pour l'Antiquité classique », l'Hélène de Gœthe est idéalisée « en symbole de la Beauté, voire de l'Idéal » et détachée « complètement » de Méphisto, par référence « à une autre tradition », datant

« d'Euripide » (Dabezies 1972 : 86). Chez Gautier —pour qui l'influence de Goethe n'est plus un mystère et auquel je consacrerai quelques lignes dans mon étude mythanalytique—, c'est Balthazar Cherbonneau, médecin et thaumaturge, qui fait une référence explicite au miroir magique où surgit l'image d'Hélène: « Vous avez sans doute entendu parler du miroir magique où Méphistophélès fait voir à Faust l'image d'Hélène » (Gautier [1856a] 1990 : 416). Par analogie avec le diable faustien donc, le docteur propose la pratique d'une magie alchimique, proche de la magie noire, non exempte d'allusions au magnétisme mesmérien. Grâce à une coupe contenant de l'eau —le symbolisme du miroir liquide[18] ne peut être plus explicite—, la personne, objet de la recherche, qu'elle soit « vivante ou morte, lointaine ou rapprochée » (Gautier [1856a] 1990 : 416), apparaîtra alors, à l'appel du comte Olaf : Prascovie Labinska, *alias* Hélène, précise Gautier « se dessina ainsi que sous une glace au fond de l'eau redevenue transparente ». Ramenée donc, par ce Méphisto-Cherbonneau, —contrairement à l'Hélène goethéenne !— cette « perfection si merveilleuse » —qui, précise Gautier, ferait « mourir tous les peintres de désespoir » (Gautier [1856a] 1990 : 417)— garde ainsi, les traits idéaux d'une beauté, fortement ancrée dans l'art pour Gautier.

Car il est question ici, bien évidemment d'art, « où la chevelure défaite se joint au reflet glauque de l'eau », dira Durand (Durand [1960] 1984 : 109). « Un tableau » s'ébauchant « sous le nuage blanchâtre » qui fera apparaître « une jeune femme en peignoir de dentelles, aux yeux vert de mer, aux cheveux d'or crespelés » (Gautier [1856a] 1990 : 416–417), et recréant aisément, le thème de *Suzanne et les vieillards* (Durand [1960] 1984 : 109). Un thème par ailleurs, récurrent en Occident que ce soit dans des toiles de Rembrandt, Tintoret ou d'autres, bien connus par ailleurs, de Gautier. Le docteur accomplissant son avatar, à la façon d'un alchimiste pourrait même, inter-changer ici, le rôle de notre auteur lui-même, lorsqu'il n'hésite pas à ramener ses personnages « du bout du monde, des profondeurs de l'histoire » (Gautier [1856a] 1990 : 416) et ma mythocritique, rejoindre alors, presque une psychocritique !

Mais je n'en ferai pas tant ! Revenons plutôt, au motif spéculaire, car c'est en tant que témoin de cette métamorphose qu'une fois l'avatar accompli, Gautier le place stratégiquement, face au malheureux Olaf-de Saville : ses doutes devant disparaître alors, devant ce « miroir de Venise où le comte avait découvert la veille qu'il ne possédait plus sa figure habituelle » (Gautier [1856a] 1990 : 437). Et pourtant, en révélant son apparence extérieure actuelle, le miroir suggère la distorsion, la disharmonie avec son âme, rappelant ainsi le leurre du reflet condamné par Platon[19]. « Cela explique parfaitement », dira le docteur B*** au vrai comte Olaf, devenu Octave de Saville, « comment vous vous trouvez une autre figure dans le miroir; cette figure, qui est la vôtre ne répond point à votre idée intérieure et vous surprend » (Gautier [1856a] 1990 : 446). Mais aussi, Gautier, y a-t-il recours pour amplifier les effets de la métamorphose face à « l'Octave transfiguré », se voyant ainsi « répété au fond de la glace placée en symétrie sur la console à pieds tarabiscotés et dorés » : « il avait peine », souligne Gautier, « à se persuader que cette image si différente de la sienne fût le double de sa propre figure » (Gautier [1856a] 1990 : 446). En définitive, « du miroir-mirage », pour Octave-Labinski, il devient « miroir de révélation » concernant Olaf-de Saville : « la vision » n'était-elle pas « réelle » et « l'idée » « chimérique », aux dires du docteur consulté ? Le comte polonais, ne devenait-il pas alors, un « brun qui se croit blond », plutôt qu'un « blond qui se voit brun » (Gautier [1856a] 1990 : 445) ?

« Du reflet illusoire au signe visionnaire » par conséquent, tout en reprenant Sabine Melchior-Bonnet, « les effets optiques se déploient », sans doute chez Gautier, « jusqu'à inverser leur sens » (Melchior-Bonnet 1994 : 117). Autrement dit, les miroitements et reflets divers et variés nous offrent à lire ces miroirs gautiéristes en tant que miroirs aux alouettes, dont la « longue perspective » rappelle « celle de ces glaces posés l'une en face à l'autre qui se renvoient indéfiniment leurs reflets » (Gautier [1866] 1984 : 37).

Un dernier exemple, enfin, concernant l'accès à une connaissance dans l'au-delà et où l'existence d'un miroir noir, fourni par *Jettatura,* en dit long sur la charge maléfique attribuée à cet objet. Je serai brève pour l'instant, car le récit sera plus largement analysé concernant le motif du regard. Face à la rumeur publique sur son regard dévastateur, Paul d'Aspremont se presse de se placer devant une glace, et « se regarda », précise l'auteur, « avec une intensité effrayante »:

Cette perfection disparate, composée de beautés qui ne se trouvent pas ordinairement ensemble, le faisait plus que jamais ressembler à l'archange déchu, et rayonnait sinistrement dans le fond noir du miroir ; les fibrilles de ses prunelles se tordaient comme des vipères convulsives ; ses sourcils vibraient pareilles à l'arc d'où vient de s'échapper la flèche mortelle ; la ride blanche de son front faisait penser à la cicatrice d'un coup de foudre, et dans ses cheveux rutilants paraissaient flamber des flammes infernales ; la pâleur marmoréenne de la peau donnait encore plus de relief à chaque trait de cette physionomie vraiment terrible.

Paul se fit peur à lui-même : il lui semblait que les effluves de ses yeux, renvoyés par le miroir, lui revenaient en dards empoisonnés : figurez-vous Méduse regardant sa tête horrible et charmante dans le fauve reflet d'un bouclier d'airain. (Gautier [1856] 1990 : 541)

Peut-on mieux décrire le célèbre personnage résultant, aux dires de Milner, tantôt d'un « vampirisme de la mère dévoratrice exercé par procuration », tantôt d'une « aspiration du vide créé dans le fin fond du Moi par le "tombeau" de la mère morte » (Milner 2000 : 228–229) ? Car le « fond noir du miroir » renvoie à Paul du plus profond de sa conscience une image trop négative pour être acceptée. Paul, reste un « *jettatore* » et doit faire face à l'ombre jungienne,

> Qui regarde dans le miroir de l'eau aperçoit, il est vrai, tout d'abord sa propre image. Qui va vers soi-même risque de se rencontrer soi-même. Le miroir ne flatte pas, il montre fidèlement ce qui regarde en lui, à savoir le visage que nous ne montrons jamais à personne, parce que nous le dissimulons à l'aide de la persona, du masque du comédien. Le miroir, lui, se trouve derrière le masque et dévoile le vrai visage. C'est la première épreuve du courage sur le chemin intérieur. (Jung 1971 : 33)

En n'apercevant « que les aspects négatifs », ce moi conscient « ignore que l'ombre[20] est une partie de lui-même » : sans processus d'individuation[21] par le biais du double gémellaire ou du reflet, —conséquence inévitable d'un narcissisme mal intégré— pas d'issue possible et pas d'accès possible non plus, à la totalité du Soi (Rouzeau 1992 : 92). « Distance ou fusion », par conséquent, précise encore Melchior-Bonnet, « ce double registre est celui de tout regard sur soi » (Melchior-Bonnet 1994 : 249). C'est également, la façon de résoudre, chez Gautier, une logique dualiste et antithétique de l'imaginaire (structures schizomorphes) : soit vers les structures mystiques —par con-fusion, en remplaçant l'antithèse par l'euphémisme ou l'antiphrase— soit vers des structures synthétiques —par l'union des contraires—.

En effet, au mythologème du *qui suis-je ?* Gautier a répondu, par le biais du miroir en tant que procédé de redoublement des images du moi. Mais ce redoublement essentiellement du moi —autrement dit, essentiellement d'un *ego* rencontrant son *alter ego*, dans le célèbre processus d'individuation—, peut devenir même, chez Gautier, dédoublement du modèle, jusqu'à en faire son sosie. Un redoublement spéculaire pouvant évoluer de la netteté du reflet, en raison de l'atténuation progressive du modèle, jusqu'à la prééminence du double poursuivant le modèle, « jusqu'à ce que mort s'ensuive et que l'unité soit restaurée » (Melchior-Bonnet 1994 : 252). Encore mieux, le dédoublement peut se passer d'objet spéculaire et constituer un motif à part entière, où il sera question alors, soit de motif gémellaire, soit d'un éparpillement progressif du moi, —assez proche de ce qu'en psychologie pathologique on a toujours appelé un psychisme dissocié[22]— : ce sera mon objet d'analyse, dans les lignes qui suivent.

Doubles, ces figures de l'homogène ?

Motif largement recrée au Romantisme, le double remonte, comme nous le savons, bien plus haut dans le temps, et Gautier n'a point hésité à recourir à d'anciennes légendes nordiques ou germaniques racontant la rencontre avec le double. Toutefois, le double se présente d'emblée, chez Gautier, dès le titre de certains de ses récits, tout en devenant la composante essentielle du caractère des personnages féminins et masculins. Deux options vont s'offrir à nous : soit, sera-t-il question d'un cas de binôme corporel, dont l'unité initiale rompue, —écho incontestable du mythe du *Banquet* de Platon (discours d'Aristophane)—, a une tendance inévitable à la totalité unificatrice. C'est un cas de gémellité. Le double s'avère alors, une figure de l'homogène[23], tout en reprenant la belle formule de Nicole Fernández-Bravo. Soit un être se dédouble, tendant vers le parallélisme et la symétrie, si ce n'est vers la dissymétrie, par happement de l'un par l'autre. C'est cette deuxième configuration du double chez Gautier que je désignerai comme "dédoublement". Le double est ici, une figure de l'hétérogène[24].

Précision, assez réussie, me semble-t-il, de Kuntzmann que je reprends[25] ici (Kuntzmann 1983 : 25), conjointement à celle de Nicole Fernández Bravo, car elles m'aideront à analyser la spécificité de l'œuvre gautiériste. C'est, me semble-t-il, tout en partant d'un redoublement —notamment, *via* le miroir tel que je l'ai évoqué dans les exemples précédents—, pouvant frôler, parfois, le « ménechme »[26], où le double s'avère figure de l'homogène, que l'œuvre de Gautier évolue, dans un va-et-vient incessant, pour mieux nous introduire dans le monde symbolique de l'hétérogène.

« Le miroir est », rappelons-le avec Durand, « procédé de redoublement des images du moi, et par là symbole du doublet ténébreux de la conscience » (Durand [1960] 1984 : 109). Or, est-il toujours question du seul motif spéculaire chez Gautier pour évoquer le dualisme ? Un récit, dont le titre suggère déjà cette particularité du moi, comme *Le Chevalier double* sera mon premier exemple pour souligner combien Gautier n'y a pas toujours recours. Une légende norvégienne, si l'on prend au pied de la lettre les paroles du narrateur, constitue la source du récit du comte Oluf. Ce chevalier, soumis, dès sa naissance, à un double ascendant, déambule toute sa vie avec le poids d'une double étoile. Cette double étoile, ressentie inconsciemment en tant qu'« adversaire intérieur » (Gautier [1840] 1993 : 137), c'est ce qu'un junguien n'hésiterait pas à appeler "ombre". A chevalier double, double approche amoureuse ! Car « une seule de ses moitiés », précise bien le narrateur, ressentait « de la passion, l'autre », éprouvant « de la haine » : « tantôt l'étoile verte l'emporte, tantôt l'étoile rouge » (Gautier [1840] 1993 :

131). Cette bivalence psychique ou dissociation de la psyché, ressentie plutôt comme négativité chez la victime, est expliquée par Nicole Fernández-Bravo, à partir d'anciennes légendes nordiques et germaniques : « la libération du double » serait alors, « un événement néfaste souvent présage de mort » (Fernández-Bravo 1988 : 493). Jung, quant à lui, explique ce fait par le phénomène psychique de la dissociabilité de la psyché :

> Il s'agit même de très antiques expériences de l'humanité, que reflète l'hypothèse universellement répandue d'une pluralité d'âmes dans un seul et même individu. Ainsi que le montre la pluralité, ressentie au stade primitif, des composantes psychiques, l'état originel correspond à un assemblage très lâche des phénomènes psychiques entre eux et nullement à une unité cohérente de ceux-ci. En outre, l'expérience psychiatrique montre qu'il suffit bien souvent de peu de chose pour faire éclater l'unité de la conscience péniblement atteinte au cours de l'évolution et pour la désagréger en ses éléments premiers. (Jung 1971 : 486)

Le chevalier Oluf, s'avérerait de ce fait, proche du motif gémellaire résultant donc, un double comme figure de l'homogène. L'unité initiale rompue, par des phénomènes ponctuels —quoique persistants !— de dissociation de la psyché, tendant à la totalité unificatrice à la fin du récit, et ce, grâce, en partie, à l'intervention de la femme. Car c'est Brenda[27] qui, tout en se méfiant du dédoublement d'Oluf, —certes, sous prétexte d'honnêteté et de décence[28], nous dit Gautier— provoque la fuite d'un double, dont l'étrangeté s'était, toutefois, manifestée, depuis la plus tendre enfance :

> Le jeune Oluf est un enfant bien étrange : on dirait qu'il y a dans sa petite peau blanche et vermeille deux enfants d'un caractère différent ; un jour il est bon comme un ange, un autre jour il est méchant comme un diable, il mord le sein de sa mère, et déchire à coup d'ongles le visage de sa gouvernante. (Gautier [1840] 1993 : 130)

Une étrangeté accrue sans doute, à l'adolescence tout aussi bien, au niveau physique que psychique, et particulièrement mise en évidence par cet « œil aux longs cils noirs, un œil de jais illuminé des fauves ardeurs de la passion italienne, un regard velouté, cruel et doucereux », précise le narrateur, ramenant Oluf à ses origines, « le maître chanteur de Bohême » (Gautier [1840] 1993 : 131). Ce sera enfin, guidée par l'amour de Brenda, qu'une décision d'affronter son propre dédoublement est prise.

> Singulier duel, où le vainqueur souffrait autant que le vaincu, où donner et recevoir était une chose indifférente (…) Il se vit lui-même devant lui: un miroir eût

été moins exact. Il s'était battu avec son propre spectre, avec le chevalier à l'étoile rouge; le spectre jeta un grand cri et disparut. (Gautier [1840] 1993 : 136)

Seul lorsqu'Oluf se voit « lui-même » en train de se voir, le modèle à l'étoile verte peut enfin, s'imposer face au reflet d'un miroir —lequel n'est certes, ici que métaphorique !— et le spectre disparaître avec un cri soulignant son appartenance au monde des ombres. Le retour à l'unité marque ainsi, la victoire sur « l'influence maligne de l'œil orange, du corbeau noir et de l'étoile rouge », le terrassement de « l'incube » par l'homme (Gautier [1840] 1993 : 136), le retour de l'humain face au monstrueux.

Le Chevalier double met par ailleurs, en évidence la croyance, assez répandue et véhiculée par le dualisme du héros, autour de la femme. La faute, s'il faut en trouver une, semble être de sa mère, du fait d'une transgression à l'encontre du monde surnaturel : avoir « tant regardé l'étranger avec sa harpe et son corbeau » (Gautier [1840] 1993 : 129). Un étranger qui, précise Gautier, n'était qu'un « maître chanteur de Bohème » (Gautier [1840] 1993 : 131) et dont l'histoire rapportée par un « bel oiseau au bec jaune » (Gautier [1840] 1993 : 137) me permet d'y lire un lien avec ce modèle d'ancêtre féerique, dans les multiples légendes moyenâgeuses de tradition orale, qu'est le chevalier au cygne. Gautier y fait un clin d'œil, sans doute, par contagion avec toute la symbolique du désir associée à l'oiseau, à l'eau que Bachelard[29] a amplement développée et sur laquelle je ne m'attarderai point. En revenant sur le caractère fautif de la femme, je soulignerai toutefois ici, avec Marie Delcourt —avant d'aborder un deuxième exemple— combien les jumeaux « sont considérés comme de mauvais augure chez beaucoup de peuples » et surtout, combien « chez bien de peuples non-civilisés, ils prouvent l'infidélité de la femme » (Delcourt 1938 : 104).

D'autres légendes ancestrales justifient l'incursion du symbolisme dual chez Gautier. Plus concrètement, son récit *Avatar*, où il est question —tel que je l'ai esquissé ci-dessus— de transposition d'une âme dans le corps d'un autre, inspirée de la philosophie et mythologie hindouistes, voire du brahmanisme[30]. Autrement dit, il est question de transfert d'âmes ou métempsychose, pratiquée par le docteur Cherbonneau : un magnétiseur et thaumaturge qui fera du simple comte Olaf Labinski, le doublet Olaf-de Saville et, inversement, d'Octave de Saville, le doublet Octave-Labinski. Des doubles donc, comme figure de l'homogène dont la ressemblance —extérieure !— sert à l'usurpation d'identité. C'est ainsi qu'en découvrant l'usurpateur de son apparence physique, Olaf-de Saville ne ressent qu'une profonde angoisse mêlée à de la superstition.

Une ancienne légende de famille lui revint en mémoire et augmenta encore sa terreur. Chaque fois qu'un Labinski devait mourir, il en était averti par l'apparition d'un fantôme absolument pareil à lui. Parmi les nations du Nord[31], voir son double, même en rêve, a toujours passé pour un présage fatal, et l'intrépide guerrier du Caucase, à l'aspect de cette vision extérieure de son moi, fut saisi d'une insurmontable horreur superstitieuse; lui qui eût plongé son bras dans la gueule des canons prêts à tirer, il recula devant lui-même. (Gautier [1856a] 1990: 432)

Ce que le narrateur décrit ici, à propos d'Olaf-de Saville, c'est le dédoublement de sa conscience, légitimé par une ancienne croyance et de ce fait, justifiant sa superstition. Qu'est-ce cette vision extérieure de son moi, si ce n'est la pétrification du moi en un double ? Tout en se trouvant cerné par sa propre figuration, il ne lui reste que le retrait, la folie ou la mort, devenant ici, de plus, suicide.

En effet, chacun avait devant soi son propre corps et devait enfoncer l'acier dans une chair qui lui appartenait encore la veille.— Le combat se compliquait d'une sorte de suicide non prévue, et, quoique braves tous deux, Octave et le comte éprouvaient une instinctive horreur à se trouver l'épée à la main en face de leurs fantômes et prêts à fondre sur eux-mêmes. (Gautier [1856a] 1990 : 470)

Toutefois, c'est grâce au chaste amour de Prascovie, qui « dans la forme de l'époux » avait « reconnu l'âme de l'amant » (Gautier [1856a] 1990 : 473), qu'Octave-Labinski consent enfin, à redevenir Octave de Saville. Et le comte Olaf alors, venir se « réinstaller dans [s]on individualité », dont le bienfait semblait enfin, équivaloir, « au désagrément d'en avoir été exproprié » (Gautier [1856a] 1990 : 475). Quant à Octave, n'étant ni « peintre », ni « poète », ni « musicien », —aucun de ces « esprits d'élite qui impriment sur ce monde la trace de leur passage », tel que le narrateur le suggère— que lui restait-il à faire, si ce n'est « aimer ou mourir » (Gautier [1856a] 1990 : 476) ? Que subir la perte de cette « Psyché qui palpitait » encore « des ailes » ? Qu'abandonner cette « prison » (Gautier [1856a] 1990 : 478) extérieure ? Aussitôt dit, aussitôt fait… Cherbonneau profita de cette jeune enveloppe inerte pour s'approprier une nouvelle existence.

Il va de soi, évidemment, que cette récurrence au motif du double n'est pas exclusive à Gautier. Sa conception du double, non seulement découle, mais aussi, implique fortement, d'autres idées sur la beauté, l'art et la femme triomphant à l'époque. Des idées qui, tout en s'inscrivant dans la mythologie romantique de l'éternel féminin, permettent toutefois, de souligner la spécificité de son œuvre. Cette « émergence du sentiment d'une authentique altérité » que devient la « vision romantique du moi », dès les premières décennies du siècle, apparaissant « conditionnée », non seulement « par la composante historique et politique (la révolution française) », tel que Fernández Bravo le souligne, mais également, « par la philosophie idéaliste (*De la doctrine de la science*, 1794, Fichte) ». En effet, une remise en question des autorités de l'Eglise et de l'Etat, accompagnée d'un « idéalisme philosophique » servant de « support métaphysique à la théorie du moi double » (Fernández-Bravo 1988 : 504–505), n'ont pu qu'accentuer le rôle assigné à l'expression identitaire, au sein des œuvres de culture, parmi lesquelles figure celle de Gautier. « Tout n'est qu'apparence », continue encore Fernández-Bravo, « la vraie réalité est ailleurs » (Fernández-Bravo 1988 : 505). Gautier sait bien combien le double, en tant que figure de l'homogène, peut rejoindre l'idéal baroque[32] —« de la profondeur de l'apparence », comme dirait Claude Gilbert Dubois— ainsi que l'illusion théâtrale —le « théâtre miroir » ! dirait encore Dubois (Dubois 1993 : 166)— dans le Jardin impérial de Vienne où il situe sa nouvelle. Intimement lié au théâtre, le moi éprouvé et le moi représenté d'Henrich dans *Deux acteurs pour un rôle* semblent se correspondre, dans un même élan identitaire :

> (…) je sens le désir de vivre dans la création des poètes, il me semble que j'ai vingt existences. Chaque rôle que je joue me fait une vie nouvelle; toutes ces passions que j'exprime, je les éprouve; je suis Hamlet, Othello, Charles Moor (…). (Gautier [1841] 1993 :159)

"Je", serait-il alors, "un autre", avant la lettre ? Le théâtre, une illusion ? Un élan poétique, pouvant multiplier les apparences ? Gautier est, en effet, « persuadé » tel que le souligne Paolo Tortonese, « que, comme dans le mythe platonique, les hommes ne voient que des ombres sur le mur d'une caverne ». Le mieux serait alors, précise-t-il, « de se retourner ». Mais Gautier, ne se retourne pas, à l'instant. Gautier « lui, propose d'atteindre les idées précisément à travers les ombres qu'elles projettent », soulignant ainsi, « toujours l'illusion du réel, l'inconsistance de ce qu'on appelle la réalité » (Tortonese 1992 : 31). En s'insurgeant contre les tromperies du réel, il rejoint par là, certes, la critique contre le siècle de quelques uns de ses confrères. Cette aversion pour son époque, ajoutée à la sensation « très vive d'avoir été trompé » conduirait, aux dires de Paolo Tortonese, « à une déception ontologique laissant une blessure qui ne pourra plus se cicatriser » (Tortonese 1992 : 32). Toutefois, c'est en valorisant le faux, le masque ou la surface, que, contrairement à ce que l'on pourrait s'y attendre, cette apologie de l'illusion[33] dans la création gautiériste, rapproche au mieux, des vérités supérieures. Autrement dit, et en paraphrasant Georges Poulet, nous trouverons chez Gautier ces « deux attitudes » complémentaires marquant son « véritable retournement de l'élan poétique du romantisme »[34]: tantôt, nous le verrons « se figer dans l'immédiat », essayer de « trouver dans la perception de l'instantané (…) le seul monde des réalités locales et actuelles » ; tantôt nous trouverons son effort pour « détacher la forme de son substrat matériel et temporel pour n'en garder que le type plastique pur » (Poulet 2017 : 352). En idéalisant le réel, un certain platonisme le pousserait, en effet, à évoquer tout aussi bien les ombres que les idées éternelles; de l'autre, son rapport plus terre à terre avec la réalité le pousserait à une recherche direct à l'objet par les sens.

A cet égard, comment alors le théâtre, par sa célébration constante de l'illusion, viendrait-il rejoindre la constellation symbolique du double chez Gautier ? L'appartenance au monde du théâtre est ressentie, et ce depuis longtemps[35], comme exclusion par l'étrangeté et bizarrerie suscitées par les acteurs. En intime rapport avec la hantise du double, les acteurs sont associés à leur polyphonie de dires ou d'apparences extérieures et par conséquent, évoqués comme des êtres sujets à damnation. Dans la réplique de Katy, nous lisons, « vous savez bien que mes parents ne voudront jamais d'un comédien pour gendre » (Gautier [1841] 1993 : 159), ou encore, « j'ai peur aussi que vous ne preniez de mauvaises mœurs avec ces damnés comédiens » (Gautier [1841] 1993 : 160). L'assimilation de l'appartenance au monde des apparences, de l'illusion, de la dispersion de l'être avec la damnation est, d'autant plus forte, que le comédien, non content d'incarner le rôle du diable, se voit même, remplacé par lui.

> Quelle fut sa terreur de voir, en se retournant, debout au milieu de l'étroit corridor, un personnage mystérieux, vêtu exactement comme lui, et qui le regardait avec des yeux dont la transparence verdâtre avait dans l'obscurité une profondeur inouïe ; des dents aiguës, blanches, séparées, donnaient quelque chose de féroce à son sourire sardonique. (Gautier [1841] 1993 : 165)

Gautier nous mettrait-il en garde, —même ironiquement !— contre les paroles blasphématoires d'un chrétien, vis-à-vis de cet ennemi du genre humain, le tout, baigné dans la plus pure atmosphère hoffmannienne ? Nous inviterait-il à redécouvrir ce monde de sosies, en tant que mensonge et vanité, tout en nous rappelant l'importance des vérités supérieures, et de ce fait, suggérer un nouveau rapport au monde ? Tournerait-il en dérision ce lieu du double, par antonomase, que sont les planches, tout simplement, pour mieux nous inviter à repenser le monde, un monde où désormais, les frontières fiction-réalité semblent complètement effondrées ?

La « pseudo-découverte » du magnétisme animal —à partir des ouvrages de Franz Anton Mesmer (1734–1815), pas du tout méconnus de notre auteur et dont *Avatar* nous a offert un bel exemple— partant « du principe qu'il existe un fluide qui pénètre toute la nature et qui place le sujet dans un état d'hypersensibilité justifiant les phénomènes de voyance, de télépathie, d'hypnose, de rêves prémonitoires » aurait, aux dires de Fernández-Bravo, « justifié la croyance et la possibilité d'une union magnétique à distance ». Les romantiques, continue-t-elle, « y puisent leur croyance à l'inconscient, aux rêves » : « le double », souligne-t-il, enfin, devenant « la métaphore du rapport avec le monde » (Fernández-Bravo 1988 : 506). Chez Gautier plus concrètement, ce nouveau rapport avec le monde non seulement, va de pair avec une ouverture progressive vers l'espace intérieur de l'être, mais également, avec une mise à distance constante de l'œuvre, en tant que miroir aux alouettes, que le théâtre et le motif du double me semble pouvoir suggérer. L'identité d'un sujet unique et transparent cessant alors, d'être la règle, le double s'avère dans l'univers gautiériste, le scénario parfait d'une quête menant vers l'intérieur, dans un éparpillement progressif du moi, qu'Onuphrius et d'Albert, par exemple, illustrent aisément.

Comment qualifier, dès lors, le reflet sur « la grande glace de Venise à bordure de cristal » d'Onuphrius, lequel, tout en étant « double », « ne lui ressemblait en aucune façon » ? Comment qualifier ce reflet dont l'épreuve du retournement ne lui apporte point de réponse satisfaisante, car n'y découvrant « personne » ? Comment donc, qualifier son moi étrange, si ce n'est en tant que figure de l'hétérogène ? « L'ombre », précise Gautier, « continuait cependant à se projeter dans la glace » : « c'était un homme pâle, ayant au doit un gros rubis, pareil au mystérieux rubis qui avait joué un rôle dans les fantasmagories de la nuit précédente » (Gautier [1832] 1993: 48–49). Ce double diabolique à n'en point douter, n'y est pas pour nous surprendre : comment penser autrement le double d'un « peintre » et « poète », décrit comme l'admirateur fantastique des *Aventures de la nuit de la Saint Sylvestre* d'Hoffmann ? Comment redessiner le doublet de ce lecteur de légendes merveilleuses et d'anciens romans de chevalerie, des poésies mystiques et d'autres traités de sorcellerie et démonographie (Gautier [1832] 1993: 30), si ce n'est par mimétisme ? Comment, en définitive, recréer cette figure de l'hétérogène, si ce n'est en soulignant l'anéantissement du modèle par le reflet ?

> Tout à coup le reflet sortit de la glace, descendit dans la chambre, vint droit à lui, le força à s'asseoir, et, malgré sa résistance, lui enleva le dessus de la tête comme on ferait de la calotte d'un pâté. L'opération finie, il mit le morceau dans sa poche, et s'en retourna par où il était venu. (Gautier [1832] 1993 : 49)

Non seulement le personnage, sur lequel l'ombre de Don Quichotte semble planer, est enclin à la folie —sans doute, par identification avec les héros de ses lectures— mais aussi, son dédoublement consiste à se voir lui-même dédoublé : « l'unité de son Moi » étant par conséquent, « totalement détruite par le second personnage, qui sort du cadre du miroir » (Milner 2000 : 224–225). Tandis qu'avec un double du moi, l'unité semblait envisageable, tel que les exemples précédents l'ont montré, le double devient à présent, l'« inquiétante étrangeté »[36], définie par Freud. S'agirait-il d'une récréation d'un cauchemar[37] de l'auteur lui-même, craignant la perte de ses idées « n'étant plus contenues par la voûte du crâne » (Gautier [1832] 1993 : 49) ?

Mise à part la moralité béate que Gautier semble nous transmettre, en raison de cette insistance sur une vanité et une superbe excessives[38], le double s'avère ici, punition. La présence de l'ombre diabolique étant la cause, voire la conséquence, de sa distance progressive vis-à-vis du réel, de son attitude absente dans le monde physique, de son manque de substance corporelle. Car le narrateur, le souligne fort bien, « à force d'être spectateur de son existence, Onuphrius avait oublié celle des autres » (Gautier [1832] 1993 : 58). Et son rêve angoissant et incohérent où il se voit dépouillé de biens, d'œuvres artistiques, de corps et d'âme ne relève-t-il pas d'une altérité inquiétante ? D'une étrangeté étant la conséquence d'une hantise de se rencontrer, lui-même, comme forme visible, sur laquelle l'auteur revient à plusieurs reprises ? « Le soir il ne se fût pas regardé dans une glace pour un empire, de peur d'y voir autre chose que sa propre figure » (Gautier [1832] 1993 : 32). Cette hantise de se voir, tout en voyant son moi dispersé dans un rêve, suggère justement, « la dissolution de la réalité objective du monde dans la subjectivité de la conscience qui motive l'obsession du dédoublement » (Fernández-Bravo 1988 : 505). Un dédoublement parvenu, rappelons-le, par « un espace vide dans la muraille, une fenêtre ouverte sur le néant, d'où l'esprit pouvait plonger dans les mondes imaginaires » (Gautier [1832] 1993 : 49). Car, finalement, qu'est-ce qu'Onuphrius si ce n'est un artiste, l'homme double par excellence, capable de comprendre que, derrière les apparences, se cache la vraie vie? Il regardait doublement, rappelons-le, avec les yeux « de son âme et de son corps » ayant « la faculté de déranger les lignes les plus droites et de rendre compliquées les choses les plus simples, à peu près comme les miroirs courbes ou à facettes qui trahissent les objets qui leur sont présentés, et les font paraître grotesques ou terribles » (Gautier [1832] 1993 : 31). Ce voyage à l'intérieur du soi exige, comme nous le verrons plus loin, un troisième œil brisant tel que Fernández Bravo l'a bien suggéré, « le cadre étroit des apparences » et invitant à la poétisation de l'univers ; « une transfiguration », en définitive, « qui n'est possible que pour certains êtres qui "se séparent" de la vie quotidienne » (Fernández-Bravo 1988 : 510) et se posent eux-mêmes, en miroir des autres.

Parmi ces êtres, un dernier exemple, assez proche d'Onuphrius, et à mi-chemin entre Olaf-de Saville et Henrich : d'Albert, dont la particulière façon de sentir la vie hors de soi, hors de son être, suggère dans un premier temps, et les ombres pâles de la métempsychose et les faux-semblants du théâtre:

> J'étais le spectateur de moi-même, le parterre de la comédie que je jouais; je me regardais vivre, et j'écoutais les oscillations de mon cœur comme le battement d'une pendule. (Gautier [1835] 1966 : 205)

Avant de connaître l'amour —qu'il s'agisse de sa première impression avec Rosette ou de sa rencontre avec Théodore— d'Albert semble se voir, soi-même, en train de se voir : « j'ai tâché, ne pouvant jeter mon individualité aux orties », pré-cise-t-il, « de la dépayser de façon qu'elle ne se reconnût plus». Malgré cela, ajou-tera-t-il, « ce diable de moi me suit obstinément » (Gautier [1835] 1997 : 61). « Car enfin », dira-t-il, quelques pages plus loin, « ce drôle, ce n'est que moi un peu mieux réussi et coulé avec un bronze moins rebelle et qui s'est insinué plus exactement dans le creux du moule » (Gautier [1835] 1997 : 145). Le double peut, à ce stade, renvoyer au terme consacré par le mouvement romantique, à savoir, celui de *Doppelgänger*. Terme, précise Fernández-Bravo, « forgé par Jean-Paul Richter en 1796 » signifiant littéralement « celui qui marche à côté, le com-pagnon de route » : « ainsi se nomment les gens », conclue Fernández-Bravo, « qui se voient eux-mêmes » (Fernández-Bravo 1988 : 492). D'Albert, ne semble-t-il pas en effet, vivre sa vie comme par procuration ? Se sentant « prisonnier dans [s] oi-même » (Gautier [1835] 1997 : 59), aucune sociabilité ne lui semble possible : au lieu de « poursuivre des fantômes » avoue-t-il, « je [devrais me colleter] avec des réalités » (Gautier [1835] 1997 : 47). Ou encore, « il m'est aussi impossible admettre quelqu'un chez moi que d'aller moi-même chez les autres » (Gautier [1835] 1997 : 59). « Je doutais même », précisera-t-il plus loin, « de toute autre existence que de la mienne, dont encore je n'étais guère sûr » (Gautier [1835] 1997 : 161). François Dagognet nous dit, à ce sujet, qu'il s'agit d'une « brusque interférence du subjectif et de l'objectif », ce qui produit «vite un malaise»: « le regard se trouble », d'Albert « se voit lui-même, mais comme si c'était un autre » (Dagognet 1984 : 22). Seule alors, la rencontre de l'autre dans l'amour —qu'il s'agisse de la scène avec Rosette[39], ou du moment où il croit savoir la vérité sur Théodore[40]— s'avère une issue possible évitant l'autodestruction. Une destruction qui était provoquée par l'éparpillement du moi dans la solitude, tel que ces lignes le précisent: « il me semble », disait-il, en se remémorant son existence avant sa rencontre avec Théodore, « que j'étais seul au milieu de l'univers, et que tout le reste n'était que fumées, images, vaines illusions, apparences fugitives destinées à peupler ce néant » (Gautier [1835] 1997 : 161). La célèbre, quoique ancienne, analyse psychanalytique d'Otto Rank, tout en partant d'une première signification du double comme personnification de l'âme immortelle, expliquerait cette autodestruction par « l'assassinat si fréquent du Double par lequel le héros cherche à se garantir contre les persécutions de son propre Moi » : ceci ne serait « autre chose qu'un suicide sous la forme indolore de la mort d'un autre Moi » (Rank 1973 : 198–109). Mais est-ce la solution trouvée par d'Albert ?

Le premier niveau du narcissisme correspond chez d'Albert, à une chosification du sujet —notamment, dans son assimilation à « un miroir objectif » renvoyant les « fugitives apparences » des hommes (Gautier [1835] 1997 : 57)— à une exclusion volontaire du monde, à une fascination de sa personne ; autrement dit, il semble contenir en lui tous les symptômes d'un parfait narcissisme. « Peut-être que ne trouvant rien en ce monde qui soit digne de mon amour », souligne-t-il ainsi, « je finirai par m'y adorer moi-même comme feu Narcisse d'égoïste mémoire » (Gautier [1835] 1997 : 47). D'Albert avoue néanmoins, ne pas vouloir « tomber dans le monstrueux et le hors nature » (Gautier [1835] 1997 : 47), ne pas vouloir devenir Narcisse et dans tous les cas, n'y sombrer, qu'après une recherche infructueuse de l'unité dans le couple. Inverser donc, la finalité de la contemplation narcissique suppose d'un côté, tel que l'a bien précisé Natalie David-Weill, tourner son « admiration » en « dérision de soi » (David-Weill 1989 : 125) —ce qu'il a déjà fait, par ailleurs, face au miroir pour n'y découvrir que son éloignement des canons de beautés : ce « peu de chose » qu'il faudrait, précise-t-il, « pour que je sois beau » et pourtant « je ne le serai jamais » (Gautier [1835] 1997 : 99)— ; et de l'autre, s'acheminer vers un réel approfondissement de son moi, par acceptation de la nymphe Echo. La découverte de Rosalinde seule, permettra à l'âme de d'Albert, « cette pauvre Psyché », sa sortie de là « où elle était enfermée » (Gautier [1835] 1966 : 204).

Néanmoins, tandis que pour d'Albert, la conscience du dédoublement, en tant que figure de l'hétérogène —notamment, lorsqu'il manifeste être « le plus misérable ramassis de morceaux hétérogènes qui aient jamais existé » (Gautier [1835] 1997 : 193)— ainsi que sa résolution, dans l'unité du couple, ne parvient qu'*a posteriori* ; chez Mademoiselle de Maupin —*alias* Théodore de Sérannes— son dédoublement préalable est non seulement, conscient mais aussi, volontaire. Telle une comédienne, elle n'a plus qu'à se détacher de sa première peau: « il me sembla », précise-t-elle, « que je n'étais plus moi, mais un autre, et je me souvenais de mes actions anciennes comme des actions d'une personne étrangère » (Gautier [1835] 1966 : 213). Par conséquent, et contrairement à d'Albert, qui ne désirait que trouver l'unité dans la beauté, quitte à y perdre son âme, le deuxième moi de Madeleine n'est que la projection de la dichotomie du héros.

Or, en est-il toujours ainsi, concernant "l'éternel féminin"? Reprenons, tout d'abord, ces propos de Marie Claude Schapira, extraits de son *Regard de Narcisse*:

> Tandis que la vision qu'a la femme de l'homme aimé est globale, totalisante et par contre-coup unifiante, l'homme ne peut s'empêcher de projeter sur elle son propre dédoublement échouant ainsi dans la constitution du couple, "dualité dans l'unité" où il mettait son salut. (Schapira 1984 : 43)

L'unité, tant recherchée par le héros dans l'amour de cet autre au féminin, ne conduirait alors qu'à un échec identitaire, en raison de la projection inconsciente de son propre dédoublement sur la femme. En effet, précise encore Mme Schapira: « inapte à accepter la femme dans sa totalité, charnelle et spirituelle, il [Narcisse] lui impose un dédoublement où, pétrifiée et réduite à répéter une voix, elle perd son corps ». En perdant son corps, la femme serait ainsi réduite à « être Echo, double complaisant qui renvoie son message affaibli, répétitif, inoffensif » (Schapira 1984 : 43). Les personnages féminins gautiéristes, ne seraient-ils alors que des clichés, des clichés dédoublés et revisités dans l'art ? Qu'elle soit incarnation dans deux corporéités au féminin, ou expression des deux faces opposées d'une même héroïne, l'âme féminine se manifeste toujours en tant que totalité hypnotisant le héros par sa capacité à lui renvoyer son existence idéale. Joseph Savalle avait déjà souligné comme suit, combien cette récurrence au dédoublement au féminin révèle une attitude également dichotomique de la part de son auteur.

> L'opposition de deux femmes, Marie et Vénus, la chaste et la sensuelle, revient à opposer deux symboles, deux attitudes, deux façons de penser et de concevoir la vie; au-delà des deux conceptions de la femme s'opposent deux conceptions du monde, les yeux de Marie ne regardent que le ciel, tandis que Vénus "préfère la terre à l'Olympe", incarnation de l'humanisme et de la joie païenne de vivre. (Savalle 1981 : 84)

Formulation qui me semble, certes, assez juste et rejoindre les conceptions esthétiques de l'auteur de Tarbes. Quelques exemples suffiront. Dans un récit comme *Celle-ci et celle-là* —le titre, n'est-t-il pas déjà assez explicite ?— Rodolphe, héros mi-don juanesque, mi-don quichottesque se voit dans la difficile situation de choisir entre Mme de Champrosé et Mariette. En suivant l'interprétation que le narrateur nous propose, « madame de M*** représente la poésie classique », « semblable en tout aux statues antiques », alors que « Mariette », « c'est la vraie poésie », « la muse bonne fille » (Gautier [1833b] 1873 : 199–200). Ne trouvant dans celle-ci que de la sensualité, Rodolphe devra chercher dans celle-là, Mariette, de la chasteté. Un autre titre suggérant le thème du double, *Laquelle des deux?*, nous présente un exemple de la parfaite complémentarité sororale:

> (…) ces deux baisers n'étaient effectivement qu'un seul et même baiser, non pas le baiser de Musidora et de Clary, mais celui de la femme complète qu'elles formaient à elles deux, qui était l'une et l'autre et n'était ni l'une ni l'autre, le baiser de la sylphide idéale à qui j'avais donné le nom d'Adorata. (Gautier [1833a] 1873 : 268–269)

L'Adorata est donc un composé de Musidora, « l'angélique », et Clary, la « Diana antique »; une seule créature « faite de deux corps et d'une seule âme » (Gautier [1833a] 1873 : 271–272) précisera le narrateur, un être abstrait fait de la « réunion de ces deux types de beauté » (Gautier [1833a] 1873 : 265).

> Musidora avait des chairs diaphanes, une tête blonde et blanche, et des yeux d'une limpidité angélique, des cheveux si fins et si soyeux, qu'un souffle les éparpillait et semblait en doubler le volume, avec cela un tout petit pied et un corsage de guêpe: on l'aurait prise pour une fée. (Gautier [1833a] 1873 : 265)

> Clary était grande et svelte comme une Diane antique: elle avait les plus beaux yeux du monde, des sourcils qu'on aurait pu croire tracés au pinceau, un nez fin et hardiment profilé, un teint d'une pâleur chaude et transparente, les mains fines et correctes, le bras charmants quoiqu'un peu maigre, et les épaules aussi parfaites que peut les avoir une toute jeune fille (car les belles épaules ne naissent qu'à trente ans): bref, c'était une vraie péri! (Gautier [1833a] 1873 : 264–265)

Adorata, exemple parfait, en définitive, d'un dédoublement du héros projeté sur la femme en tant que figure du désir ; exemple parfait du symbole gémellaire en tant que figure du double homogène et complémentaire ; exemple en définitive, de la réunion des contraires, puisant son origine dans une unité passée, que le narrateur regrette profondément et à laquelle il tend inexorablement. Amine et Florence, ne semblaient-elles pas « créées », aux dires du narrateur de *Les Roués innocents,* « pour montrer qu'on pouvait arriver à une beauté égale par des moyens complètement différents » (Gautier [1846] 1978 : 6) ? Le dédoublement au féminin, en tant que figure de l'homogène, s'avère tellement récurrent chez Gautier que nier une projection du dédoublement du héros-narrateur-auteur sur celui de la femme serait fautif. Une complémentarité qui s'avère alors, source de salut pour un héros, soi-même, dédoublé et qui, faute d'amour, pourrait sombrer dans la folie ou la mort, tel que je l'ai évoqué plus haut.

Henri regardait ces deux femmes si charmantes l'une et l'autre, et si dissem-
blantes pourtant. La beauté de l'une avait quelque chose de perfide, de cruel, de
dangereux: grâce de chatte, charme de sirène, attrait de fleur vénéneuse; —on
s'alarmait de l'aimer— La beauté de l'autre était franche, sympathique, pleine
de noblesse et de générosité; on sentait qu'on pouvait sans crainte lui confier son
amour et son honneur. Telle eût été la femme que Dalberg eût choisie s'il n'avait
pas aimé Calixte (Gautier [1846] 1978 : 96).

Or, ce besoin de complémentarité n'est pas qu'affaire d'hommes : comment
expliquer autrement alors, les nombreux exemples où les héroïnes se déguisent,
se métamorphosent, voilent leurs vraies existences avec des masques différents?
Tahoser, après avoir risqué même sa vie, se fait passer pour Hora, s'introduisant de
la sorte, dans la maison de son aimé Poëri. Double déguisement, si ce n'est travestissement, que Thamar, la vieille servante de Ra'hel, perçoit car « cette femme »,
assure-t-elle, « n'appartient pas à la classe dont elle semble faire partie; son pouce
ne s'est pas aplati sur le fil du fuseau et cette petite main adoucie par les pâtes
et les aromates, n'a jamais travaillé; cette misère est un déguisement » (Gautier
[1857] 1986 : 215–216). Double travestissement également, que celui de Madeleine : Théodore, puis Rosalinde, dans l'épisode de la mise en scène de *Comme il
vous plaira,* au chapitre XI de *Mademoiselle de Maupin,* où l'on assiste, par le biais
d'un costume de théâtre, au dévoilement du vrai sexe du beau chevalier. Gautier
avait déjà souligné dans *Jean et Jeannette*, combien la métamorphose en tant que
binôme corporel s'avère justifiée dans des contes indiens : « on voit dans certains
contes indiens », précise-t-il, « des personnages soit dieux, soit génies, ou tout
simplement magiciens, qui ont la facilité de changer de corps et d'existence sans
changer d'âme pour cela » (Gautier [1850] 1978 : 343). « Grâce à l'industrie de
Justine », ajoute-t-il plus bas, « Mme de Champrosé, sans talisman, sans paroles de
grimoire, se trouvait dans la situation de ces personnages fabuleux ». Une facilité
donc, qui permet que « la transformation » soit complète. « Rien dans ce réduit
ne rappelait à Jeannette la marquise de Champrosé. C'était une existence toute
nouvelle » (Gautier [1850] 1978 : 343).

En guise de bilan provisoire, j'ajouterai qu'il faudra attendre 1865, année de
publication de *Spirite*, pour que le héros s'approche de l'unité recherchée. Son
dédoublement, présent dès 1837 avec *La Chaîne d'or ou l'amant partagé*, continue en 1840 avec *Le Chevalier double* et en 1841 avec *Deux acteurs pour un rôle*.
Dédoublement inconscient, certes, dans un premier temps, qui nous renvoie
implicitement aux gémeaux des origines, dont le conflit éliminait toujours le plus
faible. Ces gémeaux astraux « des rituels de fondation » deviendront, comme le

souligne bien Jean Perrot, « par l'intermédiaire du platonisme » le symbole de l'équilibre dans l'identité. Mais pour que « l'inceste des jumeaux de sexes opposés » apparaisse dans l'œuvre qui nous occupe, le héros doit franchir un autre obstacle: c'est l'entrée en scène du « quatuor gémellaire »[41] (Perrot 1988 : 636–637) avec *Partie Carrée* (1848), *Jean et Jeannette* (1850) et *Avatar* (1856). En conséquence, l'androgyne s'avère en principe, une figure mythique symbolisant une réalisation du rêve d'harmonie et d'unification, en attente pour les héros gautiéristes. Ce n'est que vers la fin de l'œuvre de l'écrivain, dans un roman dont le titre ne reflète le dualisme que d'une façon métonymique, *Spirite*, que le héros s'achemine vers l'unité tant recherchée. En revanche, la femme, qui dès 1833 est présentée comme binôme corporel, ne tarde pas à acquérir l'unité voulue. Signalons, en passant, que la théorie de l'androgynat est introduite dans un roman dont le titre renvoie à un personnage féminin: *Mademoiselle de Maupin*, deux années, à peine, après la publication de *Celle-ci et celle-là*, ou *Laquelle des deux?* Le double, non tant à présent en tant que figure de l'hétérogène —à l'origine d'une « inquiétante étrangeté » découlant « de la proximité du complexe de castration » (Freud 1985 : 250)—, mais en tant que figure de l'homogène —qui complète, qui abolit la peur de l'autre, tout en fusionnant la dichotomie dans une synthèse supérieure et idéale faisant place au Beau— semble en effet, avoir sa parfaite réalisation dans *Mademoiselle de Maupin*.

Prototype d'être dual, le héros gautiériste affronte son double, tout en anticipant son sentiment de dépersonnalisation. Il se déchire alors, psychiquement —soit par une introspection sans salut, soit par une relation problématique à l'autre— pour retrouver une unité originelle, pas toujours accessible. La femme, quant à elle, qu'elle soit projection artistique des dichotomies masculines ou soumise à un travestissement recherché, émerge en tant que binôme corporel : symbole gémellaire et figure de l'homogène qui s'achemine sans tarder, vers sa propre identité unificatrice. Comment alors résoudre ce sentiment d'étrangeté masculin ? Une nouvelle possibilité d'accès à la connaissance du soi et du monde, pourrait-elle s'offrir à ce Pygmalion amoureux ? « La dernière solution pour le héros gautiériste sera », aux dires de Natalie David-Weill, « de projeter son moi idéalisé dans l'autre », qui ne s'avère qu'une « forme creuse » (David-Weill 1989 : 127). Le double, serait-il par conséquent, « apte à figurer tout ce qui nie la figuration du moi, à jouer le scénario fantasmatique du désir » (Fernández-Bravo 1988 : 525) ? Le rééquilibrage du couple gémellaire dans l'identité nous conduira plus loin — notamment, lors de mon analyse du mythème romantique de l'amour-fusion !—, vers l'image inversée des jumeaux de sexes différents: l'androgyne.

Voir, c'est avoir...

« Voir, c'est avoir », écrivait Gautier dans l'introduction à *L'Artiste* du 14 décembre 1856[42]. Ce Gautier, un peu trop voyeur, apporte sans doute, dans cet aveu, une clé de lecture, à ne pas négliger dans son œuvre, que des critiques comme Max Milner, par exemple, ont amplement développé dans son bel ouvrage *On est prié de fermer les yeux*. Je me limiterai donc, à exploiter ici, les aspects visuels associés aux motifs spéculaire, aquatique et dual, tout en insistant sur cette quête de sens par le visible, qui ne peut que déboucher sur une connaissance du monde, particulière à Gautier. Une connaissance du monde qui me semble pouvoir se résumer par la formule de l'être et du paraître et qui vient explicitée, tel que je l'ai suggéré plus haut, par le « niveau verbal » (Durand [1979] 1992 : 16) et la « factivité » du schème (Durand [1960] 1984 : 61) de la verticalisation ascendante, la division, la descente ou l'introspection.

Lieu donc de quête, de rêves et de projections, l'œil, en tant que « symbole spectaculaire », appartient au régime diurne, dont les valeurs peuvent varier, par antithèse avec les symboles ténébreux (Durand [1960] 1984 : 162). L'acuité visuelle du sujet regardant ne dépend pas tant de l'œil qui regarde que du regard où il s'y mire. C'est grâce au regard, vecteur comprenant les deux pôles d'un segment, que l'actualisation du sens du monde s'accomplit. Sans regard, l'œil, souvent au singulier, œil cyclopéen donc, est morne, sombre, vide. Comme André Lucrèce l'a très bien remarqué,

> des yeux alors, le langage se décuple. Délivré de la parole, le regard a son code : son alignement, son espacement, sa durée. Ainsi l'espace de son temps : quand il dépasse "sa durée normale" le regard est générateur de fortes communications car il n'a plus l'innocence du hasard. (Lucrèce 1986 : 6)

Serait-il alors question d'une intentionnalité, d'un regard cherchant, heurtant ou esquivant un autre dans l'œuvre qui nous occupe ? Autrement dit, qui regarde ? Quoi ? Et... Comment ? Des héros regardant le corps[43] de la femme, des héroïnes se faisant regarder par l'intermédiaire d'une artialisation[44] du corps réel, suggérant la nostalgie d'une beauté idéale, perdue ou à retrouver. Mais aussi, des héroïnes regardant et renvoyant, dans leur rayon optique, tout un condensé symbolique de peurs et de désirs[45] que la mythologie romantique, à en croire Mario Praz, avait déjà commencé à esquisser sous la catégorie de la femme fatale[46] mais, qui s'étend bien plus loin jusqu'à la fin du siècle (Praz 1977 : 167). Des regards croisés donc, dans un segment symbolique qui devient « ouverture de sens » (Lucrèce 1986 : 7).

Nos rapports au monde dépendant, comme Jean-Jacques Wunenburger l'a fort bien souligné, « autant des images que nous en formons que des configurations objectives qui le constituent » (Wunenburger 2002 : 215). Sens donc, pluriel, mais sens également, crypté par la perception de ce double artiste aux cents yeux d'Argus qu'est Gautier.

Entre le regard, au premier degré, qui ne voit que ce qui est offert au monde en tant que configuration objective, —un regard, donc, à l'origine d'une unique perception visuelle—, et le regard subjectif, intériorisé, enrichi et recréé des constructions imaginaires —un regard donc, qui transmue l'extérieur en espace symbolique—, toute une série de nuances peuvent émerger ; voire même, conduire à un degré zéro ou anéantissement du regard, dont la spiritualisation et la transcendance peuvent s'avérer accrues. C'est la raison pour laquelle Spirite, par exemple, reprochera à Guy d'avoir des « yeux couverts encore du bandeau et ne voyant pas l'immatériel à travers l'opacité des choses » (Gautier [1865] 1970 : 139). Gautier semble bel et bien nous inviter à voir au-delà des apparences, dans un va-et-vient constant qui, tout en partant du « désir visuel » et « en se satisfaisant dans les objets sensibles », provoque, tel que Paolo Tortonese l'a bien souligné, « une aspiration à l'au-delà qui, à son tour, alimente la concupiscence des yeux » (Tortonese 1992 : 13).

Commençons par la femme ! Elle provoque une attraction irrésistible relevant d'un pouvoir oculaire ensorceleur que Gautier a très bien décrit dans son poème *Coerulei oculi* : « Un pouvoir magique m'entraîne », souligne-t-il, « vers l'abîme de ce regard » (Gautier 1852 : 59). Or, « ces enchanteresses au regard fascinant », souligne Rita Benech, « ne conduisent les hommes qu'à leur perdition: il suffit d'un de leurs regards pour mettre au cœur de l'être un irrésistible désir, une illusion indestructible qui change le cours de sa vie et cause sa perte » (Benesh 1969 : 48). Fasciné, subjugué par ces « yeux céruléens », dont la double bivalence —« le ciel s'[y] reflète » certes, mais la « lumière » ne tarde pas à « s'[y] attendri[r] » jusqu'à laisser luire, même « la perle de Cléopâtre » (Gautier 1852 : 58–59)— empêche toute résistance, le héros se voit entraîné par « l'onde perfide » jusqu'à la noyade (Gautier 1952 : 61). Des yeux céruléens, des yeux aquatiques[47], certes, mais aussi, « voix humide » (Gautier 1852 : 61), qui rappelle, métonymiquement, le chant des sirènes homériques et, où se lit, en suivant Durand, « que la parole, comme la lumière, est hypostase symbolique de la Toute-Puissance » (Durand [1960] 1984 : 173). En effet, tel que Mireille Dottin Orsini l'a souligné, « diviniser ce qui fait peur », ne serait-ce pas « un moyen de se justifier » ? Autrement dit, ne serait-ce pas un synonyme de « dire qu'il est bien normal d'avoir peur devant un être aussi démesuré » ? Ou encore mieux, de souligner non pas la « fragilité » de celui qui regarde, mais plutôt le caractère « terrifiant » de la femme regardée, et ainsi, pouvoir au mieux, « garder l'estime de soi-même » (Dottin-Orsini 1993 : 361) ?

Guère de regard féminin par conséquent, sans ruine morale du héros. Face aux chants maléfiques des sirènes, seule une pétrification artistique imposée permettrait une neutralisation du regard méduséen. Toute une palette chromatique et sensorielle, relevant et du régime diurne et nocturne, se déploie alors, face à un lecteur, tout aussi bien, subjugué par ce regard fatal : les « œillades langoureuses » d'Omphale (Gautier [1834] 1990 : 72), rappelant l'« éclat phosphorique » des yeux de Clarimonde (Gautier [1836] 1990 : 88); l'« œil de lumière » de Cléopâtre (Gautier [1838] 1990 : 168), suggérant les « orbes aux éclairs phosphoriques » de Nyssia (Gautier [1844] 1990 : 279); un « regard velouté » aux « yeux nocturnes » d'Arria Marcella, s'avérant pour Octavien, regard « lourd et brûlant comme un jet de plomb fondu » (Gautier [1852] 1990 : 356) … Peut-on décrire avec plus de nuances et tonalités ce regard sensuel, lumineux et ténébreux, éblouissant, qu'il suffit de regarder « une minute pour vous faire perdre l'éternité » (Gautier [1836] 1990 : 115)?

L'isomorphisme entre le regard et la lumière, s'avère logique et récurrent, tel que je l'ai évoqué dans le poème d'*Emaux et Camées*. Aux dires de Durand, « ce glissement de la lumière, du halo lumineux au regard (…) apparaît comme très naturel: car il est normal que l'œil, organe de la vue, soit associé à l'objet de la vision, c'est-à-dire à la lumière » (Durand [1960] 1984 : 170). Comment se fait-il alors, que ces yeux fascinants ne conduisent pas toujours au paradis, mais plutôt aux abîmes ténébreux ?

Cette double bivalence du regard gorgonéen semble justifiée, aux dires de Camille Dumoulié, par l'étymologie même du terme *fascinum*. Si Méduse « fascine », malgré son pouvoir terrifiant, c'est parce que « *fascinum* signifie "charme", "maléfice", mais aussi "membre viril" ». « Entre "le manque" », continue-t-elle, « et l'Idole, que représente la femme dans sa division, s'ouvre l'espace du Désir masculin » (Dumoulié 1988 : 1023). Condamné par conséquent, à faire sa propre descente aux enfers, pour n'y voir qu'une beauté castratrice et la projection de son propre désir, le héros débute son rite d'initiation par un regard fascinant.

A n'en plus douter, s'il y a une figure par excellence, suggérant « la vertu maléfique », « concentrée dans les yeux »[48] (Milner 1991 : 20), c'est bel et bien Méduse. La célèbre interprétation par Freud (Freud 1985 : 49), datant de 1922, autour de la tête de la gorgone comme la figuration de l'organe génital féminin impossible d'approcher, et plus concrètement, celui de la mère, ce qui provoque l'effroi chez l'enfant, —autrement dit, son "complexe de castration"— ne peut que rejoindre celle de Ferenczi, datant d'un an plus tard. « Ferenczi met particulièrement l'accent », tel que le précise Janine Filloux, « sur la signification des yeux : *les yeux de Méduse sont aussi apotropaïques. Ce sont des ocelles* » (Filloux 2002 : 14). Qu'est-ce que l'ocelle précisément ? «Des "cercles démesurés, concentriques, immobiles et lumineux, (…) purs et abstraits foyers d'hypnose et de terreur" », précise-t-elle, en reprenant Roger Caillois, « qui paralysent et changent en pierre celui qu'ils regardent ou qui les regarde » (Filloux 2002 : 14). L'éminent helléniste, Jean Pierre Vernant, précise, quant à lui, tout un jeu d'interférences entre la face de Gorgô et l'image du sexe féminin, à travers la figure de Baubô: « en grimaçant, cette figure du sexe se fait éclat de rire auquel répond le rire de la déesse, comme à la grimace d'horreur qui fend le visage de Gorgô répond la terreur de qui la regarde » (Vernant 1985 : 33). Max Milner enfin, —pour ne rappeler que quelques analyses de la célèbre figure— a souligné le rapport entre les Grées et Argus: ils descendent tous « d'une divinité marine » et incarnent « aussi un pouvoir de surveillance infaillible » (Milner 1991 : 20).

Argus aux cent yeux, en définitive, face à Méduse ; nos héros gautiéristes et notre écrivain voyeur —rappelons également, avec Camille Dumoulié que le masque de Gorgô était porté par « les jeunes filles vierges pour éloigner la concupiscence des hommes » (Dumoulié 1988 : 1022)— face à la femme terrifiante. Là où le regard devrait se retourner, le poète se fait complice du monstre. N'y aurait-il pas plus d'un lien symbolique entre eux ? Comment lire cette surveillance constante des héroïnes, au regard aqueux et méduséen, par Argus? Une surveillance que seul pourra conclure, après fermeture du centième œil d'Argus ? Fermeture d'yeux après quoi, Argus sera éliminé par Hermès[49]?

Surveillance —si ce n'est connaissance !— qui échappe à Malivert. Spirite croit devoir se rendre sensible aux yeux de Malivert, pour que lui, enfin, puisse voir —et ce, que pour « quelques minutes » !— « avec l'œil intérieur ». La possibilité d'assister à la contemplation de « l'extra-monde » n'étant pas permise à tous les héros gautiéristes, seules « des âmes tout à fait dégagées », précise bien Gautier, pourront y avoir accès : seule la mort, donc, ouvrira la clé de « l'inconnu » (Gautier [1865] 1970 : 65).

Mais, le passage du regard extérieur au regard intérieur, en tant que fenêtre ouverte sur l'âme, n'est pas exclusif au dernier roman de Gautier. Prascovie préfigurait déjà cette capacité exclusive de la femme à voir l'invisible. Le déguisement extérieur d'Octave n'avait pas trompé le cœur de Prascovie. Face au regard « pur, égal, calme, éternel » du vrai mari, elle avait su lire un regard « enflammé » chez le faux Labinski. Une passion terrestre dans le regard du faux mari, « qui la troublait et la faisait rougir » (Gautier [1856a] 1990 : 452), nous dira plus précisément, le narrateur.

En revanche, et contrairement à l'infaillibilité de l'œil intérieur féminin, tout voyeur amoureux —en raison justement des « amours optiques » évoqués par Max Milner (Milner 1982 : 203–204)— s'éloigne et de la lucidité de l'aveugle et de toute vision réaliste du monde. « Pour avoir trop regardé sa vie à la loupe », Onuphrius n'arrive pas à « redescendre », à « renouer avec le monde positif ». « Cette tendance funeste » l'empêcha « d'être le plus grand des poètes », ne devenant que « le plus singulier des fous » (Gautier [1832] 1993 : 59). Car certes, il faut voir, mais également, savoir voir et Gautier n'insistera jamais assez. Malivert doute également, de ses propres yeux quand, au lever du jour, il s'aperçoit que le miroir de Venise ne lui renvoie que l'image de sa propre figure. Il se demandait « s'il était bien vrai que ce morceau de verre poli lui eût présenté, il y avait quelques heures à peine, la plus délicieuse image que jamais œil mortel eût contemplé » (Gautier [1865] 1970 : 67–68). L'au-delà ne semble se montrer que par intermittence, pour tout voyeur épris de la forme. Et quoi dire de Paul d'Aspremont, s'obligeant à subir le sacrifice de l'ulcération par le feu, sans toutefois, pouvoir s'empêcher une dernière offrande, en posant sur Alicia un ultime « regard ardent » (Gautier [1856] 1990 : 587) ? Enucléation rebondissant vers un dénuement, doublement tragique. Car non seulement, il sera privé de vue et vie pour toujours, mais la seule présence consolatrice d'Alicia ressemblant à un « ange retenu sur terre » —à la beauté « diaphane » et « immatérielle » dans sa dernière journée de vie— lui aura également échappé. Et ce, à cause justement, d'une tentative ultime de sauver les apparences, en « cach[ant] son sacrifice » (Gautier [1856] 1990 : 593). « Maintenant mes yeux peuvent s'éteindre », s'était-il dit, « je la verrai toujours dans mon cœur » (Gautier [1856] 1990 : 588). Le lecteur sait combien cette sentence est insensée. Victime et bourreau de son propre regard, ni son œil cyclopéen de « somnambule » (Gautier [1856] 1990 : 584), ni son œil brûlé par le fer ne s'avèreront aptes à percevoir la lumière tant recherchée.

Enfin, si regards croisés il y a, en raison d'un « amour optique » ou d'une « pulsion scopique »[50] (Milner 1993 : 11), transforment-ils pour autant, nos héros en héros visionnaires ? Pas tout à fait, dirais-je. Car deux paradigmes s'offrent à nous. D'un côté, à l'instar d'Alicia, toute femme « fascinée et charmée », peut éprouver, tel que nous le dit le narrateur de *Jettatura,* une sensation contradictoire, une « sensation voluptueusement douloureuse, agréablement mortelle ». Sa « vie s'exaltait et s'évanouissait », continue-t-il, « elle rougissait », tout en devenant pâle ; elle « devenait froide, puis brûlante »… Voire même, les « regards du jeune homme traversaient comme une flamme » la main d'Alicia… Et pourtant, sous les effets d'une "pulsion scopique", quelque peu égoïste !, Paul n'hésite pas à s'éterniser à contempler cette beauté terrestre. Avec une ironie tragique, l'étourdissement

et l'égarement du voyeur insatiable sont tels qu'il ne parvient, même pas, à s'apercevoir de son propre aveuglement : plus jamais, il ne possédera « la clarté qui ne
s'éteint pas ! » (Gautier [1856] 1990 : 587–590). De l'autre, à l'instar de Théodore
dans *La Cafetière*, le héros reste absorbé par la contemplation d'Angéla. N'apercevant pas la réalité telle qu'elle est —une simple « cafetière brisée en mille morceaux »—, il refuse tout aussi bien une description de sa froideur de « marbre »
(Gautier [1831] 1990 : 60–61). C'est par le biais d'une vision surnaturelle —la
beauté d'« une peau d'une blancheur éblouissante » ou encore « des prunelles
bleues » « claires » et « transparentes » (Gautier [1831] 1990 : 58)— qu'une perception autre du monde sensible s'offre au héros. « Le monde réel n'existait plus
pour moi », précise-t-il, « et tous les liens qui m'y attachent étaient rompus ; mon
âme », continue-t-il, « dégagée de sa prison de boue, nageait dans le vague et l'infini » : « je comprenais », dit-il enfin, « ce que nul homme ne peut comprendre »
(Gautier [1831] 1990 : 60). Pourtant, « face au surgissement d'une vue spirituelle », tel que Paolo Tortonese l'a bien précisé, « la vue physique ne semble plus
se retirer » (Tortonese 1992 : 12). D'autant plus, dirais-je, lorsque voir et aimer
vont de pair avec avoir. « Je ne regrette rien » dira Paul, « puisque tu es sauvée :
qu'ai-je perdu, en effet ? » (Gautier [1856] 1990 : 590). Le mépris de l'aspect
extérieur de la nature ne semble avoir d'égal que la contemplation de l'être aimé :

> La terre, le ciel, les eaux, les montagnes, les arbres, les fleurs : vaines apparences,
> redites fastidieuses, formes toujours les mêmes ! Quant on a l'amour, on possède
> le vrai soleil, la clarté qui ne s'éteint pas ! (Gautier [1856] 1990 : 590)

Certes, mais loin de compatir avec le « malheureux » et « enfiévré » héros,
victime de son « monologue intérieur » et d'une « exaltation » qualifié par le narrateur lui-même de « lyrique », la vision sensible s'avère inéluctable pour la vision
transcendante. Comme l'écrit Paolo Tortonese, « entre l'œil du corps et l'œil de
l'âme il y a chez Gautier un rapport qui n'est pas limité à la similitude ». Encore
mieux, « une fois que les paupières se sont levées, en ouvrant les portes les plus
secrètes de l'homme, la vue physique ne semble plus se retirer face au surgissement d'une vue spirituelle » (Tortonese 1992 : 12). Ainsi, la plupart de visions
surnaturelles se présentent chez Gautier, comme relevant d'un état transitoire,
entre sommeil, certes !, mais aussi, veille ; entre inconscience et conscience ; entre
réalité et état second ou hallucinogène. Le narrateur de *Le Pied de momie* revient
à soi grâce à un cri d' « enragé dormeur » (Gautier [1840] 1990 : 261) prononcé
par son ami; une scène similaire a lieu chez Octavien, « évanoui sur la mosaïque
disjointe d'une petite chambre » (Gautier [1852] 1990 : 364); Onuphrius avoue

se sentir poursuivi par le diable et entendre même « des ricanements diaboliques, des chuchotements mystérieux » (Gautier [1832] 1993 : 68) ; le narrateur de *La Pipe d'opium* assiste à une scène de revenants, avec des visions qui rapprochent le héros de l'extase: « mes yeux se portaient naturellement sur le plafond (…) A force de le regarder avec cette attention extatique qui précède les visions, il me parut bleu » (Gautier [1838] 1993 : 116) ; le narrateur du *Club des hachichins*, enfin, ressent « le plaisir qu'éprouvent, suivant leur degré de perfection, les esprits et les anges en traversant les éthers et les cieux (…) » (Gautier [1846] 1993 : 186). Dans tous les cas, tel que le précise fort bien Paolo Tortonese, « le désir visuel, en se satisfaisant dans les objets sensibles, provoque une aspiration à l'au-delà qui, à son tour, alimente la concupiscence des yeux » (Tortonese 1992 : 13). S'agissant d'amours optiques, dans les cas précédents, nous avons eu l'occasion de constater qu'il était bel et bien question d'intentionnalité. Or, il en est toujours ainsi ? Comment se fait-il que M. d'Aspremont ne perçoit pas le regard maléfique qu'il est capable d'infliger à Miss Alicia Ward, si ce n'est parce que la personne atteint de la malédiction est la seule à ne pas la voir? En écoutant le mot « jettatore », nous dit le narrateur, « ce mot étrange » était « dénué de sens pour lui » (Gautier [1856] 1990 : 525). S'agit-il d'un refus de ce phénomène où le vecteur du regard n'arrive pas à s'établir nettement entre l'expéditeur et le destinataire ? Une malédiction, souligne Janine Filloux, qui « a à voir avec l'envie de quelque chose de l'autre ou en l'autre » (Filloux 2002 : 15).

Notre auteur connaît, sans doute, bien la légende de cette « influence pernicieuse qu'exerce la personne douée » (Gautier [1856] 1990 : 526) ainsi que ses origines et ses remèdes[51]. C'est de la bouche du prétendant d'Alicia, le comte d'Altavilla, que nous apprenons qu'il s'agit « d'une croyance » remontant « à la plus haute antiquité » et à laquelle on fait allusion « dans la Bible », en « Orient », chez « Virgile ». Nombreux sont les moyens de s'y opposer : « les amulettes de bronze trouvées à Pompéi », des « signes préservatifs dessinés sur les murs des maisons déblayées », « des mains rouges ou vertes » appliquées de « chaque côté de l'une des maisons mauresques » (Gautier [1856] 1990 : 527). Sans oublier le moyen suggéré dans ce récit: « une monstrueuse paire de cornes de bœuf de Sicile » (Gautier [1856] 1990 : 517). Chez Gautier, nous dit sa fille Judith, il avait « de belles cornes » de taureau qui « préservaient toute la maisonnée du mauvais œil, qu'il redoutait extrêmement » (Gautier, J. 1900–1910 : 296). D'après elle, son père « avait toutes les superstitions » : il se figurait « l'homme » comme un être « environné de forces inconnues, de courants, d'influences, bonnes ou mauvaises » ; comme un être d'où « s'échappait un rayonnement, qui heurtait ou caressait le rayonnement d'autres êtres, et qui était cause d'antipathie ou de sympathie »

(Gautier, J. 1900–1910 : 296). Et bien évidemment, son « père redoutait sérieusement le "mauvais œil", qu'il considérait comme une sorte de magnétisme malfaisant que projetaient hors d'eux-mêmes, sans le vouloir, ceux qui avaient ce don funeste » (Gautier, J. 1900–1910 : 297).

En interprétant ces "cornes" contre le mauvais œil comme euphémisation du phallus, Max Milner a suggéré l'application de l'équivalence œil—phallus chez Œdipe à Paul d'Asprémont. Ce rôle apotropique[52] du phallus rappelle la réaction de l'homme face à l'image gorgonéenne. Pétrification-érection face au complexe de castration, phallus ou cornes de bœuf face à la *jettatura*. La destruction d'un objet pernicieux semble seulement possible par son semblable. L'exhibition des organes génitaux symboliques, les cornes de bœuf, ne suffiront pas cependant, à éviter la destinée tragique d'Alicia Ward: « la castration, indissociable (…) de l'acte même de regarder par lequel le désir s'exprime », précise Milner, « reste encore à accomplir » (Milner 1991 : 126). Sans castration de Paul, sans destruction de l'organe transgresseur, sans cécité, en définitive, aucune possibilité de sauver Miss Ward du regard, doublement aveugle, de Paul. Et pourtant, le lecteur sait combien la destinée tragique du *jettatore* gautiériste empêche tout salut, en raison justement d'une concupiscence oculaire de Paul. « Dans la mythologie », précise Janine Filloux, « cette puissance fascinatrice des ocelles devient présage maléfique porteur de mort, le mauvais œil qui véhicule une malédiction » (Filloux 2002 : 15). La profonde connaissance de Gautier sur la "jettatura" montre bien quel intérêt il porte aux effets dévastateurs du regard. La tête de Méduse avec laquelle s'identifie dans le reflet du miroir notre héros masculin, accusé d'avoir le mauvais œil, n'est-elle pas à la fois, « un miroir et un masque » ? « Miroir de la violence du groupe », sans doute, tel que le souligne fort bien Camille Dumoulié, « qui applique », ainsi, « à un individu la marque diabolique », tout en restant « image de la mort pour celui qui l'aperçoit » (Dumoulié 1988 : 1021).

J'évoquerai, en guise de conclusion, l'image d'un grand œil ou de multiples yeux survolant l'œuvre de celui qualifié, à juste titre, comme étant le « plus extraordinaire peintre d'yeux » de la littérature française (Milner 1997 : 93). « Après avoir vu », écrivait-il, « notre plus grand plaisir a été de transporter dans notre art à nous, monuments, fresques, tableaux, statues, bas-reliefs, au risque souvent de forcer la langue et de changer le dictionnaire en palette » (Gautier 1858 : t. 3, 49. Cité par David-Weill 1989 : 10). En effet, notre « Argus aux cents yeux », ne pouvant considérer le monde sensible qu'à travers un œil de peintre, illustre dans cette citation sa particulière et originale façon de parvenir à la connaissance de la « création ». Son écriture met ainsi, en exergue la possibilité d'orchestrer la forme, en cultivant le regard, en exaltant l'illusion et le masque, tout en chargeant ce regard, par la même occasion, de l'espoir d'une transcendance:

> Les peintres, lorsqu'ils quittent le pinceau pour la plume conservent une manière aisément reconnaissable. L'habitude d'étudier la nature sous son aspect plastique donne à leur phrase un contours arrêté et précis. Leur œil saisit les objets sous un angle particulier, les dessine, les assied, les met en perspective et les colore avec une netteté toute spéciale. Ils connaissaient beaucoup mieux que les littérateurs occupés de la pensée pure, le mobilier de la création. (Gautier 1882 : t. 2 : 333)

Ceci confirme « l'isomorphisme de l'œil, de la vision, et de la transcendance divine » (Durand [1960] 1984 : 171). A la façon d'un poète-peintre pour qui, non seulement le "monde visible existe" (Gautier. Cité par Tortonese 1992 : 9)[53], mais aussi, un au-delà des apparences, des « forces inconnues » —que les êtres dégagent par des « rayonnements » oculaires "heurtant" ou "caressant" le rayonnement d'autres individus (Gautier, J. 1900–1910 : 296)—, l'écrivain se dote d'une quantité innombrable d'yeux. Dès lors, sa palette visuelle ne pouvait se décliner qu'au pluriel, avec des regards pétrifiants et maléfiques, des « amours optiques », des regards croisés… Lire dans ces yeux, ne correspondrait-il pas à tenter, tel que Max Milner l'a évoqué, « de reprendre la maîtrise sur ce qui nous échappe », tout en posant « une question condamnée à demeurer sans réponse » (Milner 1997 : 96) ?

Je me demandais, au début de ce chapitre, si une exégèse pouvait me permettre de trouver, enfin, sous cette "hyperconstruction symbolique" un seul axe interprétatif, capable de constituer un des ciments de l'imaginaire gautiériste. Face à ce premier "groupe symbolique" je peux, d'ores et déjà, préciser ma première « intuition » par « métaphore »[54]: le "masque". Il concentre à la fois et l'être et le paraître et sous-tend tout un réseau symbolique entre le miroir aquatique, le double, et le regard. Aussi, exprime-t-il le désir de poursuite d'une réalité cachée. Le masque, enfin, devient, dans la création gautiériste un jeu de miroir, un miroir aux alouettes, tel que je l'avais précisé plus haut, dans le but de prolonger l'expérience textuelle au-delà du sensible. Contre l'étiquette du "daguerréotype littéraire", qui ne considère l'écrivain que comme "œil exercé", et son œuvre que comme simple "photographie du réel", l'auteur, lui-même écrivait vers 1870: « à Rome, malgré les chefs-d'œuvre de Michel-Ange, de Raphaël et de tant d'autres grands artistes, notre pensée a toujours été, malgré nous, préoccupée, non pas de ce qu'on voyait, mais bien de ce qu'on ne voyait pas » (Gautier [1876] 1904: 321). Gautier sait, sans aucun doute, s'envoler au-delà des apparences, écrire sous le signe du masque et faire participer le lecteur, dès son premier contact, au secret plaisir qu'est le décryptage textuel.

Dévoilement qui a été déjà esquissé dans cette première "configuration symbolique" gautiériste. Derrière le miroir se cache un régime, qui n'est autre que le *régime nocturne de l'image*; sous ce miroir liquide, l'élément aqueux essentiel à la *transmutation*; sous le miroir magique, la *métamorphose* faustienne; sous le miroir déformant, le *processus d'individuation* du héros. L'œil, troisième symbole gautiériste analysé plus haut, suppose un vecteur nécessaire à la *métamorphose*, ainsi qu'à *l'enlèvement du voile*. Sans œil extérieur, point de vision sensible, point d'immanence; sans œil intérieur, point de vision "autre", point d'au-delà ou transcendance. « Voir », avait écrit Gautier dans *l'Orient*, « il semble qu'il ne faille pour cela qu'ouvrir les yeux ; mais c'est une science qu'on n'acquiert que par un long travail. Bien de gens (…) à qui rien n'échappe du monde de l'âme, traversent l'univers en véritables aveugles » (Gautier 1882: t. 2, 233). Certes, voir pour Gautier, c'est disposer d'un troisième œil nous invitant à briser le « cadre étroit des apparences » (Fernández-Bravo 1988 : 510) et à poétiser l'univers, tout en gardant un étroit lien avec le réel. Le thème du double, quant à lui, implique la dissolution de l'être dans son reflet. Ainsi, seule une évolution particulière vers l'unité, à travers le "*quator* gémellaire" apporte la ré-composition de l'être dédoublé. L'être et le paraître suggèrent dès lors, la figure androgynique comme seule figure unificatrice des êtres opposés.

A cet égard, c'est l'"espace de la métamorphose", cet espace ambigu où l'être et le paraître se diluent, cet espace du "passage de l'autre côté du miroir", cet espace où l'œil ne voit pas d'images mais des visions, qui offre la possibilité d'une transgression: la recherche de l'occulte et son dévoilement. Guy Michaud le constatait déjà en 1959, dans son étude sur le motif spéculaire dans la poésie symboliste. Le miroir, écrivait-il, bien que « négligé par les poètes chez qui le lyrisme est l'expression directe et plus ou moins spontanée des sentiments affectifs, tels que nos romantiques » semblait retenir « au contraire, l'attention de ceux dont la démarche, plus intellectuelle, a pour principal objet d'interroger le mystère de l'acte poétique et pour qui le mot, en même temps qu'il retrouve sa valeur d'image, tend à devenir précisément un "outil de rêve" » (Michaud 1959 : 199).

L'œuvre gautiériste me semble par conséquent, pouvoir être placée de par ses constants miroitements, et jeux de miroirs au carrefour de la génération qui a suivi la sienne. Je reviendrai sur les étroits rapports de Gautier avec le magicien du verbe que fût Baudelaire dans ma dernière partie. Mais serait-ce faire justice que de négliger la contribution, notamment ici, par le biais du motif du miroir, de notre grand poète et auteur de Tarbes à l'imaginaire symboliste ? Le miroir non seulement en tant que thème associé symboliquement aux constellations d'images — relevant tout aussi bien du régime diurne et nocturne—, mais également, en tant qu'expression de la correspondance entre le monde extérieur et l'âme humaine, entre le microcosme et le macrocosme, ne nous a-t-il pas prouvé justement, le contraire ? Un rapport, par ailleurs, permettant à Gautier, bien avant les symbolistes, d'établir le but de l'art tel « un microcosme où puissent habiter et se produire les rêves, les sensations et les idées que nous inspire l'aspect du monde » (« Eugène Delacroix », in Gautier [1874] 2011 : 421). Autant dire alors, que notre Narcisse-Gautier, à l'instar de celui d'André Gide (*Le Traité du Narcisse*, 1891) ou du prisonnier de la caverne platonicienne n'hésite point à se retourner pour mieux appréhender la réalité : sans doute, constate-t-il ainsi, que la création n'est, en réalité, qu'un immense jeu de miroirs, où selon le vœu de Mallarmé —dont les liens avec Gautier seront également, évoqués plus loin— « s'allument de reflets réciproques comme une virtuelle traînée de feux sur des pierreries » (Mallarmé. Cité par Michaud 1959 : 209). Le miroir devenant ainsi « l'outil de la pensée analogique selon laquelle, conformément au principe hermétique » —pas du tout étranger au gilet romantique !— « ce qui est en haut est comme ce qui est en bas et réciproquement » (Michaud 1959 : 212) et offrant en définitive, un « moyen de connaissance d'un genre apparemment nouveau » (Michaud 1959 : 199). Car même si « voir, c'est avoir », tel que Gautier l'avait suggéré selon le proverbe, « voir est » également, « plus difficile qu'on ne pense » (Gautier 1882 : t.2. 334) !

Notes

1. La notion d'isotopie (du grec iso=même et topos=lieu) a tout d'abord été exposée par Greimas (*Sémantique Structurale*, 1966) qui l'explique en partant du fait que l'ensemble du signifié d'un mot (ou sémème) peut se décomposer en unités minimales appelées sèmes. Selon lui, lorsque plusieurs mots figurant dans un texte contiennent le même sème, on peut dire qu'il y a récurrence de ce sème et par conséquent phénomène d'isotopie sémantique. Gilbert Durand applique ce concept aux constellations d'images, en précisant son utilisation d'une méthode « toute pragmatique et toute relativiste » comme « la convergence, qui tend à repérer de vastes constellations d'images, constellations à peu près constantes et qui semblent structurées par un certain isomorphisme des symboles convergents » (Durand [1960] 1984 : 40). Il précisera plus tard, « nous préférons décidément *isotopisme* à *isomorphisme*, utilisé par Charles Baudouin, et dont la fâcheuse racine rappelle trop la vacuité de la forme » (Durand [1960] 1984: 432).

2. Alors que le mythe est défini par Durand, rappelons-le, comme « un système dynamique de symboles, archétypes et de schèmes, système dynamique qui, sous l'impulsion d'un schème, tend à se composer en récit » (Durand [1960] 1984 : 64),

« le schème (…) constitue la factivité et la non-substantivité générale de l'imaginaire » (Durand [1960] 1984 : 61); « les archétypes constituent », quant à eux, tel que je l'ai évoqué également plus haut, « les substantifications des schèmes » (Durand [1960] 1984 : 62); enfin, le symbole est « une forme inférieure parce que singulière du schème » (Durand [1960] 1984 : 63). Quelques années plus tard, sa conception du symbole a évolué. Durand considérera « l'appareil symbolique » comme étant constitué par trois catégories: le schème, les « images archétypes » et les « synthèmes »: « il y a », tout d'abord, « le niveau verbal —que d'autres diraient actantiel— qui porte tout symbolisme (…) à s'animer dans des situations dramatiques, au sens étymologique du terme. Puis, vient le niveau épithétique et substantif où le symbole se fixe en quelques grandes qualités ou en quelques objets particulièrement généraux et stables. Enfin, vient le niveau culturel où le symbole s'incarne historiquement, sociologiquement, voire biographiquement dans des circonstances singulières » (Durand [1979] 1992 : 16).

3. « Par conséquent », précise Durand, « nous proposons d'opposer ce "*Régime Nocturne*" du symbolisme au "*Régime Diurne*" structuré par la dominante posturale, ses implications manuelles et visuelles, et peut-être aussi ses implications adlériennes d'agressivité. Le "*Régime Diurne*" concernant la dominante posturale, la technologie des armes, la sociologie du souverain mage et guerrier, les rituels de l'élévation et de la purification ; le "*Régime Nocturne*" se subdivisant en dominantes digestive et cyclique, la première subsumant les techniques du contenant et de l'habitat, les valeurs alimentaires et digestives, la sociologie matriarcale et nourricière, la seconde regroupant les techniques du cycle, du calendrier agricole comme de l'industrie textile, les symboles naturels ou artificiels du retour, les mythes et les drames astro-biologiques » (Durand [1960] 1984 : 59).

4. Je rappellerai ici, encore que Pierre Brunel, de son côté, souligne que « les mythes ne se réduiraient donc pas à des concepts, et on doit pouvoir retrouver le mystère de la pensée primitive, créatrice d'univers fabuleux » (Brunel 1992 : 58). Un peu plus loin, il ajoute, c'est parce que le mythe « est tendu entre des forces antagonistes, entre des sens contradictoires, qu'il peut être un ferment pour une littérature qui défie le temps, un noyau vivant pour l'œuvre qui le fait apparaître en transparence » (Brunel 1992 :71). Son étude mythocritique part « de l'examen d'occurrences mythiques dans le texte » (Brunel 1992 : 72), ce qui lui permet de retenir des « noms », des « motifs », des « thèmes » du mythe en question (Brunel 1992 : 78).

5. Deux schèmes que j'ai regroupés sous les sous-titre "à consonance verbale", *Etre et paraître* et *Connaître et renaître* car, ils me semblent, dans leur imbrication constante dans l'imaginaire gautiériste, déterminer les grands archétypes « au contact de l'environnement naturel et social » (Durand [1960] 1984 : 62) et se définir par les symboles et images du miroir, du double et de l'œil, d'un côté, et de l'autre, du feu, de l'aile, de l'éblouissement et la chute.

6. Aux dires de Véronique Adam, «la fonction la plus fréquente assignée au miroir, qu'on peut retrouver dans *Amadis de gaule* ou dans les *Noces chimiques de Christian*

Rose-croix, est de refléter la lumière ». Et de continuer, « le livre d'alchimie devient ainsi un miroir aux princes, trompant l'ignorant et élisant celui qui aura accès à la connaissance dans l'histoire, double des lecteurs initiés » (Adam 2013 : 52–53).

7. Sur le rôle de l'inversion dan la mythologie romantique et notamment chez Gautier, je reviendrai au chapitre suivant.

8. « Un poète qui commence par le miroir », précise-t-il concrètement, « doit arriver à l'eau de la fontaine s'il veut donner son *expérience poétique complète* » (Bachelard 1942 : 32).

9. A vrai dire, tel que Sabine Melchior-Bonnet le souligne, « le malheur de Narcisse, dont l'histoire a été si souvent interprétée depuis Ovide, est d'avoir choisi le plus bas degré de la connaissance, celui de son reflet, et il est puni par Némésis pour avoir méprisé l'amour d'Écho, c'est-à-dire refusé cette médiation de l'autre dans la construction de soi » (Melchior-Bonnet 1994 : 117).

10. Il est à remarquer l'ambiguïté des sexes que Gautier attribue à leur surnom: « Tchin-sing », la femme, veut dire "le jaspe", alors que « Ju-Kiouan », l'homme, veut dire "la perle". Est-ce parce que la portion féminine de l'être qui manquait à Tchin-sing doit être ainsi récupérée dans le reflet de Ju-Kiouan dans l'eau? Est-ce parce que, au même titre, la portion masculine de l'être qui manquait à Ju-Kiouan est ainsi réappropriée dans le reflet de Tchin-sing dans l'eau? A en croire Jung, « dans l'ombre de l'inconscient est caché un trésor, le trésor difficile à atteindre, caractérisé (…) par une perle brillante, ou, comme dit Paracelse, par un *mysterium*, ce qui indique quelque chose de fascinant par excellence » (Jung 1953 : 548). Est-ce seulement après cette connaissance de soi, après la découverte de cette "perle" que l'amour peut surgir? Si, comme le *Dictionnaire de symboles* de Jean Chevalier le souligne, d'un côté, la perle « symbolise l'unité cosmique du multiple », autrement dit, « la mise en relation spirituelle de deux ou de plusieurs êtres » ; et de l'autre, le jaspe « possède les mêmes pouvoirs » que la perle et « sert aux mêmes usages », sommes-nous loin ici du rêve d'unité et de complétude cher à Gautier, dont la figure androgynique en dira long dans la troisième partie de cet ouvrage? (Chevalier et Gheerbrant 1982 : 743).

11. Tel que Jung l'a souligné, « le mythologème » me semble pouvoir être « la langue véritablement originale » des « processus psychiques et nulle forme intellectuelle ne peut atteindre, même de très loin, à la plénitude et à la force d'expression de l'image mythique » (Jung [1970] 1994 : 35).

12. Cette thématique « constante » dans l'œuvre qui nous occupe, s'exprime, aux dires de Max Milner, « dans deux cas particuliers », très « significatifs », « se situant au début » —il est question d'Onuphrius, sur lequel je reviendrai concernant le motif du double— « et vers la fin de la carrière de l'écrivain » —il est question alors, de *Spirite* que j'évoquerai, ci-dessous—, car précise-t-il, « le premier se rapporte évidemment au narcissisme primaire, alors que le second se trouve dans la sphère du narcissisme secondaire » (Milner 2000 : 223).

13. Max Milner a expliqué l'insistance du « miroir de Venise » chez Gautier « et chez beaucoup d'autres » par la fascination que la particulière désorganisation de l'espace produite par les miroirs vénitiens exerce sur les gens qui s'y regardent. « Fascination », dit-il, qui, « en annulant les images du monde extérieur, avait été invoquée dès l'Antiquité pour expliquer les visions prophétiques dont le miroir magique est l'instrument ». Guillaume d'Auvergne, évêque de Paris au début du XIIIe siècle, cite l'opinion de certains sages sur ces visions, visions qu'il réfute, lui-même, les considérant, et je le souligne bien, « d'origine diabolique » (Milner 1982 : 126).

14. « Se connaître », précise Sabine Melchior-Bonnet, « comme y invite le principe delphique, c'est remonter des apparences sensibles au miroir commun —reflets, apparences, ombres ou phantasmes— jusqu'à son âme » (Melchior-Bonnet 1994 : 117).

15. L'eau, rappelle Durand, « en même temps que boisson fut le premier miroir dormant et sombre » (Durand [1960] 1984 : 103).

16. « Il n'est pas étonnant », précise Pascale Auraix-Jonchière, « qu'Isis, la déesse aux milles voiles, surdétermine le personnage romanesque de Tahoser » (Auraix-Jonchière 2000 : 165). J'analyserai le rôle joué par la mystérieuse Isis dans l'œuvre gautiériste, ainsi que l'intérêt de notre auteur pour cette civilisation disparue notamment, dans la troisième partie de cet ouvrage. Le thème isiaque dans *Le Roman de la momie* a par ailleurs, été magistralement traité par Auraix-Jonchière pour souligner combien Gautier dévoile ici, sa propre réflexion sur la civilisation contemporaine et le positivisme, « jugés décadents et réducteurs, par opposition à l'ingéniosité à proprement parler merveilleuse des "sociétés disparues", sources de rêves infinis » (Auraix-Jonchière 2000 : 161).

17. Il cite également Negelein pour souligner le fait que les Egyptiens étaient, pour la même raison, habitués à confectionner des images des morts (Rank 1973 : 113).

18. En paraphrasant Bachelard, Durand assure qu'en tant que « doublet substantiel des ténèbres », l'eau « est la "substance symbolique de la mort". L'eau devient même une directe invitation à mourir, de stymphalique qu'elle était elle "s'ophélise" » (Durand [1960] 1984 : 104). Et plu loin précise-t-il, « se mirer c'est déjà un peu s'ophéliser et participer à la vie des ombres » (Durand [1960] 1984 : 109).

19. « Dans la *République* (X, 596) », précise Sabine Melchior-Bonnet, « Platon condamne le leurre du reflet en énonçant la distorsion entre l'être et son double irréel et fugitif » (Melchior-Bonnet 1994 : 116).

20. Comprise, comme il va de soi, dans la terminologie junguienne comme « cette moitié obscure de l'âme dont on s'est depuis toujours débarrassé au moyen de projections » (Jung [1970] 1994 : 43).

21. Nous verrons avec Jung et Pierre Solié, dans la troisième partie de cet ouvrage, comment ce « processus de devenir de la personnalité, appelé processus d'individuation » s'exprime aisément « dans la symbolique alchimique » dans l'œuvre de Gautier (Jung [1970] 1994: 51).

22. Michel Lobrot définie la « dissociation psychologique » comme une pathologie traditionnellement définie comme une souffrance de « tous ces sujets qui présentent des

personnalités multiples, qui ont du mal à trouver leur unité, qui vivent des contradic- tions profondes et irréductibles ». Or, il soutient dans son ouvrage en collaboration avec d'autres anthropologues et spécialistes en sociologie, que la « dissociation, bien au contraire, est le régime normal du psychisme » car « le réel, aussi bien dans le temps que dans l'espace », —tout en rappelant la "théorie des catastrophes" de René Thom— « est fragmenté, fractionné » et par conséquent, le « psychisme doit s'adapter à cette situation, s'il veut être en prise avec le réel » (Boumard, Lapassade et Lobrot 2006 : 123–129).

23. Elle explique ce « revirement du mythe littéraire du double » en le réduisant à deux moments. Quant au premier moment, « il symbolise de l'Antiquité jusqu'à la fin du XVIᵉ siècle l'homogène, l'identique : la ressemblance physique entre deux êtres sert à la substitution, à l'usurpation d'identité, le double vivant, le sosie, le jumeau est pris pour le héros et *vice versa,* chacun ayant son identité propre. La tendance à l'unité prévaut aussi quand un personnage joue deux rôles » (Fernández-Bravo 1988 : 495–496).

24. Quant au deuxième moment débutant à la fin du XVIᵉ siècle, « le double commence à représenter l'hétérogène, la division du moi allant jusqu'à l'éclatement (XIXᵉ siècle), le *je* pouvant se fractionner à l'infini (XXᵉ siècle) » (Fernández-Bravo 1988 : 496).

25. Je soulignerai toutefois, combien le symbole dual et gémellaire ne s'accompagne pas forcément, chez Gautier de figures mythiques concernées. Seuls quelques échos nar- cissiques, faustiens, méduséens (tel que je l'ai précisé plus haut) se rapportant au redoublement au miroir émergent dans l'œuvre qui nous occupe. Aucune complé- mentarité gémellaire explicite du genre, Gilgamesh-Enkidu, Romulus-Rémus, Caïn- Abel, etc. ne remonte, en revanche, à la surface.

26. Je rappelle ici, avec Nicole Fernández-Bravo, que c'est en référence aux comédies de Plaute que l'on nomme « sosie ou ménechme », « deux personnes qui montrent l'une avec l'autre une ressemblance frappante au point qu'on les confond » (Fernán- dez-Bravo 1988 : 492). Gautier connaît le terme et la référence littéraire, lorsqu'il écrit dans *Avatar*: « l'époux de Prascovie, quoique intrépide comme un Slave, c'est tout dire, ressentit un effroi indicible à l'approche de ce Ménechme, qui, plus terrible que celui du théâtre, se mêlait à la vie positive et rendait son jumeau méconnaissable » (Gautier [1856a] 1990 : 432).

27. Pareille est la réplique que Mariette fera à Rodolphe, lors de ses doutes à propos de son amour pour "celle-ci", alias Mme de M*** ou "celle-là", Mariette, elle-même: « moi, je ne sais pas, comme vous, séparer mon amour en deux: l'amour de l'âme pour celle-ci, l'amour du corps pour celle-là. Je vous aime avec mon âme et mon corps, et je veux être aimée ainsi » (Gautier [1833b] 1873 : 190).

28. « Défaites-vous du chevalier à l'étoile rouge », s'écrie-t-elle, « ou je n'écouterai jamais vos propos d'amour; je ne puis être la femme de deux hommes à la fois » (Gautier [1840] 1993 : 134).

29. « L'image du cygne », tel que le souligne fort bien Bachelard, n'est-elle toujours pas « un désir » ? « C'est dès lors », continue Bachelard, « en tant que désir qu'il chante.

Or, il n'y a qu'un seul désir qui chante en mourant, qui meurt en chantant, c'est le désir sexuel. Le chant du cygne » —étant ici, le "maître chanteur de Bohème"— « c'est donc le désir sexuel à son point culminant » (Bachelard 1942 : 48).

30. « Mon vieux Brahma-Logum » s'écria Cherbonneau, « tu vas voir du fond du ciel d'Indra, où les apsaras t'entourent de leurs chœurs voluptueux, si j'ai oublié la for-mule irrésistible que tu m'as râlée à l'oreille en abandonnant ta carcasse momifiée » (Gautier [1856a] 1990: 418–419).

31. « Il existe une croyance allemande, d'après laquelle celui qui à la Chandeleur voit son ombre double, sera enterré avant la fin de l'année », nous dit Otto Rank (Rank 1973 : 57–58). Gautier, connaît-il cette croyance? Dans tous les cas, nous savons aujourd'hui grâce à ce *Catalogue des livres composant la bibliothèque du feu M. Théophile Gautier : (1873a)* que Gautier était plus qu'intéressé par les légendes populaires que des auteurs comme par exemple, le marquis de Belloy avait recueillies dans un ouvrage intitulé *Légendes Fleuries* (1855, Paris : V. Lecou). Mis à part d'autres volumes concernant les contes de toutes origines —parmi lesquels *les Contes* de Perrault, les *Contes fan-tastiques* d'Hoffmann ou les *Contes mythologiques* de George Cox—, ainsi que des ouvrages de la littérature universelle, on peut y trouver également, des *Ballades et légendes* par Pécontal. Voir : (1873a : 33, 48–49).

32. Un baroque défini « aux yeux de la critique actuelle » en tant que « constante histo-rique qui se retrouve à des époques aussi réciproquement éloignées que l'Alexandri-nisme de la Contre-Réforme ou celle-ci de la période "Fin de siècle", c'est-à-dire, de la fin du XIXᵉ siècle et qu'il s'est manifesté dans les régions les plus diverses, tant en Orient qu'en Occident » (Dubois 1993 : 32–33). « En somme », continue-t-il, « le baroque serait la voix de l'inconscient qui proteste contre la dictature rationalisée du conscient. De là son caractère de permanence » (Dubois 1993 : 33). Quant à Durand, il préfère déchiffrer des flux sémantiques et morphologiques du Baroque : « le "rococo" de la fin du XVIIIᵉ siècle avec lequel on le fond et le confond souvent, sans tenir compte de la grande éclipse classique —et française !— du début du siècle, non plus que de la profondeur du *Sturm und Drang* qui dessine le romantisme dès les années 1760–1770 ». Car « tout un romantisme », précise encore Durand, « n'est-il pas, formellement du moins, "baroque", Delacroix ? Beethoven ? Quant au décaden-tisme, à partir des années 1860–1870 il s'inscrit dans bien des caractères du Baroque » (Durand 1989 : 68).

33. « Gautier », précise Paolo Tortonese, « souligne toujours l'illusion du réel, l'incon-istance de ce qu'on appelle la réalité », car « ce qui est autour de nous n'est qu'une ombre ou un reflet » (Tortonese 1992 : 31).

34. Je reviendrai sur cette idée de Georges Poulet dans mon chapitre concernant le temps.

35. Au XVIIᵉ siècle une âpre querelle surgit à propos des spectacles. François Dagognet cite le Mandement de 1695, où l'Evêque d'Arras range les comédiens « à côté des blasphémateurs, des simoniaques, des concubinaires ». Au XVIIIᵉ siècle, le combat continue. Ce sera Rousseau qui continuera dans cette même voie. Son aversion pour

le théâtre est manifeste dans sa *Lettre à d'Alembert sur les Spectacles.* D'après Rousseau, « l'acteur », nous dit Dagognet, « feint, en effet, des sentiments qu'il n'éprouve pas, (…) celui qui joue incarne de nombreux êtres chimériques: on blâme ce jeu polymorphique » (Dagognet 1984 : 29–32).

36. Avec le dépassement de cette phase, déclare Freud, « le double se modifie », « d'assurance de survie qu'il était, il devient l'inquiétant (*unheimlich*) avant coureur de la mort » (Freud 1985 : 237).

37. L'image me semble assez obsédante et récurrente, car elle a été même reprise par Gautier peintre dans un dessin à l'encre rouge, assez peu connu, et intitulé probablement, « *La Tentation de saint Antoine* » *de M. Flaubert,* sur lequel je reviendrai dans ma troisième partie.

38. Ce serait en tant que souvenir d'une tradition remontant, aux dires de Max Milner, « au moins au XIVe siècle, selon laquelle, celui (ou plutôt celle) qui se regarde avec trop de complaisance dans un miroir y voit apparaître la figure ou le postérieur du diable, symbole de la vanité ou la luxure qui l'anime » (Milner 2000 : 224) qu'il faudrait lire ce passage de Gautier, où Onuphrius évoque qu'il fallait être digne de lui, ou que la « perle » était « cachée dans une coquille grossière » (Gautier [1832] 1993 : 30).

39. Dans cette scène, il n'hésitera point à s'exclamer « je me sentais réellement un autre » (Gautier [1835] 1997 : 64).

40. « Une autre vie » souligne-t-il, « est devenue la mienne » (Gautier [1835] 1997 : 160).

41. Jean Perrot emploie ce terme dans le cas de « deux couples de jumeaux identiques de sexes différentes ». D'après lui, c'est justement avec Shakespeare que cette figure apparaît. Nous pouvons la retrouver chez Gautier, comme nous venons de voir, dans *Partie carrée,* dont même le titre renvoie au quadruple, dans *Jean et Jeannette,* voire dans *Avatar.* Bien que, chez Gautier le « quatuor gémellaire » soit de nature différente, et pas complètement gémellaire, je tiens à garder l'expression, par ses particulières connotations symboliques.

42. Je tiens à débuter ici, par ces paroles de Gautier, d'une importance capitale dans la constellation symbolique qui nous occupe : « L'Ecriture parle quelque part de la concupiscence des yeux, *concupiscentia oculorum* —ce péché est notre péché, et nous espérons que Dieu nous le pardonnera—. Jamais œil ne fut plus avide que le nôtre, et la bohémienne de Béranger n'a pas mis en pratique plus consciencieusement que nous la devise: voir, c'est avoir » (Gautier, *L'Artiste* du 14 décembre 1856. Cité par Milner 1991 : 131).

43. Je me limiterai ici, bien évidemment, s'agissant d'une constellation d'images autour du miroir, du double et du regard, à l'étude d'une corporéité, tantôt pressentie comme étrangeté, source d'admiration et effroi, tantôt ressentie comme passion amoureuse. La perception paysagère chez Gautier, déclinée entre paradis lumineux et cauchemar piranésien, comme résultat d'un savoir regarder en artiste, a déjà fait l'objet de différentes publications, parmi lesquelles : (Montoro Araque 2014 : 196–210) ; et (Montoro Araque 2018 : 205–224, sous presse).

44. Conçu comme une projection culturelle et esthétique de l'homme sur la nature, le paysage se prête à une double « artialisation » (Roger 1997 : 16), nous dit Alain Roger dans son *Court traité du paysage*, (Paris : Gallimard). Ainsi le corps me semble-t-il, tout aussi bien recréé par ce producteur de fictions et double observateur de l'art et de la nature que fut Gautier.

45. En effet, quoique « le regard pétrifiant », tel que le souligne bien Camille Dumoulié, « n'est souvent qu'une métaphore convenue du "coup de foudre" amoureux », ce sera à partir du XIXᵉ siècle que « le parallèle prend une signification plus profonde ». « L'œuvre de Baudelaire », continue-t-elle, ainsi que « la littérature "décadente" » témoignent « de la fascination dangereuse exercée par la femme au regard mortel et à la chevelure mystérieuse » (Dumoulié 1988 : 1022). Soit. Je tenterai toutefois, d'expliciter dans mon analyse de la femme fatale, en tant que mythème clé de l'âme décadente, comment l'œuvre de Gautier, —sans doute en s'inspirant du premier *Faust* de Goethe (1808) où l'association Marguerite-Méduse est déjà présente— témoigne également de la susdite fascination.

46. Je serai brève ici, concernant la thématique de la femme fatale, car j'y reviendrai dans la troisième partie de cet ouvrage. L'originalité de Gautier consiste justement dans l'association du mythe romantique de la « femme elfique » et de l'homme prométhéen, mais aussi, du mythe décadent de la « femme fatale » et de l'homme incertain, en tant que « mythe latent ». Par cette idée durandienne de latence du mythe, je rejoins ce que Mario Praz soulignait en écrivant, « dans la première partie du romantisme jusqu'au milieu du XIXᵉ siècle environ, plusieurs femmes fatales apparaissent dans la littérature, mais on n'y trouve pas le "type" de la femme fatale comme on y trouve le "type" du héros byronien ». Et de continuer, « pour que se crée un type qui, somme toute, est un cliché, il convient *qu'une certaine figure ait creusé dans les âmes un profond sillon*; un type est une sorte de point névralgique » (Praz 1977 : 167. C'est moi qui souligne).

47. Nombreux textes illustrent la parenté de Méduse avec les fonds marins. Le rôle de l'eau dans l'isomorphisme symbolique avec le regard gorgonéen que Gautier n'a pas négligé ici, a été par ailleurs, bien établi par Jacques Boulogne. Selon lui, « c'est la nature aqueuse des Gorgones qui détient le pouvoir de transformer en pierre », avant de conclure, « derrière la face de ces êtres féminins se cachent moins la sexualité ou l'altérité absolue que le spectacle non moins fascinant des eaux pétrifiantes, lesquelles semblent hanter constamment l'imaginaire occidental et correspondre à ce que Gaston Bachelard nomme le "complexe de Méduse", c'est-à-dire, la volonté d'arrêter net un mouvement de la vie intempestif qui menace de déranger l'ordre du monde » (Boulogne 1997 : 41–43). Gautier, ne semble-t-il pas accepter ce regard humide, au risque de finir en « noyade », afin de consommer « l'hymen » (Gautier 1852 : 61) ?

48. L'étude magistrale de Jacques Boulogne souligne en revanche, que ce face à face mortel avec Méduse, autrement dit, la pétrification qu'elle inflige ne réside pas tant dans les yeux gorgonéens que dans « un contact avec la tête de Méduse ». Ce contact,

continue-t-il, « peut s'effectuer de multiples façons, soit par contiguïté, soit à distance et, dans ce cas, où ce sont les yeux qui entrent en jeu, il apparaît que le regard de la victime compte autant, sinon plus que celui du monstre » (Boulogne 1997 : 41).

49. C'est Robert Graves, aux dires de Camille Dumoulié, qui souligne la parenté symbolique entre Hermès et Persée. « R. Graves », précise-t-elle, incite à retrouver Hermès « sous la figure de Persée dans la scène avec les Gorgones. Loin de les affronter, il les assisterait ». Ainsi, continue-t-elle, « Persée semble, lors de sa rencontre avec Hermès, le dieu qui cherche "la double nature de chaque chose", comme mis en présence de celui qui connaît la "vérité" de son destin » (Dumoulié 1988 : 1026). Sur le rôle d'Hermès dans l'œuvre gautiériste, j'y reviendrai plus bas.

50. Max Milner avoue traduire « imparfaitement » Freud, en recourant à l'expression consacrée de « pulsion scopique » pour désigner ce que Bruno Bettelheim a traduit comme « le plaisir sexuel qu'on trouve à regarder » (Bettelheim 1984 : 212. Cité par Milner 1993 : 11).

51. Dans le *Second Rang du collier*, Judith Gautier évoque même quels étaient les moyens de s'en préserver dont disposait son père : « Théophile Gautier portait toujours parmi ses breloques une branche aigüe de corail, et il faisait tout de suite les cornes avec ses doigts si l'on prononçait devant lui certains noms. Le nom d'Offenbach, surtout, lui était insupportable, car il tenait le joyeux musicien pour le plus dangereux de *jettatori* » (Gautier, J. 1900–1910 : 297).

52. L'adjectif est freudien. Freud fait allusion par là à la capacité de faire détourner le mauvais sort (du grec *apotropein*, ἀποτροπή, « détourner ») (Freud 1985 : 50).

53. Phrase, certes, très souvent citée chez les spécialistes de Gautier, dont la source serait, aux dires de Paolo Tortonese, l'attribution « à Gautier par les Goncourt, à la date du 1er mai 1857 de leur *Journal* » (Tortonese 1992 : 141).

54. Ainsi, précise-t-il, « le regard critique déchiffre les mots pour accéder à l'intuition de leur pleine signification : cette perception n'a plus rien d'un acte visuel, sinon par métaphore » (Starobinski 1961 : 24).

55. Voilà un morceau jamais réimprimé mais recueilli par le vicomte de Spoelberch de Lovenjoul: « Le Sélam est un bouquet de fleurs allégoriques que les odalisques font parvenir à leurs amants par l'entremise de quelque vieille, ou en le leur jetant à travers les treillis de leurs kiosques (...) Bien. Quel rapport y a-t-il entre un bouquet de fleurs et un recueil de contes français illustré de vignettes anglaises? —Il n'y en a aucun, et c'est pourquoi le titre est excellent (...) Cependant pour les personnes qui veulent absolument qu'un titre signifie quelque chose, nous donnerons cette explication aussi plausible que toute autre.— L'Angleterre, cette belle odalisque du nord, nous envoie tous les ans, du fond de son harem, un bouquet de gravures curieusement épanouies et ciselées, espèce de Sélam mystérieux dont il faut que nous devinions le sens pour vous le traduire en beaux et bons contes » (Spoelberch de Lovenjoul 1887 : t. 1, 54–55).

Bibliographie

Adam, V. (2013) « Le miroir alchimique : objet analogique, objet taxinomique », in Fintz, Cl. (2013) *Le miroir : une médiation entre imaginaire, sciences et spiritualité*. Valenciennes : PUV, pp. 51–63.

Auraix-Jonchière, P. (2000) « Le thème isiaque dans *Le Roman de la momie* de Théophile Gautier », in Auraix-Jonchière, P. et Volpilhac-Auger C. *Isis, Narcisse, Psyché, entre Lumières et Romantisme. Mythes et écriture, écritures du mythe*. Clermont-Ferrand : Presses Universitaires Blaise-Pascal, pp. 155–166.

Bachelard, G. (1942) *L'Eau et les rêves. Essai sur l'imagination de la matière*. Paris : José Corti/Le livre de Poche.

Baltrušaitis, J. (1978) *Le Miroir: révélations, science-fiction et fallacies*. Paris : Elmayan/Seuil.

Benesh, R. (1969) *Le regard de Théophile Gautier*. Zurich : Juris.

Bettelheim, B. (1984) « Freud trahi par ses traducteurs » in *Psychanalyse à l'université,* n° 34, mars 1984, Paris.

Boulogne, J. (1997) « Méduse : un face à face mortel. En quoi ? Pourquoi ? », in *Iris Hors Série* 1997: « L'œil fertile ». Grenoble : Centre de Recherche sur l'Imaginaire/Université de Grenoble III, pp. 31–43.

Boumard, P. Lapassade, G. et Lobrot, M. (2006) *Le mythe de l'identité. Apologie de la dissociation*. Paris : Ed. Economica/Anthropos.

Brunel, P. (1992) *Mythocritique. Théorie et parcours*. Paris : PUF. Nouvelle édition augmentée : (2016) Grenoble : ELLUG/coll. « Ateliers de l'imaginaire ».

Chevalier, J. et Gheerbrant (1982) *Dictionnaire des symboles: mythes, rêves, coutumes, gestes, formes, figures, couleurs, nombres*. Paris : Laffont/Jupiter (1re édit. 1969).

Dabezies, A. (1972) *Le Mythe de Faust*. Paris : Librairie Armand Colin.

Dagognet, F. (1984) *Philosophie de l'image*. Paris : Librairie Philosophique J. Vrin.

David-Weill, N. (1989) *Rêve de pierre : la quête de la femme chez Théophile Gautier*. Genève : Droz.

Delcourt, M. (1938) *Stérilités mystérieuses et naissances maléfiques dans l'antiquité classique*. Liège : Fac. Philosophie et Lettres.

Dottin-Orsini, M. (1993) *Cette femme qu'ils disent fatale*. Paris : Grasset.

Dubois, Cl. (1993) *Le baroque. Profondeurs de l'apparence*. Bordeaux : Presses Universitaires de Bordeaux.

Dumoulié, C. (1988) « Méduse », Brunel, P. *Dictionnaire des mythes littéraires*. Paris : Ed. du Rocher, pp. 1018–1027.

Durand, G. ([1960] 1984) *Les Structures anthropologiques de l'imaginaire. Introduction à l'archétypologie générale*. Paris : Dunod/Bordas.

Durand, G. ([1979] 1992) *Figures mythiques et visages de l'œuvre. De la mythocritique à la mythanalyse*. Paris : Dunod. (1re édition, Berg International éditeurs, 1979).

Durand, G. (1989) *Beaux-arts et archétypes. La religion de l'art*. Paris : PUF.

Fernández-Bravo, N. (1988) « Double » in Brunel, P. *Dictionnaire des mythes littéraires*. Paris : Editions du Rocher, pp. 492–531.

Filloux, J. (2002) « La peur du féminin : de "La tête de Méduse" (1922) à "La féminité" (1932) », in *Topique*, n° 78, (1), 103–117. DOI : 10.3917/top.078.0103.

Freud, S. (1985) « L'Inquiétante étrangeté » in *Essais de psychanalyse appliquée*. Paris : Gallimard, Connaissance de l'inconscient.

Gautier, J. ([1867] 1902) *Le Livre de Jade*. Poésies traduites du chinois. Paris : F. Jouven. Nouvelle édition (1re édition en 1867, sous le nom de Judith Walter).

Gautier, J. (1900–1910) *Le collier des jours : le second rang du collier, souvenirs littéraires*. Paris : F. Juven.

Gautier, Th. ([1831] 1990) « La Cafetière », in *Contes et récits fantastiques*. Paris : Librairie Générale Française, coll. « Le Livre de poche » classique, pp. 53–63. (1re parution : « La Cafetière », *Le Cabinet de lecture*, 4 mai 1831).

Gautier, Th. ([1832] 1993) « Onuphrius ou les vexations fantastiques d'un admirateur d'Hoffmann », in (1873) *Les Jeune-France (Romans goguenards, suivis de Contes humoristiques)* Paris : Charpentier et Cie, Librairies éditeurs, pp. 25–70. (1re parution : « Onuphrius Wphly », *La France littéraire*, août 1832). Edit. de référence : (1993) *Récits fantastiques*. Paris : Bookking International, pp. 23–59.

Gautier, Th. ([1833a] 1873) « Laquelle des deux? Histoire perplexe », in *Les Jeune-France (Romans goguenards, suivis de Contes humoristiques)*. Paris : Charpentier et Cie, Librairies éditeurs, pp. 262–272. (1re parution : in *Sélam*[55], *morceaux choisis inédits de littérature contemporaine*, [s.n.] 1834. Paru en décembre 1833).

Gautier, Th. ([1833b] 1873) « Celle-ci et celle-là, ou la Jeune-France passionnée », in *Les Jeune-France (Romans goguenards, suivis de Contes humoristiques)*. Paris : Charpentier et Cie, Librairies éditeurs, pp. 96–200. (1re parution : in *Les Jeunes-France, romans goguenards*, Paris : Renduel, [août] 1833).

Gautier, Th. ([1834] 1990) « Omphale. Histoire rococo », *Contes et récits fantastiques*, Paris : Librairie Générale Française, « Le Livre de poche » classique, pp. 65–76. (1re parution : « Omphale ou la tapisserie amoureuse », in *Le Journal des gens du monde* n° 9, 7 février 1834).

Gautier, Th. ([1835] 1966) *Mademoiselle de Maupin*. Paris : Classiques Garnier. (1re édition : *Mademoiselle de Maupin, double amour*. Paris : Eugène Renduel, 2 vol. datés 1835 et 1836 [parus sans doute dès novembre 1835].

Gautier, Th. ([1835] 1997) *Mademoiselle de Maupin*. Paris: Booking International.

Gautier, Th. ([1836] 1990) « La Morte amoureuse », *Contes et récits fantastiques*, Paris : Librairie Générale Française, « Le Livre de poche » classique, pp. 77–115. (1re parution : « La Morte amoureuse », *Chronique de Paris*, 23 et 26 juin 1836).

Gautier, Th. ([1838] 1990) « Une nuit de Cléopâtre », *Contes et récits fantastiques*. Paris : Librairie Générale Française, « Le Livre de poche » classique, pp. 145–188. (1re parution : « Une nuit de Cléopâtre », *La Presse*, 29 novembre au 6 décembre 1838).

Gautier, Th. ([1838] 1993) « La Pipe d'opium », *Récits fantastiques*. Paris : Classiques français, pp. 113–124. (1re parution : « La Pipe d'opium », *La Presse*, 27 septembre 1838).

Gautier, Th. ([1840] 1990) « Le Pied de momie » in *Contes et récits fantastiques*. Paris : Librairie Générale Française, « Le Livre de poche » classique, pp. 247–262. (1re parution : « Contes étrangers: le Pied de momie », *Le Musée des familles*, septembre 1840).

Gautier, Th. ([1840] 1993) « Le Chevalier double » in *Récits fantastiques*. Paris : Classiques français, pp. 125–138. (1ʳᵉ parution : « Contes étrangers: le Chevalier double », *Le Musée des familles*, juillet 1840).

Gautier, Th. ([1841] 1993) « Deux acteurs pour un rôle » in *Récits fantastiques*. Paris : Classiques français, pp. 155–168. (1ʳᵉ parution : « Fantaisies littéraires: Deux acteurs pour un rôle », *Le Musée des familles*, juillet 1841).

Gautier, Th. ([1844] 1990) « Le Roi Candaule » in *Contes et récits fantastiques*. Paris : Librairie Générale Française, « Le Livre de poche » classique, pp. 263–327. (1ʳᵉ parution : « Le Roi Candaule », *La Presse*, 1ᵉʳ au 5 octobre 1844).

Gautier, Th. ([1846] 1862–1873) « Le Pavillon sur l'eau, nouvelle chinoise » in *Œuvres Complètes*. Paris : Charpentier, vol. 3, pp. 353–369. (1ʳᵉ parution : *Le Musée des familles*, septembre 1846).

Gautier, Th. ([1846] 1978) « Les Roués innocents », in *Œuvres Complètes*. Genève : Slatkine Reprints, vol. 10 (1ʳᵉ parution : *La Presse*, 19 au 30 mai 1846).

Gautier, Th. ([1846] 1993) « Le Club des Haschischins », in *Récits fantastiques*. Paris : Classiques français, pp. 169–194. (1ʳᵉ parution : « Le Club des Haschischins », *Revue des deux Mondes*, 1ᵉʳ février 1846).

Gautier, Th. ([1850] 1978) « Jean et Jeannette », in *Œuvres Complètes*. Genève : Slatkine Reprints, vol. 10, pp. 261–395. (1ʳᵉ parution : « Jean et Jeannette, histoire rococo », *La Presse*, 9 au 26 juillet 1850).

Gautier, Th. (1852) *Émaux et Camées*. Paris : E. Didier.

Gautier, Th. ([1852] 1990) « Arria Marcella », in *Contes et récits fantastiques*. Paris : Librairie Générale Française, « Le Livre de poche » classique, pp. 329–371. (1ʳᵉ parution : « Arria Marcella, souvenir de Pompéi », *La Revue de Paris,* mars 1852).

Gautier, Th. (1856) « Introduction » in *L'Artiste. Journal de la littérature et des beaux-arts*. Paris. 6ᵉᵐᵉ série, t. 3, 1ᵉʳᵉ livraison, le 14 décembre 1856, pp. 3–5.

Gautier, Th. ([1856] 1990) « Jettatura », in *Contes et récits fantastiques*. Paris : Librairie Générale Française, « Le Livre de poche » classique, pp. 487–597. (1ʳᵉ parution : « Paul d'Aspremont, conte », *Le Moniteur universel*, 25 juin au 23 juillet 1856).

Gautier, Th. ([1856a] 1990) « Avatar », in *Contes et récits fantastiques*. Paris : Librairie Générale Française, « Le Livre de poche » classique, pp. 373–485. (1ʳᵉ parution : « Avatar, conte », *Le Moniteur universel*, 29 février au 3 avril 1856).

Gautier, Th. ([1857] 1986) *Le Roman de la momie*. Paris : Gallimard/Folio. (1ʳᵉ parution : « Le Roman de la momie », *Le Moniteur universel*, 11 mars au 6 mai 1857. Et ensuite : (1858) *Le Roman de la momie*. Paris : Hachette.

Gautier, Th. (1858) *Histoire de l'art dramatique en France depuis vingt-cinq ans*. Bruxelles: Hetzel, 6 vols.

Gautier, Th. ([1863] 1961) *Le Capitaine Fracasse*. Paris : Classiques Garnier. (1ʳᵉ parution : « Le Capitaine Fracasse », *La Revue nationale et étrangère*, 25 décembre 1861 au 10 juin 1863. Et ensuite : (1863) *Le Capitaine Fracasse*. Paris : Charpentier, 2 vol.). Edition de référence : ([1863] 1994) *Le Capitaine Fracasse*. Paris : Booking international.

Gautier, Th. ([1865] 1970) *Spirite*. Paris : Flammarion. (1ʳᵉ parution : « Spirite, nouvelle fantastique », *Le Moniteur universel*, 17 novembre au 6 décembre 1865. Ensuite : (1866) *Spirite. Nouvelle fantastique*. Paris : Charpentier).

Gautier, Th. ([1866] 1984) *Mademoiselle Dafné*. Genève : Librairie Droz, S.A. (1ʳᵉ parution : « Mademoiselle Dafné de Montbriand; eau-forte dans la manière de Piranèse », in *La Revue du XIXᵉ siècle*, 1ᵉʳ avril 1866. Puis revu et augmenté, sous le titre « Le Prince Lothario », in *La Gazette de Paris*, 2 au 9 avril 1872).

Gautier, Th. ([1874] 2011) *Histoire du Romantisme suivi de Quarante portraits romantiques*. Préface d'Adrien Goetz, avec la collaboration d'Itaï Kovács. Paris : Gallimard, 2011. Voir en version numérisée, une édition plus complète : (1874) *Histoire du Romantisme, suivie de notices romantiques et d'une étude sur la poésie française (1830–1868)*, Paris : Charpentier.

Gautier, Th. ([1876] 1904) « Les Fouilles du Mont Palatin » in *Souvenirs de théâtre, d'art et de critique*. Paris : E. Fasquelle, pp. 321–330. (1ʳᵉ parution : *Le Figaro* du 28 mai 1876).

Gautier, Th. (1882) *L'Orient*. Paris : Bibliothèque Charpentier, Eugène Fasquelle éditeur, 2 vols.

Jauss H. R. (1988) *Pour une herméneutique littéraire*. Paris : Gallimard.

Jung, C. G. (1953) *Métamorphoses de l'âme et ses symboles. Analyse des prodromes d'une schizophrénie*. Genève : Librairie de l'Université (trad. Yves Le Lay).

Jung, C. G. ([1970] 1994) *Psychologie et Alchimie*. Paris : Büchet/Chastel, (trad. Henry Pernet et Roland Cahen) (1ʳᵉ édit. 1943).

Jung, C. G. (1971) *Les Racines de la conscience. Etudes sur l'archétype*. Paris : Büchet-Chastel.

Kuntzmann, R. (1983) *Le Symbolisme des jumeaux au Proche-Orient Ancien. Naissance, fonction et évolution d'un symbole*. Paris : Beauchesne Editeur.

Lucrèce, A. (1986) « L'Eloge du regard », *Littérature*, n° 62: *Le Réel implicite*. Paris : Larousse, mai 1986.

Melchior-Bonnet, S. (1994) *Histoire du miroir*. Paris : Imago.

Michaud, G. (1959) « Le thème du miroir dans le symbolisme français », in: *Cahiers de l'Association internationale des études françaises*, n°11, pp. 199–216. DOI : 10.3406/caief.1959.2147. www.persee.fr/doc/caief_0571-5865_1959_num_11_1_2147

Milner, M. (1982) *La Fantasmagorie. Essai sur l'optique fantastique*. Paris : P.U.F.

Milner, M. (1991) *On est prié de fermer les yeux. Le regard interdit*. Paris : Gallimard, coll. « Connaissance de l'inconscient ».

Milner, M. (1993) « L'écrivain et le désir de voir », in *Littérature*, n°90 : *Littérature et psychanalyse : nouvelles perspectives*, pp. 8–20. DOI : 10.3406/litt.1993.2636 www.persee.fr/doc/litt_0047-4800_1993_num_90_2_2636

Milner, M (1997) « Portraits d'yeux », in *Iris* Hors Série 1997: « L'œil fertile ». Grenoble : Centre de Recherche sur l'Imaginaire/Université de Grenoble III, pp. 87–96.

Milner, M. (2000) « Narcisse maléfique : le thème du miroir chez Théophile Gautier », in Auraix-Jonchière, P. et Volpilhac-Auger C. (2000) *Isis, Narcisse, Psyché, entre Lumières et Romantisme. Mythes et écriture, écritures du mythe*. Clermont-Ferrand : Presses Universitaires Blaise-Pascal, pp. 217–229.

Montoro Araque, M. (2014) «*Ut pictura poesis* ou *ut pictura paradisus ?* Lecture croisée des paysages gautiéristes » in *Caietele Echinox n° 27*, Cluj-Napoca, pp. 196–210 et réédition in Caiozzo, A. (2018) *Paysages et utopie*. Valenciennes : PUV, pp. 205–224.

Perrot, J. (1988) « Gémeaux: quadratures et syzygies » in Brunel, P. *Dictionnaire des mythes littéraires*. Paris : Edit. du Rocher.

Poulet, G. (2017) *Etudes sur le temps humain.* I. *La Durée intérieure.* Paris : Pocket (Volume comprenant les tomes 1 et 3 des *Etudes sur le temps humain,* ouvrages initialement parus aux éditions Plon en 1949 et 1964).

Praz, M. (1977) *La chair, la mort et le diable dans la littérature du XIXᵉ siècle. Le romantisme noir.* (trad. Constance Thompson Pasquali). Paris : Denoël. (édit. en italien, Firenze, 1966).

Rank, O. (1973) *Don Juan et le double.* Paris : Payot (trad. Dr. S. Lautman).

Roger, A. (1997) *Court traité du paysage.* Paris : Gallimard.

Rouzeau, V. (1992) « Minotaures et miroirs », in *Iris* n° 12. Grenoble : CRI.

Savalle, J. (1981*) Travestis, métamorphoses, dédoublements. Essai sur l'œuvre romanesque de Théophile Gautier* (thèse Lettres, Paris III, 1979). Paris : Minard.

Schapira, M.C. (1984) *Le Regard de Narcisse. Romans et nouvelles de Théophile Gautier.* Paris : P.U.L., Edit. du C.N.R.S.

Spoelberch De Lovenjoul, Ch. (1887) *Histoire des œuvres de Théophile Gautier.* Paris : Charpentier.

Starobinski, J. (1961) *L'Œil vivant. Essai.* Paris : Gallimard, coll. « Le Chemin ».

Tortonese, P. (1992) *La vie extérieure. Essai sur l'œuvre narrative de Théophile Gautier.* Paris : Minard, coll. « Archives des lettres modernes ».

Vernant, J.-P. (1985) *La Mort dans les yeux. Figures de l'Autre en Grèce ancienne. Artémis, Gorgô,* Paris : Hachette, coll. « Textes du XXᵉ siècle ».

Voisin, M. (1981) *Le soleil et la nuit. L'imaginaire dans l'œuvre de Gautier.* Bruxelles : édition de l'université de Bruxelles.

Wunenburger, J. J. (2002) *La vie des images.* Grenoble : PUG.

(1873a) *Catalogue des livres composant la bibliothèque du feu M. Théophile Gautier* : dont la vente aura lieu les lundi 24 et mardi 25 février, 1873. Paris : A. Labitte.

4

Connaître et renaître

« La lumière est le génie du phénomène igné ».
(Novalis. Cité par Durand [1960] 1984 : 196)

« S'initier, c'est apprendre à mourir ». (Ambelain, R. Cité par Vierne 1973 : 53)[1]

« Par la porte d'ivoire et la porte de corne,
Les songes vrais ou faux de l'Érèbe envolés
Peuplent seuls l'univers silencieux et morne
(…) ». (Gautier ([1881–1882] 1970 : t.2, 169)

Héroïsations, métaphysique d'un révolté, co-naissance au sacré[2]

Non content de se servir de son œil, qui lui procure des perceptions extérieures et des visions intérieures, le héros gautiériste rêve d'accéder à la transcendance divine, — souvent héliomorphe!—, par le biais notamment, de deux motifs essentiels, parmi tout l'arsenal des symboles ascensionnels, spectaculaires et diaïrétiques du régime diurne, à savoir, le feu et l'aile[3]. La constellation symbolique de l'œil confirme, en effet, l'association au feu par le lien intrinsèque lumière-esprit que, des historiens de religions ou un célèbre psychanalyste des éléments, comme Bachelard, ont établi, à maintes reprises. Tantôt, à cause d'une arrogance démesurée ou *hybris* le poussant à violer les limites et franchir l'interdit ; tantôt, sous forme de simple révolte pour mieux accéder à un idéal inaccessible, le héros gautiériste s'élève vers les cieux, et touche l'igné divin dans une simple œillade féminine: les rituels d'élévation et de purification, ne se rejoignent-ils pas dans l'isomorphisme du schème ascensionnel fondé sur le réflexe postural, selon la célèbre taxinomie de l'anthropologue savoyard ? Car, il existe bien, «un "feu spirituel" », nous dit Durand, « séparé du feu sexuel» en s'appuyant sur Bachelard —qui, lui, reconnaît son « ambivalence »—, puisqu'à côté « d'allusions érotiques », le feu « comporte et transmet », tout aussi bien, « une intention de purification et de lumière » (Durand [1960] 1984 : 196).

Soit. Connaître c'est, tout d'abord, monter avec des matières lumineuses, visuelles ou des techniques de purification. Cette "soif de connaissance" ou attrait par l'ouranien qui se heurte souvent, à un interdit, tout en le transgressant, rapproche les symboles ascensionnels et diaïrétiques comme l'aile, la lumière, le soleil et le feu purificateur à ceux du régime mystique, étant le gouffre, la coupe, la barque ou la tombe. Tel Prométhée, le héros gautiériste s'aventure, en face à face, contre les dieux pour s'emparer du feu ; tendance qui le pousse, comme le dirait Bachelard, « à savoir autant que nos pères » (Bachelard 1949 : 30). Tel Icare, il défie, par la même occasion, la hauteur, en se confrontant à la chute, une chute, qui « résume et condense », tel que nous le rappelle Durand, « les aspects redoutables du temps » (Durand [1960] 1984 : 124).

Deux destinées héroïques certes, que la mythologie a amplement illustrées, en tant que figuration de l'homme et l'artiste romantiques et que, bien des critiques ont souligné avant moi. Néanmoins, elles vont me permettre d'un côté, de souligner l'imbrication constante entre le symbole et le mythe par la prolifération féconde et instantanée de liens que Gautier aime à tisser entre eux ; et de l'autre, me permettront-elles d'esquisser comment le fantastique s'avère un réservoir générique et thématique, particulièrement prenant, où puise Gautier pour servir la cause de l'initiation et d'accès à l'idéal de ses protagonistes.

En effet, ce rêve de transcendance, ce rêve ascensionnel, ce droit que le héros gautiériste s'arroge —sans que jamais lui ait été conféré !— s'avère, dans un premier temps, confronté par antithèse, au schème catamorphe. Néanmoins, loin de devenir tragique et exclusivement antithétique chez Gautier, cette chute brutale dans les abîmes s'érige en étape nécessaire, non seulement à l'inversion des valeurs —ce qui relève d'une mythologie de plus en plus, romantique, en souscrivant l'analyse durandienne[4]— ; mais également, à un jeu de contraires[5], *in praesentia*, relevant de l'oxymore et d'une mythologie annonçant, en revanche, la fin de siècle. Porosité essentielle et parfois négligée, à mon avis, constituant l'originalité de l'esprit libre et éclectique que fut Gautier, et de la richesse de la forêt de symboles qu'il nous invite à arpenter.

Concernant Prométhée, —sur lequel je reviendrai dans mon étude mythanalitique, afin d'insister justement, sur son inscription dans une mythologie titanesque et romantique—, rappelons brièvement que même son nom[6] révèle la parenté symbolique regard—prudence—puissance. Un nom, "celui qui prévoit", dont le suffixe "pre-" souligne sa capacité à voir par-dessus ou avant tout, annonçant également l'isomorphisme œil—soleil—lumière—toute puissance. Aux dires de Durand, « le Prométhée d'Eschyle » —que l'auteur a particulièrement évoqué dans *Partie Carrée*[7]— en appelle « au disque solaire "qui voit tout", et Krappe relève de nombreux cas dans lesquelles l'œil solaire est en même temps le justicier » (Durand [1960] 1984 : 171). Cléopâtre, ne se sent-elle pas oppressée, surveillée, constamment « regardée » et étouffée dans « cette Egypte » qui l'anéantit et qui l'écrase ? « Ce soleil rouge », « sanglant », la regardant comme « l'œil du cyclope » (Gautier [1838] 1990 : 152) met, en effet, en valeur le décor oppressif et minéralisé entourant la femme gautiériste. Contre cette force cyclopéenne s'élève le héros Meïamoun: Titan donc, —si ce n'est Hercule[8] !— contre Cyclope ! Prométhée et son rêve de transcendance qui, tout en opposant au soleil égyptien, un « regard » d'un éclat et d'une « fixité » « d'épervier » (Gautier [1838] 1990 : 160) tente de transgresser l'interdit, dans un mouvement démesuré et ultime de rapprocher l'objet de son amour. La constellation de l'image du vol du feu s'enrichit ici, par syncrétisme parfait, de celle d'un vol aérien de l'épervier courageux retombant ensuite, dans une « nacelle » où l'homme, précise Gautier, paraît plutôt « marcher et patiner sur l'eau », afin de suivre la « cange royale » de Cléopâtre. Cette immersion dans l'eau ne s'avère pas toutefois, pour l'instant, sépulture maritime ! Gautier se presse de vanter les valeurs héroïques de notre Icare-Meïamoun, tout en le vouant à un prestige glorieux. En effet, « quoique la cange royale file rapidement sous l'effort de cinquante rameurs, la petite barque noire gagne visiblement sur elle », et tout cela sans qu' « aucune fatigue » ne trahisse « le héros de notre histoire » (Gautier [1838] 1990 : 158–159). Le tout dans un décor parfait de « soleil couchant » constituant un des exemples, parmi les célèbres oxymores[9], auxquels Gautier a habitué son lecteur. Cette « clarté crépusculaire » (Gautier [1838] 1990 : 158) annonce un amour comparable à celui qui désire s'approcher du soleil et n'en sort qu'ébloui :

L'image de Cléopâtre radieuse et splendide sous son diadème à pointe d'or, seule debout dans sa pourpre impériale au milieu d'un peuple agenouillé, rayonnait dans sa veille et dans son rêve ; comme l'imprudent qui a regardé le soleil et qui voit toujours une tache insaisissable voltiger devant lui, Meïamoun voyait toujours Cléopâtre. (Gautier [1838] 1990 : 162–163)

L'isomorphisme des matières lumineuses comme l'or et la souveraineté ouranienne —desquelles Meïamoun tente de se rapprocher dans un mouvement ascensionnel— insistent sur la démesure de son acte. Mais elles évoquent tout aussi bien, par un nouveau syncrétisme, et la transgression de cet aventureux téméraire et la punition réservée à toutes ces figures de la révolte où l'imaginaire romantique a largement puisé. Car, « qui pourrait songer à aimer Cléopâtre ? », assure Gautier. Cette transgression impossible, à l'image d'« Ixion, qui fut amoureux de Junon », ne pourra lui permettre que de serrer « dans ses bras une nuée » et d'être châtié comme lui, en tournant « éternellement sa roue aux enfers » (Gautier [1838] 1990 : 162).

Destinée, certes, au premier abord tragique, de ce Prométhée-Icare-Ixion-Phaéton[10] qui a voulu s'approcher d'un idéal et semble vite, avoir perdu le contrôle sur ses actes. Dans un parcours initiatique, où Meïamoum se prépare, aux dires du narrateur, aux « mystères d'Isis » (Gautier [1838] 1990 : 161), la cécité symbolique s'impose, en guise d'avertissement, pour « l'imprudent qui a regardé le soleil » (Gautier [1838] 1990 : 163). Comment ne pas punir celui ayant osé voler le regard igné de Cléopâtre, « reine vivante des régions d'en bas et d'en haut, œil de lumière, préférée du soleil » (Gautier [1838] 1990 : 167–168) ? « Cléopâtre », insiste le narrateur, « voulait » ! « éblouir sa victime volontaire ». Un éblouissement donc, rapprochant feu lumière, divinité solaire, connaissance et punition ; mais aussi et surtout, feu et délectation sexuelle, « pour que la mort, bien qu'acceptée », précise Gautier, « arrivât sans être vue ni comprise » (Gautier [1838] 1990 : 181). Cécité, éblouissement, plongée « dans un tourbillon de voluptés vertigineuses », enivrement, étourdissement « avec le vin », —très dionysiaque, par ailleurs !— « de l'orgie » (Gautier [1838] 1990 : 181) … Le feu devient de plus en plus, sexuel et la chute se décline ainsi, inexorablement, au féminin ! « Une féminisation » nous dit Durand, qui n'est en même temps, que son « euphémisation ». Une euphémisation en définitive, « du Destin, par l'érotisme » qui n'est autre chose que « tentative au moins verbale de maîtrise des périls du temps et de la mort », et, dans tous les cas, se trouvant « déjà sur la voie d'un renversement radical des valeurs de l'image » (Durand [1960] 1984 : 128), sur lequel je reviendrai plus bas.

Car la mort physique du héros par empoisonnement, ne lui parvient que seulement, —et que seulement !— après avoir surmonté l'étape de la mort symbolique dans ce « dernier regard » où il avait auparavant, « jeté sa vie à sa maîtresse » (Gautier [1838] 1990 : 186). Autrement dit, c'est seulement après cette préparation à l'initiation suprême, débouchant sur le plus haut degré de la quête, qu'il peut enfin, mourir, tel Phaéton, par foudroiement (Gautier [1838] 1990 : 187). Meïamoun, précise Barbara Sosień dans une lecture que je ne peux que souscrire, « frôle une sorte de transfiguration mystique qui précède *ou la mort, ou l'ascension définitive* » (Sosień 2004 : 102. C'est moi qui souligne). Dans ce « portrait de l'amant en Icare lors de l'éblouissement » (Sosień 2004 : 102), où l'Icare-Meïamoun irradie d'un feu similaire à son idole, Gautier, ne serait-il pas en train de suggérer que son Titan —herculéen et icarien— peut s'avérer tout aussi bien, Phœnix, symbole « transcendantal » par antonomase de l'imagerie alchimique et « couronnement de l'Œuvre » (Durand [1960] 1984 : 147)?

> Il avait le teint ardent et lumineux d'un homme dans l'extase ou dans la vision ; des effluves rayonnants, partant de ses tempes et de son front, lui faisaient un nimbe d'or, comme à un des douze grands dieux de l'Olympe.
>
> Une joie grave et profonde brillait dans tous ses traits ; il avait embrassé sa chimère aux ailes inquiètes sans qu'elle s'envolât ; il avait touché le but de sa vie. (Gautier [1838] 1990 : 183)

« Ainsi se rejoignent », comme le précise Simone Vierne, « sur le plan du concept les deux étymologies, latine et grecque: l'initiation est le commencement d'un état » ; certes, mais un état « qui doit amener la graine, l'homme, à sa maturité, sa perfection. Et comme la graine, il doit d'abord, *mourir pour renaître* » (Vierne 1973 : 7. C'est moi qui souligne). Car même s'il est bel et bien question de mort par empoisonnement à la fin du récit, « la liqueur empoisonnée » —qu'il avale « dans une coupe funeste » (Gautier [1838] 1990 : 187)— ne pourrait-elle pas se lire, au même titre, en tant que « breuvage sacré » ? Un breuvage, à travers lequel, « l'archétype de la coupe » va rejoindre « les mythologies arboricoles » et par conséquent, permettant de relier les « schèmes de l'avalage et de l'intimité » aux « schèmes cycliques du renouvellement » (Durand [1960] 1984 : 297)?

Suivons les parcours initiatiques d'autres héros, afin de mieux établir comment cette co-naissance au sacré opère. Comme Meïamoun, Tiburce voit « l'image éblouissante de la Madeleine » voltigeant « devant ses yeux en taches lumineuses, comme s'il eût regardé le soleil ». Gautier n'hésite point à nous rappeler la liaison symbolique entre le feu et le fils du Titan Japet, lorsqu'il décrit un Tiburce songeant « à Prométhée, qui ravit le feu du ciel pour donner une âme à son œuvre inerte » (Gautier [1839] 1990 : 207). La créature dont parle Gautier est, évidemment, Pandore, que j'évoquerai plus amplement concernant le mythe décadent de la femme fatale. Quant à cette « œuvre inerte », il est évident que Gautier connaît cette « variante importante » du mythe[11], dont parle Raymond Trousson, donnant « le Titan pour le créateur de la race humaine et le feu pour le principe spirituel animant la créature de glaise » (Trousson 1988 : 1191). Un Prométhée donc, s'avérant tout aussi bien, Pygmalion ? Sans doute ! Ce Tiburce aux allures prométhéennes et pygmalionesques insuffle la vie et donne un corps à une simple reproduction picturale comme la Madeleine de *La Descente de croix*. La constellation symbolique du feu ne tarde pas à rejoindre ici, le « polysymbolisme de la croix » (Durand [1960] 1984 : 11), par le biais d'un Tiburce, s'assimilant —et désirant même, remplacer !— ce Fils, où tous les regards de la repentie semblaient se diriger. Un Christ dont nous savons, par ailleurs, combien la mythologie romantique avait fait l'équivalent du Prométhée artiste et créateur:

> La Madeleine lui sembla plus triste et plus éplorée que de coutume (…) il y avait, dans toute son attitude, un air de désespoir et d'affaissement; on eût dit qu'elle ne croyait plus à la résurrection de son bien-aimé. En effet, le Christ avait ce jour-là des tons si blafards, si verdâtres, qu'il était difficile d'admettre que la vie pût revenir jamais dans ses chairs décomposées. (Gautier [1839] 1990 : 234)

« L'artiste génial crée à la manière de Dieu tirant l'univers du néant » : c'est la conception esthétique, précise Raymond Trousson, « à laquelle le jeune Goethe adjoindra une métaphysique de la révolte déduite de l'autonomie de l'acte créateur de l'artiste » (Trousson 1988 : 1196). Cette thématique, bien dans l'air au Romantisme, est reproduite dans l'ambiguïté recherchée par Gautier, lorsqu'il compare la mort du Fils « bien-aimé » sur la croix, avec celle de Tiburce, face à son « spectre de beauté » : « que je te tienne entre mes bras », s'écrie-t-il, « et que je meure! » (Gautier [1839] 1990 : 235). Mort donc, sur la croix du Christ[12], que Tiburce désire reproduire pour accéder à la connaissance sacrée de sa "déesse de beauté". Car « l'archétype de l'arbre » —sur lequel je reviendrai au chapitre suivant, concernant le schème rythmique—, tel que Durand l'a souligné, « et sa substance le bois qui sert à confectionner » entre autres, « la croix d'où jaillit le feu » n'est-il pas également, « exemplaire d'une ambivalence dans laquelle s'accentuent les valeurs messianiques et résurrectionnelles » (Durand [1960] 1984 : 398) ? Après la mort picturale de Christ, Tiburce voit enfin, son rêve s'accomplir: Madeleine détourne « la tête du côté de son amant terrestre » (Gautier [1839] 1990 : 238) en même temps que Gretchen s'érige, avec une certaine rémission de sa souffrance, en modèle de ses tableaux. Tiburce renaît à sa nouvelle vie d'artiste peintre grâce à la réunion de la muse et du modèle dans une même recréation picturale.

Essayons toutefois, à présent, de focaliser, simultanément, l'analyse sur les deux héros emblématiques de la connaissance, en insistant sur l'isomorphisme des symboles diaïrétiques et ascensionnels, s'inversant dans les symboles catamorphes. *Le Roi Candaule* constitue, à cet égard, un des récits où les images du feu et de l'aile sont le plus étroitement reliées et ce, de façon très patente. Pour un des regards de Nyssia aux « effluves » et « irradiations si pénétrantes » —dont la flèche souveraine et transcendante de l'œil non seulement, en tant que « rayon », « est flèche inversée » mais aussi, s'avère « pont jeté vers la transcendance » (Durand [1960] 1984 : 148–150)!—, le narrateur affirme que tout héros aurait « volé le feu du ciel comme Prométhée » ou se serait laissé fondre « comme la cire des ailes d'Icare en approchant des zones enflammées » (Gautier [1844] 1990 : 280). Lumière, feu —dont l'ambivalence parfaite peut se lire dans ces « yeux extraordinaires », à l'expression aussi « variable que leurs teintes » (Gautier [1844] 1990 : 280)—, ailes, élévation et chute : tout l'arsenal diaïrétique, ascensionnel et catamorphe est bel et bien, convoqué dans ces lignes. Cette initiation au voyeurisme, ce dévoilement d'une beauté, cette offrande généreuse à Gygès, ne contribueraient-ils pas en réalité, et « avant tout », à « une modification du statut ontologique du sujet à initier » (Vierne 1973 : 8)? Sans aucun doute ! Conscient de son extrême générosité, et, en même temps, subitement jaloux de son offrande, Candaule reconnaîtra en Gygès tout d'abord, un homologue icarien, dont la « glace » a fini « par se fondre aux feux de ce soleil! ». Certes, l'imaginaire gautiériste ne peut, à cet égard, mieux conjuguer le symbolisme de deux mythes héroïques. Or, la « passion », le « délire » et les « désirs insensés » (Gautier [1844] 1990 : 315) de Candaule enfin compris, conduiront à rapide un retournement de situation. En apprenant que la femme n'est que statue, et que ce poème, dont il a lu quelques « strophes», n'appartient qu'à Candaule (Gautier [1844] 1990 : 315), la chute d'un Gygès, —malgré tout, digne et conscient de son « néant » (Gautier [1844] 1990 : 315)—, ne peut être mieux évoquée :

> Cette alternative étrange (…) surprit tellement Gygès, qui s'attendait à des reproches, à des menaces, à une scène violente, qu'il resta quelques minutes sans couleur et sans voix, livide comme une ombre sur les bords des fleuves noirs de l'enfer. (Gautier [1844] 1990 : 318)

Notre Gygès-Icare laisse pointer à l'horizon un Orphée aux enfers, dans un nouveau clin d'œil du narrateur au schème catamorphe, qui non seulement euphémise ici, la chute en descente !, mais aussi, annonce l'éventualité d'une aube après la nuit. Immobile, face au corps inanimé et pétrifié de Nyssia-Eurydice, à la « beauté marmoréenne » (Gautier [1844] 1990 : 317), notre Gygès-Orphée décide de pencher plutôt pour la « pure lumière du jour » (Gautier [1844] 1990 : 319). C'est alors qu'après avoir séjourné aux « profondeurs ténébreuses de l'Hadès », ses rêves s'accomplissent grâce à un « flot puissant le *soulev[ant]* malgré lui » (Gautier [1844] 1990 : 319. C'est moi qui souligne). Appelons-le destinée, vengeance de la pudeur de Nyssia, ou accomplissement du rêve d'un amoureux de la beauté : Gygès n'a plus qu'à « monter les degrés de l'estrade royale » (Gautier [1844] 1990 : 319).

L'impénétrabilité de la beauté du sexe opposé est, ainsi, la cause conduisant à la descente aux enfers, à l'initiation vers des espaces vierges, inconnus et à transgresser, dans un décor d'ombre, où la seule clarté s'avère le regard étincelant de la femme pétrifiante. Tantôt, sous la forme d'une punition contre l'orgueil et la révolte ascensionnelle, tantôt, en tant que mort symbolique permettant une re-naissance, la récurrence au schème catamorphe comporte toujours une féminisation de la chute, où l'antithèse s'euphémise, provoquant une inversion. Comme l'évoquait Jung, « l'abîme, le monde des morts », n'est-ce pas « ce qui dévore » et « ce qui séduit » en même temps (Jung. Cité par Brunel 1974 : 60) ? Tout en constituant « attirance et répulsion, tentation et crainte, tendance et prohibition », tel que Freud l'a souligné (Freud. Cité par Brunel 1974 : 60), Pierre Brunel nous rappelle également, combien « l'antre ténébreux, le gouffre, l'abîme où s'engage témérairement le voyageur d'outre-tombe se rattachent à l'archétype de l'avalage » (Brunel 1974 : 42).

Descendre, pénétrer, avaler sont, on l'aura compris, des schèmes verbaux qui nous rapprochent de la dominante digestive et donc, du régime nocturne durandien. Toutefois, tel que je l'avais souligné plus haut, point de tragédie dans cette catabase gautiériste : en s'introduisant dans le gouffre, l'enfer, ou la caverne, non seulement « le gouffre » devient « coupe » (Durand [1960] 1984 : 224) —tel que nous l'avons vu pour Meïamoun, entre autres— ; mais de plus, « l'incoercible terreur du gouffre » se minimise « en vénielle crainte du coït et du vagin » (Durand [1960] 1984 : 127–128). Cette féminisation du symbole catamorphe devient chez Gautier euphémisation, par renversement des valeurs symboliques, car tout l'art de l'auteur de Tarbes consiste, précisément, dans son savoir conjuguer Cronos, et Thanatos, grâce à Eros : « du "fuir d'ici" platonicien », comme conclue Durand, « à l'Eros platonique », jusqu'au « culte » absolu de la « Dame », c'est ce qui semble définir, en définitive, le « moment romanesque » dans la création littéraire de tous les temps (Durand [1960] 1984 : 220–221).

La Morte Amoureuse me semble, à cet égard, pouvoir illustrer non seulement comment « l'esprit quête sa lumière » au sein de « la nuit même » —ce qui relèverait de l'inversion— mais également, comment la nuit n'est que « nécessaire propédeutique du jour, promesses indubitable de l'aurore », ce qui nous introduit dans la dialectique du retour par le biais de la structure synthétique de l'imaginaire (Durand [1960] 1984 : 224). Même si cette nouvelle, avec différentes thématiques, a déjà fait couler beaucoup d'encre, je consacrerai quelques lignes encore, à cette quête-type[13] illustrée par le prêtre Romuald. Le récit débute par une première « phase d'attente », nécessaire á toute initiation aux dires de Simone Vierne, mettant le « novice dans une disposition d'angoisse religieuse » (Vierne 1973 : 13) au moment où Gautier nous décrit un héros, prêt à recevoir son ordination. L'isomorphisme de l'aile et de l'envol se joint alors, par son identification à l'« ange », à une joie et une impatience touchant « presque à l'extase » (Gautier [1836] 1990 : 78–79). Une fois « le myste » « purifié », séparé « des profanes » et placé dans « un lieu sacré » (Vierne 1973 : 14), tel que le souligne Simone Vierne, la phase de préparation touche à sa fin et la vraie initiation peut débuter.

Le moment —et le lieu !— choisis par Gautier appelle sans doute, à une double épreuve : sacramentale, dans le sens littéral du terme, mais aussi, profane, par la sortie du néophyte de la vie pieuse, à laquelle il semblait destiné. En remplaçant l'esprit divin par l'esprit de la belle Clarimonde, en pleine enceinte sacrée, Gautier évoque, sous forme de prolepse, la punition imposée à tout « imprudent » n'ayant pas conclu, —tel le Job biblique (Job, XXXI, I)— un pacte avec ses yeux. Car, il est question à nouveau, de transgression ou métaphysique du révolté et donc, de co-nnaissance au sacré par la vue ! L'éblouissement, et la cécité passagère qui suivent, ne font qu'approfondir, et accroître une soif de connaissance qui se nourrit des élans constants vers cette conquête de la femme ou trésor. « Il s'agit désormais, pour le néophyte, de dépouiller sa condition première, de mourir pour naître autre », affirme encore, Simone Vierne. Après ces préparatifs, l'initié « est invité à vivre le voyage dans le monde de la mort, de l'ailleurs, enfer ou ciel… enfer et ciel parfois » (Vierne 1973 : 19). Précision qui me semble, plus que bienvenue chez le personnage gautiériste ! Car il sera question, tel que le lecteur gautiériste peut le deviner, et de ciel et d'enfer ! En rentrant dans sa nouvelle vie, le statut ontologique du personnage change. L'abbé Sérapion le constate à tire d'aile et le souligne en l'interpellant d'un « Romuald, mon ami » au ton réprobateur : « il se passe quelque chose d'extraordinaire en vous » (Gautier [1836] 1990 : 77 et 87). Cette entrée dans sa nouvelle existence est marquée, toutefois, non par une « perte de connaissance » (Vierne 1973 : 19) —tel qu'une initiation en bonne et dû forme l'aurait souhaitée—, mais, au contraire, par « la sensation de l'aveugle qui recouvrerait subitement la vue » (Gautier [1836] 1990 : 79). Car la lumière concentrée jusqu'à présent, sur « l'évêque assimilé à Dieu le père penché sur son éternité », et sur le ciel « à travers les voûtes du temple » se déplace ensuite, sur la femme : « il se fit par toute l'église une complète obscurité », d'où la « charmante créature » se détachait « comme une révélation angélique » (Gautier [1836] 1990 : 79). L'ascension est progressive, jusqu'au point d'approcher le soleil :

> Une minute après, je rouvris les yeux, car à travers mes cils, je la voyais étincelante des couleurs du prisme, et dans une pénombre pourprée comme lorsqu'on regarde le soleil. (Gautier [1836] 1990 : 80)

L'igné se substitue à l'ouranien, dont l'isomorphisme de l'or rappelle non seulement la souveraineté du régime diurne mais aussi, l'emprise sur le myste par l'association avec le rayon oculaire, en tant que symbole ascensionnel, décidant « de la destinée d'un homme » (Gautier [1836] 1990 : 80). Le moment essentiel de l'accès à la connaissance arrive, avec une première hésitation du prêtre, étant donné qu'il n'était pas capable d'élucider si « la flamme », illuminant les yeux de la magnifique créature, « venait du ciel ou de l'enfer » (Gautier [1836] 1990 : 80). Toutefois, insiste le prêtre, « à mesure que je la regardais, je sentais s'ouvrir dans moi des portes qui jusqu'alors avaient été fermées ». Le trouble que cette créature ambivalente lui faisait ressentir n'empêchant pas par ailleurs, la « lucidité étonnante » avec laquelle il semblait percevoir "sa" réalité à lui (Gautier [1836] 1990 : 81).

Sa chute dans les enfers, sa précipitation dans le gouffre devra, toutefois, encore attendre : le héros se trouvant toujours, à l'intérieur de l'enceinte sacrée, en plein rite de l'ordination. C'est par un « regard » aux « lames acérées » lui traversant « le cœur » où émerge l'isomorphisme œil-flèche (Gautier [1836] 1990 : 83), —si ce n'est par l'introduction de l'un des archétypes « garants de la toute-puissance bénéfique », c'est-à-dire, le glaive (Durand [1960] 1984 : 137)— que Gautier appelle à une inversion momentanée des valeurs, suggérant la confusion postérieure du prêtre :

> Pour moi, livide, le front inondé d'une sueur plus sanglante que celle du Calvaire, je me dirigeai en chancelant vers la porte de l'église ; j'étouffais ; les voûtes s'aplatissaient sur mes épaules, et il me semblait que ma tête soutenait seule tout le poids de la coupole. (Gautier [1836] 1990 : 84)

L'affaissement de la position debout du prêtre, suggéré par l'aplatissement des voûtes sur ses épaules, évoque au même titre, un abattement —le conduisant à une affliction progressive— qu'une mort symbolique, signifiée de plus, par cet espace sépulcral, par antonomase, qu'est le Calvaire. Car la voûte, en tant que symbole de l'intimité —associée au centre paradisiaque du lieu saint où se trouve Romuald—, est soumise à une inversion, afin de rejoindre cet autre contenant qu'est le sépulcre. « Ce goût de la mort », tel que Durand l'a souligné à plusieurs reprises, conjointement au goût pour « le suicide, pour les ruines, pour le caveau et l'intimité du sépulcre » ne rejoint-il pas en outre, « les valorisations positives de la nuit et parachève l'inversion du Régime Diurne en une véritable et multiple antiphrase du destin mortel » (Durand [1960] 1984 : 274) ?

Un calvaire de plus, qui n'est point exempt chez Gautier de valeurs résurrectionnelles et ascensionnelles, notamment par le biais de la croix, en tant que symbole latent ici, faisant écho à cette autre croix, que l'abbé Sérapion dessinera sur le corps de la goule, à l'aide d'eau bénite (Gautier [1836] 1990 : 114) ! Mais calvaire-tombe également, sur lequel la « nécrophilie romantique » (Durand [1960] 1984 : 272–273) va insister pour mieux l'euphémiser : le Golgotha inversé se veut alors, montagne, calvaire à gravir face à cette femme devenue idéal sacré de beauté… Romuald préfère sans hésiter, ce calvaire de la vie mondaine l'approchant de Clarimonde, et ce sera en revanche, son ancien « habit » qui devient « drap pour [son] cercueil » (Gautier [1836] 1990 : 85) ! Face à cette reconsidération du statut de prêtre —que Romuald définit à présent, plutôt comme détournement de la beauté par énucléation des yeux et ensevelissement en vie !— c'est, au contraire, un sentiment d'élévation qui le pousse à valoriser sa nouvelle vie d'homme libre : « Je sentais la vie monter en moi », précise-t-il, « comme un lac intérieur qui s'enfle et qui déborde » (Gautier [1836] 1990 : 85).

Le novice doit toutefois, dans un premier temps, lutter contre cette force obscure et, tout en suivant les conseils de Sérapion, se mettre en condition par une ascèse et une purification, par des épreuves diverses qui vont le dépouiller de sa condition profane, tout en éloignant l'esprit malin : « faites-vous une cuirasse de prières, un bouclier de mortifications, et combattez vaillamment l'ennemi ! » (Gautier [1836] 1990 : 87). L'image du héros chrétien vainqueur du dragon ne peut être mieux évoquée ! Notre Romuald-Saint Michel, en tant que combattant sauroctone, s'apprête ainsi, à pourfendre la bête, dans un premier mouvement ascensionnel vers la colline (Gautier [1836] 1990 : 89) ; suivi par un deuxième mouvement catamorphique ou *"descensus ad inferos"* que le narrateur qualifie comme étant, des « victoires intérieures suivies de rechutes plus profondes » (Gautier [1836] 1990 : 92).

En effet, c'est depuis ce « tout en haut » que le palais du prince Concini s'offre « tout là-bas » (Gautier [1836] 1990 : 89). Géographiquement localisé en contrebas, c'est grâce à un surprenant effet d'optique, —rappelant les récurrents clairs-obscurs ou épanchements de la lumière solaire vers la noirceur de la nuit ou *vice-versa*—, que Gautier se permet de le donner à voir en plongée, comme « éclairé d'un rayon de soleil », au milieu de « l'ombre d'un nuage » couvrant « entièrement la ville » (Gautier [1836] 1990 : 89). Par ailleurs, et tout en partant de l'hypothèse selon laquelle, « le sens géographique constant des voyages initiatiques » est « d'Ouest en Est » (Vierne 1973 : 38), jusqu'à parvenir au centre du monde, se trouvant en Orient, n'est-ce pas justement, à ce moment là —autrement dit, dès qu'ils se trouvent en haut de la colline dans sa nouvelle demeure, et par conséquent, à la tombée de la nuit (en heure et lieu du soleil couchant) —, que son vrai voyage initiatique commence vers l'opposé, vers là où le soleil semble se lever ?

> Oh! savait-elle qu'à cette heure, du haut de cet âpre chemin qui m'éloignait d'elle, et que je ne devais plus redescendre, ardent et inquiet, je couvais de l'œil le palais qu'elle habitait, et qu'un jeu dérisoire de lumière semblait rapprocher de moi, comme pour m'inviter à y entrer en maître? (Gautier [1836] 1990 : 90)

Tel Orphée, Romuald se trouve à ce moment précis, sur le point de franchir les limites des enfers. En effet, après un long chemin —où il se fait conduire sur un cheval noir « comme la nuit », à travers « une forêt d'un sombre si opaque et si glacial » qui le fait tressaillir— le prêtre et son guide entrent « sous une voûte qui ouvrait sa gueule sombre entre deux énormes tours » (Gautier [1836] 1990 : 93). Chevaux chtoniens et infernaux, « traînée de feu », « cri guttural » du coursier néfaste, lien avec le monstrueux (Gautier [1836] 1990 : 93) … Toute la symbolique de la *Mesnie Hellequin* moyenâgeuse ou de n'importe quelle autre chevauchée infernale du folklore et des traditions populaires se trouve concentrée dans cette scène fantastique et initiatique. Tantôt, inspirée de « la divinité psychopompe et gardienne des Enfers », —n'étant autre qu'« Hécate » (Durand [1960] 1984 : 80)— tantôt, associée au « démon hippomorphe allemand, la *mahrt*, dont l'étymologie » a été comparée par Krappe, aux dires de Durand, « au vieux slave *mora*, la sorcière », ou encore, au « vieux russe *mora*, le spectre » (Durand [1960] 1984 : 80). Nous voici en définitive, face à l'une des différentes formes que peut prendre le « cauchemar » et que Gautier connaît sans doute, lorsqu'il écrit la formule : on « nous eût pris pour deux spectres à cheval sur le cauchemar » (Gautier [1836] 1990 : 93). Double mouvement amplificateur, par conséquent, des images nyctomorphes et thériomorphes qui s'ajoute à une fécondité instantanée —et très chère à l'auteur de Tarbes !— faisant proliférer sans cesse, les images et les symboles, afin de mieux planter le décor de cette plongée en enfer du révolté Romuald.

Etat donc, de veille et de somnambulisme, tombée « en rêverie » (Gautier [1836] 1990 : 94) —en insistant par là encore, sur le schème catamorphe !— sont nécessaires à tout récit fantastique tendant à semer le doute, dans cet affrontement de la mort. Une salle funèbre, où seule une clarté de « demi-jour » —habituelle déjà chez Gautier et nécessaire à la mise en scène du fantastique !— permet d'entrevoir Clarimonde en prototype de la belle endormie de la mythologie romantique. « On eût dit », assure Romuald, « une statue d'albâtre faite par quelque sculpteur habile pour mettre sur un tombeau de reine, ou encore une jeune fille endormie sur qui il aurait neigé » (Gautier [1836] 1990 : 95). Tombe donc, ou chambre secrète, avant d'asséner le coup final, relevant du fantastique —lequel fait, sans doute, un écho onomastique au fondateur du genre par le biais de l'abbé Sérapion[14] !— et plongeant le protagoniste face à une endormeuse-magicienne, qui n'est autre qu'une mort-vivante prête à sucer le sang du néophyte. Après un premier retour conscient parmi les vivants (Gautier [1836] 1990 : 98), —et les constatations rationnelles de l'abbé Sérapion concernant cette « goule » ou « vampire femelle » (Gautier [1836] 1990 : 100), tentant de ramener Romuald à l'existence réelle—, il rentre à nouveau, dans un état de semi-conscience. Cette série de rêves, insistant sur l'ambivalence de la belle, —où celle-ci apparaîtra en belle mortifiée, en belle courtisane, enfin, en « Satan » cachant « ses griffes et ses cornes » (Gautier [1836] 1990 : 102)— précipitent Romuald dans un voyage sans retour, où sa démesure ne peut que conduire au châtiment ou au sacrifice : « depuis Satan qui tomba du ciel », précise le narrateur, « personne ait été plus orgueilleux et plus insolent que moi » (Gautier [1836] 1990 : 107). Châtiment consistant en la perte de chair et de sang, lorsque Clarimonde, à ses dépens, « se précipita sur [s]a blessure qu'elle se mit à sucer avec un air d'indicible volupté » (Gautier [1836] 1990 : 109). Et sacrifice, marquant toutefois, « une intention profonde non pas de s'écarter de la condition temporelle par une séparation rituelle », mais au contraire, « de s'intégrer au temps, fût-il destructeur » —tel celui de Clarimonde !— afin « de participer au cycle total des créations et des destructions cosmiques » (Durand [1960] 1984 : 354). Enfin, c'est par le sacrifice de la goule —sacrifice constituant, l'un des archétypes clés du schème rythmique et « de l'union des contraires » (Durand [1960] 1984 : 380)— qu'il reçoit un enseignement initiatique, ayant pour but de donner « quelque chose qu'il continuera de posséder au-delà de sa nouvelle naissance » (Vierne 1973 : 22–23).

> Ne regardez jamais une femme, et marchez toujours les yeux fixés en terre, car, si chaste et si calme que vous soyez, il suffit d'une minute pour vous faire perdre l'éternité. (Gautier [1836] 1990 : 114–115)

Quoique, le Gautier sceptique que nous connaissons, vis-à-vis de la religion catholique, laisse émerger explicitement dans ce récit, ses préférences en matière d'initiation. À la fin de la nouvelle, il fait avouer à son héros avoir regretté, à plusieurs reprises, la belle Clarimonde, « l'amour de Dieu » n'étant « pas de trop pour remplacer le sien » (Gautier [1836] 1990 : 114). Face à cette double quête, teintée de fantastique, Romuald saura se décanter par une quête profane, dont le but ultime s'avère en réalité, la beauté. Quête que Gautier partage, à n'en plus douter, dans sa création littéraire et que Marcel Voisin a exprimée comme suit : « l'écrivain se réfugie dans l'imaginaire, il s'efforce de concrétiser dans son œuvre les chimères à la fois personnelles et littéraires de la beauté du luxe et du plaisir. Il crée des dizaines de Dulcinées et bâtit des "châteaux en Espagne" » (Voisin 1981 : 36).

Soit. Et n'est-ce pas, justement par le « fils de la nuit et frère de la mort », — étant le seul « consolateur du monde » ! — que l'on accède aux chimères, aux rêves, tel que Gautier l'avait précisé dans le poème « Au sommeil, hymne antique » —cité en exergue— ? Un rêve ou un état de demi-conscience, tel que les différents récits fantastiques l'ont illustré, qui permet sans doute, le franchissement d'un seuil, qu'il soit « porte d'ivoire » ou « porte de corne » (Gautier [1881–1882] 1970 : t.2, 169) ; qui permet aussi, un passage vers un au-delà, —surnaturel, intérieur, ou idéal—, subsumé par les différentes définitions du fantastique —qu'il serait trop long d'énumérer ici, après Todorov, Bellemin-Noël, Castex ou Malrieux— ; qui permet, en définitive, que ce passage se lise en tant qu'initiation, en tant que métaphysique d'un révolté où Morphée rejoint Thanatos.

« Les romantiques n'ont » certes, « pas ignoré », par ailleurs, tel que l'a évoqué Albert Béguin, « ces nécessités qui mettent des bornes précises à la conquête poétique. Ils ont su », continue-t-il, « que le rêve n'était fécond que si la personne y trouvait un approfondissement et revenait, de là, à la vie consciente ». Ce qui a été sans doute, le cas de Romuald, et la plupart des héros gautiéristes, où l'auteur jongle avec le vraisemblable, mettant côte à côte le rêve ou la réalité, le vrai ou le faux, le naturel ou le surnaturel. Et Albert Béguin de continuer, « mais à une vie consciente désormais transfigurée, vue avec des yeux nouveaux » (Béguin 1939 : 402). Sans doute, mais la particularité de Gautier consiste précisément, à faire en sorte que lorsque la renaissance ait lieu « les antagonismes so[ie]nt harmonieusement résolus ». « La mort initiatique est la vie », précise Simone Vierne, « la désagrégation se fait nouvelle cohésion, la séparation devient intégration dans un monde supérieur-socialement ou spirituellement ». Pour le héros initié, les tensions sont ainsi, continue Mme Vierne, « dépassées, assimilées, intégrées à une expérience existentielle » (Vierne 1973 : 98). L'initiation, en définitive, ne nous permet-elle pas alors, dans son rituel de successives révélations de « suivre de très près », tel que l'a suggéré Durand ou encore Eliade[15], « le schème agro-lunaire : sacrifice, mort, tombe, résurrection » (Durand [1960] 1984 : 351)?

En guise de conclusion, j'ajouterai ici, aux côtés de la "métaphore du masque"—évoquée à la fin du chapitre précédent— une deuxième "intuition" me faisant distinguer deux initiations parallèles. D'un côté, ce sont les schèmes ascensionnel et catamorphe, —dont l'isomorphisme s'est avéré constant avec les figures clés de la mythologie romantique—, qui permettent de situer l'imaginaire de Gautier à mi-chemin entre la structure schizomorphe et mystique. Dans sa quête, le Prométhée gautiériste a toutefois, rencontré bien des émules, jusqu'à en faire sa personnelle « fin de Satan[16] » : le « triomphe d'un principe », devient alors ici, vraie « *synthèse* » (Durand [1979] 1992 : 274). Une synthèse, mise en exergue par certains symboles de l'initiation, que je dévoilerai plus amplement, à la fin de cette deuxième partie de l'ouvrage.

"Soif double", disais-je, car de l'autre côté, c'est sans doute, dans le processus de lecture, l'initiation du lecteur et de l'exégète qui se dessinent. Le phénomène de dédoublement systématique auquel Gautier soumet ses personnages, leur constante quête initiatique en proie à un idéal, leur métaphysique de la révolte s'avèrent dans ce sens, « quête de soi », « processus d'individuation » de tout un chacun ! Et ce, par communion avec le surnaturel et le symbolique, certes ! Mais aussi, par ce besoin inhérent à tout être humain de pouvoir larguer les amarrer et d'errer dans les riches labyrinthes imaginaires proposés par les œuvres de culture. Dans cette liberté que je m'octroie en tant que lecteur et critique, le réseau symbolique et archétypique structurant les récits, à partir des schèmes verbaux analysés jusqu'ici, va me conduire à une "révélation", une "*gnose*" —dans le sens suggéré par Antoine Faivre[17]— de l'œuvre gautiériste, dont le temps me semble finalement, pouvoir donner le sens ultime. Car somme toute, et malgré ses « aspirations » et ses « pratiques au fond très opposées », malgré des différences « dans leur rapport au temps, à la matière et à la nature », « les arts prométhéens et *l'Art d'Hermès* » (Bonardel 1993 : 165) ne croiseraient-ils pas leur destin dans l'œuvre gautiériste, en signant par là, son inscription dans l'âme décadente?

Notes

1. Citation de Platon reprise aussi, par Ambelain 1948 (Cité par Vierne 1973 : 53).
2. « Trésor, Secret, Illumination, cette Connaissance est », aux dires de Simone Vierne, « co-naissance au sacré » (Vierne 1973 : 68).

3. D'après Louis Séchan, le folklore foisonne en récits, aux motifs igné et aérien. « Si le détenteur du feu varie, divinité créatrice, tribu plus favorisée, animaux même », écrit-il, « c'est toujours un animal, et généralement un oiseau qui part en quête du trésor » (Séchan 1951 : 6). C'est justement cette élévation, suivie d'une chute caractérisant la dynamique antithétique chez Gautier que Barbara Sosień a si bien analysée dans son ouvrage, *L'Homme Romantique et l'espace : Sous le signe d'Icare* (Sosień 2004 : 14–160).

4. Dès 1960, Durand suggère combien « c'est surtout dans la littérature romantique qu'inversion et redoublement tiennent une place de prédilection » (Durand [1960] 1984 : 237). Je reviendrai sur l'importance de l'inversion, de l'antithèse mais également de ce que l'on pourrait qualifier un "jeu de contraires" *in praesentia,* proche du procédé oxymoronique chez Gautier, à la fin de la deuxième partie de cet ouvrage. Car, tel que le souligne fort bien Durand, n'est-ce pas grâce à la rhétorique, comprise en tant que « transcription », « dégradation du sémantisme des symboles » que l'on parvient à « une détermination *a priori* de l'anti-destin, de l'euphémisme qui va teinter, dans son ensemble, toutes les démarches de formalisation de la pensée » (Durand [1960] 1984 : 483–484) ?

5. Il me semble donc, plus que légitime de souscrire aux affirmations de Barbara Sosień, lorsqu'elle précise : « une fusion de contraires, toujours prête à se produire, engendre le phénomène qu'une définition quasiment nervalienne mettrait bien en évidence : notamment, il s'agit de l'épanchement du diurne dans le nocturne, de l'inversion, soit de la réversibilité des valeurs symboliques, dans l'acception durandienne des deux termes » (Sosień 2004 : 30).

6. Pour certains critiques, Curtius, Kuhn ou Schmid l'étymologie du nom est à remonter jusqu'à l'Inde. De la racine *math, manth,* d'où *manthāmi,* « tourner, frotter », ils arrivent au vocable de pramantha (d'où Pramanthius ou Pramathius. Pramantha, étant en sanscrit védique le bâton-tourneur avec lequel on procurait le feu par frottement, explique très bien la personnification du moulinet, Προμηθεύς). Cependant, pour Louis Séchan, « le nom de Προμηθεύς ne se rattache nullement, en effet, à pramantha, mais il dérive de la racine indo-européenne *man*, par élargissement *man-dh*, qui répond à une idée de pensée, réflexion ou sagesse. Il n'y a aucune raison d'abandonner pour le nom de Prométhée le sens indiqué par les Grecs eux-mêmes, le sens de prévoyant, prudent, par opposition avec le nom de son frère Epiméthée, le maladroit qui ne réfléchit qu'après coup » (Séchan 1951 : 11).

7. La référence à la version d'Eschyle est assez explicite dans l'œuvre *Partie Carrée*. En premier lieu, le caractère de noblesse et de grandeur du Prométhée d'Eschyle —permettant de définir « une nouvelle conception de la condition humaine » en termes « de progrès » (Trousson 1988 : 1190)—est loin de la vision hésiodique, qui considère Prométhée comme la cause de la déchéance et du malheur de l'âge d'or primitif et dont la leçon est, aux dires de Raymond Trousson, « la soumission à la volonté divine » (Trousson 1988 : 1189). La figure de Prométhée est constituée, en réalité,

chez Gautier par une association de cinq membres: Sir Arthur Sidney, Benedict Arundell, le comte de Volmerange, Dolfos et Dakcha. Le but de cette association aux allures d'un "Prométhée collectif", n'étant autre que de « substituer dans l'histoire la volonté humaine à la volonté divine » (Gautier [1848] 1978 : 321). Dans une lettre écrite par Sidney, trouvée dans une bouteille « sur les îles de Tristan-D'Acunha » par un marchand de Calcutta aux abords du navire « La Belle-Jenny » (Gautier [1848] 1978 : 323), nous pouvons lire plus concrètement sa finalité :« j'essaye d'empêcher ma patrie, que j'aime, de commettre un déicide qui la rendra l'objet de l'exécration du monde, comme le meurtre de Jésus a fait les Juifs abominables sur toute la terre. A cette idée j'ai sacrifié ma vie, car quel but peut-on se proposer qui soit plus grand, plus saint que la gloire de la famille humaine dont on fait partie? Demain, Prométhée, détaché de sa croix, voguera sur un vaisseau qui l'attend et va le mener vers un nouvel empire et des destinées plus vastes peut-être que celles qui ont étonné le monde, ou bien Dieu aura jugé si j'empiète sur les attributions de la Providence » (Gautier [1848] 1978 : 324). La constellation d'images associant la croix, l'arbre et le feu et transformant Prométhée en Fils ou Messie vient corroborée en effet, tel que le précise Durand, par « l'archétype de l'arbre et sa substance le bois » servant, non seulement, « à confectionner le poteau-colonne » —où Hésiode fait enchaîner Prométhée dans la *Théogonie*— mais aussi, la croix d'où jaillit le feu », et soulignant, de ce fait, « l'ambivalence dans laquelle s'accentuent les valeurs messianiques et résurrectionnelles » (Durand [1960] 1984 : 398). Comme dans la tragédie d'Eschyle, Prométhée s'oppose à une humanité, d'abord misérable, et que les dieux, ou les "dieux de la nation" dans le récit, veulent même détruire. Sidney se sent ainsi « profondément humilié de la trahison faite par l'Angleterre au grand empereur » (Gautier [1848] 1978 : 324), et s'érige en sauveur et bienfaiteur, au prix de ses souffrances. Le passage évoque, également, les trois phases successives dans le supplice du Titan eschyléen. En premier lieu, le thème d'un châtiment sur la terre (assez analogue au châtiment hésiodique), duquel il sera « détaché » *a posteriori*, pour souffrir sa deuxième punition. La troisième phase du supplice ne tardera pas à arriver: le drame annonce, pour l'avenir, la possibilité d'un nouvel enchaînement sur le Caucase et l'aggravation de l'aigle dévorant. En définitive, la victoire de la « Volonté sur le Destin » (Gautier [1848] 1978 : 318), précise Gautier, n'était plus possible. Le vrai Prométhée s'avère, par la suite, non plus l'association mais le propre empereur. Quant à Sidney, sa mort est précédée des signes de mauvais augure, on eût dit même « que les trois mille océanides » —nouvelle allusion au chœur plaignant le Prométhée eschyléen !— « venaient pleurer sur le titan! » (Gautier [1848] 1978 : 274) : « ce n'était plus le cadavre d'un homme », insiste Gautier, « mais la statue d'un dieu: l'enveloppe terrestre touchée par la mort laissait transparaître la portion céleste; le cachot était devenu un temple et la chambre funèbre un Olympe. Christ sur sa croix, Prométhée sur son roc, n'eurent pas une tête plus noble et plus belle » (Gautier [1848] 1978 : 285).

8. La comparaison de Meïamoum avec Hercule, fils de Zeus et Alcmène, en tant que l'un des héros les plus vénérés en Grèce antique n'a point échappé à Gautier, lorsqu'il précise : « Meïamoum (…) était un jeune homme d'un caractère étrange (…) il semblait d'une race plus haute, et l'on eût dit le produit de quelque adultère divin (…) quoiqu'il eût presque la grâce délicate d'une jeune fille, et que Dionysius, le dieu efféminé, n'eût pas une poitrine plus ronde et plus polie, il cachait sous cette molle apparence des nerfs d'acier et une force herculéenne » (Gautier [1838] 1990 : 160–161).

9. Je fais allusion évidemment ici, aux motifs du jour nocturne rapprochant le soleil noir et inversement, de la nuit diurne, tellement étudiés et commentés, notamment par : (Eigeldinger 1972) ; par (Montandon 1995 : 57), entre autres, comme Paolo Tortonese ou Marcel Voisin. Barbara Sosień y consacre également quelques lignes avant de conclure : « renversements, synthèse impossible, dépassement : la triade notionnelle qui guide la réflexion analytique de Tortonese, s'offre à nous comme la triple formule adéquate non seulement par rapport à l'œuvre de Gautier, mais aussi de Charles Baudelaire » (Sosień 2004 : 35).

10. « De nombreux mythes et légendes » suggère Durand, mettent l'accent en effet, « sur l'aspect catastrophique de la chute, du vertige, de la pesanteur ou de l'écrasement ». Il souligne entre autres, « Icare qui, tombe anéanti par le soleil qu'il a trop voulu approcher et se voit précipité dans la mer », « Phaéton, fils du soleil, qui, pour avoir usurpé les prérogatives paternelles, est foudroyé par Zeus, puis précipité sur la dure terre », « Ixion », « Bellérophon » et bien d'autres (Durand [1960] 1984 : 124). Meïamoun, ne tomba-t-il pas, après avoir vidé « le vase fatal », tel Phaéton, « comme frappé de la foudre » (Gautier [1838] 1990 : 187) ?

11. Une variante que l'on peut trouver par exemple, chez Pausanias, Horace, Juvénal, Esope, Ménandre etc. C'est « par le biais de l'évhémérisme ou allégorisme réaliste », continue Raymond Trousson, que « ce créateur des hommes deviendra l'inventeur de la statuaire, c'est-à-dire l'artiste, entendu aussi plus tard comme le poète inspiré » (Trousson 1988 : 1191). Un thème que l'on retrouvera, mis à part au XVIIIe siècle, « à l'époque de *Sturm und Drang*, chez Herder et Goethe », dont l'influence chez Gautier n'est plus un secret. Sur la thématique autour de l'invention de la statuaire, lisons ce que Gautier écrit juste après son allusion à Prométhée : Tiburce « songea à Pygmalion, qui sut trouver le moyen d'attendrir et d'échauffer un marbre » (Gautier [1839] 1990 : 207–208).

12. « L'imagination chrétienne rêve de concordances mystérieuses entre la passion du Titan et celle de Jésus ». Louis Séchan cite, parmi d'autres: le bec de l'aigle synonyme du coup de lance perçant le cœur du Sauveur ; le tremblement de terre au moment de l'agonie de Christ et de l'engloutissement de Prométhée ; les Océanides comme figures lointaines des Saintes Femmes, voire l'annonce d'une nouvelle religion par sa haine contre les dieux, synonyme de la religion chrétienne (Séchan 1951 :16).

13. Cette quête-type rejoint le « modèle-héroïque », établi par Philippe Sellier dans son ouvrage *Le Mythe du héros* (Paris : Bordas) et reproduit dans : (Sellier 1988 : 768).

14. Il s'agit évidemment, du recueil de contes d'Hoffmann intitulé *Contes des Frères de Saint-Sérapion*.

15. « Seule l'initiation confère à la mort », précise Simone Vierne en paraphrasant Mircea Eliade, « une fonction positive: celle de préparer à "une nouvelle naissance", purement spirituelle, l'accès à un mode d'être soustrait à l'action dévastatrice du Temps » (Eliade 1959 : 272–273. Cité par Vierne 1973 : 90).

16. La révolte romantique implique, également, la réintégration de Satan, l'ange déchu, parmi le corps des Elus. « Les grandes épopées romantiques relatives à cette fin de Satan sont, [enfin] annoncées ». (Béresniak 1987 : 61). Voir aussi : Juden 1971; Milner 1960; Praz 1977; Zumthor 1946.

17. D'après Antoine Faivre, « la racine grecque (*"gnôsis"*), la même qu'en sanscrit (*"jnana"*) —ainsi pour "Knowledge", "Erkenntnis", "connaissance"— signifie, en même temps, "savoir" et "sagesse sapientelle" ». Car, en effet, « la gnose n'est pas le savoir tout court »: si elle est capable d'« opérer les métamorphoses, la mutation intérieure de l'homme », c'est parce qu'elle devient « une lumière salvifique qui apporte vie et joie, qui opère et assure le salut », et cela grâce « à une révélation narrative des choses cachées » (Faivre 1986 : 15–16).

Bibliographie

Ambelain, R. (1948) *Les Survivances initiatiques.* Paris : Cahiers de « Destins ».

Bachelard, G. (1949) *La psychanalyse du feu.* Paris : Gallimard/Folio, coll. Essais.

Béguin, A. (1939) *L'Âme romantique et le rêve.* Paris : Librairie José Corti.

Béresniak, D. (1987) *Franc-Maçonnerie et Romantisme.* Paris : Chiron, coll. « Janus ».

Bonardel, F. (1993) *Philosophie de l'Alchimie. Grand Œuvre et modernité.* Paris : P.U.F., coll « Questions ».

Brunel, P. (1974) *L'Evocation des morts et la descente aux enfers.* Paris : Sedes.

Durand, G. ([1960] 1984) *Les Structures anthropologiques de l'imaginaire. Introduction à l'archétypologie générale.* Paris : Dunod/Bordas.

Durand, G. ([1979] 1992) *Figures mythiques et visages de l'œuvre. De la mythocritique à la mythanalyse.* Paris : Dunod. (1re édition, Berg International éditeurs, 1979).

Eigeldinger, M. (1972) « L'image solaire dans la poésie de Théophile Gautier », *RHLF*, juillet-août 1972, pp. 626–640.

Eliade, M. (1959) *Naissance mystique.* Paris : Gallimard, « Les Essais ».

Faivre, A. (1986) *Accès de l'ésotérisme occidental.* Paris : Gallimard.

Gautier, Th. ([1836] 1990) « La Morte amoureuse », *Contes et récits fantastiques*, Paris : Librairie Générale Française, « Le Livre de poche » classique, pp. 77–115. (1re parution : « La Morte amoureuse », *Chronique de Paris*, 23 et 26 juin 1836).

Gautier, Th. ([1838] 1990) « Une nuit de Cléopâtre », *Contes et récits fantastiques*. Paris : Librairie Générale Française, « Le Livre de poche » classique, pp. 145–188 (1ʳᵉ parution : « Une nuit de Cléopâtre », *La Presse*, 29 novembre au 6 décembre 1838).

Gautier, Th. ([1839] 1990) « La Toison d'or », *Contes et récits fantastiques*. Paris : Librairie Générale Française, « Le Livre de poche » classique, pp. 189–245. (1ʳᵉ parution : « La Toison d'or », *La Presse*, 6 au 12 août 1839).

Gautier, Th. ([1844] 1990) « Le Roi Candaule » in *Contes et récits fantastiques*. Paris : Librairie Générale Française, « Le Livre de poche » classique, pp. 263–327. (1ʳᵉ parution : « Le Roi Candaule », *La Presse*, 1ᵉʳ au 5 octobre 1844).

Gautier, Th. ([1848] 1978) *Partie carrée*, in *Œuvres Complètes*. Genève : Slatkine Reprints, vol. 10 (1ʳᵉ parution : « Les Deux étoiles », *La Presse*, 20 septembre au 15 octobre 1848, aussi intitulé: « La Belle Jenny »).

Gautier, Th. ([1881–1882] 1970) *Poésies Complètes de Th. Gautier* (publiées par R. Jansinski). Paris : A.G. Nizet, 3 vols. 1ʳᵉ parution (1881–1882): *Poésies Complètes*. Paris : G. Charpentier et Cⁱᵉ Éditeurs, 2 vol.

Juden, B. (1971) *Traditions orphiques et tendances mystiques dans le Romantisme français (1800– 1855)*. Paris : Ed. Klincksieck.

Milner, M. (1960) *Le Diable dans la littérature française: De Cazotte à Baudelaire (1772–1861)*. Paris : Corti, 2 vols

Montandon, A. (1995) « Les soleils funestes de Théophile Gautier » in *Cahiers Figures : Soleils funestes*. Dijon : Centre Gaston Bachelard, n° 13–14.

Praz, M. (1977) *La chair, la mort et le diable dans la littérature du XIXᵉ siècle. Le romantisme noir.* (trad. Constance Thompson Pasquali). Paris : Denoël. (édit. en italien, Firenze, 1966).

Séchan, L. (1951) *Le Mythe de Prométhée*. Paris : P.U.F.

Sellier, Ph. (1988) « Héroïque (Le modèle-de l'imagination) » in Brunel, P. *Dictionnaire des mythes littéraires*. Paris : Ed. du Rocher, pp. 762–770.

Sosień, B. (2004) *L'Homme romantique et l'espace : sous le signe d'Icare (Gautier et Nerval)*. Kraków : Księgarnia Akademicka.

Trousson, R. (1988) « Prométhée » in Brunel, P. *Dictionnaire des mythes littéraires*. Paris : Ed. du Rocher, pp. 1187–1200.

Vierne, S. (1973) *Rite, roman, initiation*. Grenoble : P.U.G.

Voisin, M. (1981) *Le soleil et la nuit. L'imaginaire dans l'œuvre de Gautier*. Bruxelles : édition de l'université de Bruxelles.

Zumthor, P. (1946) *Victor Hugo. Poète de Satan*. Paris : Robert Laffont.

« Remuer les cendres »[1] et devenir

> O temps ! que nous voulons tuer et qui nous tues !
> (…)
> Le bonheur est l'éclair qui fuit sans revenir.
> Hélas ! et pour ne pas oublier qu'il existe,
> Il le faut embaumer avec le souvenir. (« Après le bal » in Gautier [1881–1882] 1970 : 230)

Ces quelques roues du temps sorties de leur ornière[2]

Si « l'initiation réussit », nous dit encore Simone Vierne, « se déroulent les images dramatiques[3] » (Vierne 1973 : 99). Certes, Gautier a insisté, à plusieurs reprises, sur sa terreur devant le temps qui fuit, sur son obsession personnelle du « j'étais ; je ne suis plus », sur laquelle il revient, entre autres, dans son célèbre poème, « après le bal ». Sa particulière réponse à l'angoisse du pouvoir entropique du temps — dont le point de départ n'est autre que le vieil adage de *l'Ubi sunt,* et reste toutefois, encadrée par la nouvelle expérience que tout au long du XIXe siècle l'homme fait de la durée[4]— reste amplement évoquée lorsqu'il écrit :

Toute la vie humaine résumée en deux mots, de l'onde et puis du vent.
Mon Dieu ! n'est-il donc pas de chemin qui ramène
Au bonheur d'autrefois regretté si souvent ? (« Après le bal » in Gautier [1881–1882] 1970 : 231)

Consciente du rôle joué par le temps cyclique et progressiste[5] dans l'œuvre gautiériste —ce que Paolo Tortonese, par exemple, a qualifié de « pathologie du temps dans la narration de Gautier » (Tortonese 1992 : 80)— je fermerai ce chapitre autour de quelques images archétypales l'évoquant. Elles vont me permettre de souligner cette mise en relief d'une temporalité multiple et mouvante, dans l'œuvre qui nous occupe, rejoignant non seulement, le romantisme de la « continuité sentie » (Poulet 2017 : 47), mais rejoignant également, la « poésie du possible » que Gautier va transmettre aux symbolistes (Poulet 2017 : 378). En effet, la roue, la lune, l'arbre et leurs symboles correspondants —le sacrifice, la triade, l'initiation, l'orgie et la musique « immortelle » (Bergerat 1879 : 157)— gravitant autour des figures mythiques comme les Parques, les Bacchantes et l'Androgyne vont me permettre d'insister, tantôt sur le rôle capital du désir rétrospectif, — maintes fois analysé et auquel se réduisent parfois, les analyses de la durée gautiériste— s'inscrivant dans une maîtrise cyclique du devenir; tantôt, de suggérer, une scansion rythmée par une accélération ou un ralentissement temporels, insistant sur le rôle génétique et progressiste du devenir. C'est précisément, grâce au dépassement de la notion de linéarité chronologique et strictement physique ; c'est grâce à des intervalles dans la durée évoquant une discontinuité dans le réel ; c'est grâce en définitive, à des mouvements temporels de va-et-bien entre le rêve et la raison dans sa prose — assez proches de la « métaphysique de la lacune » bachelardienne[6]—, que l'émergence d'un avenir éternel, en tant que genèse psychique et cosmique dans la création artistique, devient possible et salutaire chez Gautier.

Le passé est certes, un but pour le héros comme pour le poète, et bien sûr, un « bonheur d'autrefois », souvent « regretté ». Dans cette quête rétrospective, au départ d'un présent décrit souvent par son instabilité et désordre, l'écrivain s'invente un « chemin » (Gautier [1881–1882] 1970 : 231) conduisant à un espace idéal et sphérique où installer ses souvenirs et se rêves. Trajectoire mnésique par ailleurs, aboutissant à un mandala idéal et éternel, —qui n'est là, certes, au premier abord, qu'en tant que réécriture romantique du mythe de l'âge d'Or[7] ! Mais une trajectoire qui permet, en même temps, et la « révolte prométhéenne » contre le temps —l'expression est de Paolo Tortonese (Tortonese 1992 : 79)— et sa maîtrise hermétiste[8] ! Maîtrise donc, cette dernière, par redoublement, dépassement, étirement ou projection en avant, faite à l'aide du Trismégiste qui, à en croire Durand, ne peut se lire que comme « trinité symbolique de la totalité, de la somme des phases du devenir » (Durand [1960] 1984 : 348).

Je partirai donc, de l'hypothèse selon laquelle, la perméabilité accordée à l'espace implique une pluralité de nuances du temps, ce qui nous rapproche assez de ce « goût de l'exotique à travers les temps » qu'Edmond et Jules de Goncourt avaient rapporté dans leur *Journal* (Goncourt 1851–1896 : II, p. 166). Une pluralité de nuances, en effet, coexistant dans l'œuvre de Gautier qui semblent subsumées par différentes conceptions philosophiques et mythiques et pourraient se limiter *grosso modo* à trois, coïncidant avec trois moments clé dans la trajectoire de l'auteur. La première, buvant à la source de la tradition platonicienne et néo-platonicienne et suivant une lignée, s'étendant de Plotin à Saint-Augustin, me permettra d'insister sur une éternité « jamais changeant[e] », face au monde sensible qui ne serait que l'« "imitation mobile de l'éternité" immobile » (Buser et Debru 2011 : 22). Cette première conception philosophique où puise Gautier —lui ayant permis d'insister sur l'idée d'un étirement du temps, proche de la notion de *kairos*—, se verra complétée, vers 1840, des notions métaphysiques et mythiques traditionnelles, — héritées des présocratiques, d'Aristote et surtout de Goethe—, à partir desquelles, l'écrivain développera l'idée des cercles excentriques en mouvement, renvoyant à un temps cyclique. Enfin, ce sera, grâce à d'autres courants philosophiques hérités, tout aussi bien, de Plutarque et les pythagoriciens que d'un « panenthéisme d'allure mystique » (Poulet 2017 : 380), si ce n'est d'une palingénésie du cercle maçonnique de Chenavard[9] que sa notion de cyclicité s'enrichit de la maîtrise du temps par progrès. La temporalité gautiériste devant se lire, en définitive, non tant dans l'unique existence d'un « hors du temps » (David-Weill 1989 : 95)[10], lequel impliquerait son anéantissement, mais au contraire, sur une multiplication mouvante s'ouvrant vers le devenir, en tant que « foule de cercles excentriques qui vont agrandissant leurs orbes dans l'éternité et l'infini » (Gautier [1848a] 1856 : 70).

Sans Cronos[11], le maître du monde, sans alternances des jours et des nuits, de lumière et d'ombre, sans cycles —végétal ou lunaire !—, aucune possibilité de renaissance. Si à la nuit succède le jour, si le héros s'aventure dans la descente aux enfers, c'est parce qu'un lendemain semble se profiler toujours à l'aube. Ce schéma cyclique temporel, cette maîtrise du devenir « par la répétition des instants temporels » (Durand [1960] 1984 : 321) exige toutefois, un point de départ qui n'est autre que le présent. Nathalie David-Weill a très bien défini le présent dans l'œuvre de Gautier, lorsqu'elle écrit, « le présent ne se caractérise pas seulement par l'usure et l'épuisement, l'aboutissement d'un long déclin, il est aussi la marque du désordre, de la fragmentation ». Il est en effet, symbolisé par le marchand d'antiquité dans *Le pied de la momie*, et peut très bien être défini comme cette

« quelque chose qui tient à la fois de la boutique du ferrailleur, du magasin de tapis, du laboratoire de l'alchimiste et de l'atelier du peintre… » (David-Weill 1989 : 95–96). Paolo Tortonese, quant à lui, et tout en soulignant la tendance de bien des héros gautiéristes à un éloignement du « sentiment de la vie réelle » (Gautier [1842] 1898 : 2) préfère avoir recours à la belle formule d'écrivain de la « transcendance pleine » ou de la « plénitude transcendante » (Tortonese 1992 : 92). Georges Poulet, enfin, d'y trouver parmi les originalités de Gautier —et ce, dès 1834 !— celle qui suit: son « retournement de l'élan poétique du romantisme » résidant justement, dans sa prédilection à partir, non plus « de l'immanent » vers le « transcendant », mais de « l'idée abstraite » vers la « réalité », afin d' « incarner son idéal », de « lui donner chair et substance » (Poulet 2017 : 352).

Ce mépris de l'auteur de Tarbes vis-à-vis d'un présent trop matérialiste se lit, tout aussi bien, dans ces lignes d'*Avatar*. L'Europe y semble « tout absorbée par les intérêts matériels » ; un continent qui, tout en oubliant le « spiritualisme » (Gautier [1856a] 1990 : 403) se vante de sa supériorité face à d'autres pays, dont la mythologie, la philosophie et quelques pratiques, disons, « mystiques », —pour garder l'expression de Mircea Eliade— « ont comme but l'arrêt du flux temporel » (Eliade 1952 : 110). Civilisation « ignorante », insiste Gautier, qui ose nommer « barbares » des pays comme l'Inde où la « tradition s'est conservée » (Gautier [1856a] 1990 : 402) ; où l'empreinte du passé est encore vivante ; où, enfin, les gens « tout en continuant à vivre » dans leur temps à eux « (temps historique) », gardent « une ouverture vers le Grand Temps, ne perdant jamais la conscience de l'irréalité du temps historique » (Eliade 1952 : 119). Gautier oppose ouvertement ici, spiritualisme, ascétisme et mysticisme —différent pour Gautier[12], dans tous les cas, de l'héritage légué par l'Occident chrétien qu'il se hâte d'opposer à un Orient païen maintes fois sublimé !— à toute sorte de frivolité matérialiste, dans une société en pleine mutation. « Mais tout cela est peu de chose », s'exclamera-t-il encore, « à côté des prodiges qu'accomplissent certains yoghis de l'Inde, arrivés au plus sublime degré d'ascétisme. Nous autres Européens », continue-t-il, « nous sommes trop légers, trop distraits, trop futiles, trop amoureux de notre prison d'argile pour y ouvrir de bien larges fenêtres sur l'éternité et l'infini » (Gautier [1856a] 1990 : 413). Orient païen contre Occident chrétien ! Spiritualisme contre positivisme ! Âge d'or en définitive, contre âge civilisé ! Telles sont les valeurs prônées par Gautier et sa réponse, face à une temporalité exclusivement linéaire et profane du temps. Une temporalité qui ne le situe qu'aux abords d'un gouffre et d'une déchirure, car le romantique, nous dit Poulet, non seulement désire « posséder sa vie dans le moment » mais surtout, « donner au moment toute la profondeur, toute l'infinité même de durée, dont l'être humain se sent susceptible » (Poulet 2017 : 43). Une temporalité linéaire qu'il remplacera dès lors, par un temps cyclique où « chaque regard jeté sur la profondeur de l'espace devient un regard jeté sur la profondeur du temps » (Poulet 2017 : 50).

Cette notion « de la cyclicité du temps », tel que le précisent par ailleurs, Pierre Buser et Claude Debru, « ne fonctionnant pas en suivant une ligne mais un cercle, faisant des boules à l'infini » non seulement, « a dominé bien des cultures traditionnelles, certains grands mythes de l'humanité », mais également, « certaines religions et quelques systèmes philosophiques, qu'il s'agisse des Grecs présocratiques (…) des stoïciens et des pythagoriciens, ainsi que des religions de l'Inde » (Buser et Debru 2011 : 59). L'impact sur Gautier de la philosophie de l'Inde a bel et bien été illustré, notamment à travers le personnage de Balthazar Cherbonneau ; mais aussi à travers l'utilisation récurrente du terme *avatar* —qui vient du sanscrit *avâtara*, littéralement signifiant descente et désignant, dans la religion hindoue, chacune des incarnations de Vichnou— que ce soit dans le récit éponyme de 1856, ou dans l'expression des désirs de d'Albert, dès 1835. « Ce que j'envie le plus aux dieux monstrueux de l'Inde », précisera-t-il, « ce sont leurs perpétuels *avatars* et leurs transformations innombrables » (Gautier [1835] 1997 : 59). L'idée d'une transformation cyclique affectant l'écrivain, se faisant réincarnation et entérinant la notion du temps dans la création littéraire, est illustrée de façon plus claire lorsqu'à propos de Balzac, Gautier écrit dans *Portraits contemporains* : « Balzac, comme Vichnou, le dieu indien, possédait le don d'avatar, c'est-à-dire celui de s'incarner dans des corps différents et d'y vivre le temps qu'il voulait » (Gautier [1874] 2011 : 309). Par conséquent, que ce soit sous l'influence de la philosophie indienne ou sous l'influence des présocratiques[13], cette inflexion cyclique et cosmique dans la conception temporelle de Gautier est une constante dans son œuvre, insistant sur sa « ferme certitude que l'éternité des temps peut être possédée, ou à tout le moins vécue, sentie, dans le moment présent » (Poulet 2017 : 381).

Car il s'agit, bel et bien de cela : d'envisager une ouverture vers l'éternité et l'infini, de tenter, tel que le souligne Paolo Tortonese, « une synthèse paradoxale » tout en cherchant « la transcendance dans la vie même, en deçà des limites destructrices de la mort » (Tortonese 1992 : 92). Si le présent est un chaos, un moment historique vécu par une civilisation qui se contente de ne voir que la surface dans une temporalité vécue comme continuité chronologique, non seulement le passé —enrichi du mythe !— permettra d'élargir les perspectives temporelles ; mais aussi, les différents procédés de multiplication temporels permettront à l'auteur de Tarbes d'échapper au néant de l'existence, dans une marche imaginaire et cyclique contre le temps et la pourriture de la mort. La synthèse devra se faire alors, pour

« l'homme, pauvre éphémère, atome imperceptible », tel qu'il l'avait suggéré dans son *Histoire de l'art dramatique en France*, entre ces « deux abîmes sans fond », étant « le passé et l'avenir », tout en traversant « le temps sur ce pont du présent plus mince que le fil d'une lame de rasoir » (Gautier 1858: t.6, 27). Car en réalité, qu'est-ce que l'homme, s'écrira encore Gautier, si ce n'est « une bulle d'air qui vient crever à la surface de l'océan éternel, qu'un grain de poussière qui tombe du sablier ? » (Gautier 1858: t.6, 27). Comment déambulait d'Albert si ce n'est aux prises entre « les tessons de verre de la réalité » et ces « cercles » de « l'azur profond du mysticisme, jusqu'aux sommets inaccessibles de l'éternel amour » (Gautier [1835] 1997 : 193) ?

On a par ailleurs, amplifié voire romancée un peu, sans doute, tel que le souligne son propre gendre, la hantise de la mort chez Gautier :

> On a beaucoup exagéré la crainte que Théophile Gautier avait de la mort. Cela implique une accusation de faiblesse que j'ai hâte de relever, car nul ne fut plus brave. Ce qu'il redoutait dans la mort ce n'était ni la douleur ni l'incertitude, c'était la laideur. Etre laid dans la mort, telle fut sa préoccupation suprême, et lorsqu'il suivait attentivement dans son miroir les ravages de la maladie qui l'emportait, il était aisé de voir d'où lui venait sa tristesse. Il ne faut pas oublier que Théophile Gautier a été l'un des hommes les plus merveilleusement beaux d'une époque où la beauté passait pour le don suprême et qu'il avait gardé de cet avantage toute la coquetterie romantique de sa jeunesse. (Bergerat 1879 : 223)

Ce serait donc, l'évolution dégradante et vieillissante des corps sous l'effet du temps qu'affligerait Gautier, et non pas la mort en soi. Réaction sans doute, logique pour cet adorateur de la forme et au service de laquelle il usera d'artifices divers pour parvenir à minimiser les effets dévastateurs et inesthétiques du temps.

Sans trop développer ce que d'autres ont déjà fait avant moi, j'évoquerai, parmi ces « causes extérieures », provoquant un « hiatus dans le temps »[14] (Poulet 2017 : 372), tout d'abord, le refuge dans des lectures, procurant des « voyages dans les mondes métaphysiques » (Gautier [1832] 1993 : 32) ; le refuge dans le rêve ou toute sorte d'immobilisme somnolent ; ou encore, le refuge dans des stupéfiants[15]. Le narrateur d'*Onuphrius, La Mille et deuxième nuit*, ou celui de *Le Club des Hachichins*, illustrent l'existence d'une dimension, une, et à la fois éclatée du temps —proche du célèbre concept augustinien de « distension de l'âme »[16] ou encore de celui plus récent, et qu'Heidegger qualifiera comme étirement ou *Erstreckung*[17]—, lorsqu'en plein carrefour spatio-temporel, une disharmonie semble s'annoncer entre l'écoulement du temps physique et l'action à accomplir par le héros. « Le temps coulait », et cependant, insiste le narrateur, « les minutes lui semblaient des éternités » (Gautier [1832] 1993 : 36). Ou quelques lignes plus bas, « les cloches lui tiraient la langue et lui faisaient la grimace, sonnant toujours les six coups maudits. Cela dura longtemps, six heures sonnèrent ce jour-là jusqu'à sept » (Gautier [1832] 1993 : 36). « L'heure s'avançait », précise le narrateur encore, « et Onuphrius n'arrivait pas ; cependant », insiste-t-il, « les fers de son cheval sonnant sur le pavé montraient qu'il ne s'était pas fourvoyé » (Gautier [1832] 1993 : 38). Le poète de *La Mille et deuxième nuit*, double ego de l'écrivain, s'octroie même, le pouvoir d'agir sur le temps, en arrêtant « la pendule pour ne pas entendre le tic-tac du balancier ». Ce qui ne lui semble que le « battement de pouls de l'éternité » ou « l'activité bête et fiévreuse » d'un « disque de cuivre jaune » allant « d'un coin à l'autre de sa cage », « marche » en réalité, nous dit-il, « sans faire un pas » (Gautier [1842] 1898 : 3).

"Marcher", donc, "sans faire un pas", autrement dit, désirer remplacer *Cronos* par *Kairos,* le temps physique par le temps ressenti, en allongeant indéfiniment sa substance. Désirer succomber à cette « délicieuse somnolence qui suit la suspension volontaire de la pensée » et qui fait plonger la pensée « sous les ondes insondables de cette mer d'anéantissement où tant de rêveurs orientaux ont laissé leur raison» (Gautier [1842] 1898 : 2–3). Désirer se laisser entraîner par ce temps fugitif mais essentiel, le temps des maturations silencieuses où le savoir fait surgir l'occasion opportune. N'est-ce pas alors, dans cette rêverie exotique, où le temps s'immobilise, —se soustrayant ainsi, à toute historicité— que l'auteur puise pour remplacer Cronos? Dans cette "marche" physique délibérée s'anéantissant d'elle-même, l'écrivain se hâte, pourtant, de faire proliférer la représentation subjective du temps par la seule puissance de l'imagination poétique. C'est en effet, dans ce ressenti autre de la durée qu'une disharmonie —pas toujours salutaire pour notre héros !— avec le temps profane s'installe. Le personnage-narrateur du *Club des Hachichins* a, quant à lui, l'impression d'employer un temps énorme pour atteindre la porte du salon —selon son calcul, ajoute-t-il, «je mis dix ans à faire ce trajet » (Gautier [1846] 1993 : 188) — ; ou pour accéder à un escalier, « je parviendrai au bas », précise-t-il, « le lendemain du jugement dernier » (Gautier [1846] 1993 : 189). Le dernier tableau du récit exhortant le lecteur, dès le sous-titre, à ne pas croire « aux chronomètres », se clôt avec des silhouettes fantasma-goriques qui ne font qu'annoncer la mort du temps : « désormais », disaient-elles, « il n'y aura plus ni années, ni mois, ni heures, le Temps est mort, et nous allons à son convoi » (Gautier [1846] 1993 : 191). Catastrophe ou solution ultime contre le pouvoir entropique du temps? Cette disharmonie temporelle ou déstructura-tion du flux temporel, qui avait été introduite par un "flash-back" dès l'entrée du personnage dans l'hôtel Pimodan,

En entrant là, on faisait un pas de deux siècles en arrière. Le temps, qui passe si vite, semblait n'avoir pas coulé sur cette maison, et, comme une pendule qu'on a oublié de remonter, son aiguille marquait toujours la même date. (Gautier [1846] 1993 : 173)

Rejoint enfin, la durée chronologique, par le biais de la musique[18], par« des mélodies d'un mouvement vif et d'un caractère gai… » :

Le charme était rompu.
« *Allelluia* ! Le Temps est ressuscité, crièrent des voix enfantines et joyeuses ; va voir la pendule maintenant ! »
L'aiguille marquait onze heures. (Gautier [1846] 1993 : 192–193)

Les paradis artificiels —à l'instar notamment, de De Quincey et de Hoffmann, aux dires de Poulet (Poulet 2017 : 359–360)— et le rêve s'avèrent dès lors, pour Gautier, des moyens pour échapper au temps, tout en étirant sa substance. Quoique, le cauchemar et les hallucinations qu'ils provoquent conduisent souvent, à un désir de réintégration du temps chronologique, une fois passés leurs effets.

D'autres moyens, sur lesquels je ne m'attarderai point, sont utilisés également, par l'écrivain pour échapper à cette existence morne et monotone du présent. La plupart du temps l'invitation se fait à travers un objet du passé, arrivé jusqu'à l'époque contemporaine. C'est ainsi qu'Octavien remontera les siècles jusqu'au temps de Titus, à travers « un fragment de moule de statue, brisé par la fonte » (Gautier [1852] 1990 : 329) ; que le narrateur de *Le Pied de momie* sera conduit à l'Egypte pharaonique à travers le pied embaumé de « la princesse Hermonthis, qui a trente siècles » (Gautier [1840] 1990 : 260); ou que le neveu du chevalier de *** et narrateur du récit *Omphale* remonte à la Grèce antique, grâce à une tapisserie, représentant le suivant sujet mythologique: « Hercule filant aux pieds d'Omphale » (Gautier [1834] 1990 : 67).

Or, il peut arriver également, que ce retour au passé soit atteint grâce au pouvoir mnésique projeté sur le héros: « la mémoire est pouvoir d'organisation d'un tout à partir d'un fragment vécu », rappelle Durand. « Ce pouvoir réflexogène serait le pouvoir général de la vie; la vie n'est pas devenir aveugle, elle est puissance de réaction, de retour » (Durand [1960] 1984 : 468). La mémoire sert ainsi, de tremplin vers le temps essentiel, vers le Grand Temps mythique, espèce de jardin de l'enfance, « archétype de l'être euphémique, ignorant de la mort, parce que chacun de nous a été enfant », rappelle Durand, « avant d'être homme » (Durand [1960] 1984 : 467). Face au néant du présent, et l'âge civilisé de la société effervescente dont il a été témoin, il érige la mémoire des civilisations anciennes. Son retour au passé —sans doute, réécriture romantique de l'âge d'or, mais pas que !— n'apporte salut que par l'insertion d'une individualité dans l'antiquité mythique, dans un retour aux origines, inscrit, quant à lui, dans une collectivité. Car tel que Durand le souligne, « bien loin de plaider pour le temps, la mémoire, comme l'imaginaire, se dresse contre les visages du temps, et assure à l'être, contre la dissolution du devenir, la continuité de la conscience et la possibilité de revenir, de régresser, au-delà des nécessités du destin » (Durand [1960] 1984 : 468). La mémoire joue précisément, un rôle capital dans ce roman permettant l'intercommunication à travers l'espace et le temps qu'est *Spirite*. Or, loin de s'avérer tremplin pour l'accès au monde supérieur, la mémoire n'est évoquée qu'en tant qu'obstacle à la réalisation de l'union des protagonistes. En effet, ce ne sera qu'après avoir « oubli[é] l'amour terrestre », et seulement, à partir du moment où « toutes les femmes qu'il avait connues s'effacèrent de sa mémoire » (Gautier ([1865] 1970 : 61–62), que cette « idéale maîtresse » renouvelle le contact avec Guy de Malivert. C'est toujours le transcendant qui s'impose à l'immanent, l'ailleurs qui se révèle au présent, l'au-delà qui surgit en pleine durée. « Incapable », toutefois, « de la suivre dans les espaces imaginaires qu'elle habitait », insiste Gautier, —sans doute, par sa limitation à un rôle inactif en tant que *médium*— Spirite ne pourra alors, informer son interlocuteur qu'en faisant, justement, « irruption dans son monde » (Gautier ([1865] 1970 : 68). L'image de la perte momentanée de mémoire revient quelques pages plus bas, lorsque le narrateur précise,

> Guy éprouva un effet singulier, il lui sembla que le sentiment de sa personnalité le quittait, que ses souvenirs individuels s'effaçaient comme ceux d'un rêve confus, et que ses idées s'en allaient hors de vue, comme ces oiseaux qui se perdent dans le ciel. (Gautier ([1865] 1970 : 83)

Cette absence mnémonique ne durant qu'un instant, va ainsi créer un vide dans « les souvenirs individuels » de Guy, qui sera comblé par les souvenirs laissés par Spirite. Après la première dictée de Spirite, une fois sa mémoire récupérée dans ce texte venu de l'autre-monde, Guy ressent pour la première fois « une sensation étrange », la sensation « de recevoir la révélation d'un bonheur rétrospectif qui a passé près de vous sans être aperçu ou qu'on a manqué par sa faute » (Gautier ([1865] 1970 : 113). S'agit-il d'un étirement temporel, d'un état de grâce dans le passé permettant de relier « d'un trait mouvant les divers éléments temporels d'une même existence », de cette *continuité sentie* soulignée par Georges Poulet (Poulet 2017 : 47)? Certainement, car ce regard rétrospectif vers son bonheur, coïncidant avec la naissance de l'amour de Spirite, le conduit vers une passion possible ; une passion « plus poétique, plus éthérée, plus rapprochée de l'éternel amour » ; une passion en définitive, qui n'a pour objet qu' « une beauté idéalisée par la mort » (Gautier ([1865] 1970 : 114). Grâce à l'analyse rétrospective de Spirite, Guy reprend possession de son passé, réactualise un bonheur, une « mémoire affective » —qui n'est pas tant mémoire qu'affect, « ressentir que se rappeler » (Mme de Staël. Citée par Poulet 2017 : 46)— dans une durée qui semble étirée, tout en reliant avec le devenir et de ce fait, procurant son salut.

Cette durée, étirant la substance du temps, que Gautier reproduit ci et là, me semble en effet, assez proche de la conception platonicienne du *kairos,* faisant de celui-ci, « l'intermédiaire qui ouvre le temps à l'éternité » (Guillamaud 1988 : 371). Car, vu que le temps consume, non seulement, il semble conscient de la nécessité de remplir le présent, de sa trop-vide et monotone durée, mais aussi, d'associer la diversité temporelle des phénomènes à l'espace, ainsi qu'à un rythme approprié.

Concernant l'espace, il sera question, alors, de sphères où retrouver la femme idéale, dans un temps, certes, passé et mythique lequel, une fois atteint, se « détemporalise ». Cette détemporalisation, se récréant jusqu'à l'éternité, permet à l'auteur, sans doute, d'explorer d'autres temps, d'autres espaces comme dans le mythe de l'âge d'or[19]. L'importance capitale de la conception sphérique de l'univers chez Gautier, combinant parfois, certaines réminiscences de la *Divine Comédie* de Dante[20], est illustrée par ces quelques exemples tirés de *Militona, Spirite* ou *Mademoiselle de Maupin.*

(…) Feliciana et la jeune fille vivant dans des sphères à ne jamais se rencontrer. (Gautier [1847] 1860 : 43)

Quant il fit grand jour, le torero (…) vint écouter les différentes versions qui circulaient dans le voisinage sur les événements de la nuit (…) Malgré sa vigueur, il sentit ses genoux chanceler et fut forcé de s'appuyer à la muraille : son rival dans la chambre et sur le lit de Militona ! Le neuvième cercle d'enfer n'aurait pu inventer pour lui une torture plus horrible. (Gautier [1847] 1860 : 106)

(…) ces voyages hors de notre sphère causent d'inexprimables lassitudes et inspirent en même temps des nostalgies désespérées. (Gautier [1865] 1970 : 52)

Spirite agissait-elle d'un mouvement spontané, ou bien obéissait-elle à un ordre émané de cette sphère radieuse où l'on peut ce que l'on veut, selon l'expression de Dante? (Gautier [1865] 1970 : 64)

Qu'avait-il perdu, puisque Spirite avait conservé son amour au delà du tombeau et s'arrachait des profondeurs de l'infini pour descendre jusqu'à la sphère habitée par lui? (Gautier [1865] 1970 : 114)

Qui que tu sois, ange ou démon, vierge ou courtisane, bergère ou princesse, que tu viennes du nord ou du midi, toi que je ne connais pas et que j'aime! (…) Descends de la sphère où tu es; quitte le ciel de cristal, esprit consolateur, et viens jeter sur mon âme l'ombre de tes grandes ailes. (Gautier [1835] 1966 : 62)

« Espace sacré », tel que le souligne Durand, qui « devient prototype du temps sacré » (Durand [1960] 1984 : 284) ; « espace poétique », tel que Bachelard l'analyse, impliquant l'anéantissement du temps, la suspension « du vol du temps » :

On croit parfois se connaître dans le temps, alors qu'on ne connaît qu'une suite de fixations dans des espaces de la stabilité de l'être, d'un être qui ne veut pas s'écouler, qui, dans le passé même quand il s'en va à la recherche du temps perdu, veut suspendre le vol du temps. Dans ces mille alvéoles l'espace tient du temps comprimé. L'espace sert à ça. (Bachelard 1970 : 27)

Mais espace aussi, qui ne peut se déployer que par le biais d'un temps pensé ou subjectif « hétérogène et discontinu », selon la lecture bachelardienne faite par Alban Gonord, car sa « durée comporte des lacunes », « du vide entre les états successifs de la durée pensée » (Gonord 2001 : 191). Ce que Bachelard préciserait un siècle plus tard, à propos de l'impossibilité « qu'on ne reconnaisse pas la nécessité de fonder la vie complexe sur une pluralité de durées » (Bachelard 1950 : 8), Gautier l'avait déjà suggéré dans des récits tels que *La Cafetière*, *Deux acteurs pour un rôle* ou *Le Club des Hachichins*, entre autres.

Quant à la notion de cadence, parfois associée à celle de durée, notre écrivain semble assez réceptif, insistant par là, sur l'idée d'un univers plein où tout communique, d'une intercommunication possible à travers les espaces et les temps. Il serait question d'un « temps rythmé » —l'expression est de Paolo Tortonese— lequel « montre son emprise sur le réel, sa capacité d'écraser toute force et toute volonté dans sa démarche régulière » (Tortonese 1992 : 81). Un temps ressenti par le narrateur de *La Cafetière*, par exemple, grâce au rythme marqué inconsciemment, « d'une oscillation de tête » et reproduisant « la musique qui n'avait pas cessé de jouer » (Gautier [1831] 1990 : 58–59) ; une musique, par ailleurs, dont le rythme accru par l'orchestre, insiste le narrateur, ne supposait pas d'effort « pour le suivre ». Activité frénétique, en définitive, d'un corps qui semble concourir à la perception du rythme, précédant l'extase et qui pourrait s'apparenter à des expériences mystiques des derviches tourneurs[21] ou de la traditionnelle conception chinoise de la musique, tel que Gilbert Durant l'a précisé. « Cette dernière », souligne-t-il, « est considéré comme union des contraires, en particulier, du ciel et de la terre ». Et de continuer, « on peut » donc, « dire que chez les anciens Chinois comme chez les poètes romantiques la sonorité musicale est ressentie comme fusion, communion du macrocosme et du microcosme », mais aussi, comme « moyen d'exorciser et de réhabiliter par une sorte d'euphémisation constante la substance même du temps » (Durand [1960] 1984 : 255–256). Suite au symbolisme de la mélodie, le narrateur perd conscience et du temps et de l'espace et semble en effet, assister à l'union des contraires et à une fusion de l'âme avec l'infini : « je n'avais plus aucune idée de l'heure ni du lieu », souligne-t-il, « le monde réel n'existait plus pour moi, et tous les liens qui m'y attachent étaient rompus » ; « mon âme », continue-t-il, « dégagée de sa prison de boue, nageait dans le vague et l'infini ». Enfin, « je comprenais ce que nul homme ne peut comprendre » : « car son âme brillait dans son corps (…) et les rayons partis de sa poitrine perçaient la mienne de part en part » (Gautier [1831] 1990 : 60–61).

Mais revenons encore, sur l'espace gautiériste, avant de nous introduire plus concrètement, avec Durand dans « les images du cycle et des divisions circulaires du temps » (Durand [1960] 1984 : 322). Lorsque lord Evandale, en pénétrant dans le tombeau de la momie Tahoser, se sent transporter dans le passé, en oubliant toute notion de la vie moderne, n'était-ce pas parce que « la roue du temps était sortie de son ornière » (Gautier [1857] 1986 : 74) ? Lorsqu'Octavien, évoluant de la Pompéi en ruine à la Pompéi vivante, se trouve « face à face avec sa chimère, une des plus insaisissables, une chimère rétrospective », n'était-ce pas également parce que « pour lui, la roue du temps était sortie de son ornière » (Gautier [1852] 1990 : 355–356) ? Ici, donc, la durée du temps est seulement momentanément arrêtée, car le retour au présent fermera les deux récits. Ces deux exemples, assez célèbres et ayant fait couler beaucoup d'encre, me permettent de souligner chez Gautier, le rôle capital du passé et sa configuration en tant que cycle, par le biais de l'archétype de la roue. C'est dans la conception philosophique décrite par Octavien —que l'écrivain de Tarbes ne cache point partager ! (Gautier [1852] 1990 : 360), sans doute, sous l'influence des présocratiques, tel que je l'ai évoqué plus haut— que l'existence de "sphères concentriques" en mouvement, joignant les deux coordonnées spatio-temporelles, suggère l'émergence de sa « chimère rétrospective ».

> En effet, rien ne meurt, tout existe toujours; nulle force ne peut anéantir ce qui fut une fois. Toute action, toute parole, toute forme, toute pensée tombée dans l'océan universel des choses y produit des cercles qui vont s'élargissant jusqu'aux confins de l'éternité. La figuration matérielle ne disparaît que pour les regards vulgaires, et les spectres qui s'en détachent peuplent l'infini. (Gautier [1852] 1990 : 360)

Car le « cercle », insiste Durand, « où qu'il apparaisse, sera toujours symbole de la totalité temporelle et du recommencement » (Durand [1960] 1984 : 372).

L'espace devient, également, complice du temps dans son fameux poème « Pensée de minuit »,

> … Pays sans nom, ombreux et plein de voiles,
> Sur le bord du néant jeté,
> Limbes de l'impalpable, invisible royaume
> Où va ce qui, n'a pas de corps ni de fantôme,
> Ce qui n'est rien, ayant été. (Gautier 1838 : 204)[22]

L'existence de ce « pays » dépositaire de tout ce qui n'est plus, « ayant été », un « océan universel » qui recueille dans son sein les êtres venant du passé ne semble toutefois, accessible qu'à ces « quelques esprits passionnés et puissants » qui « ont pu amener à eux des siècles écoulés en apparence, et faire revivre des personnages morts pour tous » (Gautier [1852] 1990 : 360) ; ou alors, à ceux autres qui, existant au présent ressentent un élan de pensée et de désir rétrospectifs, tel Octavien :

> Oh! lorsque tu t'es arrêté aux Studii à contempler le morceau de boue endurcie qui conserve ma forme, dit Arria Marcella en tournant son long regard humide vers Octavien, et que ta pensée s'est élancée ardemment vers moi, mon âme l'a senti dans ce monde où je flotte invisible pour les yeux grossiers; la croyance fait le dieu, et l'amour fait la femme. On n'est véritablement morte que quand on n'est plus aimée; ton désir m'a rendu la vie, la puissante évocation de ton cœur a supprimé les distances qui nous séparaient. (Gautier [1852] 1990 : 359)

« Ainsi », précise Georges Poulet, « dans la pensée de Gautier, une assimilation s'était faite entre les formes idéales, pures conceptions poétiques non encore réalisées dans le temps, et les formes concrètes de la réalité passée, sorties du temps » (Poulet 2017. 357). Une assimilation qui prouve, en outre, l'existence d'un « invisible royaume », d'une « région vague », ou d'une « région inconnue », tel que Georges Poulet l'a magistralement précisé, dans son poème de 1832, dans un article de la *Charte de 1830* du 27 avril 1837 ou dans les lignes de *Mademoiselle de Maupin* datant de 1835, qui suivent :

> Oiseaux du ciel, prêtez-moi chacun une plume, l'hirondelle comme l'aigle, le colibri comme l'oiseau roc, afin que je m'en fasse une paire d'ailes pour voler haut et vite par des régions inconnues, où je ne trouve rien qui rappelle à mon souvenir la cité des vivants, où je puisse oublier que je suis moi, et vivre d'une vie étrange et nouvelle… plus loin que la dernière île du monde, par l'océan de glace, au-delà du pôle où tremble l'aurore boréale, dans l'impalpable royaume où s'envolent les divines créations des poètes et les types de la suprême beauté. (Gautier [1835] 1997 : 192–193)

Quelques années plus tard, Gautier, sans doute influencé par l'épisode des Mères, tel que le *Second Faust* de Gœthe l'illustre—grâce notamment, à la traduction de Gérard de Nerval, apparue en 1840, et pas avant cette date !— Gautier d'abord, ému par « la confirmation de ses propres croyances » (Poulet 2017 : 364) dans la traduction nervalienne[23], trouvera ensuite, une « signification supplémentaire ». « Déjà dans le *Premier Faust* », écrit toujours Georges Poulet, « Nerval avait traduit les paroles de Faust devant le signe du macrocosme » par un « "tout se meut" », insistant sur « l'idée de l'activité cosmique dans l'espace » qui s'élargissait à présent, « jusqu'à absorber l'entièreté du temps » (Poulet 2017 : 365). Ainsi, comme le passé des Mères, le passé gautiériste continue à "se mouvoir". Mouvement grâce auquel, et en raison duquel l'objet préserve « de l'action destructrice du temps son identité » (Poulet 2017 : 266). Et Poulet de conclure, « alors que pour Gautier et Nerval le problème fondamental de la vie s'était posé jusqu'à alors comme une opposition radicale entre le monde des choses éphémères et mobiles et celui des types éternels voici que Goethe fondait ces deux mondes en un seul, et transformait la vieille antinomie platonicienne en une synthèse nouvelle » (Poulet 2017 : 366). Soit. Quoique l'étude approfondie de quelques symboles relevant d'un temps cyclique et progressiste va nous apprendre que les influences opérées chez Gautier ne semblent point aussi nettes.

En effet, ce temps cyclique et en constant mouvement —dont l'influence aristotélicienne[24] à partir du quatrième livre de sa *Physique* n'est, sans doute, pas à négliger—, s'écoule dans un « microcosme » ou « région habitée ». Cette « région habitée » constitue, grâce à son « "centre" », « un lieu sacré par excellence » (Eliade 1952 : 49), mais aussi, une espèce de "mandala", en tant que genèse psychique et cosmique dans la création artistique. Le rôle —initiatique sans doute ! évoquant la symbolique du cycle et le schème agro-lunaire, « sacrifice, mort, tombe et résurrection » (Durand [1960] 1984 : 351)— du héros gautiériste, ne serait-il pas d'immerger dans chacune de ces sphères ? De « pénétrer dans les différentes zones » et d'« accéder aux différents niveaux du mandala », afin d'accéder à « la nostalgie du paradis » (Eliade 1952 : 67), et de mieux se prémunir contre le temps? Goethe, comme Gautier n'affirmaient-ils pas leur « désir d'y atteindre, d'y vivre, plus encore, d'en rapporter les images du passé vivant », tel « Faust, l'"enchanteur hardi" » (Poulet 2017 : 365) ? « De Goethe à Gautier », continue enfin, Georges Poulet, la « métaphore eschatologico-cosmogonique » des *cercles excentriques,* « s'est enrichie ; mais c'est Gautier qui —sans la dénaturer d'ailleurs, au contraire !— lui a donnée toute son ampleur » (Poulet 2017 : 375). Parmi ces quelques symboles gravitant autour de la maîtrise du temps par répétition, me permettant d'appuyer cette affirmation de Poulet, je citerai tout d'abord, la lune.

J'ai déjà évoqué plus haut que dans la prose gautiériste la re-naissance au temps présent est souvent symbolisée par la naissance d'un nouveau jour. Cette deuxième naissance, à l'origine de toute initiation, s'oppose à l'obscurité des ténèbres qui suppose le voyage au passé. Jour et nuit, soleil et lune qui symbolisent parfaitement le mouvement du voyage "lunaire" du héros, face à l'immobilisme "solaire" de la transcendance, acquise *a posteriori* par le héros. Voyage lunaire, voyage au mandala, voyage à l'utérus féminin qui s'oppose au repos, au zénith solaire, à l'immobilisme, présidant toute transcendance. Je m'attarderai ici, sur la lune. Archétype substantif et symbole cyclique par excellence, la lune se présente dans l'œuvre gautiériste comme étant fortement reliée à la « mensuration », et par là, à la « triade et la tétrade ». La notion de « divinité plurielle » nous rapproche des Parques Romaines ou Moires Hélleniques —et dont le rôle est capital dans la conception de l'univers selon Gautier—, et en dernier lieu, de la dyade constituée par la femme gautiériste: « structure antagoniste, dialectique », aux dires de Durand, « dont le drame lunaire constitue la synthèse » (Durand [1960] 1984 : 326–331). Ce caractère double s'accorde très bien au rôle des déesses lunaires que Gautier attribue la plupart du temps, à ses personnages féminins. Comment vaincre le temps alors, autrement qu'en l'exorcisant par le biais de ce symbole par antonomase de « mesure du temps » (Durand [1960] 1984 : 326) qu'est la lune ? Le prêtre de *La Morte amoureuse* n'entreprenait-il pas son *"descensus ad inferos"* à la tombée de la nuit ? Le narrateur d'*Omphale*, n'était-il pas accompagné dans son voyage initiatique d'une « lune » qui « donnait sur les carreaux et projetait dans la chambre sa lueur bleue et blafarde » (Gautier [1834] 1990 : 70) ? Meïamoun, ne lançait-il pas sa flèche amoureuse dans une nuit «claire et sereine », et avec une « lune déjà levée » plus splendide que le jour (Gautier [1838] 1990 : 166)? « Car notre soleil », insistera le narrateur, « ne vaut pas cette lune » (Gautier [1838] 1990 : 166). Avec Cléopâtre, figure mythique placée dans le "mandala" gautiériste, et son amoureux Meïamoun, l'auteur souligne la perméabilité accordée à son "espace sacré" et la richesse de nuances que le temps peut suggérer, oscillant entre un temps dit « mythique », sacré et éternel et un temps « historique », profane, et, par conséquent, éphémère. Si Cléopâtre souffre de ce soleil qui l'anéantit et qui l'écrase, c'est parce que le soleil, comme dans la philosophie indienne, est ici, tel que Mircea Eliade le souligne, une « image sensible de la transcendance ». Si Cléopâtre déteste le soleil au zénith, c'est parce que le soleil « reste immobile pour celui qui sait », autrement dit pour elle ; c'est parce qu'elle s'ennuie dans ce « *nunc stans* » mythique qui l'empêche de connaître le vrai amour dans le « *nunc fluens* » (Eliade 1952 : 97). Meïamoun, au contraire, n'a pas hésité à se lancer depuis son "temps historique" vers sa propre mort, à la recherche de l'éternité.

Tout en revenant sur le caractère lunaire et cyclique de la femme, en association avec la technologie du cycle, je tiens à m'arrêter un instant sur le rôle des fileuses dans la tradition philosophique occidentale, tel que Sylvie Ballestra-Puech l'a souligné. La citation suivante met en exergue les sources où le rapport lune-Parques s'avère évident —rapport, en outre, observé dans cette toile significative pour l'œuvre gautiériste qu'est *la Divine Tragédie* de Paul Chenavard et sur laquelle je reviendrai plus loin, à propos de l'influence palingénésique sur Gautier:

> Si parmi les sept planètes Plutarque choisit la lune pour en faire le lieu de l'incarnation sous l'autorité d'une Moire, c'est parce qu'elle est pour lui le séjour des âmes, comme le montre le mythe développé dans le *De Facie*. Cette croyance, très largement répandue en Orient semble avoir été introduite en Grèce par les Pythagoriciens. En tant que déesses de la naissance et de la mort, il était donc, naturel que les Moires séjournent dans la lune. L'association des Moires et de la lune en liaison avec l'incarnation se retrouve aussi chez Porphyre. C'est vraisemblablement pour les mêmes raisons que l'Arioste situe dans la lune le palais des Parques. (Ballestra-Puech 1991 : 397)

On devrait donc, situer le séjour des Moires dans la lune, grâce à Plutarque et à son traité *Sur le Visage du disque lunaire* et grâce aux pythagoriciens. Quant à cette autre triade romaine que sont les Parques, Platon nous apporte également quelques pistes concernant la conception du temps cyclique gautiériste : « la rotation du fuseau », précise Sylvie Ballestra-Puech, « est aussi au centre de la version platonicienne du mythe puisque dans le livre X de *La République* Platon en fait l'axe de l'univers » (Ballestra-Puech 1991 : 144).

> Le fuseau lui-même tournait sur les genoux de la Nécessité. Sur le haut de chaque cercle se tenait une sirène qui tournait avec lui et qui faisait entendre sa note à elle, son ton à elle, en sorte que ces voix réunies, au nombre de huit composaient un accord unique. D'autres femmes assises en cercle à intervalles égaux, au nombre de trois, chacune sur un trône, les filles de la Nécessité, les Moires, vêtues de blanc, la tête couronnée de bandelettes, Lachèsis, Clotho, et Atropos, chantaient, d'accord avec les sirènes, Lachèsis le passé, Clotho le présent, Atropos l'avenir. De plus, Clotho, la main droite sur le fuseau, en faisant tourner par intervalles le cercle extérieur; Atropos (…) avec sa main gauche les cercles intérieurs, et Lachèsis tournant tour à tour les uns et les autres de l'une à l'autre main. (Platon, *République,* X 616–617)

Cette structure de l'univers, tel que Er le Pamphylien la présente dans l'œuvre platonicienne semble, en effet, avoir plus d'un point commun avec les "sphères concentriques" de l'univers gautiériste et venir amplifier la vision temporelle de l'écrivain de Tarbes, tout en suggérant l'évolution de sa propre conception d'un temps exclusivement cyclique, vers le temps progressiste. Remarquons en premier lieu, qu'il s'agit d'un univers où seules les femmes ont une place bien assignée; précisons, ensuite, que le "mouvement circulaire" est une des *conditio sine qua non* pour que le temps puisse se concentrer autour de ce "fuseau" mythique; soulignons, enfin, que la triade temporelle, présent, passé et futur, où le rapprochement entre les Parques et le Temps s'impose —rapprochement qui, d'ailleurs, « est attesté dès l'Antiquité » (Ballestra-Puech 1991 : 409)—, est synonyme de la multiplicité du temps dans l'œuvre de l'auteur de Tarbes. Cette similarité entre l'univers gautiériste et l'univers d'Er, met-elle en exergue une influence platonicienne sur Gautier, ne point se limitant à l'opposition « entre le monde des choses éphémères et mobiles et celui des types éternels » (Poulet 2017 : 366)? Certainement ! En revanche, d'autres échos, d'autres sources, d'autres symboles ont sans doute, contribué, donné forme et aidé à recréer cette riche conception de l'univers temporel chez Gautier. En effet, si l'on souligne le fait que « le mythe d'Er est à l'origine d'une assimilation des Moires aux Muses » —dû non seulement à la contamination opérée entre le « chant de déesses dans *La République* et le chant de Muses dans la tradition pythagoricienne », mais aussi, à « la mention de trois Muses au lieu de neuf dans certaines traditions »—, nous pouvons comprendre pourquoi Gautier introduit dans *Spirite*, à la fois l'allusion aux interprétations cosmologiques et astrologiques du mythe selon Plutarque et l'allusion à la lecture cosmique du mythe des Muses, proposée par les Pythagoriciens, en tant que « musiciennes célestes » (Ballestra-Puech 1991 : 383–384).

> (…) j'aurais pu me croire enfermée au centre d'une prodigieuse sphère toute constellée d'astres à l'intérieur. (…) J'entendais la musique des sphères dont un écho parvint à l'oreille de Pythagore; les nombres mystérieux, pivots de l'univers, en marquant le rythme. Avec un harmonieux ronflement, puissant comme le tonnerre et doux comme la flûte, notre monde, entraîné par son astre central, circulait lentement dans l'espace, et j'embrassais d'un seul regard les planètes, depuis Mercure jusqu'à Neptune, décrivant leurs ellipses, accompagnées de leurs satellites. (Gautier [1865] 1970 : 136–137)

Cet intérêt de la musique, en tant que symbole progressiste et « méta-érotique » (Durand [1960] 1984 : 387), que j'ai déjà eu l'occasion d'esquisser plus haut, —et sur laquelle Émile Bergerat a nié « la haine qu'on lui a attribuée » (Bergerat 1879 : 150), soulignant même son « faible pour Weber » (Bergerat 1879 : 225)— sera illustré par un extrait de sa prose romanesque. Il met en exergue, à mon avis, assez fidèlement l'influence de la conception pythagoricienne des sphères, par association avec les symboles progressistes de la sexualité, l'orgie et la musique. Lorsque en pleine vision hallucinatoire, plongeant les hachichins en pleine « ivresse », —proche de l' « extase », du « paradis » ou des «abîmes de délices », ce qui n'est pas sans rappeler la notion gautiériste de "région vague" ou" invisible royaume"—, le narrateur du *Club des Hachichins* remarque le son d'« un glorieux accord résonnant avec force » (Gautier [1846] 1993 : 184), n'est-il pas en train de souligner l'isomorphisme de la « rythmique sexuelle » jusqu'à aboutir « à leur sublimation musicale » (Durand [1960] 1984 : 385) ? Lorsque le narrateur, avec l'ironie et la lucidité qui caractérise le style gautiériste, évoque la nécessité de « jeter une goutte d'eau froide sur cette vapeur brûlante » (Gautier [1846] 1993 : 184), n'est-il pas en train de révéler l'une des liaisons symboliques essentielles, à savoir celle du « feu élémentaire et de la sexualité » (Durand [1960] 1984 : 385) ? Enfin, lorsque le narrateur, à l'écoute de « l'air d'Agathe dans le *Freyschütz* », se sent plongé, grâce à cette « mélodie céleste », dans une « extase » où « rien de matériel ne s'[y] mêlait »[25] (Gautier [1846] 1993 : 184–186), ne met-il pas l'accent sur l'association de la musique avec l'éternité, selon la conception pythagoricienne des sphères ? « Je compris alors », précise le narrateur, « le plaisir qu'éprouvent, suivant leur degré de perfection, les esprits et les anges, en traversant les éthers et les cieux, et à quoi l'éternité pouvait s'occuper dans les paradis » (Gautier [1846] 1993 : 186).

L'évocation symbolique des notes musicales, pénétrant la « poitrine comme des flèches lumineuses », tout en sortant en « étincelles électriques » (Gautier [1846] 1993 : 185) souligne en effet, l'influence subie par Gautier à partir de la « théorie ondulatoire de la lumière » laquelle « venait tout justement d'être confirmée par les découvertes de Fresnel » (Poulet 2017 : 375). La théorie de la lumière, l'idée de la réincarnation, selon la philosophie indienne —tel que le narrateur avoue sentir « l'âme de Weber (…) incarnée en [s]oi », voire même se fondre « dans l'objet fixé » devenant soi-même « cet objet » (Gautier [1846] 1993 : 185–186)— amplifiée par le mesmérisme, les théories galvanistes et le magnétisme animal, mettant l'homme en communication directe avec le reste de l'univers, grâce à un sens interne, ne pouvait que confirmer, chez Gautier, sa conception d'« univers plein, où tout communique avec tout et se propage en ondulation infinies » (Poulet 2017 : 375).

Mais l'auteur de Tarbes n'en reste pas là, concernant les symboles du progrès. Car tel que Durand le souligne fort bien, c'est « par la phénoménologie du feu » comme « par celle de l'arbre » qu'on parvient à saisir « le passage d'archétypes purement circulaires à des archétypes synthétiques qui vont instaurer les mythes si efficaces du progrès et les messianismes historiques et révolutionnaires » (Durand [1960] 1984 : 390). Comme l'arbre, l'homme est mesure du temps, « mesure orientée par la verticalité, individualisé jusqu'à privilégier la seule phase ascendante du cycle ». Donc, « l'archétype temporel de l'arbre » « voit l'emporter le symbolisme du progrès dans le temps » (Durand [1960] 1984 : 398). Certes, les exemples d'homme-arbre ou arbres-colonne[26] ne font pas légion dans la prose[27] gautiériste. Tout au plus, *le Club des Hachichins* nous a offert la présence d'un homme mandragore (Gautier [1846] 1993 : 182) repris également dans cette « Mandragore qui parle »[28] de la *Pipe d'Opium* (Gautier [1838] 1993 : 118) trouvée par Esquiros[29]. Quoique Gautier, imbu des idées mesmériennes et de la philosophie de la réincarnation n'aurait pas hésité à s'identifier soi-même —comme d'ailleurs, le fait le narrateur pour se transformer « en Shiva, le dieu bleu » (Gautier [1846] 1993 : 187)— avec cette image de « résumé cosmique et de cosmos verticalisé » qu'est l'arbre (Durand [1960] 1984 : 393). Quoi de plus flatteur, nous dit Durand encore, pour un homme « que de se comparer à un arbre séculaire, contre lequel le temps n'a pas de prise, avec lequel le devenir est complice de la majesté des frondaisons et de la beauté des floraisons » (Durand [1960] 1984 : 396) ?

Dans son œuvre, et sans que l'identification ne soit ni personnelle ni littérale, mais plutôt symbolique et artistique, l'isomorphisme de l'arbre me permet d'associer, toujours aux dires de Durand, l'arbre à la « colonne », et la colonne à la « statue ». Et là, sur Gautier, il y aurait beaucoup à dire, avec son complexe de Pygmalion et son recours au marbre de Paros, —maintes fois évoqué et sur lequel je m'attarderai au chapitre consacré à l'art—, si l'on considère avec l'anthropologue savoyard que « toute figure humaine sculptée dans la pierre ou dans le bois est une métamorphose à rebours » (Durand [1960] 1984 : 395). En effet, la fixation de la beauté féminine dans l'art, la pétrification de la chair féminine, ne doit-elle pas être lue en conséquence, comme le désir du poète et de l'artiste de se perpétuer dans son œuvre à travers le temps ? Soulignons combien toutes les femmes gautiéristes ont un rapport direct ou indirect avec l'art: soit elles sont comparées à des statues ou femmes peintes, Edith (*Partie carrée*) à la Madeleine de Canova, Kathy (*Deux acteurs pour un rôle*) a quelques points communs avec la statuette de la Frileuse, Mademoiselle de Maupin avec l'Erigone antique; soit elles posent directement pour être peintes, Gretchen (*La Toison* d'Or) pour Tiburce, Jacintha pour Onuphrius; soit elles sont inclues, dès le début du récit, dans un objet inerte où, après la magie pygmalionesque, elles se sentent forcées d'y retourner, Omphale n'étant qu'une tapisserie, Angéla (*La Cafetière*) qu'une cafetière. Le "fuseau" arrête ici, certes, la durée dans un présent éternel, le « *nunc fluens* » semble entraîner le « *nunc stans* »[30]. C'est le rôle octroyé au poète de multiplier le présent : face à *Cronos*, Gautier cède la place à *Kairos*, tel que je l'avais déjà esquissé plus haut. Or, loin de ne répondre qu'à un désir d'arrêter le flux temporel, le « nunc stans » ne s'avère-t-il pas, en réalité, un désir de transcender le moment présent pour mieux envisager un avenir, en perpétuant la forme éternellement ?

D'autres symboles et motifs exprimant une maîtrise du temps par progrès émergent dans l'œuvre de Gautier. Nous avons vu que le héros gautiériste était à la recherche d'une mort symbolique, qui lui permette de s'initier, de se préparer pour la mort suprême; mort qu'il atteindra sans aucune impression de rupture. C'est dans ce sens que le motif du fil, en tant que symbole de la vie, et sa longueur, en tant que symbole de sa durée sont présents dans cette œuvre. L'histoire individuelle de Guy de Malivert ne se voit point interrompue, car le lecteur assiste pleinement à l'accomplissement du progrès personnel. Comme dirait Sylvie Ballestra-Puech, pour ce héros le geste de couper le fil « n'existe pas pour la fileuse » (Ballestra-Puech 1991 : 105). Les visions de Spirite, entraînant la vie du Guy dans l'au-delà, ne sont-elles pas alors, un pas en avant vers le progrès ? A la fin du récit, le baron de Féroë nous donne l'image parfaite d'un être complet : « les voilà heureux à jamais; leurs âmes réunies forment un ange d'amour (…) Et moi, combien de temps me faudra-t-il encore attendre? » (Gautier [1865] 1970 : 189). Un être complet, autrement dit, un androgyne, en tant qu'accomplissement de la synthèse de deux sexes, permettant à cet archétype du cycle qu'est l'androgyne de rejoindre le progrès, grâce à l'isomorphisme le reliant avec Le Fils Hermès et le Grand Œuvre du mythe alchimique. Quoique j'aurai l'occasion d'y revenir concernant les mythèmes décadents, y avait-il déjà quelque chose de plus « ravissant au monde » pour tout « adorateur exclusif de la forme », depuis 1835, que « ces deux corps tous deux parfaits, harmonieusement fondus ensemble »? Que cette « beauté supérieure à toutes deux » (Gautier [1835] 1997 : 157), préfigurant la beauté abstraite et indéfinissable qu'un « oiseau mystique » semblait avoir « déposé dans un coin obscur » de l'âme de d'Albert (Gautier [1835] 1997 : 30) ?

Une dernière figure à analyser, enfin, concernant ce désir de surpasser les frontières du temps : les bacchantes. Les « pratiques orgiastiques » sont une commémoration « du retour au chaos ». Soit. Cette « fête orgiastique » présente et dans *La Chaîne d'or*, et dans *Une Nuit de Cléopâtre*, parmi d'autres récits gautiéristes, souligne bien « le moment négatif où les normes sont abolies », mais, en même temps une « joyeuse promesse à venir de l'ordre ressuscité » (Durand [1960] 1984 : 358–359). Les recours aux bacchanales chez Gautier, me semble en effet, annoncer une victoire sur la mort au même titre que l'art, que nous pouvons lire dans les deux exemples choisis :

> Quoi! Plangon, la belle Plangon, notre amour, notre idole, la reine des orgies; Plangon qui danse si bien au son des crotales, et qui tord ses flancs lascifs avec

tant de grâce et de volupté sous le feu des lampes de fête; Plangon, au sourire étincelant, à la repartie brusque et mordante; (…) Plangon se range, n'a plus que trois amants à la fois, reste chez elle et devient vertueuse comme une femme laide! (Gautier [1837] 1990 :119).

La langue française s'avère même insuffisante pour décrire la magnificence des orgies chez Cléopâtre:

> Nous avons à décrire une orgie suprême, un festin à faire pâlir celui de Balthazar, une nuit de Cléopâtre. Comment, avec la langue française, si chaste, si glacialement prude, rendrons-nous cet emportement frénétique, cette large et puissante débauche qui ne craint pas de mêler le sang et le vin, ces deux pourpres, et ces furieux élans de la volupté inassouvie se ruant à l'impossible avec toute l'ardeur de sens que le long jeûne chrétien n'a pas encore matés? (Gautier [1838] 1990 : 181)

Dans ce chœur de femmes joyeuses et innocentes, saisies par la fureur dionysiaque, ne serait-ce pas grâce à « la permutation de sexes » évoquée dans les fêtes dionysiaques, ne serait-ce pas grâce au « nivellement de sexes », produit de l'ivresse bachique, ne serait-ce pas, enfin, grâce à « l'ambiguïté des sexes » que le « compagnon de Dionysos » —ce « *fils d'Hermès et d'Aphrodite* » (Durand [1979] 1992 : 262–263. C'est moi qui souligne)— fait son apparition dans l'œuvre gautiériste?

Cronos, Saturne, Kairos … Thanathos ! Cette analyse des symboles, concernant la maîtrise du temps par répétition et progrès, me permet de conclure sur une révolte contre la durée parfaitement accomplie chez Gautier. Une révolte, tel que je l'avais suggérée plus haut, doublement prométhéenne et hermétiste, grâce auxquelles l'écrivain trouve une issue face aux visages entropiques du temps. Une issue, à la lumière de mon analyse, double ! Car, d'un côté, c'est dans cette double temporalité cyclico—progressiste, —où le temps s'avère « instigateur de pseudo-alchimies démiurgiques, prométhéennes autant que faustiennes », dans lesquelles il est question d'une « provocation libératrice à l'égard de Dieu » (Bonardel 1993 : 170)— que, tout à fait dans la lignée de l'esprit romantique, Gautier semble faire une expérience de la « continuité sentie » (Poulet 2017 : 47). Et de l'autre, c'est grâce à l'esprit éclectique du poète-artiste reliant « d'un trait mouvant les divers éléments temporels d'une même existence » (Poulet 2017 : 47) qu'« un *temps récurrent* », assimilé à *l'illud tempus* mythique, —et qui pourrait venir illustré par le mythe de l'âge d'or, selon la tradition orphico-pythagoricienne[31]—, que l'auteur de Tarbes va « transmuer en auto-guérison » tout « dualisme issu de l'opposition/alternance Cronos-Prométhée »[32], et ce, grâce au seul art capable d'y parvenir : l'Art d'Hermès.

Conscient donc, depuis ses premières œuvres de la non unicité du temps, ainsi que du rôle à octroyer à une pensée personnelle, —à une subjectivité, dirait-on dès nos jours, que Saint Augustin ou Kant ont largement développée et que Gautier réaffirmait dans son célèbre « le temps n'existe que par rapport à nous » (Gautier, *La Presse* du 31 mars 1846. Cité par Poulet 2017 : 360)— la multiplication de la durée conduit chez Gautier à un espace ou *mandala* où installer un *nunc stans*. Dans cette éternité de l'instant, selon l'optique platonicienne, plotinienne ou aux échos même, augustiniens que d'aucuns ont appelé "hors-temps", l'écrivain installe sa particulière vision du monde, tout en buvant à la source de ses lectures philosophiques et littéraires[33], des idées orientales[34] sur la réincarnation et la régénération, mais aussi des nouvelles idées (magnétisme, mesmérisme, galvanisme…) reliant la durée, l'homme et l'univers à un savoir-être tout aussi bien, « dans son temps » (Baudry 1993 : 492). Cette « région vague » entrevue par Gautier dès 1832, où va « ce qui n'est rien ayant été » (Gautier [1837][35] 1880 : 103) s'ouvrant infiniment, avec des cercles excentriques et mouvants, sous l'impulsion d'un désir rétrospectif, n'est-ce pas déjà une maîtrise du temps par *maturation* avec une belle promesse d'avenir? N'est-ce pas « une phase cyclique ultime », comme dirait Durand, « emboîtant tous les autres cycles comme "figures" et ébauches de l'ultime procès » (Durand [1960] 1984 : 322) ? Ce présent-avenir éternel, ne procurait-il pas de l'espoir et une certaine confiance en une victoire sur le temps ? Ainsi, face à l'ennui régnant —où le temps humain devenait « temps infernal » (Poulet 2017 : 54)— l'auteur se forge un « devenir perpétuel » (Gautier [1865] 1866 : 74) d'où faire irradier une luminosité du divin. Sa vraie région des Mères, enrichie et amplifiée des notions de la philosophie indienne, mais aussi aristotélicienne, pythagoricienne, syncrétique et palingénésique, n'était-elle pas moins « le royaume des formes disparues », moins la région « du jamais plus » que celle du « pas encore » ? Autrement dit, la répétition constante et « actuelle du passé dans le présent » ne se portait-elle pas maintenant « sur le prolongement virtuel du présent dans le futur »? Dans cette « poésie du possible » suggérée par Poulet, on sait combien depuis Goethe à Nerval en passant par Gautier, l'auteur de Tarbes s'avère le transmetteur d'un accent poétique « transfiguré », dont boiront à la fois, les symbolistes, Baudelaire et Mallarmé (Poulet 2017 : 378).

A cet égard, c'est en plein cœur de l'époque romantique, que Gautier s'avère l'écrivain reliant le mieux classicisme[36] et post-romantisme[37]. Avant même Baudelaire, Gautier s'exerce dans l'Art d'Hermès, un art reçu des illuministes[38] du XVIIIᵉ siècle qui, se perpétuant dans le Romantisme, aux côtés de Prométhée[39], va se projeter, à travers Dionysos, dans la fin de siècle. "*Synthèse* temporelle" en définitive, surgissant dans une œuvre qui non seulement, annoncera le crépuscule des dieux, dans l'optique syncrétiste de Heine et Chenavard ; mais aussi, annoncera la victoire de l'androgyne, au sein d'une décadence[40], annoncée dès 1835 dans cette particulière et, non moins célèbre, description de l'âme du poète d'Albert, sombrant dans la « morne somnolence » du « stylite sur sa colonne » :

C'est un étrange pays que mon âme, un pays florissant et splendide en apparence, mais plus saturé de miasmes putrides et délétères que le pays de Batavia : le moindre rayon de soleil sur la vase y fait éclore les reptiles et pulluler les moustiques ; —les larges tulipes jaunes, les nagassaris et les fleurs d'angsoka y voilent pompeusement d'immondes charognes (…) J'ai jeté ma vie par les fenêtres, ou je l'ai concentré à l'excès sur un seul point, et de l'activité inquiète de l'ardélion j'en suis venu à la morne somnolence du tériaki et du stylite sur sa colonne. (Gautier [1835] 1997 : 194–196)

Notes

1. *L'Histoire de l'art dramatique*, contient un texte publié dans *La Presse*, 2 avril, 1850, où tout en commentant *Sur Urbain Grandier*, de Dumas, l'écrivain précise : « On est tellement subjugué par les effets de ce galvanisme de l'art ressuscitant les morts…, on finit par s'intéresser si vivement aux fantômes qu'évoque la magie du poète, qu'on les prend pour les individualités historiques dont il a voulu remuer les cendres » (Gautier 1858 : t.VI, 161). Je tiens à reprendre cette expression dans mon titre, car elle me semble peu citée et toutefois, reproduire assez fidèlement l'idée gautiériste —développée aux dires de Georges Poulet à partir de 1841 (Poulet 2017 : 369)—, corroborée par l'analyse du *Second Faust* par Nerval, selon laquelle ce serait grâce à la puissance évocatrice du poète que la rétrospection peut opérer.
2. C'est donc, grâce au désir rétrospectif du poète que son « esprit se sent transporté hors du présent et hors du temps ». « Pour exprimer cet état », précise Georges Poulet, « Gautier se sert, à maintes reprises, d'une autre expression goethéenne, trouvée cette fois non dans *Faust*, mais dans *Wilhelm Meister* ». Je reproduis ici également, cette expression gautiériste bien plus célèbre, « qui n'est d'ailleurs », continue Georges Poulet, « qu'une citation de *Hamlet* : The time is out of joint ; —*Die Zeit ist aus dem Gelenke*, qu'il avait trouvée sous la forme suivante dans la traduction de Toussenel : "Le char du temps est sorti de son ornière" » (Poulet 2017 : 370–371).
3. Le terme "dramatique" doit être interprété ici, dans le sens durandien, à savoir, comme synonyme de la troisième structure synthétique de l'imaginaire dont les symboles gravitent « autour de la maîtrise du temps lui-même ». Et un peu plus loin, précise Durand, « tous les symboles de la mesure et de la maîtrise du temps vont avoir tendance à se dérouler selon le fil du temps, à être mythiques, et ces mythes seront presque toujours des mythes *synthétiques* qui tentent de réconcilier l'antinomie

qu'implique le temps : la terreur devant le temps qui fuit, l'angoisse devant l'absence, et l'espérance en l'accomplissement du temps, la confiance en une victoire sur le temps ». Ainsi, conclue-t-il : « ces mythes avec leur phase tragique et leur phase triomphante seront donc toujours *dramatiques,* c'est-à-dire mettront alternativement en jeu les valorisations négatives et les valorisations positives des images. Les schèmes cycliques et progressistes impliquent donc presque toujours le contenu d'un mythe dramatique » (Durand [1960] 1984 : 322–323).

4. Car en effet, précise Georges Poulet, « dès le romantisme et tout au long du XIXᵉ siècle, l'homme fait une expérience entièrement différente de la durée (…) A côté du romantisme du souvenir, à côté du romantisme du pressentiment, il y a le romantisme de la *continuité sentie* ». C'est, donc, « ce sens de la durée continue », apparaissant « sous des formes très variées depuis le préromantisme jusqu'au postromantisme » que j'essaierai d'évoquer dans l'œuvre de Gautier (Poulet 2017 : 47).

5. Autrement dit, et tout en suivant Durand, j'évoquerai ici, soit le temps cyclique, si l'on fait « porter l'accent sur le pouvoir de répétition infinie de rythmes temporels et de maîtrise cyclique du devenir » ; soit le temps progressiste, lorsque l'on « déplace l'intérêt sur le rôle génétique et progressiste du devenir, sur cette maturation appelant les symboles biologiques, que le temps fait subir aux êtres à travers les péripéties dramatiques de l'évolution ». Ainsi, d'un côté, nous aurons, continue-t-il, « les archétypes et les symboles du retour, polarisés par le schème rythmique du cycle, de l'autre nous rangerons les archétypes et symboles messianiques, les mythes historiques où éclate la confiance en l'issue finale des péripéties dramatiques du temps, polarisés par le schème progressiste qui, nous le verrons, n'est qu'un cycle tronqué ou mieux une phase cyclique ultime emboîtant tous les autres cycles comme "figures" et ébauches de l'ultime procès » (Durand [1960] 1984 : 322).

6. Alban Gonord souligne combien la métaphysique que Bachelard « défend et décrit n'est pas une métaphysique du plein, de la continuité mélodique et harmonieuse de la durée bergsonienne, c'est une métaphysique de la lacune. La description de la psychologie temporelle », continue-t-il, « fait ainsi apparaître une discontinuité, une hiérarchie "d'instants actifs" et une consolidation sériée, construite entre ces intervalles, ces repères de la raison » (Gonord 2001 : 191–192).

7. Dans la lignée de ses prédécesseurs, Baudelaire dans « Réflexions sur quelques uns de mes contemporains : Théodore de Banville » rapporte que « tout poète lyrique, en vertu de sa nature, opère fatalement un retour vers l'Eden perdu » (Baudelaire 1885 : 370. En ligne sur : https://fr.wikisource.org/wiki/R%C3%A9flexions_sur_quelques-uns_de_mes_contemporains/Th%C3%A9odore_de_Banville [date de dernière consultation : 30/12/2017]).

8. J'utiliserai, pour l'instant, et en suivant Durand, les termes « hermétique » et « hermétiste » indistinctement. Je pencherai toutefois ici, pour le deuxième, car Françoise Bonardel précise, combien « la Philosophie selon Hermès » continuait « son cheminement occulte (…) à travers ce vaste domaine de la *Naturphilosophie,* de la *théosophie*

chrétienne et de la *poésie romantique* », dans un « même courant de pensée », —auquel Gautier participe sans doute !—, « que l'on peut incontestablement continuer à nommer hermétiste » (Bonardel 2002 : 121). Quant à la magistrale précision lexicale de Mme. Bonardel (Bonardel 2002 : 12–17), j'y reviendrai dans ma troisième partie.

9. Je reviendrai plus amplement sur cette influence des idées de renouvellement cyclique et de régénération mystique circulant autour de Gautier, dans ma troisième partie.

10. Les quelques études consacrées au temps chez Gautier (notamment, celles de Nathalie David-Weill, Robert Baudry (1993 : 488), entre autres) ne me semblent toutefois, point insister sur le caractère multiple et mouvant du temps. Au contraire, me semblent-elles renchérir sur la notion d'anéantissement et immobilisme par l'évocation d'un « hors temps » ignorant toute notion progressiste du temps —ou tout au plus, se limitant à un être « dans son temps », pour mieux « l'assume[r] », le « transcende[r] » et « s'en évade[r] » (Baudry 1993 : 491–492). Plus récemment, dans une assez bonne thèse de Marie Rasongles, son auteur limite l'étude des « arts et artifices d'affranchissement temporel » aux « artifices » dont use Gautier, « pour tempérer l'autorité du temps » ; des artifices, précise-t-elle, « qui vont lui permettre de créer, en marge d'une réalité fictionnelle, une représentation parallèle exempte de préoccupations temporelles : dans l'Antiquité comme dans les mythes, dans le songe comme avec les drogues, les proportions chronologiques sont totalement faussées ». Et de continuer, « l'écrivain, déterminé à relever ce défi contre l'entropie, va, sinon immobiliser le temps, tout au moins se prémunir en apparence contre lui (…) L'allégation antique comme source primitive exotise l'écriture, et offre un véritable refuge au cœur d'un "temps hors du temps", *l'illud tempus* tel qu'il est décrit par Mircea Eliade » (Rasongles 2014 : 182–183). Malgré cette petite ouverture, laissant présager une nouvelle lecture de Gautier, cette formulation ne distinguant, à l'instar de l'historien des religions roumain, que le temps sacré face au temps profane (voir sa note n° 5, p. 183) me laisse partiellement insatisfaite, car quelques pages plus bas, elle revient sur le « hors-temps antique » dont la « confusion des temps » ne relève que de « la négation parfaite de la réalité contemporaine » (Rasongles 2014 : 185) et ne soulignerait, selon Marie Rasongles, que « la profonde nostalgie *romantique* d'un narrateur qui n'évoluerait pas dans l'époque dans laquelle il se sent attaché » (Rasongles 2014 : 191. C'est moi qui souligne). Heureusement, sa thèse se clôt, sous l'influence de la célèbre analyse de Georges Poulet, sur l'ouverture d'un passé qui « serait déjà porteur de l'avenir » et sur une implicite appréhension du « motif de la disparition et de la fuite du temps » —quoique évoqué en tant que l'un des « *topoï* romantiques les plus commun »—, « d'une manière tout à fait personnelle dans l'œuvre gautierienne » (Rasongles 2014 : 224).

11. Rappelons, avec Pierre Buser et Claude Debru, que l'identification entre *khronos*, le temps et *Kronos*, le roi des Titans et père de Zeus « d'après laquelle Kronos/le Temps est représenté comme un vieillard en haillons et armé d'une faucille, n'apparaît pas avant l'Antiquité tardive ». Et de continuer, « la ressemblance entre les deux mots "fut

invoquée pour preuve de l'identité effective entre les deux concepts", et les traits sous lesquels Kronos était traditionnellement peint (vieillesse, faucille — il est en effet doyen du panthéon grec et romain, et protecteur de l'agriculture) furent peu à peu intégrés à la représentation symbolique du Temps » (Buser et Debru 2011 : 15).

12. Émile Bergerat insiste sur « l'idée » que Gautier « avait de la Divinité, idée toute orientale et presque indienne, selon laquelle, Dieu est malfaisant et ne se manifeste que par des événements fatals à l'homme, son ennemi ». Cette idée « avait établi en lui », précise-t-il, « une croyance inébranlable aux croyances occultes. La vie lui paraissait semée d'embûches les plus noires par le monde supérieur » (Bergerat 1879 : 166). Sur l'importance de l'occultisme chez Gautier j'y reviendrai dans ma troisième partie.

13. Héraclite, notamment, selon lequel « le Cosmos se trouve uniquement soumis à un temps cyclique et aboutit à un mobilisme universel » (Buser et Debru 2011 : 16); si ce n'est Démocrite, qui lance aussi « l'idée d'un temps comme processus indéfini, à l'exemple de l'espace, avec les jours et les nuits se succédant selon un éternel retour, pour reprendre l'expression nietzschéenne » (Buser et Debru 2011 : 16) ; ou encore Pythagore, l'élève d'Anaximandre, sur lequel je reviendrai plus loin.

14. Je tiens à définir en effet, avec Georges Poulet, tous ces exemples où « le char du temps » semble « sorti de l'ornière », comme un « hiatus dans le temps par où le poète peut s'évader et partir » non seulement « à la recherche de ses proies rétrospectives », mais également, vers un devenir de plus en plus à venir (Poulet 2017 : 372).

15. « C'est en effet vers cette époque » (1835), nous dit Georges Poulet, « ou à peu près que Gautier commence à faire usage des excitants. En 1838 il fume de l'opium, et entre 1843 et 1848 il publie une série d'œuvres qui ont pour thème les effets de l'opium et du haschich : *Le Haschich, La Péri, Le Club des Haschichins, La Croix de Berny*, etc » (Poulet 2017 : 358).

16. « D'où il résulte pour moi que le temps n'est rien d'autre qu'une distension. Mais une distension de quoi, je ne sais au juste, probablement de l'âme elle-même » (Augustin 1962 : XI, chap. XXVI, pp. 274–276).

17. « Dire du temps », précise Alban Gonord, « qu'il est une temporalité signifie qu'il y a dans le temps comme un étirement (*Erstreckung*), comme un arrachement à soi. La notion d'ek-stase », continue-t-il, « est essentiellement employée par Heidegger », quoique tout aussi bien « Augustin avec sa "distension de l'âme" » ou « Hussserl avec le champ de présence du "tempo-objet" avaient déjà tenté d'expliciter cette dimension à la fois une et éclatée du temps » (Gonord 2001 : 220).

18. « Pour ce pouvoir libératoire de la musique », précise Robert Baudry, « on connaît la célèbre "Fantaisie" de Nerval (1833), qui, lui aussi, se voit comme extrait de son temps et projeté dans un autre par l'impact de certaines mélodies ». Le sonnet « "Delfica" (1845) », continue également Robert Baudry « attribuera au chant un "charme" tel qu'il puisse ressusciter les dieux dépossédés ». Et Robert Baudry de conclure avec l'évidence, « entre l'un et l'autre existe une perpétuelle osmose » (Baudry 1993 : 494, note n° 29).

19. Rappelons avec Marie-Josette Bénéjam-Bontems qu'en réduisant à « l'archétype qui éclaire la structure de tous les récits sur quatre millénaires, d'un Orient à un Occident centrés sur la Méditerranée », l'on peut dire que « chaque fois que la paix, l'abondance et la justice se trouvent ensemble réalisées par les dieux pour les hommes dans un ordre à la fois naturel et divin, le mythe de l'Age d'or est présent à travers des images dont la quotidienne simplicité assume à la fois le lien avec l'inconscient collectif et la fidélité aux mentalités spécifiques ». Or, malgré les différentes appellations données dans chaque culture et chaque époque au mythe en question, c'est surtout « le mythe de l'Age d'or gréco-romain » (notamment à partir du mythe de Cronos en Grèce et du mythe de Saturne à Rome, « en concurrence avec le *tempus aureum* ») celui qui a nourri l'imaginaire européen et plus concrètement « la pensée révolutionnaire » au XIXe siècle (Bénéjam-Bontems 1988 : 53). Sur l'importance du mythe à l'époque romantique, voir : (Roux 1977 : 20–33. En ligne sur www.persee.fr/doc/roman_0048-8593_1977_num_7_16_5093); ou (Lèbre 2013. En ligne sur : http://journals.openedition.org/rgi/1428).

20. Pour Gautier, insiste Georges Poulet, « il ne s'agit plus, comme dans la phrase de Nerval, de cercles concentriques fixes, semblables à ceux du monde dantesque, mais de cercles "qui vont agrandissant leurs orbes dans l'éternité et dans l'infini" ». L'évolution de Gautier semble opérer dans le sens d'une ouverture « où tout communique avec tout et se propage en ondulations infinies » en rapport avec la « théorie ondulatoire de la lumière » qui venait « tout justement d'être confirmée par les découvertes de Fresnel » (Poulet 2017 : 375). J'y reviendrai plus bas.

21. Dans son ouvrage sur l'*Orient*, Gautier nous informe sur sa connaissance et nous offre sa vision personnelle de cette pratique mystique : « contrairement à l'idée qu'on se fait du fanatisme musulman, nulle part la tolérance religieuse n'est plus largement pratiquée qu'à Constantinople, tous les cultes y ont leur église. — Les moines en costume circulent dans les rues, et nous-même nous avons assisté aux exercices des derviches hurleurs de Scutari, en compagnie de deux pères capucins, et cela en plein ramadan » (Gautier 1882 : t.1, 75). Et plus haut, il avait précisé : « le derviche tourneur, avec son bonnet de feutre semblable à un pot de fleurs renversé, sa barbe argentée encadrant sa face d'un ton de brique, sa robe blanche et son manteau brun, a bien ce caractère de kief extatique que donne aux moines de cette secte l'habitude de ces valses sans fin qui éblouissent et fascinent lorsqu'on les visite dans leurs tekkés aux jours de leurs pieuses chorégraphies » (Gautier 1882 : t. 1, 65).

22. Jasinski cite ce poème comme suit: « Pensée de Minuit: Hist., I, 152, n° 310. Comédie de la Mort, mais l'autographe porte la date de janvier 1832 » (Voir Gautier [1881–1882] 1970 : t. I, p. LV).

23. « Il est des déesses puissantes qui trônent dans la solitude. Autour d'elles n'existent ni le lieu, ni moins encore le temps ». Pour arriver jusqu'à elles, l'esprit doit « se lancer dans les vagues régions des images » et voir « le spectacle du monde qui depuis

longtemps n'est plus ». Elles sont « entourées des images de toutes choses créées » (Nerval. Cité par Poulet 2017 : 364).

24. « Le point de référence essentiel » chez Aristote est, aux dires de Pierre Buser et Claude Debru, « le mouvement, le changement, nulle évaluation du temps ne pouvant s'effectuer sans se fonder sur le déplacement des objets, en particulier célestes ». Ils nous rappellent la célèbre définition du temps selon Aristote, « le temps comme le nombre du mouvement par rapport à l'avant et l'après » (Buser et Debru 2011 : 19–20).

25. Cette discrète affirmation, « aussi je regardais d'un œil paisible, bien que charmé, la guirlande des femmes, idéalement belles » suscitant l'image des « spectres charmants » troublant « Saint Antoine » (Gautier [1846] 1993 : 186), ne rappelle-t-elle pas, par ailleurs, le double penchant esthétique de l'auteur, opposant idéalisme et monde sensible?

26. Je reviendrai toutefois, sur un exemple clé de cet isomorphisme, à la fin du chapitre, où Gautier n'hésite pas à opposer la stagnation décadente de la fluidité temporelle à l'ascèse des stylites hindouistes dans la description de l'âme de D'Albert (Gautier [1835] 1997 : 194–196).

27. En revanche, Serge Zenkine a répertorié un exemple de cette « transmutation de la "nature" en "culture" » dans son poème *d'Émaux et Camées*, intitulé « Nostalgie d'obélisques », datant de 1851. En effet, dans ce poème, à part l'ennui et la nostalgie de l'obélisque de Luxor, on peut lire l'isomorphisme avec l'arbre — rejoignant ainsi, l'idée selon laquelle chez Gautier tout arbre s'avère colonne ou statue !— lorsque Gautier écrit : « que je voudrais comme mon frère/ dans ce grand Paris transporté, auprès de lui, pour me distraire/sur une place être *planté* » (Gautier 1852 : 78. C'est moi qui souligne). Aux dires de Serge Zenkine, ce poème —mise à part la célèbre lettre de Maxime Du Camp adressée à Gautier d'Égypte et publiée par Jasinski (*Poésies complètes*, Nizet, 1970, tome I, p. CIV–CV) ayant pu suggérer ou raviver l'intérêt de cette thématique chez Gautier et suscitant quelques discussions— est à rapprocher « de la célèbre pièce de l'*Intermezzo* » de son ami, Henri Heine, dont la thématique n'est autre que « les "nostalgies" de deux arbres ». Ainsi, continue Serge Zenkine, tandis que « le poète allemand évoque un amour impossible d'un sapin du Nord pour un palmier du Midi ; le poète français remplace les arbres vivants par les "arbres artificiels", deux obélisques en pierre (ce qui rejoint d'ailleurs l'origine ethnographique de ces deux objets de culte) dont l'un, transporté à Paris, regrette le grand soleil d'Egypte, tandis que l'autre, resté à Luxor, s'ennuie dans son désert et envie la vie "civilisée" de son frère ». Et Serge Zenkine de conclure pertinemment, « le goût de l'artificiel oppose Gautier aux traditions romantiques où l'individu, tout déçu qu'il soit par les hommes, peut toujours trouver du repos au sein de la nature » (Zenkine 1993 : 382).

28. « Allusion », aux dires de Marc Eigeldinger, « à la *Fée aux miettes* de Nodier (1832) où le héros Michel est en quête de la "mandragore qui chante", narcotique et remède á la mélancolie, instrument magique, chargé d'opérer la réconciliation de l'imaginaire et du réel ». On sait, continue-t-il, « que la vertu magique de la mandragore a été

exploitée par Achim d'Arnim dans *Isabelle d'*Égypte (1812), nouvelle qui a été tra-duite par Théophile Gautier fils (1856)» (Eigeldinger 2007 : note n° 6, sp).

29. « Le *Magicien* Alphonse Esquiros (1812–1876) », nous dit Marc Eigeldinger, « était un ami de Gautier, il participa à la Bohème romantique de la rue du Doyenné et publia en 1838, *Le Magicien*, roman d'amour et d'hermétisme, injustement méconnu et enfin réédité par les soins de Max Milner (L'Age d'or, 1978) » (Eigeldinger 2007 : note n° 4, sp).

30. J'ai déjà utilisé, ci-dessus, ces termes qu'Eliade explique de la sorte: le moine boudd-histe peut être projeté dans « le *nunc stans*, dans un éternel présent », un éternel présent qui « ne fait plus partie du temps, de la durée; il est qualitativement différent de notre présent profane, de ce présent précaire qui surgit faiblement entre deux non-entités —le passé et l'avenir— et qui s'arrêtera avec notre mort ». Ce « présent profane » constitue le « *nunc fluens* » (Eliade 1952 :107).

31. Aux dires de Marie-Josette Bénéjam-Bontems, le double visage de Cronos penche pour son caractère « rassurant » dans « la tradition orphico-pythagoricienne » : « elle offre », continue-t-elle, « une version du mythe de Cronos, inconnue d'Hésiode, selon laquelle le DIEU ANCIEN, pardonné par Zeus, est retiré du Tartare et placé comme souverain des Bienheureux, aux îles Fortunées ». Ainsi, c'est « dans ce para-dis » que « les Bienheureux vivent la vie divine, totalement à l'écart des cycles du devenir » (Bénéjam-Bontems 1988a : 385).

32. Cette « opposition-alternance », ainsi que le rôle joué par Cronos sont expliqués par Françoise Bonardel comme suit: Cronos-Saturne, « lui-même, parvint-il à concilier un amour de la perfection stagnante de l'Age d'Or avec l'inquiétude d'être un jour sup-planté qui le fit peu à peu identifier à Chronos, le Temps, dévorant avant d'être éven-tuellement régénérant? Au moins autant que Prométhée dépité d'être l'éternel vassal des dieux, ces dieux olympiens semblent être dévorés par l'inquiétude mortelle d'être tôt ou tard dépossédés par ce qu'ils ont engendré » (Bonardel 1993 :171). En conci-liant ces deux visages de Cronos —rassurant, comme dans la plus ancienne version connue de l'âge d'or, à savoir, celle d'Hésiode dans *Les Travaux et les Jours* ; puis redou-table, comme dans *La Théogonie,* qui narre les luttes dynastiques (Bénéjam-Bontems 1988a : 385)— l'œuvre gautiériste, parvient, grâce à l'art d'Hermès, à faire progresser cette « perfection stagnante » ou éternelle de « l'Age d'Or » vers l'avenir.

33. Paolo Tortonese insiste, en citant Maxime Du Camp, sur le fait que « les amis de Gau-tier ont laissé de lui l'image d'un lecteur affamé et infatigable. Maxime Du Camp », continue-t-il, « nous le montre se jetant avec la même ardeur sur "le roman le plus médiocre" comme sur les ouvrages qui contiennent "les plus hautes conceptions phi-losophiques" » (Tortonese 1993 : 359).

34. « On a tendance à sous-estimer, lors d'une première lecture », précise Paolo Tortonese, « l'érudition exotique chez Gautier. Le lecteur non averti, pourrait croire par exemple, que les noms des personnages dans *Une Nuit de Cléopâtre* sont le fruit d'une fantaisie grotesque et farfelue. Il n'en est rien : ils sont tous tirés des *Lettres écrites d'Egypte et*

de Nubie en 1828 et 1829, de Champollion. Gautier n'a pas attendu Ernest Feydeau pour commencer à s'instruire sur l'Egypte ancienne ». De la même manière, conti-nue-t-il, « sa connaissance de la littérature et de la mythologie indiennes n'est pas négligeable » (Tortonese 1993 : 363).

35. Aux dires de Georges Poulet, cet article parut, pour la première fois, dans *la Charte de 1830*, du 27 avril 1837. « Un feuilleton à faire » apparaîtra ensuite, dans l'édition de *Fusains et eaux-fortes* de 1880, consultable en ligne sur ark:/12148/bpt6k200916s

36. Marcel Voisin corrobore cette idée lorsqu'il affirme qu'« il serait trop long d'envisager toutes les traces du XVIIIᵉ siècle dans l'œuvre de Gautier ». Or, c'est à partir du livre de Jean Starobinski, *L'Invention de la liberté*, qu'il s'apprête a lui appliquer les traces suivantes: « le sensualisme, le syncrétisme, la source du dandysme, la théorie de la fête, la vie masquée, l'œil avide, le cauchemar piranésien, l'idée de décadence, le rêve de la création microcosmique, la fascination des simulacres de vie, etc. », pour en conclure, « curieusement, notre écrivain apparaît comme appartenant à la génération qui précéda la sienne » (Voisin 1981 : 24). C'est justement cette leçon d'"harmonie" et de goût de "synthèse", apprise dans les modèles gréco-latins que l'auteur va mainte-nir —en dépit de la mode romantique— tout le long de son œuvre. Le syncrétisme, le rêve de création microcosmique et surtout, l'idée de décadence me semblent être des caractéristiques essentielles permettant de relier ce classicisme de Gautier à l'âme décadente.

37. Le même critique affirme, « si l'on suit Valéry, on ne peut nier que Gautier soit un classique au plan du style. (…) Le poète des *Emaux et Camées* ne cessa de s'alimenter à la source même de cette tradition, c'est-à-dire à l'art grec du Vᵉ siècle. Ce qui lui permit de frayer la voie au Parnasse bien avant que soit venu le temps de la mise en question du romantisme » (Voisin 1981 : 27).

38. Dans son excellente étude sur les sources occultes du Romantisme, Auguste Viatte donne la définition suivante: « "science de Dieu", lumière venant d'en haut: l'éty-mologie nous donne la meilleure définition de la théosophie et de l'illuminisme. Les mystiques qui professent ces doctrines croient posséder, par une révélation directe, les secrets du monde supérieur: l'"inspiration", et, le plus souvent, l'association secrète les caractérisent » (Viatte 1965 : t. I, p. 17). Et un peu plus loin, il souligne l'influence d'Hermès et de ses procédés magiques pour entrer en communication avec ce monde supérieur que les illuminés cherchaient: « fidéistes, ils nient "la possibilité d'aucune idée d'une Divinité quelconque sans révélation"; les idolâtries ne leur en semblent "qu'une défiguration, qu'une caricature"; ils retrouvent l'unité sous les allégories trans-mises par "Hermès et les autres sages". Ceux pour qui s'éclairent les mythes anciens y découvraient le monothéisme, pensent-ils, et cette science des correspondances, la clef de la magie » (Viatte 1965 : t.I, p. 25). Constituant, donc, plutôt « un ensemble de tendances qu'un système arrêté », trouver l'unité sous-jacente à leur philosophie semble une chimère. Auguste Viatte, cite, à ce propos l'essai de Caro, *Essai sur Saint-Martin*, où quelques idées essentielles sont mises en exergue: « "A l'origine de toutes choses,

l'unité… (Puis) l'émanation commence; elle ne s'arrêtera plus. (…) L'homme est un de ces êtres émanés… La préexistence des âmes dans cet homme-verbe, sa séparation de l'unité; sa corporisation, son exil, son retour à l'unité…; sa transformation en Dieu… (…) Le panthéisme est au terme de tous ces systèmes" » (Caro, *Essai sur Saint-Martin*, 298. Cité par Viatte 1965 : t. I, p. 37). Nous verrons, dans les pages qui suivent dans quelle mesure l'œuvre gautiériste a gardé quelques échos de ces idées d'"unité", de "panthéisme", et de "retour à l'unité", du XVIIIᵉ siècle.

39. Malgré quelques différences essentielles, Françoise Bonardel reconnaît que « les origines mêmes de l'alchimie —art sacré des forgerons et autres arts du feu— semblent créditer la filiation Hermès-Prométhée » (Bonardel 1993 : 171). Enfin, si on y ajoute « l'interprétation allégorique du mythe de Prométhée —par les alchimistes du XVIIᵉ en particulier— », ainsi que « l'infiltration de l'esprit prométhéen au sein du corpus alchimique » (Bonardel 1993 : 173–174), nous pouvons comprendre comment une certaine « substitution contribuant à transformer la complicité de l'Artiste et de la Nature en volonté "réformiste" contraire à la "volonté de présence" des anciens Adeptes » a pu s'opérer au XIXᵉ siècle (Bonardel 1993 : 175). Substitution qui s'avère "cohabitation" chez un auteur comme Gautier.

40. L'image est magnifiquement étudiée par Paolo Tortonese, lequel découvre des échos dans l'œuvre de Gautier (et ce dès 1834, dans son poème « Barcarolle », *Fortunio* ou *La Belle Jenny*) mais aussi montre-t-il l'influence sur Nerval et Leconte de Lisle. Et Paolo Tortonese de conclure à propos de *Mademoiselle de Maupin*, « le repli du végétal sous le poids de sa propre croissance, la prolifération et le foisonnement au cœur de la stagnation mortifère, ce sont des images dont il n'est pas nécessaire de souligner le riche destin littéraire, mais qui n'avaient rien de traditionnel en 1835 » (Tortonese 1993 : 368–369).

Bibliographie

Augustin, *Les Confessions*, livre XI. In: (1962) Paris : GF-Flammarion, (trad. de J. Trabuco).

Bachelard, G. (1950) *La dialectique de la durée*. Paris : PUF.

Bachelard, G. (1970) *La Poétique de l'espace*. Paris : PUF.

Ballestra-Puech, S. (1991) *Le Mythe littéraire des Parques* (Thèse, nouveau doctorat, sous la dir. de Pierre Brunel) Paris : Université Paris IV.

Baudelaire, Ch. (1885) *L'art romantique* in Baudelaire, Ch. (1885) *Œuvres Complètes*. Paris : Calmann Lévy.

Baudry, R. (1993) « Gautier voyageur… du temps » in *BSTG nº 15 : Théophile Gautier en son temps*. Montpellier : Université Paul Valéry, vol. 2, pp. 481–496.

Bénéjam-Bontems, M. J. (1988) « Age d'Or » in Brunel, P. *Dictionnaire des mythes littéraires*. Paris : Editions du Rocher, pp. 52–56.

Bénéjam-Bontems, M. J. (1988a) « Cronos » in Brunel, P. *Dictionnaire des mythes littéraires*. Paris : Editions du Rocher, pp. 384–386.

Bergerat, E. (1879) *Théophile Gautier. Entretiens, souvenirs et correspondance.* Paris : Charpentier.

Bonardel, F. (1993) *Philosophie de l'Alchimie. Grand Œuvre et modernité.* Paris : P.U.F., coll « Questions ».

Bonardel, F. (2002) *La Voie hermétique.* Paris : Ed. Dervy (*L'Hermétisme.* Paris : PUF, 1985).

Buser, P. et Debru, Cl. (2011) *Le Temps, instant et durée. De la philosophie aux neurosciences.* Paris : Odile Jacob.

David-Weill, N. (1989) *Rêve de pierre : la quête de la femme chez Théophile Gautier.* Genève : Droz.

Durand, G. ([1960] 1984) *Les Structures anthropologiques de l'imaginaire. Introduction à l'archétypologie générale.* Paris : Dunod/Bordas.

Durand, G. ([1979] 1992) *Figures mythiques et visages de l'œuvre. De la mythocritique à la mythanalyse.* Paris : Dunod. (1re édition, Berg International éditeurs, 1979).

Eigeldinger, M. (2007) Introduction, notes et chronologie à *Th. Gautier. Récits fantastiques* (Bibliographie mise à jour par Anne Geisler-Szmulewicz). Paris : G.F Flammarion.

Eliade, M. (1952) *Images et symboles. Essais sur le symbolisme magico-religieux.* Paris : Gallimard.

Gautier, Th. ([1831] 1990) « La Cafetière », in *Contes et récits fantastiques.* Paris : Librairie Générale Française, collect. « Le Livre de poche » classique, pp. 53–63. (1re parution : « La Cafetière », *Le Cabinet de lecture,* 4 mai 1831).

Gautier, Th. ([1832] 1993) « Onuphrius ou les vexations fantastiques d'un admirateur d'Hoffmann », in (1873) *Les Jeune-France (Romans goguenards, suivis de Contes humoristiques)* Paris : Charpentier et Cie, Librairies éditeurs, pp. 25–70. (1re parution : « Onuphrius Wphly », *La France littéraire,* août 1832). Edit. de référence : (1993) *Récits fantastiques.* Paris : Bookking International, pp. 23–59.

Gautier, Th. ([1834] 1990) « Omphale. Histoire rococo », *Contes et récits fantastiques,* Paris : Librairie Générale Française, « Le Livre de poche » classique, pp. 65–76. (1re parution : « Omphale ou la tapisserie amoureuse », in *Le Journal des gens du monde* n° 9, 7 février 1834).

Gautier, Th. ([1835] 1966) *Mademoiselle de Maupin.* Paris : Classiques Garnier. (1re édition : *Mademoiselle de Maupin, double amour.* Paris : Eugène Renduel, 2 vol. datés 1835 et 1836 [parus sans doute dès novembre 1835].

Gautier, Th. ([1835] 1997) *Mademoiselle de Maupin.* Paris: Booking International.

Gautier, Th. ([1837] 1990) « La Chaîne d'or ou l'amant partagé » in *Contes et récits fantastiques.* Paris : Librairie Générale Française, « Le Livre de poche » classique, pp. 117–143. (1re parution : *La Chronique de Paris,* 28 mai au 11 juin 1837).

Gautier, Th. (1838) *La Comédie de la mort.* Paris : Desessart éditeur.

Gautier, Th. ([1838] 1990) « Une nuit de Cléopâtre », *Contes et récits fantastiques.* Paris : Librairie Générale Française, « Le Livre de poche » classique, pp. 145–188. (1re parution : « Une nuit de Cléopâtre », *La Presse,* 29 novembre au 6 décembre 1838).

Gautier, Th. ([1838] 1993) « La Pipe d'opium », *Récits fantastiques.* Paris : Classiques français, pp. 113–124 (1re parution : « La Pipe d'opium », *La Presse,* 27 septembre 1838).

Gautier, Th. ([1840] 1990) « Le Pied de momie » in *Contes et récits fantastiques.* Paris : Librairie Générale Française, « Le Livre de poche » classique, pp. 247–262. (1re parution : « Contes étrangers: le Pied de momie », *Le Musée des familles,* septembre 1840.

Gautier, Th. ([1842] 1898) « La Mille et deuxième nuit » in *Œuvres Complètes.* Paris : Charpentier, vol. 3, pp. 317–351. (1re parution : *Le Musée des familles,* août 1842).

Gautier, Th. ([1846] 1993) « Le Club des Haschischins », in *Récits fantastiques*. Paris : Classiques français, pp. 169–194. (1re parution : « Le Club des Haschischins », *Revue des deux Mondes*, 1er février 1846.

Gautier, Th. ([1847] 1860) *Militona*. Paris : Librairie de L. Hachette et Cie. (1re parution : *La Presse*, 1er au 16 janvier 1847).

Gautier, Th. ([1848a] 1856) « Le Panthéon. Peintures murales », in (1856) *L'Art Moderne*. Paris : Michel Lévy Frères, Librairies-Editeurs, pp. 1–94. (1re parution : *Revue des Deux-Mondes*, 1er septembre, 1848).

Gautier, Th. (1852) *Émaux et Camées*. Paris : E. Didier.

Gautier, Th. ([1852] 1990) « Arria Marcella », in *Contes et récits fantastiques*. Paris : Librairie Générale Française, « Le Livre de poche » classique, pp. 329–371 (1re parution : « Arria Marcella, souvenir de Pompéi », *La Revue de Paris*, mars 1852).

Gautier, Th. ([1856a] 1990) « Avatar », in *Contes et récits fantastiques*. Paris : Librairie Générale Française, « Le Livre de poche » classique, pp. 373–485. (1re parution : « Avatar, conte », *Le Moniteur universel*, 29 février au 3 avril 1856).

Gautier, Th. ([1857] 1986) *Le Roman de la momie*. Paris : Gallimard/Folio. (1re parution : « Le Roman de la momie », *Le Moniteur universel*, 11 mars au 6 mai 1857. Et ensuite : (1858) *Le Roman de la momie*. Paris : Hachette.

Gautier, Th. (1858) *Histoire de l'art dramatique en France depuis vingt-cinq ans*. Bruxelles: Hetzel, 6 vols.

Gautier, Th. ([1865] 1970) *Spirite*. Paris : Flammarion. (1re parution : « Spirite, nouvelle fantastique », *Le Moniteur universel*, 17 novembre au 6 décembre 1865. Ensuite : (1866) *Spirite. Nouvelle fantastique*. Paris : Charpentier.

Gautier, Th. ([1874] 2011) *Histoire du Romantisme suivi de Quarante portraits romantiques*. Préface d'Adrien Goetz, avec la collaboration d'Itaï Kovács. Paris : Gallimard, 2011. Voir en version numérisée, une édition plus complète : (1874) *Histoire du Romantisme, suivie de notices romantiques et d'une étude sur la poésie française (1830–1868)*, Paris : Charpentier.

Gautier, Th. (1880) *Fusains et eaux-fortes*. Paris : Charpentier.

Gautier, Th. ([1881–1882] 1970) *Poésies Complètes de Th. Gautier* (publiées par R. Jansinski). Paris : A.G. Nizet, 3 vols. (1re parution (1881–1882): *Poésies Complètes*. Paris : G. Charpentier et Cie Éditeurs, 2 vol.).

Gautier, Th. (1882) *L'Orient*. Paris : Bibliothèque Charpentier, Eugène Fasquelle éditeur, 2 vols.

Goncourt, E. et J. de (1851–1896) *Journal. Mémoires de la vie littéraire*. Paris : G. Charpentier et E. Fasquelle.

Gonord, A. (2001) *Le Temps*. Paris : Flammarion.

Guillamaud P. (1988) « L'essence du *kairos* ». In: *Revue des Études Anciennes*. Tome 90, 1988, n°3–4. pp. 359–371. DOI : 10.3406/rea.1988.4341 ; www.persee.fr/doc/rea_0035-2004_1988_num_90_3_4341

Lèbre, J. (2013) « L'âge d'or. Qu'est-ce qu'une époque à l'époque des Romantiques allemands et de Schelling ? », in *Revue germanique internationale* [En ligne], 18 | 2013, mis en ligne le 10 octobre 2016, consulté le 09 janvier 2018. URL : http://journals.openedition.org/rgi/1428 ; DOI : 10.4000/rgi.1428

Platon, *République*, X, 616–617, in Platon (1947) *Œuvres complètes*. Paris : Les Belles Lettres (trad. Auguste Diès).

Poulet, G. (2017) *Etudes sur le temps humain*. I. *La Durée intérieure*. Paris : Pocket (Volume comprenant les tomes 1 et 3 des *Etudes sur le temps humain*, ouvrages initialement parus aux éditions Plon en 1949 et 1964).

Rasongles, M. (2014) *« L'Artifice de l'écrivain ». Représentation et imaginaire dans les fictions narratives de Théophile Gautier* (thèse de doctorat en Littérature Française, sous la direction de M. Christian Chelebourg, Professeur à l'Université de Lorraine, soutenue le 10/06/2014). En ligne sur : http://docnum.univ-lorraine.fr/public/DDOC_T_2014_0279_RASONGLES.pdf [date de dernière consultation: 17/12/2017].

Roux, A.-M. (1977) « L'âge d'or dans l'œuvre de Nodier. Une recherche du temps perdu à l'époque romantique », in *Romantisme* n°16 : *Autour de l'*âge d*'or*, pp. 20–33. DOI : 10.3406/roman.1977.5093 ; www.persee.fr/doc/roman_0048-8593_1977_num_7_16_5093

Tortonese, P. (1992) *La vie extérieure. Essai sur l'œuvre narrative de Théophile Gautier*. Paris : Minard, coll. « Archives des lettres modernes ».

Tortonese, P. (1993) « L'érudition de Théophile Gautier » in *BSTG, n° 15 : Théophile Gautier en son temps*. Montpellier : Université Paul Valéry, vol. 2, pp. 359–372.

Viatte, A. (1965) *Les sources occultes du romantisme, Illuminisme et Théosophie*. Paris, 1928, 2 vol.

Vierne, S. (1973) *Rite, roman, initiation*. Grenoble : P.U.G.

Voisin, M. (1981) *Le soleil et la nuit. L'imaginaire dans l'œuvre de Gautier*. Bruxelles : édition de l'université de Bruxelles.

Zenkine, S. (1993) « Théophile Gautier et la dispersion culturelle » in *BSTG : n° 15 : Théophile Gautier en son temps*. Montpellier : Université Paul Valéry, t. 2, pp. 373–392.

Ces noms émergeant...

« (…) l'analyse synchronique [a] deux dimensions: celle à l'intérieur du mythe à l'aide de la répétition des séquences et des groupes de rapports mis en évidence, celle comparative avec d'autres mythes semblables ». (Durand [1960] 1984 : 417)

Les trois chapitres précédents ont donné l'occasion d'analyser l'œuvre de Gautier à partir de quelques symboles, archétypes et images, organisés autour du niveau verbal (schèmes) —car, aux dires de Durand, rappelons-le, ce sont surtout « la geste », le « *drama* » voire l'attribut qui « caractérisent le dieu » (Durand 1996a : 190)—. Dans le chapitre qui suit, mon analyse partira, en revanche du nom. Car, ce qui pour Durand n'était que secondaire, —rappelons-le, avec sa formule, « toute la mythologie classique nous enseigne que, bien avant le nom, c'est l'attribut qui caractérise le dieu » (Durand 1996a : 190)—, peut à mon avis, solliciter tout aussi bien, le regard du mythocriticien, lorsqu'il est question d'art scriptural. En effet, c'est tout en privilégiant le « primat du verbal et de l'épithétique sur le nom » (Durand 1996a : 191), et non pour cela en négligeant le recours à l'« émergence » du nom (Brunel 1992 : 73), —dont la piste est certes, bien plus visible[1]—, que les procédés de récriture du mythe vont être visés chez Gautier.

Les deux analyses me permettant, par ailleurs, de parvenir à des conclusions similaires —tel que mon lecteur aura l'occasion de le constater— que je développerai plus amplement, au chapitre sept. Des conclusions, en effet, sous forme d'un « mythe latent » —« un mythologème (…) en quête d'un nom qui le fixe », tel que l'écrivait Durand (Durand 1996a : 164)— ou d'un mythe par « irradiation souterraine » qui s'avère, aux dires de Pierre Brunel, bien « plus hardi » d'être recherché, étant donnée que le « mythe n'est pas véritablement émergeant » (Brunel 1992 : 83). Un mythe dont les attributs classiques se joignant à ceux attribués à Hermès-Thot dès l'Antiquité égyptienne et hellénique, —avant de devenir « par un coup d'état théologique, le Trois Fois Grand » (Durand [1979] 1996 : 147)— me semblent bel et bien « rayonner » entre les lignes gautiéristes. Un mythe en définitive, aux échos décadents, et à lire encore, en attendant mon étude mythanalytique, comme du « soleil noir » (Brunel 1992 : 83). Je me permettrai pour l'instant, néanmoins, quelques vagues errances, avec la médiation du porteur du caducée, dans ce labyrinthe, cerné d'infiltrations et résistances mythiques, qu'est l'œuvre de Gautier.

6

Infiltrations et résistances du mythe…

> « Le mythe est une répétition rythmique, avec de légères variantes, d'une création. Plus que de *raconter,* comme le fait l'histoire, le rôle du mythe semble être de *répéter* comme le fait la musique ». (Durand [1960] 1984 : 417–418)

Cette « présence autre » dite mythique

Lorsque l'on envisage d'étudier les mythes par émergence du nom chez Gautier, il est difficile de ne pas songer à quelques titres, très célèbres parmi ses nouvelles fantastiques, tels qu'*Omphale ou la tapisserie amoureuse* (1834), *Une nuit de Cléopâtre* (1838), *La Toison d'or* (1839), *Le Roi Candaule* (1844), ou enfin, *Mademoiselle Dafné* (1866). C'est à partir de ce regard premier —et presque naïf !— que le mythocriticien pose sur l'émergence et évocation mythiques que la signification du texte se dégage et s'organise. A cet égard, il est important de rappeler le rôle, oh combien crucial !, chez Gautier, de la culture classique. En tant que bon latiniste, Pierre Gautier avait initié « son fils aux charmes de Virgile ». « Dans une lette datée » du « 11 août 1825 », pendant son séjour au château de

« Mauperthuis » —minutieusement décrit au chapitre IV de *Mademoiselle de Maupin* (Gautier [1835] 1997 : 82)— « le jeune garçon », aux dires d'Anne Ubersfeld, « cite Virgile, quatre vers de la septième *Bucolique* » (Ubersfeld 1992 : 18). Ayant sans doute permis à Gautier de « devenir le monstre de culture qu'il a été plus tard », tel qu'Anne Ubersfeld le confirme, cette « latinité » du berceau familial se voit corroborée par l'existence dans sa bibliothèque d'une série de lectures de « poètes anciens, grecs et latins » telles que *L'Iliade* et *L'Odyssée* d'Homère, les *Hymnes Orphiques. Théocrite* d'Hésiode (traduites par Leconte de Lisle) ; ou six livres de la *Métamorphose* d'Ovide. Juvénal, Lucrèce, entre autres, figuraient également dans les étagères de celle qui fut sa bibliothèque.

Mais laissons pour l'instant, de côté, le versant strictement biographique pour mieux nous introduire dans la longue "carrière mythique" de notre auteur. Gautier écrivait *Omphale ou la tapisserie amoureuse* en 1834. Parmi les hypotextes que Gautier aurait pu lire, je pourrais citer Diodore de Sicile[2], Apollodore[3] ou Xénophon[4] concernant quelques épisodes herculéens; ou d'autres auteurs faisant allusion, soit à la condition d'esclave d'Hercule, au service de la reine de Lydie, comme Ovide dans *L'Art d'Aimer*[5]; soit à leur condition d'amants, dans *Les Fastes*[6]. Néanmoins, le caractère cumulatif de la légende et la fragmentation des sources littéraires au cours de presque « quatorze siècles », tel qu'Arianne Eissen le précise (Eissen 1988 : 722), broient les pistes sur l'hypotexte principal repris par Gautier. En tenant compte des ouvrages dans sa bibliothèque, je pourrai affirmer, en revanche, que c'est tout aussi bien à travers L'*Iliade* (même s'il n'y existe « qu'au second plan »), à travers L'*Odyssée* — « où il est en revanche, un archer hors pair, qui peur rivaliser aves les dieux (VIII, 222–224) »— ou encore, à travers la *Théogonie* d'Hésiode (notamment dans *Le bouclier d'Heraklès* traduit par Leconte de Lisle) campant « Héraklès en tueur de monstres » (Eissen 1988 : 722–723) qu'un phénomène d'hypertextualité a pu opérer.

Or, qu'en a-t-il gardé réellement ? Et, serait-ce vraiment nécessaire de s'étaler ici sur toutes les sources où il aurait pu puiser, lorsque sous les noms des héros mythiques, les personnages gautiéristes se vident, assez souvent, de substance mythique ? Omphale n'est qu'une simple marquise —rappelons par ailleurs, que la nouvelle a paru pour la première fois, avec le sous-titre *Histoire rococo*—. Et quant à son mari, « personne au monde ne ressemblait moins à Hercule que le pauvre marquis » (Gautier [1834] 1990 : 72). La vacuité du nom n'est pas, pourtant, tout à fait complète, dans cette parodie tissée « dans le style le plus *Pompadour* qu'il soit possible d'imaginer » (Gautier [1834] 1990 : 67). Faute de « gestes », et de « *drama* » (Durand 1996a: 190) quelques épithètes remplissent le nom par le biais de la tapisserie mythologique décrite par Gautier: elle révèle, par exemple, ce « trait si insolite chez Héraklès du héros efféminé et filant aux pieds d'Omphale que Dumézil[7] », aux dires de Durand, « relie au thème indoeuropéen de l'or et de la femme fatale » (Durand 1996a : 191).

> Hercule avait une quenouille entourée d'une faveur couleur rose; il relevait son petit doigt avec une grâce toute particulière, comme un marquis qui prend une prise de tabac, en faisant tourner, entre son pouce et son index, une blanche flammèche de filasse; son cou nerveux était chargé de nœuds de rubans, de rosettes, de rangs de perles et de mille affiquets féminins; une large jupe gorge-de-pigeon, avec deux immenses paniers, achevait de donner un air tout à fait galant au héros vainqueur de monstres. (Gautier [1834] 1990 : 67)

Féminisation d'Hercule plantée de façon oppressante et inévitable face à une virilisation d'Omphale esquissée non pas seulement par l'assignation —non fortuite de la part de Gautier !— de la peau féline herculéenne, mais par la comparaison finale faisant de la marquise l'exemple type de la femme fatale, prête á l'assaut.

> Omphale avait ses blanches épaules à moitié couvertes par la peau du lion de Némée; sa main frêle s'appuyait sur la noueuse massue de son amant; ses beaux cheveux blonds cendrés avec un œil de poudre descendaient nonchalamment le long de son cou, souple et onduleux comme un cou de colombe; ses petits pieds, vrais pieds d'Espagnole ou de Chinoise, et qui eussent été au large dans la pantoufle de vair de Cendrillon, étaient chaussés de cothurnes demi-antiques, lilas tendre, avec un semis de perles. Vraiment elle était charmante! Sa tête se rejetait en arrière d'un air de crânerie adorable; sa bouche se plissait et faisait une délicieuse petite moue; sa narine était légèrement gonflée, ses joues un peu allumées; un assassin, savamment placé, en rehaussait l'éclat d'une façon merveilleuse; il ne lui manquait qu'une petite moustache pour faire un mousquetaire accompli. (Gautier [1834] 1990 : 67–68)

Seule la poésie élégiaque romaine —Catulle, Properce et surtout Ovide— qui, aux dires d'Arianne Eissen revient « volontiers sur sa servitude auprès d'Omphale », en tant que « paradigme de l'esclavage amoureux » semble par conséquent, avoir inspiré réellement la scène représentée dans la tapisserie gautiériste (Eissen 1988 : 725). Faute de syntagme minimal[8] du mythe, il s'agirait plutôt ici, de ce que Durand qualifie comme étant un « schisme ». Autrement dit, il s'agirait ici, de cette « seconde procédure qu'a un mythe de se transformer », consistant à « privilégier un mythème », en négligeant, « voire [en] supprim[ant] toute une série d'autres mythèmes » (Durand 1996a : 171). L'Hercule gautiériste ne conserve en effet, du mythe antique que son lien à Omphale, accentuant la féminisation, la servitude voire, le comique du héros aux douze travaux. Finalement, ne serait-ce pas justement par sa difficile définition —le faisant osciller « d'un extrême à l'autre », « de la force sublimée à la force brutale, de l'humain au divin », mais aussi, « du viril au féminin »— faisant d'Héraklès/Hercule non pas un personnage mais « une forme vide qui remplit des fonctions différentes dans des systèmes différents » que Gautier aurait choisi cette figure composite pour en faire sa particulière relecture? Toute la tension narrative est, donc, centrée sur le caractère anti-héroïque de celui considéré comme le héros des héros —Hercule est doublement assujetti par Omphale, en tant qu'homme et en tant qu'esclave—, aussi bien que sur le caractère privilégié d'Omphale —elle est femme, reine et maîtresse d'Hercule— pour devenir une des plus grandes dominatrices d'hommes, tel que j'aurai l'occasion de le préciser, dans la troisième partie de cet ouvrage, en évoquant la femme fatale.

Quant à cette autre femme fatale, héritière directe d'Omphale selon Plutarque (*Vie d'Antoine* 4, 36), elle est évoquée dès le titre du récit, *Une nuit de Cléopâtre*. Le personnage historico-mythique que Gautier recrée ancre ses racines dans une "probable" érudition intertextuelle qui pour certains[9] laisse encore, historiquement parlant, à désirer. Qu'il s'agisse de Plutarque avec sa *Vie des hommes illustres*, de Pline l'Ancien avec son *Histoire naturelle*... ou encore, de *l'Histoire de Jules César* (par Napoléon III) —faisant partie du catalogue de sa bibliothèque[10]—, un phénomène d'hypertextualité —dont la certitude quant aux sources imitées[11] laisse malheureusement, à désirer — a sans doute, contribué à enrichir les anecdotes dans la version de Gautier. Or, ce serait surtout, à en croire Mario Praz, notamment, « grâce à un bref passage de la *Vie des Hommes illustres* de Plutarque (86, 2) » —où est bel et bien indiqué combien « "elle avait de telles passions qu'elle se prostitua souvent, et une telle beauté que beaucoup payèrent de leur mort une nuit avec elle" »— que Cléopâtre serait devenue l'une des premières « incarnations romantiques du type de la femme fatale » (Praz [1966] 1977 : 178). Beauté, prostitution, mort ... Autrement dit, *Eros c*onjugué à *Thanatos* ! Un seul hypotexte contenant les mythèmes essentiels aurait donc, suffi à l'imaginaire romantique pour prédestiner Cléopâtre au destin qu'on lui connaît!

Le texte de Plutarque semble en effet, être connu de Gautier car, l'auteur de Tarbes insiste sur le fait que « Cléopâtre, ce jour-là, par caprice ou par politique, n'était pas habillée à la grecque » (Gautier [1838] 1990 : 150–151). Cette précision sur le moment à partir duquel Cléopâtre s'habille « à l'égyptienne » figure en effet, dans *Vie d'Antoine*. Plutarque faisant coïncider l'apparition de Cléopâtre « en public », —avec « la robe sacrée d'Isis » et donnant « ses audiences en tant que nouvelle Isis » (Plutarque, *Vie d'Antoine*, 54, 9)— avec la nouvelle réorganisation politique de l'Orient, ou donations de l'Alexandrie par Antoine, juste avant la défaite d'*Actium*. La nouvelle de Gautier se situerait-elle alors, juste après cet événement, en Alexandrie au moment de sa recherche du poison le plus efficace ? D'autres noms historiques ont pu également être tirés de l'ouvrage de Plutarque, tels le nom de l'esclave Charmion (Plutarque, *Vie d'Antoine*, 85,7) ou de Sextus Pompée, —le « débauché romain » mettant « du rouge » du récit gautiériste (Gautier [1838] 1990 : 169),— même si, ce dernier semble également, avoir pris quelques emprunts à la *Pharsale* de Lucain[12]. La facette de Cléopâtre en tant que reine sans scrupule, adonnée aux banquets fastueux, et aux choix du meilleur poison[13] pour ses esclaves —rappelant les mythèmes essentiels évoqués par Mario Praz, à partir de la version de Plutarque— est sans doute, privilégiée par Gautier. Ce qui n'empêche pas par ailleurs, quelques superpositions[14], imbrications, interférences[15] de la part de Gautier permettant au phénomène de flexibilité d'opérer, tel que le suggérait Brunel, en tant que « souplesse d'adaptation et en même temps » de « résistance de l'élément mythique dans le texte littéraire » (Brunel 1992 : 77).

Prenons sommairement trois autres exemples, pour mieux préciser la procédure de réécriture des mythes chez Gautier. Le mythe de la toison d'or a laissé sa trace, ça et là, dans l'œuvre mutilée des lyriques à l'époque archaïque. Homère dans *L'Odyssée* et dans l'*Iliade* ; Hésiode dans sa *Théogonie* ; Eumélos de Corinthe dans ses *Corinthiaca* (VIIᵉ siècle) ; Mimnerme, Simonide, dans son *Hymne à Poséidon*, parmi d'autres. Mais il faudra atteindre l'époque classique pour que le terrain devienne plus solide: l'admirable *IVᵉ Phytique* de Pindare (462 av. J.-C.) est le premier récit développé de l'expédition, depuis l'apparition de Jason à l'usurpateur Pélias jusqu'au retour des héros, accompagnés par Médée, à l'île de Lemnos. Quant aux poèmes tragiques, il faudrait citer surtout la *Médée*[16] d'Euripide (431 av. J.-C.). Au IIIᵉ siècle av. J.-C, Apollonios de Rhodes surprend avec ses *Argonautiques*, ce qui constitue un pas en avant dans la consolidation du mythe. Ovide et le livre VIIᵉ de ses *Métamorphoses* (an 8 apr. J.-C.), enfin, constitueront les sources antiques essentielles du mythe. Tout en sachant que Gautier disposait dans sa bibliothèque des ouvrages homériques, —où même avec « de rapides allusions à cette légende », nous dit Yves-Alain Favre, Homère « semble se référer à une épique antérieure »— ; qu'il disposait également des œuvres d'Hésiode, « dont les diverses œuvres attestent », nous dit toujours, Yves Alain Favre, « la présence d'un mythe déjà constitué et tout à fait cohérent » ; ou encore, que les métamorphoses d'Ovide[17] figuraient également sur ses étagères, force est de constater que le syntagme minimal du mythe axé sur les éléments essentiels, —à savoir : « mise à l'épreuve du héros, séduction de Médée, conquête de la Toison, départ avec Médée » (Favre 1988 : 1382)— ne pouvait pas être inconnu de Gautier.

Si l'on applique au mythe de Jason et la toison d'or, le fait souligné par André Siganos, à savoir, qu'il est question de « dénaturation » lorsque il y a « disparition d'un seul » mythème parmi ceux constituant le mythe, à partir d'un « nombre minimal d'événements et d'actants » (Siganos 1993 : 75–76), je n'aurais pas tort d'affirmer que « dénaturation » il y a évidemment, dans le récit éponyme de Gautier. Le but de Gautier n'est pas de reproduire le syntagme minimal complet du mythe, mais de réécrire une fiction « dans laquelle quelques éléments mythiques sont repris sans parvenir à s'articuler autrement que comme un discret métadiscours ». Il n'y aura pas en effet, —en reprenant le concept de « résistance du mythe » de Siganos— « ni reprise véritable, ni reformulation partielle d'une quelconque séquence du syntagme, mais subsiste bel et bien cette "présence autre" » (Siganos 1993 : 77) que Gautier se plaît à nous imposer avec ses constants et, non pour cela moins subtils, clins d'œil. Quels seraient alors, ces éléments nous permettant de songer au phénomène de « résistance » plutôt qu'à celui de simple « coloration mythique »[18]?

Tout d'abord, « ce Jason », qualifié par Gautier lui-même « d'une nouvelle espèce » (Gautier [1839] 1990 : 194) nous annonce d'emblée, quelques divergences assumées par l'auteur, par rapport au Jason mythique. Car ce « Jason d'une nouvelle espèce » part, nous dit tout aussi bien Gautier, « en quête d'une autre toison d'or » (Gautier [1839] 1990 : 194), autrement dit, « au pourchas du blond » (Gautier [1839] 1990 : 194). Les distances étant ainsi, au préalable établies par l'auteur lui-même, Gautier articule toutefois, son récit à partir de trois actants[19] principaux impliqués dans le mythe : Tiburce—Jason, Madeleine dans *La Descente de croix*—la toison d'or, Gretchen—Médée.

Quant à l'actant individué[20] —reprenant la terminologie d'Yves Durand— qui n'est autre que notre Tiburce—Jason, c'est dans un contexte symbolique d'impuissance, d'échec et d'introversion pendant son existence à Paris, que le récit débute. Un contexte d'échec et ennui ponctué par l'antithèse qui suit : « Il était d'ailleurs parfaitement détaché de toute chose humaine, et », nous dit le narrateur, « tellement raisonnable qu'il paraissait fou » (Gautier [1839] 1990 : 189–190). Son voyage initiatique vers la Belgique lui permettant ainsi, de s'ériger en actant évoluant positivement[21], vers un « actant attractif positif»[22], ponctué néanmoins, par quelques éléments relevant d'une polarité négative. Ce « nombre incalculable de négresses, de mulâtresses, de quarteronnes, de métisses, de griffes, de femmes jaunes, de femmes cuivrées, de femmes vertes, de femmes couleur de revers de botte » (Gautier [1839] 1990 : 194), ne rappellent-elles, dès l'arrivée à Bruxelles de l'argonaute Tiburce, les lemniennes « mangeuses de chair crue » (Apollonios de Rhodes, *Argonautiques* I, 636) guettant les hommes à l'île de Lemnos ? Sa quête, en « cheval de vapeur », dont l'ardeur serait « digne des anciens chevaliers d'aventures » (Gautier [1839] 1990 : 195–196), ne nous ferait-elle pas songer au navire Argo[23], dans ce « paysage » devenant « confus », entre Bruxelles et Anvers, et esquissant derrière « une grêle silhouette de clocher » un « mât de vaisseau sur une mer agitée » (Gautier [1839] 1990 : 195)? Quant au nom « aurifère » de la rue où se trouve son hôtel (Gautier [1839] 1990 : 194), est-ce encore un hasard ?

La toison de Tiburce, « actant », certes, « attractif positif » est tout d'abord, une quelconque « blanche apparition féminine, un bon et calme visage brabançon vermillonné des fraîcheurs de la pêche et souriant dans son auréole des cheveux d'or » (Gautier [1839] 1990 : 196). La toison devient ensuite, reproduite dans des rêves « les plus blonds du monde » (Gautier [1839] 1990 : 199). Les figures de la Galerie Médicis sortent de leur cadre alors, pour placer Tiburce, le « dormeur éperdu d'amour »[24], à côté de la Néréide « du tableau du *Voyage de la reine* » ; et sur un « hamac en filigrane d'or » tissé par les nymphes, dont le fantasme à venir se profile (Gautier [1839] 1990 : 199). Car la toison d'or de Tiburce, à connotation symbolique idéalisée, est, comme dans le mythe, un synonyme d'inaccessibilité, de sacré, de beauté parfaite. Une interdiction pour l'homme, tel que le suggère Favre « durant sa vie terrestre », certes, mais où « l'homme réussit à pénétrer » par des « épreuves à caractère initiatique » (Favre 1988 : 1382). Une interdiction devenant ensuite, rêve éveillé dans cette « tête sublime de la Madeleine flamboyait victorieusement dans un océan d'or » (Gautier [1839] 1990 : 204).

Cet actant attractif de *La Descente de croix* de Rubens[25], concentre les valeurs positives et négatives[26] de « ce que la tradition indoeuropéenne appelle "la femme et l'or" » : « la séduction de l'or » et, enfin, «la nocivité de la sexualité incarnée la plupart du temps par la femme fatale » (Durand [1961] 1983 : 74). L'originalité de Gautier réside, précisément, dans la jonction de ces deux éléments en une seule figure picturale. Le narrateur souligne fort bien cette ambivalence néfaste de l'actant attractif dans sa polarité négative, en ajoutant,

> (…) on eût dit que la digne ville, prévenue de son dessein, cachait par moquerie, au fond de ses plus impénétrables arrière-cours et derrière ses plus obscurs vitrages, toutes celles de ses filles qui eussent pu rappeler de près ou de loin les figures de Jordaëns et de Rubens: avare de son or, elle prodiguait son ébène. (Gautier [1839] 1990 : 200)

Enfin, quant à l'actant interactif positif, défini par Yves Durand comme concernant « les limites, les frontières, ou de modèles organiques telles les membranes unissant et séparant tout à la fois deux zones spatialement différenciées » (Durand Y. 1988 : 276), ce sera Gretchen-Médée qui permettra en effet, grâce à sa fonction médiatrice d'établir un pont entre le sujet et l'objet idéalisé dans le récit gautiériste. Tout d'abord, par le biais du nom, « Gretchen ou Marguerite » (Gautier [1839] 1990 : 233) que Gautier reprend d'un hypotexte principal et célèbre, qui n'est autre que le *Faust* de Goethe. La Gretchen de Gautier est cette « pénitente (jadis nommée Gretchen[27]) », placée dans le *Second Faust* de Gœthe, à côté d'autres femmes comme la « *magna peccatrix* », la « *mulier samaritana* », « Maria *Aegyptiaca* » et la « *Mater gloriosa* » (Goethe [1808, 1832] 1847 : 349). Parmi ces femmes, la tradition a confondu en la personne de Marie Madeleine, trois femmes que les Evangiles placent dans l'entourage ou sur le chemin de Jésus: Marie de Béthanie, qui obtient la résurrection de son frère Lazare; la pécheresse anonyme[28] qui, lors du repas chez Simon le Pharisien, inonde de parfums les pieds du Seigneur puis les essuie avec ses cheveux; enfin, Marie de Magdala[29], guérie par Jésus des démons qui l'habitaient, présente lors de la Crucifixion et de la mise au tombeau, et à qui le Christ réserve sa première apparition, après sa Résurrection. Le prénom de « Madeleine » que Tiburce décide d'assigner à Gretchen, « prétendant que le nom de Gretchen était difficile à prononcer » semble ainsi, également justifié (Gautier [1839] 1990 : 230). Et le prénom biblique, auquel il suffirait d'enlever cinq lettres, n'approche-t-il pas, phonétiquement parlant, du nom de la redoutable magicienne[30] et adjuvante amoureuse de Jason? Leur caractère commun de victimes et étrangères abandonnées par Jason-Tiburce ; leur pureté et candeur irréprochables (Gautier [1839] 1990 : 211 et Apollonios de Rhodes, *Les Argonautiques*, IV, 26–30, in 1981 :71) ; leur appartenance à la « noblesse »[31] ; leur condition de magicienne (Apollonios de Rhodes, *Les Argonautiques*, IV, 23–25, in 1981 : 71 ; Pindare, *Pythiques*, IV, 233–235 in 1931 : 81) ou fée « brouillant et débrouillant », quant à Gretchen, « avec ses doigts de fée les imperceptibles réseaux[32] d'une dentelle commencée » (Gautier [1839] 1990 : 214) ; leur départ en exil en Thessalie (Apollonios de Rhodes, *Les Argonautiques* IV, 95–99 in 1981 : 74) ou à Paris (Gautier [1839] 1990 : 236)… ne suffisent-ils pas à recréer du moins, le décor mythique dans le sens durandien, en réussissant à toucher et communier « en chaque lecteur ce qui est à la fois le plus intime et le plus universel » (Durand [1961] 1983 : 14) c'est-à-dire, les archétypes universels ? *La Toison d'or* est sans doute, un exemple parfait du traitement du mythe par Gautier : transformations, recréations parodiques, miroitements constants, éliminations de certaines séquences inadaptées à sa fiction. Sous la multiplicité d'insinuations et de motifs mythiques, sous la polysémie inattendue d'un seul nom mythique, le lecteur découvre un labyrinthe référentiel, permettant d'échapper à la linéarité du seul récit mythique émergé.

Quant au *Roi Candaule* (1844), les sources[33] sont également assez nombreuses. Que ce soit chez des historiens comme Hérodote[34] ou Nicolas de Damas[35], se centrant sur le thème de la fondation de la dynastie des Mermnades, ou chez des écrivains privilégiant le côté légendaire, tels Platon, ou Cicéron[36], à des fins philosophiques, le personnage de Gygès se présente comme l'usurpateur de la couronne et de la femme de Candaule. Gautier aime avoir recours à des récits, où les frontières entre le mythe et l'histoire s'écroulent, tout en s'en inspirant, pour broder à loisir sur le canevas des hypotextes choisis. Même si aucune des sources citées ne figure dans le *Catalogue des livres composant la bibliothèque du feu M. Théophile Gautier,* Gautier semble connaître, outre les auteurs[37] qu'il avoue avoir lu à la fin du récit, deux leçons du mythe célèbres, à savoir, celle d'Hérodote et celle de Cicéron, dont l'une des différences essentielles est axée sur le motif de l'anneau[38]. Bien que ce motif n'apparaisse explicitement impliqué dans le récit de Gautier, la condition pour Gygès demeure la même: voir sans être vu. Cet anneau n'étant qu'une métaphore au même titre que la cachette, le mythème reste, par conséquent, invariable. Les deux leçons du mythe révèlent donc, deux séquences similaires et le choix de Gautier ne change rien au déroulement de l'action.

Au premier abord, le récit gautiériste semble être calqué sur le texte d'Hérodote. Cette influence nous permet de retrouver tous les mythèmes dans le texte gautiériste, ainsi que les actants principaux. *Le Roi Candaule* débute avec les noces du roi de la Lydie et de la fille du satrape Mégabaze, avec une précision temporelle et spatiale relevant plutôt du récit historique (Gautier [1844] 1990 : 263). Gautier a recours à l'insistance récurrente dans tout récit mythique ou légendaire, sur les origines du héros en question, car, tel que le suggère Durand, « la première redondance à laquelle est soumis le héros c'est la redondance de la naissance », à travers laquelle l'écrivain a l'intention « d'"atmosphériser" le destin héroïque, de le privilégier par rapport à celui des simples comparses » (Durand [1961] 1983 : 25). La fonction attribuée aux tapisseries, exposées sur les murs des palais tout au long du chemin qui devait parcourir le cortège, était donc, de révéler les ancêtres de Candaule, « qui était un Héraclide, descendant de ce héros par Alcée » (Gautier [1844] 1990 : 265). Quant à Nyssia, Gautier insiste sur son origine barbare, sans doute, pour mettre en exergue l'incompatibilité entre ses « idées » sur la « pudicité du corps » et « ces libertés que les mœurs grecques donnent au plaisir des yeux » (Gautier [1844] 1990 : 265).

Ce mythe convient, en effet, parfaitement à l'amoureux de la forme qu'est Gautier, car il lui permet l'expression de l'impossible figuration de la beauté en tant qu'interdiction. L'originalité de Gautier résidera alors, dans une première transgression de l'interdit, par « le chef de gardes de Candaule », due, selon le narrateur, au simple hasard. Une transgression fortuite, un dévoilement soumis au gré d'« un coup de vent fort » ayant « emporté le voile de l'inconnue » et laissant « la fille de Mégabaze », « le visage découvert » (Gautier [1844] 1990 : 266–267). Gautier, voulait-il rationnaliser ce qui semble irrationnel ? Voulait-il trouver une justification, étiologiquement parlant, à l'établissement d'une nouvelle dynastie ? En ajoutant un nouvel élément au mythe, soulignant la victoire et la force du destin[39] sur les actes humains, tentait-il de réécrire une nouvelle leçon du mythe ? Quoi qu'il en soit, il ne s'agira pas chez Gautier, d'usurpation d'un royaume, mais plutôt de reconquête —en ayant vu le premier la future femme de Candaule, ne posait-il pas « les yeux sur ce qui [était] sien » (Hérodote, *I : Clio*, 7–14 in 1956 : 33–34)?— de justice, et surtout, d'amour ! La première image que Gautier suggère de cet "usurpateur" mythique est, au contraire, celle d'un rêveur victime du hasard, qui comme tout bon homme d'armes ne songe qu'à épouser la femme la plus belle, associée au pouvoir. Rien de plus ambitieux, certes, mais aussi, rien de plus humain !

Or, le "Gygès" gautiériste ne trouve pas l'or —rappelons que l'anneau dans la version de Cicéron est bel et bien en or !— qui va lui procurer la femme, mais la femme qui va lui procurer l'or. Néanmoins, souligne le narrateur, « quelle probabilité y avait-il que Gygès eût jamais un trône à faire partager ? » (Gautier [1844] 1990 : 268). Gautier nous donne la réponse, en respectant la version d'Hérodote : de simple confident de Candaule, Gygès devient son adjuvant inversé. Gilbert Durand souligne à ce titre, combien « la redondance littéraire du héros peut aller du simple compagnon-confident jusqu'à l'adjuvant inversé, traître ou excitant pour le héros. L'antithèse est aussi, en quelque sorte, redoublement de la thèse, redoublement négatif ». Certes, même si « le héros est renforcé par son doublet, parce qu'il est complété », « cette complémentarité ne va pas sans une certaine opposition » (Durand [1961] 1983 : 58) représentée par Gygès. La scène célèbre dans la chambre de la reine où le "voyeur" et "l'admirateur d'art" vont assouvir leurs désirs se passe de tout commentaire. Or, tandis que le Gygès mythique, semble contraint à obéir le roi, le Gygès gautiériste approuve sans hésiter, ce concours de circonstances approchant, ce qui semblait être une fatalité, de sa volonté la plus intime et prétentieuse. « La main des dieux », précise alors le narrateur, « n'était-elle pas visible dans toutes ces circonstances? —Ce spectre de beauté, dont le voile se soulevait peu à peu comme pour l'enflammer, ne le conduisait-il pas sans qu'il s'en doutât vers l'accomplissement de quelque grand destin? » (Gautier [1844] 1990 : 292). Vertige d'ambition, vertige d'amour, désir de combler un plaisir visuel lié à la jeunesse… Tous les ingrédients sont là pour faire, du Gygès gautiériste, tel que Max Milner le souligne, un « voyeur par essence ou par fatalité », face au Gygès de la légende qui n'est, en réalité, qu'un « voyeur occasionnel »[40]. Gautier semble ici en effet, s'être éloigné de la version d'Hérodote, car ce dévoilement accidentel du visage de la future épouse de Candaule sera le présage de son dévoilement complet, de sa "mise à nu" prochaine.

Or, toute beauté, même celle d'une « image, à peine entrevue », ne suggère-t-elle pas en même temps, chez les héros de Gautier une « secrète terreur » (Gautier [1844] 1990 : 268) ? Un seul motif de la légende[41] —celui d'une Nyssia *dikoros*, pourvue d'une double prunelle et/ou celui d'une Nyssia possédant la *drakonti-tès*— aura donc, suffi à Gautier, pour transformer sa déesse de beauté, suite aux rumeurs, en sorcière monstrueuse. Une sorcière « au regard perçant », précise le narrateur, et disposant d'une parfaite « clairvoyance », grâce au don d'une « pierre mystérieuse qui se trouve dans la tête des dragons » et qu'elle porte toujours « dans sa ceinture ou sur son bracelet » (Gautier [1844] 1990 : 270). Des rumeurs que le narrateur se hâte de contester : « car, s'il était faux qu'elle eût la prunelle double et qu'elle possédât la pierre qui se trouve dans la tête des dragons », nous dit le narrateur, « il est vrai que son regard vert pénétrait l'ombre comme le regard glauque du chat et du tigre » (Gautier [1844] 1990 : 305). Acuité visuelle, que Gautier ne justifie avec aucun des deux attributs légendaires, mais qui reste cependant, nécessaire au déroulement du récit.

Par ailleurs, la résolution prise et résumée dans la sentence catégorique, « Tue-le, venge-moi et conquiers par ce meurtre et ma main et le trône de Lydie », suivie d'une formule d'auto-persuasion, précédant l'idée de droit et de justice — « et d'ailleurs », ajoutera-t-elle, « si tu deviens mon époux, personne ne m'aura vue sans en avoir le droit »— n'évoque-t-elle pas une préférence secrète de la part de Nyssia (Gautier [1844] 1990 : 318)? Ce désir de venger sa pudeur, tel que le narrateur le précise, ne serait-il pas « aiguillonné par quelque autre désir inavoué » ? « Aurait-elle mis la même ardeur à punir Candaule », si Gygès « n'avait pas été le jeune le plus beau de l'Asie » (Gautier [1844] 1990 : 321) ? Le narrateur avoue enfin, ne pas pouvoir « retrouver à travers tant de siècles, sous les ruines de tant d'empires écroulés, sous la cendre des peuples disparues, une nuance si fugitive » (Gautier [1844] 1990 : 321). Malgré les réserves de Gautier, mettant en exergue un certain éloignement, vis-à-vis des sources, l'auteur de Tarbes pousse son lecteur à croire que l'œil passionné de Gygès avait plus d'effet sur la belle fille de Mégabaze que l'œil d'artiste de Candaule sur la statue qu'il voulait en faire.

Enfin, c'est en quittant « son dernier voile » que la mise à nu de Nyssia nous offre une autre piste, —subtilement évoquée par ailleurs, au chapitre quatre. Gygès croit apercevoir dans « l'ombre » de Nyssia, « la Mort » rompant « les liens de diamant dont Héraclès l'avait autrefois enchaînée aux portes de l'enfer lorsqu'il délivra Alceste » (Gautier [1844] 1990 : 326). Dans cette allusion implicite et parodique à l'*Alceste* d'Euripide, Gautier troque-t-il le rôle de la Mort par celui de Nyssia-Némésis[42], et celui d'Héraclès par celui de Gygès, non pas délivrant Alceste pour la rendre à son mari, mais délivrant Nyssia pour mieux se l'approprier ? Certes, Gautier laisse pointer à l'horizon un Héraclès aux enfers, comme ailleurs, il fait effleurer un Orphée … Un Héraclès, par conséquent, aux noms multiples dans les récits analysés jusqu'à présent, qu'il s'agisse d'Orphée ou de Jason, tous trois, en outre, des argonautes … Un schéma initiatique et catamorphe récurrent, en définitive, dont tous ces héros « herculéens »[43] —souffrant d'un complexe « d'omphalisation » !— ont hérité chez Gautier, les traits relevant des deux motifs indoeuropéens essentiels que sont la femme et l'or.

En outre, et malgré l'aveu du narrateur à la fin du récit, selon lequel, Gautier aurait consulté « Hérodote, Ephestion, Platon, Dosithée, Archiloque de Paros, Hésychius de Milet, Ptolémée, Euphorion et tous ceux qui ont parlé longuement ou en peu de mots de Nyssia, de Candaule et de Gygès » (Gautier [1844] 1990 : 321), c'est sur le canevas d'Hérodote[44], tel que nous venons de le constater, que Gautier brode à loisir sa propre version. Sans oublier, outre sa tendance à évoquer, même subtilement !, différents aspects des autres leçons du mythe émergé, sa tendance —également récurrente !— à décupler les références mythiques, élargissant le personnage et multipliant les échos. C'est dans cette polyphonie mythique, à laquelle l'auteur nous convie, que Nyssia devient successivement Méduse, Aphrodite, Vénus, Hélène, Bacchante, Thétis par ses pieds, Héré par ses bras, Hébé par ses seins, Isis, Niobé, Némésis ou Sphinx ; que Gygès est comparé à Méléagre, Hercule, Narcisse, ou Orphée. Ou que Candaule, enfin, est rapproché d'Achille, d'Hercule, de Zeus voire de Midas. Ainsi, les personnages gautiéristes cessent d'être "plats" pour devenir "pluridimensionnels", aux visages hétérogènes, au caractère polymorphe.

Je clôturerai ce chapitre, par une nouvelle moins prisée par la critique, et non moins intéressante à mon avis, *Mademoiselle Dafné* (1866). Son titre, assez évocateur, suffit à faire émerger dans l'esprit de tout lecteur, un hypotexte fort célèbre comme les *Métamorphoses* ovidiennes[45]. Le titre choisi par Gautier pour sa dernière nouvelle, ne serait-il pas alors, une façon de contribuer à donner un «petit air mythologique » (Gautier [1866] 1984 : 30) à son héroïne ? Sa distanciation par rapport à la figure mythique, n'est-elle pas annoncée avec un simple changement de l'orthographe ? Un changement du nom qu'il avait expliqué ironiquement, ainsi ?

L'orthographe spéciale de Dafné, par un f, sentait son Italie de la Renaissance et donnait du ragoût à la chose. Ce nom sans doute avait été fabriqué pour la belle par quelque poète lyrique sans ouvrage et baptisé de vin de Champagne au dessert. (Gautier [1866] 1984 : 30)

Car « Mademoiselle Dafné de Montbriand; eau-forte dans la manière de Piranèse », publié pour la première fois dans *La Revue du XIXᵉ siècle*, le 1ᵉʳ avril 1866, étant ensuite revue et augmentée, sous le titre « Le Prince Lothario », dans *La Gazette de Paris,* 2 au 9 avril 1872, ne serait-ce pas plutôt, dans une première lecture, un des cas de déformations de mythe que Durand appelle « travesti » ou « masquage par fausse dénomination », lorsque « un mythe, voire un simple mythème, se recouvre d'une appellation qui n'est pas la sienne » (Durand 1996a : 172) ? D'"usure", également, du mythe de Dafné, par excès de la dénotation (Durand 1996e : 97)? Certainement ! Aucun Apollon ne sera frappé d'une flèche dorée —si ce n'est Lothario, et non justement de Dafné—, aucune nymphe ne sera frappée d'une flèche de plomb. Autrement dit, le syntagme minimal du mythe ovidien n'est point respecté par Gautier. En avait-il réellement besoin ou envie de le faire? A en croire Martine Lavaud, alors que « *Spirite* fut composé à Paris, avec au cœur l'image de Carlotta Grisi, alors à Genève. La situation d'écriture, pour Mademoiselle Dafné est inverse : ce caprice piranésien, jailli en une quinzaine de jours, est expédié de Genève le 7 mars 1866, tandis que Gautier, cette fois, est aux côtés de Carlotta » (Lavaud 2001a: 257). Cette précision biographique ne me semble pas, toutefois, pouvoir justifier l'émergence du mythe de Daphné. C'est, en revanche, la juxtaposition entre le sublime et le ridicule que les deux œuvres cultivent, à une année d'intervalle à peine, ce qui à mon avis, vient étayer l'idée de l'existence d'un mythe chez Gautier, vidé de ses mythèmes.

Un mythe, certes, se recouvrant « d'une appellation » qui ne semble, en principe, « pas la sienne » (Durand 1996a : 172) comme pour souligner justement, le comique du personnage, qui n'est que « l'incarnation grotesque de cette médiocrité installée dans une architecture dont elle menace la sublimité » (Lavaud 2001a : 257). Seule l'"occurrence mythique" du nom fait "émerger" dans l'esprit du lecteur, un mythe, qui, rappelons-le, n'existe que par évocation. Mais, pourquoi l'évoquer, quand même ? Sous le nom de la Dafné gautiériste se cache, en réalité, une "Daphné" dégradée, parodiée, caricaturale. Artificielle, libertine, et même meurtrière, elle devient, en effet, l'opposé de la Daphné antique, —"naturelle", chaste, et naïve— que nous trouvons chez Ovide.

Les retraites des forêts, les dépouilles des bêtes sauvages qu'elle a capturées font toute sa joie; elle est l'émule de la chaste Phébé; une bandelette retenait seule ses cheveux tombant en désordre. Beaucoup de prétendants l'ont demandée; mais elle, dédaignant toutes les demandes, se refusant au joug d'un époux, elle parcourt les solitudes des bois; qu'est-ce que l'hymen, l'amour, le mariage? Elle ne se soucie pas de le savoir. (Ovide, *Les Métamorphoses*, I, 475–480, in Ovide 1980 : 23–24)

Non seulement, la Dafné gautiériste montre une attirance plus qu'intéressée pour le prince — « Lothario est jeune, beau, riche » ! (Gautier [1866] 1984 :46)— mais aussi, sa description physique, loin de l'idée de la nymphe en pleine nature, s'inscrit dans une élite inventée et assumée: tantôt femme « vêtue à la mode du demi-monde parisien », tantôt « personnage de type Renaissance » qu'elle se compose à Rome (Lavaud 2001a : 260)

> Blonde primitivement, la Dafné, pour se conformer à la mode qui régnait alors, était devenue rousse par l'usage de certains cosmétiques renouvelés de la parfumerie vénitienne au seizième siècle. (…) Ses lèvres ravivées d'une couche de carmin laissaient voir en s'entr'ouvrant des dents pures et bien rangées, mais dont les canines très pointues, faisaient penser à la denture des Elfes, des Nixes et autres créatures aquatiques d'un commerce dangereux.

> Quant à ses toilettes, elles étaient très variées, mais toujours extravagantes; pittoresques, cependant, comme des travestissements de carnaval. (Gautier [1866] 1984 : 30–31)

Une héroïne travestie, par ailleurs, aux intentions loin d'être naïves. Corrompue par Violanta, et sous l'instigation de cette horrible belle-mère, Dafné n'hésite point à assassiner Lothario, après l'avoir séduit. Gautier a certainement, pu emprunter le nom de cette « créature facile, entièrement fabriquée » (Lavaud 2001a : 262) à une servante de Catarina, dans la pièce hugolienne *Angélo, tyran de Padoue* (1835),— relevant de ce que Martine Lavaud appelle le « *kitsch* et la vulgarité mélodramatiques » (Lavaud 2001a : 266)—. C'est d'ailleurs la raison pour laquelle, la Dafné de Gautier évoque la surface, « la modernité », et « ne représente en quelque façon », toujours aux dires de Mme Lavaud, que « la médiocrité d'un art vulgaire, vénal, associé à la mode du jour » (Lavaud 2001a : 266).

En revanche, le jardin de la villa Pandolfi, accueillant Dafné, peut faire éveiller chez le lecteur la parenté avec le mythème de la métamorphose végétale de la nymphe mythologique. La jonction de cette luxuriante nature et d'un goût insistant pour les statues est-elle, peut-être, la borne indicatrice d'un thème clé dans les deux récits: l'immobilité.

> A peine a-t-elle achevé sa prière qu'une lourde torpeur s'empare de ses membres; une mince écorce entoure son sein délicat; ses cheveux qui s'allongent se changent

en feuillage; ses bras, en rameaux; ses pieds, tout à l'heure si agiles, adhèrent au sol par des racines incapables de se mouvoir; la cime d'un arbre couronne sa tête; de ses charmes il ne reste plus que l'éclat. (Ovide, *Les Métamorphoses*, I, 548–552. In Ovide 1980 : 26)

Mais nous pouvons aller plus loin. En opérant une transmutation de sens par contiguïté (du type, le contenant par le contenu), la villa écrasante des apparences hébergeant Dafné peut être, certes, assimilée à une métamorphose. Mais une métamorphose de qui ? Non seulement la métamorphose grotesque que subit volontairement Mélanie Tripier, et dont l'aventure se clôt tragiquement. Mais aussi, celle obsédant Lothario-Gautier, en arpentant une architecture macabre au sous-sol, qui l'oppresse tout en l'attirant, et qui le rend victime d'un désir de connaissance et d'idéal, le confrontant, de nouveau, au réel, aux sens.

Dans cet « espace mental de Gautier, le cauchemar caricatural », n'est-il pas alors « celui d'une indigestion que l'on voudrait être une innutrition, mais en vain » (Lavaud 2001a : 268) ? Le parcours de Lothario, ne rappelle-t-il pas ici cette autre métamorphose narcissique que Gautier imposait à son narrateur égotique du *Club des Hachichins,* dans laquelle les visions piranésiennes côtoyaient son admiration mimétique de la Daphné des Tuileries (Gautier [1846] 1993 : 189) ? Une admiration touchant l'obsession personnelle de l'écrivain —et du peintre ![46]—, car cette pétrification du narrateur-artiste n'exprime-t-elle pas son hantise de l'anéantissement de son inspiration ? Une inspiration et des idées pouvant être aussi éphémères dans ce tableau —par la fumée qui l'entoure— que dans un crâne semblant avoir été vidé de sa « cervelle » (Gautier [1846] 1993 : 191) ?

La nouvelle nous avait introduit, dès le début dans un décor sépulcral, semé « de cyprès plusieurs fois centenaires », de « vases de marbre, des statues antiques plus ou moins mutilées » et rappelant « vaguement les tombes turques au Grand Champ des morts de Scutari (Gautier [1866] 1984 : 34). Cette immobilité presque cadavérique n'était que le présage de la mort prématurée et presque foudroyante —et où la flèche de plomb ovidienne pourrait acquérir tout son sens !— de mademoiselle Dafné de Boisfleury face à la présence du revenant Lothario. La mort, qui seul peut rapprocher de la vérité, remplacera alors son pseudonyme, inventé par un poète lyrique sans ouvrage —et ayant, faut-il l'avouer, des riches consonances végétales !— par son vrai nom. C'est donc, paradoxalement, en donnant une appellation « qui n'est pas la sienne » (Durand 1996b : 172) à un mythe, qui n'est que simple mythème !, que Gautier clôture ironiquement sa longue "carrière mythique". Serait-il alors question de richesse, de pluralité ou d'hermétisme[47] dans sa façon de procéder vis-à-vis du mythe ?

Notes

1. A propos de Baudelaire, Brunel affirme : « il lui suffit du nom, qui est le premier à émerger, d'une caractéristique ("tyrannique"), d'un acte fondamental ("la métamorphose") » pour pouvoir parler du mythe en question. En revanche, « l'erreur », précise Pierre Brunel, ce serait « de voir Circé partout, même quand elle n'est pas nommée » (Brunel 1992 : 73).

2. Voir Diodore de Sicile, IV, 31, 4–8.

3. Voir Apollodore, *Bibliothèque* II, 4, 8–7, 8.

4. Voir Xénophon, *Mémorables* II, 1, 21 (apologue de Prodicos).

5. Voir Ovide, *L'Art d'aimer*, II, 215–220.

6. Voir Ovide, *Les Fastes*, II, 305–358.

7. Notamment dans Dumézil 1929 : 139 et sq ou Dumézil 1952 : 96, 140, 213 et sq. En reprenant les thèses duméziliennes entre le mythe de la première guerre de Rome et celui, scandinave, de la première guerre des Dieux, Bernard Sergent parvient à « identifier le jeu des images mythiques en fonction de divers "codes" », précise-t-il, « au sens lévi-straussien du terme : code des fonctions métalliques, avec en particulier l'ambigüité de l'or, code de l'alliance et problématique des rapports entre hommes et dieux » (Sergent 1990 : 13). J'y reviendrai plus loin.

8. « J'appelle syntagme minimal du mythe », précise André Siganos, « la ou les phrases minimales articulant les mythèmes fondamentaux » (Siganos 1993 : 75).

9. Je fais allusion à Jean-Marie Carré, sur lequel je reviendrai dans ma troisième partie à propos du « complexe de Pygmalion ». En étudiant l'évolution qui s'est opérée chez l'auteur quant à la documentation de ses œuvres, il a écrit, à propos d'*Une Nuit de Cléopâtre* : « son égyptologie est aussi incertaine que fantaisiste » (Carré 1932 : vol. 2, 134).

10. Certes, les deux volumes « avec envoi autographié, signé de Napoléon à M. Théophile Gautier » ne datent que de 1863 (1873a : 56), ainsi qu'un autre ouvrage historique sur *Le Nil* par Maxime Du Camp, datant également d'une date postérieure (1854) á la publication de la nouvelle (1873a : 62). Ce qui viendrait, alors, confirmer la thèse de Jean-Marie Carré sur l'absence d'hypotextes historiques concernant la réécriture du mythe de Cléopâtre.

11. Eugène Delacroix peint la même année sa *Cléopâtre et le paysan* (huile sur toile) aujourd'hui au Ackland Art Museum, Chapel Hill, USA. Le lien entre ce paysan pictural à la peau féline et herculéenne et Cléopâtre, aurait-il pu inspirer le lien entre la reine égyptienne et Meïamoun, « pauvre Égyptien obscur, misérable chasseur de lions » (Gautier [1838] 1990 : 167) et toutefois, « produit de quelque adultère divin » à « la force herculéenne » (Gautier [1838] 1990 : 160–161) ? Gautier, ne serait-il pas alors en train de nous suggérer le parallélisme, déjà évoqué chez Plutarque (*Vie d'Antoine* 4, 36), selon lequel Cléopâtre serait la nouvelle Omphale et Antoine/Meïamoun, le nouveau Hercule ? Le germe de la femme fatale ne serait-il pas alors déjà là ?

12. Lucain dans sa *Pharsale* (Lucain, *La Pharsale*, VI, 430–434, in Lucain 1948 : 23) précise que Sextus Pompée consultait la sorcière Erictho au moment où il craignait une guerre future. Cette disposition pour la magie, pouvant sembler insignifiante, rejoint l'idée gautiériste faisant du jeune Sextus efféminé un créateur de cosmétiques, connaisseur d'herbes et des arts du "mélange" (Gautier [1838] 1990 : 169).

13. Voir Plutarque, *Vie d'Antoine*, 71, 6–8, in Plutarque 1977 : 171.

14. L'anecdote bien connue de la perle racontée par Pline L'Ancien, selon laquelle Cléopâtre avait parié avec Marc-Antoine que dans un seul dîner elle engloutirait dix millions de sesterces (Pline l'Ancien, *Histoire naturelle*, IX, LVIII, 119–125, in Pline l'Ancien 1955 : 76) est reprise par Gautier à la fin du récit, lorsque « Cléopâtre baissa la tête, et dans sa coupe une larme brûlante, la seule qu'elle ait versée de sa vie, alla rejoindre la perle fondue » (Gautier [1838] 1990 : 187).

15. Notamment l'insistance de notre auteur sur son cœur de femme amoureuse face à son devoir royal évoquant un dédoublement du personnage où la perfide Cléopâtre acquiert de la profondeur humaine. Après le splendide banquet, « Cléopâtre elle-même se leva de son trône, rejeta son manteau royal, remplaça son diadème sidéral par une couronne de fleurs, ajusta des crotales d'or à ses mains d'albâtre, et se mit à danser devant Méïamoun éperdu de ravissement » (Gautier [1838] 1990 : 185). Ce découronnement révèle le passage de la reine à la femme. Or, lorsque la nuit touche à sa fin, lorsque « les beaux rêves s'envolent », le mouvement inverse s'avère inévitable: « un rayon de soleil », remplaçant sa diadème royale, la fait revenir au rang supérieur qui est le sien (Gautier [1838] 1990 : 187).

16. Je suis consciente du danger que l'introduction d'une source antique, dont le titre n'évoque qu'un des actants du mythe, peut entraîner. Cependant, je tiens à m'y référer, puisque cette œuvre peut nous apporter quelques éléments intéressants concernant l'héroïne gautiériste. Signalons au passage que, même si la fable des Argonautes était fixée, au moins dans ses traits essentiels, à l'heure où se formaient les poèmes homériques, le nom de Médée, inséparable de celui de Jason, n'apparaît pour la première fois que dans la *Théogonie* hésiodique.

17. A en croire Wyss, vers 400 avant J-C, Antimaque de Colophon a traité les légendes argonautiques avec prédilection dans sa *Lydé*, poème érudit en distiques élégiaques (Voir Wyss 1935, fr. 56–65). Ce serait cette tradition d'Antimaque que suivront tout aussi bien Apollonios de Rhodes et Ovide, tandis que Pindare et Euripide préféreront la version de *Naupactica* : « intervention d'Aphrodite, séduction de Médée, mise au joug des bœufs, conquête de la Toison et enlèvement de Médée avec son consentement » (Vian 1974 : XXXV). C'est la raison pour laquelle je m'autoriserai quelques allusions entre parenthèses à la version d'Apollonios, par similitude à celle d'Ovide, dont Gautier disposait de ses *Métamorphoses* ; ainsi qu'à celle d'Euripide ou Pindare où la leçon capitale de la victoire de l'amour est déjà esquissée (Favre 1988 : 1382).

18. Siganos donne également quelques exemples pour expliquer la « coloration mythique » du mythe du Minotaure: « par coloration mythique nous désignerions plutôt tous les

labyrinthes qui abondent dans la littérature contemporaine au point de devenir un cliché narratif et structurel. Quid de *La modification* de Butor, (ou mieux encore, de ce point de vue, de son *Emploi du temps*), [ou] de *Dans le labyrinthe* de Robbe-Grillet? » (Siganos 1993 :78).

19. Bien que le terme « actant » renvoie au premier abord à la *Sémantique structurale* de Greimas, je l'utiliserai ici, dans le sens que le professeur et psychologue Yves Durand lui attribue, à partir des travaux de Propp, Souriau et Greimas lui-même: « nous proposons de définir les actants comme des systèmes d'énergie dramatique potentielle », et il ajoute, « ces actants s'organisent par rapport à un noyau dramaturgique structuré selon des modalités relevant de la création de l'imaginaire » (Durand, Y. 1988 : 249–250).

20. Yves Durand fait la remarque suivante: « la catégorie actantielle "Sujet" est également différente; notre modèle, dans lequel coexistent principalement deux sujets (actant individué et actant évolutif), autorise l'extension du sujet à d'autres actants » (Durand, Y. 1988 : 264). Or, l'actant individué, comme tous les autres actants ont une forme positive et négative. L'actant individué manifestera ainsi, sous sa forme positive, « la réussite défensive du héros et un halo symbolique de puissance » tandis qu'il actualisera, sous sa forme négative « son échec et un contexte symbolique d'impuissance » (Durand, Y. 1988 : 266). En ce qui concerne l'actant évolutif, il ajoute: « pour cerner l'actant évolutif il faut situer son influence entre un instant t et un instant t+dt d'une dramatisation actantielle » (Durand, Y. 1988 : 271).

21. La résolution de se mettre « à courir les rues » —et non plus de rester à penser « que devenir » ou à se morfondre dans sa chambre pour voir « les grises araignées de l'ennui descend[re] le long des murailles » (Gautier [1838] 1990 : 192) — suggère déjà un indice générateur « de sérénité » (Durand, Y. 1988 : 271).

22. Yves Durand écrit, « attractivité morphologique et/ou symbolique; objet d'idéalisation de "séduction" tels apparaissent les aspects positifs de cet actant. Inversement sa polarité négative renvoie à sa répulsivité morphologique et/ou symbolique ou à sa fonction d'objet malfaisant ou de modèle d'identification à éviter » (Durand, Y. 1988 : 270–271).

23. Jason fait « construire le navire Argo », précise Yves-Alain Favre, et « Athéna surveille les travaux, tisse les voiles et donne un chêne de la forêt de Dodone pour servir de mât » (Favre 1988 : 1381).

24. Clin d'œil de Gautier ici, en inversant le sujet, à cet autre hypotexte étant la pièce de théâtre d'Euripide où il écrivait sur Médée: « le cœur éperdu d'amour pour Jason » (Euripide, *Médée*, 7–8, in 1956 : t.1, p. 123).

25. Gautier décrit sa « toison d'or » à partir de la *Descente de croix* (huile sur bois, panneau central 429 × 310 cm) de Rubens de la cathédrale d'Anvers (1611–1614). Il a visité cette cathédrale dans son voyage en Belgique en compagnie de Nerval entre juillet et août 1836. Ce voyage a donné lieu à six articles, publiés dans *La Chronique de Paris* (du 25 septembre au 25 décembre 1836) et ensuite, repris dans *Zigzags* en 1845, puis

dans *Caprices et zigzags* en 1852. Nous pouvons y lire : « comme il faisait encore assez de jour, nous visitâmes la cathédrale : il y a trois Rubens miraculeux, *La Descente de croix, l'Erection de la croix* et l'*Assomption de la Vierge* » (Gautier 1845 : 110). Alain Buisine décrit le panneau central de ce triptyque comme suit : « aux pieds du Sauveur », écrit-t-il, « Madeleine, presque dégagée, resplendit de toute sa fauve blondeur. Elle n'a vraiment rien de dramatique, de pathétique en comparaison de l'atroce visage livide et révulsé de Marie. Simplement attentive à retenir le corps pour qu'il ne glisse pas brusquement, concentrée et sereine, elle réagit en excellente ménagère flamande dans une situation pour le moins exceptionnelle, il est vrai. Miraculeusement préservée de toute contorsion physique, de tout *pathos*, Madeleine affiche ici sa présence par son étonnant paganisme domestique. Comme si rien ne pouvait l'impressionner et l'arracher à ses habitudes… » (Buisine 1990 : 244–245).

26. Après une minutieuse étude comparative des motifs dans les deux mythes latin et scandinave, selon la version de Tite-Live (I, 11, 5–13, 6) et une version synthétique de Snorri et de la *Volüspâ,* Bernard Sergent précise comment l'un des codes « sur lesquels jouent les variations du mythe » est précisément « une dialectique des fonctions métalliques ». « On ne fait pas la même chose », précise-t-il, « avec de l'or et avec du bronze : Tarpeia réclame ce que les Sabins portent au bras gauche, elle rêve d'or, elle reçoit du bronze. L'or était le moyen de sa corruption, le bronze la tue». Car, continue-t-il, « étant celui des boucliers, ce bronze appartient à la sphère de la guerre, l'or est d'un autre registre ». En effet « l'or est le métal des rois » mais « l'or est aussi moyen de séduction, de perversion, de corruption et pour cela son statut est terriblement ambigu ». Une ambivalence certes « double » car « de royal il devient malsain » : « brillant, incorruptible donc, immortel, il ressemble au soleil, mais, issu de la terre, il est l'étonnante métaphore chtonienne de l'astre du jour » (Sergent 1990 : 23). Double ambivalence à l'origine de la femme fatale, tel que Gautier l'évoque dans les récits analysés.

27. Gretchen est dans l'œuvre de Gœthe, cette jeune et jolie paysanne que, contrairement aux stipulations du pacte, Faust aurait voulu épouser. « Son amour pour Gretchen lui apporte à la fois la plus pure félicité et une croissante détresse. Dans les bras de la douce et simple enfant qui se donne à lui sans compter, il trouve la satisfaction de cet élan passionné qui le pousse vers la nature. Et pourtant, jamais il ne s'élève à la paix de l'âme totale, au bonheur complet » (Lichtenberger s.d. : 50). Tiburce, n'est-il pas, dans ce sens en même temps qu'un des argonautes, un Faust du XIXᵉ siècle? Gretchen, d'ailleurs, torturée par la terreur d'être abandonnée du bien-aimée ne rappelle-t-elle pas aussi, cette pécheresse repentie et sanctifiée que fut Marie Madeleine?

28. Voir Lc 7, 36–50.

29. Voir Lc 8, 2.

30. La Gretchen-Marguerite de Goethe (Goethe [1808, 1832] 1847 : 190), ne rappelle-t-elle pas aussi cette autre amoureuse, Médée, elle-même devenant « infanticide », dans la tragédie d'Euripide (Mimoso-Ruiz 1988 : 1009) ?

31. Tandis que la Médée mythique est bel et bien une « fille d'un roi » brûlant « pour un étranger » et songeant « à prendre un époux dans un autre univers » (Ovide, *Métamorphoses*, VII, 21–22, in Ovide 1976 : 29), l'héroïne gautiériste, précise le narrateur, « n'est ni une princesse diplomatique, ni une délicieuse femme de trente ans, ni une cantatrice à la mode; c'est tout uniquement une simple ouvrière de la rue Kipdorp, près du rempart, à Anvers ». Mais, continue-t-il dans un clin d'œil parodique, « comme à nos yeux les femmes n'ont de distinction réelle que leur beauté, Gretchen équivaut à une duchesse à tabouret, et nous lui comptons ses seize ans pour seize quartiers de noblesse » (Gautier [1839] 1990 : 217).

32. Gautier ne nous annonce-t-il pas ici par ailleurs, par ce travail du tissage de dentelles de l'ouvrière Gretchen une prolepse de ce que sera son destin —renvoyant encore à la figure des Fileuses par antonomase!—, tendant à démêler et déchiffrer les réseaux de la toison d'or de Tiburce ? Gautier ne nous invite-t-il pas également à établir un lien entre le tissage réel de cette ouvrière et le tissage rêvé de la Néréide de Tiburce (Gautier [1839] 1990 : 199)?

33. Voir sur l'ensemble des versions de la légende, E. Bickel, « Gyges und sein Ring », *Neue Jahrbücher für das klassische Altertum, Geschichte und Deutsche Literatur*, Leipzig, Teubner, vol. XLVII–XLVIII, pp. 336–358.

34. Voir Herodote, I: *Clio*, 7–14, in Herodote 1956 : 33–39.

35. Voir Nicolas Damascène, *Fragmenta Historiae Graecae* III, 382–6.

36. Cicéron fait allusion au motif de l'anneau de Gygès dans *De Officiis III*, comme étant la cause principale du déshonneur de la reine et du crime du roi. Voir : Cicéron, *Les Devoirs III*, 9, 37–39, in 1984 : 89–91. Platon fait également allusion à cette légende : Voir, Platon, *République II*, 359b–360d, in 1947 : 52–53.

37. (Gautier [1844] 1990 : 321). J'y reviendrai à la fin de cette étude sur *Le Roi Candaule*.

38. Certes, Gautier ne fait allusion à l'anneau que comme élément subsidiaire. Mais ceci prouve, encore une fois, que Gautier connaissait la version de Cicéron et de Platon, notamment en soulignant le « cheval de bronze » ayant « des portes sur le flanc », lieu de la trouvaille de l'anneau (Cicéron, *Les Devoirs* III, 9, 37–39, in 1984 : 89–91). Le narrateur laisse en effet, entendre, à travers les rumeurs du peuple, l'anecdote de la découverte de l'anneau, par ce héros au nom « lydien »: « le beau Gygès paraît bien triste, se disaient les jeunes filles. Quelque fière beauté a-t-elle dédaigné son amour, —ou quelque délaissée lui a-t-elle fait jeter un sort par une magicienne de Thessalie? L'anneau cabalistique qu'il a trouvé, à ce qu'on dit, au milieu d'une forêt dans les flancs d'un cheval de bronze, aurait-il perdu sa vertu, —et, cessant de rendre son maître invisible, l'aurait-il trahi tout à coup aux regards étonnés de quelque honnête mari qui se croyait seul dans sa chambre conjugale? » (Gautier [1844] 1990 : 272).

39. Gautier préférera laisser la voie ouverte entre deux options : « était-ce seulement le souffle de Borée qui avait causé cet accident, ou bien Eros, qui se plaît à troubler les âmes, s'était-il amusé à couper le lien qui retenait le tissu protecteur? » (Gautier [1844] 1990 : 267).

40. Selon Max Milner, « celui d'Hérodote est un fidèle serviteur de Candaule, sincèrement révolté par la proposition qui lui est faite et ne l'acceptant que par obéissance. D'autres versions le supposent soit devenant amoureux de la reine après avoir entrevu sa merveilleuse nudité, soit lié à elle par un amour coupable, qui le pousse à tuer Candaule pour assouvir son irrésistible passion ». Parmi ces versions, il cite celle de Nicolas Damascène, qui, dans ses *Fragmenta Historiae Graecae*, présente un Gygès qui, chargé par son roi Sadyattès de ramener sa future épouse Tudo de Médie, tombe amoureux d'elle pendant le voyage. Après avoir été repoussé, Gygès réussit à rentrer dans la chambre des époux pendant la nuit des noces, tuant le roi et conquérant ainsi la main de Tudo (Milner 1991 : 108).

41. Gautier était certainement au courant de la version de Ptolemaios. D'après lui, la reine possédait une pierre extraite de la tête d'un serpent, la *drakontitès*, qui procure une acuité visuelle surhumaine, grâce à la double prunelle logée dans son œil. Cette version a été rapportée par Photios, *Mythographi Graeci*, Westermann, p. 92. Les deux explications populaires recueillies dans le texte gautiériste et reproduites plus bas appartiennent, donc, à une seule version du mythe. D'ailleurs Philostratos affirme dans sa *Vie d'Apollonios de Tyane*, que la *drakontitès* est « invincible même contre l'anneau que, dit-on, Gygès possédait » (Philostratos, *Vie d'Apollonios de Tyane*. Cité par Milner 1991 : 107). *Le Roi Candaule* ne nous permet pas, cependant, de constater cette propriété particulière de la pierre, dans la mesure où chez Gautier le motif de l'anneau est juste évoqué en tant que rumeur et sous forme de questionnement, sans aucune autre précision concernant sa possession par Gygès.

42. Quelques lignes plus haut Gautier n'hésitait pas à situer sa Nyssia-Némésis « descendue de son griffon » pour mieux veiller à la punition du coupable, face à un Gygès-Orphée hésitant à s'enfoncer dans « les profondeurs ténébreuses de l'Hadès » (Gautier [1844] 1990 : 319).

43. Mise à part la controverse soulignée dans *Introduction à la mythologie*, Hercule me semble bel et bien pouvoir constituer « un grand modèle » de certains héros gautiéristes (Durand 1996a : 190). Sans prétendre voir « de l'Héraklès partout, même quand il n'est pas nommé » (Brunel. Cité par Durand 1996a : 191), je dirai que les mythèmes essentiels du héros grec —notamment celui du « doublage par un compagnon ou une compagne », et surtout, celui du « danger toujours présent de "l'omphalisation" » (Gautier [1844] 1990 : 265, 275)— que Gautier bricole à sa guise s'ajoutent à l'émergence du nom. Pour ne prendre en considération ici que *Le Roi Candaule,* tout aussi bien Candaule (Gautier [1844] 1990 : 275) que Gygès (Gautier [1844] 1990 : 326) sont comparés à cette « glorification d'Héra » (Durand 1996a : 190), qui n'est, tel que le rappelle, également Arianne Eissen, qu'une « figure complexe, composite » (Eissen 1988 : 722).

44. A tel point que parfois les phrases sont presque similaires : « chacun ne doit pas regarder que ce qui lui appartient » (Gautier [1844] 1990 : 294) ou « souvent la femme dépose la pudeur avec ses vêtements » (Gautier [1844] 1990 : 295) sont des préceptes

utilisés déjà par Hérodote, tels que : « que chacun ait les yeux sur ce qui est sien » ou « en même temps qu'elle se dépouille de sa chemise une femme se dépouille aussi de sa pudeur » (Hérodote, I : *Clio,* 7–14, in 1956 : 33).

45. Grâce à l'entrée n° 114 du *Catalogue des livres composant la bibliothèque du feu M. Théophile Gautier* (1873a : 20), nous savons aujourd'hui que Gautier a lu Ovide, à travers la traduction de François Habert (1557). Selon Yves Giraud, dès le début du XIVe siècle « *Le Grant Olympe* fournissait une interprétation alchimique de la fable (1532), pendant que les traducteurs d'Ovide s'ingéniaient à ajouter quelque remarque de leur cru » (Giraud 1988 : 394). Ces interprétations libres de la fable, selon ses traducteurs, pouvant en définitive, rejoindre dans cette récriture de Gautier l'une, si ce n'est les trois lectures, auxquelles Yves Giraud réduit les différentes versions du mythe tout au long des siècles. Tout d'abord, « la représentation du tragique de l'existence humaine, lancée à la poursuite d'un bien qui toujours se dérobe » (Guiraud 1988 : 398). Que fait la Dafné gautiériste, si ce n'est poursuivre un rêve de sublimation pour celle qui n'est, en réalité, qu'une « limace sur une rose » (Gautier [1866] 1984 : 30) ? En deuxième lieu, le mythe peut se lire également, en tant que « parabole de la métamorphose du désir » évoluant « de la beauté extérieure imparfaite » —dont la Dafné gautiériste reste le corollaire— à « une essence immatérielle, idéale, à la Beauté absolue et parfaite », finalité amplement recherchée par Gautier, tel que nous le savons, tout au long de sa carrière littéraire. Enfin, la troisième lecture découle de la précédente, car, aux dires d'Yves Guiraud, le mythe pourrait également être interprété en tant qu' « image de la création artistique qui *transmue* ce dont elle s'empare et dont la récompense est la gloire impérissable » (Guiraud 1988 : 398. C'est moi qui souligne). A cet égard, la conclusion de Martine Lavaud, n'est-elle pas assez éloquente ? Car « le dédale et l'esthétique du détachement, auxquels l'humour et l'esprit participent » précise-t-elle, « sont une posture défensive contre la force pétrifiante du langage et des types, un moyen de protéger le devenir des formes, c'est-à-dire leur survie » (Lavaud 2001a : 269). L'idée de *transmutation* grâce à la création artistique sera, quant à moi, précisée plus loin.

46. Quoique son attribution n'est pas certaine, ce « fumeur », peinture sur ivoire, appartenant à une collection particulière et que l'on peut consulter en ligne (voir http:// www.theophilegautier.fr/wp-content/uploads/2010/05/Th.-Gautier-attribution-incertaine-Le-fumeur-peinture-sur-ivoire-coll.-particuli%C3%A8re.gif [date de dernière consultation : 19/01/2018] revient sur la thématique de la « femme imaginaire », « beauté abstraite » et « statue invisible » que D'Albert ne parvenait pas extirper de son âme dès 1835 (Gautier [1835] 1997 : 30) et que le narrateur du *Club des Hachichins* craint perdre par l'ouverture de son crâne dans son délire du haschich.

47. L'utilisation ici, du terme hermétisme n'est pas anodin. Une lecture attentive de l'analyse de cette nouvelle à la lumière de l'image spiralée du cauchemar piranésien, apportera, au chapitre neuf, quelques réponses. Par ailleurs, le portrait implicite de Lothario en Orphée et de Dafné en Eurydice que Martine Lavaud nous offre dans son article ne peut que corroborer cet autre mythe implicite que je développerai

plus loin, en tenant compte de la particularité qu'Antoine Faivre octroie à Orphée, à savoir, celle de lui « arrive[r] de ressembler à Hermès » pendant « la longue carrière du Romantisme » (Faivre 1988 : 757).

Bibliographie

Apollonios de Rhodes, *Argonautiques*, I, 922–925. Ed. de réf.: (1974) *Argonautiques. Chant I,* Paris : Les Belles Lettres, coll. des Universités de France (trad. E. Delage et F. Vian).

Apollonios de Rhodes, *Argonautiques*, IV, 1–206. Ed. de réf.: (1981) *Argonautiques. Chant IV.* Paris : Les Belles Lettres, coll. des Universités de France, 1981 (trad. E. Delage et F. Vian).

Brunel, P. (1992) *Mythocritique. Théorie et parcours.* Paris : PUF. Nouvelle édition augmentée : (2016) Grenoble : ELLUG/coll. « Ateliers de l'imaginaire ».

Buisine, A. (1990) « Préface et dossier critique » des *Contes et récits fantastiques* de Th. Gautier. Paris: Le livre de Poche.

Carré, J.M. (1932) *Voyageurs et écrivains français en Egypte.* Le Caire : Institut français d'archéologie orientale.

Cicéron, *Les Devoirs III*, IX, 37–39, in Cicéron (1984) *Les Devoirs III.* Paris : Les Belles Lettres, coll. des Universités de France, (trad. Maurice Testard).

Dumézil, G. (1929) *Tarpeia, essai de philologie comparative indo-européenne.* Paris : Gallimard.

Dumézil, G. (1952) *Les Dieux des Indo-Européens.* Paris : PUF.

Durand, G. ([1960] 1984) *Les Structures anthropologiques de l'imaginaire. Introduction à l'archétypologie générale.* Paris : Dunod/Bordas.

Durand, G. ([1961] 1983) *Le Décor mythique de la Chartreuse de Parme. Les Structures figuratives du roman stendhalien.* Paris : José Corti.

Durand, G. ([1979] 1996) *Science de l'homme et tradition. Le nouvel esprit anthropologique.* Paris : Albin Michel. (1ʳᵉ édition : Paris : Berg, 1979).

Durand, G. (1996a) *Introduction à la mythodologie. Mythes et sociétés.* Paris : Albin Michel.

Durand, G. (1996b) « Redondances mythiques et renaissances historiques », in Durand, G. *Champs de l'imaginaire (textes réunis par D. Chauvin).* Grenoble : Ellug, pp. 169–179.

Durand, G. (1996e) « Pérennité, dérivations et usure du mythe », in *Champs de l'imaginaire (textes réunis par D. Chauvin).* Grenoble : Ellug, pp. 81–107.

Durand, Y. (1988) *L'Exploration de l'imaginaire. Introduction à la modélisation des Univers Mythiques.* Paris : L'espace bleu, coll. Bibliothèque de l'imaginaire.

Eissen, A. (1988) « Héraklès/Hercule » in Brunel, P. *Dictionnaire des mythes littéraires.* Paris : Editions du Rocher, pp. 722–733.

Euripide, *Médée.* Ed. de réf.: (1956) Paris : Les Belles Lettres, coll. des Universités de France (trad. Louis Méridier).

Favre, Y.-A. (1988) « La Toison d'or », in Brunel, P. *Dictionnaire des mythes littéraires.* Paris : édit. du Rocher, pp. 1329–1333.

Faivre, A. (1988) « Hermès » in Brunel, P. (1988) *Dictionnaire des mythes littéraires.* Paris : Editions du Rocher, pp. 734–761.

Gautier, Th. ([1834] 1990) « Omphale. Histoire rococo », *Contes et récits fantastiques*, Paris : Librairie Générale Française, « Le Livre de poche » classique, pp. 65–76. (1re parution : « Omphale ou la tapisserie amoureuse », in *Le Journal des gens du monde* n° 9, 7 février 1834).

Gautier, Th. ([1835] 1997) *Mademoiselle de Maupin*. Paris: Booking International.

Gautier, Th. ([1838] 1990) « Une nuit de Cléopâtre », *Contes et récits fantastiques*. Paris : Librairie Générale Française, « Le Livre de poche » classique, pp. 145–188. (1re parution : « Une nuit de Cléopâtre », *La Presse*, 29 novembre au 6 décembre 1838).

Gautier, Th. ([1839] 1990) « La Toison d'or », *Contes et récits fantastiques*. Paris : Librairie Générale Française, « Le Livre de poche » classique, pp. 189–245. (1re parution : « La Toison d'or », *La Presse*, 6 au 12 août 1839).

Gautier, Th. ([1844] 1990) « Le Roi Candaule » in *Contes et récits fantastiques*. Paris : Librairie Générale Française, « Le Livre de poche » classique, pp. 263–327. (1re parution : « Le Roi Candaule », *La Presse*, 1er au 5 octobre 1844).

Gautier, Th. (1845) *Zigzags*. Paris : Victor Magen éditeur.

Gautier, Th. ([1846] 1993) « Le Club des Haschischins », in *Récits fantastiques*. Paris : Classiques français, pp. 169–194. (1re parution : « Le Club des Haschischins », *Revue des deux Mondes*, 1er février 1846).

Gautier, Th. ([1866] 1984) *Mademoiselle Dafné*. Genève : Librairie Droz, S.A. (1re parution : « Mademoiselle Dafné de Montbriand; eau-forte dans la manière de Piranèse », in *La Revue du XIXe siècle*, 1er avril 1866. Puis revu et augmenté, sous le titre « Le Prince Lothario », in *La Gazette de Paris,* 2 au 9 avril 1872).

Goethe, J. W. von ([1808, 1832] 1847) *Le Faust de Goethe* (traduction revue et complète, précédée d'un essai sur Goethe par M. Henri Blaze). Paris : Michel Lévy Frères.

Guiraud, Y. (1988) « Daphné » in Brunel, P. *Dictionnaire des mythes littéraires*. Paris : Editions du Rocher, pp. 387–399.

Hérodote, I, 7–14, in Hérodote (1956) *Histoires: Livre I Clio*. Paris : Les Belles Lettres, coll. des Universités de France (trad. Ph.-E. Legrand).

Lavaud, M. (2001a) « Humour et grotesque dans *Mademoiselle Dafné* », in *BSTG n° 23 : L'esprit de Théophile Gautier. Grotesque, humour, fantaisie*. Montpellier : Université Paul Valéry, pp. 257–271.

Lichtenberger, H. (s.d.) « Introduction » au *Faust*, de Gœthe. Paris : Edit. Montaigne, coll. bilingue des classiques étrangers.

Lucain, *La Pharsale*, VI, 430–434. Ed. de réf.: (1948) *La Guerre civile (La Pharsale)*. Paris : Les Belles Lettres, coll. des Universités de France (trad. A. Bourgery et M. Ponchont).

Milner, M. (1991) *On est prié de fermer les yeux. Le regard interdit*. Paris : Gallimard, coll. « Connaissance de l'inconscient ».

Mimoso-Ruiz, D. (1988) « Médée » in Brunel, P. *Dictionnaire des mythes littéraires*. Paris : Editions du Rocher, pp. 1008–1017.

Ovide *Les Métamorphoses*, I, 452–567, in Ovide (1980) *Les Métamorphoses*. Paris : Les Belles Lettres, coll. des Universités de France (trad. Georges Lafaye), vol. 1.

Ovide *Les Métamorphoses*, VII, 1–403, in Ovide (1976) *Les Métamorphoses*. Paris : Les Belles Lettres, coll. des Universités de France (trad. Georges Lafaye), vol. 2.

Pindare, *Phytiques*, IV, 70–253, in Pindare (1931) *Phytiques*. Paris : Les Belles Lettres, coll. des Universités de France (trad. Aimé Puech), vol. 2.

Platon, *République*, II, 359b–360b, in Platon (1947) *Œuvres complètes*. Paris : Les Belles Lettres, (trad. Auguste Diès), vol. 6.

Pline L'Ancien, *Histoire naturelle*, IX, LVIII, 119–125. Ed. de réf.: (1955) *Histoire naturelle*. Paris : Les Belles Lettres, (trad. E. de Saint-Denis), vol. IX.

Plutarque, *Vie d'Antoine*. Ed. de réf.: (1977) *Vies*. Paris : Les Belles Lettres (trad. R. Flacelière et E. Chambry), vol. XIII.

Praz, M. (1977) *La chair, la mort et le diable dans la littérature du XIX* siècle. Le romantisme noir.* (trad. Constance Thompson Pasquali). Paris : Denoël. (édit. en italien, Firenze, 1966).

Sergent, B. (1990) « L'Or et la mauvaise femme » in *L'Homme. Revue française d'anthropologie*. Paris : Navarin, tome 30 n°113. pp. 13–42. DOI : 10.3406/hom.1990.369202 Revue en ligne : www.persee.fr/doc/hom_0439-4216_1990_num_30_113_369202

Siganos, A. (1993) « Du mythe littérarisé au mythe littéraire », in *Iris*, n°13. ELLUG/ C.R.I. : Grenoble.

Ubersfeld, A. (1992) *Théophile Gautier*. Paris: Stock.

Vian, F. (1974) « Introduction » des *Argonautiques* d'Apollonios de Rhodes. Paris : Les Belles Lettres.

Wyss, C. B. (1935) *Antimachi Colophonii Reliquiae*. Collegit, dispouit, explicavit B. Wyss … Dissertatio inauguralis … —Graefenhainichen, typis expresserunt C. Schulze et socii, in 8°, II–LXXIV.

(1873a) *Catalogue des livres composant la bibliothèque du feu M. Théophile Gautier :* dont la vente aura lieu les lundi 24 et mardi 25 février, 1873. Paris : A. Labitte.

Vers le « complexe personnel »

« Je m'appartiens et suis ce que je suis ». (Gautier. *Le Moniteur* du 8 décembre 1867. Cité par Magnol-Malhache 2007 : 111)

Le chapitre précédant ayant permis, je l'espère, de souligner comment Gautier aime à broder ses récits sur les différents canevas mythiques avec une totale liberté ; comment il croise, imbrique, superpose, "médiatise" avec un savoir-faire dédaléen ! Comment en définitive, tel Hermès[1], il n'établit dans son œuvre rien « de fixe, de stable, de permanent, de circonscrit ni de fermé » (Durand [1979] 1996 : 150) … permettant ainsi au sens de circuler librement et aux représentations symboliques d'activer des « pensées ouvertes et complexes » (Wunenburger 2016 : 118).

Il est question à présent, de considérer si quelques mythèmes récurrents —s'organisant autour de ces quelques héros héraclèens et argonautes nous ayant déjà montré la voie, ci-dessus— peuvent s'ériger en récit mythique implicite ou latent, constituant cette « irradiation souterraine », dont parle Pierre Brunel (Brunel 1992 : 83) ; ou cette « création [résultant] d'une synthèse » comme dirait Charles Mauron (Mauron 1962 : 341–342); ou encore mieux, constituant, comme disait Durand, le « complexe personnel »[2], en tant qu'« arrangement et sérialisation existentiels des images obsédantes ». Le texte même de l'œuvre de Gautier devenant alors, « langage sacré restaurateur et instaurateur de la réalité primordiale consti-tutive du mythe spécifique » (Durand [1979] 1992 : 184–185).

Ainsi, c'est en m'interrogeant « sur le mythe primordial, tout imprégné d'héri-tages culturels, qui vient intégrer les obsessions, et le mythe personnel lui-même » qu'un « complexe personnel », aux échos décadents et hermétistes, peut être décelé dans l'œuvre gautiériste harmonisant de « façon oxymoronique », « les antithèses et les contradictions traumatisantes ou simplement embarrassantes sur le plan existentiel » (Durand [1979] 1992: 184).

7

Horizons mythodologiques

« C'est que le mythe est un être hybride tenant
à la fois du discours et à la fois du symbole. Il
est l'introduction de la linéarité du récit dans
l'univers non linéaire et pluridimensionnel du
sémantisme » (Durand [1960] 1984 : 430).

Des échos décadents ?

Rappelons tout d'abord, comment chez Gautier, la « série romantique de mythèmes
qui intègre directement tous [les] symboles de l'intimité », ainsi que la « série »
« "titanesque" », nous oriente, tout d'abord, vers le « roman de type initiatique »
dans une quête[3] de la femme idéale aboutissant vers l'Unité (androgyne), esquissée dès 1835. En effet, « si la quête initiatique ou plus souvent prométhéenne est
l'un des axes mythologiques du Romantisme, la "religion" de la femme —"but de
l'homme" comme l'écrivait Novalis, "fissures vers l'au-delà par où s'engouffrent les
âmes" comme l'écrit Régnier— sera l'autre dimension essentielle de l'âme romantique » (Durand [1979] 1992 : 250–251). Ainsi, tandis que derrière *La Toison d'or*,
Le Roi Candaule ou *Une Nuit de Cléopâtre* par exemple, nous pouvons lire une structure archétypale relevant d'une conscience de la transcendance —par transgression

d'une interdiction à travers le regard—, d'autres récits nous invitent à transformer le voyeurisme primitif de l'amoureux de la forme, en fétichisme existentiel (*Arria Marcella, Le Pied de momie*). Un fétichisme existentiel ouvrant à l'évasion vers l'au-delà, à l'altérité, aux paradis artificiels, afin de toucher à l'or ; et ouvrant par la même occasion, à l'évasion vers un hors temps ou temps autre, afin d'échapper à l'ennui du présent et à toute conscience sur la finitude de la condition humaine.

Or, lorsque les deux séries mythiques romantiques interfèrent, ajoute Durand, elles peuvent « créer dans le récit comme des moments d'hésitation où le héros s'interroge pour savoir s'il s'arrête définitivement et se "range" auprès d'Omphale, de Calypso ou de Circé, ou s'il reprend sa quête après cette périlleuse diversion » (Durand [1979] 1992 : 251–252). Soit. J'ai évoqué ci-dessus, combien la dévotion et sublimation mystique de la femme absolue, du Beau Idéal, appelle chez Gautier, cet autre motif indo-européen étant l'or. Ce qui relèverait alors, de la première fonction dumézilienne —« en tant qu'usage ou mésusage de l'abondance »! (Wunenburger 2016 : 87) tout en contrecarrant, à mon avis, le gigantisme du mythe du progrès— fait osciller de ce fait, l'œuvre gautiériste vers des thématiques plus intimistes préfigurant alors, —*via* l'omphalisation d'Héraklès[4] et son déni de la fonction guerrière— la montée en puissance de la virilisation de la femme, aboutissant à la femme fatale décadente. Enfin, l'univers poétique et philosophique —développé aux chapitres trois, quatre et cinq— m'a permis d'évoquer combien Gautier oscille constamment, entre plusieurs mythologies antagonistes. Celles-ci ne se limitent point à l'opposition romantique entre les mythes de l'intimité et le mythe de l'idéal prométhéen mais, tout en s'enrichissant du rapprochement de la fonction souveraine et fécondatrice (assimilation du sacré à la femme) —avec effacement progressif de la fonction guerrière—, permettent d'aboutir à une espèce de dialectique ouverte avec Dionysos et Hermès pointant à l'horizon: d'un côté, par le « nivellement réciproque des sexes » dans l'Androgyne primordial et de l'autre, par cet « enfant décadent d'Hermès et d'Aphrodite », « compagnon de Dionysos » qu'est « l'Hermaphrodite » (Durand [1979] 1992 : 262–263).

Autrement dit, la vision du monde gautiériste est « celle du problème et des difficultés fondamentales de la *coïncidentia oppositorum*, c'est-à-dire de l'Unité des contraires et des déchirements » (Durand [1979] 1992 : 252). Marcel Voisin a bien souligné ce double versant de la personnalité de Gautier : « solaire est », précise-t-il, « son tempérament hédoniste. Mais cette force rabelaisienne fut difficilement conquise sur une fragilité intime et la mélancolie, faille nocturne, signe toutes ses joies » (Voisin 1981 : 349). Cette "psychocritique"[5] —rendue "mythocritique" par mes soins— devient mythanalyse[6], grâce à l'influence qu'a eue sur Gautier le prégnant courant philosophique s'étendant depuis « Tertullian et Lactence durant tout le Moyen Âge et la Renaissance, jusqu'au début du XVIIᵉ siècle » (Festugière. Cité par Durand [1979] 1996 : 143) —et notamment à travers « l'énorme apport hermétique de l'illuminisme au XVIIIᵉ siècle » jusqu'au « romantisme[7] » (Durand [1979] 1996 : 144). Que, par ailleurs, les influences du pythagorisme —et plus concrètement de l'idée théosophique d'après laquelle, il est le point de rencontre de toutes les religions[8]— ; du néo-platonisme —conçu comme « la pure religion de l'unité »[9]— ; ou de la vague orientaliste s'étalant sur la période romantique — suggérant des "plaisirs paradisiaques", comme porte ouverte sur « l'Ailleurs et sur l'Autrement »[10]— aient pu jouer un rôle important, même sous forme de « source occulte », pour reprendre un titre célèbre d'Auguste Viatte (Viatte 1965), dans l'irradiation souterraine du mythe hermétiste chez Gautier, aucun doute !

C'est par conséquent, cette inspiration riche et plurielle guidant la plume de Gautier, qui organise et la symbolique pluridimensionnelle du message et la rhétorique servant à l'exprimer. Ce que je qualifierai alors de "technique du clair-obscur"[11], me semble pouvoir définir son imaginaire et se lire dans l'œuvre de Gautier, non seulement dans ce confinement romantique aux deux constellations antagonistes[12], mais aussi, dans une ouverture, sous forme de complexe personnel, vers le mythe hermétiste. L'irradiation souterraine du mythe hermétiste venant ainsi confirmée, par un style sous le signe de l'antithèse, de l'antiphrase et surtout, de l'oxymore. Des figures par ailleurs, qui mettent en exergue le principe de correspondance ou de similitude, défini par Durand, comme le principe renvoyant « au caractère fondamental de "Médiateur" de l'archétype Hermès-Mercurius » (Durand [1979] 1996 : 152).

C'est alors, tout en assumant son rôle de « savant » au « rôle d'Hermès le Médiateur »[13] (Durand [1979] 1996 : 154) que l'auteur de Tarbes semble « mettre en œuvre et expérimenter le fameux Principe de Similitude[14] » (Durand [1979] 1996 : 154) qui n'est pas sans rappeler la non moins célèbre théorie de correspondances[15] baudelairienne, ou les « affinités secrètes » gautiéristes (Gautier 1852 : 3–7)[16]. Tout d'abord, en établissant « une correspondance étroite, une connaturalité entre le Microcosme humain et l'Univers, le Macrocosme », correspondance pourrai-je dire en paraphrasant Durand, « chimique et physique » —par rapport au mesmérisme ou aux théories galvanistes et du magnétisme animal dont Gautier subi l'influence, tel que je l'ai évoqué au chapitre cinq—, voire « astronomique et astrologique » (Durand [1979] 1996 : 158–159), mais surtout, mythique ! Et ensuite, en suggérant une tendance à l'unité dans son œuvre qui peut se lire comme « non-dualité », autrement dit, comme *tertium datum* ». Car ce qui définit le principe de similitude et s'avère symbolisé par le «"Caducée" (*duplex, geminus,* androgyne, hermaphrodite, etc…) », assure Durand, « c'est la coïncidence des contraires par une similitude interne (et non une identité) qui les cohère » (Durand [1979] 1996 : 169). Dans ce sens, point de « fausse synthèse », culminant sur une « thèse unique et victorieuse » chez Gautier ; point de « renversement de situations et des valeurs initiales », mais une vraie « *coïncidentia oppositorum* » recréée par Gautier. Or, bien que chez Gautier les mythèmes romantiques priment sur les mythèmes décadents; bien qu'une certaine « victoire de l'homme historique » l'emporte sur les « révisions déchirantes de l'optimisme prométhéen » ; bien qu'enfin, la trace de « l'antithèse » et de « l'antiphrase » soit plus profonde que celle de « l'oxymoron » (Durand [1979] 1992 : 274–276), Prométhée a gardé une belle place à Hermès.

Arrêtons-nous, à cet égard, quelques instants sur les figures de style[17] gautiéristes, car elles permettront, à mon avis, d'étayer mon argumentaire sur le mythe implicite ou latent hermétiste. En tant que « pré-logique, intermédiaire entre l'imagination et la raison » toute rhétorique pouvant en effet, me permettre de distinguer « la sécheresse syntaxique et conceptuelle » d'un quelconque texte, du « luxe de l'imagination », à laquelle nous a habitués Gautier (Durand [1960] 1984 : 483). Car l'auteur de Tarbes privilégie —et je l'ai sommairement évoqué aux chapitres trois et quatre— la présence de figures, dont le point commun est l'association de deux notions dans un rapport de similitude, contiguïté et/ou d'exclusion. Que l'auteur penche pour la comparaison, la synecdoque, l'antiphrase, l'antithèse et l'oxymore, n'est pas sans conséquences pour l'établissement de cette deuxième prémisse.

Toute son œuvre repose sur la mise en parallèle, plus ou moins explicite, du monde humain et du monde de figures mythiques. D'ailleurs, si *coïncidentia oppositorum* il y a, c'est sans doute, dans cette conciliation de deux mondes dans une œuvre qui montre justement leur impossible conciliation, en termes exclusivement dialectiques. La comparaison s'avère, à cet égard, indispensable au style de Gautier. Une comparaison qui est synonyme, tel que nous le savons, d'énumération. « Par cette *rhétorique incantatoire* », précise Françoise Bonardel dans *Philosophie de l'Alchimie*, « il s'agit donc à la fois de réactualiser une légitimité par l'énonciation des noms fondateurs; d'assurer une continuité d'"initiés" et, plus encore, de redonner chance à la Vérité cachée de se faire jour » (Bonardel 1993 : 87). De ce fait, continue-t-elle, le rôle de l'énumération est clé parmi les alchimistes: « aussi la majorité des "penseurs" de l'époque accorde-t-elle grand prix à l'énumération, comme si le rappel de noms prestigieux avait à lui seul, dans sa continuité mélodique, pouvoir quasi magique de régénération» (Bonardel 1993 : 86). La procédure stylistique de Gautier peuplant sa prose de longues listes de figures mythiques ne rappelle-t-elle pas alors, cette technique chère aux écrivains alchimistes ?

La synecdoque servant à décrire la femme se trouve, quant à elle, à la base de la notion de fétiche gautiériste. Là aussi, point de femme —et point de figure mythique ou doublement mythico-artistique!— sans objet d'art, point de tout, sans la partie. Toute la symbolique de l'élément aurifère, dont *La Toison d'Or* est le plus clair exposant, constituant la clé de l'œuvre gautiériste, n'est-elle pas, à cet égard, une espèce de "synecdoque alchimique", dont la matière (or) rappelle l'objet (femme)? N'est-elle pas, une façon d'inverser le dit, pour mieux nous inviter à lire un sens caché, constituant la véritable "prégnance symbolique" de l'œuvre gautiériste? N'est-elle pas, enfin, une façon de souligner l'importance du mythe de Jason, « ce mythe qui servira de structure paradigmatique et figurative à l'*opus* alchimique, lui-même » (Faivre 1986 : 134)?

Appartenant aux structures schizomorphes et mystiques de l'image, l'antithèse et l'antiphrase rejoignent, certes, de prime abord, l'esprit romantique[18]. Ainsi, tel que le précise Durand, alors que « le style de l'antithèse découpait dans l'espace fantastique le schème du retournement, c'est-à-dire de la symétrie simple par rapport à un axe », de l'autre côté, « le style de l'antiphrase et la syntaxe de double négation dessinent le schème de la symétrie dans la similitude » (Durand [1960] 1984 : 488). Certes, en tant que « triomphe stylistique de l'ambivalence, du double sens », tel que Durand l'a définie (Durand [1960] 1984 : 488), l'antiphrase gautiériste me semble pouvoir se lire, notamment, dans la particulière distance parodique avec le mythe établie par Gautier. L'antithèse, quant à elle, se découvrant plus particulièrement, dans tout rapprochement de deux motifs ou idées opposés et plus largement, dans la technique du clair-obscur que j'ai évoquée plus haut. Une logique dualiste et dialectique de l'imaginaire (structures schizomorphes) laquelle, comme je l'avais évoqué dès le chapitre trois, se résout soit, vers les structures mystiques —par con-fusion, en remplaçant l'antithèse par l'euphémisme ou l'antiphrase— soit, vers des structures synthétiques —par l'union des contraires—. Mais c'est finalement, grâce à l'oxymore — manié par l'auteur de Tarbes non seulement, « d'une façon très poétique » (Voisin 1981 : 313) mais, permettant l'association de deux mots contraires, et au sein d'un même syntagme, et d'une même figure mythique, l'androgyne— que Gautier se permet de rejoindre l'archétype Hermès-Mercure. Une figure par ailleurs, selon Voisin, inhérente à l'esprit d'un écrivain « tiraillé par ses contradictions internes », et par conséquent, « toujours sensible à l'ambiguïté, toujours à l'affût de l'étrange et de la dialectique des contraires ». Ainsi, conclut Voisin, « l'intérêt, le plaisir proviennent de ce jeu baudelairien d'antithèses —dont l'androgynie n'est en somme qu'un exemple— qui semble dévoiler un mystère, la face cachée de la réalité » (Voisin 1981 : 313).

C'est en définitive, par le biais de ces trois figures —formant partie intégrante du style gautiériste et contribuant à nuancer et préciser « ce passage entre le sémantisme des symboles et le formalisme de la logique ou le sens propre des signes » (Durand [1960] 1984 : 483)— que, contrairement à la « catharsis prométhéenne et luciférienne » (Durand [1979] 1992 : 275) des romantiques, Gautier maintient la voie ouverte dans son œuvre. Une voie ouverte, dont la distance ironique[19] et l'éloignement de toute *catharsis* mythique exclusivement antithétique permet de lire son œuvre à mi-chemin entre Romantisme et Décadentisme. Ce n'est pas sans raison que Marcel Voisin, en citant Todorov et Castex, a constaté comment « alors que chez tous les romantiques, "malgré quelques frémissements d'horreur sacrée, héritage du Régime diurne, la mort s'euphémise jusqu'à l'antiphrase à travers les images innombrables de l'intimité", chez l'auteur d'*Albertus,* la mort est farouchement niée ». « Repoussée », précise-t-il, « d'abord par une sorte de réflexe esthétique, de ressort vital, ensuite, après la rencontre du *Second Faust*, par "une conception particulière du monde" » (Todorov et Castex. Cités par Voisin 1981 : 194–195).

Le sens inépuisable de l'œuvre gautiériste, ne semble-t-il pas alors, caché sous des voiles, à l'instar de « la logique alchimique » voulant « qu'on ne parvienne qu'au travers d'[une] certaine nébulosité » (Bonardel 1993 : 121–122)? Comparable dialectique du dévoilement/occultation paraît, en effet, régir l'œuvre qui nous occupe.

Je conclurai donc ce dernier chapitre mythocritique, en soulignant comment l'Hermès-Mercure[20], esquissé dès la fin du chapitre trois, a émergé, ci et là, sous forme de symbole, archétype ou schème, ou intégrant le mythe implicite ou latent au cœur du complexe personnel de Gautier. Pivot donc, essentiel et déterminant, autour duquel l'axe imaginaire gautiériste tourne, Hermès garde au moins, deux des trois épithètes[21] de l'Hermès gréco-latin, évoqués par Durand. Non seulement « médiateur », mais aussi « psychagogue guide, initiateur et civilisateur » (Durand [1979] 1996 : 150), et ce, grâce à l'influence d'Hermès-Thot, en tant que dieu des savoirs cachés (Thot). Notre Hermès-Mercure deviendra Hermès Trimégistre dès le chapitre suivant, en troquant alors ma mythocritique en mythanalyse.

Notes

1. En raison de la liberté qu'il s'octroie dans la récriture des motifs mythiques antiques, Gautier, ne serait-il pas un nouveau herméneute des mythes anciens ? Le mot *herméneutique*, du grec *Hermeneia* renvoye, d'après Georges Gusdorf, « au dieu grec

Hermès, messager entre les dieux immortels et les êtres humains, saint patron de la communication, symbole de la circulation du sens » (Gusdorf 1988 : 19).

2. Certes, l'expression « mythe personnel » de Charles Mauron me semble inappropriée, préférant avec Durand, celle de « complexe personnel ». A cet égard, et tout en évitant une analyse relevant exclusivement, de la psychocritique, je partirai ici des « métaphores obsédantes » constituant des réseaux —évoquées tout au long des chapitres 3, 4, 5 et 6—, de ces images constituant le décor d'une quelconque figure mythique donnant sens à l'ensemble de l'œuvre.

3. Marcel Voisin repère « une structure narrative dont la constance [lui] paraît significative », à savoir, « l'impossible amour de deux êtres merveilleux dont un troisième terme (être, obstacle, destin…) détruit subitement le bonheur ». Le critique fait allusion à Albert-B. Smith, qui, dans un ordre d'idées semblable, a suggéré une structure comportant « un *héros* en quête d'idéal et qui représente l'aspect spirituel de l'auteur, une *héroïne* qui figure l'idéal et le guide qui incarne la réalité faisant obstacle au bonheur ou à sa permanence. Certains personnages secondaires comme Rosette dans *Maupin* et Madame d'Ymbercourt dans *Spirite* correspondraient à un compromis avec la réalité, au bonheur vulgaire toujours insatisfait pour l'artiste » (Voisin 1981 : 338–339).

4. Dumézil a comparé, à plusieurs reprises, les trois fautes d'Héraklès avec celles commises contre les dieux par des guerriers modèle analogues dans les mythologies germanique, scandinave et indo-iranienne. Dans le domaine grec, les trois fautes distribuées selon les trois fonctions correspondraient à une première désobéissance à Zeus, relevant de la fonction souveraine et provoquant sa folie ; d'une deuxième désobéissance, consistant en un meurtre déloyal d'Héraklès par la ruse (il met alors en cause la fonction guerrière) et entraînant l'épisode de son entrée en esclavage chez Omphale ; et enfin, d'une troisième faute, relevant de la fonction de reproduction lorsqu'Héraklès s'éprend d'un amour insensé pour Iolé, trompant alors sa femme et recevant comme punition une tunique empoisonnée (Voir notamment, Dumézil 1929 : 139 et sq ou Dumézil 1952 : 96, 140, 213 et sq).

5. Je développerai plus amplement, au chapitre neuf, les résonances biographiques du mythe hermétiste chez Gautier, me permettant d'évoluer d'un examen psychocritique sommaire à une mythocritique conduisant à une mythanalyse.

6. C'est la raison pour laquelle je ne serai pas trop longue ici, lui consacrant bien plus de lignes dans mon analyse mythanalytique de la troisième partie de cet ouvrage.

7. Certes, l'alchimie était déjà présente dès années 30: « les goûts des années 1830 », précise Brian Juden, « se reconnaissent facilement à travers le roman d'Alphonse Esquiros, *Le Magicien*, utilisant le rêve, l'astrologie, l'alchimie, la divination, la théurgie, et, bien entendu, la magie, nécessaire pour faire parler les arbres de Dodone, protecteurs du secret de la nature ». « Pour les romantiques », continue-t-il, « l'événement décisif est la réhabilitation de la poésie du XVIᵉ siècle. Dès 1827, les poètes commencent à redécouvrir l'ésotérisme et les ressources prosodiques des contemporains de Ronsard

et Du Bartas. Nerval en publie une anthologie en 1830. Gautier adapte les rythmes de la *fureur divine* à sa poésie: *Le sommet de la tour, La comédie de la mort, La Chimère*, à l'intrigue de *Mademoiselle de Maupin* » (Juden 1991 : 193).

8. « C'est la synthèse » précise Jensen, « de l'hellénisme, du christianisme et de la philosophie orientale, de la science et de la foi » (Jensen, « The Pythagorean Narrative », pp. 81–82. Cité par Milner Garlitz 1991 : 107). Une synthèse ou syncrétisme qui conduira à la fameuse « palingénésie » —mot par ailleurs « de Paracelse et de tout l'hermétiste du XVIIIe siècle », aux dires de Durand (Durand [1979] 1996 : 214)— du cercle maçonnique de Chenavard et auquel Gautier n'était pas indifférent, tel que je l'expliciterai au chapitre dix.

9. D'après Brian Juden, Creuzer est critiqué sévèrement par Renan en 1853, car il « avait dédié "à la pure religion de l'unité" sa vaste étude de la symbolique des religions de l'antiquité », ouvrage, continue-t-il, « souvent consulté par Nerval et Gautier » (Juden 1991 : 192) car Gautier en avait un exemplaire dans sa bibliothèque (1873a : 55, n. 352).

10. « C'est même essentiellement » assure Bies, « par l'intermédiaire de l'Inde que le pays de la raison se donnera des ouvertures sur l'Ailleurs et sur l'Autrement, s'octroyant en fin de compte une dimension ésotérique jusque-là étouffée, ou limitée au seul christianisme » (Bies 1991 :18).

11. Certes, « les romantiques », tel que le souligne Durand, « mêlent toujours le prométhéisme des Encyclopédistes au mysticisme des Illuministes. On pourrait dire que leur clarté, sinon leur clair-obscur, naît de l'impossible accouplement du "Siècle des Lumières" et de l'Illuminisme » (Durand [1979] 1992 : 274). Mais le clair-obscur gautiériste est bien proche de l'Illuminisme et des mythèmes de la décadence, tel que j'aurai l'occasion de l'évoquer dans la troisième partie de cet ouvrage.

12. C'est la raison pour laquelle le dénouement des récits gautiéristes s'avère également, dédoublé, tantôt relevant d'un héroïsme diaïrétique, tantôt d'un anti-héroïsme ancré plutôt dans la structure mystique. Pour Marcel Voisin, « les rares dénouements heureux sont », de plus, « factices. Celui du *Capitaine Fracasse* fut imposé par l'éditeur. *Spirite* (...) [s'évade] dans le surnaturel. La fin de *La Chaîne d'or* est fort invraisemblable. Si Fortunio semble indemne de son aventure occidentale, encore que très déçu, Musidora y a laissé la vie. La *Toison d'or* se dénoue par un artifice, etc. Tout ceci induit à penser que pour Gautier, il n'y a pas de bonheur durable » (Voisin 1981 : 339).

13. Ou serait-ce plutôt celui d' « Alchimiste » ? Où non seulement c'est « Hermès qui fait don à Néphélé du bélier fameux dont proviendra la toison d'or » mais aussi, c'est Hermès qui « protège les Argonautes en la personne d'Eurytos et d'Antolycos ses propres fils » (Durand [1979] 1996 : 154) ? Serait-ce un hasard que les héros initiatiques privilégiés par Gautier soient des argonautes à la recherher de l'Or, tels Héraklès, Orphée ou Jason ?

14. Voir également : (Durand 1973).

15. D'ailleurs, affirme Durand, « ce principe est appelé soit Principe de correspondance, soit —ce qui fait ressortir son caractère de subjectivisation— Principe de mentalisme, soit enfin (…) *Principe de Similitude* » (Durand [1979] 1996 : 152). J'y reviendrai dans la troisième partie de cet ouvrage.

16. J'y reviendrai, plus concrètement, au chapitre neuf de cet ouvrage.

17. Je crois en effet, avec Durand, que « la syntaxe est au fond inséparable du sémantisme des mots ». Et Durand de continuer, « le discours nous apparaît entre l'image pure et le système de cohérence logico-philosophique qu'elle promeut, comme un moyen-terme constituant ce que nous pouvons appeler —puisque nous avons adopté une terminologie kantienne— un "schématisme transcendantal" » (Durand [1960] 1984 : 482–483). Toutefois, je ne m'y attarderai point, car la rhétorique, n'est-elle pas aussi « le lieu de toutes les ambiguïtés » (Durand [1960] 1984 : 491) ?

18. « Plus qu'à l'oxymoron, encore timide, c'est à l'antithèse et surtout à l'antiphrase que leur style est sensible », écrit Durand (Durand [1979] 1992 : 274).

19. Dans son analyse des contes d'Hoffmann, Gautier assure, lui-même, « en art une chose fausse peut être très vraie, et une chose vraie très fausse; tout dépend de l'exécution » (Gautier ([1868] 1904 : 45–46). En effet, c'est l'exécution propre à Gautier qui fait son originalité. Voir : Bourgeois 1974, et surtout « Th. Gautier ou les Grâces de Thalie », pp. 151–172.

20. Hermès-Mercure a bien accompli son rôle de dieu de la circulation et de l'échange du sens. Néanmoins, le dieu ailé, nous le verrons au chapitre neuf, ne peut se concevoir sans une allusion directe à Hermès Trimégiste, car tel qu'Antoine Faivre l'a évoqué, « Hermès attend que nous venions le délivrer pour nous aider à entreprendre le travail, à choisir nos autres dieux, à faire bon usage de nos mythes. Mais, ensuite, c'est plutôt à Hermès Trimégiste de prendre le relais » (Faivre 1986 : 48).

21. Le premier thème évoqué par Durand —à savoir celui de « la puissance —voir la Toute-Puissance— *du petit,* du "second" » (Durand [1979] 1996 : 150)—a été certes ignoré ici, quoique non seulement le rôle du fétiche dans l'œuvre de Gautier aurait pu suffire à l'illustrer, mais aussi, la puissance du second sens hermétiste, caché sous le gigantisme prométhéen.

Bibliographie

Bies, J. (1991) « Du romantisme français au romantisme suprême » in *Création littéraire et Traditions ésotériques (XVᵉ–XXᵉ siècles)* (Actes du Colloque International, Université de Pau, 16–18 nov. 1989, recueillis et publiés pas James Dauphiné). Pau : J&D Editions, pp. 11–19.

Bonardel, F. (1993) *Philosophie de l'Alchimie. Grand Œuvre et modernité*. Paris : P.U.F., coll « Questions ».

Bourgeois, R. (1974) *L'Ironie romantique*. Grenoble : PUG.

Brunel, P. (1992) *Mythocritique. Théorie et parcours*. Paris : PUF. Nouvelle édition augmentée : (2016) Grenoble : ELLUG/coll. « Ateliers de l'imaginaire ».

Dumézil, G. (1929) *Tarpeia, essai de philologie comparative indo-européenne*. Paris : Gallimard.

Dumézil, G. (1952) *Les Dieux des Indo-Européens*. Paris : PUF.

Durand, G. ([1960] 1984) *Les Structures anthropologiques de l'imaginaire. Introduction à l'archétypologie générale*. Paris : Dunod/Bordas.

Durand, G. (1973) « Similitudes hermétiques et science de l'homme » in *Eranos Jahrbuch*, XLII, Leiden : J. F. Bril, 1973–1976.

Durand, G. ([1979] 1992) *Figures mythiques et visages de l'œuvre. De la mythocritique à la mythanalyse*. Paris : Dunod. (1ʳᵉ édition, Berg International éditeurs, 1979).

Durand, G. ([1979] 1996) *Science de l'homme et tradition. Le nouvel esprit anthropologique*. Paris : Albin Michel. (1ʳᵉ édition : Paris : Berg, 1979).

Faivre, A. (1986) *Accès de l'ésotérisme occidental*. Paris : Gallimard.

Gautier, Th. (1852) *Émaux et Camées*. Paris : E. Didier.

Gautier, Th. ([1868] 1904) « La collection du Comte de ˣˣˣ » in *Souvenirs de théâtre, d'art et de critique*. Paris : E. Fasquelle, pp. 291–298. (1ʳᵉ parution : « La collection du Comte de ˣˣˣ », 17 décembre 1868).

Gusdorf, G. (1988) *Les origines de l'herméneutique*. Paris : Payot.

Juden, B. (1991) « Romantisme européen et ésotérisme » in *Création littéraire et Traditions ésotériques (XVᵉ–XXᵉ siècles)*. Pau : J&D Editions, pp. 183–195.

Magnol-Malhache, V. (2007) *Théophile Gautier dans son cadre*. Paris : Somogy, édit. d'art.

Mauron, Ch. (1962) *Des Métaphores obsédantes au mythe personnel. Introduction à la psychocritique*. Paris : José Corti.

Milner Garlitz, V. (1991) « L'influence des occultistes français dans *La Lámpara maravillosa* de Valle-Inclán » in *Création littéraire et Traditions ésotériques (XVᵉ–XXᵉ siècles)*. Pau : J&D Editions.

Viatte, A. (1965) *Les sources occultes du romantisme, Illuminisme et Théosophie*. Paris, 1928, 2 vol.

Voisin, M. (1981) *Le soleil et la nuit. L'imaginaire dans l'œuvre de Gautier*. Bruxelles : édition de l'université de Bruxelles.

Wunenburger, J. J. (2016) *L'Imaginaire*. Paris : PUF, « Que sais-je ? ».

(1873a) *Catalogue des livres composant la bibliothèque du feu M. Théophile Gautier :* dont la vente aura lieu les lundi 24 et mardi 25 février, 1873. Paris : A. Labitte.

Troisième Partie

Prolégomènes à une mythanalyse

8

À la croisée des fleuves romantique et décadent…

> « Il n'y a pas d'Histoire majuscule, hypostatique et purement objective : tout récit, historien compris, s'inscrit dans un contexte imaginaire spécifique. L'histoire (…) est d'abord tributaire des intertextes imaginaires, des styles d'époque, des idéologies, des mythes privilégiés par tel moment culturel (…) c'est le même nouage, le même tissage de l'imaginaire humain qui fait que tous les hommes, *semper et ubique*, se "comprennent"… ». (Durand 1996b : 179)

Des ruissellements aux deltas

En partant d'une philosophie de l'histoire sous l'influence de Jean-Baptiste Vico, Pitrim Sorokin, Oswald Spengler, Eugenio D'Ors ou Arnold Toynbee, Durand considère que «l'histoire —ou du moins celle des peuples d'Europe— (…) semble se boucler sur elle-même en des "siècles longs"», autrement dit, en des laps de temps d'environ « 150 à 180 ans ». Pendant ces périodes, l'anthropologue constate « de grands "retours" dans les éthiques, les esthétiques, voire les politiques ».

Raison pour laquelle, il s'est toujours donné à cœur joie de dénoncer ces « cycles trop courts des "générations littéraires" inspirés par la psychanalyse et "la lutte des fils contre les pères" ». Il a ainsi baptisé ce «"siècle long" le "siècle —ou *trend*— khaldounien"[1] » ou tout simplement, « bassin sémantique » à six phases (Durand 1996b : 178).

Que se passe-t-il dans la période qui nous occupe, concernant l'œuvre narrative choisie, à savoir dans cette période qui débute en 1831 —date de la première nouvelle publiée par Gautier, « La Cafetière »— et qui culmine en 1866 —avec *Mademoiselle Dafné*— ? Comment l'auteur de *l'Histoire du Romantisme,* n'étudié souvent qu'au crible de ce courant esthétique, s'inscrit-il à vrai dire, à la croisée des fleuves romantique et décadent[2] ? Comment celui, dont « personne n'a encore trouvé la formule définitive pour le résumer » (Tortonese 1997 : 77)[3], se trouve-t-il à une « charnière sémantique de l'histoire » (Durand 1989 : 193) lui permettant de flotter entre deux mythologies ? Le concept de « renaissance », en tant que «rupture avec l'immédiat » et « retour vers les *fondement*s culturels » (Durand 1996b : 178), aidera —ou du moins je l'espère !— à faire comprendre l'inclusion des « redondances mythiques »[4] gautiéristes dans le nouveau fleuve décadent : Durand m'invitant à situer l'œuvre narrative gautiériste entre la phase du delta du bassin sémantique romantique —coïncidant déjà, avec le ruissellement du nouveau nom du fleuve, décadent— et les périodes de confluences et du nom du fleuve du décadentisme. Voyons comment donc, ce "gilet rouge"[5] se laisse bercer vers la décadence.

« Tout le XVIIIᵉ siècle, et spécialement sa seconde partie, "ruisselle" (…) littéralement vers ce qui sera le romantisme » (Durand 1996a : 104). Ainsi commence Durand son étude des différentes phases du bassin sémantique romantique[6]. Dans cette première phase de ruissellements définie comme, ces « divers courants » qui « se forment dans un milieu culturel donné » (Durand 1996a : 85), de multiples courants prennent une orientation similaire au *Sturm und Drang* allemand —ce que d'autres ont voulu appeler en France, « faute de mieux, le "préromantisme"[7]—. Durand situe la date de naissance de « ce romantisme avant-coureur » en « 1750[8] » et ce sera Goethe, aux dires de Durand, qui « va servir d'emblème à tout ce mouvement annonciateur de la "religion ultime" » (Durand 1996a : 111), dans la quatrième phase —celle plus concrètement, concernant le « nom du fleuve »[9]—, que j'essaierai de développer plus bas.

Or, revenons aux ruissellements… car cette « nouvelle révolution philosophique » (Durand 1996a : 104) s'avère annoncée notamment par la musique — sur l'architecture pesant encore « lourdement tout le poids du néoclassicisme »

(Durand 1996a : 104). Cette « cathédrale du siècle du *Sturm und Drang* » (Durand 1996a : 106) que devient la musique grâce notamment, à Haydn, Gluck, et Mozart, a fait de l'importance qu'ils accordaient « à l'exaltation des sentiments et au sentiment de la nature » (Durand 1996a : 106), un des mythèmes clé de l'âme romantique. « La confluence de ces ruissellements esthétiques », conclue Durand, « sera marquée en 1798 et en 1801 par les deux magistraux oratorios d'Haydn *La Création du Monde* et *Les Saisons* » (Durand 1996a : 106).

Par-dessous ces ruissellements, Durand observe cependant, des « querelles », « des affrontements de régimes de l'imaginaire » (Durand 1996a : 85) qui constituent la deuxième phase, à savoir le « partage des eaux ». Ainsi, sous le signe des querelles, la première à être soulignée est celle par exemple, qui va partager les sensibilités entre « le néoclassicisme des "philistins" et le gilet[10] rouge romantique » ; à laquelle suivra « l'inépuisable querelle du rousseauisme contre l'esprit de l'Encyclopédie » ou encore, —continue Durand— celle qui oppose « les "bouffons" et la musique italienne à la tradition française »[11]. Sans oublier cette autre querelle scindant « la nouvelle Église maçonnique en deux parts peu réductibles » ou cette autre « permanente » « "des salons" », ou enfin « la querelle économique des physiocrates contre les industriels, et bientôt —querelle implacable et mortelle— des Girondins contre les Montagnards, de Robespierre contre Danton… » (Durand 1996a : 107).

Concernant la phase de confluences —ou phase où un « courant constitué a besoin d'être conforté par la reconnaissance et l'appui d'autorités en place, de personnalités influentes » (Durand 1996a : 85)—, Napoléon jouant un frein à l'expansion de la sensibilité nouvelle en France et ne légitimant que le néoclassicisme de David[12] et de son école, il faudrait dire, avec Durand, que « les confluences sont difficiles à saisir » (Durand 1996a : 108) ou dans tous les cas, faudrait-il les trouver hors de France :

> Que serait Haydn, ce phare exemplaire du changement de la sensibilité des *Stürmer*, sans la haute protection des Esterhazy ? Que serait Goethe et son mythe, sans son accession à la cour du duc de Weimar, Charles-Auguste ? Que serait Beethoven sans le cortège princier de ses admirateurs, Waldstein, Razoumovsky, Lichnowsky et l'archiduc Rodolphe ? Qu'aurait été ce peintre provincial Caspar David Friedrich sans la comtesse Maria Theresa von Thum-Hohenstein ? Que serait enfin la nouvelle sensibilité du siècle qui commence avec les peintres "Nazaréeens", illustrateurs du *Faust* de Goethe et (déjà) du *Nibelungenlied,* et se termine par le "cas" Wagner, sans cette extraordinaire monarchie bavaroise qui fit, de Louis Ier au fameux Louis II, une constante surenchère de mécénat ? (Durand 1996a : 109)

Ce qui ne sera pas sans conséquences pour le fleuve qui déferlera « à partir des années 1760 », et qui sera bien évidemment, un « fleuve allemand »: « c'est en quelque sorte », continue Durand, « la légende du Rhin qui assume l'essence du mythe qui va sous-tendre la *Naturphilosophie* [13]! » (Durand 1996a : 111). Nous nous trouvons dans la quatrième phase du bassin sémantique, « au nom du fleuve », où « un mythe ou une histoire renforcée par la légende promeut un personnage réel ou fictif qui dénomme et typifie le bassin sémantique » (Durand 1996a : 85). En effet, face à toute cette effervescence de poètes, philosophes, musiciens et artistes en général suivant le courant romantique[14], —et où chaque personnalité, exprimera ses propres nuances en modifiant certains éléments jusqu'à la métamorphose ou en les édulcorant pour une expression conjuguée ou adaptée aux nouvelles aspirations esthétiques du siècle finissant—, un poète « va servir d'emblème à tout ce mouvement annonciateur de la "religion ultime" : Goethe » (Durand 1996a : 111). Ce sera en effet, Goethe, « Naturphilosoph dans la lignée des mages et alchimistes » (Bonardel 2002 : 127) qui va apporter avec son œuvre « un retour de toute la sensibilité, voire de la pensée, au "naturel", que ce naturel soit subjectif (instinct, passion, âme) ou objectif (nature "immense" et sédiments immémoriaux de la culture) » (Durand 1996a : 112). Œuvre donc, celle du poète de Weimar, qui témoigne non seulement d'une exceptionnelle « écoute de soi et de l'univers », d'une « *clairvoyante sympathie* pour les trois règnes », tel que le suggère Françoise Bonardel ; mais aussi, œuvre laissant transparaître une « attitude à la métamorphose aussi proche de l'idée d'évolution que de celle de la transmutation ». Œuvre en définitive, dont la conception d'une Nature-fourneau, *athanor*[15], vase des opérations d'ordre alchimique, dans laquelle les contraires se concilient, « au profit du dynamisme naturel et vital » (Bonardel 2002 : 127), ne sera pas sans conséquences, pour la génération romantique et post-romantique européenne. Ce sera par conséquent, Goethe —et non pas l'ancienne tragédie de Marlowe (1604) ni un portrait par Rembrandt[16] (1652)— qui donnera corps à la légende de *Faust,* tout en inspirant sans doute, aux dires de Serge Fauchereau, « le romantisme européen jusqu'à Paul Valéry et Fernando Pessoa —sans oublier le cinéma de Georges Méliès à René Clair, en passant par l'admirable *Faust* de Friedrich Wilhem Murnau (1920) » (Fauchereau 2011 : 93). Et ce sera notamment, avec son *Werther* —roman épistolaire, sur le modèle de *Julie ou La Nouvelle Héloïse* (1761) de Rousseau, et où l'amour désespéré pour Lotte conduit le héros au suicide—, et plus encore avec son *Faust*[17], que Goethe parviendra à soulever l'enthousiasme de toute une génération. « Ces lecteurs attentifs du romantisme allemand » que sont « Nodier, Nerval et Gautier[18] », selon le même critique, (Fauchereau 2011 : 96), seront en effet, très attentifs à sa particulière sensibilité du naturel et surtout, à cette veine hermétiste[19] voire occultiste[20], où magie et alchimie sont à l'appel, et où le décadentisme boira.

Dans le domaine pictural, c'est évidemment Delacroix qui constituera le chef de groupe de l'école romantique[21]. Grâce à ses thématiques "orientales"[22] —notamment, ses *Femmes d'Alger* (1849), *l'Entrée des Croisés en Constantinople* (1852), *Le Sultan du Maroc* (1856, 1862), *Femmes turques au bain* (1854), *Chasse aux lions* (1858, 1861)— mais aussi, grâce à ses nus, ses portraits, ses études de fleurs ou paysages inspirés de la nature et la réalité familière, un critique comme Gautier écrira sur lui : il peint des images « non pas copiées », mais «conçues et transformées, et servant comme des mots à exprimer des idées, et surtout des passions ». Peut-on mieux définir le Romantisme ? « Dans la moindre ébauche comme dans le tableau le plus important, le ciel, le terrain, les arbres, la mer, les fabriques participent à la scène qu'ils entourent » et toujours, « ils semblent épouser les colères, les haines, les douleurs et les tristesses des personnages. Il serait impossible de les en détacher » (Gautier [1874] 2011 : 420). Sans oublier les trois œuvres monumentales que lui confie la Seconde République et qui deviendront, aux dires de René Jullian, « son testament artistique » (Jullian 1979 : 104): l'achèvement du plafond de la galerie d'Apollon au Louvre, consacré à un sujet très prométhéen, *Apollon vainqueur du serpent Python* (1851) ; la décoration du Salon de la Paix à l'Hôtel de Ville sur *La Paix ramenant l'Abondance* et, quoique achevée en 1854, détruite en 1871 ; ou enfin, ce « régime de l'héroïsme, prométhéen bien sûr » (Durand 1989 : 181) évoquant *La lutte de Jacob avec l'ange* et *Héliodore chassé du Temple* dans la chapelle des Saints-Anges à Saint-Sulpice. Lisons la conclusion de René Jullian à son égard :

> L'art de Delacroix, bien que toujours appuyé sur l'étude attentive de la réalité sensible, sacrifie de plus en plus la valeur représentative à l'évocation de l'âme des choses et à l'épanouissement autonome de l'organisation colorée ; il assume ainsi plus complètement que jamais cette aspiration musicale que l'artiste portait en lui et qui se traduit alors non seulement par les suites de "variations" que le peintre compose d'après ses œuvres anciennes, mais plus généralement par cette "atmosphère magique" et cette "volupté surnaturelle" dont Baudelaire sentait la présence dans les peintures du maître : cette "musique du tableau" (pour reprendre une expression de Delacroix lui-même) témoigne de la permanence du Romantisme et en même temps de son intériorisation et de son approfondissement. (Jullian 1979 : 105)

Tous les mythèmes du bassin sémantique romantique sont là : la nature —la peinture du paysage[23] depuis l'école de Barbizon jusqu'aux Impressionnistes, ne témoignera-t-elle pas justement, de cette « théophanie naturelle », évoquée par

Durand (Durand 1996a : 113) ?— ; l'intimisme romantique[24] qui paradoxalement, émerge en plein progressisme des lumières révolutionnaires et des conso-
lidations scientistes et positivistes. Un intimisme qui se manifeste, aux dires de
l'anthropologue savoyard, non seulement « dans la fréquence des images oxy-
moroniques qui, de Shelley à Baudelaire obsèdent la poésie » mais aussi, par le
biais de « la récurrence et la redondance ». Un intimisme qui développera tout un
arsenal de l'imagerie romantique et post-romantique — « la nuit, les profondeurs
abyssales, la femme Mère, "la demeure et la coupe" et tout ce qui se rattache à la
pénétration de la terre, du ventre "digestif ou sexuel", les gemmes, les nourritures,
les mines, les souterrains » —autour de « l'antagonisme interne », du « contraste
simultané des valeurs » (Durand [1979] 1992 : 246–248) ; enfin, cet équilibre[25]
entre les puissances de nuit ou de mort et celles de lumière, de l'espérance et de
l'amour —et que tout aussi bien, l'œuvre de Caspar David Friedrich comme le
Faust de Goethe illustrent exemplairement— se verra rompu, progressivement,
dans la période décadente.

Mais revenons sur l'univers musical, pour mieux comprendre comment opère
cette évolution entre deux imaginaires. A en croire René Jullian, « le lyrisme nuancé
même de mysticisme » atteint la plupart des musiciens. Ceux-ci n'hésitent pas à
« s'abandonn[er] à la méditation intérieure où à l'effusion intime, tantôt dans le
domaine germanique surtout, avec une certaine exubérance du sentiment, tantôt
chez certains Français, avec une ferveur retenue » (Jullian 1979 : 142). Or, c'est
Richard Wagner[26] qui reste, pour nombre de spécialistes, le chef de file incontestable dans le domaine de la musique. Et ce, malgré les représentations sur la scène
française d'un répertoire d'envergure tels que les opéras de Bellini, Donizetti, Rossini et, dès les années 1850, de Verdi[27] —notamment, dans le célèbre Théâtre-Italien[28] parisien, tels que les écrits critiques de Gautier le soulignent— ; voire même,
d'autres compositeurs allemands[29], tels que Gluck, Haydn, Beethoven, Mendels-
sohn, Schubert… également commentés par Gautier, critique. Car la musique de
Wagner, comme le souligne bien René Jullian, tout en se référant « —plus que
celle de Berlioz—, à une pensée conceptuelle, procède essentiellement d'une sorte
de magie sonore et c'est de là qu'elle tire ses sortilèges » ; des sortilèges, continue
René Jullian, « où se côtoient sensualité et mysticisme, et sa puissance d'envoûtement, qui perpétue le Romantisme » (Jullian 1979 : 119). Mais comment a
donc, lieu ce passage entre deux imaginaires ? Durand le souligne clairement, « s'il
y a des temps forts », il faut noter que les « "époques" —comme les styles— ne
sont pas en discontinuité abrupte ». Une preuve étant le fait que Wagner, « être
insaisissable, oscill[e] », en effet, « entre le mythe romantique et les attraits de
la décadence » (Durand 1989 : 181). De ce fait, continue l'anthropologue de

l'imaginaire, même si « l'opéra, sinon le drame lyrique wagnérien émerge amplement » —tout comme *Les Misérables* par exemple, de Victor Hugo, publiés trois
ans après les *Fleurs du Mal*— « à la génération précédente : *Rienzi* est un drame
historique romantique (1839), *Le Vaisseau fantôme* (1841) —reprise d'une légende
si bien illustrée par Shelley et par Gustave Doré !— ignore encore dans le génie
tumultueux les germes de "décadence" (non musicale bien sûr) qu'il porte dans sa
thématique » (Durand 1989 : 168). L'exemple wagnérien pouvant illustrer, à mon
avis, amplement la fluidité archétypale en mythanalyse, la complexité et richesse
autour des phénomènes de "pérennité, dérivation et usure" du mythe, et en définitive, la non « discontinuité abrupte » de l'imaginaire. Ce qui nous met sur la
voie de cet autre artiste, à la croisée de deux régimes de sensibilité, qu'est Gautier.

À cette phase du « nom du fleuve » romantique que je viens d'évoquer, suivent
les deux dernières phases, à savoir, l'« aménagement des rives » et celle de l' « épuisement des deltas ». Concernant la première, il sera question du « moment des
"seconds" fondateurs, des théoriciens » où « une consolidation stylistique, philosophique, rationnelle se constitue », et où parfois même, « des crues exagèrent certains traits typiques du courant » (Durand 1996a : 85). Certes, le fleuve romantique allemand se double, à partir de 1815, de toute une vague de "seconds"
fondateurs en France[30]. Qu'il s'agisse d'un côté, de Mme de Staël avec son traité
De l'Allemagne (achevé en 1810, mais non publié en France qu'en 1814, après l'ab-
dication de Napoléon) et le groupe de Coppet[31]. Ou de l'autre, de Chateaubriand
et les aristocrates contre-révolutionnaires : Lamartine avec ses *Méditations poétiques* (1820), Alfred de Vigny, Hugo qui, même sans être né aristocrate n'hésite
point à épouser la cause royaliste et fondera *Le Conservateur littéraire*, revue au
service du trône et de la littérature ; Marceline Desbordes-Valmore avec ses Élégies et Romances (1819) … L'on peut alors, très sommairement distinguer, avec
Isabelle et Yves Ansel, d'un côte, l'existence en France sous la Restauration d'un
« romantisme libéral », autour de Mme de Staël, suivant les préceptes classiques ;
et de l'autre, un « romantisme contre-révolutionnaire », constitué par les adeptes
de la cause royale et l'esthétique romantique. Opposition clairement établie au
niveau politique et esthétique à l'aube du romantisme. Et opposition qui progressivement, s'est vue effacée, face à un « romantisme », de plus en plus cosmopolite,
ouvert et progressiste. Ce besoin de liberté dans l'art, de liberté dans la société,
de liberté en littérature sera bien pressenti par Victor Hugo dont l'évolution politique —du royalisme vers un libéralisme modéré— aura les conséquences que l'on
connaît, depuis la *Préface de Cromwell* (1827) jusqu'à la première représentation
d'*Hernani*. Par ailleurs, le « pessimisme » d'un Musset, annonce déjà « les progrès
de l'athéisme », et en définitive, le désenchantement de toute une génération : déçue

non seulement, « par la révolution de juillet 1830 » (Ansel 2000 : 50), mais également, par celle de 1848, qui conduira à une Deuxième République éphémère car, vite remplacée, par l'autoritarisme du Second Empire, de la main de Napoléon III. C'est alors, comme le souligne fort bien Durand, qu'une « sorte de fracture s'effectue lentement dans le romantisme tardif des années cinquante où viennent se focaliser déjà bien des traits de la "décadence" » (Durand 1989 : 165).

Mais pour mieux comprendre ce fleuve romantique français, en plein apogée apparent[32] —ou du moins officiel— en 1830, revenons à l'échelle du bassin sémantique du romantisme européen, où certaines « crues », ayant exagéré le courant de la *Naturphilosophie*[33], ont souligné le rôle divin octroyé à la Nature. Des « crues » qui ont exagéré certains traits typiques et qui ont frisé même le panthéisme, dont l'invocation d'Hölderlin, « Sainte Nature, ô ma Divinité ! », s'avère une parfaite illustration. Ce sont ces « crues » qui auraient marqué, aux dires de Durand, —depuis Friedrich Schlegel et non seulement grâce à sa revue *L'Athenaeum*, mais avec son ouvrage *Des choses divines et de leur révélation* (1811) et surtout, depuis Schelling et ses *Aphorismes pour introduire à la Philosophie de la Nature* (1815)— un « paraclétisme patent » dans lequel « tout le cosmos » se veut « l'expansion du cœur de Dieu » (Durand 1996a : 114–116). Ce sera en effet, « en des vastes cosmologies », tel que Françoise Bonardel le souligne, qu'ils tenteront « de reconstituer le drame cosmique dans lequel l'homme, par l'intermédiaire de la Nature, est appelé à travailler à sa réintégration dans l'Unité[34] divine originelle » (Bonardel 2002 : 123–124).

Or, ces « crues », n'annoncent-elles pas déjà, paradoxalement, les « méandres », les « dérivations » d'un courant du fleuve romantique européen —et français !— affaibli, se laissant « capter par des courants voisins » (Durand 1996a : 85) ? Dans cette dernière phase du bassin romantique, ou phase « d'épuisement des deltas », le développement des conceptions esthétiques diverses et variées autour du sens sacré de la nature, de l'univers et de l'esprit —dont l'héritage était d'emblée, hermétiste et semi-clandestin[35], depuis au moins le XVIIIᵉ siècle, face à l'omniprésente et toute puissante idéologie des Lumières (*Aufklärung*)— va conduire à l'esthétique baudelairienne des *Correspondances*. Soit, mais également à celle d'un Gautier de qui, Mallarmé n'hésitera pas á écrire :

> Je lis les vers de Théophile Gautier... Bientôt une insensible transfiguration s'opère en moi, et la sensation de légèreté se fond peu à peu en une de perfection. Tout mon être spirituel —le trésor profond des correspondances, l'accord intime des couleurs, le souvenir du rythme antérieur, et la science mystérieuse du Verbe,— est requis, et tout entier s'émeut, sous l'action de la rare poésie que

j'invoque, avec un ensemble d'une si merveilleuse justesse que de ses jeux combinés résulte la seule lucidité. (Mallarmé 1976 : 344)

Centrons-nous brièvement, sur les mythologies en place, dans l'optique durandienne, au moment de la parution du corpus gautiériste établi dans cette étude. 1831–1866, c'est à n'en plus douter[36], un moment clé, un creux, une cuvette, un moment où deux mythologies —que Durand n'hésite pas à qualifier de prométhéenne, puis de dionysiaque, annonçant déjà le siècle hermétique— coexistent, tout en agglutinant et les alluvions des deltas romantiques et les nouveaux sédiments des ruissellements du nouveau bassin décadent! C'est dire combien le nouveau nom du fleuve émergeant, surtout à partir de 1857[37], —grâce à l'œuvre « maudite » d'un poète visionnaire et en rupture avec la mythologie précédente, à savoir *Les Fleurs du Mal*— n'a pu contenir le déferlement résiduel romantique —« Hugo est encore "romantique" (et même selon Léon Cellier exemplairement "romantique") dans ces *Misérables* publiés trois ans après *Les Fleurs du Mal*» (Durand 1989 : 168)— ; et encore moins, la force germinative du nouveau courant décadent —« *Hérodiade* fascina », sans doute, « bien avant que Des Esseintes ne fasse l'expérimentation méthodique de la décadence ou que Spengler n'en fasse la théorie » (Durand 1989 : 169). Cette semence était déjà bien installée chez le romantique « voyant », ou « voyant du symbolisme »[38] que fut Gautier.

Ainsi, alors que la première mythologie, romantique, titanesque, prométhéenne se voulait annoncée par un certain équilibre qui n'était en réalité, que « fausse synthèse » —équilibre illustré par la présence simultanée des régimes diurne et nocturne de l'image dans l'œuvre gautiériste— ; la deuxième mythologie décadente, oxymoronique, dionysiaque et hermétique transforme le « renversement des situations et des valeurs initiales » des romantiques[39] —où Satan devenait Jésus, Caïn se faisait l'élu, ou pour faire plus court, c'était la victoire de Prométhée qui était mise en exergue—en véritable « *coïncidentia oppositorum* » (Durand [1979] 1992 : 274).

Œuvre donc, inclassable et doublement riche que celle de Gautier, permettant de la situer aux antipodes, à mi-chemin entre classicisme[40] et romantisme, mais également, entre romantisme et décadentisme. En effet, les mythèmes décadents appliqués par Durand à l'étude de l'œuvre baudelairienne, me semblent pouvoir être appliqués à l'œuvre gautiériste: le mythème de l'altérité —« ombre inéluctable conjointe à la lumière », voire, « dualitude », si l'on veut, que Durand reconnaît retrouver également chez les romantiques— s'associant à celui de la « dualitude », et devenant celui de la « Femme double » —« dispensatrice de tous les maux mais aussi de l'espérance »—, ne les avions-nous pas déjà retrouvés tous deux, dans ma lecture mythocritique, et ce, de façon redondante ? Deux mythèmes qui s'enrichissent d'un côté, par le « mythème hermétique par excellence » figuré par « Hermaphrodite » —consistant en « l'intériorisation de la dualitude dans l'acte poétique, dans l'opération de l'œuvre »— et de l'autre, par le mythème du « Grand-Œuvre, symbolisé souvent par la coupe magique qui tue ou qui guérit, par l'initiation comme par l'athanor » (Durand [1979] 1992 : 275–276), confirmant ainsi, les prémisses de cet ouvrage.

Ces deux mythèmes décadents, parmi d'autres[41], vont me permettre de situer Gautier, dans les pages qui suivent, à mi-chemin, entre la mythologie prométhéenne et les mythèmes des « révisions déchirantes de l'optimisme prométhéen » (Durand [1979] 1992 : 276), grâce à une lecture mythanalytique de l'auteur romantique, en tant que "voyant", "subversif"[42], aux confluents de deux bassins sémantiques bien typifiés.

Notes

1. Le qualificatif est appliqué par Durand en hommage au grand penseur tunisien Ibn Khaldoun « qui avait calculé que les dynasties duraient juste un peu plus que trois générations de 40 ans » (Durand 1996b : 178).

2. J'avais déjà esquissé cette problématique dans mon article : (Montoro Araque 1999: 331–346).

3. Paolo Tortonese précise bien combien « il est extrêmement difficile de saisir le vrai Gautier, parce qu'il est fuyant, surprenant dans ses contradictions, subtil dans les distinctions qu'il sous-entend et qu'il nous laisse à deviner » (Tortonese 1997 : 77).

4. « Le mythe ne démontre pas, et pour bien montrer », précise-t-il, « il répète. Ce sont les fameuses "redondances" ou encore "synchronicités" qui scandent tout discours mythique, tout *sermo mythicus* » (Durand 1996b : 169).

5. Sur le gilet rouge, voir note ci-dessous.

6. En suivant Logan Pearsall Smith, Mario Praz cite la première apparition du terme anglais *romantic* vers le milieu du XVIIᵉ siècle, avec la signification de "like the old romances", pour évoquer certaines caractéristiques des romans chevaleresques et pastoraux de cette époque et ainsi les distinguer, de façon péjorative, de ce qui était à ce moment, l'esprit rationaliste. Or, alors qu'en Angleterre c'est depuis le début du XVIIIᵉ siècle que le terme commence à acquérir la nuance d'*attrayant* avec les conséquences que l'on connaît tout au long du siècle, en France, il faudra attendre exactement l'année 1776 pour trouver le terme *romantique* utilisé par Letourneur, traducteur de Shakespeare, ainsi que par le marquis de Girardin, auteur d'un livre sur le paysage. Dans leurs notes, continue Mario Praz, « il apparaît évident que ces Français s'étaient enfin rendu compte de la nuance. *Romantic,* disent-ils, veut dire

plus que *romanesque* (chimérique, fabuleux) ou *pittoresque* (employé pour décrire une scène qui frappe le regard et suscite l'admiration) : *romantic* ne décrit pas seulement le spectacle mais l'émotion particulière qu'il suscite en qui la contemple. Rousseau emprunta probablement le terme à son ami Girardin » tout en lui conférant alors, « pleine citoyenneté française dans les *Rêveries* » (Praz [1966] 1977 : 34–36).

7. Gilbert Durand cite ici : (Monglond 1929). Et plus récemment, je pourrais citer également, entre autres : (Ansel : 2000). Les auteurs y utilisent le terme préromantisme —non sans une certaine précaution— tout en l'associant aux romantiques anglais, car c'est bien en Angleterre que des œuvres « étiqueté[e]s préromantiques » telles que *Les Saisons* (1726–1730) du poète écossais James Thomson (1700–1748), *Les Plaisirs de la mélancolie* (1747) de Thomas Warton (1728–1770), *L´Élégie dans un cimetière de campagne* (1750) de Thomas Gray (1716–1771) et, surtout, les *Complaintes ou Pensées nocturnes sur la vie, la mort et l'immortalité* (…) D'Edward Young (1683–1765) » font émerger les thèmes de la nouvelle sensibilité: « culte de la nature, fascination des ruines, sentiment du temps qui passe, importance donnée aux ténèbres, à la nuit, à la mort, aux mystères de l'être, aux questions religieuses et métaphysiques » (Ansel 2000 : 8).

8. Or, tout en situant la date de « ce changement de philosophie comme de sensibilité » en 1750, lorsque « l'académie de Dijon [couronne] la réponse pessimiste de Rousseau à la question "si le progrès des Sciences et des Lettres a contribué à corrompre ou à épurer les mœurs ?" », Durand souligne que Rousseau est déjà, dès 1750 !, en train de synthétiser « bien des courants épars, tels ceux du "sentimentalisme" anglais et français », et que «dès 1719, l'abbé Dubos privilégiait un sixième sens, cœur ou sentiment », donnant accès « à une sorte de valeur absolue esthétique » (Durand 1996a : 104). Les ruissellements du bassin sémantique romantique —devrais-je préciser, ici, que dans l'optique durandienne, le Romantisme est avant tout, européen ?— débuteraient donc, bien dès 1715.

9. Aux dires de Durand, c'est lors de cette quatrième phase, incontestablement la plus importante, « au nom du fleuve », qu' « un mythe ou une histoire renforcée par la légende promeut un personnage réel ou fictif qui dénomme et typifie le bassin sémantique » (Durand 1996a : 85).

10. Est-ce la peine de revenir sur le rôle joué par Gautier dans l'entrée en scène de ce célèbre gilet dans l'histoire littéraire française du XIXᵉ siècle ? Même si la première fois que Gautier a porté ce « gilet de Nessus », « d'une nuance si insolite, si agressive, si éclatante », non sans une certaine « folie d'héroïsme » (Gautier [1874] 2011 : 128) ce fut le 25 février 1830, lors de la première représentation *d'Hernani*, Gautier n'évoquera ce souvenir que dans son *Histoire du Romantisme*, dans l'édition posthume de 1874, comme suit : « pour nous le monde se divisait en *flamboyants* et en *grisâtres*, les uns objet de notre amour, les autres de notre aversion. Nous voulions la vie, la lumière, le mouvement, l'audace de pensée et d'exécution, le retour aux belles époques de la Renaissance et à la vraie antiquité, et nous rejetions le coloris effacé, le dessin maigre et

sec, les compositions pareilles à des groupements de mannequins, que l'Empire avait légués à la Restauration (…) *Hernani* n'est-il pas une occasion sublime pour réintégrer le rouge dans la place qu'il n'aurait dû jamais dû cesser d'occuper ? Et n'est-il pas convenable qu'un jeune rapin à cœur de lion se fasse le chevalier du Rouge et vienne secouer le flamboiement de la couleur odieuse aux *grisâtres,* sur ce tas de classiques également ennemis des splendeurs de la poésie ? Ces bœufs verront du rouge et entendront des vers d'Hugo» (Gautier [1874] 2011 : 129–130). Or, tout en ayant fait également porter un gilet rouge à deux de ses héros (dans *Onuphrius* et dans *Daniel Jovard*) dès 1833 dans *Les Jeunes-France* et ayant suscité de vives réactions de la part de ses contemporains —parmi lesquelles, celles de l'auteur de l'article du *Constitutionnel* du 11 novembre 1833, ou celles signées de Gautier lui-même dans *La Presse* du 22 juin 1841 ou dans *Le Château du souvenir* en 1861 (Gautier [1874] 2011 : 563, note nº 3)— la légende aurait été alimentée surtout, aux dires d'Itaï Kovács, par Adèle Hugo dans son *Victor Hugo raconté par un témoin de sa vie.* Voir : Gautier [1874] 2011 : 563–564, note nº 3. Or, ce gilet rouge raconté depuis le souvenir, pour évoquer une année charnière dans une France héritière des "Trois Glorieuses" et sous la Restauration de Louis-Philippe, était-il réellement un symbole libertaire ou plutôt, un symbole à caractère identitaire? Si en 1872, Gautier fait débuter le Romantisme en 1830 —esthétique européenne qui par ailleurs, était déjà en 1830, en phase de déclin— , ne serait-ce pas pour que « nul ne puisse le soupçonner d'être d'essence germanique », dans un moment où Hugo était devenu « un vivant monument de la conscience nationale française » (Gautier [1874] 2011 : 23)? Ou en revanche, ce gilet rouge, ne serait-il pas plutôt, comme Anne Ubersfeld le souligne, tout simplement le symbole du petit Cénacle (Nerval, Petrus Borel, et bien sûr, Gautier), un symbole, sous l'égide du grand capitaine Hugo et dont le navire s'élançait plutôt aux « cris de guerre contre la domestication de l'art par l'argent et la vassalisation de l'artiste qui en est le corollaire » (Ubersfeld 1992 : 25)? Soit. « *Hernani* » est « au point centrale » de la pensée esthétique de Gautier, tout en représentant « cette revendication majeure de la liberté de l'art » (Ubersfeld 1992 : 25), mais « le Romantisme de 1830 » me semble surtout, avec Adrien Goetz, une « invention pour l'essentiel, après 1870 », une recréation de la légende forgée dans la distance, et assumée au seuil de sa mort, l'expression personnelle et nostalgique de la ferveur juvénile autour de « cette bataille fondatrice de la France littéraire », autour de ce « ricochet de la querelle des Anciens et des Modernes ». La vraie nuance du gilet — qui, non seulement n'était pas un gilet, mais un « pourpoint » ! , aux dires de Gautier lui-même (Gautier [1874] 2011 : 130), et en plus, n'était plus porté par l'auteur, lors de la reprise d'*Hernani* le 21 juin 1867, à en croire Émile Bergerat (Bergerat. Cité par Magnol-Malhache 2007 : 105)— semblant avoir virée dans la distance, de la couleur « cerise » ou « vermillon de la Chine » (Gautier [1874] 2011 : 131) vers la couleur « rose » : « Un gilet rouge… allons donc ! Ce n'était pas un gilet rouge que je portais à la première représentation d'*Hernani*, mais bien un pourpoint rose…(…) Le gilet rouge aurait indiqué une nuance politique républicaine » (Tirade transcrite ou réinventée par Edmond de Goncourt. Citée par Goetz 2011 :

26). La légende du gilet rouge—quoique assumée— ayant cédé la place avec le temps, comme j'évoquerai plus bas, à une mythologie décadente et dans tous les cas, à un style fort personnel, qu'il exprimait ainsi en 1867 : « chaque groupe d'individus s'est formé une idée sur mon compte. Mais qu'importe ? Je m'appartiens et suis ce que je suis » (*Le Moniteur* du 8 décembre 1867. Cité par Magnol-Malhache 2007 : 111).

11. Sur cette querelle (1752) entre partisans de la tragédie lyrique, royale représentant le style français et sympathisants de l'opéra-bouffon préférant la musique italienne, dont les origines se trouvent justement dans l'interdiction de représentation du répertoire d'opéra italien (*opéra seria*) en France, depuis la création de *l'Académie royale de musique* (1669–1673), et qui aurait donné lieu jusqu'au début du XIXᵉ siècle à la seule représentation de *l'opéra buffa* par les troupes italiennes sur le sol français, consultez l'intéressant article : (Mongrédien 2010).

12. Si le Classicisme demeure présent jusqu'à la fin du XIXᵉ siècle, précise René Jullian, « c'est qu'il répond au goût des classes dirigeantes dans tous les pays ». Le « Néo-classicisme davidien », quoique presque toujours sans génie —exception faite évidemment, des créations d'Ingres, incarnant « à l'époque précédente, le Classicisme, mais en lui imprimant une tonalité très personnelle »— n'est pas non plus, pour déplaire le public, lorsqu'il est question de « peinture fondée sur une imitation rigoureuse des œuvres antiques » (Jullian 1979 : 24–29).

13. Quoique j'y reviendrai plus bas, voici le but essentiel de la Naturphilosophie: « ceux que l'on nomme alors philosophes de la Nature (*Naturphilosophen*) inclinent à privilégier la lumière naturelle, renouant ainsi d'anciennes alliances entre l'homme et une Nature vivante au sein de laquelle les uns et les autres recherchent les voies par lesquelles Dieu peut encore s'y manifester » (Bonardel 2002 : 123).

14. Encore faut-il se mettre d'accord sur l'établissement de cette période dite Romantique. Aux dires de René Jullian, « le Romantisme a été longtemps considéré comme un mouvement étroitement lié à la première moitié du XIXᵉ siècle, dont il exprimait les aspirations nouvelles, et, assurément, cette vue n'est point fausse ; mais il est apparu par la suite, non seulement que la création artistique de la seconde moitié du XVIIIᵉ siècle offrait certains aspects qui introduisaient déjà le Romantisme, mais aussi que la présence du Romantisme, loin de s'effacer avec le milieu du XIXᵉ siècle, se maintenait bien au-delà du moment où disparaissaient beaucoup de ceux qui l'avaient incarné et qu'elle se manifestait de multiples façons tout au long de la seconde moitié du siècle et encore plus tard » (Jullian 1979 : 99). Dans un ouvrage bien plus récent du physicien « de la complexité » et philosophe « de la spiritualité » —tel que son auteur, Marc Halévy se qualifie lui-même—, le Romantisme est défini en tant que « mouvement émergent, diffus, protéiforme, dont le grand fil rouge est l'opposition à la modernité triomphante ». En tant que « révolte », « philosophique contre le rationalisme » et « révolte artistique contre le classicisme », le Romantisme oppose « la sensibilité à la rationalité », « l'organique au mécanique », « la poétisation et la musicalisation du Réel à sa technisation et à sa dissection ». Or, aux dires d'Halévy, ce tournant

débutant timidement « au beau mitan du XVIIIe siècle, avec la montée en puissance
de l'individualisme et de la revendication d'une liberté personnelle », notamment avec
des personnalités comme celles des « Rousseau, des Lessing, de Wolfgang Amadeus
Mozart (1756–1791) » s'étendrait « de 1750 à 1800 environ ». À cette « époque des
préromantiques » suivrait, toujours aux dires de Marc Halévy, « de 1794 à 1815 », « la
période du Romantisme premier, universaliste, qui s'organise, en Allemagne, autour
d'Iéna, à partir du mouvement *Sturm und Drang* (Tempête et Passion), lancé et animé
par Goethe et Herder » et organisé ensuite, « autour de von Schelling, Novalis et
Hölderlin ». Enfin, « la période du Romantisme mûr », s'étendant « de 1815 à 1848 »
tournerait « autour d'Heidelberg » et prendrait, quant à elle, « une allure plus nationale, inspirée par le folklore censé traduire "l'âme du peuple" ». En France, Marc
Halévy situe la première période de « 1800 à 1820 » étant « illuminée, avant tout,
par François-René de Chateaubriand (1768–1848) et dans une moindre mesure, par
Germaine de Staël (1766–1817) » et aurait régné « sur la littérature française de 1830
à 1850, avec, en son centre, bien sûr, Victor Hugo (1802–1885) ». « Dès après 1850 »,
le Romantisme, continue le physicien et philosophe, « s'étiole » et « la Modernité
reprend ses droits » (Halévy 2015 : 35–51). Ces deux datations —du moins concernant le balbutiement du mouvement romantique— ne me semblent pas erronées, car
elles rejoignent l'idée selon laquelle, les caractéristiques du mouvement commencent
à s'installer aisément dans ce moment intermédiaire situé entre le "partage des eaux"
et la période dite de "confluences" dans la perspective durandienne (notamment, vers
1761 avec *la Nouvelle Héloïse)* et qui aboutiront, en 1815, à la phase du "nom du
fleuve" romantique. Je situerai, en revanche, avec Durand, le bassin sémantique du
Romantisme —j'insiste, européen !— en le faisant fluctuer dans une période plus
large, entre ces deux phases essentielles que sont les ruissellements (autour de l'année
1715, donc, quelques années avant la datation de Jullian et Halévy) où quelques signes
avant coureurs de la nouvelle esthétique commencent à apparaître, en réaction contre
le classicisme, et les deltas (vers 1860) qui, tout en annonçant la fin de cette période
ou siècle long de 150 années, se nourrit peu à peu déjà, (et au moins depuis 1815),
des nouvelles valeurs culturelles et esthétiques de la période décadente. Une période
qui commence, quant à elle, à pointer encore, sous forme de ruissellements, jusqu'aux
nouvelles périodes de « confluences » et de « nom du fleuve » décadent, situées entre
1860 et 1915. Le bassin sémantique du Romantisme établi par Durand me permettant par ailleurs, de rejoindre l'idée sur laquelle j'ai insisté ci-dessus, à savoir qu'« en
faisant débuter son Romantisme avec *Hernani* en 1830, Gautier choisit le moment où
il s'achève, se parachève » (Gautier [1874] 2011 : 22).

15. Deux étymologies sont probables pour ce terme : dérivé soit de l'arabe *al-tannur,* le
    four, soit du grec *a-thanatos,* immortel.

16. Cette estampe dont seul le premier état, à l'eau-forte et à la pointe sèche, serait de
    la main de Rembrandt, aurait illustrée en couverture la première édition de l'œuvre
    homonyme de Goethe (1790). L'influence sur les lecteurs de Goethe que sont Nodier,

Nerval et Gautier, ne se fera pas attendre. L'estampe intitulée *Le Docteur Faustus* peut être consultée en ligne: http://expositions.bnf.fr/rembrandt/grand/093.htm [date de dernière consultation: 26/12/2017]

17. C'est impossible de citer ici, car je m'éloignerai trop de mon propos, tous les écrits, tableaux, dessins, compositions scéniques et musicales que le héros du pacte avec Méphistophélès a directement inspirés, notamment entre 1806 et 1832, voire au-delà de ce quart de siècle où l'auteur n'a de cesse remanié son œuvre. Je renvoie mon lecteur aux multiples ouvrages déjà consacrés à ce sujet, parmi lesquels, le célèbre car classique ouvrage d'André Dabezies (Dabezies 1972) ainsi qu'à l'un des plus récents à ma connaissance : (Brisson 2013).

18. Même si, aux dires de François Brunet, Gautier « n'a pas beaucoup eu l'occasion de s'exprimer sur le drame métaphysique faustien », lorsqu'il l'a fait « il s'est exprimé surtout en esthète ». Ainsi, alors que sur *le Second Faust* —ouvrage découvert en 1840 dans la traduction abrégée de Nerval, mais ayant influencé directement la conception *d'Arria Marcella*, tel que Georges Poulet l'a longuement souligné dans *Etudes sur le temps humain* (1952, 1990)— les commentaires brillent par leur absence, concernant le « *Premier Faust*, Gautier [a] eu le privilège d'assister à une représentation de cette pièce lors du voyage de 1854 à Munich. Ce feuilleton », continue François Brunet, « qui a été reproduit avec les autres chapitres de ce voyage dans *L'Art Moderne*, en 1856, est copieux et détaillé (une quinzaine de pages)». Enfin, il écrira également des commentaires —concernant « surtout les chanteurs »— sur les reprises (« de septembre 1864, juillet 1867, mars 1868, janvier 1870 ») de la fable de Faust arrangée par « Michel Carré et Jules Barbier » à partir de la première de cet opéra « en 1859 » (Brunet 1997 : 23–25).

19. Dans un livre savant et très solidement documenté, Françoise Bonardel se hâte de distinguer en français les trois termes suivants : « *hermétique* » pour évoquer « la pensée et les pratiques énoncées dans les *Hermetica* » —ou *Corpus Hermeticum*, autrement dit, l'ensemble des traités, entre l'époque de Stobée (VIe siècle) et celle de M. Psellos (XIe s) incluant non seulement le *Poimandrès* mais aussi *L'Asclépius* ou « *Discours parfait* », et les *Fragments de Stobée*, ainsi qu'un texte arabe postérieur, écrit avant 1270 et traduit ensuite en latin, le *De castigatione animae*— ; « *hermétiste* », pour faire allusion à « l'ensemble de la tradition ésotérique patronnée par Hermès et incluant donc à l'occasion théosophie, kabbale, alchimie, astrologie ». Enfin, continue-t-elle, « sera qualifiée d'*hermésienne*, la tournure d'esprit qui, inspiré par le regard et le Verbe du dieu polymorphe et du Sage, invite à entreprendre un acte herméneutique de « compréhension » gnostique » (Bonardel 2002 : 12–17). Quoique j'utiliserai, en suivant Durand, les deux premiers indistinctement, ainsi que le troisième lorsqu'il sera question d'herméneutique, cette précision lexicale me semble utile pour mieux comprendre les nombreuses citations à son magistral ouvrage *La Voie Hermétique*, dans les pages qui suivent.

20. « Nerval n'est assurément pas le seul à pratiquer Swedenborg, Mesmer et les ouvrages de sciences obscures du siècle précédent » (Fauchereau 2011 : 97). Aux dires de Françoise Bonardel, les philosophes et poètes de cette période —et tout en s'inspirant des « recherches de F. A. Mesmer (1734–1815) relatives au magnétisme », de « celles de J. W. Ritter en électricité, précédées des découvertes de Galvani et de Volta », des « travaux du minéralogiste A. G. Werner (1750–1817), qui influencèrent Novalis dans son récit *Henri d'Ofterdingen* », de « l'ouvrage de Creuzer (1771–1858) sur la *Symbolique du rêve* », mais également des « études de Goethe en alchimie, botanique, géologie », et en définitive, de « tous ces écrits savants et visionnaires » convergeant en fait, vers un même but exprimé en raccourci par « le mot *chimisme* »— chercheront la plupart du temps, par le biais d'un langage « alchimiste », à « découvrir l'Ame du monde présente dans la Nature et les formes subtiles de la matière et restaurer, par son entremise, l'unité du monde créé en rattachant les uns aux autres les maillons de *l'Aurea Catena* hermétiste afin de refaire de la vie ce "service divin", ce "culte de la lumière" (Novalis) dont le matérialisme et le mécanisme tendent à éloigner l'homme » (Bonardel 2002 : 125). Sur l'importance de cette veine occultiste, inséparable d'un naturalisme magique d'inspiration hermétiste, dans l'œuvre de Gautier, je reviendrai plus bas.

21. Gautier souligne avec joie combien « Eugène Delacroix eut tout d'abord la sympathie du cénacle romantique », bien que « plus tard, il ait nié, par une sorte de dandysme, avoir jamais partagé les doctrines des novateurs, imitant en cela Byron, qui exaltait Pope aux dépens de Shakespeare ». Et un peu plus bas de conclure, malgré l'éclatante couleur de celui que l'on commençait à appeler alors, le « Paul Véronèse français » —à savoir « Eugène Devéria » dans sa « *Naissance de Henri IV* »— c'est « Delacroix [qui] resta le représentant de la peinture nouvelle » : « il s'est colleté avec Goethe, avec Shakespeare, avec Byron, avec la mythologie et le Moyen Âge, avec la Bible et l'Évangile, avec les tigres, les lions et la mer, et il n'a été vaincu dans aucune de ces luttes » (Gautier [1874] 2011 : 410–422). Paolo Tortonese, quant à lui, écrit : « on voit bien comment s'articulent, dans la pensée de Gautier, deux perspectives : d'une part Delacroix est le peintre de la rupture romantique, d'autre part il assure la continuité d'une tradition anti-classique, représentée par les grands noms auxquels il est rapproché » (Tortonese 1997: 85).

22. Car ce fut « Delacroix » qui « pittoresquement découvrit l'Afrique », en prenant « en Orient le goût des chevaux, des lions et des tigres, qu'il peignit comme Barye les sculpte, avec une puissance de couleur, un frémissement de vie et une férocité incroyables » (Gautier [1874] 2011 : 418–419). Quant à Gautier lui-même qualifié de « véritable fondateur de l'école exotique » par Mario Praz (Praz [1966] 1977 : 177), je reviendrai plus bas, à propos de l'importance de ce mythème romantique pour l'émergence d'un autre mythème décadent, à savoir la femme fatale.

23. Ce que des peintres, continue Durand, comme « Fragonard, Thomas Girtin, Joseph Vernet ou Hubert Robert » « pressentaient » déjà, « dès les ultimes années du XVIIIᵉ siècle » (Durand 1996a : 113).

24. Ainsi, « alors que cette charnière entre le XVIIIᵉ siècle et le XIXᵉ siècle », tel que le précise bien Durand, « apparaît à l'analyse positive comme le moment du progrès majeur et du triomphe de l'extraversion conquérante de l'Occident, c'est paradoxalement à cet instant précis que se creuse dans cette ascension irrésistible la caverne romantique de l'intimisme et que, point par point, des valeurs antagonistes viennent compenser et charger de nostalgie, sinon de culpabilité, l'axiologie triomphante du monde nouveau émergeant de la Révolution française » (Durand [1979] 1992 : 244–245).

25. Durand le souligne très nettement, lorsqu'il écrit, alors que ce sont déjà les « "ruissellements " de la sensibilité décadente qui sont là déjà à l'œuvre au cœur du romantisme, il n'en demeure pas moins que le romantisme est un moment d'équilibre » (Durand 1996a : 114).

26. Gautier a pris position à propos de la musique de Richard Wagner, notamment dans un article au *Moniteur universel* du 29 septembre 1855, où il écrit : « nous voudrions que le *Tannhaüser* fût exécuté à Paris au Grand Opéra. La partition mérite cette épreuve solennelle » (Gautier. Cité par Magnol-Malhache 2007 : 54). Aux dires de Véronique Magnol-Malhache « ce fut chose faite le 13 mars 1861, provoquant un scandale retentissant ». Et Véronique Magnol-Malhache de conclure, « sa curiosité, sa tolérance intellectuelle et son refus de *l'a priori*, qui ne sont pas ses moindres qualités, firent ainsi de Gautier l'un des premiers connaisseurs de Wagner en France (avec Champfleury) » (Magnol-Malhache 2007 : 54).

27. « Presque chaque semaine », écrit François Brunet, « le Théâtre-Italien donne une œuvre de Bellini, Donizetti, Rossini, ou, dès les années 1850, de Verdi ». « Gautier », continue-t-il, « qui vit avec Ernesta Grisi, cantatrice, cousine de la diva Giulia Grisi dont le compagnon est le célèbre ténor Mario, vit dans une ambiance favorable à la musique italienne, et il assiste fréquemment à de tels spectacles dont les Français sont d'ailleurs friands » (Brunet 1997 : 31).

28. « C'est sur cette scène », précise Jean Mongrédien, « que furent » par ailleurs, « données les premières représentations en France des trois grands chefs-d'œuvre de Mozart dans la langue italienne originale : *Le Nozze di Figaro* (1807), *Così fan tutte* (1809) et *Don Giovanni* (1811). On peut dire que ces trois dates marquent vraiment la découverte des opéras de Mozart pour la France » (Mongrédien 2010 : 79–87. In http://www.cairn.info/revue-napoleonica-la-revue-2010-1-page-79.htm DOI : 10.3917/napo.101.0079) [date de dernière consultation: 30/12/2017].

29. Aux dires de François Brunet, « ce n'est qu'en 1826 que les premières symphonies de Beethoven furent jouées à Paris, et imposées avec ténacité par Habeneck, chef de l'excellent orchestre du conservatoire. Pourtant, dans les années 1860, les concerts dominicaux de Pasdeloup, qui avaient lieu au Cirque-Napoléon, devant six mille spectateurs, jouaient de préférence le répertoire allemand » (Brunet 1997 : 36).

30. Dans le cadre de cette étude évidemment, axée sur le romantisme français —ne tenant compte que très sommairement, des romantismes anglais et allemand en tant que mouvements ayant directement influencé et marqué le romantisme qui nous occupe—, qu'il me soit permis ici de citer au moins, les auteurs clés du romantisme italien Alfieri (1749–1803), Vincenzo Monti (1754–1828), Ugo Foscolo (1778–1827), Giacomo Leopardi (1798–1837), Silvio Pellico (1789–1854) ; du romantisme espagnol (et ce, malgré la querelle encore d'actualité, héritière de la malencontreuse distinction entre les littératures du Nord et celles de Midi, établie par Mme de Staël en 1800 et questionnant encore l'existence d'un Romantisme espagnol : José de Espronceda (1808–1842), Antonio García Gutiérrez (1813–1884), mais surtout les auteurs consacrés, Gustavo Adolfo Bécquer (1836–1870) et Rosalía de Castro (1837–1885), ou d'autres auteurs, incarnant un romantisme national ouvert aux cultures occidentales comme Mickiewicz (1798–1855), Slowacki (1809–1849) en Pologne ou Pouchkine (1799–1837) et Lermontov (1814–1841) en Russie, dont une étude approfondie —à l'image du précieux outil édité récemment par Pierre Brunel sur les Romantismes européens et le Romantisme français— devrait venir compléter ce bassin sémantique du romantisme européen.

31. «C'est dans le milieu libéral», précisent Isabelle et Yves Ansel, « autour de Mme de Staël, dans ce que l'on a appelé "le groupe de Coppet" (du nom de la résidence de Mme de Staël, en Suisse, dans le canton de Vaud) que se recruteront penseurs, philosophes, traducteurs et théoriciens de l'art qui ont tenté d'acclimater le romantisme en France ». Le groupe de Coppet, continuent les auteurs, « a ouvert les frontières, a fait connaître bien des œuvres étrangères capitales, et fourni des arguments décisifs contre le classicisme », quoique, précisent-ils, « il a toutefois manqué à ce collectif de philosophes, de critiques, de professeurs, de produire un drame, un roman, un recueil poétique, à la hauteur des idées et des doctrines » (Ansel 2000 : 28–29). Ce qui expliquerait, le rôle joué dans la généalogie du romantisme français par les voix des contre-révolutionnaires, notamment grâce à la prose de Chateaubriand ou de Rousseau.

32. Je fais ici correspondre l'année 1830 en France avec ce que Durand appelle « temps forts dans une mythanalyse », à savoir, non pas « la vulgarisation d'un thème ou d'un mythème » mais plutôt, le fait « qu'un thème ou mythème soit agréé ou porté par l'"élite" », autrement dit, « la "minorité pensante et agissante" » ou « les grands noms d'une époque » (Durand 1989 : 165). Ces temps forts correspondent parfaitement à la phase d'« aménagement des rives » du bassin sémantique du romantisme européen où « une consolidation stylistique, philosophique, rationnelle se constitue » et en même temps, surgissent ces « "seconds" fondateurs », des « théoriciens » qui par des « crues exagèrent certains traits typiques du courant » (Durand 1996a : 85).

33. «Le courant de pensée» précise Albert Béguin, «qui trouva son expression théorique dans la philosophie de la nature se manifesta à la fois aux quatre coins de l'Allemagne, chez des savants d'origine très diverse et qui n'appartenaient pas tous à la même

génération (…) Berlin et Halle, centres de résistance du rationalisme, cédèrent le pas à d'autres foyers, les mêmes où naquit et triompha le romantisme poétique : Iéna, où le voisinage de Goethe, la présence de Ritter, des Schlegel, de Schelling et de Novalis attiraient les jeunes gens ; la Souabe, terre mystique à travers les siècles ; Vienne, où le magnétiseur italien Malfatti initiait ses disciples à la théorie des nombres, tandis qu'en Prusse le Norvégien Steffens répandait les idées nouvelles. La Bavière, cependant, jouait un rôle très important dans la genèse de la philosophie de la nature. Ses universitaires et ses médecins —tel le célèbre Dr. Marcus de Bamberg— furent parmi les premiers acquis aux théories mystiques » (Béguin 1939 : 63–64). Françoise Bonardel conclue quant à elle, en écrivant : en « cette fin du XVIIIᵉ siècle et ce début du XIXᵉ siècle », « l'acte des foi des hermétistes à l'endroit des deux Lumières, naturelle et divine » se penche soit, du côté de la « lumière naturelle » —chez ceux appelés « les philosophes de la Nature (Naturphilosophen)—, soit, —chez les « théosophes »— plutôt du côté du divin, « la médiation naturelle », n'étant pour ceux derniers ainsi, « qu'un moyen d'accomplir en soi et dans le monde, la Surnature divine » (Bonardel 2002 : 123).

34. Quoique pour la grande majorité des théosophes, « toute sensation absolue est religieuse » (Novalis. Cité par Bonardel 2002 : 124), car ils « restent avant tout des esprits religieux » —ce dont l'esprit païen d'un Gautier s'éloignera— « la vieille formule hermétique Un le Tout (*En To Pan*) —revenant comme un leitmotiv tant chez Hölderlin (1770–1843) que Novalis, Schelling ou Caroline de Günderode (1780–1806)— laissera des traces esthétiques et poétiques de l'Art d'Hermès que j'évoquerai ci-dessous, chez Gautier.

35. Françoise Bonardel le précise fort bien, quoique « nombre de traités alchimiques publiés à partir du XVIIᵉ siècle, sont déjà marqués par cette rationalisation croissante », « la Philosophie selon Hermès n'en continua pas moins son cheminement occulte, tant par la pratique de l'alchimie opérative —vivace jusqu'à aujourd'hui— qu'à travers ce vaste domaine de la *Naturphilosophie,* de la *théosophie chrétienne* et de la *poésie romantique* ». Et de conclure, « pas plus que n'étaient isolables, durant la Renaissance, kabbale, magie, théosophie, alchimie, ne le seront au XIXᵉ siècle les diverses composantes d'un même courant de pensée que l'on peut incontestablement continuer à nommer hermétiste » (Bonardel 2002 : 121).

36. Qu'il me soit permis ici, de ne point considérer qu'un acte, certes devenu légendaire !, puisse suffire à ranger sous l'étiquette d'une quelconque école, soit-elle l'école romantique. Les pages qui suivent me permettront avec Durand, d'ouvrir cette œuvre inclassable à la mythologie de la période décadente. N'oublions pas que Gautier est non seulement romancier voulant « décrire l'expérience concrète, prosaïque, de son temps », mais également peintre et poète, et ce dernier se fait « voyant, c'est-à-dire un peu devin sinon prophète », pouvant voir « dans le présent les structures de l'avenir » (Durand [1979] 1992 : 271). L'auteur de Tarbes —pour revenir à la citation de mon introduction— ne nous invitait-il pas à lire la « vraie attitude de l'âme » et

le « secret d'un poète », « entre les lignes » et « sous des déguisements » —en faisant alors, la part « des systèmes philosophiques ou littéraires, des affectations à la mode en ce moment-là, des réticences exigées, du style voulu ou commandé, des imitations admiratives et de tout ce qui peut modifier les formes extérieures d'un écrivain »— ? (Gautier [1865] 1970 : 93–94).

37. « En 1859–1860 », écrit Durand, « nous faisons naître avec la mort du grand philosophe pessimiste Schopenhauer —qui sera l'éducateur posthume de Wagner (qui lui dédicace le *Ring*), de Nietzsche, de Mann, de "Des Esseintes" entre autres— et l'éclosion des *Fleurs du Mal* (1857), le mythe noir du demi-siècle » (Durand 1989 : 165). C'est en effet, à partir de 1860 que le nouveau nom du fleuve décadent cesse d'être latent, quoique, je tiens à le souligner, avec Durand, depuis au moins, 1830, les thématiques décadentes étaient dans l'air sous forme de ruissellements, partage des eaux ou confluences.

38. Je reproduis ici, le titre de l'étude de Lois Cassandra Hamrick dont les prémisses se rapprochent des miennes, lorsqu'on y lit : « dans les études consacrées à la poésie post-romantique, c'est plus souvent un Mallarmé, un Rimbaud, ou même un Baudelaire qui méritent une place d'honneur parmi les *voyants* chef de file du grand mouvement qu'on a baptisé sous le nom de « symbolisme ». Quant à Gautier, ce vieux romantique démodé serait plutôt un "peintre fourvoyé", dont la faculté de voir reste à la surface des choses, et dont la production poétique se réduit à un ensemble de "curiosités esthétiques" dépourvues de tout élément humain » (Hamrick 1999 : 118). Quant à sa conclusion, elle n'en est pas moins intéressante : « c'est ainsi que le "don mystérieux de voir" dont on trouve les indices dans la critique d'art de Gautier, devient la faculté par excellence du processus connu sous le nom de *voyance* ». Un « don de voir » ou « œil profond » que Mallarmé n'hésitera pas à appliquer à l'auteur de Tarbes dans « Toast funèbre », en s'inspirant de sa propre lecture de l'œil de l'alchimiste dans une eau-forte de Rembrandt, tel que la citation gautiériste en exergue du chapitre suivant l'indique (Hamrick 1999 : 124–127).

39. Certes, précise Durand, « les romantiques mêlent toujours le prométhéisme des Encyclopédistes au mysticisme des Illuministes. On pourrait dire que leur clarté, sinon leur clair-obscur, naît de l'impossible accouplement du "Siècle des Lumières" et de l'Illuminisme. La courbe de la mythique romantique (…) décrit toujours une remontée à partir d'une chute, une rédemption à partir d'une faute ». Et de conclure, « plus qu'à l'oxymoron, encore timide, c'est à l'antithèse et surtout à l'antiphrase que leur style est sensible » (Durand [1979] 1992 : 274).

40. Voir également l'intéressant article de Paolo Tortonese : (Tortonese 1997).

41. Je prendrai appui ici, et dans les pages qui suivent, sur l'analyse mythémique que Durand a faite de ce courant dans *Beaux Arts et archétypes* (Durand 1989 : 163–180).

42. Le caractère « subversif » de l'œuvre gautiériste sera analysé dans les chapitres qui suivent, sans en constituer forcément un chapitre indépendant, le premier mythe décadent portant sur différentes thématiques à la fois.

Bibliographie

Ansel I. et Y. (2000) *Le Romantisme*. Paris : Ellipses.

Béguin, A. (1939) *L'Âme romantique et le rêve*. Paris : Librairie José Corti.

Bonardel, F. (2002) *La Voie hermétique*. Paris : Ed. Dervy (*L'Hermétisme*. Paris : PUF, 1985).

Brisson, E. (2013) *Faust. Biographie d'un mythe*. Paris : Ellipses.

Brunet, F. (1997) « Théophile Gautier et l'Allemagne » in *BSTG*, n° 19. Montpellier : Université Paul Valéry, pp. 21–38.

Dabezies, A. (1972) *Le Mythe de Faust*. Paris : Librairie Armand Colin.

Durand, G. ([1979] 1992) *Figures mythiques et visages de l'œuvre. De la mythocritique à la mythanalyse*. Paris : Dunod. (1re édition, Berg International éditeurs, 1979).

Durand, G. (1989) *Beaux-arts et archétypes. La religion de l'art*. Paris : PUF.

Durand, G. (1996a) *Introduction à la mythologie. Mythes et sociétés*. Paris : Albin Michel.

Durand, G. (1996b) « Redondances mythiques et renaissances historiques », in Durand, G. *Champs de l'imaginaire (textes réunis par D. Chauvin)*. Grenoble : Ellug, pp. 169–179.

Fauchereau, S. (2011) « L'Europe de l'obscur » dans Pijaudier-Cabot, J. et Fauchereau, S. (2011) *L'Europe des esprits ou la fascination de l'occulte, 1750–1950*, Strasbourg : Editions des Musées de Strasbourg, pp. 67–90.

Gautier, Th. ([1865] 1970) *Spirite*. Paris : Flammarion. (1re parution : « Spirite, nouvelle fantastique », *Le Moniteur universel*, 17 novembre au 6 décembre 1865). Ensuite : (1866) *Spirite. Nouvelle fantastique*. Paris : Charpentier.

Gautier, Th. ([1874] 2011) *Histoire du Romantisme suivi de Quarante portraits romantiques*. Préface d'Adrien Goetz, avec la collaboration d'Itaï Kovács. Paris : Gallimard, 2011. Voir en version numérisée, une édition plus complète : (1874) *Histoire du Romantisme, suivie de notices romantiques et d'une étude sur la poésie française (1830–1868)*, Paris : Charpentier.

Goetz, A. (2011) « Préface » in Gautier, Th. *Histoire du Romantisme suivi de Quarante portraits romantiques*. Paris : Gallimard.

Halévy, M. (2015) *Éloge du Romantisme. La Contre-modernité*. Le Thor : Editions Laurence Massaro, coll. « Pensées pour demain ».

Hamrick, L. C. (1999) «Gautier, "voyant" du symbolisme ou Gautier "vu" par Mallarmé », in *BSTG n° 21 : Héritiers et héritage de Théophile Gautier*. Montpellier : Université Paul Valéry, pp. 117–130.

Jullian, R. (1979) *Le mouvement des arts du romantisme au symbolisme. Arts visuels, musique, littérature*. Paris : Albin Michel, coll. « l'évolution de l'humanité ».

Magnol-Malhache, V. (2007) *Théophile Gautier dans son cadre*. Paris : Somogy, édit. d'art.

Mallarmé, S. « Symphonie littéraire » in (1976) *Igitur, Divagations, Un Coup de dés*. Paris : Gallimard/Folio.

Monglond, A. (1929) *Histoire intérieure du préromantisme français de l'abbé Prévost à Joubert*. Grenoble : B. Arthaud.

Mongrédien, J. (2010) « Le Théâtre-Italien de Paris sous le Consulat et l'Empire », in *Napoleonica. La Revue*, 1/2010 (N° 7), pp. 79–87. Voir : http://www.cairn.info/revue-napoleonica-la-revue-2010-1-page-79.htm DOI : 10.3917/napo.101.0079).

Montoro Araque, M. (1999) « L'art de l'androgyne ou l'androgyne dans l'art? L'héritage décadent » in *BSTG* n° 21 : *Héritiers et héritage de Théophile Gautier*. Montpellier : Université Paul Valéry, pp. 331–346.

Poulet, G. (2017) *Etudes sur le temps humain. I. La Durée intérieure*. Paris : Pocket (Volume comprenant les tomes 1 et 3 des *Etudes sur le temps humain*, ouvrages initialement parus aux éditions Plon en 1949 et 1964).

Praz, M. (1977) *La chair, la mort et le diable dans la littérature du XIXe siècle. Le romantisme noir*. (trad. Constance Thompson Pasquali). Paris : Denoël. (édit. en italien, Firenze, 1966).

Tortonese, P. (1997) « Gautier classique, Gautier romantique. Considérations en marge de l'exposition Gautier au musée d'Orsay » in *BSTG*, n° 19. Montpellier : Université Paul Valéry, pp. 75–93.

Ubersfeld, A. (1992) *Théophile Gautier*. Paris: Stock.

9

Des philosophies de l'occulte ? Prométhée, Dionysos, et l'art d'Hermès

> « Que jamais alchimiste n'a regardé d'un œil
> plus inquiet, plus scrutateur, plus profond, le
> microcosme rayonner aux murs de sa cellule que
> cet homme esquissé en deux coups de pointe
> qui se lève à demi de son fauteuil, dans une des
> formidables eaux-fortes de Rembrandt ». (Gau-
> tier [1847] 1856 : 135)

Aux dires de Gilbert Durand, l'analyse mythémique du courant de la décadence doit débuter par un premier mythème, étant « celui de la subversion, du renversement »[1]. Un renversement qui peut certes, porter sur différents domaines, mais qui globalement va s'insurger contre ces « valeurs que portait encore l'esthétique romantique », à savoir, « la Nature et la Femme » (Durand 1989 : 169–170). Or, toute subversion —aussi décadente soit-elle !—, mérite certes, une délimitation, surtout lorsqu'il est question de voyance, clairvoyance, magie, initiation, occultisme[2], illumination, gnose, hermétisme, alchimie…si ce n'est d'herméneutique !

D'après Françoise Bonardel, « contrairement aux sciences expérimentales actuelles, qui affirment la possibilité et la validité d'un savoir cumulatif, l'alchimie associe connaissance et illumination, gnose: en ce sens, elle est essentiellement cheminement initiatique ». Je reproduis ici, la définition d'alchimie soulignée par cette spécialiste, en suivant André Savoret:

> L'alchimie vraie, l'alchimie traditionnelle, est la connaissance des lois de la vie dans l'homme et dans la nature et la reconstitution du processus par lequel cette vie, adultérée ici-bas par la chute adamique, a perdu et peut recouvrer sa pureté, sa splendeur, sa plénitude et ses prérogatives primordiales: ce qui dans l'homme moral s'appelle rédemption et régénération; réincrudation dans l'homme phy-sique; purification et perfection dans la nature, enfin le règne minéral propre-ment dit: quintessence et transmutation. (Bonardel 1980 : 31)

À la lecture de cette définition, l'acte herméneutique qu'est le mien, *hic et nunc*, — ma démarche se voudrait-elle alors, « *hermésienne* »[3]?— me permettrait-il d'iden-tifier alchimie et création ? M'inviterait-il à traduire le but d'un auteur, à l'œuvre dans sa création, en tant que gnose (connaissance en voie du salut) ? M'autori-serait-il à lire ce "Grand-Œuvre" qui me semble être l'œuvre gautiériste, en tant que mythe hermétiste, tout en rejoignant par là également, l'un des mythèmes décadents par excellence, —pressenti dès le Romantisme!—?

En effet, le XIXe siècle n'avait pas laissé dans l'oubli, dans ses premières décen-nies, le "cours d'eau" hermétique[4]. Depuis ses origines —quoique incertaines et toujours au cœur du débat![5]— ce courant hermétique n'avait point cessé de voir accroître et/ou diminuer ses eaux selon les périodes. Mais de quel hermétisme sera-t-il ici, question ? De quel « Art d'Hermès » plus concrètement, de celui qui implique une initiation, une gnose, une alchimie ? Ou encore, de quel Hermès, parmi les diverses incarnations du dieu polymorphe, parlerai-je ici, en tant que subversion à l'œuvre de ce voyant pre-décadentiste que fut Gautier?

En tant que « déconcertante mosaïque pseudo-historique et plus encore spi-rituelle », la figure d'Hermès cache en réalité, dans son sein « trois grandes figures d'Hermès : égyptien (Thoth), égypto-arabe (le Trimégistre), et gréco-romain (Hermès-Mercure) » (Bonardel 2002 : 23). Quoiqu'il en soit, précise Françoise Bonardel, ce « Thot-Hermès-Trimégistre » semble avoir été « le messager et le médiateur de l'invisible, le prophète et le sage païen qui, prolongeant à sa manière la filiation mythique d'Adam, engageait tout homme à retrouver en soi la Nature parfaite de l'Homme primordial en entamant le cycle de régénération spirituelle initié par la révélation hermétique ». Et de continuer, « rénovation que la tradition alchimique occidentale assimilera à la transmutation de la "matière" mercurielle » (Bonardel 2002 : 24). Par conséquent, le lien que j'établirai ici, entre Hermès, le Grand-Œuvre et l'alchimie m'autorise à croire que c'est « le trois fois grand ou très grand »[6] —comme l'iconographie semble l'attester[7]—qui préside à l'œuvre de Gautier : son penchant « païen », en recourant aux données biographiques[8], n'aurait-il pas pu par ailleurs, faciliter l'identification de notre poète avec le prophète et sage? Le Mercure ailé muni du caducée étant, quant à lui, également, sollicité lorsqu'il sera question « des opérations précises de l'Art, et des vertus tout à la fois corrosives et régénératrices du Mercure philosophal » (Bonardel 2002 : 109) ou dans tout le cas, lorsque « Hermès-Mercure gréco-latin » se voudra « médiateur et conducteur », lorsqu'il sera en définitive, question de « créativité » (Bonardel 2002 : 27) chez cet esprit libre et amoureux des allers-retours[9] en matière d'art, d'esthétique, de poésie qu'est Gautier.

Or, cet Art d'Hermès[10] … comment évolue-t-il tout au long du XIXe siècle ? En pleine période romantique, il est bien question, tel que je l'ai évoqué ci-dessus, d'un courant semi-clandestin[11], dans un contexte qui commence à échapper au contrôle rassurant des religions en place. Car même si le siècle de Descartes et de Spinoza et le siècle des Lumières avaient voulu plonger dans l'oubli les doctrines ésotériques —remontant, certes, à la plus haute Antiquité—, leurs théories et spéculations ont été fixées par les écrits des grands occultistes entre les XIIIe et XVIIIe siècles. Albert le Grand (1193–1280), saint Thomas d'Aquin (1225–1270)— avec son *Traité de la Pierre philosophale*—, Roger Bacon (1214–1294), Arnaud de Villeneuve (1240–1311), Nicolas Flamel (1330–1417), Raymond Lulle (1235–1315) —à qui l'on doit son *Ars Magna*—, Giordano Bruno (1548–1600), Paracelse (1493–1541) … sont tous, plus au moins, philosophes, alchimistes, cabalistes, astrologues, magiciens ou hermétistes réputés. En définitive, « que l'on soit opératif en laboratoire, contemplatif et admiratif devant la prodigieuse "magie" divine dont la Nature est le théâtre, ou qu'on exerce la médecine », c'est, aux dires de Françoise Bonardel, « d'un même regard que les hermétistes de l'époque invitent à contempler le vaste miroir du monde et à acquérir le sens de la vraie philosophie hermétique : "la science et la connaissance de ce qui donne au miroir son éclat", dira avec le brio qui le caractérise Paracelse » (Bonardel 2002 : 82).

Cette tradition hermétique a nourri sans doute, les différents courants qui ultérieurement vont se recommander d'elle : illuminisme, chimisme romantique, théosophie, ainsi que l'œuvre de personnalités aussi complexes et différentes que celles du Suédois Swedenborg (1688–1772), —notamment dans ses *Arcanes célestes*, 1747–1758, ou *La Nouvelle Jérusalem* (1758)— ou celle de Louis-Claude de Saint-Martin (1743–1803) —dit le "philosophe inconnu" et devenu célèbre théosophe à Paris dans les milieux aristocratiques—, Johann Wolfgang Goethe (1749–1832), Novalis (1772–1801), Friedrich Wilhem Schelling (1775–1854), Franz von Baader (1765–1841) et les frères Schlegel (Friedrich, le fondateur de l'*Athenaeum*, 1772–1829 ; August-Wilhem, 1767–1845), parmi d'autres. En effet, dans un siècle, comme le précise Françoise Bonardel, « déjà hanté par l'uniformisation, due à une rationalisation oppressante de l'imagination créatrice et de la vie », l'hermétisme demeure « une réserve d'espérance pour nombre d'esprits, rebelles à cette nouvelle forme d'incarcération magistralement dénoncée par W. Blake (1757–1827) » (Bonardel 2002 : 122). Mircea Eliade quant à lui, écrit:

> Au contraire, l'idéologie de la nouvelle époque, cristallisée autour du mythe du progrès infini, accrédité par les sciences expérimentales et par l'industrialisation, cette idéologie qui domine et inspire tout le XIXe siècle, reprend et assume, en dépit de sa radicale sécularisation, le rêve millénaire de l'alchimiste. C'est dans le dogme spécifique du XIXe siècle —que la vraie mission de l'homme est de changer et de transformer la Nature, qu'il peut faire mieux et plus vite que la Nature— c'est dans ce dogme qu'il faut chercher la suite authentique du rêve des alchimistes. (Eliade 1956 : 49–50)

Car ce « rêve millénaire de l'alchimiste », dont parle Eliade, —autrement dit, la transmutation des métaux en or à la recherche de l'unité de la matière et de l'esprit, rejoignant la doctrine de l'Analogie, qui sous-tend toute pensée ésotérique— cet art, synthétique, aura des résonances mythémiques non seulement romantiques, mais aussi décadentes. Concernant les premières, le terrain avait été, aux dires de Françoise Bonardel, « préparé par *l'Illuminisme* qui, en réaction contre les trop aveuglantes Lumières de l'*Auklärung*, avait cultivé une sensibilité toute particulière pour l'intimité et la fraternité spirituelles dont témoignent », entre autres, l'œuvre de « E. Swedenborg» (Bonardel 2002 : 123). Parler des résonances mythémiques décadentes implique, par ailleurs, selon la même critique, une « Grande Synthèse », sous « sa triple formulation hermétiste, théosophique et occultiste » (Bonardel 2002 : 134).

Vers la fin du XIXe siècle, dans un contexte où dominent désormais matérialisme, industrialisation, et scientisme, un fourmillement de publications[12] de toutes sortes (livres, almanachs, brochures, articles) témoignent du climat favorable aux tendances mystiques, ésotériques, spirites, occultistes: ce qui est défini par Françoise Bonardel comme « occulto-hermétisme » et conçu, notamment dans cette fin du XIXe siècle, comme « un nouvel hybride » (Bonardel 2002 : 136). Gautier ne saura pas "résister à la baignade", de plus en plus « occulto-hermétiste » (Bonardel 2002 : 131–153) de cette période, non seulement en écrivant le ballet en deux actes et cinq tableaux intitulé *Gemma*[13], dont le sujet est directement inspiré du magnétisme, ou son *Spirite* —directement inspiré du spiritisme[14]—; mais surtout, en s'anticipant si ce n'est en s'alignant à des auteurs, réécrivant l'Art d'Hermès de façon personnelle, comme Baudelaire, Nerval voire, quelques années plus tard, Mallarmé.

Mais rétrécissons le panorama autour de l'art d'Hermès et abordons, à présent, les possibles influences "occultistes" des uns sur les autres, tout en débutant —en raison de leur notoriété— par les rapports amicaux que Gérard de Nerval[15] —reconnu membre du cercle illuministe de Swedenborg[16]— et Gautier ont entretenus. A propos de Nerval, Philippe Muray fait allusion à la « petite maison de Mortefontaine avec la bibliothèque de l'oncle, bourré d'ouvrages alchimiques » (Muray 1984 : 399). Un peu plus bas, témoigne-t-il de la collaboration de Nerval dans des revues occultistes : « *Le Diable rouge, Le Diable vert ou L'Almanach fantastique* » (Muray 1984 : 401). Sans-doute, une atmosphère "occultiste", "illuministe", "hermétiste" devait se respirer dans leurs rencontres, tout en éveillant des affinités, des sympathies, des effets de miroir. Gérard, « poétiquement antichrétien et lyriquement anticatholique » (Muray 1984 : 402), et Gautier, « "païen" » pour qui il y aurait eu même « un peu de polémique au sujet de [son] enterrement religieux» (Brunet 1999 : 9)… Cette impiété, cet athéisme, ce paganisme affichés —porte d'entrée par ailleurs, invitant à l'occulte—est-ce le fruit du hasard ? Leur attirance commune pour la mort[17], les cadavres, les dépouilles —Nerval, qualifié même de « capitaliste du nécrophile » (Muray 1984 : 402) ou Gautier rentrant « dans la religion générale et fini[ssant] sa vie sur un roman nécrophilique, *Spirite* » (Muray 1984 : 422)— a conduit à Philippe Muray à se prononcer dans le sens d'une forte emprise de Nerval ou de sa "tribu" sur Gautier : « on peut constater avec cet ouvrage ultime extrêmement symbolique que Gautier aura tenu compte jusqu'au bout des instructions de Nerval qui ne sont après tout que la traduction en langue noble des papotages de la tribu… » (Muray 1984 : 422). Et cela, sans oublier, non seulement les conséquences que la traduction nervalienne du *Faust* de Gœthe a eues sur l'ami de Tarbes[18] mais également, l'influence que l'alchimie avait exercée, en même temps sur l'auteur allemand:

> Une des maximes des alchimistes était: "N'effectue aucune opération avant que tout soit réduit à l'Eau". Au plan opératoire, ceci correspond à la dissolution de l'or purifié dans l'*aqua regia*. Kirchweger, l'auteur présumé de l'*Aurea Catena Homeri* (1723), —ouvrage qui, soit dit en passant, a exercé une grande influence sur le jeune Gœthe— écrit: "Il est sûr et certain que la Nature entière était au commencement Eau, et que par l'Eau toutes les choses sont nées et également par l'Eau toutes les choses doivent être détruites". La régression alchimique au stade fluide de la matière correspond, dans les cosmologies, à l'état chaotique primordial, et, dans les rituels initiatiques, à la "mort" du myste. (Eliade 1956 : 157–158)

Par ailleurs, dans un article assez intéressant sur l'influence de l'Allemagne sur Gautier, François Brunet énumère les lectures du "daguérreotype littéraire"[19], parmi lesquelles, il me semble intéressant de souligner, mis à part le « théâtre de Goethe, ses romans, ses poèmes, peut-être certains récits de voyage », également et entre autres, « divers ouvrages de Lessing, Schelling, de Tieck, et bien entendu, plus tard, tout Hoffmann, tout Heine, et les contes d'Achim von Arnim », sans oublier « Novalis » (Brunet 1997 : 22). Schelling —dont Goethe lut et apprécia les *Idées pour une philosophie de la Nature* (1797) et dont les romantiques avaient repris la conviction qu'un principe unique anime le Tout qu'est l'univers créé— ; Tieck (1773–1853) — dont les œuvres traduites à partir de 1826 vont ériger ce proche du cercle d'Iéna, en chef de l'école romantique, grâce à Nodier, Sainte-Beuve, Balzac, ou Musset— ; Novalis —dont les « recherches attestent un regain d'intérêt pour l'Art d'Hermès » (Bonardel 2002 : 126) ; Achim von Arnim — dont la préface à la traduction de ses *Contes bizarres* est signée de Gautier père en 1856 (Brunet 1997 : 22) ; un poète dont la « méditation sur la portée spirituelle du travail de la terre dans les *Gardiens de la couronne* », prend aux dires de Françoise Bonardel, « un relief tout particulier si l'on y décèle les harmoniques du labeur alchimique » (Bonardel 2002 : 127)— … l'Art d'Hermès, en définitive, pouvait-il être méconnu de notre auteur ?

Quant au surnom célèbre évoqué ci-dessus, qu'est-ce que le rapport avec Félix Tournachon, dit Nadar, peut nous apprendre sur l'Art d'Hermès chez Gautier ? Ce qualificatif est plus qu'approprié pour quelqu'un qui, comme Gautier, avait écrit le 8 mars 1857 dans l'*Artiste*.

> La photographie d'ailleurs n'est pas comme on le croit communément, une simple *opération chimique* (…) Cela tient aux objectifs, aux agents chimiques (…) un peu sans doute à toutes ces circonstances, mais principalement au goût de l'artiste (…) et surtout —pourquoi ne le dirions-nous pas ?— à une certaine *transmission fluidique*, que la science n'est pas en état de déterminer aujourd'hui, mais qui n'en existe pas moins.

Et de continuer :

> Pensez-vous que ces plaques imprégnées de préparations assez sensibles pour s'impressionner à l'action de la lumière, ne soient pas modifiées par l'influx humain ? —Nous touchons là à une question délicate. L'âme peut-elle agir sur la matière ? Le *magnétisme* semble répondre : oui. (Gautier 1857. Cité par Magnol-Malhache 2007 : 66. C'est moi qui souligne)

Gautier, non seulement connaissait les recherches de Franz Anton Mesmer (1734–1815) relatives au magnétisme, mais ayant assisté à de multiples séances depuis au moins 1843, chez la comtesse Dash (Lefebvre 1993 : 294), il semble ne pas être totalement incrédule. Les appréciations de Nadar sur « l'impeccable Théo » et le « doux Gérard » ne manquent pas d'intérêt non plus:

> Quoiqu'il en fut, Balzac n'eut pas à aller loin pour trouver deux fidèles à sa nouvelle paroisse (…) le bon Gautier et le non moins excellent Gérard de Nerval emboîtèrent immédiatement le pas aux "Spectres". Toute thèse en dehors des vraisemblances ne pouvait qu'agréer à "l'impeccable" Théo, au poète précieux et charmant, bercé dans le vague de sa somnolence orientale (…) Quant au doux Gérard, à jamais monté sur la Chimère, il était cueilli d'avance (…) mais *tout en causant spectres*, l'un comme l'autre, et sans autres façons, furent des bons premiers à passer devant notre objectif.

> Je ne sais combien de temps le *trio de cabalistes* tint bon devant l'explication toute physique du mystère Daguerrien, bientôt passé au domaine banal. (Nadar [s.d.] 1900. Cité par Magnol-Malhache 2007 : 61. C'est moi qui souligne)

L'époque en effet, tenait à valoriser « toutes les attitudes et formes artistiques susceptibles de transmettre rapidement et de façon concentrée ce courant que certains n'hésitent pas à qualifier d'électrique : mots d'esprits (Witz), fragments, "pollens"… », continue Françoise Bonardel, « sont autant de manifestations de l'*esprit mercuriel* alimentant paradoxe, coïncidences des opposés, transitions en tous genres » (Bonardel 2002 : 126).

Enfin, c'est également grâce à une non moins notoire photographie de Nadar[20] que le lecteur peut apprécier « au majeur de la main gauche une bague au chaton de cornaline où est gravée la devise "*vivere memento*" » (Gautier, J. 1900–1910 : 231), alors qu'au majeur de la main droite de Gautier trouve-t-on, « une bague d'argent composée de deux serpents enlacés qui a pour chaton une turquoise » (Lettre de Gautier à Carlotta Grisi, 15 janvier 1866. Cité par Magnol-Malhache 2007 : 66). Avec cette devise gravée dans la bague « qu'il portait toujours » (Gautier, J. 1900–1910 : 231), l'auteur d'*Émaux et Camées* établit une ligne de conduite le rattachant à Goethe, cet autre bon vivant, dont la maxime semble avoir été reproduite par cet autre amoureux de la vie que fut le «bon Théo» (Spoelberch de Lovenjoul [1887] 1968 : I, 10). Face au *memento mori* des chrétiens et néo-platoniciens, une sagesse du présent semble compatible avec un retour au passé, pour ces deux poètes, ce qui leur permet par ailleurs, d'assumer l'angoisse devant le mystère de l'existence et mieux accepter l'avenir. Avec ce "*vivere memento*" —que

Judith Gautier, tout en renchérissant sur le caractère du père, confond ironique-ment et non sans humour avec *"bibere memento"*, dans son *Second rang du col-lier*— la filiation entre la philosophie gréco-romaine et la culture allemande repré-sentée par Goethe, Schiller, Hölderlin, voire, plus tard, avec Nietzsche —et établie magistralement par Pierre Hadot dans son ouvrage, *N'oublie pas de vivre…*[21]— semble ne pas être étrangère du tout à Gautier, au point d'avoir repris la maxime goethéenne exaltant la sérénité des anciens et d'en faire sa propre devise. Quant à la deuxième bague, est-ce un clin d'œil que l'artiste lègue à la postérité, en nous rappelant le rôle capital accordé aux transitions, aux passages —du présent au passé, certes, mais aussi entre deux « tensions »[22] quelles qu'elles soient, comme le suggère plus récemment, le sinologue François Jullien —dans ce double symbole ophidien rappelant le caducée de l'Hermès-Mercure gréco-romain ?

Quant aux liens d'amitié célèbres entre Gautier[23] et Baudelaire —ils se seraient rencontrés à l'hôtel Pimodan, à l'occasion d'une des "fantasias" données par le peintre Boissard de Boisdenier[24]—, on connaît la présence obsédante d'un Hermès qui se veut « Satan Trimégistre » aux côtés d'un « Hermès inconnu », s'identifiant au poète et parvenant à établir la conciliation des contraires. Baude-laire était ami de Louis Ménard, le traducteur du *Poimandrès,* et aurait même relu sa traduction avant publication : le "parfait chimiste", aurait-il pu influencer le "parfait magicien"[25], ou inversement, dans un milieu intellectuel parisien qui, aux dires de Paul Arnold manifestait « pour la doctrine d'Hermès Trimégistre une vive curiosité » (Arnold 1972 : 31)?

Enfin, aux dires d'Anne-Marie Lefebvre, il semblerait que « ce soit grâce au cercle de Madame de Girardin[26] » qui, « société et mode obligent, recevait le Tout-Paris littéraire et occultiste du milieu du siècle, que Gautier prit directement contact avec les illuminés de son temps » (Lefebvre 1993 : 293). Dans la corres-pondance de Gautier figurent par ailleurs, des lettres de Delphine de Girardin attestant que Gautier a bel et bien assisté à des soirées où l'on pratiquait le magné-tisme, aux côtés de Balzac[27], Hugo —qui pratiquait le magnétisme pour guérir son fils, atteint de graves crises d'insomnie (Viatte 1942 : 112–113)— Musset, Houssaye et bien d'autres. Gautier ayant même été "catéchisé", aux dires de Régis Ladous, par Du Potet, le président de la Société du Magnétisme (Ladous 1989 : 25–26. Cité par Lefebvre 1993 : 310). Parmi d'autres connaissances communes, également associées aux milieux occultistes, —lui permettant de toucher du moins, esthétiquement parlant, au magnétisme et au spiritisme— faut-il souligner surtout, l'étrange Henri, vicomte de Delaage. Journaliste et grand ami de Nerval, « chiromancien amateur », pratiquant le « magnétisme » et évoquant « Sweden-borg avec Balzac » (Charconac 1926 : 177. Cité par Lefebvre 1993 : 306) dont la réputation controversée et les convictions contradictoires —il s'avouait aussi « ardent catholique » que « franc-maçon » (Delaage[28]. Cité par Lefebvre 1993 : 307)— ont fait de lui une figure presque de proue du milieu occultiste parisien. Il aurait même, pu « quelque peu servi[r] de modèle à Paul d'Aspremont » (Lefebvre 1993 : 312), le célèbre *jettatore* de Gautier. Enfin, par cette "religion" occultiste, à la fois scientifique par leur côté expérimental, mais aussi porteuse d'espoir, le comte d'Ourches, Allan Kardec[29], voire Eliphas Levi[30], « nom hébraïsé de l'abbé Alphonse-Louis Constant, le maître incontesté de l'occultisme au XIXe siècle » (Lefebvre 1993 : 313) ont dû inspirer ou, du moins, bien documenter notre poète avec leurs pratiques. « On ignorera », continue Anne-Marie Lefebvre, « probablement toujours la position exacte de Théophile Gautier face au spiritisme et à l'occultisme de son temps » (Lefebvre 1993 : 317) mais voici la réponse de Gautier à Emile Bergerat concernant le spiritisme:

> Mais enfin, lui dis-je, vous qui croyez à tout et qui avez trente-sept religions, avez-vous aussi celle-là ?- Non je n'y crois plus, fit-il ; mais j'y ai cru en écrivant le livre. (Bergerat 1879 : 168–169)

Quoiqu'il en soit, cette suite d'influences occultistes ne font que corroborer l'hypothèse lancée en début de chapitre. Non seulement les ouvrages alchimiques sont lus et connus de tout le cercle[31] entourant Gautier, dès le début du siècle !, mais une certaine atmosphère occultiste se respirait dans le Paris littéraire autour des années 50. Deux tendances qui ont dû favoriser chez Gautier, le recours à l'Art d'Hermès voire, à cette originale lecture de la Gnose, ressurgie au XIXe siècle à la faveur de mouvements ésotériques soucieux de redécouvrir une unité fondatrice indifféremment nommée « tradition primordiale » ou bien encore « Science intégrale »[32]. Dans tous les cas, l'appel d'une *gnôsis,* qu'elle soit conçue en tant que connaissance en vue du salut, dans la création poétique ou en tant que doctrine, sous-jacente à l'alchimie, devait attirer ce rêveur de chimères, ce chercheur de l'idéal, ce romantique subversif à l'œuvre dans sa prose, ne serait-ce que pour mieux la mettre au service de son esthétique idéale. Tendances mystiques, attitude occultiste d'influence antique —soit-elle grecque ou égyptienne[33], gnostique ou hermétiste, si ce n'est les deux[34]— qui ne manquent ni chez Gautier "le parfait magicien", ni chez cet autre "parfait chimiste" que fut Baudelaire, dans un siècle où l'engagement « sur la voie de la métamorphose (transmutation) par la mise en œuvre d'une non-dualité » était « marginale par rapport aux entreprises unificatrices de l'Occident philosophique (monisme) et religieux (monothéisme) » (Bonardel 1997).

Grand-Œuvre et Hermès Trimégistre chez un « parfait magicien »

Comment alors, retrouver ce mythème alchimique décadent du Grand-Œuvre en le transposant de toute une époque à l'œuvre d'un seul auteur, l'Hermès Trimégiste et "parfait magicien" que fut Gautier? L'évocation de l'idéal féminin[35] suppose une progressive et lente maturation, une épuration croissante du myste qui culmine avec l'or, par le biais d'une spirale : spirale matérielle certes, que celle de l'escalier piranésien; spirale imaginaire, intériorisée, spirituelle dans l'acte poétique. Gautier plonge ses héros à travers les mythes jusqu'aux origines de la beauté dans le polythéisme antique. Quelle différence entre cet auteur subversif puisant aux sources du classicisme pour se projeter dans le décadentisme, et la catharsis monothéiste d'autres auteurs comme celui par exemple, du *Génie du christianisme*! Gautier parvient ainsi, jusqu'à l'« Hermaphrodite », « mythème hermétique par excellence », consistant « en l'intériorisation de la dualitude dans l'acte poétique, dans l'opération de l'œuvre » (Durand [1979] 1992 : 275–276). Et cela dans un système où alchimie, magie, occultisme, initiation, spirale, amour idéal, religion du beau, et unité de la nature[36] convergent : le "parfait magicien", ne l'avait-il pas déjà esquissé dans son « madrigal panthéiste » des « affinités secrètes », en écrivant :

> Marbre, perle, rose, colombe,
> Tout se dissout, tout se détruit ;
> La perle fond, le marbre tombe,
> La fleur se fane et l'oiseau fuit
>
> En se quittant chaque parcelle
> S'en va dans le creuset profond
> Grossir la pâte universelle,
> Faites des formes que Dieu fond
> (…)
> De là naissent les sympathies
> Aux impérieuses douceurs,
> Par qui les âmes averties
> Partout se reconnaissent sœurs ? (Gautier 1852 : 3–7)

Marie-Ange Faugérolas n'hésite pas à préciser, combien « lorsque Théophile Gautier affirme "la terre est le rêve du ciel, le ciel, le rêve de la terre", il évoque les paroles d'Hermès Trimégiste dans la *Table d'émeraude* : "ce qui est en haut est comme ce qui est en bas" ». Non sans conclure, à propos de ces "sympathies", combien des « correspondances occultes du rêve et de la réalité, du conscient et de l'inconscient » nous sont livrées dans son œuvre (Faugérolas 2000 : 99). Certes ! L'analyse des symboles, archétypes et du mythe implicite, effectuée sous l'égide de la mythocritique, m'a permis de montrer combien les symboles ascensionnels sont conjugués aux symboles du cycle. Le résultat, est une espèce d'escalier spiralé[37] — qu'elle soit matérialisée dans une image poétique ou qu'elle soit conceptualisée dans son univers littéraire[38] !—, par où le héros, voire l'auteur lui-même, peut accéder, monter au centre, œuf[39] mystique, ventre féminin et à la fois paradis céleste, échelle qui va permettre de rencontrer les dieux. Sans doute, non seulement inspiré des *Prisons* de Piranèse[40] mais aussi, des toiles de Rembrandt[41], cet escalier en spirale sert à parfaire la personnelle "philosophie alchimique hermétiste", aux "affinités secrètes" de notre auteur.

En effet, Gautier concevra toujours le mouvement de sa vie comme l'ascension d'un escalier. L'image symbolique de l'escalier en colimaçon dans une tour gothique apparaît dès 1835[42], dans *Mademoiselle de Maupin* :

> L'homme, dans la vie, m'a souvent fait penser à un pèlerin qui suit l'escalier en colimaçon d'une tour gothique. Le long serpent de granit tord dans l'obscurité ses anneaux dont chaque écaille est une marche. Après quelques circonvolutions, le peu de jour qui venait de la porte s'est éteint. L'ombre des maisons qu'on n'a pas encore dépassées ne permet pas aux soupiraux de laisser entrer le soleil: les murs sont noirs, suintants; on a plutôt l'air de descendre dans un cachot d'où l'on ne doit jamais sortir, que de monter à cette tourelle qui, d'en bas, vous paraissait si svelte et si élancée, et couverte de dentelles et de broderies, comme si elle allait partir pour le bal. (Gautier [1835] 1966 : 157)

Malgré une première impression d'étouffement, de fermeture spatiale dans ce « cachot d'où l'on ne doit jamais sortir » —rappelant par là, une thématique décadente—, les "noires" ténèbres laissent entrevoir un éventail de lumières qui ne culmine que dans l'"or". Ce "trajet alchimique" évoqué par Théodore rejoint vite la promesse d'un nouveau jour, d'un avenir plein d'espoir et harmonie:

> L'escalier tourne encore quelque fois, et des lucarnes plus fréquentes découpent leurs trèfles d'or sur le mur opposé. On commence à voir (…) Quelques marches encore, et vous serez sur la plate-forme; et alors vous verrez, au-delà de l'enceinte de la ville, verdoyer les cultures, bleuir les collines et blanchir les voiles sur le ruban moiré du fleuve (…) ce n'est que lumière, harmonie et parfum. (Gautier [1835] 1966 : 157–158)

Théodore insiste sur la récompense du rude et long cheminement. En continuant toujours avec l'image d'un pèlerin — soit-elle une métaphore des multiples et variés transferts de cet autre messager indéchiffrable et psychopompe que fut Hermès !—, Théodore est conscient que plus la fin semble lointaine, plus le plaisir sera grand:

> Courage, Rosette, courage! Si vous êtes essoufflée, arrêtez-vous un peu et reprenez haleine, et puis continuez votre ascension: vous n'avez peut-être plus qu'une vingtaine de marches à gravir pour arriver à l'embrasure d'où vous verrez votre bonheur. (Gautier [1835] 1966 : 159)

Suivront évidemment, d'autres allusions à l'image spiralée, comme celle du *Chevalier double*[43], en 1840 où un tourbillon d'oiseaux noirs, seul point de repère dans cet univers sinistre, marque la ligne unissant terre et ciel, en tant que deux pôles du tracé géométrique. Ou comme, six ans plus tard, celle transformant le « kief »[44] en véritable cauchemar à travers l'expérience "haschischine" du héros. "Perversion", en définitive, vers les paradis artificiels, qui semble déjà annoncer toute subversion décadente contre dame nature. Sous l'effet de la drogue, l'escalier de l'hôtel fixé pour le rendez-vous du club, acquiert des dimensions exorbitantes. Dès lors, tel que Luzius Keller le souligne, « celui qui avait cru, à un certain moment, avoir terminé son long chemin spiralé et s'être installé à jamais dans le monde divin du cercle, se voit donc ici cruellement rejeté dans les angoisses des spirales » (Keller 1966 : 95).

> Cependant j'étais arrivé sur le palier de l'escalier que j'essayai de descendre; il était à demi éclairé et prenait à travers mon rêve des proportions cyclopéennes et gigantesques. Ses deux bouts noyés d'ombre me semblaient plonger dans le ciel et dans l'enfer, deux gouffres; en levant la tête, j'apercevais indistinctement, dans une perspective prodigieuse, des superpositions de paliers innombrables, des rampes à gravir comme pour arriver au sommet de la tour de Lylacq[45]; en la baissant, je pressentais des abîmes de degrés, des tourbillons de spirales, des éblouissements de circonvolutions.

> Cet escalier doit percer la terre de part en part, me dis-je en continuant ma marche machinale. Je parviendrai au bas le lendemain du jugement dernier. (Gautier [1846] 1993 : 189)

Si en 1846 Gautier insiste sur l'image de la tour de Babel, comme possible manifestation de la spirale — ce "lendemain du jugement dernier", où le temps n'est plus pensé en termes de progrès, mais de remords, n'annonce-t-il pas déjà par ailleurs, le pessimisme décadent ?— en 1848, il surprendra son lecteur avec une reprise de l'image dantesque. Après avoir été kidnappé et séparé de sa bien-aimée Amabel, un simple état physique de sir Benedict Arundell sera le déclic qui le fera recréer "l'échelle mythique", en assimilant son héros à l'une des créatures des enfers.

> Benedict, transi, claquant des dents, ses vêtements de noce imprégnés d'eau, remonta quelques marches pour se mettre à l'abri de l'atteinte des flots, et s'assit sur un degré, comme une de ces sombres figures accroupies dont le Dante Alighieri peuple les escaliers de ses enfers. (Gautier [1848] 1978 : 122)

Le Roman de la momie, enfin, reproduit en 1857 l'image spiralée, à propos de la descente d'un groupe d'archéologues et égyptologues au site où repose Tahoser.

> Un escalier aux marches hautes et roides s'enfonçant dans l'ombre s'offrit aux pieds impatients des voyageurs, qui s'y engouffrèrent pêle-mêle. Une galerie en pente, coloriée sur ses deux faces de figures et d'hiéroglyphes, succéda aux marches; quelques degrés se présentèrent encore au bout de la galerie, menant à un corridor de peu d'étendue, espèce de vestibule d'une salle de même style que la première, mais plus grande et soutenue par six piliers pris dans la masse de la montagne. (Gautier [1857] 1986 : 71)

En définitive, sous ces différents travestissements imaginaires où les germes décadents sont bel et bien "latents" —qu'il s'agisse d'une descente au monde souterrain, fruit d'une préméditation de meurtre; d'un tourbillon de corbeaux, présage du double destin du chevalier; d'un simple escalier, transformé en cauchemar, sous l'effet des drogues; d'une descente physique, fruit d'un enlèvement ou d'une aventure vers l'univers des momies égyptiennes— l'"architecture spiralée" correspond, dès 1835, à un cheminement initiatique, à un trajet alchimique que le héros a à suivre. Mais la clé de cette image redondante dans l'œuvre gautiériste sera beaucoup plus explicite en 1866.

Mademoiselle Dafné, —dont la différente orthographe par rapport à l'héroïne d'Ovide rappelle, tel que je l'ai évoqué plus haut, une distanciation souhaitée de la part de l'auteur — est le dernier roman en date, et celui qui, par « émergence » du moins —reprenant la terminologie brunelienne— renvoie au mieux, à l'image de l'escalier en spirale dans son sous-titre, « eau-forte dans la manière de Piranèse ». En effet, que dire de la villa Pandolfi, et de cette « substruction », cet édifice antique d'où Lothario ne pouvait pas sortir? Dafné de Boisfleury, ne se trouvait-elle pas entourée d'une atmosphère oppressante, dans son jardin à Rome ? Un jardin, qui n'est plus paysage ni nature, mais plutôt nature édulcorée, artificielle ? Oppressée, en effet, tout comme Lothario, quoique lui, dans une affreuse et dantesque « caverne »[46], rappelant le « cachot » annoncé dès 1835? L'immobilité de ces deux personnages, les changements opérés dans leurs vies (presque des métamorphoses!), la descente-montée du niveau social et moral de nos héros permettraient d'établir certes, quelques corrélats symboliques entre la spirale et le mythe de Daphné[47] ; mais également, et surtout, entre la spirale piranésienne, entre la descente aux enfers et la montée vers la lumière, et le mythe hermétiste.

> Cet escalier qui montait et descendait et n'en finissait pas, obstrué parfois de décombres, rappelait au prince ce cauchemar à l'eau-forte où Piranèse[48] a représenté une échelle infinie de degrés serpentant à travers de noires et formidables architectures, et gravie péniblement par un homme qu'on revoit à chaque palier plus las, plus délabré, plus maigre, plus spectral et qui, arrive, après tant d'efforts, au haut de cette babel d'escaliers partant du centre de la terre, reconnaît avec un affreux désespoir qu'elle aboutit à une trappe impossible à soulever. Si les ruines romaines ne sont pas hantées de fantômes traînant des ferrailles comme les ruines gothiques elles ont aussi leurs terreurs. Les larves, les lémures, les lamies, les empouses, les stryges valent bien les brucolaques, les goules, les aspioles, les égrégores et toute la hideuse population nocturne des lieux abandonnés, et Lothario, à force d'errer dans ce rêve de pierre commençait à éprouver des inquiétudes nerveuses, des frissons maladifs. (Gautier [1866] 1984 : 59–60)

En effet, le prince romain doit descendre au plus bas : dans ce « gouffre sombre d'où sortit violemment une bouffée d'air ». Il y est envoyé volontairement par Dafné à l'instigation de Violanta, la belle-mère à la « beauté sinistre », afin de se rapprocher de la vérité[49]. En renvoyant aux enfers ce Lothario-Orphée-Hermès, dans ce « labyrinthe de passages, de couloirs, de chambres, d'escaliers (…) qui pouvaient l'engloutir et le jeter (…) au fond d'un noir plus absolu » (Gautier [1866] 1984 : 60), Gautier ne nous inviterait-il pas, avec lui, à regarder ailleurs, sans jamais nous retourner ? A lire, entre les lignes et sous les apparences, de cette Dafné artificielle ? A découvrir, en faisant « la part des systèmes philosophiques ou littéraires », « des affectations à la mode en ce moment-là », des « réticences exigées », « du style voulu ou commandé », —même sous forme de mythe latent !— « la vraie attitude de l'âme » de l'auteur (Gautier [1865] 1970 : 93–94)? Point de mythe de Daphné, tel que je l'ai suggéré plus haut, Gautier a voulu clôturer sa "carrière mythique" par une nouvelle où c'est le mythe hermétiste, suggéré par le biais de l'image spiralée, qui point à l'horizon. Un mythe certes, aux dires de Durand, « refoulé par les institutions et les pédagogies en place et qui n'arrive pas à se cristalliser explicitement sur un héros éponyme unique » (Durand 1989 : 179). Et une image obsédante chez Gautier, que celle de la spirale, évoquant tout labyrinthe, dans lequel on s'égare volontairement, pour mieux se retrouver. Image et structure en définitive, complexe, dont l'expérience échappe aux logiques dominantes —par une déconstruction de la ligne droite, par une assimilation des antithèses, s'éclairant par un troisième terme—, et transmettant une nouvelle forme de connaissance, à laquelle Gautier nous invite.

"Magicien", Hermès Trimégiste, alchimiste ou poète "à l'âme du songeur", Gautier se veut, en définitive, esprit libre afin de mieux réaliser « ses rêves ou plutôt ses cauchemars » (Gautier 1856 : 134). Œuvre donc, ou plutôt alchimie spirituelle[50] qui, tout en évoquant les dépassements successifs de l'âme, invite à traverser le royaume du noir, à se libérer des scories terrestres et à monter enfin, vers le régime du blanc. Dans ce cheminement initiatique —prométhéen, dyonisiaque et hermétiste !— qui de mieux si ce n'est d'Albert, —poète, magicien, alchimiste, lui aussi !— pour guider nos pas dans ce Grand-Œuvre ?

> Je ne suis pas de ma famille; je ne suis pas une branche de ce noble tronc, mais un champignon vénéneux poussé par quelque lourde nuit d'orage entre ses racines moussues; et pourtant personne n'a eu plus d'aspirations et d'élans vers le beau que moi, personne n'a essayé plus opiniâtrement de déployer ses ailes; mais chaque tentative a rendu ma chute plus profonde, et ce qui devait me sauver m'a perdu. (…) Tout ce qui m'enlève à moi-même m'est salutaire: la société m'ennuie, mais m'arrache forcément à cette rêverie creuse dont je monte et je descends la spirale, le front penché et les bras en croix. (Gautier [1835] 1966 : 143)

Dès 1835, d'Albert, semble suivre les pas "romantiques" du Titan voleur du feu, dans un élan « icarien » certes, qui —par captage de cette autre série mythémique proche— aurait ici plutôt, l'apparence de l'ascension catamorphe de l'orgueilleux fils de Dédale[51]. D'Albert serait-il, également, sous l'emprise du dieu efféminé au thyrse, fils de Zeus et Sémélé ? Ce fils, à double naissance, que la décadence exploitera —tout en incluant la part d'imprévu, d'inattendu, de folie aux côtés de la raison— par l'excès, les ménades, les satyres, le vin, le délire, la danse frénétique, l'extase, la passion érotique et orgiastique ? Ou enfin, serait-il plutôt, cet autre dieu voleur, psychopompe, le messager indéchiffrable au caducée ? Ce fils de Zeus et de la pléiade Maïa, demi-frère d'Apollon, dont le trajet hermétique nous conduit de la « *Materia Prima* (à laquelle Jung assimilait l'"ombre", l'altérité première), à travers les Noces Chymiques, le *mysterium conjunctionis* » jusqu'à la montée inéluctable « vers la réalisation de l'Œuvre » (Durand [1979] 1992 : 334) ?

D'Albert a sans doute, un peu des trois, je n'insisterai jamais assez. Brian Juden écrit sur d'Albert comment « au désir de créer poussé au point de vouloir être Dieu, aux montées vers les espaces immenses, s'oppose la descente dans l'abîme d'un mal intérieur entraîné par le désespoir de ne plus pouvoir sortir de soi » (Juden 1971 : 444–445). Mal intérieur, spleen, désespoir, frissons maladifs … l'ennui décadent invitant au voyage, vers l'ailleurs, « hors de son centre »

(Gautier [1835] 1966 : 129) est bel et bien latent. Prométhée guette Hermès ! Et Eliade le souligne lorsqu'il écrit, « du coup, on mesure la grande innovation des alchimistes: *ils ont projeté sur la Matière la fonction initiatique de la souffrance.* Grâce aux opérations alchimiques, homologuées aux "tortures", à la "mort" et à la "résurrection" du myste, la substance est transmuée, c'est-à-dire obtient un mode d'être transcendantal: elle devient de l'"Or" » (Eliade 1956 : 154). Qui donc mieux alors, que la femme —elfique chez les romantiques, fatale chez les décadents— pour révéler le sens alchimique du "Grand-Œuvre"[52] qui nous occupe ?

La spirale alchimique gautiériste suggère, tel que je l'avais évoqué plus haut, « l'intériorisation de la dualitude dans l'acte poétique, dans l'opération de l'œuvre » (Durand [1979] 1992 : 275–276): à gauche, le phénomène de la calcination des corps, à droite celui de la distillation des essences et, au milieu, la culmination, les "*nuptiae chymicae*", dans une œuvre où la femme se veut, avant tout, sous l'éclairage de la psychologie des profondeurs, « femme essentielle ». « La Déesse-Mère, la Mère, la Femme, n'est-elle pas avant tout pour l'homme », tel que le suggère Joëlle de Gravelaine dans son « Introduction » à l'œuvre de Pierre Solié, « médiatrice et initiatrice? » (De Gravelaine 1988 : 24). A en croire Luzius Keller, Gautier « n'est pas arrivé à faire comprendre les deux plans de son existence, c'est-à-dire celui de la réalité et celui de l'idéal ». C'est la raison pour laquelle, toujours aux dires de Keller, l'auteur de Tarbes commence « à entrevoir que la solution de ses problèmes réside moins dans une satisfaction réelle de ses désirs et de ses rêves que dans leur reproduction littéraire, seule capable de les combler » (Keller 1966 : 97). À cet égard, les figures mythiques peuplant son œuvre me semblent pouvoir être un élément essentiel —bien plus essentiel, certes, que quelques donnés biographiques significatives relevant d'une stricte psychocritique— pour élucider le cheminement initiatique et alchimique du héros. Des figures mythiques, qui sans doute, ne peuvent que s'enrichir de l'apport de cette « mythanalyse de la Grande Mère et de ses fils amants » à laquelle nous convie Solié dès le titre de son ouvrage, déjà classique.

En analysant le poème *La Mort dans la Vie*, Brian Juden a compris que dans l'imaginaire de Gautier, « la nuit du tombeau se précise dans le sens d'un enfer vivant où descend le poète sous la conduite de la Mort, devenue initiatrice ». Il me semble illustrer et résumer au niveau poétique, ce que Gautier a voulu représenter dans son œuvre narrative. « Moitié déesse, moitié hétaïre », cette « *Mort, amère et douce…* méchante et bonne » « résout la dualité et concilie les contraires » (Juden 1971 : 446). En effet, l'œuvre gautiériste reproduit la manifestation universelle des puissances opposées, l'une mâle et modificatrice, l'autre femele et conservatrice. J'analyserai dans les pages qui suivent, comment les déesses exercent leur pouvoir sur les trois divisions principales de l'univers —ciel, terre, enfers— et comment Méduse et Madone constituent les deux pôles concrétisant la dualité féminine que le héros essaye de rejoindre, afin d'atteindre l'unité primordiale. En réalisant son parcours initiatique-alchimique, le héros évolue de l'unité initiale à l'unité finale: le « retour à l'indifférenciation originelle, au Paradis perdu, à l'Age d'Or » — au *tempus aureum* que j'ai évoqué notamment, au chapitre cinq— « au Grand temps mythique, au Chaos précosmogonique » (Solié 1988 : 212) est donc, possible.

Certes, l'étude de la Grande Mère, tel que Pierre Solié le précise, révèle plus d'un point commun avec le parcours alchimique que je tiens à préciser dans les pages qui suivent: « car le mythe alchimique du *Rosarium* n'est en effet », pré-cise-t-il, « qu'une forme du mythe gnostique, issu lui-même de la dégradation des religions réprimées et refoulées de la Grande-Mère, refoulement culminant dans le ménadisme grec et les incubes et succubes (sorcières et sorciers) du Moyen Age ». Et un peu plus loin de conclure, « ce que les gnostiques ou les alchimistes perçoivent imaginairement (« hallucinatoirement ») comme la Sophia ou l'Esprit ou le fils chu et déchu dans la *Physis* —Matière—, c'est encore et toujours la syzygie primitive (scène primitive, parents combinés) incluant en sa fusion confu-sionnelle, et le principe masculin du futur père et le principe féminin de la future mère, et le principe hermaphrodite du futur fils » (Solié 1988 : 258).

Dès lors, tout héros ayant « une fort détestable opinion de [sa] virilité, qui est », insiste le narrateur, « effectivement assez mince » (Gautier [1835] 1966 : 305), doit ainsi entamer un processus d'individuation, en s'associant à la femme, pour retrouver la portion de son âme manquante. L'œuvre gautiériste se présente, par conséquent, comme la bataille toujours recommencée vers la route du soi, à la recherche de l'unité perdue. Une bataille, à mi-chemin entre l'élan progressiste révolutionnaire et un certain intimisme, une certaine perversion, une subversion même, reposant sur la mort, le déclin et la femme fatale. C'est pourquoi l'in-conscient archétypique de l'auteur représente la figure féminine, sous les traits d'« une mère dévorante, Tiamat » (De Gravelaine 1988 : 21) : c'est la Méduse gau-tiériste que nous retrouverons plus bas, sous les traits de la femme fatale. Femme fatale qui évolue, *a posteriori*, vers une féminisation plus marquée de la déesse —à l'image de Vénus— bien plus proche de la femme elfique des romantiques, si ce n'est de l'Éternel féminin[53] goethéen, que j'évoquerai ci-dessous.

Le phénomène de la « métamorphose duelle (dyade) en quaternio (tétrade) en passant par la triangulation (triade, trinité) » (Solié 1988 : 32) se fait donc, à l'aide de ces deux pôles gautiéristes: l'homme et la femme évoluant vers la « conjonction (*hiéros-gamos*) » (Solié 1988 : 38) et aboutissant, en même temps, sur l'unité andro-gynique du mythe hermétiste. Quant aux versants « pulsionnel » et « spirituel »[54], je soulignerai brièvement leur parallélisme avec les éléments —eau, terre— d'un côté, et —air, feu— de l'autre, « le Chtonien » s'unissant à « l'Ouranien », dans la théorie de Pierre Solié, forcément par « le chiasma Terrien » (Solié 1988 : 237).

Le héros "sans virilité", un « héros-*Anima* »[55], comme dira Pierre Solié, se voit confronté, par conséquent, à une femme complète, avec un *Animus* surdéveloppé. La Grande-Déesse arbore son *Animus*, son Phallus: le héros a affaire, alors, à la « syzygie primitive[56], fusion des principes mâle et femelle procréateurs en la Mère primitive » (De Gravelaine 1988 : 15). C'est l'épisode, maintes fois évoqué, de la descente aux enfers, où Persée doit affronter la "*vagina dentata*" de la Gorgone.

> Telle est l'Anima archaïque fusionnelle pulsionnelle, imaginaire, dans sa perversion cannibalique. Et c'est bien cette *ubris* que le Fils-Anima purgera (catharsis) par sa mort, sa descente en enfer, son combat perpétuellement renouvelé contre la monstrueuse gueule dentée de Tiamat. Alors seulement surviendra la jeune et éternellement vierge Zarpanitou, qui le soutiendra et le ressuscitera. En combattant —à mort— son Anima démoniaque, il gagnera son Anima célestielle, dans l'Eros. (Solié 1988 : 44)

Dans ce sens, Antoinette Adélaïde, dite Adèle a pu contribuer largement à "détruire" —ou faudrait-il écrire plutôt, à "construire"?— l'imaginaire du jeune Théo: ce qui aurait dû être un îlot de sécurité, en tant que giron maternel, est devenu, ainsi, paradoxalement, un lieu peuplé par l'ennemie, le monstre, la mort. L'omniprésence de cette mère possessive, aurait-elle influencé suffisamment l'écrivain, pour que les figures féminines se multiplient tout au long de sa vie et de son œuvre ? Probablement, quoique à l'assertion « couvert de femmes, Théophile », Anne Ubersfeld, ajoute un dubitatif, « peut-être ». Peut-être, car sa première liaison, plus au moins durable avec Eugénie Fort, celle qui fut voisine des Gautier, place Royale, et avec qui l'écrivain aura son premier enfant Théophile, se termine par une lassitude grandissante. « Peut-être », continue Ubersfeld, « parce que la seule qu'il voudrait vraiment lui est cruelle… » ; parce que la « légère et fuyante sylphide » qu'est Carlotta Grisi, a cédé sa place à Ernesta. Et enfin, parce que « ses trente-deux ans ont un puissant appétit » ! Dès l'année 1843, « une certaine Aimée » s'ajoute à « Reine Courtet, surnommée par Gautier "Régina" » (Ubersfeld 1992 : 155), ainsi qu' à une longue liste où figurent, entre autres, Fanny Elssler, « La Cydalise amoureuse et mourante ou la vivante Victorine », Alice Julie Justine Pilloy, dite Ozy, (Ubersfeld 1992 : 157), Mme Damarin (Ubersfeld 1992 : 161), Madame Sabatier, dite "La présidente " ou également, Marie Mattéi (Ubersfeld 1992 : 248)… C'est donc, en dévoilant ce « Réel caché », en « l'épiphanis[ant] », en « le manifest[ant] à la conscience », que « l'imaginal »[57] gautiériste, pourrait s'exprimer dans un univers littéraire peuplé d'êtres féminins multiples face à des héros, souvent, déstabilisés. En ne faisant que passer le chiasma, l'échange ou *crossing over*[58], le héros rencontre ce grand Autre, l'âme féminine en soi, tout en "s'ophélisant" dans son œuvre, tel que je l'ai évoqué plus haut. L'âme de la femme perdant, quant à elle, en féminité, tout en augmentant son pouvoir castrateur et sa masculinité. Autrement dit, virilisation de la femme ou Fille-*Animus*, contre féminisation du héros ou Fils-*Anima*, de sorte que les complémentaires deviennent différenciés et individués. Néanmoins, c'est grâce à son séjour en enfer que le héros peut s'ériger à nouveau, en principe actif, fécondant (mâle) du principe passif, reproducteur (femelle).

Or, ce « processus chiasmatique de différenciation, individuation des Doubles et Complémentaires » n'intervient, toujours aux dires de Solié, « qu'à partir de la deuxième moitié de la vie (axe-plan synchronique des 35 ans) » (Solié 1988 : 40). Dès le début de sa carrière littéraire, Gautier se représente la syzygie primitive dans son imaginaire, au moment de l'écriture de ses récits, en y opposant déjà son double, *Animus*, perdu lors de la première castration contre Méduse. Son Animus est constitué par tous les héros masculins de son œuvre, héros qui vont lui permettre de suivre la Déesse-Mère aux espaces chthoniens. C'est ainsi que l'on trouve des récits, avec des titres tellement significatifs, comme *Deux acteurs pour un rôle* (1841) ou *Le chevalier double* (1840). L'année 1846, semble être le moment crucial où le processus chiasmatique de différenciation, individuation des Doubles et Complémentaires a eu lieu. En effet, bien que le thème des doubles soit omniprésent dans son œuvre, l'année 1846 s'avère l'année où le processus d'individuation des doubles (chez la femme et chez l'homme) se fait plus explicite, et par conséquent, l'année où les complémentaires commencent à se retrouver. C'est dans des œuvres comme *Le Club des Haschischins* (1846), *Le Pavillon sur l'eau* (1846), ou *Les Roués innocents* (1846) que les héros trouvent leur complémentarité, en traversant le "miroir". Dans les récits suivants, *Partie Carrée* (1848), *Jean et Jeannette* (1850), *Avatar* (1856), *Le Capitaine Fracasse* (1861), Gautier insiste sur une complémentarité et chez ses héroïnes —l'*Animus*— et chez ses héros —l'*Anima*—. Complémentarité conduisant au mariage mystique, totalement réussi, dans *Spirite* (1865).

Or, comment s'est opérée la métamorphose du quatre en l'un, de la tétrade à l'unité primordiale, du premier état fusionnel au dernier, en passant par la triangulation? Revenons à la syzygie primitive, ou « ubris », aux dires de Solié, devant être purgée à travers la mort du Fils-*Anima*, avant d'arriver à la syzygie eschatologique de la fin du chemin. La mort est, chez Gautier, l'équivalent du combat perpétuellement renouvelé contre la gueule dentée de "Tiamat", à savoir, cette femme "qui fait peur", autrement dit, la femme fatale par antonomase, Méduse. C'est parce que les héros gautiéristes sont arrivés à combattre "leur *Anima* démoniaque", « l'*Anima* archaïque fusionnelle pulsionnelle, imaginaire », qu'ils ont récupéré leur *Animus*. Dans ce cas, et seulement dans ce cas, la « jeune et éternellement vierge Zarpani-tou » survient, ressuscite le héros victorieux, et peut accéder, enfin, dans l'Eros, à l'Androgynat originel, ou « Hermaphrodite de deuxième naissance » (Solié 1988 : 44–45). Gautier parvient à la syzygie eschatologique dans *Spirite*, s'opposant à la syzygie cosmo-anthropogonique Tiamat-Apsou de ses premiers récits. A mi chemin entre le ventre denté —l'*ubris* dévorante, dont le couple « Tiamat-Apsou » était représentatif— et le ventre réunifiant[59], —où grâce à la chute, dans les enfers le héros meurt et récupère son *Animus*— l'éros mixte sensori-spirituel, représenté par le couple « Aphrodite-Isis », parvient enfin, au ventre "réintégrateur" eschatolo-gique, à l'amour spiritualisé du couple « Sophia-Kristos » (Solié 1988 : 73).

En appliquant, même très sommairement, la théorie de Solié à la particu-lière philosophie alchimique hermétiste du "parfait magicien", j'ai tenu à évoquer combien, derrière cette obsédante constellation de figures mythiques, se cache en réalité, la « Femme essentielle ».

> La prostituée conjugale n'est-elle pas en effet cette Vierge idéalisée en laquelle nous communions dans l'ineffable et divine émotion de nos amours premiers, tristaniens. N'est-elle pas aussi celle qui, avec le temps, devient selon le cas, les moments et les circonstances, la Mégère, la Goule, la Méduse, la Harpie, l'Erynie, la dévorante, la castratrice, l'amazone, la guerrière, la chasseresse… la pécheresse…l'adultère…la prostituée mondaine… la Tiamat en un mot et ses époux successifs Apsou et Kingu… N'est-elle pas encore la Cybèle, la Déméter, l'Isis, l'Astarté, la Junon, l'Artémis, l'Athéna, l'Aphrodite, la Psyché, la Korè, la Perséphone…la Femme en un mot, telle que mon Imaginaire —et mon Imagi-nal— me la représente, dans son infinie diversité…? Aujourd'hui Vierge pure insaisissable et intouchable; demain Putain; après-demain union et conjonction de ces deux pôles dialectiques dans l'acceptation tranquille de l'humaine nature oscillante. Tels sont les multiples visages de la Femme à travers le prisme de la Loi sacrée —et de sa transgression rituelle— qui impose à l'*ubris* (*homo demens*) son irisation kaléidoscopique, le métamorphosant en images-objets (imaginaires et imaginaux) qui sont autant de Puissances imaginales qu'il y a de dieux, de déesses, de démons, de démones dans toutes les mythologies et religions de notre humaine condition (Solié 1988 : 253).

Femme essentielle, sans doute, dans son infinie diversité que Gautier a repro-duite inlassablement dans son œuvre. Femme essentielle également, nous condui-sant, sous ses traits les plus maléfiques, vers la *nigredo*. Femme essentielle en défi-nitive, nous montrant la voie alchimique du Grand-Œuvre de Gautier.

Perversités fatales au féminin ? L'œuvre au noir[60]

État chaotique et informe, mais riche en potentialité, l'état initial de l'alchimie est le règne du mercure, de l'eau[61]. En tant qu'élément associé symboliquement à la féminité[62], cette eau mercurielle m'invite à une première approche des figures au féminin dont la perversité —en tant que mythème essentiel de l'imaginaire décadent— ira *in crescendo :* Ève, Pandore, bacchantes ou ménades, Méduse mais aussi, Sphinx, Cléopâtre, Isis, goules, vampires, lamies, empouses… sont bel et bien au rendez-vous dans les pages qui suivent. Bien que le thème de la femme fatale, « semeuse de mort », « orientale nonchalante si possible, subversivement perverse », dira Durand, « est vieux comme Ève » —il reparaît, « périodiquement dans la culture chrétienne de l'Occident, où la femme est dénoncée comme "païenne" » (Durand 1989 : 173)— l'intensification du rôle acquiert toutefois, son paroxysme à la fin du siècle. Chez Gautier, notamment, se dessine sur fond exotique, tel que le suggère Mario Praz, et ce, dès la moitié du siècle, « la figure de la "belle dame sans merci"[63], de la femme fatale » (Praz 1977 : 178). Un fond exotique que nous retrouverons, sans doute, chez Cléopâtre, chez Nyssia entre autres, des perverses et vengeresses impunies à l'image des Salomé-Hérodias, ou Hérodiades décadentes.

Je commencerai néanmoins, ce parcours vers la perversité par deux femmes, dans lesquelles le germe de la fatalité semble inhérent à la condition féminine, tel qu'Hésiode[64] l'avait suggéré. Deux femmes ayant un rapport plus direct avec la terre[65], et en particulier, avec la putréfaction du compost[66] : la terre s'avérant la clé[67] de la "transmutation" féminine gautiériste. Consistant principalement à séparer la *"prima materia"*[68], c'est-à-dire le chaos, en un principe actif, l'âme, et un principe passif, le corps, pour les réunir *a posteriori*, l'œuvre alchimique rappelle tout d'abord, l'épisode de la création du *Livre de la Genèse*. Eve, élément féminin par excellence, a été "séparée"[69] d'Adam pour procréer les générations futures dans la *"conjunctio"*[70] des Noces Chymiques. L'avenir du principe actif —à savoir de l'homme en général, et du héros gautiériste en particulier— se voit ainsi limité à une poursuite insatiable de la femme —principe passif dans la conception romantique, quoique porteur d'élévation spirituelle—, afin d'atteindre "le mercure transmué". Le pouvoir psychopompe de l'Éternel féminin, n'avait-il pas déjà été souligné par cette pécheresse « jadis nommé Gretchen », disant de l'âme de Faust à la *Mater Gloriosa* : « il entre à peine au paradis (…) que de ses terrestres langes il se dépouille peu à peu ! », avant de se proposer elle-même, pour « l'instruire dans le pur amour » (Goethe [1808, 1832] 1847 : 349) ? Dans son cheminement, le héros gautiériste aura des choses à apprendre certainement, de ces deux femmes telluriques et ambivalentes, nommés Eve et Pandore.

Eve, Pandore, l'Éternel féminin … cette source d'inspiration romantique avait déjà été, également, évoquée par Goethe dans sa pièce inachevée *Le Retour de Pandora* (1808). « Nous avons donc » écrit Antoine Thivel, « la variante féminine du personnage de Prométhée, mais avec en plus, la beauté et un idéal de soins, de compassion universelle. Ève éternelle est un don divin » (Thivel 1994 : 21). Alors que pour Goethe, Pandora ne semble pas avoir été envoyée sur terre pour la damnation de l'homme, mais plutôt, pour son salut[71], cette première femme sur la terre —que ce soit dans la tradition biblique ou grecque[72]—, n'est-elle pas aussi, traditionnellement, première femme à causer des maux, à semer le malheur chez l'homme ? A cet égard, Eve et Pandore, sont-elles recréées, chez Gautier, en tant que femmes biblique ou prométhéenne, femmes elfiques ou comme figures préfigurant la femme fatale?

D'un côté, Ève surgit, dès *Mademoiselle de Maupin,* en plein décor romantique, au sein d'une « île plantée de peupliers » (Gautier [1835] 1966 : 175), dans une espèce d'éden où la présence d'une « petite fille, toute brune et toute hâlée »[73] (Gautier [1835] 1966 : 176), fait songer évidemment à la femme idéale. Femme elfique qui pourrait se lire, d'un point de vue de la psychocritique, en tant que projection d'un complexe du retour à la mère. Dans cette « union fusionnelle et magique de l'humain avec la nature », Ève se fait, aux dires d'Anne Struve-Debeaux, « mère[74] aimante et bonne, foyer de toutes les analogies et incarnation toute-puissante de l'amour mystique » (Struve-Debeaux 2002 : 726). Evocation idyllique, romantique certes, évocation d'un espace harmonieux et naturel, avec l'enfance et le féminin comme toile de fond, dans lequel d'Albert, tout en soulignant l'innocence première avant la faute, s'empêche même d'y pénétrer, de peur de se transformer, lui-même, en serpent de l'Eden où Sylvio habite :

> Le démon ne peut entrer dans l'Eden que sous la forme d'un serpent, et, cher Adam, pour tout le bonheur du ciel, je ne voudrais pas être le serpent de ton Eve (Gautier [1835] 1966 : 182).

De l'autre côté, Ève, du nom de Mlle de Maupin dans son désir de manger le fruit interdit, ne suggère-t-elle pas un identique péché de gourmandise —alimentaire et sexuelle !— ? Leur comparaison, ne réveille-t-elle pas chez le lecteur l'image de la transgression d'Ève à l'ordre divin, conduisant au péché originel ? Ne sont-elles pas alors, rapprochées de par leur impureté et perfidie ? Et pourtant cette faute, ne semble-t-elle pas ici, légitimée par Gautier, en tant que « passage nécessaire à un état supérieur de connaissance »[75] ?

Mais tout cela me tourmentait trop, et je n'y pouvais tenir, je grillais dans ma petite peau comme une châtaigne sur la poêle. La pomme fatale s'arrondissait dans le feuillage au-dessus de ma tête, et il fallait bien finir par y donner un coup de dent, sauf à la jeter après, si la saveur m'en paraissait amère.

J'ai fait comme Eve la blonde, ma très chère grand'mère, —j'ai mordu. (Gautier [1835] 1966 : 210)

En effet, Ève s'avère une figure ambivalente : tantôt, elle nous offre « l'image d'une Ève rêvée comme "un autre dans le même", dans l'unité fabuleuse de l'origine », tantôt à l'opposée, elle nous offre un visage conçu « comme la figure d'une altérité radicale dangereuse et dégradante —celle du corps, du sexe et du mal » (Struve-Debeaux 2002 : 720). Dans cette deuxième signification, c'est surtout la curiosité qui sert à mieux la définir :

(…) mais en vérité je suis si paresseuse à écrire qu'il faut que je t'aime comme la prunelle de mon œil, et que je te sache plus curieuse qu'Eve ou Psyché, pour me mettre devant une table avec une grande feuille de papier toute blanche qu'il faut rendre toute noire, et un encrier plus profond que la mer, dont chaque goutte se doit tourner en pensées (Gautier [1835] 1966 : 274).

Tout comme Pandora, modelée par Héphaïstos et conduite par Hermès à l'imprudent fils de Japet, mais dont l'étymologie semble plutôt, lui faire défaut : "tous ses dons"[76] ne se réduisant qu'à cette caractéristique commune à Psyché et Pandore, à savoir, celle d'enfreindre « un interdit, en raison de sa "légèreté curieuse"» (B. Gracián, *Criticon*. Cité par Gély 2002 : 1503). Curiosité que l'auteur d'*Emaux et Camées* soustrait en revanche, aux hommes : « Je me suis toute ma vie inquiété de la forme du flacon, jamais de la qualité du contenu », écrira Gautier dans *Mademoiselle de Maupin*. « J'aurais eu la boîte de Pandore entre les mains, je crois que je ne l'eusse pas ouverte » (Gautier [1835] 1966 : 191), afin d' insister sur les maux que la femme est capable de répandre :

L'enfant, effrayée, laissa tomber le portefeuille sur ses genoux, s'attendant à en voir sortir un génie irrité, comme des fioles magiques des contes arabes, ou un aspic assis en spirale sur le bout de sa queue. Pandore ne regarda pas dans une attitude plus craintive la boîte dont le couvercle, soulevé par elle, laissait échapper à travers une noire fumée tous les maux de la terre. (Gautier [1837] 1978 : 43)

Musidora, cette autre « belle curieuse » (Gautier [1837] 1978 : 44) qui oserait l'indescriptible pour parvenir à ses fins —à savoir, « d'entrer tambours battants, enseignes déployées, dans la forteresse » de Fortunio, au « cœur impénétrable »

(Gautier [1837] 1978 : 42)— n'annonce-t-elle pas déjà la figure de la femme jeune et tentatrice, « le péché dans son essence, le don d'Aphrodite, le péché de la chair » représentés, tel que Véronique Gély l'a évoqué, « tout autant par la femme que par la boîte qu'elle tient » (Gély 2002 : 1503)? Musidora, en définitive, n'évoque-t-elle pas cette perversion de la femme fatale, associant inéluctablement plaisir et mal, beauté et fléau, ce beau mal, que la fin de siècle aura du mal à éluder?

Or, même si l'auteur est conscient de ce défaut de la femme, — « les femmes sont curieuses » (Gautier [1835] 1966 : 16), certes, affirmera-t-il ouvertement— l'artiste convaincu et insoumis qui git en lui ne peut s'empêcher d'idolâtrer toute beauté cachant cette irrégularité mineure. N'oublions pas que Pandore a été parée par Athéna dans la *Théogonie* hésiodique ! L'oxymore cher à Hésiode, *kalon kakon*, « beau fléau », semble illustrer du moins, ce premier degré de la femme fatale, dont l'intensification sera progressive dans les pages qui suivent. La femme devenant ainsi, au premier abord, ce quelque chose « que l'on adore et dont on joue » (Gautier [1835] 1966 : 194), un simple corps, « le poli de la forme et la pureté du linéament » (Gautier [1835] 1966 : 200). Seul d'Albert, émule parfait du poète excentrique et dans tous les cas, différent du reste des mortels, pense « fort bien » (Gautier [1835] 1966 : 194) sur les femmes, à tel point de s'estimer heureux de ne plus être, précise le narrateur, « au temps d'Eve la blonde » (Gautier [1835] 1966 : 9). Ses préférences artistiques et mythiques penchant, à l'évidence, pour l'Ève grecque, Gautier, à l'image du Titan du *Prométhée* de Goethe (1773), ne serait-il pas en train de chanter un hymne passionné à la statue de Pandore qu'il s'apprête à modeler ?

> Mais en vérité, ce que j'éprouve depuis quelque temps est d'une telle étrangeté que j'ose à peine en convenir devant moi-même. Je t'ai dit quelque part que j'avais peur, à force de chercher le beau et de m'agiter pour y parvenir, de tomber à la fin dans l'impossible ou dans le monstrueux.
>
> —J'en suis presque arrivé là; quand donc sortirai-je de tous ces courants qui se contrarient et m'entraînent à gauche et à droite? quand le pont de mon vaisseau cessera-t-il de trembler sous mes pieds et d'être balayé par les vagues de toutes ces tempêtes? où trouverai-je un port où je puisse jeter l'ancre et un rocher inébranlable et hors de la portée des flots où je puisse me sécher et tordre l'écume de mes cheveux? (Gautier [1835] 1966 : 177)

Ce texte me semble pouvoir retranscrire le début du *"descensus ad inferos"* auquel d'Albert sera entraîné, par la médiation de la figure psychopompe féminine. Son irrésistible "élan d'aigle" vers la beauté étant le commencement d'une lente et progressive transformation présidée par la femme. Un élan, certes, qui, étant « actif », devrait aux dires de Durand, appeler « les sommets » (Durand [1960] 1984 : 268). Mais qui, en réalité, ne conduit que vers la « monstruosité », vers un « impossible » (Gautier [1835] 1966 : 177) défini comme "beau fléau", dans une « descente » qui, toujours aux dires de l'anthropologue savoyard, « magnifie la pesanteur et réclame le fouissement ou la plongée dans l'eau et la terre femelle » (Durand [1960] 1984 : 268). En effet, notre alchimiste devra faire face à toute une série de couleurs et teintures de l'œuvre, en s'approchant des sirènes, muses et nymphes, dont les figures types me semblent être les bacchantes ou ménades[77]. Leurs seules caractéristiques communes étant la dualité, la tendance à apparaître en groupe, et, par conséquent, à susciter le doute chez le héros, elles ont été placées, —tel que je l'ai indiqué ci-dessus—, avec Eve et Pandore, du côté gauche[78] de la "spirale alchimique" gautiériste pour souligner justement, ce « mouvement de la conscience vers l'inconscient », évoqué par Jung (Jung 1994 : 253–254). La « dualité de cette figure mythique » associant « l'humain et le divin, l'animal et le sacré » et vivant « dans l'exaltation de sa chair et de ses sens », ne pose-t-elle pas déjà la question « du lien problématique entre violence et sacré », « entre part d'ombre de l'être et complémentarité nécessaire du féminin et du masculin » (Huet-Brichard 2002 : 208), inhérente à toute femme fatale?

Dans la deuxième partie de cet ouvrage, j'ai déjà eu l'occasion d'esquisser le sujet des bacchantes en tant que figures orgiastiques, ce moment étant vécu comme un retour au chaos. Or, d'ores et déjà, elles vont être introduites comme ce chœur de femmes joyeuses et innocentes qui, saisies par la fureur dionysiaque, deviennent une troupe menaçante pour quiconque ose s'y opposer. Dualité en définitive, tel que le souligne fort bien Marie Catherine Huet-Brichard, « d'une barbarie effrayante car sans mesure mais fascinante car sans culpabilité » (Huet-Brichard 2002 : 209) qui les rapproche de la femme fatale dans l'œuvre gautiériste.

Le leitmotiv mythologique dionysiaque me semble pouvoir être analysé par ailleurs, en tant que *viriditas*[79], car cette substance verdâtre qui devient le compost chimique renvoie directement à la nature, au symbolisme végétal. Dans la plupart des représentations, les bacchantes jouent familièrement avec les animaux sauvages, sont munies de thyrses, longs bâtons ornés de lierre et sont couronnées de lierre et de vigne. De plus, lorsqu'elles sont emportées par la possession dionysiaque, c'est sur la montagne qu'elles vont célébrer les mystères du dieu Bacchus. Le vin, cet élixir qui coule à flots dans le paradis païen de la bacchanale, n'est-il pas un produit élaboré, une composition chimique, au même titre que l'eau mercurielle ? Gautier traduit dans *Le Roi Candaule*, sa particulière *viriditas*[80], par le biais de cette description du corps féminin de la fille du satrape Mégabaze :

> Souvent il la priait de laisser couler sur ses épaules les flots de ses cheveux, fleuve
> d'or plus opulent que le Pactole, de poser sur son front une couronne de lierre et
> de tilleul, comme une bacchante du Ménale, de se coucher sur une peau de tigre
> aux dents d'argent, aux yeux de rubis, à peine couverte d'un nuage de tissu plus
> fin que du vent tramé, ou de se tenir debout dans une conque de nacre, faisant
> pleuvoir de ses tresses une rosée de perles au lieu de gouttes d'eau de mer. (Gau-
> tier [1844] 1990 : 285–286)

En posant comme modèle pour son mari, Nyssia se soumet certes, à son désir
d'esthète, mais non sans exprimer une certaine révolte de cette compagne de
Bacchus, à laquelle elle a été identifiée. Autrement dit, le dyonisisme persiste,
même lorsque la pudeur ne semble pas disparaître, dans un premier temps. En
effet, contrairement aux obscénités du sexe montré, ouvertement affichées à la fin
de siècle, qu'il s'agisse d'un Félicien Champsaur[81] ou d'un Félicien Rops[82], l'héroïne gautiériste, d'abord, en repos et « drapée jusqu'aux yeux », semble s'éloigner
de sa métamporphose postérieure en Nyssia bacchante, puis en femme gorgonéenne. Néanmoins, l'héroïne subit les "caprices" de Candaule, se sentant alors
comme « une maîtresse » et non pas comme « une femme honnête et de race
noble » (Gautier [1844] 1990 : 286). Nyssia suggère ici certes, plus qu'elle n'illustre la présence furieuse, prédatrice et menaçante de la bacchanale. Or, il en va
autrement pour Cléopâtre : sa position hiératique, dominatrice, souveraine, sa
danse envoûtante, sa transe voluptueuse et orgiastique nous dit long sur le rapport
de cette autre « bacchante du mont Ménale » avec la femme fatale :

> Cléopâtre elle-même se leva de son trône, rejeta son manteau royal, remplaça son
> diadème sidéral par une couronne de fleurs, ajusta des crotales d'or à ses mains
> d'albâtre, et se mit à danser devant Meïamoun éperdu de ravissement. Ses beaux
> bras arrondis comme les anses d'un vase de marbre, secouaient au-dessus de sa
> tête des grappes de notes étincelantes, et ses crotales babillaient avec une volu-
> bilité toujours croissante. Debout sur la pointe vermeille de ses petits pieds, elle
> avançait rapidement et venait effleurer d'un baiser le front de Meïamoum, puis
> elle recommençait son manège et voltigeait autour de lui, tantôt se cambrant
> en arrière, la tête renversée, l'œil demi-clos, les bras pâmes et morts, les cheveux
> débouclés et pendants comme une bacchante du mont Ménale agitée par son
> dieu; tantôt leste, vive, rieuse, papillonnante, infatigable et plus capricieuse en
> ses méandres que l'abeille qui butine. L'amour du cœur, la volupté des sens, la
> passion ardente, la jeunesse inépuisable et fraîche, la promesse du bonheur pro-
> chain, elle exprimait tout. (Gautier [1838] 1990 : 185–186)

Que la Cléopâtre gautiériste annonce la Salomé-Hérodias de l'âme décadente où
« la subversion, l'ennui orientalisé, la fascination de la mort » se personnifient

dans le mythème de la femme fatale (Durand 1989 : 173) ! Que l'exécution de cette danse, « promenade mystérieuse » « de la femme éternelle », —comme écrira Gustave Moreau pour sa *Salomé* de 1876— s'accomplissant « devant la mort qui la regarde », « béante et attentive » (Cooke 2002: I, 97) reproduit les pas, à peine esquissés « sur la pointe vermeille » de notre Cléopâtre, effleurant « d'un baiser le front » du condamné à mort ! Que la Cléopâtre gautiériste en définitive, allie, tel que l'évoquait Mario Praz, —et ce dès sa *Mademoiselle de Maupin*[83]— « au mystère de l'Orient fabuleux, ce goût de l'algolagnie », déjà, « dans l'air » dans « la période romantique » (Praz 1977 : 179) !

En définitive, que ce soit sous l'aspect de ménades, sirènes, nymphes ou muses, ces femmes sont bel et bien déjà, fatales. Des femmes « si semblables aux déesses » qui, tel que le suggère le narrateur du *Roi Candaule*, « ne peuvent qu'être fatales aux faibles mortels » (Gautier [1844] 1990 : 268). Se faisant alors, de plus en plus sombre, se condensant petit à petit, l'eau mercurielle passe alors, du vert au noir[84]. Sous la poussée des constellations nocturnes de l'imagination, l'eau s'inverse, elle s'épaissit, nous dit Durand, « et les couleurs qu'elle affectionne sont le vert, le violet, "couleurs d'abîme", essence même de la nuit et de ténèbres » (Durand [1960] 1984 : 252). C'est à ce moment précis que le héros affronte tout un sérail de figures mythiques redoutables. Des exemples certes, illustrant la perversité fatale au plus haut degré : Méduse, suivie du Sphinx[85], Cléopâtre, Isis et tout le cortège des goules, vampires féminins, lamies et empouses, cher à la littérature fantastique et source d'inspiration incontestable pour l'esthétique fin de siècle[86].

Mais centrons-nous sur la Gorgonne gautiériste ! Monstre hideux et effrayant, Méduse partage avec ses sœurs, Sthéno et Euryalé, les confins du monde des morts. Habitant l'extrême Occident, le monstre gautiériste, par antonomase, s'avère être Méduse. Ruse des ténèbres qui déroutait les vivants dans le *Faust* de Goethe, ou « Méduse de beauté », chez Nyssia, elle paralyse de son regard pétrifiant. Gygès ne peut être alors, qu'« ébloui, fasciné, foudroyé » par cette « apparition surhumaine », par « ce monstre de beauté » (Gautier [1844] 1990 : 267–268). Représentation parfaite de l'oxymore baudelairien, "monstre délicat", Nyssia ne constitue-t-elle pas, à elle seule, le deuxième mythème décadent (Durand 1989 : 171) ? Beauté, danger, monstruosité... Les héros gautiéristes semblent en effet, « subjugués par l'inconscient et sont à sa merci, sans secours ». Il ne leur reste qu'à affronter le péril, car, s'« ils se sont volontairement livrés à la mort », tel que le suggère Jung, c'est « pour faire naître une vie féconde dans cette région de la psyché qui jusque-là se trouvait dans la plus obscure inconscience et dans l'ombre de la mort » (Jung 1994 : 429).

Mais Méduse, —à la « vertu maléfique », « concentrée dans les yeux », tel que je l'évoquais plus haut avec Milner (Milner 1991 : 20)— n'est pas qu'œil ! Méduse est également, chevelure[87]. Image fréquente dans la constellation de l'eau noire, la chevelure, par sa vivacité en tant que symbole ondulant, joue un rôle essentiel, dans la figure gorgonéenne. « L'onde est l'animation intime de l'eau », souligne Durand (Durand [1960] 1984 : 108). Mais cette eau est loin d'être un fluide, limpide et clair: ici, phase noire et sang menstruel, eau féminine et néfaste par excellence, sont conjugués. Dans les représentations méduséennes observées chez Gautier, « le symbolisme de la chevelure semble », en effet « venir renforcer », tel que le suggère l'anthropologue de l'imaginaire, « l'image de la féminité fatale et thériomorphe » (Durand [1960] 1984 : 116–117). Or, la particularité de la chevelure de la Gorgone fait qu'elle soit doublement fatale et thériomorphe, car elle est chevelure "à serpents". Lorsque Nyssia dénoue ses cheveux en laissant « s'étaler sur ses épaules leurs opulentes nappes blondes », Gygès, « dans sa cachette », croit « les voir se colorer de teintes fauves, s'illuminer de reflets de flamme et de sang », ses boucles s'allongeant « avec des ondulations vipérines comme la chevelure des Gorgones et des Méduses » (Gautier [1844] 1990 : 325). Peut-on être plus précis que dans cette allusion à la constellation de l'eau menstruelle, où « flamme et sang » se mêlent, où l'eau se fait épaisse, colorée, hantant le sang ? Le mouvement vipérin et la couleur rougeâtre des cheveux de Nyssia deviennent les symboles, par excellence, d'une transformation touchant l'eau mercurielle, laquelle acquiert, de plus en plus, des teintures et des couleurs, afin d'évoluer jusqu'au noir. A mi-chemin entre l'horreur et l'amour qu'elle inspire, « cette eau quasi organique à force d'être épaisse » (Durand [1960] 1984 : 253) se fait substance féminine. Thème sur lequel Gautier surenchérit, remplaçant le rôle du mercure, dans sa *nigredo,* par celui de la figure mythique gorgonéenne. Ce Gygès voyeur, aux aguets, attend le moment fatal de l'apparition du monstre de beauté, donné à voir. Ce qui aurait pu être une source de plaisir, devient automatiquement une source d'effroi pour ce spectateur indiscret, nommé Gygès. Gorgone, femme fatale, œuvre au noir… Elles conduisent toutes trois, vers l'or.

Soit. En tant qu'élément vivant du labyrinthe gautiériste, la bête chtonienne assume, sous les traits méduséens, « une mission et devient le symbole de l'instant difficile d'une révélation ou d'un mystère ». Un mystère qui n'est autre, aux dires de Gilbert Durand, que celui « de la mort vaincue par la promesse de recommencement » (Durand [1960] 1984 : 368). Dans ce sens, le serpent, figuration symbolique de la Gorgone mortelle, a un rôle initiatique incontestable. Pour accéder à l'immortalité, le héros gautiériste doit surmonter cet obstacle ophidien. Et Durand de continuer, « il est non seulement l'obstacle, l'énigme, mais l'obstacle que le destin doit franchir, l'énigme que le destin doit résoudre » (Durand [1960] 1984 : 369).

Or, s'agissant d'énigmes, comment ne pas évoquer le Sphinx en tant que représentation de la féminité maléfique ? Cette gueule terrible, sadique et dévastatrice au corps de lion et au visage féminin vient enrichir le bestiaire gautiériste de la femme fatale, en tant que bestiaire alchimique : car toute une « chimie de l'hostilité grouillante de loups et de lions dévorants », souligne l'anthropologue savoyard, se doit d'exister « parallèlement » pour parvenir « à la douce chimie de l'affinité des "Noces Chymiques" » (Durand [1960] 1984 : 90). En effet, non seulement le Sphinx est recréé dans trois récits, à ambiance égyptienne, *Une Nuit de Cléopâtre*, *Le Pied de momie* et *Le Roman de la momie*, mais aussi dans *La Toison d'or*[88], *Le Roi Candaule*, ou *Mademoiselle de Maupin*[89], pour ne citer que les plus représentatifs. Lorsque Nyssia a ressenti l'outrage corporel et intime commis par son mari, elle est comparée, en froideur et méchanceté, à un « sphinx de granit dans les sables arides de l'Egypte », car « un cœur d'airain habite », à présent, sa « poitrine de marbre ». Sa détermination se résume alors, à un cruel dilemme, évoqué plus haut. Deux solutions possibles se présentent donc, à celui qui a osé interpeller le monstre mythique: être bourreau ou victime, être actif ou passif, tuer Candaule ou périr. On connaît la suite : « Gygès vaincu, subjugué, anéanti », guidé par « cette belle main royale qui lui tendait le poignard et le guidait au meurtre », comme s'il « eût été entraîné par le bras puissant de la fatalité » (Gautier [1844] 1990 : 322–323) ! La répétition des mêmes actes dans une intention de meurtre et non plus de voyeurisme prenant, aux dires du narrateur, « un caractère lugubre et fatal ». Un zeste de vengeance de la fille de Mégabaze éprouvant « une joie sauvage, un plaisir féroce », à laquelle s'ajoute « un rire sardonique », une crispation de « sa bouche pâle », le tout saupoudré d'une « figure impassible et sévère », à la « vue perçante » faisant « frissonner de terreur l'assassin caché » (Gautier [1844] 1990 : 323–325) … Sommes-nous loin de la parfaite illustration de la femme fatale décadente, définie par Mireille Dottin-Orsini, comme cette « femme blanche, femme rouge »[90], « au long rire assassin »[91]?

Dans cette « chimie de l'hostilité », évoquée par Durand (Durand [1960] 1984 : 90), le rôle assigné à Méduse, au Sphinx, Cléopâtre, Isis, voire aux goules, lamies, vampires féminins et empouses s'avère similaire, à tel point qu'un être hybride peut parfois approfondir la signification de cette, doublement, femme fatale :

> (…) mais vous vous êtes présentée à moi avec la beauté ambiguë et terrible du sphinx. Comme Isis, la mystérieuse déesse, vous étiez enveloppée d'un voile que je n'osais soulever de peur de tomber mort. (Gautier [1835] 1966 : 317)

Le dévoilement se fait révélation, certes, connaissance, initiation, au risque, on l'a vu, d'en périr, d'en être pétrifié, castré. Théodore-Rosalinde, telle semble être la réponse à l'énigme. La beauté est une femme, une femme à décrypter, une femme belle, quoique, ambiguë, mystérieuse, travestie, terrible, fatale. Une femme provoquant la mort et contenant la mort en elle même. Comme le souligne fort bien, Mireille Dottin-Orsini, « il s'agit bien, officiellement » dans le discours fin de siècle, « de *Memento Mori,* de *Contemptus mundi* à usage féminin». Il ne s'agit en effet, « plus pour l'homme de se contempler cadavre et de se repentir ; il s'agit de transformer une femme en cadavre, non pour la convertir, mais pour lui faire peur et muer sa beauté en objet d'horreur » (Dottin-Orsini 1993 : 45). Le prêtre Romuald n'hésitera point à se laisser envoûter par la vampiresse Clarimonde, la « buveuse de sang et d'or », avant de la voir se transformer en « poussière », « un mélange affreusement informe de cendres et d'os à demi calcinés », en « cadavre immonde dévoré des vers et près de tomber en poudre » (Gautier [1836] 1990 : 112–114) ; ni Octavien, par Arria Marcella, la « larve » et hideuse « Empouse » aux « yeux étincelants », aux « narines dilatées », aux « lèvres frémissantes » devenue enfin, une simple « pincée de cendres mêlée de quelques ossements calcinés parmi lesquels brillaient des bracelets et des bijoux d'or » (Gautier [1852] 1990 : 362–363) ; ni encore, le narrateur d'Omphale perdant la tête pour la marquise de T***, à la « lèvre rouge » et aux « dents blanches » qu'il verra enfin, disparaître enroulée dans la tapisserie, et de qui il dira, ironiquement, qu'il ne faut pas « aller voir la rose qu'on a admiré la veille » (Gautier [1834] 1990 : 71, 76).

Sommes-nous en définitive, dans tout cet ensemble de femmes dévoratrices d'hommes face au type de femme fatale, dont parle Mario Praz, « un type de femme fatale plus pénétré d'esthétisme et d'exotisme » (Praz 1977 : 175)? Un type de femme fatale qui préfigure, en même temps, la maléfique « charogne embijoutée » soulignée par Mireille Dottin-Orsini (Dottin-Orsini 1993 : 48)? Autrement dit, cette « Bête monstrueuse » de la période décadente, « indifférente, irresponsable, insensible, empoisonnant, de même que l'Hélène antique, tout ce qui l'approche, tout ce qui la voit, tout ce qu'elle touche » (Huysmans [1884] 1977 : 144–145. Cité par Dottin-Orsini 1993 : 48)? Certainement ! Sensuelle Cléopâtre[92] qui se veut mante religieuse, en tuant le mâle avec qui elle s'accouple avec un sourire complaisant. Toutes ces beautés maudites, non seulement, peuvent donner la mort mais, tel que le souligne encore Mireille Dottin-Orsini, sont « montrée[s] comme cadavre{s] vivant[s], charogne[s] repoussante[s] » (Dottin-Orsini 1993 : 18). Beauté donc qui terrifie, charogne donnée à voir, décorée et dévorée, beauté fatale à l'homme … C'est ce que, depuis Freud, on a connu sous la dénomination de « complexe de castration » et depuis la deuxième moitié du XIXe siècle, comme "mythe" décadent de la femme fatale et de l'homme incertain[93] : « l'amoureux », nous dit Mario Praz, « est d'ordinaire un tout jeune homme qui garde une attitude passive; il est obscur, inférieur, par condition ou par tempérament, à la femme, qui est en face de lui comme l'araignée femelle ou la mante religieuse en face de son mâle: ici le cannibalisme sexuel est le monopole de la femme » (Praz 1977 : 179–180). Or, d'après le même critique ce n'est que vers la seconde moitié du siècle que le vampire devient une femme, « tandis que dans la première partie du siècle l'amant fatal et cruel est, en règle générale, un homme » (Praz 1977 : 92). Gautier —ayant «souvent une génération d'avance », aux dires de la spécialiste de la littérature fin de siècle qui m'accompagne dans ces lignes (Dottin-Orsini 1993 : 105)—, s'avère donc, l'exception à cette généralisation ! Dès 1834, avec *Omphale* ou en 1836, avec *La Morte amoureuse*, pour ne citer que les titres les plus significatifs, son œuvre annonce le cortège de "vampires femelles", puant l'ordure mortifère que l'esthétique fin de siècle déploiera. Ce vampirisme féminin aux mâles domestiqués, si ce n'est envoûtés et "omphalisés", dont « l'antithèse banale », beauté et mort, permet d'exposer la femme « simultanément adulée et bafouée, piédestalisée et souillée » (Dottin-Orsini 1993 : 49), ne corrobore-t-il pas le "décadentisme" gautiériste avant la lettre, suggéré plus haut ?

Cette omniprésence de Gorgones, de Sphinx-s, autrement dit, de femmes fatales, reproduirait-elle quelque peur obsédante chez un auteur, dont, non seulement la mère[94], mais aussi toute autre relation féminine—tel que je l'ai évoqué plus haut— était problématique ? Philippe Muray apporte quelques données sociétales d'intérêt, en soulignant la menace que les réunions du cercle "occultiste" autour de Mme Cagliostro pouvait représenter pour tous les hommes du siècle: c'était la « ministre des Droits de la femme à l'occulte… », celle qui avait « fondé une loge placée sous l'invocation d'Isis »[95]. De plus, Anne Ubersfeld sous-entend dans la définition d'« attrait vertigineux » —outre une certaine tendance au sadomasochisme[96] chez Gautier— « ce qu'éprouvent au XIXᵉ siècle les hommes aux pieds de ces "Nana", de ces Vénus perverses, dont l'attrait principal tient sans doute, au fait qu'il faut les payer » (Ubersfeld 1992 : 93). La frontière vie-œuvre s'écroulerait-elle[97], en raison d'une tendance générale de l'époque? Soit. Gautier, fils du siècle, esprit libre et grand connaisseur des femmes devait se sentir plutôt attiré, fasciné, voire médusé, face aux nombreuses apparitions réelles ou imaginaires des Vénus perverses, Méduses à valeur de Sphinx, Isis ou vampiresses, dont le rôle était, de plus en plus, actif face à l'homme dans la société parisienne. Cette exacerbation du féminin fatal qui fera pencher dans les dernières décennies du siècle vers la « féminisation du héros » —si ce n'est vers une certaine « complaisance pour les thèmes de l'androgynie, de l'angélisme et de l'homosexualité sublimés ou non », voire, tel que le précise Mireille Dottin-Orsini, vers la « confusion *fin de sexe* » (Dottin-Orsini 1993 : 350)— aurait-elle quelques précédents mythémiques dans l'œuvre gautiériste?

De quelques « irrégularités sexuelles » : de l'amour-fusion aux androgynéité-s dans l'œuvre au blanc

La réponse à la question que j'ai posée ci-dessus, sera mon propos dans les pages qui suivent. Mais revenons tout d'abord, sur l'œuvre au blanc pour ne pas abandonner mon fil rouge, depuis mon chapitre sur les philosophies de l'occulte. A la mort du produit de l'union alchimique et sa *nigredo* correspondante succède le lavage. Lavage, qui, tel que le suggère Jung, « conduit directement à l'*albedo* (passage au blanc), ou bien alors l'âme (anima) libérée par la mort est à nouveau unie au corps mort et détermine sa résurrection, ou enfin l'ensemble des couleurs (*omnes colores* ou *cauda pavonis*, la queue du paon) conduit à une couleur unique, le blanc, qui contient toutes les couleurs ». Nous voilà, donc, face à l'un des stades clé du Grand-Œuvre gautiériste: le « *lapis albus* » (pierre blanche), état de l'argent ou de la lune, continue Jung, devient le germe, « l'aube » de ce qui sera le « lever du soleil », à savoir, « le *rubedo* » (Jung 1994 : 302–303). Une particularité à souligner, concernant ce Grand-Œuvre qui nous occupe, est le fait que la reine[98] alchimique gautiériste, la « *tinctura alba* (teinture blanche) » a un caractère de dualité. Par conséquent, quelques unes des figures mythiques qui lui sont associées —qu'il s'agisse de la virile Diane, de la féminine Vénus[99], ou du genre imprécis des anges[100]— vont mettre, également, en évidence cette tendance duelle, ambigüe, indéfinie, soulignant une certaine indétermination sexuelle, qu'il s'agisse de bisexualité, homosexualité, si ce n'est d'asexualité. En conséquence et justement en raison de ce "clair-obscur" sexuel —atteignant héros et héroïnes—, les images lumineuses, solaires ne semblent pas chez Gautier, « le mode courant de la représentation de la conscience mâle » ; tout comme les constellations symboliques nocturnes ne semblent pas exclusivement, non plus, celles de « la représentation féminine » ; « le régime de l'image » n'étant en définitive, « finalement pas motivé par l'image sexuelle de l'âme: la féminité comme la virilité », explique Durand, ayant « sa place à tous les régimes » (Durand [1960] 1984 : 442–444). A cet égard, quelques « irrégularités sexuelles » —que Durand n'hésite point à établir comme l'un des symptômes de l'âme décadente, à partir de l'œuvre wagnérienne— me serviront de point de départ pour établir le passage de l'« amour fusion », amour romantique par excellence, « nuptialité avec l'âme sœur, rédemption », au cinquième mythème du « renoncement de l'amour » (Durand 1989 : 189). Celui-ci implique non seulement son « thème corollaire », à savoir « l'homosexualité », mais également, la composante « androgynique », servant à compenser l'excès de fatalité chez la femme (Durand 1989 : 189–191).

Je commencerai donc, par l'amour-fusion de l'âme romantique que, paradoxalement, Gautier a développé surtout —mais non exclusivement !— à la fin de sa carrière, à un moment où le romantisme semblait être complètement surpassé et désuet, ce qui ne fait que corroborer, par ailleurs, mon hypothèse. Car Durand insiste, « le mouvement d'une époque à une autre —d'une mythologie dominante à une autre— ne se fait pas par opposition tranchée, par une dialectique brutale. Il y a » toujours, « effacement ou au contraire émergence progressive de "mythèmes" ». D'où, continue-t-il, « le flottement, les incohérences —non éprouvées— des créateurs qui se trouvent aux charnières d'un siècle esthétique » (Durand 1989 : 192–193).

Cela dit, comment le mythème romantique de l'amour-fusion est revisité chez un Gautier symboliquement inspiré, tout autant, par la philosophie alchimique, conduisant à l'unité de l'androgyne que par le mythème du « renoncement à ce Vouloir-Vivre fondamental qu'est l'amour charnel » (Durand 1989 : 174)? La sublimation de laquelle le héros s'approche évoque, à l'évidence, une ascension, toujours sur la droite, qui ne peut être dominée que par l'air[101]. En changeant d'élément, les figures mythiques se volatilisent, s'intègrent à l'élément ouranien, devenant, ainsi, éthérées, vaporeuses, fluides. Le héros entre, alors, dans le *citrinitas*. Il y rencontre sous l'empire des anges, quelques saintes, madones, ou la propre Vierge Marie —et cela malgré sa préférence manifeste pour le monde païen face au monde chrétien— afin de lui révéler les mystères qui lui avaient été cachés, jusqu'à présent. Le *citrinitas* ou *xanthosis*, phase gautiériste où l'angélisme[102] prédomine, est déjà une esquisse de ce que l'alchimiste attend trouver. La couleur jaune, assimilée à la lumière, devient aussi, la couleur des anges, car, « la création de la lumière », tel que le suggère Gaston Duchet-Suchaux, « est souvent identifiée à celle des anges dans les spéculations des théologiens, et dans les œuvres d'art » (Duchet-Suchaux *et al.* 1994 : 106). Cette nouvelle version de l'"Aphrodite ouranienne" est développée dès 1835, lorsque d'Albert croit avoir trouvé son idéal de beauté chez Rosette. Cette perfection absolue lui fait avoir une hallucination dans laquelle, il se sent emporté par les anges[103], enveloppé d'une luminosité hors du commun:

> C'était nuit dans le jardin de ***; le ciel, quoiqu'il fît tout à fait nuit, avait une clarté presque égale à celle du plus beau jour; il était si profond et si transparent que le regard pénétrait aisément jusqu'à Dieu. Il me semblait voir flotter les

derniers plis de la robe des anges sur les blanches sinuosités du chemin de saint Jacques. (Gautier [1835] 1966 : 114)

Existe-t-il une créature mi-humaine, mi divine qui procure la joie au poète implacable d'Albert ? Une apparence physique qui corresponde à l'ange de beauté récréé dans *Spirite*, le récit exprimant le mieux la "rêverie de l'aile"? Une Venus Pandémienne pouvant être remplacée par l'Ouranienne ou *vice versa* et, évoquant l'image de l'asexualité conjointement à celle d'un amour-fusion total ? Ce serait, aux dires de Joseph Savalle, Lavinia D'Aufideni, l'« ultime blonde aux yeux bleus qui », en effet, « conduira Guy au paradis des amours idéales » (Savalle 1981 : 54). Malivert croira même « y démêler des anges à grandes ailes de feu, planant sur une fourmilière d'êtres indistincts qui s'agitait sur un banc de nuages noirs semblables à un promontoire baigné d'ombre au milieu d'une mer phosphorescente » (Gautier [1865] 1970 : 46). Soit. Ce passage se présente comme une description parfaite des lieux éthérés où l'amour-fusion de Spirite avec Malivert semble, enfin, possible. Autour de cette femme —faite pur esprit, et donc asexué !— voltigent des anges, et le feu de ses ailes concourt à renchérir sur cette source de lumière. Or, faut-il attendre l'année 1865 pour trouver des personnages féminins ailés? Est-ce *Spirite* le seul ange conduisant le héros "au paradis des amours idéales" où l'amour-fusion peut avoir lieu ? Non, car l'œuvre gautiériste se voit certes, parsemée de quelques autres femmes angéliques. Toutefois, c'est précisément leur immatérialité, leur absence totale de carnation, de volupté et sensualité qui permet à Gautier d'évoquer la figure de l'ange au moment où commence à sonner le glas de leur chair. Ainsi Alicia Ward rappelle au commodore sa mère, « la pauvre Nancy », et il ajoute:

> De tels anges ne peuvent rester sur terre: il semble qu'un souffle les soulève et que des ailes invisibles palpitent à leurs épaules; c'est trop blanc, trop rose, trop pur, trop parfait; il manque à ces corps éthérés le sang rouge et grossier de la vie. Dieu, qui les prête au monde pour quelques jours, se hâte de les reprendre. Cet éclat suprême m'attriste comme un adieu. (Gautier [1856] 1990 : 557)

L'aile, matière aérienne par excellence, la blancheur, la perfection ne sont que substance céleste : aucune place alors, à assigner par Gautier dans cette évocation séraphique, à tout ce qui aurait trait à la vie, à la chair et donc, au sexe. Cette absence complète de matérialité, cette spiritualité suprême sur terre, impliquent certes une a-sexualité ne conduisant que vers l'au-delà. « Irrégularité sexuelle » qui était déjà évoquée dès 1839, dans *L'âme de la maison*.

Maria dépérissait à vue d'œil, et devenait d'une beauté étrange; ses yeux s'agrandissaient et s'illuminaient de l'aurore de la vie céleste; le ciel prochain y rayonnait déjà. Ils roulaient moelleusement sur leurs longues paupières comme deux globes d'argent bruni, avec des langueurs de clair de lune et des rayons d'un bleu velouté que nul peintre ne saurait rendre: les couleurs de ses joues, concentrées sur le haut des pommettes en petit nuage rose, ajoutaient encore à l'éclat divin de ces yeux surnaturels où se concentraient une vie près de s'envoler; les anges du ciel semblaient regarder la terre par ces yeux là. (Gautier [1839] 1873 : 303–304)

En effet, chez Gautier, « l'archétype profond de la rêverie du vol », à savoir, pas tellement « l'oiseau animal mais l'ange », implique, tel que le suggère l'anthropologue de l'imaginaire, une « élévation (…) isomorphe d'une purification parce qu'essentiellement angélique » (Durand [1960] 1984 : 148). A cet égard, non seulement l'ange évoque chez Gautier, une certaine "irrégularité sexuelle" —à laquelle privation charnelle et renoncement à la vie obligent !— mais aussi, une exaltation et élévation purificatrice conduisant du mythème romantique de l'amour-fusion à cet autre mythème décadent du « renoncement à l'amour », par le biais de l'androgyne. Les termes grecs *angelica* signifiant 'message', *angelos* qui veut dire 'messager', ou encore, le verbe *angello* se traduisant par 'porter un message'[104], ne donneraient-ils pas la clé pour transmuer la figure asexuée, en Hermès psychopompe, conduisant à ce "deux sexes dans l'un" que constitue l'Androgyne ? Une figure androgynique que le lecteur n'aura pas de mal à trouver tout aussi bien, dans cette beauté de Lord Evandale, « dont on ne pouvait rien dire, sinon qu'elle était trop parfaite pour un homme » (Gautier [1857] 1986 : 49); que chez le roi Candaule, dont le « bras d'athlète terminé par une main de femme, [indiquait] plutôt une nature de poète que de guerrier » (Gautier [1844] 1990 : 275); ou chez Paul d'Aspremont, aux « main[s] de femme » (Gautier [1856] 1990 : 575) ; ou encore, chez Meïamoum, ayant « la grâce délicate d'une jeune fille » et une « poitrine plus ronde et plus polie » que « Dionysius, le dieu efféminé » (Gautier [1838] 1990 : 160). Et évidemment, qui aura son point d'orgue dans *Mademoiselle de Maupin* et *Spirite,* tel que je vais le préciser dans les lignes qui suivent.

Pour ce faire, revenons au cheminement alchimique du héros gautiériste. La rubification ne peut se faire que sous le signe du feu[105]. Les quatre éléments se sont transformés les uns dans les autres ou synthétisés dans la quintessence. Une série de distillations en définitive, ne conduisant qu'à l'or alchimique. A propos de ma lecture de l'œuvre de Gautier sous l'optique de Pierre Solié, j'ai évoqué plus haut, comment le Soleil —« Or ordinaire ou préparé pour l'œuvre », voire « souffre philosophique », aux dires de Poisson (Poisson 1975 : 156)— et la Lune — « principe volatil, femelle, Mercure philosophique, argent préparé pour l'Œuvre » (Poisson

1975 : 155)—, autrement dit, comment le Roi et la Reine[106], s'unissant dans la *conjunctio* mourraient au moment de la *nigredo*. Et comment après avoir été plongé dans le bain mercuriel à l'eau féminine, le héros gautiériste ressortait victorieux de cet *hieros gamos*, et assumait sa responsabilité pour affronter une nouvelle phase, l'*albedo*. Nouvelle phase alchimique qui renforçait et développait sa propre conscience initiatique. De l'union entre le nouveau Mercure et la nouvelle Vénus, soleil et lune, naissant, alors, le "fils parfait", le *filius philosophorum* par excellence: l'être androgyne, le *Rebis*[107], qui couronne l'œuvre alchimique et aboutit à l'obtention de la Pierre Philosophale.

Plus haut, j'ai également évoqué comment l'androgyne, apporte chez Gautier, la re-composition de l'être dédoublé, en passant par des phases différentes, depuis la dyade jusqu'au "quattor gémellaire". En effet, la symbolique des nombres interprète l'androgyne comme une transition du deux, au quatre, en passant par le trois, pour aboutir sur l'un. A ce propos, Jung souligne comment « l'alchimie se préoccupe principalement du germe de l'unité »; germe qui, « d'après d'autres témoignages », continue-t-il, « correspond à l'unité des quatre éléments et constitue ainsi une quaternité ». Quant au trois, Jung de préciser que les quelques cas produisant « le nombre trois » semblent « caractérisés par une déficience systématique dans la conscience, à savoir par l'inconscience de la fonction dite "inférieure" ». Autrement dit, insiste-t-il, « à côté de la tendance qui porte clairement l'alchimie (comme aussi l'inconscient) vers la quaternité, une certaine instabilité entre le trois et le quatre est toujours apparente ». Dès lors, tandis que « quatre a la signification du féminin, du maternel, du physique », trois se réfère au « masculin », au « paternel », au « spirituel ». Et enfin, de conclure, « l'instabilité entre quatre et trois représente donc quelque chose comme un balancement entre le spirituel et le physique » (Jung 1994 : 36–38). « Balancement » que l'œuvre de Gautier a largement mis en exergue. Ses élans incessants vers le spirituel ne l'empêchant point, d'enrichir ses lignes du physique. Son idéalisme ne l'empêchant point de cultiver son esprit hédoniste. Son amour et exaltation du beau au féminin ne l'empêchant point d'exalter une complémentarité dans la quadrature du cercle, faisant de deux sexes une totalité, aboutissant à l'*aurum philosophicum*, à la *tinctura rubea*. C'est ainsi que la quête de production du *lapis* a fait écrire dans le *Rosarium*: « Fais de l'homme et de la femme un cercle rond, et extrais-en un carré, et du carré un triangle. Fais un cercle rond et tu auras la pierre philosophale » (Citation du *Theatrum chemicum*, 9, xxix, attribué au Pseudo-Aristote. Cité par Jung 1994 : 167).

Les très nombreuses publications réalisées sur le mythe de l'androgyne en général, et sur l'androgyne romantique en particulier, vont me permettre d'élucider l'originalité de l'œuvre gautiériste. En effet, comme Frédéric Monneyron a remarqué dans son intéressant ouvrage *L'androgyne romantique*[108], les seuls romans qui vont instaurer en la même année 1835 le mythe littéraire de l'androgyne seront *Mademoiselle de Maupin* et *Séraphîta*, —bien sûr, précise-t-il « chacun selon sa perspective »— et « en resteront toutefois les deux seules réalisations » (Monneyron 1994 : 134). Un mythe complet dans le cas de l'œuvre narrative de Gautier, car elle intègre les deux versions différentes, signalées par le critique: celle idéaliste en 1835, avec *Mademoiselle de Maupin* et celle spiritualiste[109] en 1865 avec *Spirite*. Erotisme et mysticisme, valeurs sensuelles et théologiques, qui seront conjuguées dans ce "Grand-Œuvre" pour culminer dans la sublimation suprême qui est l'Un. En outre, l'apparition du mythe gautiériste bien avant le décadentisme[110] apporte des nuances d'intérêt sur l'originalité de l'œuvre qui nous occupe.

Entre la quête initiatique (ou prométhéenne) du héros et la religion de la femme, au milieu de cette nouvelle mythologie créée par le romantisme[111], Gautier a su placer son rêve idéal de beauté, en haut de sa particulière spirale alchimique. Deux axes romantiques qui se voient élargis, chez l'auteur de Tarbes, par sa dimension androgynique personnelle, permettant de situer son œuvre aux confins du décadentisme. Un être hybride, certes, qui appelle, dès 1835, et à l'érotique et à la beauté de la forme. En effet, *Mademoiselle de Maupin* s'inscrit, tel que Frédéric Monneyron le précise, « dans le cadre d'une interrogation moderne sur les relations entre l'érotique et l'esthétique » (Monneyron 1994 : 130). Le récit implique, sous forme épistolaire, une parfaite connaissance du mythe antique. Ces mythèmes essentiels, contenus dans le lien de l'unité à la dualité et *vice versa*, sont repris par Gautier dans un monde de l'idée poétique —auquel appartient d'Albert— et ne semblent pas pouvoir subsister dans le monde réel. Le lecteur retrouve, trente ans plus tard, cette unité incarnée dans l'au-delà. Gautier semble vouloir nous dire que la quintessence alchimique ne peut, par conséquent, être atteinte qu'en dehors de toute réalité.

Par ailleurs, l'étymologie du terme androgyne —« association paradoxale de deux substantifs », aux dires de Luc Brisson, « désignant les pôles d'une opposition irréductible: *anér-andrós* "homme", et *guné-gunaikós* "femme" » (Brisson 1986 : 31)— renvoie immédiatement au concept de bisexualité. Gautier maintient ce concept, respectant ainsi, l'essentiel du mythe platonicien. Mais l'idéal androgynique part chez l'auteur d'une réflexion centrée notamment, sur l'art. Bien avant les décadents, bien avant Joséphin Péladan, « il place au-dessus de la beauté de la femme, création de la nature », tel que le précise Frédéric Monneyron, « la beauté de l'androgyne, création de l'art » (Monneyron 1986 : 218). Cette beauté célèbre, consistant dans l'annulation des deux sexes, dans la jonction qui les dissout, dans l'unité qui les rassemble, est ainsi exposée dans *Mademoiselle de Maupin*[112],

> Une draperie de damas rouge à grandes fleurs, à demi relevée, tombait à larges plis derrière lui et lui servait de fond.— Qu'il était beau, et que sa tête brune et pâle ressortait merveilleusement sur cette teinte pourpre! Deux grosses touffes de cheveux, noires, lustrées, pareilles aux grappes de raisin de l'Erigone antique, lui pendaient gracieusement le long des joues et encadraient d'une manière charmante l'ovale fin et correct de sa belle figure. Son cou rond et potelé était entièrement nu, et il avait une espèce de robe de chambre à larges manches qui ressemblait assez à une robe de femme.— Il tenait en main une tulipe jaune qu'il déchiquetait impitoyablement dans sa rêverie, et dont il jetait les morceaux au vent. (Gautier [1835] 1966 : 186)

D'Albert sait maintenant que son rêve existe, « le corps de [son] fantôme (…) n'est pas une chimère » (Gautier [1835] 1966 : 180). Néanmoins, il se voit confronté à un problème d'envergure, car son rêve s'avère concrétisé dans des formes masculines. Son hétérosexualité se confondant, momentanément, avec une possible tendance à l'homosexualité, les canons esthétiques gautiéristes semblent dès lors, renversés. A la beauté au féminin va se substituer tout d'abord, l'idée d'un homme: « Oh! non, je ne pourrai jamais te le dire… j'aime un homme! » (Gautier [1835] 1966 : 184). La première description que d'Albert fait de « ce jeune homme » (Gautier [1835] 1966 : 186) à Silvio est celle où il est comparé à l'Erigone antique, la fille d'Icarios séduite par Dionysos, où le lecteur ne trouve que beauté, jeunesse, traits délicats. Le poète, lui-même, ne tarde pas à soupçonner qu'il s'agit, en fait, d'un travestissement. Ce qui fait écrire à Pierre Albouy ces lignes, « Madeleine de Maupin n'est ni un hermaphrodite ni un androgyne; c'est une femme travestie, et une femme dont la féminité est singulièrement plus indiquée et soulignée que l'ambiguïté qui aurait dû être son trait principal » (Albouy 1972 : 601). Travestissement que d'Albert décrit en ces termes :

> Il faut que Théodore soit une femme déguisée; la chose est impossible autrement. —Cette beauté excessive, même pour une femme, n'est pas la beauté d'un homme, fût-il Antinoüs, l'ami d'Adrien; fût-il Alexis, l'ami de Virgile.— C'est une femme, parbleu, et je suis bien fou de m'être ainsi tourmenté. De la sorte tout s'explique le plus naturellement du monde, et je ne suis pas aussi monstre que je le croyais. (Gautier [1835] 1966 : 187)

Pour comprendre le génie antique, assure d'Albert, ne faudrait-il pas alors, accepter « les amours étranges » des « élégies de poètes anciens » ? Là où le poète d'Albert traduisait « Juventia », « Ianthé » il fallait, en fait, garder « Juventius », « Alexis ». Seul celui ne comprenant pas l'esprit de l'antiquité pourrait oser transformer le genre du suffixe masculin chez « Catulle », « Tibulle », « Martial », ou « Virgile » (Gautier [1835] 1966 : 189). Car en « amour antique », continue-t-il, « on ne cherche que la satisfaction de l'œil, le poli de la forme et la pureté du linéament », en les acceptant « partout où on les rencontre » (Gautier [1835] 1966 : 200). En revanche, dans l'art chrétien il n'y a pas « une seule statue d'homme où la beauté adolescente fût idéalisée et rendue avec ce soin qui caractérise les anciens sculpteurs » (Gautier [1835] 1966 : 201). Une revendication de la beauté des formes masculines qui, concerne « plus ou moins nettement, tous les décadents » et, tel que Monneyron le confirme assez nettement, « existait déjà chez un Gautier » (Monneyron 1996 : 66). Après ces préambules esthétiques, où d'Albert s'incline, sans hésiter, vers l'une des « chimères les plus ardemment caressées de l'antiquité idolâtre » (Gautier [1835] 1966 : 201), c'est en élevant la forme à l'idéal, la perfection de la chair au niveau du concept pur, la beauté parfaite mais différenciée à l'ambigüité de l'hermaphrodite qu'« à la femme va se substituer l'être ambigu, l'être double, l'être de l'idée et de la forme: l'androgyne » (Monneyron 1994 : 103).

> C'est en effet une des plus suaves créations du génie païen que ce fils d'Hermès et d'Aphrodite. Il ne se peut rien imaginer de plus ravissant au monde que ces deux corps tous deux parfaits, harmonieusement fondus ensemble, que ces deux beautés si égales et si différentes qui n'en forment plus qu'une supérieure à toutes deux, parce qu'elles se tempèrent et se font valoir réciproquement: pour un adorateur exclusif de la forme, y a-t-il une incertitude plus aimable que celle où vous jette la vue de ce dos, de ces reins douteux, et de ces jambes si fines et si fortes que l'on ne sait si l'on doit les attribuer à Mercure prêt à s'envoler ou à Diane sortant du bain? Le torse est un composé de monstruosités les plus charmantes: sur la poitrine potelée et pleine de l'éphèbe s'arrondit avec une grâce étrange la gorge d'une jeune vierge. Sous les flancs bien enveloppés et d'une mollesse toute féminine, on devine les dentelés et les côtes, comme aux flancs d'un jeune garçon; le ventre est un peu plat pour une femme, un peu rond pour un homme, et toute l'habitude du corps a quelque chose de nuageux et d'indécis qu'il est impossible de rendre, et dont l'attrait est tout particulier.- Théodore serait à coup sûr un excellent modèle de ce genre de beauté; cependant je trouve que la portion féminine l'emporte chez lui, et qu'il lui est plus resté de Salmacis qu'à l'Hermaphrodite des Métamorphoses. (Gautier [1835] 1966 : 201–202)

Malgré, toute la problématique[113] sous-jacente aux origines du mythe, la présence de ce fils d'Hermès et d'Aphrodite, de Mercure et de Vénus, chez Gautier, constituerait-elle un des cas illustrant l'émergence archétypale aléatoire et répétitive de l'androgynie divine[114], dont parle Jean Libis ? Qu'il soit l'Hermaphrodite de la sculpture hellénistique, ou l'« Hermaphroditos »[115] évoqué par Jung et

Kerenyi —dont la parenté Eros-Hermès ne pouvait que plaire à un Gautier, enclin à l'occultisme !— la «statue énigmatique » à « l'inquiétante beauté » (Gautier 1852 : 51) obsède, sans doute, Gautier. Plus qu'ambivalent, protéiforme, l'Hermaphrodite est conçu comme totalité, comme absolu, tantôt suggérant l'être bisexué —bisexualité existante chez Madeleine de Maupin[116]— tantôt, l'être au sexe incertain —comme chez Théodore-Madeleine[117] ou comme chez la statue « au sexe douteux », « au corps indécis » et à « la grâce certaine » de « Contralto » (Gautier 1852 : 52)—. Hermaphrodite, androgyne, en définitive, « rêve de poète et d'artiste » à « la multiple beauté » (Gautier 1852 : 53), illustrant tout aussi bien, la théorie ontologique et amoureuse de Platon.

Mais, qu'est-ce qui peut bien arriver si l'un des sexes réapparaît? En détruisant l'incertitude du sexe, symbole par antonomase de l'androgynie, le récit gautiériste fait passer Théodore de l'idéalité à la réalité. « A l'être inaccessible au désir, succède la femme, mesure du désir de l'homme; à l'unité de l'Idée, l'être divisé de la Réalité », écrit Frédéric Monneyron (Monneyron 1994 : 117). C'est alors qu'a lieu la concrétisation charnelle. Madeleine de Maupin se fait bisexuelle pour assouvir les désirs sexuels et de Rosette et de d'Albert. Cette "distorsion érotique" —qui annonce pourtant le penchant décadentiste du récit— n'empêche pas pour autant, de retrouver en fin de course, les solutions de Platon: l'amour esquisse la voie spirituelle consolidée dans *Spirite*.

> Se livrer tout entier sans rien garder de soi, renoncer à sa possession et à son libre arbitre, remettre sa volonté entre les bras d'un autre, ne plus voir par ses yeux, ne plus entendre avec ses oreilles, n'être qu'un en deux corps, fondre et mêler ses âmes de façon à ne plus savoir si vous êtes vous ou l'autre, absorber et rayonner continuellement, être tantôt la lune et tantôt le soleil, voir tout le monde et toute la création dans un seul être, déplacer le centre de vie, être prêt, à toute heure, aux plus grands sacrifices et à l'abnégation la plus absolue; souffrir à la poitrine de la personne aimée, comme si c'était la vôtre; ô prodige! se doubler en se donnant: —voilà l'amour tel que je le conçois. (Gautier [1835] 1966 : 339–340)

Tel me semble être le passage gautiériste explicitant le mieux la consubstantialité entre la pensée mythique et la pensée philosophique qui représente la théorie de l'androgynat originel. Pour Madeleine, ce n'est qu'à travers l'amour que l'un ultime peut être atteint. Le désir de retrouver l'unité perdue va de pair avec l'amour charnel entre humains. La conception de l'amour de Madeleine garde un certain écho avec la décision qu'Héphaïstos fit prendre aux amants platoniciens,

> N'est-ce pas ceci vraiment dont vous avez envie: vous identifier le plus possible l'un avec l'autre, de façon que, ni nuit, ni jour, vous ne vous délaissiez l'un l'autre?

Si c'est en effet de cela que vous avez envie, je peux bien vous fondre ensemble,
vous réunir au souffle de ma forge, de telle sorte que, deux comme vous êtes, vous
deveniez un et que tant que durera votre vie, vous viviez l'un et l'autre en com-
munauté comme ne faisant qu'un; et qu'après votre mort, là-bas, chez Hadès au
lieu d'être deux vous soyez un, pris tous deux par une commune mort… Eh bien!
Voyez si c'est à cela que vous aspirez et si vous pouvez vous contenter d'un tel sort.
(Platon, *Le Banquet*, 192d–192e. In Platon 1951 : 35–36)

Spirite fera remonter la femme à l'état platonique, dans ce spiritualisme qui fera
du héros l'une des moitiés de l'unité primitive. Le concept de noces chimiques est
entièrement figuré dans le récit de 1865. Guy de Malivert et Spirite réussissent à
constituer, tel que le souligne Marc Eigeldinger, « "l'ange complet" figuré par le
mythe de l'androgyne » (Eigeldinger 1970 : 22). Mais, contrairement à ces âmes
qui, à cause « d'un mot, d'un regard, d'un sourire » non lancé sur terre, ont pris
des « chemins divergents qui les séparaient de plus en plus » faisant ainsi « leur
réunion à jamais impossible » (Gautier [1865] 1970 : 89–90) les âmes des personnages de *Spirite* se sentent irrémédiablement attirées l'une vers l'autre.

Nous étions prédestinés l'un à l'autre. Nos âmes formaient ce couple céleste
qui, en se fondant, fait un ange; mais ces deux moitiés du tout suprême, pour se
réunir dans l'immortalité, doivent s'être cherchées dans la vie, devinées sous les
voiles de la chair, à travers les épreuves, les obstacles et les diversions. (Gautier
[1865] 1970 : 137)

Seul Guy de Malivert a joui, insiste le narrateur, « de cette félicité suprême et rare
d'être uni, dès cette terre, à l'âme faite pour son âme » (Gautier [1865] 1970 :
113). Cette unité première retrouvée, dont le reste des humains ne profiteront que
"*post mortem*", Guy l'a retrouvée dans l'amour qui lui est prodigué par cette jeune
fille morte. Les deux êtres —Guy est vivant, matière, et Spirite, morte, esprit—
sont prêts à se confondre en une seule entité, résumant les contraires: « l'unité
dans la dualité, le moi dans le non-moi, le mouvement dans le repos, le désir dans
l'accomplissement, la fraîcheur dans la flamme » (Gautier [1865] 1970 : 175).
La conciliation de la dualité ontologique Matière-Esprit s'opère à travers un être
androgynique spirituel, au seuil de sa vie dans l'au-delà.

Bientôt ils se rapprochèrent de plus en plus, et, comme deux gouttes de rosée
roulant sur la même feuille de lis, ils finirent par se confondre dans une perle
unique. (…) leurs âmes réunies forment un ange d'amour, dit avec un soupir
mélancolique le baron de Féroë. (Gautier [1865] 1970 : 189)

Mais, le mythe apparaît aussi, implicitement dans d'autres récits gautiéristes. Théophile et Maria, ces deux jeunes créatures du récit *L'âme de la maison* reproduisent ainsi en 1839 l'"accouplement divin":

> (…) nos cœurs palpitaient à l'unisson, nos paupières s'élevaient et s'abaissaient simultanément; tout dans nos âmes et dans nos corps était en harmonie et vivait de concert, ou plutôt nous n'avions qu'une âme à deux, tant la sympathie avait fondu nos existences dans une seule et même individualité. Un fluide magnétique entrelaçait autour de nous, comme une résille de soie aux mille couleurs, ses filaments magiques; il en partait un de chaque atome de mon être, qui allait se nouer à un atome de Maria; nous étions si puissamment, si intimement liés, que je suis sûr que la balle qui aurait frappé l'un aurait tué l'autre sans le toucher (…) Abîmés dans la contemplation l'un de l'autre, nous ne pensions pas à notre propre vie; spectateurs d'une existence en dehors de nous, nous avions oublié la nôtre. (Gautier [1839] 1873 : 279–280)

Ange, "âme à deux", androgyne … La figure est certes, une constante dans l'œuvre de Gautier. Asexualité, complétude, indéfinition … Le mythème romantique de l'amour-fusion est, certes, magistralement conjugué au mythème décadent du renoncement à l'amour : et ce, non seulement, par le caractère asexué de l'"ange de beauté" —notamment dans la version spiritualiste de l'androgyne—, mais également, par l'évocation d'irrégularités sexuelles, annoncées dans la version idéaliste de 1835. En définitive, à la question lancée à la fin du chapitre concernant les perversités fatales, je répondrai ici, par une affirmation. L'exacerbation du féminin fatal, comme Mireille Dottin-Orsini le soulignait, faisant pencher dans les dernières décennies du siècle non seulement vers la « féminisation du héros », mais aussi, vers une « complaisance pour les thèmes de l'androgynie, de l'angélisme et de l'homosexualité sublimés ou non », si ce n'est vers la « confusion *fin de sexe* » (Dottin-Orsini 1993 : 350) a eu des conséquences similaires —quoique adoucies et sublimées par l'esthète !— dans l'œuvre de Gautier.

Notes

1. Certes, précise Durand, « les romantiques aussi —toute l'œuvre de Michel Le Bris le montre— furent des *dissenters,* "des empêcheurs de tourner en rond". Mais ici, après 1860, la subversion est pour ainsi dire "au carré" ». Mon but dans les pages qui suivent sera de souligner combien cette "subversion au carré" concerne dans l'œuvre de Gautier, non seulement l'Art d'Hermès et la thématique androgynique qui en découle mais, aussi, celle transformant la « femme elfique du romantisme »

en « femme fatale, terrible ». Une troisième subversion concernant, non seulement la mort du « Dieu chrétien » (Durand 1989 : 169–170) mais, de toute une cohorte des divinités illustrée par la « divine tragédie » de Paul Chenavard, me permettant de souligner combien ce mythème de la subversion se trouve en effet, déjà esquissée chez Gautier, bien avant 1860.

2. Le point d'interrogation dans le titre de ce chapitre prétend illustrer la suivante affirmation du commissaire général de l'exposition, « L'Europe des esprits ou la fascination de l'occulte, 1750–1950 » (Musée d'Art moderne et contemporain de la ville de Strasbourg, du 8 octobre 2011 au 12 février 2011): « Les esprits, la magie, l'occultisme », précise Serge Fauchereau, « sont des notions voisines mais floues, acceptées ou rejetées pour de mêmes faits et attitudes ; tel qui est désigné comme sorcier, sorcière ou nécromant sera d'ailleurs admiré comme mage, magicienne ou médium ». Étant donné que dès « l'époque de cette renaissance de l'occultisme, le *Dictionnaire de l'Académie française* de 1778 » définissait l'occulte « comme ce qui est "caché", d'où des expressions telles que "philosophie occulte » ou « les sciences occultes » (Fauchereau 2011 : 68), je tenterai de me centrer ici, sur un système de pensée ésotérique moins vaste —quoique tout aussi bien "occulte", clandestin, voire "irrationnel"—, comme l'alchimie, conçue en tant qu' "art d'Hermès".

3. Je rappelle que pour Françoise Bonardel « sera qualifiée d'*hermésienne* la tournure d'esprit qui, inspirée par le regard et le Verbe du dieu polymorphe et du Sage, invite à entreprendre un acte herméneutique de "compréhension" gnostique » (Bonardel 2002 : 13). Je reviendrai sur cette liberté, inspirée du dieu polymorphe dans l'acte herméneutique et à laquelle j'adhère, dans ma conclusion.

4. Ce cours d'eau ou « tradition hermétique » est définie par Françoise Bonardel en tant que « vaste courant aux délimitations assez incertaines au sein duquel s'imposent néanmoins *Philosophie occulte* » —ce qui m'autorise à garder la première partie du titre de ce chapitre— « et Magie naturelle, proches parentes de l'Art de l'alchimie également patronné par Hermès » (Bonardel 2002 : 80–81).

5. « Engagé en ces termes éminemment contrastés à propos de l'hermétisme », écrit Françoise Bonardel, « le débat ne fait pourtant que refléter celui, déjà amorcé par Nietzsche à la fin du XIXᵉ siècle, relatif à la portée culturelle de l'*alexandrinisme* : éphémère confrontation de l'Orient et de l'Occident, ou modèle de réunification créatrice dont devrait s'inspirer la modernité, portée à l'intellectualisme et à l'éparpillement ? » (Bonardel 2002 : 36).

6. Comment expliquer « l'énigmatique triplicité du Trimégiste » ? Pour y répondre, Françoise Bonardel débute par cette citation d'E.O. von Lippmann : « dans les vieux textes égyptiens la triple répétition du même hiéroglyphe exprimait le pluriel, et plus tard le superlatif, de telle sorte qu'Hermès le Grand, le Grand, le Grand doit être "Hermès le très grand", et non, comme cela se produisit par erreur, "Hermès le trois fois grand", ou Trimégiste » (E.O. von Lippmann. Cité par Bonardel 2002 : 24).

7. « Quant à savoir précisément », écrit Françoise Bonardel « qui est l'Hermès fondateur et conducteur de cet Art », c'est à partir des images que « le Trimégistre semble l'emporter sur les pages de titre et frontispices des grands traités, où l'"Égyptien Hermès" occupe une place de choix et revêt les traits du vieux sage vénérable, plus ou moins orientalisé, tenant souvent en main le globe de l'univers » (Bonardel 2002 : 109).

8. « Gautier », précise Paolo Tortonese, « se considérait lui-même un homme pour qui le Christ n'était pas venu », selon l'expression de d'Albert dans *Mademoiselle de Maupin*. En effet, continue-t-il, « pour Gautier, le christianisme a effacé le corps et aboli la matière, alors que le paganisme les exaltait » (Tortonese 1997 : 78).

9. Tel que je l'ai suggéré au chapitre précédent, le Gautier « fuyant » et « surprenant dans ses contradictions » évoqué par Tortonese (Tortonese 1997 : 77) me semble assez proche du dieu voyageur et médiateur, dieu psychopompe, et dieu des carrefours qu'est Hermès.

10. « Hermès », précise Françoise Bonardel, « fait pourtant moins figure de fondateur de cet Art que de révélateur puis *premier transmetteur de la tradition hermétique*, au sens large du terme, à quoi s'intégra néanmoins l'alchimie » (Bonardel 2002 : 107).

11. Frédéric Monneyron affirme à ce propos, « ainsi le romantisme manifeste-t-il son intérêt pour l'abondante littérature ésotérique du XVIIIᵉ siècle, qui, restée en dehors de la culture officielle, apparaît déjà comme une réaction souterraine contre le rationalisme. Certains penseurs qui prônaient une reconnaissance du mythe sont parfois aussi des penseurs ésotériques importants, ainsi Claude Louis de Saint-Martin ou Joseph de Maistre » (Monneyron 1994 : 43).

12. Dans cette fin de siècle, précise Françoise Bonardel, « M. Berthelot entreprit la recollection et la traduction de textes alchimiques grecs et arabes » —dont la première édition semble dater de 1887, concernant la *Collection des anciens alchimistes grecs* (Steinheil), et celle de *la Chimie au Moyen Âge*, de 1893 (imprimerie nationale)— après que Louis Menard ait retraduit et commenté en 1866 le *Poimandrès* (Bonardel 2002 : 132–134).

13. Avec une musique de Nicolò Gabrielli, ce ballet —dans lequel un homme emploie le magnétisme pour tenter d'obtenir la main d'une jeune fille— a été représenté pour la première fois à Paris à l'Académie impériale de musique, le 31 mai 1854, avec une chorégraphie de Fanny Cerrito. Le livret de ce ballet, parut ensuite dans (Gautier 1872). Aux dires d'Anne Marie Lefebvre, ce ballet confirme le fait que « Gautier songe à l'utilisation littéraire du magnétisme dès le milieu du siècle, et sans doute avant » (Lefebvre 1993 : 296).

14. Dans son intéressant article sur le rapport de Gautier avec les spirites et illuminés de son temps, Anne Marie Lefebvre parvient à explorer quelques pistes sur cet aspect —certes, inavoué— de la vie de l'auteur, autour de trois périodes "occultistes" plus ou moins bien différenciées. Tout d'abord, son rapport au magnétisme —notamment, en assistant à des séances de magnétisme chez la comtesse Dash dès 1843 (Comtesse Dash 1886–1897 : VI, 73–74. Cité par Lefebvre 1993 : 294), mais également,

par le biais de Victor Hugo qui depuis 1847 consulte le célèbre somnambule Alexis Didier, et où l'on retrouve déjà Théophile Gautier, G. de Nerval, les deux Dumas, Alphonse Karr, entre autres (Viatte 1942 : 117). Par ailleurs, « nul ignore », continue-t-elle, « que c'est en septembre 1853 que Madame de Girardin rendit visite à Hugo à Marine-Terrace et l'initia au spiritisme : pendant plus d'un an, les tables y tournèrent chaque soir pour permettre au poète de communiquer avec sa fille disparue, et Gautier en fut constamment informé » (Lefebvre 1993 : 293). Le passage du magnétisme au spiritisme semble avoir opéré chez l'auteur en 1856 : « *Avatar* et *Jettatura* ayant paru dans *Le Moniteur universel* en 1856, il se trouve confirmé », continue-t-elle, « qu'avec *Magnétisme,* ils formaient une trilogie centrée sur les phénomènes magnétiques. Et si *Magnétisme* » —dont l'idée première ne se trouvera que plus tard dans *Spirite,* aux dires de Spoelberch de Lovenjoul (Spoelberch de Lovenjoul 1894 : 74. Cité par Lefebvre 1993 : 297)— « ne parut pas alors, c'est bien que Gautier avait déjà l'idée d'autre chose : le spiritisme, "né" aux Etats-Unis en 1847 et répandu en France en 1853–54, pour connaître son apogée en 1855–56 » (Lefebvre 1993 : 297). Enfin, sur sa troisième "période occultiste" avec Eliphas Levi, je reviendrai plus bas.

15. Voir également le récent numéro du *Bulletin de la Société Théophile Gautier* : (Geisler-Szmulewicz et Moussa 2016).

16. Lorsque Gautier écrit sur ce cher ami, il assure:« on peut même dire qu'il en garde certains sous-entendus d'initié, certaines formules cabalistiques, certaines allures d'illuminé qui feraient croire par moments qu'il parle pour son propre compte. (…) Une préoccupation du monde invisible et des mythes cosmogoniques le fit tourner quelque temps dans le cercle de Swedenborg, de l'abbé Terrasson et de l'auteur du *Comte de Gabalis* » (Gautier [1855] 1929 : 242). Gautier y écrit également : « les cosmogonies et les théogonies, la symbolique des sciences occultes, occupèrent son cerveau plus qu'il ne l'aurait fallu, et souvent les esprits les plus compréhensifs ne purent le suivre au faîte des Babels qu'il escaladait, ou descendre avec lui dans les syringes à plusieurs étages où il s'enfonçait » (Gautier [1855] 1874 : 150. Voir: http:// gallica.bnf.fr/ark:/12148/bpt6k206100b/f1.item) [date de dernière consultation : 30/11/17]

17. Émile Bergerat précise combien « le spectacle des enfants morts est un des ceux qui l'ont ému toute sa vie » car non seulement, « ses poésies en font foi » mais, il aurait peint également, « divers portraits de filles mortes » (Bergerat [1877] 2015 : 25).

18. Voir à ce propos, mon chapitre n° 5, et plus concrètement, la partie consacrée au temps, ainsi qu'à l'influence de l'épisode des Mères sur Gautier dans la célèbre étude de Georges Poulet : (Poulet 2017 : 364).

19. Surnom célèbre que l'auteur s'attribue lui-même après les six clichés réalisés avec l'invention de Niépce et Daguerre (1839), datant de son voyage en Espagne en 1840. Voir : Gautier [1845] 1964 : chap. X- Tolède. Ces clichés sont reproduits dans Magnol-Malhache 2007 : 68–73.

20. « Gautier photographié par Nadar ». Reproduite dans Magnol-Malhache 2007 : 65.

21. Voir : (Hadot 2008).

22. « Faire un écart », —tout en opérant à « *mettre en tension* »—précise François Jullien dans sa belle *Leçon inaugurale de la Chaire sur l'altérité,* «c'est sortir de la norme, procéder de façon incongrue, opérer quelque déplacement vis-à-vis de l'attendu et du convenu ; bref, briser le cadre imparti et se risquer ailleurs, parce que craignant, ici, de s'enliser » (Jullien 2012 : 35). Gautier, ne nous livre-t-il pas ici la clé de la *coïncidentia oppositorum* hermétique, si ce n'est la clé de cette œuvre "se risquant ailleurs", de cette œuvre inclassable qui fut la sienne ?

23. « Il possède », écrira également Baudelaire, « plus qu'aucun autre, le sentiment *d'universelle hiérarchie* écrite du haut en bas de la nature, à tous les degrés de l'infini » (Baudelaire 1859 : 65. C'est moi qui souligne).

24. Charles Baudelaire écrit lui-même que sa « première entrevue avec cet écrivain » avait eu lieu « chez lui pour lui offrir un petit volume de vers de la part de deux amis absents » (Baudelaire 1859: 13). « En revanche, la date » semble « incertaine » : « Gautier parle de 1849, quand ses contemporains avancent plutôt la date de 1845. Quoiqu'il en soit, c'est vers 1850 que les deux poètes se lient d'amitié » (Lacoste-Veysseyre, 1991, 1993 : t. 5 et t. 8. Cité dans : http://www.theophilegautier.fr/charles-baudelaire/ [date de dernière consultation : 15/11/2017].

25. Lorsque Baudelaire a goûté « pour la première fois aux œuvres du poète », il n'a pas hésité à avouer, dans son très élogieux article sur Gautier, combien « la sensation de la touche posée juste, du coup porté droit, me *faisait tressaillir*, et que l'*admiration* engendrait en moi une sorte de *convulsion nerveuse* ». Ensuite, et tout en s'accoutumant « à la perfection » du style du maître, il avoue s'être laissé abandonner « au mouvement de ce beau style onduleux et brillanté, comme un homme monté sur *un cheval sûr* qui lui permet la rêverie, ou *sur un navire* assez solide pour défier les temps non prévus par la boussole, et qui peut contempler à loisir les magnifiques décors sans erreur que construit la Nature dans ses heures de génie » (Baudelaire 1859 : 41. C'est moi qui souligne). Peut-on décrire avec plus de précision l'empreinte de ce « diamant de plus en plus rare dans une époque ivre d'ignorance et de matière », de ce « PARFAIT HOMME DE LETTRES » sur cet autre génie que fut Baudelaire ? (Baudelaire 1859 : 67–68. C'est l'auteur qui souligne).

26. Dans le catalogue de la bibliothèque de Théophile Gautier figurent par ailleurs, entre autres, quatre volumes des œuvres de Madame de Girardin, portant la mention « Exemplaire unique. A Théophile Gautier » (1873a: 50–51).

27. Aux dires de Marie-Ange Faugérolas, « le profond respect de Gautier pour la personnalité de Balzac, également swedenborgien convaincu, comme en témoigne le roman *Séraphita,* atteste l'intérêt que Gautier porte au surnaturel » (Faugérolas 2000 : 98).

28. Delaage 1852 : 7 , 47 et 136–137 : « profession de foi de l'auteur, membre de la loge "Cœurs unis" » (Cité par Lefebvre 1993 : 321).

29. C'est par l'intermédiaire de Mlle Huet, institutrice de Judith Gautier, que Gautier aurait connu le spiritisme : « on peut donc affirmer », souligne Anne Marie Lefebvre,

« que Gautier, qui s'intéressa au spiritisme à ses débuts, rencontra le comte d'Ourches grâce à ses filles et à Honorine Huet, mais n'alla jamais jusqu'au bout de la "foi" spirite, n'adhérant pas à la religion fondée par Kardec, et se contentant de lire attentivement à titre documentaire » (Lefebvre 1993 : 307).

30. « Le plus vraisemblable demeure», écrit toujours Anne-Marie Lefebvre, « que Gautier ait rencontré Alphonse-Louis Constant, dessinateur, en 1838 ou 1839, et qu'il ait gardé des relations plus ou moins lointaines avec lui, après son "avatar" en Eliphas Levi vers 1850 » (Lefebvre 1993 : 315–316).

31. En réalité, l'alchimie a pu s'adapter aux milieux littéraires grâce à l'œuvre de Gœthe. Selon Brian Juden, « l'intérêt pour le *Second Faust* remonte à une étude d'Ampère publiée dans *Le Globe*. En 1834, Xavier Marmier y revient dans un article pour *La Revue de Paris* où il donne une bibliographie importante. Puis en juin 1839, la *Revue des deux Mondes* publie le premier article d'une trilogie que Blaze de Bury consacre à l'épopée de Gœthe. Pour situer l'ouvrage, le critique fait grand cas du néo-platonisme dans le mouvement intellectuel allemand à la fin du dix-huitième siècle et de l'intérêt manifeste chez Gœthe pour l'hellénisme puis pour Paracelse et l'alchimie » (Juden 1971 : 461).

32. « Tel est le sens du mot « gnose » », continue Françoise Bonardel, « chez Frithjof Schuon (*Sentiers de Gnose*, 1957), René Guénon (*Symboles fondamentaux de la Science sacrée*, 1962) et Raymond Abellio (*Manifeste de la nouvelle Gnose*, 1989) ». Voir : (Bonardel 1997) in : http://www.francoise-bonardel.com/gnoses-et-hermetisme-fleurons-de-lalexandrinisme/ [date de dernière consultation : 26/11/2017].

33. « Toujours est-il que les documents historiques permettent de distinguer trois époques dans les débuts de l'alchimie gréco-égyptienne: 1) l'époque des recettes techniques; 2) l'époque philosophique, inaugurée très probablement par Bolos de Mendès (IIᵉ siècle av.J.-C.) et qui se manifeste dans les *Physika kai Mystika* attribuées à Démocrite; 3) enfin, l'époque de la littérature alchimique proprement dite, celle des apocryphes, de Zosime (IIIᵉ–IVᵉ siècles ap. J.-C.) et des commentateurs (IVᵉ–VIIᵉ siècles). Bien que le problème de l'origine historique de l'alchimie alexandrine ne soit pas encore résolu, on pourrait expliquer la brusque apparition des textes alchimiques autour de l'ère chrétienne, comme le résultat de la rencontre entre le courant ésotérique représenté par les Mystères, le néo-pythagorisme et le néo-orphisme, l'astrologie, les "sagesses orientales révélées", le gnosticisme, etc., courant ésotérique qui était surtout le fait des gens cultivés, de l'*intelligentsia* et les traditions "populaires", gardiennes des secrets de métier et des magies et techniques d'une très grande antiquité. Un phénomène analogue se constate en Chine avec le taoïsme et le néo-taoïsme, et dans l'Inde avec le tantrisme et le Hatha-yoga. Dans le monde méditerranéen, ces traditions "populaires" ont prolongé jusqu'à l'époque alexandrine, un comportement spirituel de structure archaïque. L'intérêt croissant pour les "sagesses orientales" et les techniques et sciences traditionnelles concernant les substances, les pierres précieuses, les plantes, caractérise toute cette époque de l'antiquité, brillamment étudiée par Franz Cumont et le

R.P. Festugière » (Eliade 1956 : 149). Pour Françoise Bonardel le problème se poserait comme suit : « tout le débat sur le « creuset » alexandrin renvoie à une question plus cruciale encore », résumé par Antonin Artaud dans *Le Théâtre et son double* : « "On peut brûler la bibliothèque d'Alexandrie. Au-dessus et en dehors des papyrus, il y a des forces : on nous enlèvera pour quelque temps la faculté de retrouver ces forces, on ne supprimera pas leur énergie" ». Et Mme Bonardel de continuer, « n'est-ce pas là l'origine du malentendu durable entre les cultures grecque et égyptienne ? L'origine aussi de l'alternative spirituelle : gnosticisme ou hermétisme ? L'une (la grecque) raisonnant en termes de formes quant l'autre (l'égyptienne) ne s'attache qu'aux forces ; l'une appelant à la maîtrise raisonnée et mesurée des formes, artistiques et intellectuelles ; l'autre à une transmutation des énergies qui, à cette condition seulement, peuvent produire de belles formes. Celles de l'art égyptien par exemple, ravalé par Hegel au sous-sol archaïque de la pyramide des arts, là où sommeille encore la vie de l'Esprit ; et Nietzsche lui-même, pourtant attentif au déploiement créateur des forces, ne perçut de l'Égypte que son hiératisme figé, et non la puissance de métamorphose, d'inspiration osirienne, qui les ont portées à se manifester » (Bonardel 1997) in : http://www.francoise-bonardel.com/gnoses-et-hermetisme-fleurons-de-lalexandrinisme/ [date de dernière consultation : 26/11/2017].

34. Françoise Bonardel cite justement Baudelaire en exemple. « On retrouvera d'ailleurs », dit-elle, « trace de ces deux postulations chez Baudelaire, gnostique lorsque « le ciel bas et lourd », pesant sur lui comme un couvercle, lui inspire l'horreur de la vie ; mais alchimiste quand il lance son fameux défi : « Tu m'as donné ta boue et j'en ai fait de l'or ». J'irai même jusqu'à penser qu'une telle tension, héritage de l'alexandrinisme, constitue la face cachée de l'Occident rationaliste et chrétien » (Bonardel 1997) in : http://www.francoise-bonardel.com/gnoses-et-hermetisme-fleurons-de-lalexandrinisme/ [date de dernière consultation : 26/03/2017].

35. Est-ce un hasard si les sources grecques, aux dires de Françoise Bonardel, font état d'un récit légendaire selon lequel « ce savoir secret » de l'alchimie « aurait été transmis aux femmes par certains anges rebelles » ? « Les livres antiques et divins —dit Hermès— enseignent que certains anges s'éprirent d'amour pour les femmes, descendirent sur la terre et leur apprirent toutes les œuvres de la nature. Ce sont eux qui ont composé les livres (hermétiques) et d'eux vient la première tradition de cet art » (Berthelot 1893 : t. 2, p. 238. Cité par Bonardel 2002 : 107).

36. « Dans *Avatar* », par exemple, tel que Marie-Ange Faugérolas le précise bien, « il invoque la réincarnation ou la migration des âmes vers l'UN platonicien : "Je me sens fondre dans le grand tout" » (Faugérolas 2000 : 100).

37. Goethe par ailleurs avait écrit un ouvrage intitulé, *De la tendance spirale* (1811). Dans cet ouvrage ainsi que dans ses études autour de *La métamorphose des plantes* (1790), ou *Le traité des couleurs* (1810), l'auteur montre son désir de « capter, grâce à l'intuition imaginative, *l'Urphänomen* : la forme première, l'élan originel ». « Si chaque plante », continue Françoise Bonardel, « est bien l'agent et le lieu d'une opération d'ordre

alchimique, c'est que les contraires —tendances verticale et spirale— s'y concilient au profit du dynamisme naturel et vital » (Bonardel 2002 : 127–128). Le rapport entre la spirale et l'alchimie était bel et bien dans l'air et ne peut pas être conçu en tant qu'expression isolée, mais plutôt, en tant que mythème de la décadence exprimant la *coïncidentia oppositorum*.

38. Aux dires de Luzius Keller, la spirale est dans le monde gautiériste, « le tracé qui relie les deux bouts opposés de la rêverie: l'anéantissement dans les régions du végétal et l'ascension dans les royaumes impalpables du paradis » (Keller 1966 : 84).

39. Louis Figuier souligne comment les écrivains hermétiques ont comparé la formation des métaux à la génération animale: aucune différence entre le développement du fœtus dans la matrice des animaux et l'élaboration d'un minéral dans le sein du globe. « C'est par une conséquence de cette théorie que les alchimistes appellent œuf ou œuf philosophique (ovum philosophicum) le vase dans lequel on plaçait les matières qui devaient servir à l'opération du grand œuvre » (Figuier 1856 : 10).

40. Les gravures de Piranèse n'ont été éditées qu'en 1836 par Firmin-Didot. L'influence n'a pu s'opérer qu'à partir de cette date: « l'escalier et la spirale sans fin », souligne Brian Juden, « reviennent également dans la peinture du monde souterrain qu'imagine Gautier pour *Le Triomphe de Pétrarque, La Comédie de la Mort, Le Sommet de la Tour* entre 1836 et 1838 » (Juden 1971: 444). Quoiqu'il en soit, l'époque romantique reprend et apprécie « non l'abondance ou la variété » de l'œuvre de Piranèse, mais surtout, son « aspect imaginatif » (Keller 1966 : 38). Bien que « Piranèse semble choisir la forme circulaire pour sentir se déployer son désir d'immensité et pour voir se réfléchir, toujours répété, son amour de l'infini », dans « cet ordre spatial il introduit des compartiments dont le miroitement répété fait naître, au lieu de l'ordre et de la tranquillité, une espèce de "Labyrinth-Erlebnis" » (Keller 1966 : 34) ; autrement dit, un « chemin labyrinthique » qui « considéré sous sa forme géométrique, c'est la spirale » (Keller 1966 : 84). Enfin, toujours aux dires de Luzius Keller, le 1er texte gautiériste, faisant allusion à Piranèse d'une façon claire, date du 5 juillet 1835 et serait celui qui suit : « Une qualité que M. Hugo porte à un degré aussi éminent qu'Anne Radcliffe et Maturin, c'est la terreur ténébreuse et architecturale, si on peut s'exprimer de la sorte. Le palais d'Angelo est une construction aussi effroyable que le château d'Udolphe. Piranèse, le grand Piranèse lui-même, ce démon du cauchemar architectural, lui qui sait arrondir des voûtes si noires, si suantes, si prêtes à crouler, qui fait pousser dans ses décombres des plantes qui ont l'air de serpents, et qui tortille si hideusement les jambes difformes de la mandragore entre les pierres lézardées et les corniches disjointes, n'aurait pas, dans son eau-forte la plus fiévreuse et la plus surnaturelle, atteint à cette puissance de terreur opaque et étouffante » (Gautier 1902 : 107–108).

41. C'est dans le *Guide de l'amateur au musée du Louvre* que Gautier exprime un rapport plus précis entre cette spirale et l'alchimie, par le biais de Rembrandt : « Il semble que Rembrandt, en peignant le *Philosophe en méditation*, ait voulu créer un intérieur pour loger selon ses rêves sa pensée mystérieuse. Ce peintre à façons d'alchimiste a dû

souhaiter pour atelier et laboratoire une grande salle voûtée comme celle-ci, aux coins remplis d'ombre où montent des escaliers en spirale, aux profondeurs ténébreuses peuplées de vagues chimères, aux murailles épaisses, éclairée par une fenêtre unique, maillée de plomb, vitrée de carreaux verdâtres laissant filtrer une lumière avare sur la table encombrée de sphères, de sextants, d'alma-gestes, de vieux bouquins à tournure de grimoire, près de laquelle médite, enfoncé dans son fauteuil, quelque vieillard à robe fourrée, magicien autant que philosophe, souffleur hermétique autant que doc-teur » (Gautier [1882] 1904 : 123–124). Cette image de Rembrandt, inspirée par le tableau du Louvre, sans doute lieu commun à l'époque, a profondément marqué la vision gautiériste. Dans son article *Du Beau dans l'art,* l'écrivain réitère ce même rap-port comme suit : « Rembrandt, âme de songeur, d'avare, d'antiquaire et d'alchimiste, prend aux vieux édifices leurs arcades noires, leurs vitraux jaunes, leurs escaliers en colimaçon qui grimpent jusqu'aux voûtes et se perdent dans les caves, aux marchands de bric-à-brac leurs anciennes armures, leurs vieux coffres, leurs vases bossués, leurs ajustements étranges ou tombés en désuétude, aux synagogues leurs rabbins les plus chauves, les plus chassieux, les plus ridés, les plus sordides et les plus rances, et de toutes ces formes douteuses, bizarres, effrayantes, qu'il plonge dans l'ombre fauve de son atmosphère, il fait son œuvre lumineuse et sombre, il réalise ses rêves ou plutôt ses cauchemars » (Gautier [1847] 1856 : 134). Dans *Le Théâtre à Munich,* Gautier insiste sur ce même tableau de Rembrandt mais, cette fois-ci, comparé à Faust : « La pièce s'ouvre par le monologue de Faust (…) Le décor est ainsi indiqué par le poète: —Dans une chambre haute, voûtée, étroite, gothique, Faust inquiet, dans son fau-teuil, à son pupitre.— Cette indication, si complète en sa brièveté ne vous fait-elle pas songer tout de suite au philosophe en méditation de Rembrandt, et, sur ces quelques mots, ne bâtissez-vous pas un réduit plein de mystère, d'ombre et de recueillement, aux murailles brunes de ton, aux coins obscurs, où s'entasse la poussière scientifique sur les matras, les cornues, les parchemins, les livres et tout le mobilier baroque de l'alchimie; à la fenêtre aux mailles de plomb, aux vitres bouillonnées éclairant d'un jour louche le front dépouillé du rêveur et l'in-folio qu'il feuillète; à l'escalier à vis contournant sa spirale dans un coin comme une aspiration vers l'infini; mais tout cela jaune, vieux rance, glacé de bitume, doré de reflets fauves, enfumé d'un vernis couleur d'ambre » (Gautier 1856 : 207).

42. En élargissant mon corpus à l'œuvre poétique, je peux dire en effet, avec Luzius Keller qu'il faudrait remonter à l'année 1832, pour retrouver cette image symbolique dans le poème « Notre-Dame » (Keller 1966 : 85): « Mais qu'est-ce que cela? Lorsque l'on a dans l'ombre/Suivi l'escalier svelte aux spirales sans nombre,/Et qu'on revoit enfin le bleu/Le vide par-dessus et par-dessous l'abîme,/Une crainte vous prend, un ver-tige sublime/A se sentir si près de Dieu!/Ainsi que, sous l'oiseau qui s'y perche, une branche,/Sous vos pieds, qu'elle fuit, la tour frisonne et penche,/Le ciel ivre chancelle et valse autour de vous,/L'abîme ouvre sa gueule, et l'esprit du vertige,/Vous fouettant

de son aile, en ricanant voltige/Et fait au front des tours trembler les garde-fous » (Gautier 1881–1882 : I, 285–286).

43. « La tempête était des plus violentes; la neige tourbillonnait et permettait à peine de distinguer la terre du ciel. Une spirale de corbeaux, malgré les abois de Fenris et de Murg, qui sautaient en l'air pour les saisir, tournoyait sinistrement au-dessus du panache d'Oluf » (Gautier [1840] 1993 : 135).

44. « J'étais dans cette période bienheureuse du hachisch que les Orientaux appellent le kief » (Gautier [1846] 1993 :185).

45. Luzius Keller précise: « Lylacq, c'est Babel » (Keller 1966 : 95).

46. « Substruction » et « caverne » sont deux substantifs employés par Gautier, lui-même, pour désigner un édifice antique de l'époque des Césars existant sous la villa de Pandolfi (Gautier [1866] 1984 : 51).

47. La "métamorphose" de la Dafné romanesque se révèle aussi, évidente à travers le changement des noms que j'avais souligné dès le chapitre six : née Mélanie Tripier, Mlle Dafné ensuite, morte, enfin, Mélanie Tripier.

48. La plupart des critiques considèrent que la description s'inspire de la planche VIII des *Carceri d'Invenzione*. Selon Maxime Préaud, les différentes versions des *Prisons imaginaires* (1749–1750, première version chez Giovanni Bouchard, sous le titre *Invenzioni di carcieri*) de Piranèse soulignent, « une liberté manifeste surtout dans la première version, et c'est pourquoi elle garde la préférence de certains amateurs. Tandis que la seconde refroidit l'ensemble. Elle est toutefois la plus répandue. C'est elle d'abord dont la noirceur vigoureuse a fait la réputation du graveur, notamment auprès des écrivains romantiques, de Thomas de Quincey à Musset, en passant par Charles Nodier, William Beckford et Victor Hugo, le plus pertinent de tous étant Théophile Gautier, d'ailleurs vrai connaisseur de l'eau-forte » (Préaud 2010 : 17).

49. « Ma modestie, se disait-il tout en marchant, m'empêche de croire que le ciel se mêle de mes petites affaires ; cependant on pourrait voir dans tout cela, sans superstitions, le doigt de la Providence, car c'était moi qui devrais faire le plongeon dans ce puits » (Gautier [1866] 1984: chap. V).

50. D'après Brian Juden, « l'alchimie se conçoit comme discipline de l'âme d'après le *vray livre de la Pierre philosophale du docte Synésius*, abbé grec … traduit par P. Arnauld … traduction comprise dans *Trois Traitez de la Philosophie naturelle*, Paris, Guillaume Marette, 1612; les deux autres traités proviennent, l'un du très *ancien philosophe Artephius* et l'autre de Nicolas Flamel, textes signalés dans la *Bibliothèque des Philosophes chimiques* de N. Salmon, nouvelle édition, Paris, Cailleau, 1740, 4 vol., t. II, pp. 112, 175, 195 » (Juden 1971:116). En effet, c'est précisément grâce à sa pluralité de symboles, thèmes, figures appartenant tout aussi bien au régime diurne (ascensionnels, lumineux…) qu'au régime nocturne (symboles de l'inversion, intimistes, cycliques et progressistes) que l'œuvre gautiériste permet une "lecture alchimique". L'alchimie, n'était-elle pas définie, par ailleurs, comme cette « symbolique complète, fonctionnant sur les deux régimes de l'image » ? (Durand [1960] 1984: 259).

51. Je fais ici, un nouveau clin d'œil à Barbara Sosień, dont la conclusion à sa belle étude sur l'homme romantique, « sous le signe d'Icare », ne peut que rejoindre la mienne. Après avoir évoqué magistralement cet imaginaire, « métaphoriquement nommé icarien », où « le mythe imagine », tout aussi bien, « un Prométhée ascendant dans l'air pour s'emparer du feu, un Narcisse mourant auprès ou dans l'eau, un Orphée traversant les souterrains ténébreux, ainsi que des monstres et êtres hybrides nombreux, héros ou victimes des puissances élémentaires », elle avoue une certaine "désobéissance" de la part de Gautier, à la norme romantique. « Dans l'univers de Gautier », continue-t-elle, « intentionnellement antithétique, les éléments, insoumis, désobéissent et "portent atteinte" à leurs cadres rigoureux lesquels, devenus fragiles, laissent la lumière s'épancher dans les ténèbres, ou permettent au feu de brûler dans la neige, sans que l'essence de la lumière, ou de la neige, en soit modifiée : l'inversion guette l'antithèse… ». Et « la *coniunctio oppositorum* double », certainement, « l'oxymore » (Sosień 2004 : 338–339) !!!

52. L'or que l'auteur de Tarbes cherche, ce « n'est pas —comme le supposent les gens stupides— », écrit Jung, « l'or ordinaire (*aurum vulgi*, or du vulgaire), mais l'or philosophique ou même la pierre merveilleuse, le *lapis invisibilitatis* (la pierre d'invisibilité) ou le *lapis aethereus* (la pierre éthérée) ou enfin l'inimaginable *rebis* hermaphrodite » (Jung 1994 : 316–317). Chaque phase, étant caractérisée par une couleur dominante: noir pour la *nigredo*, blanc pour l'*albedo* et rouge pour la rubification finale, elles seront évoquées également dans les pages qui suivent, en fonction de leur degré de perfectionnement : du plus vil au plus noble "métal", autrement dit, de la figure mythique féminine la plus redoutable ou fatale, à celle procurant le plus bel effet sur le héros.

53. «En "l'Éternel féminin" », précise Véronique Magnier, « se trouvent subsumées Marguerite, Hélène, les Mères et la Vierge, qui concourent toutes, à des degrés divers, à l'assomption finale du héros, dès lors que le parcours de Faust l'a conduit à la découverte de son Anima». Si le « chœur mystique », continue Mme. Magnier, « chante l'Éternel féminin, c'est pour que le Faust de Goethe réconcilie sa conscience masculine avec son inconscient en "intégrant" son Anima » (Magnier 2002 : 690).

54. C'est le principe de l'initiation gautiériste: « plus je m'enfonce dans la Chair —les pulsions, le *Bios-Physis*— ou dans l'Enfer —id.— et plus, en "castrant-sacrifiant" au fur et à mesure de ma descente en Enfer, je monte vers la spiritualisation pulsionnelle (*Bios-Noos*) célestielle » (Solié 1988 : 241).

55. « Ce que nous nommerons avec Jung », précise Solié, « masculin en la femme, son *Animus* et féminin en l'homme, son *Anima* » (Solié 1988 : 37).

56. A ce stade, le "héros gautiériste" a le fantasme du rapport sexuel entre les parents, interprété comme un acte de violence du père sur la mère et *vice versa*. D'après Pierre Solié, donc, « les parents combinés constituent chez l'enfant un fantasme —ou une théorie sexuelle infantile— représentant les parents unis indissolublement en un coït ininterrompu, sado-masochiste (ou plutôt sadique), le père effractant, violant et morcelant explosivement le corps de la mère, à travers son ventre génito-digestif, et

la mère retenant, castrant et dévorant en son "vagin denté" le corps du père, à travers son pénis inclus » (Solié 1988 : 35).

57. Pierre Solié définit « l'imaginal » en tant qu'« "intermonde" peuplé d'images-objets archétypo-pulsionnels éprouvés comme autant de présences personnalisées mais différentes des objets concrets, comme des *alter ego* et de moi-même (…) L'imaginal est le fondement de l'intuition visionnaire et de la vision théophanique par les "yeux de l'âme", prophétique ou poétique» (Solié 1988 : 31).

58. « Il nous montrera », précise Joëlle de Gravelaine, « comment le mâle atténuera sa virilité sauvage en y mêlant de la féminité —son *Anima*— et comment la femelle atténuera sa dévoration en y mêlant de la masculinité —son *Animus*. C'est ce qu'il décrira comme *chiasma* ou *crossing-over* » (De Gravelaine 1988 : 23).

59. Le ventre réunifiant, toujours suivi d'une chute et re-chute, ne suffit pas pour accéder à un réel retour à la Fusion de l'Age d'Or. Pour réintégrer le Plérôme de l'Age d'Or, encore faut-il atteindre la mort, dans une évolution « mystique - érotico-mystique », tel que le précise Solié, « consécutive à l'inversion des valeurs de violence et de démesure (*ubris*) » (Solié 1988 : 73). Le but "aurifère" semble ainsi, atteint dans le parcours alchimique gautiériste.

60. « Tous les textes alchimiques traitant de la dernière partie du Magistère de la Pierre philosophale rapportent que, dans l'athanor, à l'intérieur de l'œuf philosophique, la matière en cuisson subit une variation chromatique remarquable, preuve de la réussite de l'Œuvre et des variations de la substance. La couleur est ainsi le miroir de la transmutation de la matière par l'agent spirituel ». Essentiellement, trois couleurs dominent: noir (*nigredo*), au premier stade de transformation; blanc (*albedo*), à l'état de perfection intermédiaire; rouge (*rubedo*), enfin, lorsqu'on est parvenu à l'état le plus parfait (Aromatico 1996 : 71).

61. Les pages qui suivent évoqueront l'un des mythèmes clés de l'âme décadente, la femme fatale. Analysée métaphoriquement —et j'oserai dire même, mythologiquement parlant !— en tant qu'œuvre au noir, c'est de l'eau, « l'élément fondamental de la transmutation », que mon étude partira (Bonardel 1980 : 40). Nerval —et avec lui quelqu'un d'aussi proche que Gautier évidemment !—ne croyait-il pas, que les « femmes détenaient le secret des premiers mysticismes instinctifs, les premiers druidismes sauvages, les chamanismes pétrifiants », tout en cherchant à travers elles « ce fantôme de flash du passé » (Muray 1984 : 404) ?

62. L'étude bachelardienne que Marcel Voisin propose, en appliquant les quatre éléments essentiels à l'œuvre gautiériste, renforce par ailleurs, cette évidente parenté de l'eau avec la féminité. Voir : (Voisin 1981 : 128–133)

63. La strophe X du poème « La Belle Dame sans merci » de John Keats illustre dès 1819, aux dires de Frédéric Monneyron, comment cette « Belle Dame sans merci », —image parfaite de la féminité mortifère déterminant les formulations ultérieures de la femme fatale—, tient « en son pouvoir » de « pâles rois, et des princes aussi, de pâles guerriers, tous étaient pâles comme la mort » (Keats. Cité par Monneyron 2002 : 749).

64. Sans vouloir être tâchée de misogynie, je fais allusion au célèbre oxymore « καλὸν κακὸν (Kalon kakon) », « beau fléau », auquel Hésiode a recours pour définir Pandore (*Théogonie*, 585). Oxymore que Goethe tenta ensuite, d'effacer non seulement, par l'évocation de l'éternel féminin à la fin de son Second *Faust* — « l'éternel féminin nous mène au ciel », « l'éternel féminin nous entraîne en haut » « le féminin éternel nous attire au ciel », s'écrira le chœur, selon les différentes traductions—mais également, dans sa pièce inachevée *Le Retour de Pandora* (1808), par la considération de Pandora, en tant qu' « unité définitive du vrai et du beau, de la connaissance et de la création artistique » (Garcia Gual 1997 : 265. Cité par Beltrán Almería 2006). Et oxymore en définitive, qui n'empêchera pas l'évocation de Pandore dans une échelle de la perversité fatale. Échelle qui reste, certes, à définir, au sein de l'imaginaire décadent, mais où « l'intensification du personnage de la femme fatale » est, tel que le suggère Durand, une évidence « en cette fin du XIXᵉ siècle » (Durand 1989 : 173).

65. « Antidote aux flux temporel comme à la fragilité interne, la terre », telle que le souligne Marcel Voisin, « symbolise la résistance, la fermeté mâle et la durée. Mais avant de s'affirmer aussi fièrement, elle est d'abord la terre-mère, le refuge solide et sécurisant dont l'archétype est double, maternel avec l'utérus, rocheux avec la caverne » (Voisin 1981 : 134).

66. Le terme 'compost' est surtout employé pour designer la matière en cuisson au moment de la *nigredo*.

67. Mon chapitre consacré à l'art développera cette idée, de façon plus approfondie. Car « la terre », tel que le suggère Marcel Voisin, « est aussi force nue et rocher, dureté qui défie le temps, contrebalance la fluidité de l'air et de l'eau, le caractère éphémère du feu » (Voisin 1981 : 135).

68. Le but de l'alchimie, écrit M. Grillot de Givry, n'est autre que « d'obtenir la Pierre philosophale, qui permet de transmuer les métaux vils, en or; mais les auteurs ont soin de nous avertir, comme Nicolas Valois, par exemple, que ce n'est pas une pierre. "Il est une pierre de grande vertu, dit-il, et est dite Pierre et n'est pas pierre…" ». La matière première de l'alchimie est, donc, « le mercure; non le mercure vulgaire, s'empressent-ils de dire, mais le Mercure des Philosophes, qui est autre chose". Or, Grillot de Givry précise: « ce mercure doit être changé en eau (…) mais prenons garde que cette eau est une "eau qui ne mouille pas les mains" » (Grillot de Givry 1929 : 410).

69. Pour créer la femme, Yahweh fait tomber sur l'homme un sommeil profond, prend une de ses côtes, et « façonna une femme » de la côte prise à l'homme. Désormais, l'homme quitte sa famille pour s'unir à sa femme et ne faire qu'un: « et ils deviennent une seule chair » (Gn, 2, 21–25).

70. Le symbole de la conjonction, union du Soufre et du Mercure, du Roi et de la Reine est constitué par le "mariage". Le prêtre qui officie représente le Sel, moyen d'union entre les deux autres principes. C'est pourquoi, suivant la métaphore du mariage, on parle également de "noces chimiques" (Voir Poisson 1975 : 155).

71. Dans ce sens, son interprétation est bien plus proche de la version de l'histoire moins célèbre, à savoir, de celle que nous a léguée, au début de l'ère chrétienne, l'art funéraire et la philosophie néoplatonicienne. « Sur plusieurs sarcophages du IIIᵉ siècle de notre ère », précise Véronique Gély, « c'est Prométhée lui-même qui façonne une femme dont on ne sait si elle est Pandore ou Psyché (…) à qui lui-même ou bien Athéna fait le don de la vie. Plotin voit en elle la beauté intelligible qui émane de la divinité. Après une nouvelle éclipse au Moyen Âge, elle renaît en France au XVIᵉ siècle avec cette double valeur : fléau envoyé par les dieux ou créature prométhéenne » (Gély 2002 : 1502).

72. « Deux pères de l'église », écrit Véronique Gély, « Grégoire de Nazianze et Origène, soucieux de trouver un parallèle classique à la figure d'Ève et au péché originel, ont tiré de l'oubli où l'avait enfouie l'ère romaine cette première femme grecque. Le parallèle », continue-t-elle, « fut repris par l'humaniste Henri Estienne dans sa *Conformité des merveilles anciennes avec les modernes* (1556), identifiant en Prométhée le double d'Adam, en Pandore celui d'Ève, et par Milton dans sa *Doctrine et Discipline du divorce* (II, 3) comme dans son *Paradis Perdu* (IV, 708–719) » (Gély 2002 : 1502).

73. L'utilisation du déterminant démonstratif indique une parfaite connaissance de l'auteur, ainsi qu'une réelle présence de l'image dans l'esprit du narrateur. Nombreux sont les critiques qui, trouvant là un possible rapport narrateur-auteur, ont associé ce merveilleux endroit aux alentours de la maison de M. de Montesquieu, à Mauperthuis. Vraisemblablement, le jeune Théo n'a jamais oublié les bons moments passés là-bas, en compagnie de "cette" fille, qui, malgré sa mort prématurée, sera toujours présente dans son œuvre. « Hélène. Il semble que dans ce petit monde de l'adolescence », précise Anne Ubersfeld, « il y ait eu une figure féminine. Une figure dont nous ne savons rien, si ce n'est qu'elle apparaît comme une ombre sur le mur à travers les poèmes de jeunesse de Théo. Et peut-être est-elle vue aussi à l'intérieur de ce fantasme obsédant: l'amour enfin obtenu, absolu, tout-puissant, traversant la mort —la jouissance totale avec la morte: *Omphale, Albertus, La Morte amoureuse, Arria Marcella, Spirite* … partout éparses, les traces de la même histoire. (…) Bien des années plus tard, il avouera aux frères Goncourt ne désirer que la femme prépubère, "insexuelle", toutes les autres femmes ayant pour lui le même âge » (Ubersfeld 1992: 16–17).

74. Elle est dans la Genèse « mère de tous les vivants » (Gn 3,20).

75. « Le récit biblique » écrit Anne Struve-Debeaux, « mentionne deux tentations différentes à l'origine de la désobéissance de la première femme : l'une relevant du domaine de la matière : "La femme vit que l'arbre était bon à manger, séduisant à regarder", l'autre de celui de l'esprit : "précieux pour agir avec clairvoyance" » (Struve-Debeaux 2002 : 729). Mademoiselle de Maupin choisira comme l'on sait, la connaissance, « décidée à exécuter » ce qu'elle rêvait « depuis si longtemps » —à savoir son travestissement en homme—, « décidée à n'y revenir qu'avec l'expérience la plus complète » (Gautier [1835] 1966 : 210).

76. Selon Véronique Gély, le nom de Pandore signifie tout aussi bien « "celle qui donne tout" que "le don de tous" ». En effet, continue-t-elle, « dès le récit hésiodique Pandore est placée sous le signe de l'équivoque » (Gély 2002 : 1502).

77. Je suis consciente des différences existantes entre ces figures mythiques. Or, si je tiens à les mettre, côte à côte, dans cette analyse de l'œuvre gautiériste, c'est parce qu'il me semble qu'elles jouent un rôle similaire dans le processus alchimique du héros gautiériste. Arrêtons, nous, donc, sur quelque points communs: (1) Les muses ont été divisées, jusqu'à l'époque classique, en plusieurs groupes, dont l'un d'entre eux — celui des muses de Thrace— était présidé par Dionysos. Elles participent, ainsi, aux fêtes des dieux et aux grandes cérémonies, que ce soit à travers la musique, la danse, ou le théâtre. Leurs rapports avec le monde bachique sont évidents. (2) Quant aux nymphes, on sait qu'elles se trouvent, tout comme les ménades, accompagnées et/ou poursuivies par les satyres. De plus, en tant que divinités de la nature, elles sont associées au symbolisme végétal, au même titre que le cortège de Bacchus. (3) Les sirènes, enfin, n'ont en commun que cette transe potentielle, que cet enivrement causé chez l'homme par le rythme de la musique de leurs voix.

78. C'est à partir du rêve nº 51 d'un de ses patients, que Jung précise que lorsque la circulation se fait en direction de la gauche, cela veut dire qu'« il s'agit ainsi d'un mouvement de la conscience vers l'inconscient ». Si, en revanche, le mouvement opère en sens inverse, il s'agit, sans doute, d'une « représentation de la quaternité », ce qui « semble suggérer que les quatre fonctions sont en train de devenir conscientes » (Jung 1994 : 253–254).

79. Eliade précise, « avec des variantes sans nombre, les quatre (ou cinq) phases de l'œuvre (*nigredo, albedo, citrinitas, rubedo*, parfois, *viriditas,* parfois *cauda pavonis*), se maintiennent dans toute l'histoire de l'alchimie arabe et occidentale » (Eliade 1956 : 151–152). Je tiens à appliquer ces cinq phases alchimiques dans mon analyse, puisqu'elles illustrent les pas faits en avant par le héros initiatique vers la femme, son cheminement en définitive, vers le Grand Œuvre.

80. La symbolique des couleurs est certes, très significative, s'agissant d'un artiste-peintre tel que Gautier, concernant la *viriditas*. La palette alchimique semble s'y refléter en sens inverse par exemple, lorsque « Cléopâtre revint s'asseoir près de Meïamoum », dans ce mélange de « lueur bleuâtre » et « ce tumulte de lumières rouges » annonçant le jour (Gautier [1838] 1990 : 186). Composition chromatique et alchimique pareille trouve-t-on lorsque la harpiste Satou, musicienne de Tahoser, entonne un « chant célébrant les charmes du vin, l'enivrement des parfums et le délire de la danse » (Gautier [1857] 1986 : 106). Le narrateur semble ressentir un secret plaisir à insister sur les couleurs bleu-jaunâtre du décor bachique: « Quelques-unes des femmes qui, assises sur ces pliants à cols de cygnes bleus dont le bec jaune mord les bâtons du siège, ou agenouillées sur des coussins écarlates gonflés de barbe de chardon, gardaient, sous l'influence de la musique de Satou, des poses d'une langueur désespérée, frissonnèrent, ouvrirent les narines, aspirèrent le rythme magique,

se dressèrent sur leurs pieds, et, mues d'une impulsion irrésistible, se mirent à danser » (Gautier [1857] 1986 : 106).

81. En effet, comme le souligne Mireille Dottin-Orsini, « le très prolixe Félicien Champsaur est un des ceux qui exhibent sans cesse, en glorifiant "la Femme" jusqu'au délire le plus emphatique, ce sexe-roi vers qui tout converge » (Dottin-Orsini 1993 : 162).

82. « Le sexe mène le monde », affirme Mireille Dottin-Orsini, « donc, les femmes mènent le monde » à la fin du XIXᵉ siècle. « Le monde, autant dire », continue-t-elle, « les hommes ». Et « l'image, péremptoire autant que définitive » n'est autre que celle de « *Pornokratès*, dessiné par Félicien Rops en 1878 », illustrant de façon très personnelle la philosophie du socialiste Proudhon qui, dans son pamphlet inachevé et posthume (1875) n'hésite pas à définir les temps modernes comme ceux « de la "décadence" pornocratique et bancocratique » (Dottin-Orsini 1993 : 186–187).

83. « Ah ! Cléopâtre, je comprends maintenant pourquoi tu faisais tuer, le matin l'amant avec qui tu avais passé la nuit. — Sublime cruauté », s'écrira Gautier, « pour qui, autrefois, je n'avais pas assez d'imprécations ! Grande voluptueuse, comme tu connaissais la nature humaine, et qu'il y a de profondeur dans cette barbarie ! » (Gautier [1835] 1866: 244).

84. C'est en effet, le prototype de femme du Sud, plutôt basanée, qui semble hanter Gautier. Aux dires d'Émile Bergerat « cette "Andalouse assez gaillarde, au cou mignon", comme la décrit encore Musset » qui « peut être prise pour le prototype de toutes les têtes féminines dessinées ou peintes par Théophile Gautier ». Et de continuer, « à des longs intervalles, sans y songer ou sans s'en apercevoir, il retrouvait cette tête d'Andalouse ; sa main se l'était comme assimilée, et quelques diverses que fussent les visions féminines de ce grand adorateur de la femme, apte d'ailleurs à toutes les beautés, ses doigts soumis ou rouillés ne formulaient plus que celles-là. C'était sa Fornarine et sa Monna Lisa » (Bergerat [1877] 2015: 17–18).

85. Originaire d'Egypte, ce monstre fabuleux était représenté sous l'aspect d'un lion à tête de pharaon. Aux alentours du IIᵉ millénaire, le sphinx passa en Asie où il subit des modifications, comme l'addition des ailes, et de là en Grèce (vers 1600), où il devint un monstre mystérieux, fille d'Echidna. Dès lors, on le trouve sous l'aspect d'un démon énigmatique à visage et buste de femme, au corps de lion et aux larges ailes d'oiseau. Sa place est là, à côté de Méduse: l'atroce Echidna, moitié jeune fille, moitié serpent est, comme J.-P. Vernant le souligne, un des rejetons de la troisième portée de Phorkys et Kètô. Elle « gîte dans les profondeurs secrètes de la terre, à l'écart des dieux et des hommes » (Vernant 1985 : 51). De plus, son singulier caractère "énigmatique" et la légende qu'on lui a associée font du sphinx, un des monstres féminins à rôle initiatique que le voyageur gautiériste aura à affronter.

86. Mireille Dottin-Orsini le souligne fort bien, « le vampirisme est une des modalités de la femme fatale », quoique à la fin de siècle, « leurs origines se confondent ». Et d'ajouter la cause : « les modèles lointains du vampire, Lamies ou Stryges de l'Antiquité, sont des êtres féminins qui dévorent les nouveau-nés, la goule 1900 ne faisant que

perpétuer à travers les siècles l'horreur de la femme mangeuse d'enfants ou comme l'Empuse grecque, tueuse de mâles » (Dottin-Orsini 1993 : 274–275).

87. L'image de la chevelure à serpents, presque toujours non explicite —car ce serait du soleil noir, aux dires de Brunel !—, est fortement suggérée —grâce au phénomène de la latence du mythe—dans d'autres textes gautiéristes: soit par une simple allusion au mouvement ondulatoire des cheveux, « ses cheveux (…) coulaient sur ses tempes comme deux fleuves d'or » (Gautier [1836] 1990 : 80); soit par ses qualités chromatiques, « des cheveux noirs comme ceux d'une nuit sans étoiles s'échappaient de ce casque et filaient en longues tresses sur de blondes épaules » (Gautier [1838] 1990 : 151). La chevelure ainsi, commençant à se faire cruelle, vêtue de nuit et de mystère, tel que toutes ces « traîne[s] de la robe » à la fin de siècle, « souvent comparée[s] à la queue du serpent » et renvoyant « comme le bracelet, à la séductrice de la Genèse » (Dottin-Orsini 1993 : 84).

88. Cette réflexion sur Tiburce concernant la création artistique et où le narrateur souligne l'impuissance de l'artiste face au regard du sphinx me semble, certes, très proche d'une réflexion personnelle :« Ah! malheureux enfant, jetez vos livres au feu, déchirez vos gravures, brisez vos plâtres, oubliez Raphaël, oubliez Homère, oubliez Phidias, puisque vous n'avez pas le courage de prendre un pinceau, une plume ou un ébauchoir; à quoi vous sert cette admiration stérile? où aboutiront ces élans insensés? N'exigez pas de la vie plus qu'elle ne peut donner. Les grands génies ont seuls le droit de n'être pas contents de la création. Ils peuvent aller regarder le sphinx entre les deux yeux, car ils devinent ses énigmes.— Mais vous n'êtes pas un grand génie (…) » (Gautier [1839] 1990 : 231).

89. Dans son cheminement initiatique, d'Albert doute. Au plus profond de son être, au plus profond des enfers il rencontre ce monstre, « ce sphinx perfide, au sourire douteux, à la voix ambiguë » devant lequel il se tient « debout sans oser entreprendre d'expliquer l'énigme ! » (Gautier [1835] 1966 : 258–259). Un pas en avant peut lui procurer la solution à sa problématique intérieure, mais… Et si la réponse à l'énigme proposée par le Sphinx était fausse? « L'interpréter à faux eût causé ma mort; car, hélas! c'est le seul lien qui me rattache au monde; quand il sera brisé, tout sera dit » (Gautier [1835] 1966 : 259).

90. « La femme », écrit Mireille Dottin-Orsini, « se définit comme un manque, et ce manque, avant les précisions de Freud, est avant tout un manque de sang » (Dottin-Orsini 1993 : 289).

91. Avec cette citation extraite du poème « La Haine » de Maurice Magre (in [1924] *Aux portes du Mystère*. Paris : Charpentier, p. 60), Mireille Dottin-Orsini souligne le foisonnement de ce « rire sacrilège » dans la période décadente chez les femmes fatales qui tuent « donc, en riant » : « Dans *La Femme et le pantin*, dans *La Faustin*, dans *l'Éternelle Poupée*, toutes rient : rire moqueur et dévirilisant de Concha, rire *sardonique* de la Faustin, rire hystérique de Reine Chantil, aussi crûment évocateur que le "sourire triangulaire" donné par Lorrain à ses héroïnes, hilarité effrayante de

Circé, "rire de quelque Satan en un gosier de femme, où il cautérise toute pitié !". Il y a ici comme un souvenir du "hideux sourire" prêté à Voltaire, ou de la Kundry de *Parsifal*, Juive errante condamnée pour s'être moquée du Christ : c'est le ricanement emblématique de *Méphistophéla*» (Dottin-Orsini 1993 : 261–263)

92. Selon Mario Praz, « Cléopâtre est une des premières incarnations romantiques du type de la femme fatale et elle l'est devenue », tel que je l'ai évoqué dans ma deuxième partie, « grâce à un bref passage de la *Vie des Hommes illustres* de Plutarque (86, 2) » (Praz 1977 : 178).

93. Certes, chez Gautier cohabitent le mythe romantique de la « femme elfique » et de l'homme prométhéen, avec le mythe décadent de la « femme fatale » et de l'homme incertain !

94. Van Der Tuin précise combien « notre auteur a peut-être inconsciemment subi l'influence de l'image maternelle et surtout celle de l'image sororale » (Van Der Tuin 1933 : 34). Pour Anne Ubersfeld l'image de la mère était celle d'« une mère possessive pour qui le garçon compte plus que les filles, comme il arrive à beaucoup de femmes dominatrices » (Ubersfeld 1992 : 15), ce qui dans son œuvre reste parfaitement évoqué dans la réflexion de d'Albert, lorsqu'il avoue : « mes années se sont écoulées, à l'ombre du fauteuil maternel, avec les petites sœurs et le chien de la maison » (Gautier [1835] 1966 : 142).

95. « "Dans toutes les parties du monde, dit-elle aux participantes, la femme est la première esclave des hommes, depuis le sérail où un despote enferme cinq cents d'entre nous, jusque dans ces climats sauvages où nous n'osons nous asseoir à côté d'un époux chasseur!… nous sommes des victimes sacrifiées dès l'enfance à des dieux cruels. Si, brisant ce joug honteux, nous concertions aussi nos projets, bientôt vous verriez ce sexe orgueilleux ramper et mendier vos faveurs." Acclamation générale. Dans la chambre initiatique, il y a des tableaux représentant les mâles domestiqués. Visions d'avenir. Prévision raisonnable. Hercule filant aux pieds d'Omphale, Renaud soumis à Armide, Marc-Antoine servant Cléopâtre … Partage des tâches domestiques. Homme au foyer. Egalité des salaires … Grâce à Isis » (Muray 1984 : 419–420).

96. Anne Ubersfeld suggère même, avec des documents qui le montrent assez explicitement, une possible tendance au sadomasochisme chez Gautier, et plus particulièrement entre lui et Victorine: « vers 1837, Théo écrit à Houssaye: "Viens de déjeuner rue de Navarin avec la brune Victorine à qui j'ai arraché hier encore une mèche des cheveux" » Et un peu plus loin, Anne Ubersfeld ajoute, « dans la lettre à Houssaye de 1837, il fait à son ami de curieuses représentations: "Je t'avertis […] que si tu t'avises de ne pas me laisser battre Victorine, à l'occasion, pour me faire les griffes, je t'étripe, galamment. Si Victorine aime à être battue, tu ne serais qu'un bourgeois en te jetant entre nous, comme tu l'as fait l'autre jour […] » (Ubersfeld 1992 : 94–95).

97. Aux dires de Rita Benesh, il est possible de considérer son œuvre comme « la projection de son monde intérieur » où se trouvent « réalisés tous ses désirs impossibles » (Benesh 1969 : 94).

98. Dans un passage de *Mademoiselle de Maupin*, nous pouvons lire, « la femme est la reine de la création; les étoiles se joignent en couronne sur sa tête, le croissant de la lune se fait une gloire de s'arrondir sous son pied, le soleil cède son or le plus pur pour lui en faire des joyaux, les peintres qui veulent flatter les anges leur donnent des figures de femmes, et certes ce n'est pas moi qui les en blâmerai » (Gautier [1835] 1966 : 201). Je reviendrai ci-dessous, sur une définition du Roi et de la Reine selon l'alchimie.

99. La révélation de l'amour terrestre se fait dans l'œuvre gautiériste par le biais de deux figures mythiques telles que Diane et Vénus. N'est-ce pas déjà une esquisse d'"irré-gularité sexuelle" que cette trop virile Diane, á mi-chemin entre terre et air, entre le compost et le début de la sublimation, à laquelle est comparée Rosalinde, toujours chaste, toujours pure, « vierge comme la neige de l'Himalaya », dans son « habit d'homme » (Gautier [1835] 1966 : 364) ? Quant à Vénus-Aphrodite —figuré clé et que je développerai plus largement, car, contenant en elle tout un sérail de figures mythiques évoquant la beauté—, souvent sollicitée chez Gautier, en tant que Pandé-mienne (Platon, *Le Banquet*, 180d–180e. In 1929 : 15), face à la Vénus Ouranienne —dans une opposition similaire et célèbre que Gautier établira dans *Mademoiselle de Maupin* entre Vénus et Marie (Gautier [1835] 1966 : 192–193)— son iconographie faisant « toujours du coquillage un utérus marin », n'est-elle pas à mettre en rapport symbolique, tel que le souligne Durand, avec « l'œuf philosophique de l'alchimie » (Durand [1960] 1984 : 289) ? Or, cette révélation de l'amour terrestre n'est cepen-dant qu'une partielle libération du moi poétique, oppressé aux enfers. D'après Brian Juden, « l'allégorie de Vénus libérant l'esprit soumis à Saturne, indique que Gautier connaît la tradition ficinienne et probablement la glose de la descente d'Orphée aux enfers » (Juden 1971 : 448). D'après cette tradition, c'est « à travers les intelligences astrales —les démons selon Ficin et Pic— et leurs influences que s'élabore un langage cosmique des mouvements de l'âme dans ses montées et descentes, rapprochements, conjonctions ou éloignements par rapport à la lumière d'Apollon (…) Du conflit entre l'âme et ses impressions du monde sensible, les désirs, les passions et les rêves, naît le concept de l'enfer. Expérience intérieure, l'enfer orphique tient du cauche-mar où la spiritualité est en proie au *peuple des songes*. Les plus tourmentés sont les esprits assujettis à Saturne. Leur tempérament mélancolique est apte à la contempla-tion, éprouve l'élan d'une vocation supérieure, mais tombe aussi victime de l'impuis-sance. Saturne rappelle au génie l'éclat de l'âge d'or disparu et lui montre également l'idéal dont l'image inaccessible inspire et torture le poète, le voyant, le philosophe et le théologien. Vénus ranime l'âme, l'arrache à la mélancolie. La *mania* divine et l'enthousiasme la reconduisent vers la lumière. (…) Ficin estime que Platon avait emprunté à Orphée les caractéristiques d'Eros. Il considère aussi qu'Orphée a qualifié le dieu de *doux-amer* parce que l'âme se voue en Amour à une *mort volontaire*. Ainsi, aveugle aux apparences, entre-t-elle dans l'harmonie, l'ordre et la lumière spirituelle de l'univers » (Juden 1971 : 41–42). Cette tradition me semble correspondre aux

déambulations du moi poétique chez Gautier, qui dès sa sortie des enfers, poursuit sa route vers les sources lumineuses de l'idéal : j'interrogerai, donc dans les lignes qui suivent les créatures célestes asexuées —en tant qu'une autre forme d'irrégularité sexuelle—dans un cheminement ascensionnel marqué par le *citrinitas*.

100. C'est en suivant Durand, que les figures mythiques type "ange" doivent être placées au niveau supérieur de la spirale alchimique gautiériste, que je suis en train d'esquisser, alors que dans la base se trouvent celles de type "Méduse", se présentant les premières, sous le signe de l'oiseau, et les secondes sous le signe du serpent: « l'oiseau en général est le couronnement de l'Œuvre, alors que le serpent en est la base » (Durand [1960] 1984 : 147).

101. Sur la « rêverie aérienne » chez Gautier, voir : (Voisin 1981 : 139–151).

102. En effet, le héros a trouvé toute une hiérarchie angélique en haut de la spirale, formant autour de la Vierge et des saintes un cortège naïf, léger et souvent gracieux. La vierge et les saintes constituent les figures idéales pour symboliser l'accès au vrai amour du poète. Car, comme Jung le souligne, « qu'est donc le Ciel sans Dame de la Terre? Et comment l'homme parviendrait-il à son accomplissement si la Reine n'intercédait pas en faveur de son âme noire? » (Jung 1994 : 282). « Je t'ai reconnu, ô mon amour! » s'écria d'Albert, « à ton aspect, mon cœur a sauté dans ma poitrine comme saint Jean dans le ventre de sainte Anne, lorsqu'elle fut visitée par la Vierge; une lueur flamboyante s'est répandue dans l'air; j'ai senti comme une odeur de divine ambroisie; j'ai vu à tes pieds la traînée de feu, et j'ai compris sur le-champ que tu n'étais pas une simple mortelle » (Gautier [1835] 1966 : 203). Le poète est à la limite de sa dernière phase. Cette « traînée de feu » présage l'amour éternel, autrement dit, l'amour-fusion parfait annonçant l'androgyne. La couleur jaune se fait rouge acquérant ainsi des teintures de plus en plus dorées. Anges, saintes et Grâces saluent la découverte de l'or. La palette alchimique devient jaune, rouge, or … concentrés dans cet "homme" qui s'offre au cœur de d'Albert : « malgré tout cela », s'écrit-il, « quelque chose de plus fort que tous les raisonnements me crie que c'est une femme, et que c'est elle que j'ai rêvée, elle que je dois aimer uniquement, et qui m'aimera uniquement: —oui, c'est elle, la déesse aux regards d'aigle, aux belles mains royales, qui me souriait avec condescendance du haut de son trône de nuées » (Gautier [1835] 1966 : 203). Quant à Rosalinde, sa voix est comparée aux « sons mélodieux de la viole de sainte Cécile, que les anges écoutent avec ravissements » ; son visage, au « visage céleste » ; enfin, son accompagnement de « Grâces jeunes et souriantes » dansant autour d'elle « une ronde perpétuelle » (Gautier [1835] 1966 : 203) contribue également à faire du personnage gautiériste la concrétisation de la *"cauda pavonis"* (queue de paon) d'où émergent toutes les lumières. Le *citrinitas* coïncidant presque avec le *rubedo*, l'or se faisant jaune-rougeâtre, la résolution de l'énigme approche.

103. Alors que dans les premières pages, d'Albert avouait vouloir « que le ciel s'ouvre et qu'il en descende un ange qui me fasse une révélation » (Gautier [1835] 1966 : 45) le

poète a constaté, par la suite, que cela n'était qu'une illusion vaine, qu'un espoir sans lendemain. Pour assister à la révélation, c'était, lui, le poète qui devait s'élever vers les régions de l'au-delà. Si seuls les anges peuvent assurer la liaison entre la connaissance divine et les hommes, entre le Ciel et la Terre, c'est, donc aux mortels que la tâche de s'élancer vers eux est confiée : « Ah! du moins, si nous pouvions voler jusque-là, si les degrés de cet escalier de feu ne nous brûlaient pas les pieds; mais, hélas! l'échelle de Jacob ne peut être montée que par les anges! » (Gautier [1835] 1966 : 67). L'hypothèse est exposée, il ne reste au poète qu'à la mener à bout. La montée de l'escalier en spirale —dont j'ai déjà parlé ci-dessus— est la seule perspective qui restait à ce poète, victime de l'opposition entre la réalité et le rêve. Escalader les marches signifie étendre les ailes, symbolisation verticale qui conduit à l'immortalité. La vision de cette échelle de Jacob (Voir Gn, 28, 10–12) a confirmé son désespoir: d'en bas tout était impossible, ce n'était qu'un songe, d'en haut tout est réalisable, à une condition, la découverte du beau.

104. Sur l'étymologie du terme *ange*, voir : (Urech 1972 : 17–18).

105. Dans sa belle étude, Marcel Voisin nous montre les différentes étapes que l'élément "feu" traverse dans l'œuvre gautiériste: « car le feu est pluriel au sein de l'imaginaire et jusqu'à l'antinomie, à l'image de son ambiguïté naturelle: source de vie et source de mort ». Ainsi, avant de devenir « feu purificateur », le feu est « feu faustien », « satanique », feu « qui ressuscite, démesurées, les images de la mystérieuse alchimie » (Voisin 1981 : 124). Voir également : (Voisin 1981 : 123–128).

106. Roi, reine, homme, femme: ils constituent respectivement le Soufre et le Mercure; lorsqu'ils se présentent tout nus, ils symbolisent l'or et l'argent impurs; se mariant, ils font allusion à la conjonction; enfin, enfermés dans un sépulcre, le Soufre et le Mercure dans l'œuf philosophique. Voir : (Poisson 1975 : 154). Ce Vase ou Œuf philosophique, « où s'accomplissait le Grand-Œuvre s'appelle *Aludel*, et le fourneau qui le contient se nomme Athanor; cependant ils ne font qu'une seule chose » (Grillot de Givry 1929 : 415).

107. L'Hermaphrodite n'est autre chose que le Soufre et le Mercure après la conjonction: il porte souvent écrit sur lui le mot *Rebis* (Poisson 1975 : 154).

108. Frédéric Monneyron précise que jusqu'au XIXᵉ siècle « c'est ce qu'il convient d'appeler la tradition ésotérique, qui préserve (…) le mythe et en assure la permanence ». Le romantisme, alors, « informé par cette tradition, et sous l'influence d'une esthétique néo-classique et d'un affinement de l'observation médicale, l'introduit en littérature ». Malgré la trouvaille éparse de « quelques-uns des mythèmes constitutifs dans les romantismes allemand ou anglais » ce sont « cependant deux grands romanciers français qui vont le développer le mieux. Balzac et Gautier consacrent à l'androgyne chacun un roman: *Séraphîta* et *Mademoiselle de Maupin* » (Monneyron 1994 : 133–134).

109. Or, Frédéric Monneyron ajoute, « il faut bien admettre que, dans cette reconsidération spiritualiste, Gautier a bien du mal à se libérer de la sensualité qui lui est

coutumière et qui caractérise *Mademoiselle de Maupin*. Son monde spirituel est, en fait, bien peu spirituel. Guy et Spirite avant de se fondre l'un dans l'autre volent l'un vers l'autre d'une manière toute sensuelle, "se caressant du bout de leurs ailes, se lutinant avec de divines agaceries" » (Monneyron 1994 : 131).

110. Pour Mario Praz « l'idéal androgynique » était l'obsession « de toute la littérature décadente » (Praz 1977 : 287). Un terme, cependant, qui n'a pas gardé pendant l'époque décadente, selon Frédéric Monneyron « la parfaite symétrie sexuelle que l'on serait en droit d'attendre d'un terme qui renvoie au mythe dont Platon a tracé les composantes essentielles dans un passage fameux du *Banquet* » (Monneyron 1986 : 213). Dans ce sens, l'originalité du thème androgynique chez Gautier ne consiste pas seulement en l'application de « l'esthétique idéaliste du romantisme », mais à avoir introduit un sujet décadent au sein d'une atmosphère romantique, et d'une œuvre au but alchimique (Monneyron 1986 : 213).

111. D'après Frédéric Monneyron « dans cette nouvelle mythologie on intègre aussi bien d'anciens mythes hérités des paganismes gréco-latin, celtique ou germanique (ces deux derniers sont remis à l'honneur) que des mythes provenant d'écritures saintes. C'est aussi dans les spéculations des mystiques que l'on découvre une pensée mythique importante, le mysticisme se révélant porteur du mythe » (Monneyron 1994 : 42–43).

112. En outre, si comme Elemire Zolla assure dans son article, Paracelse parlait « sur le ton ironique » d'« "Arbre et Pomme", ou "Mademoiselle Pépin" Ø et "Monsieur Chair de Fruit" O (le Roi et la Reine auprès de l'arbre) », ne pouvons-nous pas lire dans le titre choisi par Gautier, une allusion directe par homophonie —*Mademoiselle* Pé-*pin* et *Mon*-sieur Chair de Fruit—, à ces deux pôles de l'être androgyne, dont parlait Paracelse? (Zolla 1986 : 130).

113. Dans *le Dictionnaire des Mythologies et des religions des sociétés traditionnelles et du monde antique,* Jean Molino précise : « il n'existe pas un mythe de l'androgyne, mais seulement une famille des mythes. Peut-on les considérer comme les différentes variantes d'un même mythe originel ou fondamental? Rien n'est moins sûr. Il vaut mieux parler d'un thème mythique dont rien ne nous permet de garantir l'unité réelle, mais il s'agit d'un cas exemplaire: on y retrouve, comme dans un microcosme, tous les éléments constitutifs du mythe; et toutes les explications, tous les modèles d'analyse du mythe y trouvent leur justification » (Molino in Bonnefoy 1981 : I, 27).

114. A propos du phénomène de l'androgynie divine, Jean Libis précise comment, il est souvent « voilé par des ambivalences linguistiques, des incertitudes mythographiques, des déplacements historico-culturels nécessairement aléatoires. Mais sa présence insistante, répétitive, et débordant la limite de toute culture spécifique, invite à postuler une émergence de nature archétypale » (Libis 1980: 38).

115. En soulignant l'essence similaire existante entre Hermès et Eros, fils d'Aphrodite, Jung et Kerenyi affirment la légitimité du nom *Hermaphroditos*: Cette « parenté entre Eros et Hermès se voit le plus clairement dans leurs rapports avec la déesse

de l'amour. Aphrodite et Eros appartiennent l'un à l'autre, comme des forces et des principes qui doivent, de par leur essence, se compléter. Eros, l'enfant divin, est l'accompagnateur et compagnon naturel d'Aphrodite. Mais si les aspects mâle et femelle de la nature commune d'Aphrodite et d'Eros se trouvent réunis en une figure, ce personnage devient Aphrodite et Hermès en un: *Hermaphroditos* » (Jung et Kerenyi 1974 : 83).

116. « Ma chimère serait d'avoir tour à tour les deux sexes pour satisfaire à cette double nature: homme aujourd'hui, femme demain, je réserverais pour mes amants mes tendresses langoureuses, mes façons soumises et dévouées, mes plus molles caresses, mes petits soupirs mélancoliquement filés, tout ce qui tient dans mon caractère du chat et de la femme; puis, avec mes maîtresses, je serais entreprenant, hardi, passionné, avec les manières triomphantes, le chapeau sur l'oreille, une tournure de capitan et d'aventurier » (Gautier [1835] 1966 : 353). Cette chimère bisexuelle de Madeleine avait été déjà esquissée, par le biais de Tirésias quelques pages plus haut, lorsque d'Albert avouait également, n'avoir jamais « rien tant souhaité que de rencontrer sur la montagne, comme Tirésias le devin, ces serpents qui font changer de sexe » (Gautier [1835] 1966 : 95).

117. « En vérité, ni l'un ni l'autre de ces deux sexes n'est le mien », dira encore Madeleine dans sa lettre à Graciosa, « je suis d'un troisième sexe à part qui n'a pas encore de nom » (Gautier [1835] 1966 : 352).

Bibliographie

Albouy, P. (1972) « Le Mythe de l'androgyne dans "Mademoiselle de Maupin" », in *Revue d'Histoire Littéraire de la France*, n° 4 (juillet-août 1972), Paris.

Arnold, P. (1972) *Ésotérisme de Baudelaire.* Paris : Vrin.

Aromatico, A. (1996) *Alchimie, le grand secret.* Paris : Gallimard, coll. Découvertes.

Baudelaire, Ch. (1859) *Théophile Gautier par Charles Baudelaire. Notice littéraire précédée d'une lettre de Victor Hugo.* Paris : Poulet-Malassis et de Broise Libraires-éditeurs (publié également dans *L'Artiste* du 13 mars 1859, « Galerie du XIXe siècle » ; et plus tard, dans *L'Art romantique* (Paris : Michel Lévy, 1868).

Beltrán Almería, L. (2006) « Pandora en la encrucijada de los tiempos », in *Culturas Populares. Revista Electrónica 2* (mayo–agosto 2006). http://www.culturaspopulares.org/textos2/articulos/beltranalmeria.pd

Benesh, R. (1969) *Le regard de Théophile Gautier.* Zurich : Juris (thèse).

Bergerat, E. ([1877] 2015) *Théophile Gautier, peintre. Etude suivie du catalogue de son œuvre peint, dessiné et gravé.* Paris : BNF, coll. XIX. (1re édition : 1877, Paris : J. Baur).

Bergerat, E. (1879) *Théophile Gautier. Entretiens, souvenirs et correspondance.* Paris : Charpentier.

Berthelot, M (1893) *La Chimie au Moyen Âge.* Paris : Imprimerie nationale, t. 2.

Bonardel, F. (1980) « Le mythe et l'alchimie: les deux images paradoxales de l'eau et de la montagne », in Collectif, *Le Retour du mythe.* Grenoble : P.U.G, pp. 29–48.

Bonardel, F. (1997) « Gnoses et hermétisme, fleurons de l'alexandrinisme » in : http://www.franc oise-bonardel.com/gnoses-et-hermetisme-fleurons-de-lalexandrinisme/ [date de dernière consultation : 26/03/2017].

Bonardel, F. (2002) *La Voie hermétique*. Paris : Ed. Dervy (*L'Hermétisme*. Paris : PUF, 1985).

Bonnefoy, Y. (1981) *Dictionnaire des Mythologies et des religions des sociétés traditionnelles et du monde antique*. Paris : Flammarion.

Brisson, L. (1986) « *Neutrum utrumque*. La bisexualité dans l'antiquité gréco-romaine », in Collectif, *L'Androgyne*. Paris : Dervy, « Les Cahiers de l'Hermétisme ».

Brunet, F. (1997) « Théophile Gautier et l'Allemagne » in *BSTG*, nº 19. Montpellier : Université Paul Valéry, pp. 21–38.

Brunet, F. (1999) « Fleurs et couronnes » in *BSTG*, nº 21. Montpellier : Université Paul Valéry, pp. 5–19.

Charconac, P. (1926) *Eliphas Levi, rénovateur de l'occultisme en France, 1810–1875*. Paris : Charconac Frères.

Cooke, P. (2002) *Écrits sur l'art par Gustave Moreau*. Fontfroide : Bibliothèque artistique et littéraire, vol. 1 : Sus ses œuvres et sur lui-même ; vol. 2 : Théorie et critique d'art.

De Gravelaine, J. (1988) « Introduction » in Solié, P. *La Femme essentielle. Mythanalyse de la Grande-Mère et de ses Fils-Amants*. Saint Amand : Seghers, coll. « L'Esprit jungien ».

Delaage, H. (1852) *Doctrines des sociétés secrètes*. Paris : Dentu.

Dottin-Orsini, M. (1993) *Cette femme qu'ils disent fatale*. Paris : Grasset.

Duchet-Suchaux, G. *et al.* (1994) *La Bible et les saints. Guide iconographique*. Paris : Flammarion.

Durand, G. ([1960] 1984) *Les Structures anthropologiques de l'imaginaire. Introduction à l'archétypologie générale*. Paris : Dunod/Bordas.

Durand, G. ([1979] 1992) *Figures mythiques et visages de l'œuvre. De la mythocritique à la mythanalyse*. Paris : Dunod. (1ʳᵉ édition, Berg International éditeurs, 1979).

Durand, G. (1989) *Beaux-arts et archétypes. La religion de l'art*. Paris : PUF.

Eigeldinger, M. (1970) « Introduction », in Gautier, Th. *Spirite, nouvelle fantastique*. Paris : Nizet.

Eliade, M. (1956) *Forgerons et Alchimistes*. Paris : Flammarion, coll. « Homo Sapiens ».

Fauchereau, S. (2011) « L'Europe de l'obscur » dans Pijaudier-Cabot, J. et Fauchereau, S. (2011) *L'Europe des esprits ou la fascination de l'occulte, 1750–1950*, Strasbourg : Editions des Musées de Strasbourg, pp. 67–90.

Faugérolas, M.-A. (2000) « Théophile Gautier : de l'occulte à l'âme », in *BSTG*, n° 22. Montpellier : Université Paul Valéry, pp. 97–103.

Figuier, L. (1856) *L'Alchimie et les alchimistes. Essai historique et critique sur la philosophie hermétique*, Paris, Hachette (1ʳᵉ éd. 1854).

Gautier, J. (1900–1910) *Le collier des jours : le second rang du collier, souvenirs littéraires*. Paris : F. Juven.

Gautier, Th. ([1834] 1990) « Omphale. Histoire rococo », *Contes et récits fantastiques*, Paris : Librairie Générale Française, « Le Livre de poche » classique, pp. 65–76 (1ʳᵉ parution : « Omphale ou la tapisserie amoureuse », in *Le Journal des gens du monde* n° 9, 7 février 1834).

Gautier, Th. ([1835] 1966) *Mademoiselle de Maupin*. Paris : Classiques Garnier. (1ʳᵉ édition : *Mademoiselle de Maupin, double amour*. Paris : Eugène Renduel, 2 vol. datés 1835 et 1836 [parus sans doute dès novembre 1835]).

Gautier, Th. ([1836] 1990) « La Morte amoureuse », *Contes et récits fantastiques*, Paris : Librairie Générale Française, « Le Livre de poche » classique, pp. 77–115. (1re parution : « La Morte amoureuse », *Chronique de Paris*, 23 et 26 juin 1836).

Gautier, Th. ([1837] 1978) « Fortunio », *Œuvres Complètes*. Genève : Slatkine Reprints, vol. 4 (1re parution : « L'Eldorado », *Le Figaro*, 28 mai au 24 juillet 1837).

Gautier, Th. ([1838] 1990) « Une nuit de Cléopâtre », *Contes et récits fantastiques*. Paris : Librairie Générale Française, « Le Livre de poche » classique, pp. 145–188. (1re parution : « Une nuit de Cléopâtre », *La Presse*, 29 novembre au 6 décembre 1838).

Gautier, Th. ([1839] 1873) « L'Ame de la maison, conte », in *Les Jeune-France (Romans goguenards, suivis de Contes humoristiques)*. Paris : Charpentier et Cie, Libraires éditeurs, pp. 273–308. (1re édition : « L'Ame de la maison, ou la vie et la mort d'un grillon », in *Le Livre d'or* (août 1839), puis augmenté, *La Presse*, 13 au 15 novembre 1839).

Gautier, Th. ([1839] 1990) « La Toison d'or », *Contes et récits fantastiques*. Paris : Librairie Générale Française, « Le Livre de poche » classique, pp. 189–245. (1re parution : « La Toison d'or », *La Presse*, 6 au 12 août 1839).

Gautier, Th. ([1840] 1993) « Le Chevalier double » in *Récits fantastiques*. Paris : Classiques français, pp. 125–138. (1re parution : « Contes étrangers: le Chevalier double », *Le Musée des familles*, juillet 1840).

Gautier, Th. ([1844] 1990) « Le Roi Candaule » in *Contes et récits fantastiques*. Paris : Librairie Générale Française, « Le Livre de poche » classique, pp. 263–327. (1re parution : « Le Roi Candaule », *La Presse*, 1er au 5 octobre 1844).

Gautier, Th. ([1845] 1964) *Voyage en Espagne*. Paris : Julliard. (1re parution : (1843) *Tra los montes*. Paris : Victor Magen, libraire, 2 vols. Puis revue et corrigée en 1845 sous le titre *Voyage en Espagne*. Paris : Charpentier).

Gautier, Th. ([1846] 1993) « Le Club des Haschischins », in *Récits fantastiques*. Paris : Classiques français, pp. 169–194. (1re parution : « Le Club des Haschischins », *Revue des deux Mondes*, 1er février 1846).

Gautier, Th. ([1847] 1856) « Du beau dans l'art », in (1856) *L'Art Moderne*. Paris : Michel Lévy-Frères, Libraires-Editeurs, pp. 129–166. (1re parution : *Revue des Deux mondes*, 1er septembre 1847).

Gautier, Th. ([1848] 1978) *Partie carrée*, in *Œuvres Complètes*. Genève : Slatkine Reprints, vol. 10 (1re parution : « Les Deux étoiles », *La Presse*, 20 septembre au 15 octobre 1848 (aussi intitulé: « La Belle Jenny »).

Gautier, Th. (1852) *Émaux et Camées*. Paris : E. Didier.

Gautier, Th. ([1852] 1990) « Arria Marcella », in *Contes et récits fantastiques*. Paris : Librairie Générale Française, « Le Livre de poche » classique, pp. 329–371. (1re parution : « Arria Marcella, souvenir de Pompéi », *La Revue de Paris,* mars 1852).

Gautier, Th. ([1855] 1929) « Gérard de Nerval » in *Souvenirs romantiques*. Paris : Librairie Garnier Frères, pp. 214–249. (1re parution : « Gérard de Nerval », *La Presse*, 27–30 janvier 1855). Voir en version numérisée : ([1855] 1874) *Histoire du Romantisme, suivie de notices romantiques et d'une étude sur la poésie française (1830–1868)*, Paris : Charpentier, pp. 134–151.

Gautier, Th. (1856) *L'Art Moderne*. Paris : Michel Lévy Frères, Libraires-Editeurs.

Gautier, Th. ([1856] 1990) « Jettatura », in *Contes et récits fantastiques*. Paris : Librairie Générale Française, « Le Livre de poche » classique, pp. 487–597. (1ʳᵉ parution : « Paul d'Aspremont, conte », *Le Moniteur universel*, 25 juin au 23 juillet 1856).

Gautier, Th. ([1857] 1986) *Le Roman de la momie*. Paris : Gallimard/Folio. (1ʳᵉ parution : « Le Roman de la momie », *Le Moniteur universel*, 11 mars au 6 mai 1857. Et ensuite : (1858) *Le Roman de la momie*. Paris : Hachette).

Gautier, Th. ([1865] 1970) *Spirite*. Paris : Flammarion. (1ʳᵉ parution : « Spirite, nouvelle fantastique », *Le Moniteur universel*, 17 novembre au 6 décembre 1865. Ensuite : (1866) *Spirite. Nouvelle fantastique*. Paris : Charpentier).

Gautier, Th. ([1866] 1984) *Mademoiselle Dafné*. Genève : Librairie Droz, S.A. (1ʳᵉ parution : « Mademoiselle Dafné de Montbriand; eau-forte dans la manière de Piranèse », in *La Revue du XIXᵉ siècle*, 1ᵉʳ avril 1866. Puis revu et augmenté, sous le titre « Le Prince Lothario », in *La Gazette de Paris,* 2 au 9 avril 1872).

Gautier, Th. (1872) *Théâtre : mystères, comédies et ballets*. Paris : Charpentier.

Gautier, Th. ([1881–1882] 1970) *Poésies Complètes de Th. Gautier* (publiées par R. Jansinski). Paris : A.G. Nizet, 3 vols. (1ʳᵉ parution (1881–1882): *Poésies Complètes*. Paris : G. Charpentier et Cⁱᵉ Éditeurs, 2 vol.).

Gautier, Th. ([1882] 1904) *Guide de l'amateur au musée du Louvre, suivi de la vie et des œuvres de quelques peintres*. Paris : Charpentier. (1ʳᵉ parution : (1867) « Le Musée du Louvre » in *Paris. Guide par les principaux écrivains et artistes de France*, sous la direction de Victor Hugo. Paris : Librairie internationale de Paris).

Gautier, Th. (1902) *Victor Hugo*. Paris : Bibliothèque-Charpentier, Eugène Fasquelle éditeur.

Geisler-Szmulewicz A. et Moussa, S. (2016) *Gautier et Nerval: collaborations, solidarités, différences. BSTG*, n° 38. Montpellier : Université Paul Valéry.

Gély, V. (2002) « Pandore » in Brunel, P. *Dictionnaire des mythes féminins*. Paris : Editions du Rocher, pp. 1501–1507.

Goethe, J. W. von ([1808, 1832] 1847) *Le Faust de Goethe* (traduction revue et complète, précédée d'un essai sur Goethe par M. Henri Blaze). Paris : Michel Lévy Frères.

Grillot de Givry (1929) *Le Musée des Sorciers, mages et alchimistes*. Paris : Librairie de France.

Hadot, P. (2008) *N'oublie pas de vivre : Goethe et la tradition antique des exercices spirituels*. Paris : Albin Michel.

Huet-Brichard, M.-C. (2002) « Bacchantes » in Brunel, P. *Dictionnaire des mythes féminins*. Paris : Editions du Rocher, pp. 207–213.

Huysmans, J. K. ([1884] 1977) *A Rebours*. Paris : Ed. de Fumaroli.

Juden, B. (1971) *Traditions orphiques et tendances mystiques dans le Romantisme français (1800–1855)*. Paris : Ed. Klincksieck.

Jullien, F. (2012) *L'écart et l'entre. Leçon inaugurale de la Chaire sur l'altérité*. Paris : Galilée.

Jung, C. G. (1994) *Psychologie et Alchimie*. Paris : Büchet/Chastel (trad. Henry Pernet et Roland Cahen) (1ʳᵉ édit. 1943).

Jung, C. G. et Kerenyi, Ch. (1974) *Introduction à l'essence de la mythologie*. Paris : Petite Bibliothèque Payot (trad. H.E. Del Medico).

Keller, L. (1966) *Piranèse et les romantiques français. Le mythe des escaliers en spirale*. Paris : José Corti.

Lacoste-Veysseyre, Cl. (1991, 1993) *Théophile Gautier. Correspondance générale*. Genève-Paris : Droz. Vol 5 (1991) ; Vol 8 (1993).

Ladous, R (1989) *Le Spiritisme*. Paris : Cerf.

Lefebvre, A. M. (1993) « Théophile Gautier et les spiritistes et illuminés de son temps » in *BSTG*, n° 15. Montpellier : Université Paul Valéry, vol. 2, pp. 290–322.

Libis, J. (1980) *Le Mythe de l'androgyne*. Paris : Berg International, coll. L'Ile verte.

Magnier, V. (2002) « l'Éternel féminin » in Brunel, P. *Dictionnaire des mythes féminins*. Paris : Editions du Rocher, pp. 688–693.

Magnol-Malhache, V. (2007) *Théophile Gautier dans son cadre*. Paris : Somogy, édit. d'art.

Milner, M. (1991) *On est prié de fermer les yeux. Le regard interdit*. Paris : Gallimard, coll. « Connaissance de l'inconscient ».

Monneyron, F. (1986) « Esthétisme et androgyne: les fondements esthétiques de l'androgyne décadent », in *Cahiers de l'Hermétisme: L'Androgyne,* Paris : Albin Michel.

Monneyron, F. (1994) *L'Androgyne romantique. Du mythe au mythe littéraire*, Grenoble : Ellug.

Monneyron, F. (1996) *L'Androgyne décadent. Mythe, figures, fantasmes*. Grenoble : Ellug.

Monneyron, F. (2002) « Femmes fatales » in Brunel, P. *Dictionnaire des mythes féminins*. Paris : Editions du Rocher, pp. 749–753.

Muray, Ph. (1984) *Le XIXe siècle à travers les âges*, Paris : Denoël, coll. L'Infini.

Platon, *Le Banquet*, 180d–180e, in Platon (1929) *Œuvres complètes*. Paris : Les Belles Lettres, (trad. L. Robin), vol. 4, 2e partie.

Platon, *Le Banquet*, 192d–192e, in Platon (1951) *Œuvres complètes*. Paris : Les Belles Lettres (trad. L. Robin), vol. 4, 2e partie.

Poisson, A. (1975) *Théories & symboles des alchimistes. Le Grand-Œuvre*. Paris : Ed. Traditionnelles.

Poulet, G. (2017) *Etudes sur le temps humain. I. La Durée intérieure*. Paris : Pocket (Volume comprenant les tomes 1 et 3 des *Etudes sur le temps humain*, ouvrages initialement parus aux éditions Plon en 1949 et 1964).

Praz, M. (1977) *La chair, la mort et le diable dans la littérature du XIXe siècle. Le romantisme noir*. (trad. Constance Thompson Pasquali). Paris : Denoël. (édit. en italien, Firenze, 1966).

Préaud M. (2010) « Les prisons libres et closes de Jean-Baptiste Piranèse », *Revue de la BNF*, 2/2010 (n° 35), pp. 11–17. Voir: http://www.cairn.info/revue-de-la-bibliotheque-nationale-de-france-2010-2-page-11.htm [date de dernière consultation: 25/04/2017].

Savalle, J. (1981) *Travestis, métamorphoses, dédoublements. Essai sur l'œuvre romanesque de Théophile Gautier* (thèse Lettres, Paris III, 1979). Paris : Minard.

Solié, P. (1988) *La Femme essentielle. Mythanalyse de la Grande-Mère et de ses Fils-Amants*. Saint Amand : Seghers, coll. « L'Esprit jungien ».

Sosień, B. (2004) *L'Homme romantique et l'espace : sous le signe d'Icare (Gautier et Nerval)*. Kraków : Księgarnia Akademicka.

Spoelberch de Lovenjoul, Ch. ([1887] 1968) *Histoire des œuvres de Théophile Gautier*. Génève : Slatkine Reprints (1re édition, 1887, Charpentier).

Spoelberch de Lovenjoul (1894) *Les Lundis d'un chercheur*. Paris : Calmann-Lévy.

Struve-Debeaux, A. (2002) « Ève » in Brunel, P., *Dictionnaire des mythes féminins*. Paris : Editions du Rocher, pp. 718–733.

Thivel, A. (1994) « Prométhée, personnage romantique », in: Le *Romantisme et la Grèce*. Actes du 4ᵉᵐᵉ colloque de la Villa Kérylos à Beaulieu-sur-Mer du 30 septembre au 3 octobre 1993. Paris : Académie des Inscriptions et Belles Lettres, pp. 14–27. (*Cahiers de la Villa Kérylos*, 4) ; http://www.persee.fr/doc/keryl_1275-6229_1994_act_4_1_894 [date de dernière consultation: 5/04/2017].

Tortonese, P. (1997) « Gautier classique, Gautier romantique. Considérations en marge de l'exposition Gautier au musée d'Orsay » in *BSTG*, nᵒ 19. Montpellier : Université Paul Valéry, pp. 75–93.

Ubersfeld, A. (1992) *Théophile Gautier*. Paris: Stock.

Urech, E. (1972) *Dictionnaire des symboles chrétiens*. Neuchâtel : Delachaux et Niestlé, S.A.

Van Der Tuin, H. (1933) *L'Evolution psychologique, esthétique et littéraire de Théophile Gautier*. Amsterdam : N.V. Holdert et Co.

Vernant, J.-P. (1985) *La Mort dans les yeux. Figures de l'Autre en Grèce ancienne. Artémis, Gorgô*, Paris : Hachette, coll. « Textes du XXᵉ siècle ».

Viatte, A. (1942) *Victor Hugo et les illuminés de son temps*. Montréal.

Voisin, M. (1981) *Le soleil et la nuit. L'imaginaire dans l'œuvre de Gautier*. Bruxelles : édition de l'université de Bruxelles.

Zolla, E. (1986) « L'Androgyne alchimique », in *Cahiers de l'Hermétisme: L'Androgyne*. Paris : Albin Michel.

(1873a) *Catalogue des livres composant la bibliothèque du feu M. Théophile Gautier :* dont la vente aura lieu les lundi 24 et mardi 25 février, 1873. Paris : A. Labitte.

10

Seule religion, l'Art : refuge de pierre, refuge de mots

> « (…) Gautier s'est voulu avant tout artiste, pur artiste, c'est-à-dire être grandi par les affres de la création, individu communicant, magicien qui des ténèbres fait lumières et de l'angoisse œuvre de beauté ». (Voisin 1981 : 350)

En effet, l'exacerbation du féminin fatal et du beau au féminin particulièrement, aura des conséquences adoucies et sublimées par l'esthète, chez un auteur qui, tout en remémorant ses débuts littéraires n'hésite pas à écrire, dans *Histoire du romantisme*,

> Telle était la situation de nos esprits; les arts nous sollicitaient par les formes séduisantes qu'ils nous offraient pour réaliser notre rêve de beauté, mais l'ascendant du maître nous entraînait dans son lumineux sillage, nous faisant oublier qu'il est encore plus difficile d'être un grand poète que d'être un grand peintre. (Gautier [1874] 2011 : 72)

Cette sollicitation première de l'art ancrera toute l'œuvre gautiériste, à mi-chemin entre ces deux formes de création différentes, étant l'écrit et les différents arts plastiques. En effet, dès son aveu datant de 1833, selon lequel il reconnaissait hésiter « entre le pinceau et la plume » (Gautier [1848] 1856 : 98), Gautier semble aussi sensible à la réductibilité de l'un à l'autre, qu'à la difficile traductibilité de l'un par les moyens de l'autre[1]. Influencée sans doute également, par la « nouvelle École », dont l'un des signes caractéristiques, était aux dires de Gautier, « cette immixtion de l'art dans la poésie » (Gautier [1874] 2011 : 72), l'œuvre de Gautier s'enrichira sans cesse de cette mixture complexe entre code littéraire et code artistique, à laquelle l'époque[2] invitait. Deux codes, qui s'ajoutant à sa personnelle réécriture des mythes, dont la procédure rappelle celle d'une "structure enchâssée", auront comme résultat une œuvre aux échos multiples, en raison de cette constante subordination de l'art à l'écrit ou *vice versa*. Charles Baudelaire avait déjà souligné comment en introduisant « dans la poésie un élément nouveau », à savoir, « la consolation par les arts, par tous les objets pittoresques qui réjouissent les yeux et amusent l'esprit », Gautier avait « vraiment innové » (Baudelaire 1859 : 60–61). Les lignes qui suivent esquisseront brièvement, et en guise d'introduction, la double procédure d'enchevêtrement « artistico-mythique » proposée par Gautier, —complexe de Pygmalion ou Pygmalion inversé ?—, afin que mon lecteur puisse comprendre dans les chapitres suivants, le lien "mythanalitique" que je me suis permis entre cet "innovateur" refuge gautiériste de pierre, toile et de mots —sans doute, hérité de la théorie romantique de l'art pour l'art, mais pas que !—, et la « Divine Tragédie » —subtile exemple de subversion et déclin décadents !— de ce peintre-philosophe palingénésique que fut Paul Chenavard.

Cinq récits ont été choisis, dans un premier temps, pour illustrer le principe d'animation d'une œuvre d'art, grâce au souffle amoureux du narrateur : c'est ce que la critique s'est accordée à appeler « le complexe de Pygmalion »[3], parfois inversé par Gautier, tel que nous le verrons plus bas. En effet, les cinq récits que j'évoquerai sommairement, renvoient au célèbre épisode du sculpteur, descendant d'Athéna et Héphaïstos: Omphale et Arria, sont des vampires vivifiés à partir d'une tapisserie et d'une cavité remplie de plâtre, en mimant l'archéologue; Madeleine, une "femme en toile" réincarnée dans le modèle, Gretchen —ensuite, picturalisée en Vénus— ; la princesse Hermonthis est un fantôme, une revenante du passé animée à partir de son pied; Tahoser, une momie "réveillée", à travers la traduction du papyrus trouvé à son flanc.

Première nouvelle en date qui me semble intéressante : *Omphale ou la tapisserie amoureuse* (1834), où c'est l'art de la Régence qui sert de cadre à une tapisserie mythologique, ayant comme référent la manufacture de Beauvais[4]. Le procédé descriptif de l'auteur consiste à poser le regard sur une tapisserie « représentant Hercule filant aux pieds d'Omphale », dans un « dessin tourmenté à la façon de Van Loo et dans le style le plus *Pompadour* qu'il soit possible d'imaginer » (Gautier

[1834] 1990 : 67). En se focalisant ensuite, sur cet objet artistique, le narrateur nous apprend d'un côté, la ranimation de la marquise de T*** —ce qui est déjà un bel exemple de complexe de Pygmalion à la sauce fantastique !— jusqu'à sa transformation en vampire ; et de l'autre, combien le mythe ne parvient au lecteur qu'"enrobé d'art", que faussé et par l'optique de l'artiste du XVIIIᵉ siècle et surtout, faussé par la vision "parodique"[5] de Gautier.

Dans *La Toison d'Or* (1839), c'est un tableau baroque, *La Descente de Croix* de Rubens qui attire Tiburce dont l'œil, nous prévient le narrateur, semble « regarder en dedans » (Gautier [1839] 1990 : 189) : son caractère rêveur étant d'emblée, justifié par le fait qu'il « aimait avec l'amour du poète » tout comme, « il regardait avec les yeux du peintre » (Gautier [1839] 1990 : 190). Or ces quelques tâtonnements artistico-littéraires sur la préférence esthétique féminine du héros — « les madones de Raphaël, les courtisanes de Titien », « la Laure de Pétrarque, la Béatrix de Dante, l'Haïdée de Byron, la Camille d'André Chénier » (Gautier [1839] 1990 : 191) — lui permettront non seulement de mettre en exergue l'éloignement du goût de Tiburce pour des beautés trop spirituelles, « avec des ailes à plumes blanches et une auréole autour de la tête » ; mais aussi, d'insister sur sa formation —en « statuaire antique » et « les écoles d'Italie »— sur sa « familiarité des chefs-d'œuvre de l'art », ainsi que sur le rôle joué par « la lecture des poètes » dans son choix féminin. Tout ceci, en définitive, « l'avaient rendu d'une exquise délicatesse en matière de forme, et il lui eût été impossible d'aimer la plus belle âme du monde, à moins qu'elle n'eût les épaules de la Vénus de Milo » (Gautier [1839] 1990 : 191). Le lecteur découvrira ensuite, que la vraie passion de Tiburce n'est plus « la ligne grecque », ni « le contour romain », ni encore « le ton fauve des maîtres d'Italie », mais plutôt la représentation artistique du type flamand. Raison pour laquelle, il décidera de transformer cette vision picturale des « chairs satinées » (Gautier [1839] 1990 : 193), en réalité "en chair et en os". Au "comparant pictural", Tiburce veut substituer le comparé ; à l'œuvre d'art, l'œuvre humaine ; à la muse, Madeleine, le modèle, Gretchen. L'animation de l'œuvre d'art par ce Tiburce-Pygmalion ne peut pas être plus explicite. Or, comme le souligne Alain Buisine, « s'il est vrai que le texte s'attache fidèlement à une seule femme, par contre il parvient à mentionner, en quelque cinquante-cinq pages, pas moins de vingt-trois peintres : Raphaël, Titien, Corrège, Rubens, Michel-Ange, Jordaëns, Quintin Metzys, Otto Venius, Van Dyck, Sneyders, Van der Heyden, Teniers, Abraham Bosse, Terburg, Gaspard Netscher, Gabriel Metsu, Rembrandt, André Rico de Candie, Bizzamano, Ingres, Delacroix, Boucher, Van Loo ». Et de continuer, « une telle saturation picturale, ne pouvant que déséquilibrer l'unique présence féminine, constitue le sujet même du récit exposant la femme à l'épreuve de l'idéal pictural » (Buisine 1990 : 243–244).

En effet, ce récit expose, jusqu'au paroxysme, les rapports entre la peinture et la femme, entre la peinture et la littérature, ou pour reprendre la belle expression d'Alain Buisine, on y lit « la concurrence du pictural et du féminin » (Buisine 1990 : 243). Ce que le narrateur dit de Tiburce, en réalité, le critique peut le dire de l'auteur :

> Depuis assez longtemps il se nourrissait de poésie écrite et peinte et il avait pu s'apercevoir que le commerce des abstractions n'était pas des plus substantiels (…) mais Tiburce ne comprenait pas la nature, et ne pouvait la lire que dans les traductions. Il saisissait admirablement bien tous les types réalisés dans les œuvres des maîtres, mais il ne les aurait pas aperçus dans le monde; en un mot, s'il eût été peintre, il aurait fait des vignettes sur les vers des poètes; s'il eût été poète, il eût fait des vers sur les tableaux des peintres. L'art s'était emparé de lui trop jeune et l'avait corrompu et faussé. (Gautier [1839] 1990 : 201)

Ne lire la nature que dans les traductions ! Ne lire que dans l'art, et poétique et pictural ! Voilà la clé de l'œuvre gautiériste. Tiburce l'a aussi, comprise lorsque, dans sa visite à la cathédrale d'Anvers, c'est la figure de la sensuelle Madeleine dans La *Descente de la Croix* qui lui suggère que « le grand maître avait copié dans son propre cœur la maîtresse pressentie et souhaitée », « la main du génie » ayant « dessiné fermement et à grands traits ce qui n'était qu'ébauché confusément chez lui, et vêtu de couleurs splendides son obscure fantaisie d'inconnu » (Gautier [1839] 1990 : 204–205). Le complexe de Pygmalion[6] ne peut être mieux évoqué dans ses deux facettes : tout d'abord, par l'animation de l'œuvre d'art, lorsque la vue de cette « image insaisissable qu'il avait poursuivie de toute l'ardeur d'une imagination amoureuse », la vue de cette « chimère capricieuse et farouche » (Gautier [1839] 1990 : 204) le pousse à chercher partout « quelque type se rapprochant de son idéal » (Gautier [1839] 1990 : 209) , errant jusqu'à trouver la belle Gretchen ; et de l'autre, par la picturalisation de la femme, lorsqu'il va, à la fois, après l'avoir rebaptisée même du nom de son rêve de beauté, s'employer à la fixer sur la toile, telle une « Vénus de Milo[7] » (Gautier [1839] 1990 : 243). Or, Gautier insiste, même les « grands maîtres ne copient pas ce qu'ils voient, mais ce qu'ils désirent » (Gautier [1839] 1990 : 216). On l'aura compris, Tiburce « ne l'aimait pas », Gretchen n'existait que pour lui rappeler « son rêve comme une fille rappelle une mère adorée qui est morte » (Gautier [1839] 1990 : 227). Rapport donc, physique avec Gretchen qui ne peut être qu'incestueux, un amour de substitution tant que la mère artistique ne comble pas les désirs de cet amant ne pouvant enfin, que transformer sa maîtresse en modèle, que picturaliser une femme, autrement restée incomplète. « Autant dire », comme le souligne fort bien Alain Buisine, « que la femme réelle, accidentelle et éphémère incarnation phénoménale d'une transcendance esthétique qui la dépasse largement, contingente reproduction de la Forme absolue, ne fait que prêter son corps à une représentation qui la précède toujours, qui la surpasse infiniment » (Buisine 1990 : 8).

Ce processus de ranimation de la statue est illustré, par ailleurs, magistralement par ce pied de momie célèbre, objet d'art[8] trouvé, par hasard, dans une boutique de bric-à-brac parisienne, et « pris d'abord pour un fragment de Vénus antique » (Gautier [1840] 1990 : 250). Car c'est en effet, l'art gréco-romain qui semble définir, au mieux, le rapprochement du marbre à la chair, par ses « belles teintes fauves et rousses qui donnent au bronze florentin cet aspect chaud et vivace », contrairement « au ton vert-de-grisé des bronzes ordinaires qu'on prendrait volontiers pour des statues en putréfaction ». Les conjectures du narrateur guidant le lecteur entre « un airain de Corinthe, un ouvrage du meilleur temps, peut-être une fonte de Lysippe[9]! » (Gautier [1840] 1990 : 250). Et, dans tous les cas, nous offrant, dans ce récit, un autre bel exemple de complexe pygmalionesque, où l'art égyptien[10] est à nouveau, soumis au crible de l'art gréco-romain. Il est tout à fait possible, que le pied de momie ait sa réplique dans un objet connu par Gautier. L'époque, riche en fouilles, voyages et science historique[11] procurait un matériel incalculable aux écrivains: la transposition de ces expériences et de ces objets en littérature se faisait, ainsi, inévitable. De plus, même si Gautier n'est allé qu'une fois en Egypte[12], il a beaucoup voyagé —il se rend dès l'été 1852 à Constantinople— et surtout, il était fasciné par l'Égypte que Bonaparte avait fait découvrir au XIXe siècle: durant ses expéditions, il a pu faire des connaissances, l'initiant aux découvertes archéologiques. À en croire Claude Aziza, c'est « en 1840, à partir d'un objet rapporté d'Egypte par Dominique Vivant Denon » (Aziza 1996 : 555), que le romancier écrit son récit. Où est donc cet objet[13]? Le pied de la princesse Hermonthis, utilisé par le narrateur comme simple serre-papiers sur son bureau, mais « s'agit[ant] », « se contract[ant] et sautill[ant] » (Gautier [1840] 1990 : 254) dans son récit, pourrait-il être autre chose que le seul fruit de son imagination[14] ? Réel ou irréel, le pied de momie, simple morceau inerte, simple « pied embaumé » se faisant « pied de chair », est d'abord animé, pour ensuite, être statufié dans un corps « de bronze de Corinthe » à la « race hiéroglyphique des bords du Nil » (Gautier [1840] 1990 : 255). La double procédure opère à nouveau : animation d'un pied de momie et pétrification de la chair onirique de la princesse Hermonthis en « statue de bronze » (Gautier [1840] 1990 : 261). Une pétrification sculpturale qui, tout en ayant l'aspect de rigidité cadavérique, n'est pas moins une minéralisation des chairs féminines, une marmorisation du corps féminin qui suscite par la même occasion, sa survie posthume, tout en conjurant les débordements d'une sexualité estimée fatale et pouvant provoquer la castration masculine. Comme Alain Buisine l'a si bien décrit, « la femme morte vit, survit à proportion même de cette sublimation esthétique qui l'avait déjà fait succomber alors même qu'elle semblait rayonnante de vie » (Buisine 1990 : 13).

Un deuxième récit orientaliste, *Le Roman de la momie* (1857) nous offre une pétrification similaire, la momie étant décrite comme, cette « statue qu'un patricien dégrossit dans un bloc de marbre » (Gautier [1857] 1986 : 87–88) ou encore, ayant une « pose, peu fréquente chez les momies ». Apparentée donc, à ce symbole conventionnel de beauté classique qu'est la « Vénus de Médicis », la momie semble perdre en rigidité cadavérique —en ôtant « à ce corps charmant la triste attitude de la mort»— et gagner en pose du gisant, dont la «pudeur»[15] (Gautier [1857] 1986 : 89) rappelle toutefois, encore, son statut vivant. Mais l'art égyptien n'est pas pour autant négligé. Même si comme Jean Michel Gardair le souligne, « Théo l'Égyptien est né dans un tableau de Prosper Marilhat, une vue du Caire exposée au Salon de 1834 : Place de l'Esbekieh » (Gardair 1986 : 25), la momie gautiériste relie cette toute récente communauté de lecteurs de l'*Histoire des usages funèbres et des sépultures des peuples anciens*. Gautier s'est documenté lui-même, auprès de cet ouvrage d'Ernest Feydeau, publié en 1856. Il le remercie d'ailleurs, dans la dédicace de son livre comme suit:

> (…) en m'ouvrant votre érudition et votre bibliothèque, vous m'avez fait croire que j'étais savant et que je connaissais assez l'antique Egypte pour la décrire; (…) Vous avez soulevé devant moi le voile de la mystérieuse Isis et ressuscité une gigantesque civilisation disparue. L'histoire est de vous, le roman est de moi; je n'ai eu qu'à réunir par mon style, comme par un ciment de mosaïque, les pierres précieuses que vous m'apportiez. (Gautier [1857] 1986 : 45)

Le Roman de la momie ne serait dès lors, autre chose que de la précision historique diluée par la fiction. En effet, au modèle de la momie gautiériste —cette « momie de Triandafilo, dessinée par Prisse d'Avennes et reproduite par Ernest Feydeau (dans ses *Usages funèbres…*, p. 82) »— Gautier a ajouté, entre autres, l'animation fictionnelle du corps embaumé, grâce à la lecture du papyrus (Carré 1932 : vol. 2, 129)[16]. Dans l'exposition organisée sur Gautier entre décembre 1961 et mars 1962, « à l'occasion du cent cinquantième anniversaire de sa naissance » (Cain in Cottin 1961 : V), Madeleine Cottin corrobore par ailleurs, cette idée, lorsqu'elle cite parmi les objets de Gautier, un « cartonnage d'une momie égyptienne, lithographie en couleurs d'après le dessin de Prisse d'Avennes.- (B.N., Impr., G. 307) ».

« Gautier », précise-t-elle, « a minutieusement copié cette figure dans tous les détails, avec ses couleurs et ses symboles, dans sa description du sarcophage de la momie », à partir du susdit modèle (Cottin 1961 : 51). Jean-Marie Carré a étudié quant à lui, l'évolution qui s'est opérée chez l'auteur, concernant la documentation de ses œuvres. Ainsi, à propos d'*Une Nuit de Cléopâtre*, il écrit, « son égyptologie est aussi incertaine que fantaisiste », ou, « à côté de ces petites inexactitudes, on trouve d'ailleurs des erreurs historiques et psychologiques plus importantes » (Carré 1932 : vol. 2, 134). Or, concernant *Le Roman de la momie*, il affirme, combien l'auteur s'est documenté sur des sources « essentiellement iconographique »[s] pour construire son roman (Carré 1932 : vol. 2, 149): « les scènes de la vie thébaine ne sont guère autre chose que des transcriptions presque littérales de passages empruntés aux ouvrages archéologiques de Feydeau, Passalacqua, Wilkinson, ou des "tableaux à la plume" —selon l'expression de Gautier— qui copient, avec une fidèle minutie, les bas-reliefs et les peintures murales reproduits dans les planches de Champollion, Belzoni, Prisse d'Avennes, etc. L'auteur s'inspire, tantôt d'un texte, tantôt d'un dessin, tantôt des deux à la fois, et quand il n'y a pas concordance absolue entre l'un et l'autre, c'est en général au dessin qu'il se rallie » (Carré 1932 : vol. 2, 151). Ainsi, conclue-t-il, « qu'il y ait une différence entre sa première œuvre d'inspiration égyptienne: *Une Nuit de Cléopâtre* et *Le Roman de la momie,* c'est incontestable et il faut lui savoir gré du progrès accompli. Nous avons constaté un louable effort vers l'objectivité, un souci croissant de l'exactitude historique, une laborieuse exploration des documents archéologiques de l'époque (…) Malgré son méritoire effort une partie de l'histoire lui est restée fermée » (Carré 1932 : vol. 2, 172).

Soit. Mais Gautier doit également ses connaissances en art égyptien au grenoblois d'adoption, François Champollion. Gautier partageait les idées de celui qui a su subjuguer le monde, au début du siècle. En 1829, tel que le précise Hermine Hartleben, Champolion s'exclame sur le site de Médinet Habou: « voilà une des milles et une preuves démonstratives contre l'opinion de ceux qui s'obstineraient encore à supposer que l'art égyptien gagna quelque perfection par l'établissement des Grecs en Egypte. Je le répète encore: l'art égyptien ne doit qu'à lui-même tout ce qu'il a produit de grand, de pur, de beau … La vieille Egypte enseigna les arts à la Grèce, celle-ci leur donna le développement le plus sublime, mais sans l'Egypte, la Grèce ne serait probablement point devenue la terre classique des beaux-arts. Voilà ma profession de foi tout entière sur cette grande question. Je trace ces lignes presque en face de bas-reliefs que les Egyptiens ont exécutés avec la plus élégante finesse de travail 1700 ans avant l'ère chrétienne. Que faisaient les Grecs alors? » (Hartleben 1983 : 490). Pour Gautier, le contact avec l'art égyptien, bien à la mode —des peintres et écrivains étaient partis sur la route de l'Égypte, comme Horace Vernet, dès 1839, Gérard de Nerval, en 1843, Maxime du Camp et Flaubert en 1849 etc—, ne pouvait qu'enrichir ses récits. L'auteur, emprunte, également le nom de l'héroïne à une toute récente découverte de Champollion: ce dernier s'était intéressé, tout particulièrement, à la tombe de la reine « Ta-Ousert (Thaoser), épouse de Minephtah-Siphtah », car, elle avait été, aux dires d'Hermine Hartleben, « usurpée plus tard par "Rhamerri" (Sethnakht), père de Ramsès III » (Hartleben 1983 : 478). Cette passion pour l'art égyptien n'a pas toutefois, fait oublier à Gautier son amour des œuvres d'art gréco-romaines.

Quelques années auparavant, Gautier délectait son lecteur, en s'inspirant des fouilles romaines. En effet, dans *Arria Marcella* (1852), il est question d'un fétiche, où la littérature se veut redevable à nouveau, de l'histoire. Gautier visita l'Italie, en compagnie de Louis de Cormenin, de juillet à octobre 1850. A en croire Alain Buisine, « l'actuel *Museo Archeologico Nazionale* continue à occuper l'immense édifice bâti en 1586 sur les plans de Fontana pour servir de caserne de cavalerie. Les bâtiments furent ensuite transformés et abritèrent, de 1616 à 1780, l'Université, *Le Palazzo degli Studii* » (Buisine 1990 : 366). C'est le musée, où Octavien rencontrera son « fragment de moule de statue » (Gautier [1852] 1990 : 330). Et c'est aussi là, qu'on transporta, « les multiples objets provenant des fouilles menées à Pompéï, Herculanum, Stabies, Cumes ainsi que dans d'autres villes de la Campanie et des Pouilles » (Buisine 1990 : 366). Il s'agit en effet, d'un fragment servant à reconstituer le corps de la statue : « l'œil exercé d'un artiste y eût aisément reconnu la coupe d'un sein admirable et d'un flanc aussi pur de style que celui d'une statue grecque » (Gautier [1852] 1990 : 329–330). L'œil d'Octavien, qu'est-ce que si ce n'est un œil d'artiste, un œil pygmalionesque, transformant tout aussi bien la statue en femme, sous le désir rétrospectif du rêveur, que la femme en statue, sous le regard amoureux de l'artiste ? Cet œil, ou plutôt la main d'Octavien, ne suivent-ils pas la même procédure que le principal responsable[17] des fouilles menées à Pompéi, lorsque celui-ci décida de prendre des moulages des empreintes retrouvées pour mieux reconstituer le drame de Pompéi ? Car le narrateur le souligne fort bien, « aussi s'était-il épris tour à tour d'une passion impossible et folle pour tous les grands types féminins, conservés par l'art ou l'histoire ». Il aimait à tel point « les statues », « qu'un jour, en passant au Musée devant la Vénus de Milo, il s'était écrié : "Oh ! qui te rendra les bras pour m'écraser contre ton sein de marbre"» (Gautier [1852] 1990 : 343). Peut-on mieux exprimer ce désir pygmalionesque et retrospectif d'animation pour combler la perte ? Animation qui ne tarde à se faire inertie, dans une « pose voluptueuse et sereine » rappelant « la femme couchée de Phidias[18] sur le fronton du Parthénon » (Gautier [1852] 1990 : 358). Erotique en définitive, qui —suite à cette passion fétichiste, relevant d'un « état mélancolique[19] » (Buisine 1990 : 23)— ne présente l'amante que statufiée, pétrifiée, dans un déni constant de frustration, un déni constant de castration.

Ces quelques exemples illustrant surtout —mais pas que !— le complexe de Pygmalion, me permettent ainsi, de corroborer l'hypothèse que j'avais pressentie entre les lignes, au début de ce chapitre. Il est question d'art dans le mythe, plutôt que de mythe dans l'art, les œuvres d'art n'incluant que des références au mythe, et non pas le mythe en lui-même. Gautier parvient à cette introduction dans l'art de figures mythiques, en reformulant et revisitant le mythe, selon ses propres conceptions esthétiques. Dans ce système à configuration "artistico-mythique" c'est, certes, la compétence culturelle du lecteur qui se voit sollicitée: la parole mythique migre à travers l'art pour se poser sur l'œuvre gautiériste. Presque tous les siècles artistiques y sont convoqués pour appuyer ce qui est dit dans le texte: Phidias, Praxitèle, Léonard de Vinci, Michel-Ange, Titien, Véronèse, Rubens, Rembrandt, Piranèse, Delacroix, Ingres… constituent ce "musée visuel" parcouru par le lecteur gautiériste. D'après Marcel Voisin, cette suite de « références apparaissent comme autant d'obsessions ». L'antiquité hellénique, la Renaissance, mais aussi le XVIIIᵉ siècle sont des « allusions chères au cœur » de l'auteur, car elles « parsèment l'œuvre comme les retombées d'un rêve émietté » (Voisin 1981 : 318–319). Mais quel est ce rêve? L'étude des exemples qui suivent, axée sur le complexe de Pygmalion inversé —autrement dit, de la femme marmoréenne—, me permettra de répondre à cette question, tout en la conjuguant à la recherche du Beau Idéal chez celui considéré par la critique comme l'un des précurseurs principaux de l'art pour l'art.

Seule religion, l'art, en effet, —tel que j'ai intitulé ce chapitre— car même si, comme Albert Cassagne le précise, « la théorie de l'Art pour l'Art est donc née du romantisme » —ayant eu, essentiellement, « pour cause le besoin de réagir contre les règles étroites du classicisme, la proclamation de l'art libre, délivré des entraves de la rhétorique et de la poétique traditionnelle »—, c'est ensuite, en « suivant l'impulsion acquise » que « l'art, devenu libre dans ses propres limites, s'émancipa à l'extérieur, et l'art libre devint, par un progrès tout naturel, l'art indépendant de la morale, de la politique, de la science, l'Art pour l'Art » (Cassagne 1906 : 142). Pour Gautier, son art s'est certainement, libéré de la religion, de la politique, de la science, certes, mais non complètement du mythe ! L'innovation soulignée par Baudelaire chez Gautier se résumant à une « consolation par les arts », pouvant se révéler par le biais de ses constantes et multiples transpositions artistico-my-thiques, toujours à la recherche du Beau idéal. N'avait-il pas écrit dans *La Revue des Deux Mondes*, à propos de « La divine épopée, de M. Alexandre Soumet » que l'on « ne retrouve de toute civilisation disparue que de fragments de statue et de lambeaux de poèmes », que « du marbre et des vers !» (Gautier 1841 : 126) ?

En effet, non content d'animer la statue, "Pygmalion" s'amuse également à pétrifier la femme. « Quelles femmes ne semblent pas laides à côté de vos Vénus, sculpteurs antiques, poètes aux strophes de marbre? » (Gautier [1835] 1966 : 239–240), dira d'Albert à Silvio. Cette phrase contient l'essentiel de la conception artistico-littéraire de Gautier : toute beauté réelle doit concourir à la beauté dans l'art. Beauté doublement réussie en convoquant art et mythe, associé par convention à l'esthétique du beau. Anne Ubersfeld insiste sur cette idée lorsqu'elle écrit: « le modèle idéal de la beauté c'est une statue grecque » et, plus précisément, « l'image clef pour Gautier c'est l'Aphrodite pudique retenant les plis de sa draperie » (Ubersfeld 1989 : 52–53). Soit. Même si je partage partiellement cette affirmation d'Anne Ubersfeld, les lignes qui suivent vont me permettre d'y ajouter une précision intéressante. Non seulement Vénus, mais aussi, d'autres figures vont contribuer à développer chez Gautier, conjointement à sa conception esthétique du beau, une subversion ultime de l'âme décadente. Subversion où aux dires de Durand, « tout y passe, même les dieux du Walhalla, même à l'extrême, le Dieu chrétien condamné "à mort" par Nietzsche » (Durand 1989 : 170).

Débutons toutefois, par l'Aphrodite romaine, en suivant Anne Ubersfeld. Contemplée et aimée par deux amateurs d'art[20], Nyssia mérite d'être comparée aux meilleures toiles, et aux meilleures statues jamais vues de l'œil humain. Sa beauté ne provient pas d'une femme, mais d'une œuvre d'art : « le blanc poème de son corps divin » apparaissant en effet, « dans sa splendeur, tel que la statue d'une déesse qu'on débarrasse de ses toiles le jour de l'inauguration d'un temple » (Gautier [1844] 1990 : 304). Le narrateur, songerait-.il ici, à la Vénus de Milo, cette Vénus à draperie et, probablement, pudique, découverte le 8 avril 1820 par un paysan dans cette île de la mer Égée ? Probablement ! D'après Jean Clair, c'est justement la découverte de la Vénus de Milo qui « accentuera, au cœur du romantisme, cette croyance en une sculpture monochrome, alors même que la peinture, sous l'influence (peut-être inattendue ici) des travaux de Quatremère de Quincy, qui "redécouvre" la sculpture polychrome antique, s'oriente vers une couleur de l'expressivité » (Clair 1989 : 146). Quoi qu'il en soit, Gautier fait ici honneur, comme d'ailleurs le plus souvent dans sa prose, à une prédilection marquée pour la blancheur de la chair statufiée. Il faudrait être, continue le narrateur, « un Grec du temps de Périclès » pour pouvoir « vanter tout à notre aise ces belles lignes serpentines, ces courbures élégantes, ces flancs polis, ces seins à servir de moule à la coupe d'Hébé », « la pruderie moderne » ne lui permettant pas « de pareilles descriptions ». Et de conclure : « on ne pardonnerait pas à la plume ce qu'on permet au ciseau, et d'ailleurs il est des choses qui ne peuvent s'écrire qu'en marbre » (Gautier [1844] 1990 : 304). Ces choses, au féminin sans doute !, qui ne peuvent que "s'écrire en marbre"[21], Candaule, souffrant des délires de l'artiste, les a bien ressenties et exprimées. C'est seulement pétrifiée, malgré elle, pétrifiée par l'œil rempli de désir de Candaule-Gygès, que Nyssia peut être contemplée. Comparée au « corps aromal d'une divinité » (Gautier [1844] 1990 : 279) ou encore assimilée par sa pose, « debout dans une conque de nacre », à une Vénus « faisant pleuvoir de ses tresses une rosée de perles au lieu de gouttes d'eau de mer » (Gautier [1844] 1990 : 285–286), le lecteur peut facilement assimiler cette évocation artistique à la Vénus Anadyomède : qu'il s'agisse de celle d'Apelles[22], celle de Botticelli[23] (1484–85), ou bien celle de Théodore Chassériau[24] (1835), la célèbre *Vénus* d'Ingres[25] n'ayant été composé qu'en 1848, quatre ans après la publication du *Roi Candaule*. Gautier aime justement, jouer de cette ambiguïté, en testant par la même occasion, les connaissances artistiques de son lecteur. Se sert-il du procédé de la catachrèse, afin de nommer artistiquement cet "objet corporel" nouveau, vierge, que nul œil humain n'a encore partagé avec les yeux de Candaule? Jaloux de la divine beauté de Nyssia, le narrateur, voudrait-il garder ce spectacle au seul lecteur "ayant droit", respectant ainsi, les décisions de la reine ? Lorsque le narrateur fait la louange de « ces jolies narines (…) nuancées de tons roses », comparées à « la nacre des coquillages poussés par la mer sur les rives de Chypre aux pieds de la Vénus Anadyomène » (Gautier [1844] 1990 : 281), même s'il n'est question que de synecdoque, un nouveau lien sémantique est tissé avec la figure artistique de la Vénus. La beauté, n'est-elle pas accentuée par le fait d'être voilée, à peine entrevue, suggérée? Ajoutons enfin, que le récit mérite d'être cité parmi les récits les mieux situés "artistiquement" par rapport à l'époque évoquée —avec entre autres, bien sûr, *Arria Marcella*[26]. Amateur éclairé de la statuaire des Anciens, Gautier n'hésite pas à citer Praxitèle, Apelles, Mimnerme[27], Phidias[28], ou l'école Sicyone[29]. Sans oublier, *Mademoiselle de Maupin* car dès 1835, ce roman fait une "histoire de la sculpture grecque", —avec quelques lacunes[30], certes— mais privilégiant surtout, les goûts plastiques de Gautier, quant à l'harmonie, la perfection de la ligne, la grâce, des canons biens connus de l'art classique et apportant quelques nuances à sa particulière conception esthétique.

L'histoire de cette femme "artistico-mythique" est l'histoire d'un lent dénudement du corps féminin où la Venus artistique, certes, joue un rôle essentiel. Madeleine-Théodore est tout d'abord "Aphrodite de Cos"[31]: vêtue d'« une espèce de robe de chambre à larges manches », elle/il ne laisse deviner aucune forme féminine. Sans contours, sans déhanchement, sans volume, la statue ne peut que s'aplatir, devenant toile. C'est dire que la description de Madeleine-Théodore, à la fenêtre, souligne le passage de l'élément sculptural à l'élément pictural. Ainsi, à la seule nudité d'un cou « rond et potelé », d'Albert oppose une « tête brune et pâle [ressortant] merveilleusement sur cette teinte pourpre! », de sorte que ce que le lecteur croit prendre pour du volume, n'est qu'un « tableau [se dorant] d'un ton chaud et transparent à faire envie à la toile la plus chatoyante du Giorgione » (Gautier [1835] 1966 : 186–187). Néanmoins, cette picturalisation du corps n'est qu'éphémère, le corps redevenant marmoréen, pour que les soupçons puissent se confirmer : le « cou de marbre ainsi découvert », « il avait l'air non du plus beau des hommes, mais de la plus belle des femmes » (Gautier [1835] 1966 : 187). Le souple, le moelleux, la rondeur cachés se devinent petit à petit. D'Aphrodite de Cos, Madeleine devient Vénus parfaite. Et contrairement, à ce que le lecteur aurait pu imaginer, c'est lorsque Théodore de Sérannes monte sur scène que sa véritable identité se dévoile; c'est lorsqu'il se déguise que son vrai sexe surgit: « quels ravissants poèmes dans les moelleuses ondulations de ces contours plus souples et plus veloutés que le cou des cygnes! » (Gautier [1835] 1966 : 257). Les contours serpentent, les lignes se précisent, et seule la sculpture semble être apte à rendre hommage à cette perfection. Gautier insiste sur la prééminence de la sculpture face à la poésie et la peinture, car « les vers ne rendent que le fantôme de la beauté et non la beauté elle-même. Le peintre arrive à une apparence plus exacte, mais ce n'est qu'une apparence. La sculpture a toute la réalité que peut avoir une chose complètement fausse; elle a l'aspect multiple, porte ombre, et se laisse toucher » (Gautier [1835] 1966 : 257). Néanmoins, l'auteur de Tarbes reconnaît la contradiction sous-jacente à la sculpture: elle est la réalité des choses fausses, le fantôme de la femme, et non la femme, le simulacre de la vie, et non la vie[32] … C'est la contradiction profonde ressentie par Gautier lui-même, une contradiction, aux dires d'Anne Ubersfeld, entre « le désir des beaux corps pulpeux à posséder et celui d'un marbre figé, éternisant une forme parfaite et morte » (Ubersfeld 1992 : 343).

Puis, continue le narrateur de *Mademoiselle de Maupin*, « elle demeura tout debout comme une blanche apparition avec une simple chemise de la toile la plus transparente ». Vénus de Fréjus (Louvre)[33], Vénus "à draperie mouillée"[34], n'est-elle pas la plus diaphane? Le premier obstacle franchi, Madeleine ne tarde pas à devenir le parangon de la Vénus d'Arles-Vénus de Milo[35], dont la chemise glissant « d'abord des épaules », « roula jusqu'aux hanches dont le contour ondoyant l'arrêta à demi » (Gautier [1835] 1966 : 365). Le dernier obstacle franchi, le moment de s'offrir à d'Albert est arrivé:

> Ainsi posée, elle ressemblait parfaitement à ces statues de marbre de déesses, dont la draperie intelligente, fâchée de recouvrir tant de charmes, enveloppe à regret les belles cuisses, et par une heureuse trahison s'arrête précisément au-dessous de l'endroit qu'elle est destinée à cacher. (Gautier [1835] 1966 :365)

Mais, ajoute le narrateur avec l'ironie qui le caractérise, « comme la chemise n'était pas de marbre et que ses plis ne la soutenaient pas, elle continua sa triomphale descente » (Gautier [1835] 1966 : 365). De Vénus de Milo, la statue expose, alors, toute la splendeur de la Vénus de Cnide[36]. Gautier expose ici clairement, l'opposition entre l'idéal de la statue de marbre et la réalité de la femme soumise aux instincts de la chair, la sculpture n'étant que simulacre, que le fantôme de la femme réelle … La Vénus marmoréenne ne correspond donc, pas en réalité, à Madeleine. La pétrification de Mlle de Maupin en Aphrodite artistique ne correspond point à sa vraie nature, puisque sa vraie nature est multiple: sous une seule forme plastique, la bivalence charnelle, sous la multiplicité des apparences, l'unité androgynique.

Madeleine est bel et bien Vénus —le complexe de Pygmalion inversé transformant la peau en marbre, et du Paros, si possible, a bien opéré—, mais elle est aussi et surtout !, la représentation en personne de l'androgyne. Si Rosette est présentée par d'Albert comme une dormeuse artistiquement désirable, comme une Antiope[37], qu'est-ce que Madeleine devient à ses côtés, sinon un Théodore-Jupiter? Cette pose de Rosette invite au désir, qui confrontera Madeleine avec le sexe de son travestissement. Bisexuelle, travestie, Madeleine-Théodore constitue ainsi, la meilleure preuve d'androgynat antique. Elle constitue pour d'Albert cette « incertitude » (Gautier [1835] 1966 : 201) qui le fera douter de son sexe jusqu'au moment du dévoilement complet, car « (…) ni Méléagre[38] le beau chasseur, ni Bacchus l'efféminé, avec leurs formes douteuses, n'ont jamais eu une pareille suavité de lignes ni une si grande finesse de peau, quoiqu'ils soient tous les deux de marbre de Paros[39] et polis par les baisers amoureux de vingt siècles » (Gautier [1835] 1966 : 319). Incertitude aussi, que celle du lecteur à la poursuite de la référence artistique contenant le beau mythique par excellence. Madeleine de Maupin vit de la propre vie du lecteur, de ses propres connaissances artistiques, de son propre désir. C'est dire combien la Vénus antique ne s'avère ici, qu'une des exégèses possibles du beau antique, quoique, on le sait, pour Gautier ce n'est que la femme qui ouvre le chemin de l'idéal, ce n'est qu'elle qui comporte l'intérêt esthétique nécessaire pour l'accès à la beauté suprême. La rencontre de la Vénus de Milo, lui avait fait écrire en ces termes:

> Quand sur la draperie qui lui sert de fond on voit se détacher la Vénus de Milo, on reste ébloui et l'on se demande si, depuis que les Olympiens ont été chassés de leurs trônes d'or, le monde n'a pas fait un mauvais rêve. Comme elle est grande, et belle, et noble cette Vénus victorieuse, animée d'une vie mystérieuse et d'une plénitude d'immortalité! Quel vague et divin sourire sur les lèvres à demi entr'ouvertes; quel regard surhumain dans cet œil sans prunelle! Son torse, nu comme celui des grandes divinités, s'entoure aux hanches d'une draperie aux plis larges et moelleux qui accusent les contours, les accentuent au lieu de les voiler. Les bras sont absents, mais il semble que, si on les retrouvait, ils gêneraient le plaisir de l'œil en empêchant de voir cette poitrine superbe et ce sein admirable (…). Quand on la vue on ne peut que regarder distraitement les Apollons sauroctones, les Antinoüs, les Génies du repos éternel, les Hercules, les Faunes (…) les Polymnies, les Germanicus, les Discoboles et même ce Gladiateur, merveille d'anatomie; on garde dans l'œil l'éblouissement de la beauté suprême. (Gautier [1882] 1904 : 191–192)

En méprisant les autres statues, spécialement celles du sexe masculin, seul le corps féminin semble approcher du type « vigoureux et délicat en même temps » (Gautier [1835] 1966 : 201) dont Théodore-Madeleine est le plus bel exemple: l'androgyne. Il apparaît donc, comme l'aboutissement de la recherche esthétique de Gautier, et cela grâce à l'intermédiaire corporel de la femme.

Renaissance des couleurs, antiquité des formes, érotisme de l'art oriental, voire mysticisme de l'art religieux, si besoin est, entourent et décorent le corps féminin: une œuvre d'art en appelle une autre, cette dernière, renvoie à une nouvelle, et ainsi, jusqu'à l'infini pour mieux définir le beau idéal. Telle est la procédure artistico-mythique de l'écrivain: pas un seul objet d'art, mais plusieurs; pas un seul rapport art-mythe, mais tout un réseau sous-jacent, difficilement saisissable, où la place accordée au "mythe" s'avère secondaire; pas une seule époque artistique privilégiée, mais toutes celles qui contribuent à donner l'effet désiré; pas toujours d'allusion à un référent précis, mais de très vagues impressions artistiques qui sèment l'incertitude et la curiosité chez le lecteur. Or, la question à se poser par la suite est la suivante: lorsqu'il y a "mythe", en existerait-il un dans l'art, allant dans la même direction que l'art? Un "mythe" par excellence, dans l'art et pour l'art? Cette structure artistico-mythique, que j'ai appelée "enchâssée", à l'image des "poupées russes", cette tendance vers les "transpositions multiples", qui en découle, contribuent à préfigurer le rêve de Gautier, qui se veut, tel que je le préciserai plus bas, « rêve émietté » (Voisin 1981 : 318–319). Cette technique donne à voir certes, apporte l'image à l'écrit, et suggère, —de par cette fragmentation et profusion iconico-artistiques—, un syncrétisme annonçant le mythème du déclin décadent.

Je conclurai cette première partie du chapitre avec une dernière comparaison artistique, qui me permettra d'expliciter le sens de ce "rêve émietté" chez Gautier, par le biais de son héros Paul. Victime du mauvais œil, Paul d'Aspremont souffre dans un sommeil agité, des « fantasmagories confusément effrayantes, vaguement horribles, et d'autres plus insaisissables encore, rappelant les fantômes informes ébauchés dans l'ombre opaque des aquatintes de Goya » (Gautier [1856] 1990 : 537). Outre le fait que ces visions mystérieuses du peintre espagnol aient pu inspirer le fantastique gautiériste, elles me semblent illustrer le processus créateur de l'écrivain. Un processus créateur que sa facette de peintre avait revisité, quelques années auparavant, dans une « pochade sur papier à chandelle »[40]. Le narrateur de *Jettatura* souligne le fait que « son âme, affranchie par l'anéantissement du corps, semblait deviner ce que sa pensée éveillée ne pouvait comprendre, et », assure-t-il, « tâchait de traduire ses pressentiments en image dans la chambre noire du rêve » (Gautier [1856] 1990 : 538). Cette traduction des pressentiments de Paul en image par le biais du rêve, n'est-elle pas aussi, transposition scripturale de l'in-conscient de l'auteur, tel que l'on peut apprécier dans la fantaisie burlesque sur la Tentation de Saint Antoine du peintre-écrivain, datant de 1848? Fantastique dans tous les cas, si l'on veut, en suivant Alain Buisine, consistant en une « dramati-sation fantasmatique de l'imaginaire de la forme », prenant la source « dans une déformation purement esthétique » (Buisine 1990 : 597). Et déformation esthé-tique et fantasmatique que Gautier explicite dans *Jettatura* comme suit :

> Il se voyait entouré de figures grimaçantes et monstrueuses, exprimant la haine, la colère et la peur; puis les figures s'évanouissaient; des doigts longs, maigres, osseux, à phalanges noueuses, sortant de l'ombre et rougis d'une clarté infer-nale, le menaçaient en faisant des signes cabalistiques; les ongles de ces doigts, se recourbant en griffes de tigre, en serres de vautour, s'approchaient de plus en plus de son visage et semblaient chercher à lui vider l'orbite des yeux. Par un effort suprême, il parvint à écarter ses mains, voltigeant sur des ailes de chauve-souris; mais aux mains crochues succédèrent des massacres de bœufs, de buffles et de cerfs, crânes blanchis animés d'une vie morte, qui l'assaillaient de leurs cornes et de leurs ramures (…) et comme le don Juan de lord Byron, il entrevoyait à travers son évanouissement une tête charmante qui se penchait vers lui. (Gautier [1856] 1990 : 537)

Un fantastique pouvant donc, être lu comme « fantasmatisation d'un combat entre la disharmonie et l'harmonie » (Buisine 1990 : 597). Et composition pic-turale de l'écrivain-peintre —par ailleurs, peu célèbre et peu analysée— suggé-rant non seulement la construction des monstruosités qui accablent l'artiste mais aussi, l'équilibre à chercher constamment chez l'amoureux de la forme, entre la représentation du beau idéal, dans des épisodes hallucinatoires ou oniriques, dans le versant obscur de la conscience et la conscience, elle-même. L'originalité de cette "fantaisie burlesque" de Gautier vaut bien un détour dans les pages qui suivent.

De la "théorie de l'art pour l'art" à une "théorie de la décadence" : *"Divine Tragédie"*, subversion et déclin

Gautier, croyait-il être doué du « sixième sens », dont parlait « M. Töpffer »? Lui-même nous donne la réponse, dans « Du Beau dans l'art » : lorsqu'il en résulte « une sensation de beauté, une idée qui n'est ni dans le ciel ni dans la prairie », l'artiste peut se considérer doté d'une « perception qui ne se rapporte à aucun des sens » (Gautier [1847] 1856 : 132). Perception donc, presque extra-humaine que Gautier attribuera au vrai artiste, pouvant conduire à une « sensation de beauté ». Mais où la trouver au juste ? Se déclarant « épris », dans l'introduction à l'*Artiste*, « de statuaire, de sculpture et de plastique » au point d'avoir « poussé jusqu'au délire » son « amour de l'art » (Gautier 1856 : 4), faudrait-il la chercher parmi son "rêve émietté" artistique, dont parlait Voisin (Voisin 1981 : 318–319)? Parmi ce « microcosme de toutes pièces » (Gautier [1847] 1856 : 132) que Gautier tenta de reconstruire, tout au long de son œuvre, aussi bien littéraire que peinte que critique ? Les pages qui suivent tenteront de trouver parmi ce "microcosme" d'allusions mythiques dans l'art, le mythe obsédant Gautier, à tel point d'être présent tout aussi bien, dans son œuvre picturale que critique —l'œuvre narrative m'ayant déjà permis de souligner, ci-dessous, le rôle joué par le mythe en question.

Je commencerai par son activité de peintre, tout en rappelant que cet appel de la peinture a pour origine une vocation, car tout petit déjà, « il s'amuse à peinturlurer de petits théâtres en bois et en carton qu'il fabrique lui-même » ou qu'« à sept ans, il fait deux dessins sur Estelle et Némorin » (Cermakian 1982 : 224). Gautier a suivi, comme on le sait, des cours à l'atelier Rioult de 1827 à 1829, quoique ses dessins datent de son séjour à Mauperthuis. « Dans l'été 1824 », précise Anne Ubersfeld, « Théophile est à Mauperthuis avec ses parents. Il fait de la peinture avec acharnement, et cette fois, au lieu de penser à ces sujets antiques et mythologiques à la mode en ces temps de néoclassicisme, il tourne ces regards vers les réalités plus humbles qui l'entourent » (Ubersfeld 1992 : 20). C'est justement à Mauperthuis, lors de sa dernière visite à l'été 1829, que Gautier « peint pour l'église un grand tableau : *Saint Pierre guérissant un paralytique* » (Cermakian 1982 : 226). Les règles de la technique picturale ne lui étant, par conséquent, pas du tout méconnues, toute sa vie, il rapportera son expérience artistique et ses préférences picturales à ses écrits, ce qui sera manifeste, notamment, concernant l'expression de la couleur. ·Emile Bergerat écrit comment, « dès son installation dans la petite maison de la rue Longchamps, à Neuilly (1857–1858) », il « rêvait d'avoir un atelier à côté de son cabinet de travail et mener de front les deux arts pour lesquels il se croyait doué également » (Bergerat 1879 : 244–45). D'Albert, quant à lui, n'était-il pas également, « un poète et un peintre », dont la « tête (…) serait la plus merveilleuse galerie de tableaux que l'on eût jamais vue » (Gautier [1835] 1966 : 250) ?

Revenons sur l'eau-forte, signée Gautier, et datée de 1834[41], aux dires d'Henri Boucher. Par son caractère original et curieux, elle constitue une pièce unique qui pourra m'aider à avancer quelques données importantes sur "la philosophie sous-jacente" à l'œuvre gautiériste. Henri Boucher donne l'explication suivante:

> Le poète, la plume à la main, un encrier devant lui, est assis à une table, penché sur son travail: à droite, au-dessus de sa tête, que coiffe une calotte ornée d'un gland, se déroule toute une allégorie étrange, qui évidemment, dans l'intention de l'écrivain artiste, doit symboliser l'imagination. Une femme nue, étendue sur… l'insaisissable, occupe le centre de la composition; un serpent l'enroule des pieds à la tête et semble lui parler à l'oreille; autour d'elle des animaux fantastiques, autant que fantaisistes, convergent tous vers la personne du poète, qui absorbé dans une profonde pensée, paraît subir l'influence de cette apparition surnaturelle. (Boucher 1913 : 7–8)

Peu importe « la façon assez inexpérimentée avec laquelle est traité ce sujet », ses quelques réminiscences des *Caprices* de Goya —notamment, son caprice nº 43, le célèbre, *Le Sommeil de la raison engendre des monstres* (1799)[42]— ou des *Cauchemars* (1781) ou *Rêves* (1798) de Füssli, c'est son « caractère naïf et étrangement original » (Boucher 1913 : 7–8) qui attire le chercheur en imaginaire. Un parallélisme peut-être, sans doute, établi avec le rêve de Paul[43] : n'est-ce pas dans les rêves, dans ces moments d'inconscience, que l'imaginaire se révèle le mieux et que l'esprit peut flotter dans les régions éthérées de l'onirisme[44]? Lorsque le poète se laisse entraîner par cette "profonde pensée", le "rêve émietté" de l'artiste se fait visible : une femme, un serpent, des animaux chimériques variés ; une hallucination ou tentation de l'ermite célèbre[45] ; un équilibre à trouver entre l'harmonie et la disharmonie, entre le beau et le monstrueux … C'est en effet, tout ceci qui compose le « sérail fantastique » (Gautier [1835] 1966 : 200) de notre peintre. Or, Henri Boucher a oublié de citer, ci-dessus, l'apparition d'une tête, à forme humaine, qui, placée juste à l'opposé de l'écrivain, à droite du tableau, semble constituer le double de l'écrivain. S'agit-il d'un simple peintre voyeur ou d'une allégorie de l'art qui propose une transposition artistique à cette femme en chair, abandonnée à elle-même, et s'offrant ouvertement aux bêtes qui l'entourent, dans une pose résolument érotique ? La juxtaposition d'une dimension réelle —l'écrivain à la plume—, d'une dimension sensuelle, voire érotique qui se veut onirique, fantomatique si ce n'est phantasmatique —cette femme fatale, autour de laquelle s'enroule un serpent[46], et qui semble habitée ou hantée par des démons et créatures fantastiques dans son sommeil, à l'image de la belle endormie de Füssli (1781)— et enfin, d'une dimension esthétique —qu'elle soit allégorie de l'art ou altérité de l'écrivain-peintre — nous rapproche du surnaturel, du fantastique, de l'inconscient, du phantasme et en définitive, de la pensée créatrice gautiériste. Car pour Gautier, face au choix du sujet ou même, face à toute invention de style ou de forme, n'était-ce pas l'inspiration personnelle et l'imagination créatrice, l'élément le plus important chez le vrai artiste ? Aux dires de Peter J. Edwards, Gautier croyait en effet, que tout vrai artiste devait « avoir une intuition immédiate de sa création », autrement dit, il devait « être voyant » (Edwards 1982 : 263), tel qu'il l'avait loué chez Gustave Doré par exemple, et que Mallarmé avait également compris avant de le considérer son maître. C'est justement, continue Peter J. Edwards, « l'importance qu'il attacha à l'originalité et à l'individualisme », ce qui « mena Gautier à la conception de la modernité dans l'art, car, si l'inspiration originale est si importante, c'est qu'elle exprime avant tout l'idéal et l'âme d'une époque » (Edwards 1982 : 264). L'expression de l'idéal et de l'âme d'une époque par le biais de l'imaginaire personnel d'un auteur, autrement dit, l'expression, tel que le suggère Durand, d'une « troisième dimension », « celle des milieux », s'ajoutant à celles de l'espace et du temps et où « les objets se répètent selon des formes toujours nouvelles » (Durand [1979] 1992 : 82)[47].

Gautier, certes, me semble inclassable, car libre, visionnaire et esprit avant-coureur… « Chaque âge exprime son idée avec sa forme propre » écrivait Gautier (*Salon de 1857*.-VII, (26 juillet 1857), 7/1, p. 298. Cité par Edwards 1982 : 264), tel que Peter J. Edwards nous le rappelle, tout en soulignant combien il revient « constamment à cette idée du beau moderne » sans qu'il parvienne « à la définir avec la précision de Baudelaire » (Edwards 1982 : 264). A cet égard, l'œuvre littéraire de l'écrivain visionnaire et inclassable, pourrait-elle être illustrée par ce dessin original et sans précédents dans son œuvre peinte[48] ? Que pouvons-nous y lire si ce n'est un triangle parfait, dont le centre est la femme, autrement dit, le beau? La frontière art/littérature s'écroulerait-elle alors, lorsque le peintre donne à voir son "microcosme" sur la toile ? Que pouvons-nous y lire en définitive, lorsque poète et peintre soulignent leur pouvoir commun à puiser dans l'onirisme, dans toute sorte de dieux ou mythologies, dans toute sorte de religion, croyance ou philosophie de l'occulte, afin d'accéder au rêve de beauté absolue ?

Mon but ne sera pas tant, dans les lignes qui suivent, d'établir une liste exhaustive des références picturales dans l'œuvre de Gautier —ce qui par ailleurs, a déjà été fait, magistralement, par d'autres critiques[49]. Je me limiterai ici, à l'évocation des courants picturaux privilégiés par l'auteur. Histoire de voir si son "encyclopédie de la peinture" particulière ne renvoie pas justement, du fait de sa diversité historique, voire géographique, au rêve d'unité gautiériste. On pourrait me semble-t-il, associer ce rêve d'unité à ce qu'Anne Larue[50] souligne comme étant le signe d'une « poétique "seconde manière" », héritée évidemment de L'*Ut Pictura poesis*, et consistant non seulement, en la « fraternité des arts » mais plutôt, en « la fusion des arts », dans « une sorte de transmutation poétique » (Larue 1998 : sp). Parallèlement, il s'agira de savoir si, en tant que critique, Gautier aurait pu partager ses idées de représentation microcosmique, de syncrétisme et de décadence dans l'art avec la pensée de deux consciences philosophiques, voire polémiques, telles que Henri Heine et Paul Chenavard: écrivain et peintre —tous deux amis[51] de Gautier—, ayant composé chacun dans leur domaine, des œuvres à tendance syncrétique similaire.

Plus haut, j'ai évoqué la procédure de Gautier écrivain : comparaisons interminables, commentaires souvent précis, parfois vagues, descriptions minutieuses, tissent des rapports bien étroits entre littérature, mythe et art. Mais quelles sont les périodes privilégiées par l'auteur ? Quelle "technique picturale" semble répondre au mieux à son "style scriptural"? Les préférences plastiques de Gautier, révèlent-elles des idées esthétiques, des thèmes originaux, pouvant corroborer son appartenance à ce croisement de chemins entre l'âme romantique et décadente ?

S'il y a une époque plastique par excellence, qui caractérise l'auteur, c'est sans doute l'antiquité gréco-latine. Il aime à la fois, l'hellénisme classique et la décadence romaine. Aux dires d'Albert Cassagne, « l'antiquité, c'était par excellence l'âge de la plastique, de la chère plastique aujourd'hui perdue dans l'abâtardissement des races fatiguées, et à jamais regrettable, le temps des corps élégants et robustes, la jeunesse vigoureuse du monde à l'aube de la civilisation » (Cassagne 1906 : 391). En s'éloignant du monde moderne, monotone et froid, le culte des Olympiens procure à cet esprit dédaigneux du présent, non seulement un exotisme dans le temps, mais aussi, les moyens de vaincre l'oppressante morale catholique par le biais justement, de l'inspiration grecque polythéiste. A propos des Grecs, l'auteur écrit, « ils s'étaient approchés du type suprême dont ils étaient voisins encore ». Raison pour laquelle, « leur poésie, leur architecture, leur statuaire[52] sont restées les plus brillants témoignages du génie humain ». Quant à la peinture, ajoute-t-il, « il devait en être de même », mais, « malheureusement les siècles jaloux ont effacé jusqu'au plus léger vestige ». La conviction de leur supériorité était telle qu'il n'hésite même pas, à établir la comparaison suivante: « Sans nul doute Apelles égalait Phidias » (Gautier 1864 : II–III). Dans *Les Dieux et demi-dieux de la peinture*, l'auteur souligne comment aux « ténèbres profondes du moyen âge »[53], succéda la Renaissance, moment où « l'idée du beau » (Gautier 1864 : II) réapparut enfin. En effet, dans cette période de prédilection de l'auteur, c'est un Léonard de Vinci, un Michel-Ange, un Raphaël, un Titien, un Véronèse … en définitive, c'est toute l'Italie de la Renaissance qui fera les délices de l'auteur, pour exprimer, tantôt la nostalgie du classicisme gréco-romain, tantôt la volupté du retour aux sources ; tantôt la beauté de madones ou, tantôt celle des déesses, tel que d'Albert, le héros poète-peintre l'avoue :

> Tout enfant, je restais des heures entières debout devant les vieux tableaux des maîtres, et j'en fouillais avidement les noires profondeurs. Je regardais ces belles figures de saintes et des déesses dont les chairs d'une blancheur d'ivoire ou de cire se détachent si merveilleusement des fonds obscurs, carbonisés par la décomposition des couleurs; (…) je finissais par trouver que ces figures avaient une vague ressemblance avec la belle inconnue que j'adorais au fond de mon cœur; (…) et j'entrais contre moi en de grandes colères de n'être pas né au seizième siècle, où toutes ces belles avaient vécu. (Gautier [1835] 1966 : 314)

Avide de dépasser le réel, l'école italienne représente pour Gautier une source inépuisable de références artistico-mythiques jamais tarie. La beauté du comte Labinski mérite la comparaison « d'un de ces anges guerriers, saint Michel ou Raphaël, qui combattent le démon, revêtus d'armures d'or » (Gautier [1856a] 1990 : 400)[54]. Michel-Ange mettant « le beau dans le terrible », Raphaël ressuscitant dans ses madones « la Vénus de Cléomène », Corrège baignant l'idéal dans « le clair-obscur » (Gautier 1864. Cité par Spoelberch de Lovenjoul [1887] 1968 : II, 264) … ont su rétablir une nouvelle formule du beau. Quant à Léonard de Vinci, celui qui « créa une formule du beau si rare, si exquise, si parfaite qu'on ne l'a jamais dépassée » (Gautier 1864. Cité par Spoelberch de Lovenjoul [1887] 1968 : II, 264), fait naître chez Gautier cette idée du rapport à la nature qui l'obsédera toute sa vie: « ce qui caractérise en effet Léonard, c'est l'étude constante, attentive, approfondie, intime de la nature, non pas à la façon brutale des réalistes d'aujourd'hui, mais avec une délicatesse, une patience, une compréhension et un choix merveilleux » (Gautier [1882] 1904 : 203). Idée qui rapproche De Vinci —et Gautier !— d'Aristote, l'éloignant par là, d'une certaine façon, de la théorie du beau idéal, adoptée par la Renaissance, laquelle ne sera pas, toutefois, sans conséquences pour l'auteur du XIXe siècle , tel que nous le verrons plus bas.

Quant à l'école vénitienne[55] —Titien, Giorgione, Véronèse[56]—, agissant, aux dires de René Huyghe « comme tout art romantique, par la musique et ses procédés d'envoûtement, générateurs d'états d'âme » (Huyghe 1960 : 317), elle donne à l'auteur la possibilité de communiquer verbalement une impression visuelle, difficilement transmissible autrement. Le sensualisme coloriste de cette école évoqué, par exemple, dans l'analogie entre les cheveux de la comtesse Prascovie et ces « torsades d'or fluide dont la Vénus Aphrodite exprimait des perles » ne suffit pas à rendre visible le ton requis pour exprimer la beauté de ces cheveux. Pour avoir une légère idée, l'auteur suggère, « mêlez l'ambre du Titien et l'argent de Paul Véronèse avec le vernis d'or de Rembrandt », et même comme cela, « vous n'obtiendrez pas encore le ton merveilleux de cette opulente chevelure » (Gautier [1856a] 1990 : 449–450). Marc Eigeldinger l'a bien souligné, « les peintres favoris de Gautier sont Raphaël (19 occurrences) et Titien (17 occurrences), incarnant deux modèles, perçus comme antithétiques » et répondant au double versant idéaliste et réaliste observé chez l'écrivain dans la description du féminin. En effet, alors que « Raphaël figure la recherche de la beauté spirituelle, de la grâce et de la sérénité », étant « le peintre des Madones, des visages et des sourires angéliques » et « évoquant la musique de Mozart », Titien « peint des courtisanes, proposant le spectacle de la volupté par la chaleur magique de la couleur » (Eigeldinger 1982 : 299–300). Beauté idéale, donc, et beauté charnelle que les multiples intertextes picturaux rappellent sans cesse dans l'œuvre de Gautier.

Dans le même esprit que l'école de Venise, l'école nordique du XVIIe siècle ajoute aux arts plastiques une composante sensorielle évidente. Ainsi, pour Gautier, Rubens « empourpra » le beau idéal « de ses tons flamboyants », Rembrandt « de ses ombres fauves » le faisant « briller comme un microcosme, au fond de ses ténèbres magiques » (Gautier 1864 : II. Cité par Spoelberch de Lovenjoul [1887] 1968 : II, 265). Écrivain coloriste[57] ? Écrivain sensoriel ? Écrivain de la nature ? Certainement, mais pas seulement ! Rubens, peintre de la chair[58], l'est aussi de l'esprit, car c'est à travers la vie physique, « par son intermédiaire », aux dires de René Huyghe, « qu'il s'élève à l'expression de quelques-unes des émotions les plus sublimes qu'offre l'histoire de la peinture » (Huyghe 1960 : 363). Et René Huyghe de continuer, « les artistes du Nord, coupés parfois du monde catholique, tels les Hollandais à partir du XVIIe siècle, vont donc connaître le tête-à-tête avec la Nature »; ce qui, chez un Rembrandt, s'associe toutefois, à « l'expression personnelle » de l'âme (Huyghe 1960 : 192). En effet, le clair-obscur de Rembrandt, qu'il s'agisse de ses toiles ou ses gravures, permet à Gautier l'expression d'un « *microcosme*, illuminant les ténèbres du cabinet de Faust ».Cet «alchimiste de la couleur » et le « magicien de la lumière » (Eigeldinger 1982 : 301) que fut Rembrandt pour Gautier, non seulement lui permet l'incursion du dire gautiériste dans le fantastique, mais surtout, lui permet l'expression personnelle de l'âme, l'intuition immédiate de sa création, tel que je l'ai évoqué plus haut.

D'entre les peintres espagnols, c'est surtout Goya, notamment dans son œuvre gravée —certes, avec Dürer et Rembrandt !— qui crée l'effet recherché par Gautier, lorsqu'il est à la recherche de l'expression fantastique et de la déformation grotesque. Ainsi « nombre de vieilles » de « La Castille vieille » sont comparées aux « abominables mégères des caprices de Goya », lesquelles, ayant été prises « jusqu'à présent » par le narrateur « pour des cauchemars et des chimères monstrueuses, ne sont » à présent, « que des portraits d'une exactitude effrayante » (Gautier [1845] 1964 : 59). Les XVIIe et XVIIIe siècles français sont, quant à eux, également mentionnés dans son œuvre. Watteau, en tant que « coloriste », ayant « transformé le spectacle de la nature en décor de la fête » ; Boucher « comme le peintre des scènes mythologiques ou idylliques, définies par leur valeur ornementale » (Eigeldinger 1982 : 300) ; Fragonard —bien « moins mythologique que Boucher » mais, exprimant « le goût, la fantaisie et le caprice de son siècle » (Gautier [1882] 1904 : 183)— sont également, des peintres de référence chez Gautier, quoique, ajoute-t-il dans son *Histoire du romantisme*, « l'école française a eu pour principaux mérites la sagesse, la clarté, la sobriété, l'intention et la composition philosophique, le dessin spirituel et correct ». En définitive, elle semble satisfaire « plus la raison que les yeux » (Gautier [1874] 2011 : 421–422), et par conséquent, attire beaucoup moins l'écrivain scopique qu'est Gautier.

Un Gautier en définitive, observant la nature, coloriste, certes, quoique, aussi, idéaliste ; un Gautier charnel et spirituel ; un Gautier amant du classicisme (par le biais de l'art gréco-romain, la renaissance italienne ou quelques uns de ses contemporains), quoique romantique, voire décadent. La célèbre déclaration de Gautier dans le prospectus[59] de la revue *L'Artiste,* au moment où il accepte le poste de rédacteur en chef, est aux dires de Peter J. Edwards « une véritable profession de foi ». Certes, il y a exprimé « non seulement les principes de son esthétique, mais aussi, sa vision très large du monde de l'art » ; « vision », continue-t-il, —à juste titre, tel que nous venons de le voir—, « qui embrassait les expressions et les procédés les plus divers ». Et de continuer, cette passion pour l'art fut, à n'en plus douter, « un asile contre l'ennui » —soulignant par là, sa modernité !— « un refuge contre ce que Baudelaire appela "l'horrible fardeau du temps" » (Edwards 1982 : 260).

L'antiquité classique avait été remise en vogue par les fouilles de Pompéï, commencées en 1748. Et elle va cohabiter avec les idées romantiques venues d'Allemagne, dans les premières décennies du XIXe siècle. Certes ! Toutefois, à l'encontre de cette atmosphère pleine de classicisme de ses contemporains, Gautier le romantique, sera fasciné par Ingres[60], qui pouvant « sembler classique à l'observateur superficiel, ne l'est nullement » (Gautier [1874] 2011 : 273), aux dires de Gautier. Conscient également, de cette guerre contre l'Académisme et contre l'Antiquité déclarée par tous ses contemporains dans le monde de l'art —dans son *Histoire du Romantisme,* nous lisons, « on avait tellement abusé des Grecs et des Romains dans l'école décadente de David qu'ils étaient en complet discrédit à cette époque » (Gautier [1874] 2011 : 182)— Gautier clamera également, en faveur de l'antiquité. Et ce, non sans suivre, par ailleurs, les propos du romantique Delacroix[61], qui tout en s'en tenant « souvent à *l'Ut Pictura poesis*, première manière, qui compare les arts entre eux et les classe suivant une hiérarchie », devient vite « sensible à l'esprit de ce qu'il appelle "poésie" » et qui deviendra, aux dires d'Anne Larue, « un principe fédérateur unique de tous les arts » (Larue 1998 : sp). Sans doute, partageait-il avec le peintre l'idée que « la réalité ne sert qu'à donner une "sorte de consécration à la partie imaginée"; la nature qu'à fournir les mots d'un "dictionnaire" où forger, dans une langue inédite et personnelle, la traduction de "l'idée" qu'on porte en soi »[62].

Comme Delacroix, qui écrivait en 1857 dans son *Dictionnaire des Beaux-Arts,* l'« Imagination. Elle est la première qualité de l'artiste » (Cité par Huyghe 1976 : 288), Gautier était conscient de l'importance de l'imaginaire : peinture et mythologie ne pouvaient donc, que coopérer dans l'expression de l'imaginaire de chaque artiste. Or, comme René Huyghe l'affirme, ce sera justement, ce renouvellement de l'imaginaire, accompli en la première moitié du XIXe siècle qui ouvrira à « l'art une signification nouvelle ». « Esquissée par des précurseurs comme Goya, Füssli » et « tracée en pleine lucidité par Delacroix et Baudelaire », cette voie préfigure ainsi, le « symbolisme » (Huyghe 1976 : 288). Mais l'"imaginaire plastique" gautiériste, ne contenait-il pas aussi le germe de cette "nouvelle signification de l'art"? Qu'est-ce que cette pluralité d'écoles picturales dans l'œuvre gautiériste donnent à lire si ce n'est une certaine tendance de l'auteur au syncrétisme[63] entre "l'attitude platonicienne" et "l'attitude aristotélicienne"[64] ? L'art ne peut donc, se concevoir pour Gautier, ni sans un recours à la vérité sensorielle ni sans cette expérience intérieure, qui aboutira au symbolisme. René Jansinski corrobore cette affirmation, lorsqu'il écrit à propos de la description gautiériste: « loin de se restreindre aux aspects extérieurs et par conséquent à une "transposition d'art" superficielle, celle-ci non seulement épanouissait le rêve, mais traduisait les plus intimes aspirations de l'âme » et cela, « aussi bien dans l'œuvre en prose que dans la poésie ». Ainsi, même si au premier abord, « ce jeu de suggestions » peut, aux dires de Jansinski, « paraître un peu court depuis les révélations de Baudelaire, Mallarmé ou Rimbaud », il marquera, en revanche, « le glissement même du romantisme au symbolisme » (Jansinski 1948 : 149–150). Loin d'opposer l'une à l'autre, ces deux tendances de l'art européen apportent à Gautier l'outil nécessaire à l'expression de sa "philosophie personnelle". Et cela à travers, tel que je l'exprimerai ci-dessous, non seulement l'observation de la nature pour l'expression du beau[65] et sa personnelle "théorie de l'art pour l'art"—issue du Romantisme—, mais aussi, à travers la "théorie de la décadence"[66] que certains artistes du cercle de Gautier, et notamment le franc-maçon Paul Chenavard —sous l'influence de Creuzer[67], Edgar Quinet, les anciens Stoïciens, les Gnostiques ou Spinoza,— commençaient à s'approprier bien avant 1850.

Persuadé par conséquent, avec philosophes, poètes et artistes, —en tant que signe d'une époque, certes, où parallèlement à sa maîtrise de l'univers, l'homme commence à envisager son déclin— mais également, par simple conviction, que le christianisme est sur le point d'arriver à sa fin, Gautier ouvrira encore une fois, les horizons de son œuvre. Il l'enrichit à cet égard —et réciproquement !, sans doute— des apports, connaissances, théories et pratiques de ses contemporains car, à en croire Grunewald, « les idées de renouvellement cyclique, de palingénésie, de régénération mystique, ainsi que les religions orientales et la signification profonde des mythes dans les différentes mythologies » (Grunewald 1980 : 142) sont en train de circuler. L'œuvre critique de l'écrivain de Tarbes est sur ce point, éloquente : non seulement, Henri Heine jouera un rôle important dans cette "philosophie de la décadence" commune, mais aussi, Paul Chenavard.

> Avez-vous lu cette adorable fantaisie de Henri Heine, les *Dieux en exil*[68]? Le tableau de Chenavard[69] provient d'une inspiration analogue. Il représente la mort des dieux. Les religions antiques expirent à l'avènement dans le ciel de la Trinité chrétienne; la Mort, aidée de l'Ange de la justice et de l'esprit, frappe les dieux qui doivent périr.

> Au centre du tableau, le Fils, les bras en croix, s'évanouit sur le sein du Père, dont la tête se voile à demi d'un nuage mystérieux, et le Saint-Esprit accourt, les ailes frémissantes. A gauche, le groupe d'Adam et d'Eve, figurant la chute; à droite, la Vierge et l'Enfant Jésus, figurant la rédemption; par-dessus, le ciel séraphique où les âmes des bienheureux se retrouvent et s'embrassent.

Les olympiens ne se laissent pas déposséder sans résistance; ils luttent contre la mort et les archanges guerriers. Diane lance sa dernière flèche, Minerve brandit la tête coupée de Méduse, qui ne pétrifie plus rien; Hercule, monté sur Pégase, agite sa massue et tente une inutile escalade; Mercure tâche de s'esquiver emportant Pandore sur l'épaule, et Bacchus, aidé de l'Amour, entraîne cette Vénus, « adorablement épuisée, » qui s'évanouit entre leurs bras comme un rêve. La force de précipitation est inéluctable; ils tombent, ils tombent, ces pauvres dieux d'Homère, dans l'oubli du néant, et la vieille Maïa indienne pleure sur le cadavre exsangue de Jupiter Ammon.

Les mythologies du Nord ne sont pas mieux traitées. Odin, avec ses corneilles; Thor, avec son marteau; le loup Fenris, toujours furieux, sont entraînés par l'irrésistible débâcle, et vainement Hundall, fils d'Odin, sonnant du cor, appelle les Valkyries. Ils roulent parmi les débris de planètes, dépouillés désormais de leurs attributions divines.

Dans le haut de la composition, à gauche, les Parques, sous l'astre changeant, continuent à filer les destinées humaines, et sur la Chimère chevauche l'Androgyne, coiffé du bonnet phrygien et symbolisant dans son ambiguïté le rêve inconnu de l'avenir, le possible de la pensée future. (Gautier 1880 : 273–275)

Gautier commençait ce « Salon de 1869 » en voulant vanter toute « élégie sur la décadence de l'Art » (Gautier 1880 : 267). Or, tout ce qui relevait du déclin, de la mort des dieux, d'une débâcle, des débris, ou en définitive d'une subversion s'est enrichi, dans la toile que Gautier qualifie d' « événement du Salon », de syncrétisme et palingénésie ! Les liens étroits d'amitié existant entre le lyonnais Chenavard et Gautier[70], ont sans doute, été propices à véhiculer toute une série d'influences de l'écrivain au peintre, comme du peintre à l'écrivain. Par ailleurs, l'hypothèse d'une « collaboration inconnue »[71] de Gautier avec Nerval au sujet de la description du Panthéon, ne faisant que corroborer cette hypothèse, élargit de plus, le cercle d'amis à Nerval.

Sous le titre, « La Divine Tragédie », cette grande toile de 4 mètres de haut sur 5,50 mètres de longueur renferme, comme Marie Antoinette Grunewald le précise, « outre la pensée profonde de celui qu'on disait être "plus philosophique que peintre", quelques-uns des messages les plus prégnants du XIXe siècle. N'oublions pas —continue-t-elle— que la *Grande Encyclopédie du XIXe siècle* la qualifie de rien de moins que "chapitre de Schopenhauer en peinture" » (Grunewald 1985 : t. 2, 5). Le « pessimisme de l'incompris de 1819 » ayant marqué avec sa mort en 1859 —mise à part, « l'éclosion des *Fleurs du Mal* (1857) », tel que Durand le

souligne—, « le mythe noir du demi-siècle » (Durand 1989 : 164–165). Ce syncrétisme chenavardien, véritable exemple de « subversion éthique » où la « générosité
romantique et l'égalitarisme se raréfient », où « l'optimisme du progrès bat en
retraite » et où le « Dieu chrétien condamné à mort » est remplacé par l'Androgyne
(Durand 1989 : 170), trouve parmi ses influences —outre Swedenborg[72], Fabre
d'Olivet, Ballanche ou Nerval—, l'œuvre gautiériste, tel que Marie Antoinette
Grunewald l'a magistralement évoqué. A cet égard, concernant le ciel séraphique,
Mme Grunewald écrit : « le tableau de Chenavard a bien d'autres résonances littéraires; celle, par exemple, qui date au plus tard de 1866, le roman "initiatique"
de Théophile Gautier, paru justement en cette année-là, *Spirite*; il y est écrit: "elle
se tenait debout sur le seuil lumineux, dans un scintillement à faire pâlir tous
les soleils…ouvrant les bras à l'âme altérée d'idéal" » Peut-être, continue-t-elle,
« Chenavard a-t-il lu l'ouvrage de Théo quand il était encore en préparation, ce
qui situe avant le départ de Chenavard pour l'Italie » (Grunewald 1985 : 62). Soit.
Néanmoins, l'influence ne me semble point pouvoir se réduire à *Spirite*, tel que les
lignes qui suivent vont me permettre de l'expliciter.

Revenons, toutefois, sur le premier hypotexte d'Henri Heine, insistant sur la
décadence des dieux et le rôle assigné au christianisme, cité plus haut par Gautier.
D'inspiration similaire à la *Divine Tragédie* (1869)[73], *Les Dieux en exil* (1853)
évoque la lutte des dieux de l'Olympe pour escalader le trône, récemment conquis
par le dieu chrétien. Polythéisme contre monothéisme, les dieux païens semblent
détrônés par ce dieu juif que Gautier n'a pas cessé d'éluder dans son œuvre. Or,
à la lecture des *Dieux en exil,* on peut renchérir sur l'idée que le triomphe du
christianisme n'était qu'une façade à l'époque romantique. Même les auteurs qui
avaient écrit une louange du Christianisme[74] se sentaient obligés d'avouer, tel que
Heine le suggère, « je ne sais quelle sympathie profane pour ces restes du paganisme, pour ces beaux temples et ces belles statues qui bien avant la naissance
du Christ n'appartinrent plus à une religion morte, mais à l'art qui vit éternellement » (Heine 1853 : 14)[75]. Un discours, avouons-le, assez proche de la pensée de
Gautier. Car, qu'est-ce que l'auteur de Tarbes invoque dans son œuvre, si ce n'est
ces « statues de la beauté, statues brisées », ces « mânes des dieux morts, ombres
bien-aimées qui [peuplent] les cieux de la poésie » qu'Henri Kitzler regrette (Heine
1853 : 15)? Pourtant, ajoute Heine, « il importait plutôt de défendre l'essence de
l'hellénisme, (…) et de s'opposer avec force à la propagation des idées et des sentiments sociaux importés de la Judée », parmi lesquels, le fait de reléguer « toutes les
joies humaines » de la vie terrestre dans « les espaces célestes » (Heine 1853 : 18).
Au sein de la religion chrétienne, ces statues des dieux de l'olympe ne deviennent
que le refuge de Satan, « de méchants démons qui, se tenant cachés durant le jour,

sortent, la nuit venue, de leurs demeures, et revêtent une forme gracieuse pour égarer les pauvres voyageurs et pour tendre des pièges aux téméraires! » (Heine 1853 : 19). Peut-on mieux décrire le complexe de Pygmalion, tel que Gautier l'a conçu dans son œuvre narrative ? La pensée de l'écrivain allemand, rejoint ainsi, en plus d'un point celle de l'auteur français. Car, en fin de compte, qu'est-ce que les anciennes déesses païennes font dans l'œuvre gautiériste —tel que Heine le suggère concernant les poètes allemands[76]— si ce n'est essayer de revivre, de sortir de leur tombeau pour s'incarner sous la peau de personnages en chair et en os? Heine nous raconte, non sans une certaine touche d'ironie, le processus d'acculturation qu'ont dû subir tous les dieux olympiens depuis le IIIe et IVe siècle, au moment de la « victoire définitive du christianisme » (Heine 1853 : 46) :

> C'est tout à fait de la même manière que les divinités du paganisme durent prendre la fuite et chercher leur salut sous des travestissements de toute espèce et dans les cachettes les plus obscures, lorsque le vrai Dieu parut avec la croix, et que les iconoclastes fanatiques, la bande noire des moines, brisèrent les temples et lancèrent l'anathème contre les dieux proscrits. Un grand nombre de ces émigrés olympiens, qui n'avaient plus ni asile ni ambroisie, durent avoir recours à un honnête métier terrestre pour gagner au moins de quoi vivre (Heine 1853 : 47–48).

Petit à petit, les dieux sortent à la surface: Vénus, Diane, Apollon, Mars, Bacchus, Mercure — « le noble fils de Maïa » (Heine 1853 : 74)—, Pluton, Neptune, Jupiter, ne sont que de simples survivants[77], qu'un écho lointain de l'ancienne gloire perdue, car de toutes façons, tel qu'il l'avait annoncé dès l'introduction, « nous nous en allons tous, hommes et dieux, croyances et traditions » (Heine 1853 : I). Ce récit expose, par ailleurs, les idées que, dès ses débuts littéraires, Gautier s'était fait sur le poète allemand. Dans un article inédit[78], l'auteur assure: « de nature panthéiste[79] », Henri Heine, « c'est l'homme des contraires ». Le « microcosme animé et brillant » contenu dans chacune de ses phrases, sa nature « sensible, idéal[e], plastique et surtout spirituel[le] », ainsi que sa facilité pour faire passer devant le lecteur « des êtres fantastiques d'une vérité si saisissante » ou « des tableaux si impossiblement réels » font de lui, l'auteur le « plus complet (…) de ses prédécesseurs ». Si à cela, on ajoute ses pages « étincelante[s] d'ironie », nous voyons que la description de Heine s'avère un modèle magistral de perfection esthétique[80] que Gautier sera tenté d'imiter, ou du moins, d'approcher, tout au long de sa carrière littéraire. Ainsi, lorsque Gautier écrivait: chez lui, les mots « ne désignent pas les objets, ils les évoquent », « l'idée et la forme s'identifient complètement », mais à cette « contemplation de la nature se mêlent des rêveries philosophiques et des souvenirs d'amours » (Spoelberch de Loven-joul [1887] 1968 : 135–138), à travers cet éloge du poète allemand, il affirmait ses propres conceptions esthétiques. « Nul écrivain », ajoutera Gautier encore, « n'eût à la fois tant de poésie et tant d'esprit » (Gautier [1856] 1875 : 113) ! En définitive, s'écrira-t-il lors de sa mort, « quel deuil de voir un de ces microcosmes plus vastes que l'univers et contenus par l'étroite voûte d'un crâne, brisé, perdu, anéanti ! » (Gautier [1856] 1875 : 118).

D'inspiration également, "microcosmique", le tableau de Paul Chenavard met en scène, en revanche, l'instant précédant cette défaite païenne. Les dieux en pleine lutte se battent pour reconquérir leurs trônes. Heine en littérature et Chenavard en peinture constituent ainsi, les deux consciences artistiques contemporaines mettant en œuvre ce que Gautier n'avait fait qu'esquisser.

> Si c'est une noble passion d'assembler à grands frais les chefs-d'œuvre du passé et de demander aux Ecoles anciennes les rares tableaux de maître échappés aux musées, aux palais, aux églises et aux grandes galeries, c'est un goût intelligent de distinguer, à mesure qu'ils se produisent, les ouvrages de peintres contemporains, d'y démêler les qualités que la postérité y reconnaîtra, d'apprécier des talents et des noms dont la gloire est en train de s'établir exaltée par les uns, critiquée par les autres; de former son jugement soi-même au lieu d'accepter des réputations toutes faites léguées de siècle en siècle, et d'encourager la génération d'artistes avec laquelle on vit. (« La Collection du Comte XXX », in Gautier [1868] 1904 : 291)

Mais, quel microcosme est mis en exergue dans cette toile philosophique chenavardienne? D'après Marie Antoinette Grunewald, on peut faire de ce tableau une triple lecture: politique, allégorique, enfin anagogique. Les deux dernières surtout, vont nous aider à mieux comprendre comment les échanges entre les deux amis ont pu opérer, voire même, contribueront-elles à considérer l'œuvre gautiériste et l'œuvre chenavardienne comme le reflet d'une époque, d'un imaginaire commun, —certes avant l'heure !—, d'un imaginaire en définitive, à la croisée de l'âme romantique et décadente.

Certes, nous avons vu que Paul Chenavard n'était pas le seul chantre de l'idée de la fin prochaine des dieux: « la France de Louis-Philippe », écrit Marie Antoinette Grunewald, « voyait apparaître presque quotidiennement des prophètes qui répandaient la "bonne parole", annonçant la venue des nouveaux dieux et de nouvelles religions » (Grunewald 1985 : 16). Incompréhension des contemporains, jugements divers, mépris des cléricaux … Ce n'était que le début d'un long et peu flatteur débat[81] sur l'œuvre et son auteur. Des critiques, en définitive, subies par tous ceux qui voulaient répandre l'idée de l'arrivée d'un nouveau dieu ou de nouvelles croyances.

Conçue en tant que totalité cosmogonique[82], la toile composée par ce "Michel-Ange du XIXe siècle" —c'est ainsi que Paul Chenavard voulait qu'on se le rappelle— est, en réalité, tel que le rappelle Jansinski, un condensé de « mythologie personnelle » (Jansinski 1948 : 107) du peintre lyonnais, mais aussi, l'illustration d'un désir syncrétique, facilement applicable à l'œuvre de Gautier. Quoique partis sur des prémisses différentes[83], un message en commun peut y être lu, en tant que projection de leur propre intuition personnelle, notamment, concernant la "théorie de la décadence" (Grunewald 1980 : 146). Cette « facilité avec laquelle Chenavard pratique les assimilations syncrétiques: Orphée est en même temps Osiris, Psyché incarne aussi bien la Grecque Eurydice que la Vierge Marie » (Grunewald 1985 : 108) est en tout point, comparable aux transpositions gautiéristes, analysées ci-dessus. Marie Antoinette Grunewald assure que « vers 1849, c'est pratique courante dans un certain milieu tout nourri d'antiquité: on en a un exemple célèbre avec Nerval qui dans "Isis" appelle la divinité égyptienne tour à tour Vénus Céleste, Cybèle, Minerve, pour finir par l'évocation de la Vierge Marie » (Grunewald 1985 : 108–109). Soit. Gautier n'y a point échappé. Son olympe artistico-littéraire semblait s'inscrire profondément dans les tendances régnantes. D'après, Daniel Béresniak, l'époque romantique voit naître une nouvelle curiosité pour l'histoire des religions : « contempler les dieux dans leurs tombes les uns après les autres, enveloppés de bandelettes et hors d'état de susciter des guerres de religion et des persécutions est plus gratifiant que de les proposer comme toujours vrais. Parallèlement à ce cimetière de divinités que se plaisent à contempler Renan », continue Daniel Béresniak, « Théophile Gautier (et plus tard Malraux), les prophètes professent un culte nouveau, non moins caractéristique du romantisme: l'Art. (…) Au début, l'art constitue l'ossature du panthéisme flou et lui donne une certaine consistance » (Béresniak 1987 : 116–117). Mais de quel panthéisme artistique serait-il question chez Gautier ? D'un panthéisme pancosmiste, d'une totalité cosmogonique, se résolvant en unité ? Sans doute, l'œuvre de l'"écrivain des mythes dans l'art" qu'est Gautier s'avère même, une "Divine Tragédie", avant la lettre. Commençons par la couleur de la toile pour appuyer cette hypothèse. Elle suggérera les lignes suivantes de la plume de son ami, l'écrivain coloriste qu'est Gautier:

> Le premier aspect surprend les yeux habitués aux couleurs réelles des tableaux, où l'artiste a cherché, comme c'est bien son droit, les tons de la nature. Mais, ici, la nature n'existe pas; nous sommes dans le vague domaine de l'abstraction

que n'éclaire pas le soleil des vivants, par-delà le temps, par-delà l'espace; l'atmosphère où se meuvent les figures est ce vide formidable qu'habitent les Mères du Second Faust. Des chairs colorées de sang y produiraient une grossière dissonance. Aussi le peintre a-t-il adopté, pour ses nus, une gamme d'un gris bleuâtre pareille à celle des émaux de Limoges, faisant trembler sur les lumières une faible vapeur rose, comme peut la produire le sang immatériel d'une personnification d'idée ou d'un fantôme mythologique. (Gautier [1880] 1978: 273)

« On ne peut pas interpréter plus magistralement le tableau… », ajoute Marie Antoinette Grunewald (Grunewald 1985 : 91). Le spectateur est au-delà des apparences, dans le monde de l'Idée pouvant suggérer un « fantôme mythologique » (Gautier [1880] 1978 : 273). Ces gris-bleutés, ces roses évanescents rappellent les lignes incertaines du rêve, de l'idéal, auxquelles l'auteur nous avait habitués dès *Mademoiselle de Maupin* , en décrivant le corps "hermaphrodite" et ambigu de Théodore : « toute l'habitude du corps a quelque chose de nuageux et d'indécis qu'il est impossible de rendre, et dont l'attrait est tout particulier » (Gautier [1835] 1966 : 203). Couleurs mi-claires, mi-obscures, couleurs en demi-teintes, couleurs du contraste … Nous ne sommes pas loin de la technique du dégradé, chère à Gautier. Technique qui lui a fait opposer à la beauté masculine, la « beauté spéciale de la femme », car seule la réunion harmonieuse de l'une et de l'autre peut équivaloir au contraste de tons purs, sur lequel repose la description de l'androgyne. Contraste atteint, nous rappelle d'Albert, par les lignes des jambes « si fines et si fortes », par les lignes incertaines des « reins douteux » de l'une des plus « suaves créations du génie païen » qu'est le fils « d'Hermès et d'Aphrodite ». Ce qui situe le lecteur en dehors de la réalité, dans le monde des apparences, de l'idée, du beau idéal, à mi chemin entre « Mercure prêt à s'envoler » et « Diane sortant du bain » (Gautier [1835] 1966 : 202).

Quant à l'androgyne du tableau de Chenavard, lisons comment Joseph C. Sloane décrit cette curieuse figure: « sûrement il n'a aucune place dans un triomphe de la Trinité. En outre, alors qu'il y a seulement un léger halo de lumière autour de la tête de Dieu le Père, une brillante couronne de rayons de lumière orne la tête de cet étrange hermaphrodite, qui vogue si paisiblement au-dessus de la scène de destruction située au-dessus de lui » (Sloane 1962 : 138). Cela confirme, d'un côté, ce mépris commun de la religion chrétienne[84], de l'autre, le rôle de la luminosité, chez cette beauté à demi-voilée par l'égide chrétienne. Sans doute, le clair-obscur se prête facilement à l'expressivité d'un sens second, d'un sens caché. C'est en ajoutant toujours, « à l'objet ou au motif représenté le sens second du symbole, la dimension du sur-réel », écrit Durand, que le « miroir de Pygmalion », reflétera « l'arrière-monde des désirs et des aspirations de l'âme »

(Durand 1989 : 47). Le sens second de la toile chenavardienne me semble avoir été bien précisé par Joseph C. Sloane, car sur la victoire chrétienne, la luminosité de la toile focalise la figure androgynique.

Chez Gautier, un procédé similaire a lieu. L'une des conséquences du clair-obscur, assure Durand, « c'est la restriction de la palette jusqu'au monochromatisme lui-même », qui culmine « dans la technique de la gravure ou de l'aquateinte » (Durand 1989 : 47–48). Quelle était la technique utilisée par l'écrivain-peintre pour exprimer cet "arrière-monde" de ses désirs, les "aspirations de son âme", autrement dit, son "intuition personnelle" pour mieux recréer son "microcosme de toutes pièces", si ce n'est le monochromatisme, à l'encre rouge? « Il n'est guère de peintre illustre », avait écrit Gautier dans son article « Un mot sur l'eau forte », « qui n'ait cédé, une fois dans sa vie, au désir d'arrêter au vol une idée, un caprice, un aspect fuyant, pour en faire une planche à l'eau-forte » (Gautier [1880] 1978 : 234). Par conséquent, c'est grâce à son dévoilement suggestif, que le dessin à l'encre rouge de Gautier me semble pouvoir illustrer l'œuvre de Gautier, tout en la situant dans la voie du symbolisme et de l'imaginaire décadent.

Arrêtons-nous, toutefois, sur le rôle de la trinité[85], et dans l'œuvre chenavardienne et dans l'œuvre écrite et peinte de Gautier. Qui est-ce cette figure, à demi-voilée, placée sous la trinité chrétienne? Pourquoi pleure-t-elle, perdue dans l'ombre? C'est la "vieille Mâyâ"[86], figure mythique clé dans la philosophie bouddhiste. Dans sa correspondance, Chenavard « se dit maintes fois, "Bouddhiste" » (Grunewald 1977 : 8). Il est connu également, combien cette religion attirait Gautier. D'ailleurs, grâce à la « Société Théophile Gautier », on peut connaître le nom du « vieux chinois », réfugié politique en France, que Gautier « hébergeait » —Tin-tun-ling[87], faisant cours de chinois à sa fille—. On peut y lire également que sa fille Judith se passionnait pour l'Extrême-Orient: elle « publia », souligne Grunewald, « *Le Livre de Jade* en 1867 » (Gautier, J. [1867] 1902), « et *Le Dragon impérial,* en 1869, l'année où Chenavard présente son tableau » (Grunewald 1985 : 77). Mais revenons à Mâyâ sur laquelle, l'auteur de *Paul Chenavard et la décoration du panthéon de Paris en 1848* précise, « elle pleure sur le corps de Jupiter-Amon (principe masculin), et sur celui d'Isis aux multiples mamelles (principe féminin) ». En suivant Creuzer[88], la spécialiste chenavardienne ne s'attarde point à établir la correspondance Mâyâ-Brahmâ pour lancer la suivante question: « comme le haut du tableau est occupé par le "principe de l'harmonie des contraires", sous la forme de l'"Universelle Androgyne", n'aurions-nous pas, dans le bas du tableau, avec la dissociation de ces deux principes, en présence de Brahm-Maya, l'évocation de la division des sexes (…)? ». Par ailleurs, l'existence d'un collier ne ferait que renforcer les liens Mâyâ-Brahmâ: « voici ce qu'en dit encore », souligne Grunewald, « l'érudit allemand: "(Brahma) tient dans ses mains le mystérieux collier auquel sont suspendus les mondes" ». Collier que Chenavard n'a pas oublié d'ajouter à « la "vieille Maya" de la DA.TA. » (Grunewald 1985 : 129–130). Par ailleurs, « "les apparitions de Brahma », précise Friedrich Creuzer, « sont, à proprement parler, des régénérations, des migrations d'un corps à un autre semblables à celles (les épreuves) que tout homme doit subir avant de retourner à son principe qui est Dieu". Brahma est donc, », conclue Marie Antoinette Grunewald, « lié étroitement au principe de la palingénésie » (Creuzer. Cité par Grunewald 1985 : 143).

Accepter le lien Mâyâ-Brahmâ suppose, en outre, une lecture dans la toile chenavardienne d'une trinité bouddhiste parallèle à la trinité chrétienne. Car, qu'est-ce que ce "chef du monde", ce "directeur du ciel" si ce n'est le premier élément de la triade hindoue Brahmâ, Shiva, Vishnu? L'harmonisation de contraires se réalise, ainsi, en bas du tableau avec Mâyâ-Brahmâ; au centre avec le trio chrétien; en haut, avec la divinité antique, l'androgyne. Gautier évoquait ainsi, cette trinité dans *Avatar* :

> Je découvris le sens des emblèmes que tiennent dans leurs mains multiples ces dieux hybrides et touffus comme la nature de l'Inde; je méditais sur le cercle de Brahma, le lotus de Wishnou, le cobra capello de Shiva, le dieu bleu. (…) Toutes ces figures monstrueuses me disaient dans leur langue de pierre: "Nous ne sommes que des formes, c'est l'esprit qui agite la masse." (Gautier [1856a] 1990 : 406)

Une trinité formelle, sous laquelle se cacherait une toute autre réalité. Sous ces divinités plurielles relevant de différentes mythologies (grècque, biblique, nordique et bouddhiste) Gautier semble nous inviter à y trouver une convergence : l'existence d'un esprit unique agissant dans le cosmos et reliant, —grâce, entre autres, à la découverte du magnétisme animal, tel que je l'ai évoqué plus haut—, toute la nature par une espèce de fluide. Un fluide permettant par ailleurs, une hypersensibilité chez le sujet aux phénomènes de voyance, d'hypnose, de régénération ou palingénésie. Or, Marie Antoinette Grunewald nous offre d'autres pistes corroborant la similitude de pensée des deux artistes: « que cette "vieille Maya" de la *Divine Tragédie* soit en liaison très étroite avec Brahma, avec l'Androgyne Universel, avec la "chaîne des êtres" et avec la Trimourti, tout cela nous est confirmé par le fait que Chenavard avait déjà associé tous ces thèmes[89] dans sa décoration du Panthéon » (Grunewald 1985 : 144). Or, c'est précisément, Gautier qui décrira le panthéon en ces termes: « dans l'angle le plus obscur, près de la porte d'entrée, le peintre a placé le chaos, où se forme déjà la bizarre figure de la *Trimourti* —rassemblant en elle tous les principaux symboles du panthéisme indien » et enfin, « l'union mystique, Brahm et Santi, d'où naquit l'Androgyne, Brahma-Maya, tenant d'une main la chaîne des êtres » (Gautier [1848a] 1856 : 41). Il est donc licite de penser que l'évolution de la trinité à l'unité androgynique était un thème commun et cher aux deux amis. En outre, l'épisode de Mâyâ n'est qu'un parmi les nombreux cas de figures mythiques représentées dans la *Divine Tragédie*. Exceptée celle de Mâyâ, trois mythologies y sont en concurrence, celle du "Saint-Esprit", celle d'Homère et celle du Nord[90]. Gautier les avait bien remarquées dès 1848 et évoquées dans son article sur ce « Panthéon de Chenavard [qui] reçoit tous les dieux » (Gautier [1848a] 1856 : 88).

En guise de conclusion, l'œuvre chenavardienne comme l'œuvre gautiériste sont l'œuvre d'une conscience panthéiste, syncrétiste et palingénésique commune, qu'une amitié solide entre Chenavard, Gautier, Heine, Nerval, entre autres, ne cessait d'enrichir. Jean Richer élargie avec justesse, le groupe d'amis à Baudelaire: « au fond », précise-t-il, « il y avait de grandes similitudes dans la façon dont Chenavard d'une part, Gautier et Nerval de l'autre abordaient les faits historiques et religieux. On comprend que le peintre ait esquissé les portraits de ses amis dans un coin de son vaste Panthéon! ». Le critique y ajoute dans son argumentation, le passage suivant, extrait de l'article de Gautier : « "au second plan, un petit groupe placé dans le demi-jour nous a paru contenir le portrait de l'auteur et ceux de quelques amis artistes, poètes et philosophes, qu'à cause de leur talent et de leur doctrine, il a jugé dignes d'être admis dans ce grand temple du panthéisme" » (Gautier [1848a] 1856 : 57). Malheureusement ce groupe, où devaient figurer « Gautier, Nerval et Baudelaire », aux dires de Jean Richer, reste introuvable (Richer 1963 : 22). Par conséquent, le « véritable musée imaginaire », qu'est devenue, aux dires de la grande spécialiste chenavardienne, la *Divine Tragédie*, un musée où l'on y trouve « des grands mythes eschatologiques de l'Antiquité, tels qu'ils ont été vécus au XIXe siècle par un néoplatonicien attardé » (Grunewald 1985 : 128–129) me semble éclairer avec justesse, la galerie intérieure de Gautier. En donnant à voir non seulement le microcosme imaginaire hantant l'auteur *d'Émaux et Camées*, mais aussi l'esprit de toute une époque, il me semble pouvoir constituer une expression artistique assez illustrative de l'imaginaire romantique et décadent. En effet, en professant un culte nouveau depuis le Romantisme, la théorie de l'art pour l'art s'érige ici, en charpente assemblant à la perfection toutes les pièces d'une théorie de la décadence. De la beauté androgynique[91] dans l'art, en tant que « seule représentation possible de la perfection » (Grauby 1994 : 107) chez Gautier, à la subversion irriguée par ces idées de pessimisme et de déclin des anciennes religions autour du peintre-philosophe, il n'y a qu'un pas.

L'Unité dans l'art. Du « *nunc fluens* » au « *nunc stans* »

« "Au commencement était le Verbe. Toutes choses ont été *faites* par lui et rien de ce qui a été *fait* n'a été sans lui" ». D'après Durand, cette affirmation platonicienne du prologue de *l'Evangile de Jean* signifie « que tout commence par la "Manifestation" qu'elle soit numérologique comme le porte à penser le *Logos* grec, qu'elle soit praxique comme le traduit le réalisme latin, *Verbum*, ou qu'elle soit poétique comme le traduit le français "parole" » (Durand [1979] 1992 : 79). Soit. Mais, cet *"In principio erat Verbum"* —praxique ou surtout, poétique chez Gautier—a été, vite, contesté par l'auteur de Tarbes, tel que nous l'avons vu ci-dessus. Car le Verbe se fait très vite image chez Gautier : point de parole sans image, point d'"idée" sans "forme", point d'"âme" sans "corps" ! Le texte littéraire se nourrit sans cesse, de la matière artistique pour en extraire sa substance, son essence, tout en recréant, comme le précisait l'auteur dans son *Histoire du Romantisme*, ce « microcosme où puissent habiter et se produire les rêves, les sensations et les idées que nous inspire l'aspect du monde » (Gautier [1874] 2011 : 421). Le but de l'art, n'étant pas par conséquent, pour Gautier la reproduction exacte de la nature —même s'y inspirant !—, mais le beau en soi, ce sera sa doctrine de "l'art pour l'art" —définie dans « Du beau dans l'art », comme « un travail dégagé de toute préoccupation autre que celle du beau en lui-même » (Gautier [1847] 1856 : 151)— qui parviendra à mieux esquisser la réelle fonction du beau dans son œuvre. Et Gautier de continuer, « est-ce à dire pour cela que l'art doive se renfermer dans un indifférentisme de parti pris, dans un détachement glacial de toute chose vivace et contemporaine pour n'admirer, Narcisse idéal, que sa propre réflexion dans l'eau et devenir amoureux de lui-même ? » Sa réponse est catégorique ! « Non », continue-t-il, « un artiste avant tout est un homme ; il peut refléter dans son œuvre, soit qu'il les partage, soit qu'il les repousse, les amours, les haines, les passions, les croyances et les préjugés de son temps, à la condition que l'art sacré sera toujours pour lui le but et non le moyen » (Gautier [1847] 1856 : 152). Nous savons combien Gautier est un homme obsédé par le temps et par la même occasion, inscrit dans son temps, n'hésitant point à faire converger son amour exclusif du beau, son recours à l'art comme finalité, avec les philosophies et croyances sur le temps et de son temps.

Sa célèbre formule selon laquelle certains artistes, tout en recevant de l'extérieur l'impression du beau « procèdent du matériel à l'idéal », —c'est-à-dire, « prennent *a posteriori* dans leurs esprits un souffle pour faire vivre les types observés et choisis » à partir d'un « événement fortuit » (Gautier [1847] 1856 : 155)— serait-elle la procédure sur laquelle se penche Gautier ? N'inclinerait-il pas plutôt —dans sa facette d'écrivain, du moins !— à cette autre procédure, consistant à donner « une forme à l'idéal », et non pas « un idéal à la forme » ? Du transcendant donc, à l'immanent ? De son idée atemporelle de la toison d'or, tel qu'il l'a modelée dans son microcosme à lui —sans doute préfigurée par ses préférences artistiques, telles la Madeleine de *La Descente de Croix*— à sa transfiguration en chair, chez son modèle? Car, en réfléchissant sur la création artistique et sur le concept de matière engagé dans tout processus créatif, Gautier n'insistera jamais assez, « la forme ne peut se produire sans idée, et l'idée sans forme. L'âme a besoin du corps, le corps a besoin de l'âme » (Gautier [1847] 1856 : 151–155). L'idée se construit certes, sur la forme artistique, si possible; mais toute forme se parfait, à partir de l'idée. Juste dosage à nouveau, par conséquent, exigé par le Gautier sensualiste et, non pour cela, moins idéaliste que l'on connaît, entre esprit et matière, lorsqu'il est question d'œuvre d'art. Dans *Les dieux et demi-dieux de la peinture*, Gautier explicite, quelques années plus tard, la source commune, où doivent puiser forme et idée pour l'accès au beau.

> Pour s'élever à l'expression du beau, [la forme] ne possède que les lignes et les couleurs fournies par la nature, car l'invention d'une forme, même dans la chimère, ne saurait se concevoir. C'est donc la figure de l'homme, qui est l'univers arrivé à se comprendre, dont l'art se servira pour formuler son concept, en l'élevant, en l'épurant, en la dégageant de l'accidentel et du particulier. Les Grecs l'avaient divinisée avec leur religion anthropomorphique. (Gautier in Gautier, Houssaye et De Saint-Victor 1864 : I–II)

Car la sensualité païenne qui colle à l'esprit de Gautier l'empêche de se passer de toute forme, y comprise la perfection anthropomorphique de l'Antiquité que l'art chrétien a rendue vaporeuse et exempte de toute volupté. D'Albert le soulignait dès 1835, en s'empêchant de reconnaître « la suprématie de l'âme » ou en préférant toute « statue » à un « fantôme » (Gautier [1835] 1997 : 146). Encore mieux, il l'évoquait en ne comprenant que ce qu'il touchait « avec les mains ». « J'ai des songes de pierre », avait-il dit encore, « tout se condense et se durcit autour de moi », « la matière me presse, m'envahit et m'écrase » (Gautier [1835] 1997 : 155). Cette matière se voulant dans ces lignes, matériau avec lequel l'artiste façonne son œuvre, ne renvoie-t-elle au complexe de Pygmalion récurrent chez l'écrivain, évoqué plus haut ? Ainsi, nous le rappelle Gautier encore, dans « Du beau dans l'art » : « si le type de la beauté existe dans son esprit à l'état d'idéal, il prend à la nature des signes dont il a besoin pour les exprimer » (Gautier [1847] 1856 : 135).

Comment fait donc, notre artiste-peintre pour prendre à la nature des signes, tout en reconstituant le type de beauté préexistant dans son esprit ? A en croire Albert Beguin, Gautier, se serait-il nourri, à l'instar des autres romantiques, de cette « intuition essentielle », « commune à tous ceux qui obéissent au besoin de ramener la multiplicité des apparences à une Unité fondamentale » (Béguin 1939 : 67)? Puisque « l'unité, est en effet » tel que Gautier l'avait écrit dans « Du Beau dans l'art », « une des qualités essentielles du beau » (Gautier [1847] 1856 : 158), est-ce à dire que Gautier aurait-il bu à la source des substructions philosophiques et théoriques de son temps, songeant à une unité cosmique ? Une unité cosmique, laquelle sous l'influence des théories galvanistes avait tendance, tel que je l'ai évoqué plus haut, à considérer la vie comme un circuit cosmique et les sujets comme des points infimes. Des points infimes toutefois, s'incorporant au flux universel, et dont l'unité du macrocosme pouvait être reconstituée à échelle humaine, dans ce beau artistique qu'est l'androgyne. En prenant comme point de départ, la nature, et son accomplissement sans cesse du cycle cosmique, l'image plastique ne saurait que mieux contenir l'idée de rotation temporelle et mortifère. En renvoyant à la tradition occultiste, cette croyance, héritée entre autres, des romantiques allemands, définit l'homme au sein de l'univers en tant que « symbole, l'image du Tout ». Or, contrairement aux autres créatures, « il y occupe un rang privilégié. La grande analogie qui préside à l'organisation interne de la nature », continue Albert Béguin, « fait de l'homme, selon la tradition occultiste, le microcosme où se reflète et se résume le macrocosme » (Béguin 1939 : 71). En accordant un rôle privilégié dans l'art au corps humain, selon les préceptes antiques et de la Renaissance, que fait Gautier, si ce n'est l'élever à la catégorie de microcosme où projeter toutes les conceptions esthétiques, artistiques et philosophiques de son temps, étudiées plus haut ? Son esprit artistique, plutôt d'inspiration classique, et non pour cela, réfractaire aux courants de pensée qui l'avaient précédé, ni aux talentueux précurseurs de son époque, pouvait-il tourner le dos, chez le « fils d'Orphée et de Pindare » que fut Gautier, à d'autres considérations esthétiques de son temps ? La réponse nous est donnée par Théodore de Banville dans son long poème, à l'occasion de la mort de Gautier : « qu'elle est belle, en ce siècle avare /ton œuvre aux cents aspects divers ! » (Banville, *Odelettes*. Cité par Magnol-Malhache 2007 : 75).

Avec cet éclectisme inhérent et cette ouverture d'esprit innée, sa conception de la forme artistique que pouvait-elle être si ce n'est le résultat d'une épuration constante? L'œuvre d'art, une élévation du microcosme personnel de l'artiste à sa considération d'œuvre divine? Dans son admiration du talent humain, Gautier frôle parfois, même l'hérésie: « on est fier d'être homme en face de tant de merveilles! Qu'un pauvre être fragile et transitoire, avec quelques couleurs boueuses, réalise ainsi des rêves et fasse *sa création dans la création de Dieu*, n'est-ce pas une chose admirable et surprenante? » (« Etudes sur les musées: le musée Ancien », in Gautier [1880] 1978 : 6. C'est moi qui souligne). Donne-moi de la boue et j'en ferai de l'art !!! dit ici Gautier en paraphrasant le célèbre projet d'épilogue de Baudelaire. L'artiste recrée, remodèle la boue et tel l'alchimiste « extrait la quintessence », transmue toute sorte de matériau naturel en métal noble, fait « de l'or » avec « ta boue » (Baudelaire 1972 : 235). La création poétique et artistique s'avérant dès lors proches d'un panthéisme où Dieu et l'univers seraient de plus en plus rapprochés.

Néanmoins, cette dépendance de l'art vis-à-vis de la nature, ne fera pas de l'art gautiériste un simple reflet du réel. Car le monde idéal de l'art non seulement raffine et polit le réel, mais aussi, assure une durée inconcevable dans la nature. A cet égard, l'art, par sa capacité consolatrice et sa durabilité, acquiert chez l'auteur presque le statut de religion. L'art devient l'expression sacrée par excellence, un « temple du génie humain » (Gautier [1880] 1978 : 6), comme le soulignait l'auteur, et cela doublement, par sa capacité à exprimer et la perfection et la pérennité du beau.

> Le beau dans son essence absolue, c'est Dieu. Il est aussi impossible de le chercher hors de la sphère divine, qu'il est impossible de trouver hors de cette sphère le vrai et le bon absolu. Le beau n'appartient donc pas à l'ordre sensible, mais à l'ordre spirituel. Il est invariable, car il est absolu, et cela seul peut varier qui est relatif. Descendu de ses hautes régions dans le monde sensible, le beau, non pas en lui-même, mais dans ses manifestations, est soumis aux influences extérieures. Les mœurs, les habitudes, les modes, la corruption, la barbarie, peuvent en troubler la notion. Le temple croule quelquefois ; mais, en déblayant les ruines, on trouvera toujours sous les décombres le dieu de marbre immobile et serein. (Gautier [1847] 1856 : 160–161)

En effet, ces lignes gardent un écho des interminables discussions qu'a toujours suscitées la conception du "Beau idéal". D'après Annie Becq, la période s'étendant de 1795 à 1814 est caractérisée par « une grande effervescence théorique ». Ainsi, autour du Beau idéal se perpétuent « les problématiques de l'époque précédente », mais « dans le contexte moderne des vitalismes et de la Naturphilosophie allemande », « le règne de la représentation s'efface devant l'affirmation des valeurs du vouloir-vivre et de la spontanéité créatrice ». C'est ainsi, continue l'auteur, que se consolide « une notion de raison poétique propre à favoriser l'apparition de l'esthétique, dont le terme même commence à peine, à cette date, à se voir reconnaître droit de cité en France » (Becq 1994 : 789–790). C'est alors, au carrefour de ce contexte "pluriel" où l'art passe d'être « imitation » à être « création » que Gautier se situe. Le parti pris de Gautier est certes, dans un premier temps, celui de Johann Joachim Winckelmann[92], lorsqu'il écrivait, « la beauté suprême réside en Dieu. L'idée de la beauté humaine se perfectionne à raison de la conformité et de son harmonie avec l'Etre suprême, avec cet être que l'idée de l'unité et de l'invisibilité nous fait distinguer de la matière » (Winckelmann 1781 : t. II, livre IV, p. 38). Le beau est ici, quelque peu assimilé au bien —ce qui n'intéressera pas forcément Gautier !—, car ces idées bouillonnaient dans les premières décennies du XIXe siècle, sous l'influence notamment, de Victor Cousin[93]. Mais la doctrine du beau ne se résume pas, chez Gautier, exclusivement à ces échos néoclassiques de l'œuvre de Winckelmann — imitation de la nature pour la création du beau idéal[94], unité[95] de la création, unité de l'art dans la figure de l'Hermaphrodite[96]… —, *L'Art poétique* d'Horace a également été une source d'inspiration pour Gautier.

En effet, nous savons combien Gautier doit à sa doctrine de l'*ut pictura poesis*[97]. Cette doctrine implique l'acceptation des transpositions d'art dans la création: à la question, « est-ce à la nature, à l'art que la poésie doit son mérite ? », Horace répondait, « je ne vois pas ce que pourrait l'effort sans une veine fertile, ni le génie sans culture ; l'un a besoin de l'autre, tous deux s'entendent et collaborent » (Horace 1967 : 269–270). A propos de cette tendance à l'effacement de toute frontière dans l'art, Jolanta Bialostocka souligne combien « il n'était pas rare, au XVIIIe siècle, de juger de la qualité d'un poète d'après le nombre de tableaux que l'on pouvait tirer de son œuvre », ou au contraire, « la valeur d'un bon tableau dépendait du sujet, et les seuls sujets possibles étaient ceux de la Bible, de la littérature antique, ou de l'histoire et de la fable de la Renaissance » (Bialostocka 1964 : 15). Ce qui continuait à susciter, en plein XIXe siècle, des réflexions comme celle de Delacroix, dans « Des Variations du Beau »: « c'est une manie toute française », précisait-il, « qui tient sans doute à notre penchant pour tout ce qui relève de la parole. Le peintre chez nous veut plaire à l'écrivain; l'homme qui tient le pinceau est tributaire de celui qui tient la plume, il veut se faire comprendre du penseur et du philosophe » (Delacroix 1857 : 918). A cet égard, Albert Cassagne précise, comment, bien qu'auparavant les œuvres littéraires débordent, voire dominent les arts plastiques, « à partir de ce moment, la plastique commença à prendre sa revanche et ce fut au tour de la littérature d'être envahie et dominée » (Cassagne 1906 : 351). Gautier lui-même, en était conscient, lorsqu'il écrivait dans son *Histoire du Romantisme*, combien «cette immixtion de l'art dans la poésie a été et demeure un des signes caractéristiques de la nouvelle École ». « Une foule d'objets, d'images, de comparaisons, qu'on croyait irréductibles au verbe », continue Gautier, « sont entrés dans le langage et y sont restés. La sphère de la littérature s'est élargie et renferme maintenant la sphère de l'art dans son orbe immense » (Gautier [1874] 2011 :72). Autrement dit, la fameuse formule de Gotthold Ephraim Lessing —d'après laquelle, il était impossible d'opérer un transfert des principes de l'art des paroles, ou « des sons articulés qui se succèdent dans le temps » à l'art

« des formes et des couleurs enfermées dans l'espace » (Lessing 1880 : 126)—
n'avait de place ni dans l'esprit de l'époque, ni dans l'esprit de Gautier, à qui,
depuis ses débuts « les arts » semblaient solliciter « par les formes séduisantes qu'ils
[lui] offraient pour réaliser [son] rêve de beauté » (Gautier [1874] 2011 : 72). En
revanche, la conception horatienne de la création artistique, que Lessing essayait
d'abolir à tout prix, a pu ouvrir la voie à la théorie de la "correspondance des arts"
baudelairienne, précédée par celle des «affinités secrètes» gautiéristes.

En définitive, après être devenue la base théorique de l'académisme français,
la doctrine *ut pictura poesis* a rencontré un sérieux divulgateur chez Gautier[98].
Avec lui, assure Albert Cassagne, « le procédé pittoresque se perfectionne et se
développe au point que le vieil adage archi-faux *ut pictura poesis,* qui n'a jamais
été juste, le devient presque »[99] (Cassagne 1906 : 368). Mais la survivance de cette
doctrine chez Gautier s'éloigne de l'usage qu'en avaient fait, depuis la Renaissance
et surtout à l'époque Baroque, tous les théoriciens de l'art[100]. En effet, aux côtés de
l'"imitation", l'auteur sait garder toujours une place à la "création", tel que Gautier l'indique en écrivant, « le but de l'art (…) n'est pas la reproduction exacte de
la nature, mais la création » (Gautier [1874] 2011 : 421). Ce texte sur « Eugène
Delacroix » à propos d'un « microcosme où puissent habiter et se produire les
rêves, les sensations et les idées que nous inspire l'aspect du monde » (Gautier
[1874] 2011 : 421) corrobore la conception horatienne du besoin dans l'art d'une
vision personnelle et originale du "génie", tel que nous pouvons le lire ici :

> Si un peintre voulait ajuster à une tête d'homme un cou de cheval et recouvrir
> ensuite des plumes multicolores le reste du corps, composé d'éléments hétéro-
> gènes, de sorte qu'un beau buste de femme se terminât en laide queue de pois-
> son, à ce spectacle, pourriez-vous, mes amis, ne pas éclater de rire ? Croyez-moi,
> chers Pisons, un tel tableau donnera tout à fait l'image d'un livre dans lequel
> seraient représentées, semblables à des rêves de malade, des figures sans réalité,
> où les pieds ne s'accorderaient pas avec la tête, où il n'y aurait pas d'unité.—
> Mais direz-vous, peintres et poètes ont toujours eu le droit de tout oser.— Je
> le sais, c'est un droit que nous réclamons pour nous et accordons aux autres.
> (Horace, *Art Poétique*, 1–11 in Horace 1967 : 259)

La beauté ne surgit pas ici du monstrueux, mais du fractionnement des formes
que nous offre la nature. Elle naît des sens[101], de la matière. En juxtaposant les éléments de ce tableau, souligne Horace, on arrive à la notion d'être organisé et donc,
de création. Le tableau, dont parle Horace, n'évoque-t-il pas le processus créatif
de tout artiste à l'œuvre, au même titre, que le dessin à l'encre rouge de Gautier
analysé ci-dessus ? Qu'est-ce que la création poétique, si ce n'est la recréation à l'infini d'un microcosme personnel, de cet ensemble d'"images inconsistantes" que

l'artiste-écrivain retravaille et cisèle dans ses lignes? Gautier illustre, en effet, assez bien cet artiste dont rêvait Horace: l'artiste conscient de l'importance des formes extérieures dans la beauté. « Il ne suffit pas que l'œuvre poétique soit belle », précisait Horace, « elle doit être émouvante et conduire où il lui plaît l'âme du spectateur » (Horace 1967 : 262).

A cet égard, concernant sa conception du beau, Gautier se situe à nouveau, dans un carrefour, à mi-chemin entre Winckelmann et Horace : tantôt se rattachant à la doctrine des "idées", tantôt à la doctrine des "sens". Gratuité de l'art qui aboutit, sans doute, sur la "théorie de l'art pour l'art" tel que Gautier l'a faite sienne. « Théophile Gautier était l'homme qu'il fallait », assure Albert Cassagne, car il n'a « versé ni dans l'art bourgeois, ni dans l'art social »: dès sa proclamation de « l'art pour l'art dans *Mademoiselle de Maupin* », il a su tenir « dans le mouvement littéraire une place considérable », lui permettant d'exercer « une influence toujours plus étendue » (Cassagne 1906 : 130–131). Néanmoins, tous les commentateurs de la beauté coïncidaient sur un point : tenter de définir la beauté était une chimère. C'est ainsi que le précisait Winckelmann :

> La beauté est un des plus grands mystères de la nature: nous en voyons, nous en éprouvons, les effets; mais de vouloir donner une idée nette de son essence, c'est une entreprise qui a été souvent tentée, et qui n'a pas encore été exécutée. (Winckelmann 1781 : t. II, livre IV, p. 27)

Gautier a essayé d'arriver aux "réalités éternelles", à la connaissance des "Idées" situées au-delà du sensible, et d'établir ensuite, des liens entre le monde de l'esprit et le monde de la matière. La beauté artistique, principal —mais non unique !— prétexte poétique, d'après la "théorie de l'art pour l'art", ne cache-t-elle pas une autre "essence", sous la plume de Gautier? La beauté, simple apparence, futile panacée des sens, que deviendrait-elle, si elle n'était pas figée dans l'art? Culte de la beauté en définitive, qui ne peut être conçu chez Gautier sans ce « sens », qui aux dires de Delacroix, « renferment les images pour l'esprit ». Si Gautier cherchait une autre « sensation mystérieuse et profonde », par delà « les impressions produites par les arts » (Delacroix. Cité par Huyghe 1960 : 186) sur les sens, n'annonce-t-il pas déjà, aux côtés d'un Baudelaire ou d'un Mallarmé, la modernité symboliste qui faisait écrire à son ami Charles combien, « dans une ténébreuse et profonde unité », « les parfums, les couleurs et les sons se répondent » (« Correspondances » in Baudelaire 1972 : 38)?

Soit. « La Nature est un temple », par où l'homme « passe à travers des forêts des symboles » (Baudelaire 1972 : 38) écrivait Baudelaire en 1857 … Et, « sous les écroulements des édifices et des institutions, entre les blocs de pierre écornés par les boulets et noircis par le feu », précisait Gautier dès 1871, —à propos d'études, croquis et compositions sur le siège de Paris trouvés dans l'atelier de son ami, Gustave Doré— « une plante toujours verte apparaît la première ouvrant sa fleur éclatante: c'est l'Art, immortel comme la Nature » (« Gustave Doré. Souvenirs de siège », in Gautier 1871 : 223). La Nature et L'Art, certes, car, même si Gautier « parie pour le jour, pour le marbre, pour l'éternité », tel que le précise bien Marcel Voisin, l'auteur de Tarbes « ne cesse d'être rongé par l'angoisse du néant » (Voisin 1981: 350). Le tableau, la sculpture, et toute autre forme artistique "détentrice du beau" invitent à lire une possible fixité minérale dans le mouvement qui guette inexorablement le monde. Face à l'impossibilité d'échapper à la mort, la création oppose l'instantané d'une image, la fixation et le figement d'une représentation, la pérennité d'une page. L'art, est-il alors la seule solution contre le pouvoir entropique du temps? Gautier écrivait dès 1841, dans *La Revue des Deux Mondes* combien « le style » s'avère, « cet émail indestructible qui fait durer éternellement la pensée qu'il recouvre » (Gautier 1841 : 125). L'œuvre entière est, ainsi, circonscrite dans le problème du temps, auquel l'auteur semble vouloir échapper par la rigidité et solidité de la matière que l'artiste modèle. Son poème *L'Art*[102] explicite les armes dont l'auteur se sert pour s'y opposer.

Oui, je veux qu'à l'artiste
Courbé sur son travail,
Résiste
Vers, marbre, onyx, émail.

(…)

Fi du rythme commode,
Comme un chausson trop grand,
Du mode
Que tout pied quitte et prend!

(…)

Oui, l'œuvre sort plus belle
D'une forme au travail
Rebelle,
Vers, marbre, onyx, émail.

Points de contraintes fausses!
Mais que pour marcher droit
Tu chausses
Muse, un cothurne étroit.

Fi du rythme commode,
Comme un soulier trop grand,
Du mode
Que tout pied quitte et prend!

Statuaire, repousse
L'argile que pétrit
Le pouce
Quand flotte ailleurs l'esprit;

	Lutte avec le carrare,
	Avec le paros dur
	Et rare,
	Gardiens du contour pur;
Emprunte à Syracuse	Emprunte à Syracuse
Son vieux bronze où, durci,	Son bronze où fermement
S'accuse	S'accuse
Le profil réussi.	Le trait fier et charmant;
D'une main délicate	D'une main délicate
Poursuis, dans un filon	Poursuis dans un filon
D'agate,	D'agate
La beauté d'Apollon.	Le profil d'Apollon.
Ou comme un alchimiste	Peintre, finis l'aquarelle,
Au feu des chalumeaux,	Et fixe la couleur
Persiste	Trop frêle
A fondre les émaux.	Au four de l'émailleur.
Dédaigne la détrempe,	
Et prends de l'émailleur	
La lampe,	
Pour fixer ta couleur.	
Peins les sirènes bleues,	Fais les sirènes bleues,
Tordant parmi les fleurs	Tordant de cent façons
Leurs queues	Leurs queues,
Qu'écaillent vingt couleurs.	Les monstres des blasons;
Et, debout sur le globe,	Dans son nimbe trilobe
La Vierge et son Jésus,	La Vierge et son Jésus.
En robe	Le globe
Avec de l'or dessus!	Avec la croix dessus.
A la matière dure	Tout passe.- L'art robuste
Conte ton rêve, afin	Seul a l'éternité.
Qu'il dure	Le buste
Tant que le monde ait fin.	Survit à la cité.

Et la médaille austère
Que trouve un laboureur
Sous terre
Révèle un empereur.

Les dieux eux-mêmes meurent.
Mais les vers souverains
Demeurent
Plus forts que les airains.

(…)

Oui, tu l'as dit, Banville,
Ce n'est pas en courant
La ville,
Qu'on fait rien de grand!

Sculpte, lime, cisèle;
Que ton rêve flottant
Se scelle
Dans le bloc résistant!

Le texte cité par Spoelberch de Lovenjoul (gauche) introduit un terme inexistant dans la version définitive (droite). Le remplacement —sans doute, inexact !— du "métier" d'alchimiste par celui du peintre en dit long toutefois, sur la pensée gautiériste, car dans l'esprit de Gautier, ces deux "arts" semblent se correspondre. Quelle analogie peut-on établir entre l'art du pinceau et l'art des minéraux? Eliade écrit combien « le fondement et la justification » de « l'*opus alchymicum* » c'est précisément, « l'idée de la transmutation de l'homme et du Cosmos par la Pierre philosophale ». Car elle peut, ainsi, supprimer, continue-t-il, « l'intervalle temporel qui séparait la condition actuelle d'un métal "imparfait" ("cru") de sa condition finale (lorsqu'il serait devenu de l'or). La Pierre », ajoute-t-il enfin, réalisant « la transmutation presque instantanément: elle se substituait au Temps » (Eliade 1956 : 80). La "philosophie" occultiste, dont j'ai parlé plus haut, avait trouvé un sérieux chantre chez Gautier, son combat constant contre le temps lui permettant de trouver dans la pierre artistique une correspondance avec la pierre philosophale: même endurance, même résistance, même fin. A cet irrévocable « tout passe », seul « l'art robuste » semble opposer sa résistance. L'éternité n'appartient, donc, qu'aux détenteurs de la création artistique: « sculpte, lime, cisèle » !, insiste Gautier, dans ce travail continu de la création, seule la pierre semble pouvoir perpétuer l'inconsistant.

Quelle serait alors, cette pierre philosophale recherchée par l'auteur, si ce n'est celle qui perpétue la "beauté mythique" éternellement? Quelle forme pourrait-elle revêtir, si ce n'est l'unité du commencement dans l'unité finale? Quel meilleur mythe ralliant ses conceptions esthétiques, artistiques, philosophiques, et existentielles si ce n'est celui de l'androgyne? Albert Béguin trouve la signification de ce mythe si « communément admis parmi les romantiques » dans la perte d'« un âge d'or, où l'homme disposa de pouvoirs magiques bien plus étendus ». Ensuite, ce fut « la désobéissance de la créature » qui donna « naissance au Temps, dont elle se trouve prisonnière avec toute la nature» (Béguin 1939 : 73). Gautier y trouvera des réponses à toutes ses hantises : non seulement du point de vue esthétique mais aussi, du point de vue philosophique ou existentiel, l'androgyne s'avérait une figure artistique lui permettant, d'esquiver l'idée d'une temporalité historique, tout en souscrivant la philosophie de l'occulte et la conception "palingénétique"[103]. Une idée de régénération pas inconnue de Gautier lui-même, lorsque dans une lettre à Charles Asselineau, il avait écrit: « je commencerai mon Salon par lui [Chenavard] et j'ai besoin d'avoir avec cet Olympien un discours symbolique et palingénésique[104] »[105].

Inscrit par conséquent, dans l'art, l'imaginaire gautiériste est beaucoup plus apte à se perpétuer. L'"art littéraire" gautiériste ne consisterait-il donc, justement, à faire de son œuvre, une "écriture de l'art"? Albert Béguin écrit que, pour les romantiques, « la création poétique » préfigure une « réconciliation » qui « sera la réintégration, la Fin harmonieuse des temps, l'avènement de l'Intemporel » (Béguin 1939 : 78). La poésie devient ainsi « la seule réponse possible, à l'angoisse élémentaire de la créature enfermée dans l'existence temporelle ». Chez Gautier, c'est l'art qui semble pouvoir résoudre la problématique de l'érosion temporelle. Cette ordonnance —continue Béguin— n'est autre « que celle même de l'unité essentielle; en la retrouvant par sa magie particulière, le poète rejoindrait par instant l'Absolu dont la soif le tourmente ». Néanmoins, peut-on souscrire à l'idée que cette poétique « ne fut guère formulée et consciemment mise en pratique avant Baudelaire et Rimbaud » (Béguin 1939 : 400) ? A l'évidence, la réponse ne peut être que négative.

En effet, Gautier a voulu à tout prix échapper au temps et au monde des apparences multiples, pour saisir enfin, l'absolu et l'unité. Gautier peut, par conséquent, être situé dans une "tradition du romantisme intérieur"[106], tel qu'Albert Béguin l'évoque, et cela, en partie grâce à son inlassable poursuite de l'Eternité. Garante de pérennité, la forme "artistique" reste éternellement dans l'espace, car la matière, tel que d'Albert l'avait suggéré, contribue à faire que « tout se condense et se durcit autour de [s]oi » (Gautier [1835] 1997 : 155). Et, alors que « pour tous les écrivains du XIXᵉ siècle, y compris pour Gautier, la folie de l'art est compensation à cette panne de l'histoire qui est objet de tant de sentiments ambigus », pour Gautier elle est aussi, tel que le suggère Anne Ubersfeld, « défense vitale »: car, ce « monde horrible » où « triomphe la mesquinerie bourgeoise », où « le vivant s'y sait déjà mort », ne peut compter que sur l'art comme « le seul lieu où la mort ne pénètre que neutralisée » (Ubersfeld 1989 : 58).

Plus haut, j'avais écrit que, se laissant « guider par *Hermès* », Gautier cherche une nouvelle solution face au temps. « Son "*devenir*" n'est autre que la maîtrise du temps par *maturation*. Son temps est un *temps transmué*, forgé, travaillé. Le "futur" du créateur est vécu dès le présent de son écriture. C'est dès ce "*nunc fluens*" que celui qualifié par Hugo, en 1848 de « statuaire du vers » cisèle son temps (Hugo « Les premières hirondelles », *L'Evénement*, 30–31 juillet, 1848. Cité par Spoel-berch de Lovenjoul [1887] 1968 : I, 397). C'est dans le monde des mythes que l'écrivain s'enfonce ; c'est dans l'art que le peintre[107] s'aventure ; c'est, enfin, dans la femme que l'alchimiste trouve sa *materia prima*, pour trouver l'essence de l'or dans son œuvre. Seul, à l'aide de ces trois éléments, l'écrivain peut transmuer son "*nunc fluens*" en "*nunc stans*"». Mon étude sur les possibilités de l'"art littéraire" gautiériste en matière d'immortalité ne fait qu'insister sur la grande obsession de l'auteur: par quel moyen conserver éternellement la beauté physique, si ce n'est par sa représentation artistique? Cette problématique avait été exposée dans *Le Roi Candaule* comme suit:

> Penser qu'une semblable beauté n'est pas immortelle, hélas! et que les ans alté-reront ces lignes divines, cet admirable hymne de formes, ce poème dont les strophes sont des contours, et que nul au monde n'a lu et ne doit lire que moi; être seul dépositaire d'un si splendide trésor! —Au moins, si je savais, à l'aide des lignes et des couleurs, imitant le jeu de l'ombre et de la lumière, fixer sur le bois un reflet de ce visage céleste; si le marbre n'était pas rebelle à mon ciseau, comme dans la veine la plus pure du Paros ou du pentélique, je taillerais un simulacre de ce corps charmant qui ferait tomber de leurs autels les vaines effigies des déesse! Et plus tard, lorsque sous le limon des déluges, sous la poussière des villes dissoutes, les hommes des âges futurs rencontreraient quelque morceau de cette ombre pétrifiée de Nyssia, ils se diraient: Voilà donc comme étaient faites les femmes de ce monde disparu! Et ils élèveraient un temple pour loger le divin fragment. Mais je ne rien qu'une admiration stupide et un amour insensé! Ado-rateur unique d'une divinité inconnue, je ne possède aucun moyen de répandre son culte sur la terre! (Gautier [1844] 1990 : 284–285)

A cette impuissance personnelle de l'artiste, l'écrivain oppose les références artis-tiques qu'il manie, au contraire, à sa guise. Si l'auteur-peintre n'arrive pas à expri-mer dans la toile toute la magnificence du beau, la page, en revanche, constitue le lieu propice pour faire de son œuvre toute une "littérature de l'art". Les multiples références artistiques ne sont en effet, que le pré-texte par excellence au texte lit-téraire, où si l'on préfère, le seul prétexte pour l'éternité. Je fermerai cette étude avec une très bonne appréciation de Marcel Voisin corroborant en tous points mon analyse:

L'œuvre de Gautier est globalement et d'abord une protestation contre le temps, de la production fantastique à la théorie de l'art pour l'art. (…) Il refuse l'irréversibilité de la durée en s'efforçant de ressusciter ou d'actualiser le passé; il refuse la perte de l'événement en retrouvant l'idée gœthéenne de permanence, —les "Mères" du Second Faust— il refuse la dégradation de la beauté par le culte d'une esthétique marmoréenne qui forge l'image de l'idéal dans la pureté incorruptible du style et l'installe sur le socle inamovible de l'éternité. Contre le flux héraclitéen qui l'entraîne inexorablement, il restaure l'Antiquité classique et s'y accroche obstinément; il affronte le flot romantique du changement et des modes armé de l'idéal du Beau; aux déliquescences de la nature et de la société, il oppose la pérennité de l'art; pour la fluidité de son âme, il burine le masque d'airain de la virilité impassible. (Voisin 1981 : 44–45)

Notes

1. Marcel Voisin écrit à ce propos, que la doctrine de l'art pour l'art, « loin de confondre les arts, en particulier la poésie avec la peinture comme l'on a dit parfois, naît aussi du désir de garantir à chaque domaine sa liberté propre et la spécificité de ses moyens » (Voisin 1981 : 304). Or, bien que dès 1836 l'auteur « critique les tendances littéraires de la critique picturale », en écrivant, « "une idée en peinture n'a pas le moindre rapport avec une idée en littérature" » (« De la composition en peinture », *La Presse*, 22 novembre, 1836. Cité par Voisin 1981 : 304), l'œuvre de Gautier est célèbre par ses transpositions d'art. Dès 1841, il insiste dans « La Divine épopée, de M. Alexandre Soumet », sur la spécificité de chaque domaine, en acceptant toutefois, une éventuelle complicité entre les moyens d'expression picturaux et narratifs : « l'on a dit que la peinture était sœur de la poésie, cela serait bien plus vrai de la sculpture; en effet, le poète et le statuaire cachent dans une forme réduite d'énormes travaux d'idéalisation; ni l'un ni l'autre ne peuvent se passer de dessin, la couleur peut pallier les défauts du prosateur ou du peintre, mais en poésie et en sculpture, il faut le style et la perfection de chaque chose ». (Gautier 1841 : 126). Or ces mots préfigurent déjà, la technique gautiériste, selon laquelle, loin d'impliquer une confusion, un rapprochement et un enrichissement réciproque est possible —voire souhaité chez un esprit libre comme celui de Gautier— entre la sculpture, la poésie, la peinture et la prose. Les lignes qui suivent apporteront quelques exemples.
2. La date du premier texte en prose de Gautier (*La Cafetière*, 1831) coïncide avec la création de la revue *L'Artiste*, par Arsène Houssaye. Ce "journal de la littérature et des arts", comme l'indique le sous-titre, s'avère ainsi l'instrument divulgateur par excellence de cette révolution "artistico-littéraire" des années 30.
3. Ross Chambers écrit par exemple: Gautier présente parfois « le poète recréant la femme perdue à partir d'un simple fragment ayant survécu à l'action du temps, pied de momie ou bloc de lave pompéien; et cette thématique, jointe à celle du désir

rétrospectif, constituera chez lui la variante assez particulière du "complexe de Pygmalion" » (Chambers 1972 : 642). Voir aussi : (Ubersfeld 1989 : 51–59).

4. L'auteur renvoie à la manufacture de tapisserie fondée à Beauvais par Louis XIV en août 1664, à l'instigation de Colbert. Mais ce n'est qu'à partir de 1684, avec la direction de Philippe Béhagle, que commença une période féconde au point de vue artistique. Jean-Baptiste Oudry lui donnera une renommée universelle. Peut-être, cette "tapisserie d'Omphale" fut créée autour de 1735, car c'est surtout à partir de cette date que l'on exécute des chinoiseries mythologiques et pastorales, signées François Boucher. Le sujet me pousserait à situer la tapisserie dont parle Gautier parmi ses *Amours des dieux* (1749) ou ses *Métamorphoses* (1767). Mais, *The Oxford Guide To Classical Mythology in the Arts* souligne l'existence d'un tableau de Boucher sur *Hercule et Omphale,* datée de 1734 qui aurait été copiée par Jean-Honoré Fragonard entre 1748 et 1752: apparemment elle se trouve à Moscou, musée Pushkin, et la copie a été perdue. Or, était-elle la source gautiériste? Dans son œuvre, François Boucher cherche à saisir la beauté épanouie ou le charme piquant —dont la tapisserie qui nous occupe est une bonne illustration: est-ce justement cette sensualité raffinée à effet piquant des scènes mythologiques qui a attiré l'auteur du XIXᵉ siècle? J'ai en partie répondu à cette question au chapitre six.

5. Le mythe sous-entend déjà un certain renversement de rôles masculin-féminin chez Hercule et Omphale, et une certaine " omphalisation" chez les héros gautiéristes évoquée amplement plus haut. Dans *The Oxford Guide to Classical Mythology in the Arts* nous pouvons lire que Gautier aurait peint lui-même un *Hercule aux pieds d'Omphale* en 1834. Ce tableau, auquel je n'ai pas pu avoir accès, illustrait-il le récit? Quoi qu'il en soit, le sujet est tellement récurrent chez Gautier, que limiter la fonction de l'auteur à une simple imitation de la toile de Boucher serait sans doute, fausser sa lecture.

6. Mythe qu'il évoque par ailleurs, comme suit: Tiburce « songea (…) à Pygmalion, qui sut trouver le moyen d'attendrir et d'échauffer un marbre » (Gautier [1839] 1990 : 208).

7. La découverte en 1820 de la *Vénus de Milo*, datant de la fin du IIᵉ siècle av. J.-C, a sans doute, marqué le Romantisme.

8. D'ailleurs, et outre le fait que l'auteur compare le pied à un bronze de Corinthe, l'art d'embaumer égyptien, n'est-il pas également considéré comme tout un art, dont le but est d'éterniser le corps humain? Le Pharaon, ainsi le confirme : « ma fille Hermonthis durera plus qu'une statue de bronze » (Gautier [1840] 1990 : 261).

9. Ce sculpteur grec, du IVᵉ siècle av. J.-C., est né à Sicyone. En allongeant le canon de Polyclète, il a été à l'origine de la conception hellénistique du corps viril. Mais, ici, c'est surtout la matière utilisée que l'auteur met en évidence.

10. Or, dès le début du texte, le narrateur nous prévient : « tous les siècles et tous les pays semblaient s'y être donné rendez-vous ». Une pluralité d'époques, une pluralité de pays, de styles, d'objets tels qu' « une lampe étrusque de terre rouge », « une duchesse du temps de Louis XV », « une armure damasquinée de Milan », « des magots de la

Chine », « d'immenses plats de Japon », « des émaux de Bernard Palissy », « des portraits de toutes les époques »… faisant de la boutique —et de l'œuvre gautiériste !— une espèce de « Capharnaüm » (Gautier [1840] 1990 : 247–248).

11. « Avec la collection Salt, l'art égyptien entre enfin au Louvre en 1827 et l'égyptologie au Collège de France en 1831 (…) Tout contribue, dans les trente premières années du siècle, grâce au pouvoir amplificateur de la presse, à faire de l'égyptologie une science à la mode » (Gardair 1986 : 18).

12. Il y est allé à l'occasion de l'inauguration du canal de Suez, en octobre 1869, envoyé par le *Journal officiel*. Mais, dès 1834, « la nostalgie de l'Orient » réside en lui: le tableau de Marilhat, *La Place de l'Esbekieh*, exposé dans le salon de 1834 fera de Gautier un orientaliste presque inné: « je crus », écrira-t-il dans *L'Art Moderne*, « que je venais de connaître ma véritable patrie » (Gautier [1848] 1856 : 101).

13. Lisons ce que Jean-Marie Carré en avait écrit et, peut-être, suggéré à Claude Aziza: « l'origine de la nouvelle paraît devoir être cherchée dans *Le Voyage dans la Haute et Basse-Egypte* de Vivant Denon ». Ce dernier avait justement « découvert, au fond d'un des tombeaux de la Vallée des Rois, "un petit pied de momie, qui ne fait pas moins d'honneur à la nature que les autres morceaux en font à l'art; c'était sans doute le pied d'une jeune femme, d'une princesse (…); il me sembla en obtenir une faveur et faire un amoureux larcin dans la lignée des Pharaons" » (Vivant Denon 1829 : vol. 2, p. 37. Cité par Carré 1932 : vol. 2, 139). D'après Jean-Marie Carré « ce larcin » avait été « rapporté en France » par Dominique Vivant Denon et il « en avait donné un dessin fidèle dans son album ». C'est ainsi, continue-t-il, que « la plupart des détails notés par Denon sont passés dans la nouvelle de Gautier » (Carré 1932 : vol. 2, p. 139–140).

14. Jean-Marie Carré souligne également, « quant au nom même de l'héroïne, la princesse Hermonthis, il est encore une réminiscence d'*Une nuit de Cléopâtre* et, si l'auteur ne l'avait trouvé chez Champollion où il désigne le sanctuaire consacré à la triade Mandou-Ritho-Harphré, on aurait pu le suspecter d'avoir pris le Pirée … pour une femme. S'être servi d'une appellation géographique pour baptiser une fille de roi prouve, en tout cas, plus de nonchalante fantaisie que d'imagination créatrice » (Carré 1932 : vol. 2, 140–141). Mais en est-il toujours ainsi, dans ses "œuvres égyptiennes"? Nous verrons plus bas que ce manque d'imagination n'est qu'apparente: les œuvres gautiéristes tissent un réseau de "vérités" archéologiques, historiques et imaginaires.

15. D'après Jean-Marie Carré, Gautier n'aurait même pas inventé cette « pudique et charmante attitude que Passalacqua rapproche expressément de la "pose de la Vénus de Médicis", et que Feydeau avait, de son côté, signalée dans son ouvrage » (Carré 1932 : vol. 2, 156). Voir aussi, Feydeau 1856 : t. 1, 82.

16. Voir aussi, « l'Egypte inspiratrice de Th. Gautier », in Carré 1932 : 129–205.

17. Fiorelli, « principal responsable des fouilles menées à Pompéî », tout en opérant en archéologue « remplit de plâtre cette cavité», aux dires d'Alain Buisine, « pour redonner forme à ce qui a irrémédiablement disparu ». Même si « l'invention de

Fiorelli date de 1864, et il y a déjà plus d'une dizaine d'années qu'*Arria Marcella* a été publié », le travail de l'archéologue et celui de l'écrivain semblent aller « dans le même sens ». C'est ce qu'Alain Buisine appelle « présentification de la perte » (Buisine 1990 : 15–17).

18. Cléomène, Phidias, Sosimus de Pergame sont des références obligatoires dans un récit ancré dans la période gréco-romaine. « A simplement esquisser ce musée des femmes ne valant que d'être taillées, ciselées, polies », écrit Alain Buisine, « seul le ciseau du sculpteur Cléomène pourrait donner une idée exacte de l'extrême perfection des formes de Plangon » (Buisine 1990 : 11).

19. Mélancolie, en raison d'une quête rétrospective de beauté, annonçant l'ennui de la fin de siècle, qui non seulement peut être lue dans la fiction mais qui inspira, tout aussi bien, l'artiste. D'après Emile Bergerat, Gautier « avait conçu », en 1867, « l'idée d'une figure allégorique, grandeur nature, *La Mélancolie*. Il s'agissait d'arriver pour le Salon de l'année » (Bergerat 1879 : 256). L'étude de cette *Mélancolie* (1864–1870, à l'huile) est actuellement en possession de la famille Bergerat. Et Emile Bergerat d'ajouter : « Et certes !, je ne l'échangerais point contre un Rembrandt, mais il faut bien dire qu'elle justifie peu les regrets de son auteur pour son premier métier. Il n'avait pas sur sa palette de peintre la millième partie des tons qu'il a sur sa palette d'écrivain » (Bergerat 1879 : 257).

20. Candaule « préférait bâtir des palais pour lesquels ses conseils ne manquaient pas aux architectes, faire des collections de statues et de tableaux des anciens et des nouveaux peintres; il y avait des ouvrages de Téléphanes de Sicyone, de Cléanthes et d'Ardices de Corinthe, D'Hygiémon, de Dinias, de Charmade, d'Eumarus et de Cimon, les uns au simple trait, les autres coloriés ou monochromes ». Il était même censé avoir manié « de ses mains royales le ciseau d'un sculpteur et l'éponge du peintre encaustique ». (Gautier [1844] 1990 : 276). Quant à Gygès, le narrateur se limite à ajouter: comme confident et détenteur du secret de sa femme, Candaule « n'alla pas, comme vous le savez bien, choisir un philosophe rébarbatif (…) mais bien Gygès, —que sa renommée galante devait faire passer pour un connaisseur en matière de femmes » (Gautier [1844] 1990 : 286).

21. On sait par ailleurs, et Pierre François Puech le confirme, que c'est justement cette nouvelle qui a conduit James Pradier à la réalisation de sa célèbre sculpture *Nyssia* en 1848 (Puech s.d.: 2).

22. « Si au lieu de Nyssia (…) il eût épousé quelque Grecque d'Athènes ou de Corinthe, nul doute qu'il n'eût fait venir à sa cour les plus habiles d'entre les peintres et les sculpteurs, et ne leur eût donné la reine pour modèle, comme plus tard fit Alexandre le Grand pour Campaspe, sa favorite, qui posa nue devant Apelles » (Gautier [1844] 1990 : 285). Faisant ce parallélisme entre l'histoire d'Alexandre, Campaspe et Apelles et l'histoire de Candaule, Nyssia et Gygès, Gautier n'aurait-il pas songé à la Vénus Anadyomède de ce peintre grec du IVe siècle av. J.-C.? Malheureusement, le tableau a disparu (Voir Pline l'Ancien, *Histoire Naturelle,* xxxv, 91, in 1985 : 75) et on n'en

a connaissance qu'à travers la littérature antique: elle mentionne l'existence d'une courtisane, Pancaspé, qui aurait été la muse de ce nu féminin de Vénus (Voir Pline l'Ancien, *Histoire Naturelle,* xxxv, 86–88, in 1985 : 73). Cette célèbre histoire a été immortalisée par David en 1819: son tableau montre Apelle en train de dessiner la maîtresse du prince Alexandre. Elle sera offerte à l'artiste qui, à force de la regarder, en est tombé amoureux.

23. Il s'agit évidemment, de la célèbre *Naissance de Vénus* de Sandro Botticelli (1484–85). Tempera maigre, 172,5 × 278,5 cm. Galerie des Offices, Florence (Italie).

24. *Vénus Anadyomène* (dite aussi *Vénus marine*) de Théodore Chassériau (1838). Salon de 1839. Huile sur toile, 65,5 × 55 cm. Paris, Musée du Louvre. Gautier a posé pour l'élève d'Ingres (voir dessin n° 272, ayant appartenu, probablement à Carlotta Grisi, in *Catalogue exposition consacrée à Théophile Gautier* par la Bibliothèque Nationale en 1961, in Cottin 1961 : pl.II) et les deux amis se seraient rencontrés au cours de la préparation du bal costumé donné impasse du Doyenné en novembre 1835 —ainsi que presque quotidiennement à partir de cette date, dans le salon de Mme de Girardin—ce qui me permet de pencher pour cette Vénus, comme source d'inspiration de notre écrivain-peintre. Pour d'autres renseignements biographiques concernant leur amitié, consultez le dossier « Théodore Chassériau » sur le site officiel de l'auteur (http://www.theophilegautier.fr/dossier-chasseriau/, date de dernière consultation : 03/11/2017]).

25. « Vénus Anadyomène » (1848), Huile sur bois, 163 × 92 cm, Musée Condé, Chantilly. Reproduite dans : Wetzel 1996 : 64.

26. Car il y citait, entre autres, Cléomène (Gautier [1852] 1990 : 355), Phidias et sa *Femme couchée* sur le Fronton du Parthénon (Gautier [1852] 1990 : 358), etc.

27. Voir : (Gautier [1844] 1990 : 279).

28. Voir : (Gautier [1844] 1990 : 272).

29. Voir : (Gautier [1844] 1990 : 274 et 287). Fondée par les deux fameux statuaires Dipoene et Scyllis, il semblerait que « du temps de Ptolémée Philadelphe, roi d'Egypte, la ville de Sicyone possédait la plus célèbre école de peinture. Il est certain que dans la description de la superbe procession faite par ce prince, il n'est question que des tableaux de la main des maîtres Sicyoniens » (Winckelmann 1789 : vol. 3, 8–9). Et la procession d'entrée des jeunes époux dans la ville de Sardes, ne semble-t-elle pas vouloir s'égaler à cette autre procession de Sicyone?

30. Gautier ne cite point Myron, ni Polyclète, même si c'est d'eux que Phidias a appris l'équilibre, l'harmonie et le demi-mouvement.

31. Après avoir cité sa "Vénus anadyomène", Pline l'Ancien ajoute: « Apelle avait aussi commencé une autre Vénus à Cos, pensant même surpasser la première, pourtant fameuse. Il n'en acheva qu'une partie et fut arrêté par la mort jalouse: on ne trouva personne pour continuer l'œuvre en suivant l'esquisse » (Pline l'Ancien, *Histoire Naturelle,* xxxv, 92, in 1985 : 75).

32. Cette contradiction sera en partie résolue lorsqu'Auguste Clésinger, avec lequel Gautier entretenait d'excellentes relations, réalisa pour le Salon de 1847, un marbre intitulé « Femme piquée par un serpent », à partir d'un moulage sur nature —jusqu'à alors vivement contesté—. Le modèle n'étant autre que le corps d'une demi-mondaine, du nom d'Apollonie Sabatier (1822–1890), muse de Baudelaire et bien connue également de Gautier, tel que ses célèbres *Lettres à la Présidente*, au ton grivois voire obscène témoignent. Ce marbre, aujourd'hui au musée d'Orsay, a donné l'occasion à Gautier d'écrire dans *La Presse,* du 10 avril 1847, ces lignes : « jamais sculpture plus réelle n'a palpité aux regards surpris. Si ce n'était pas du marbre, on croirait qu'une belle et superbe créature a été saisie et figée à son insu dans un moule magique, à l'instant où quelque rêve charmant et terrible la faisait se tordre sur sa couche de plaisir et de douleur… » (Gautier, « Musée royale du Louvre. Exposition de 1847 », *La Presse* du 10 avril 1847. Cité par Girard 2015 : 80).

33. Praxitèle, *Vénus de Fréjus/Genetrix*, (430–440 av. J.C.). Copie romaine, Haut. 1,65 cm, Paris, Musée du Louvre. Reproduite dans : Richter 1960 : 115, ill. n. 162.

34. Polyclète, *Vénus à draperie mouillée* (fin Ve siècle av. J.C.), Marbre. (Reproduite dans Faure 1949 : 36, fig. n. 13). C'est un type assez proche de la *Vénus d'Este* à Vienne (marbre, haut. 1,14 m.), où la draperie mouillée laisse deviner la nudité de la déesse. (Voir, Picard 1939 : t. 2, vol. 2, p. 623).

35. Praxitèle, *Vénus de Milo* (vers 130 av. J.-C.), Marbre, Haut. 204 cm. Paris, Musée du Louvre. (Reproduite dans : Wetzel 1996 : 131). Le Louvre possède trop de copies des Vénus demi-drapées, il est difficile de déterminer avec précision quelle est la statue référée à chaque moment. Cependant, l'enthousiasme que cette dernière provoqua, dans les premières années du XIXe siècle, me pousse à penser qu'elle peut constituer une correspondance visuelle assez proche de Mlle de Maupin. Or, Gautier est imprégné à tel point de la statuaire grecque qu'il est capable d'établir des correspondances visuelles multiples, parfois difficiles à saisir, entre les attitudes de ses héroïnes et certaines poses statufiées.

36. Praxitèle, *Vénus de Cnide* (350–330 av. J.-C.), Copie romaine, Haut. 2,04 m., Rome, Musée du Vatican (Reproduite dans : Richter 1960 : 130, ill. n. 187). Cette Aphrodite, que Praxitèle créa vers 340 av. J.-C. pour la ville de Cnide, est le premier nu féminin de la grande sculpture grecque. De multiples copies romaines nous donnent une image, sans doute, fidèle de cette œuvre fort admirée dans l'Antiquité: la déesse s'est dévêtue pour le bain et dépose ses vêtements sur un vase à eau (hydrie). Voir : (Borbein 1995 : 274–275). D'après Winckelmann, certains artistes « ont procédé comme Praxitèle qui représenta la Vénus de Cnide d'après le modèle de sa concubine Cratina » (Winckelmann [1755] 1954 : 117). Gautier, au contraire, crée son héroïne d'après le modèle de la statue. Idée qui corrobore l'importance des références artistiques chez Gautier.

37. Gautier peut évoquer ici, *l'Antiope endormie ou le Sommeil d'Antiope* de Corrège (1522–1525, Paris, Louvre). Surprise dans son sommeil par d'Albert, « elle avait

deux bras au-dessus de la tête, la bouche souriante et entr'ouverte, une jambe étendue et l'autre un peu repliée, dans une pose pleine de grâce et d'abandon » (Gautier
[1835] 1966 : 116). Pose qu'il avait déjà repérée chez sa femme idéale: la « ligne de la
hanche qui serpente si voluptueusement est de l'Antiope endormie » (Gautier [1835]
1966 : 64) et qu'il va reprendre (*Revue du XIXᵉ siècle,* 1ᵉʳ juin 1866) dans son poème
"La nue", comme suit: « (…) Ses blancheurs de marbre et de neige/se fondent amou-
reusement/Comme, au clair-obscur du Corrège,/le corps d'Antiope dormant (…) »
(Gautier [1881–82] 1970 : vol. 3, 115–116).

38. Praxitèle, *Antinoüs ou Méléagre du Belvédère* (copie du Iᵉʳ-IIᵉ siècle ap. J.C.), marbre,
haut. 1,95m, Rome, Musée du Vatican (Reproduit dans : Haskell et Penny 1988 :
167). Est-ce que Gautier songe ici, au *Méléagre du Belvédère*, « le plus beau monument
de l'Art sous Hadrien »? Winckelmann écrit à ce propos: la physionomie de « la statue
nommée mal-à-propos l'*Antinous du Belvédère* (…) nous offre l'image des grâces de
l'aimable jeunesse et de la beauté du bel âge, accompagnée de l'innocence qu'anime
une douce sensibilité, sans mélange d'aucune passion capable d'altérer l'harmonie des
parties et la paix de l'âme, qui, au printemps de la vie se peint dans tous les traits »
(Winckelmann 1789 : 226–227).

39. La marbre de Paros, « si renommé chez les anciens par sa blancheur » provenait de l'île
dont il porte le nom. Voir : (Winckelmann 1789 : 26).

40. Il s'agit aux dires d'Emile Bergerat, d'une « pochade sur papier à chandelle, à l'encre
rouge » consistant en « une fantaisie burlesque sur la *Tentation de saint Antoine*, de
M. Gustave Flaubert. L'écrivain est occupé à composer, et autour de lui voltigent
des apparitions de tigres, de lions, d'ours, au milieu desquels s'étire une femme nue,
enceinturée d'un serpent, etc. Même collection » (Bergerat [1877] 2015 : 29).

41. D'après Henri Boucher, « Eugène Piot possédait l'épreuve unique de cette très
curieuse pièce ». Mais il existe aussi, « un dessin de Gautier, à l'encre rouge sur papier
ingres gris qui répète le même sujet », appartenant à la collection de M. Emile Bergerat, et datant de 1848 (Boucher 1913 : 7–8). Le titre que son propriétaire lui a donné,
« *La Tentation de saint Antoine* » *de M. Flaubert* —sans doute, en clin d'œil à cette
autre estampe à la veine fantastique et au même titre, de Jacques Callot, datant de
1635 et consultable en ligne sur: http://gallica.bnf.fr/ark:/12148/btv1b84964817/
f1.item)—, semble erroné à Boucher. Malgré mes multiples recherches concernant
les détenteurs des droits de ce dessin permettant sa reproduction ici, elles ont été
vaines. Le lecteur peut consulter ce dessin dans (Fauchereau 1991 : 50) ou (Sarment 1983 : dessin nº 56 du catalogue, signalé comme « Paris, collection particulière »). Concernant le dessin de Mme Piot, s'agirait-il de cette autre « Tentation de
Saint-Antoine ? », avec point d'interrogation dans le titre, non identifiée par Bergerat
et consultable sur le site officiel de l'auteur (voir : Dessin de t. Gautier, peut-être « la
tentation de Saint Antoine », s.d., encre, lavis, rehauts blancs [Bibl. André-Desguine
Z1271] Arch. Dép. Hauts-de-Seine, cl. G. Vannet, in: http://www.theophilegautier.

fr/wp-content/uploads/2010/05/Dessin-de-T.-GAUTIER-peut-%C3%AAtre-la-te
ntation-de-Saint-Antoine-s.d.-encre-lavis-rehauts-blancs-Bibl.-Andr%C3%A9-Des
guine-Z1271-Arch.-d%C3%A9p.-Hauts-de-Seine-cl.-G.-Vannet.jpg [date de dernière consultation : 22/11/17]) ?

42. « Durant la période romantique », écrit Monique Moulène, « en 1827 », plus concrètement, « une acquisition majeure marque le point de départ » du fonds du Cabinet
des Estampes. « Un exemplaire de la première édition de 1799 des 80 *Caprices*, rapporté d'Espagne en 1808 par Vivant-Denon, est acheté lors de la vente du cabinet
de feu le baron ». Quoique au début très peu connu, « très rapidement le succès
est avéré », continue Monique Moulène : « l'Espagne est à la mode dans le Paris
des années 1830, à la Galerie espagnole ouverte au Louvre par Louis-Philippe, à
la Bibliothèque Nationale donc, mais aussi dans les salons de Charles Nodier où
circule un autre album des Caprices, chez l'ancien ambassadeur en Espagne, Guille-
mardet, où Delacroix découvre Goya, chez l'éditeur Motte qui publie un album de
onze reproductions lithographiées des Caprices réalisées peut-être par Devéria, dans
un article du *Magasin pittoresque* consacré à Goya où Grandville copie les Caprices ».
En effet, conclue-t-elle, « Goya enflamme artistes et écrivains et Delacroix, le premier à l'avoir découvert, déclare : "tout Goya palpitait en moi". Baudelaire salue
les "monstres harmoniques" de Goya. Gautier, retrouvant l'âme espagnole, sauvage
et pittoresque de ces estampes, souligne le romantisme noir "démonographique" de
Goya. Hugo rejoint l'imaginaire du graveur et doit y retrouver "la féconde union
du type grotesque et du type sublime"» Quelle meilleure preuve qu'une caricature
reproduisant *le sommeil de la raison* et faisant figurer dans *Le Charivari* du 6 février
1834, Louis-Philippe en proie à des cauchemars, pour souligner combien Goya était
connu dès les premières décennies du siècle ? Quant à la deuxième génération et plus
concrètement à partir de 1862, continue Monique Moulène, « Goya est associé à
l'idée de modernité, en particulier par Baudelaire. En fait cette époque salue la dualité
de Goya, proche du réel, critique de son temps, et en même temps artiste de l'irrationnel, des images obscures, des cauchemars » (Moulène 2013).

43. Gautier, aurait-il donc, transposé dans son récit *Jettatura*, dans ce rêve tourmentant
Paul, les mêmes obsessions que l'auteur-peintre dessine dès 1834? Une étude comparative permet d'y trouver une ambiance fantastique similaire et une confusion
épouvantable d'êtres monstrueux assez proche. En effet, à y regarder de plus près,
on y devine des animaux félins, parmi lesquels, le tigre, —comme dans le récit— et
des crânes sans forme précise qui semblent obséder le poète —comme ces « crânes
blanchis » tourmentant Paul—. Faudrait-il lire en même temps, dans cette « tête charmante qui se penchait » vers Paul « à travers son évanouissement » (Gautier [1856]
1990 : 537), la « femme nue … étendue sur l'insaisissable » (Boucher 1913 : 7–8) que
le peintre dessine sur son dessin à l'encre rouge ?

44. Paul croit souffrir d'un de ces rêves « qui manquent à la fois de sens et de clarté, qui
sont incohérents, obscurs et absurdes » (Freud 1925 : III, 28–29).

45. Je rappellerai brièvement ici, que l'ouvrage célèbre de Flaubert (dont la première édition date de 1874), ayant pu influencer, ne serait-ce que le titre proposé par Bergerat et semblant erroné à Boucher, n'a paru en fragments dans *l'Artiste* qu'à partir de sa deuxième livraison, à savoir, à partir du 21 décembre 1856. Par conséquent, si influence il y a, elle se limiterait aux contacts amicaux entre les deux écrivains avant publication.

46. Motif récurrent par ailleurs, chez Gautier que celle du corps féminin abandonné aux voluptés et aux tourments, —motif largement repris jusqu'à la fin de siècle !— sur lequel Gautier reviendra dans sa facette critique (*La Presse* du 10 avril 1847), à propos de la *Femme piquée par un serpent* de Clésinguer, tel que je l'ai précisé plus haut, mais aussi, dans sa facette poétique, notamment dans « Le poème de la femme » (Gautier 1852: 9–14).

47. « Je souligne », ajoute-t-il, « cette phrase décisive qui vient en conclusion du petit traité d'Uexküll : elle condense et résume ma démarche et celle de Chomsky qui conjoint à la notion de profondeur (troisième dimension) celle de la permanence des structures profondes, des répétitions basales et de la génération infini des formes "superficielles". La notion de *milieu* est capitale » (Durand [1979] 1992 : 82).

48. Mise à part ce dessin à l'encre rouge que je viens d'analyser, l'œuvre peinte de Gautier est sans intérêt dans ma recherche —l'attribution incertaine du *Fumeur* (peinture sur ivoire) que l'on peut consulter sur sa page web (voir : http://www.theophilegautier.fr/galerie/ [date de dernière consultation : 03/11/2017)), où la femme surgit à nouveau dans une nuée de fumée, comme dans un rêve, ne me permettant pas de l'inclure dans mon corpus. Il existe également, toute une série d'autoportraits, que l'auteur composa de 1830 à 1835, dont voici quelques renseignements: **1830**: Petit portrait-buste peint à l'huile sur une planchette de cèdre. Haut. 0,095, larg. 0,075. Appartient à la famille Parran; **1831**: Petit portrait à la mine de plomb, signé Gautier. Novembre 1831. Haut. 0,060. Appartenait à la collection de Spoelberch de Lovenjoul, actuellement à l'Institut de France; **1832**: Petit croquis à la plume, Haut. 0,050. Collection Emile Bergerat; **1833**: Portrait gravé à l'eau forte; **1835**: Portrait peint à l'aquarelle, en costume moyen-âgeux, célèbre bal du n° 3 de l'Impasse du Doyenné, chez Gérard de Nerval, (non retrouvé) (Voir : Boucher 1913 : 1–9). Cette série d'autoportraits, ne corrobore-t-elle pas, justement, un besoin de s'affirmer, de se doubler sur la toile, une espèce de "complexe narcissique" que le peintre a transposé dans son œuvre? Il a créé également des œuvres plastiques dédiées à ses proches ou autres: **1818**: Estelle, composition au crayon, 49×41 cm -à M. Ivan Devriès-; **1825**: Pierre Gautier, miniature sur ivoire, 7 × 7cm -à M. Pierre Théophile Gautier-; **1825**: jeune femme brune en robe blanche, miniature sur ivoire, 7 × 6 cm -à M. Pierre Théophile Gautier-; **1827**: Mme Pierre Gautier, pastel et cadre d'origine en bois doré, 19 × 16,5 cm -à M. Pierre Théophile Gautier-; **1829**: jeunes femmes, deux tableaux en forme de médaillons ovales, dont l'un est signé Théophile Gautier, huile sur toile, 32 × 24 cm -à Mme Alice Théo-Bergerat-; **1834**: Magdeleine de Maupin, dessin à

la plume signé et daté oct. 1834; **s.d.**: tête de jeune fille, huile sur bois, 33,5×25,5 cm -à M. Pierre Théophile Gautier-; **s.d.**: odalisque, huile sur toile, 48×38 cm -à M. Pierre Théophile Gautier-; **s.d.**: burg romantique, dessin au crayon, 14 × 23 cm -à M. Pierre Théophile Gautier-; **s.d.**: costume de Gautier au bal costumé donné par Gérard de Nerval, aquarelle; **s.d.**: Ernesta Grisi, portrait à la mine de plomb, ovale, 14 × 11 cm -à Mme. Alice Théo-Bergerat-; **1866**: Carlotta Grisi, pastel signé Th. Gautier, ovale, 51,5 × 39,5 cm -à M. Serge Lifar-; **s.d.**: Carlotta Grisi, pastel, papier teinté bistre clair, ovale, 20,5 × 15,5 cm, cadre d'origine en bois doré, rectangulaire -à M. Pierre Théophile Gautier-. Voir aussi, « Théophile Gautier peintre » in Bergerat 1879 : 241–272. Pour tout autre objet appartenant à l'auteur, voir aussi Cottin 1961, et le site officiel : http://www.theophilegautier.fr/gautier-peintre-dessinateur/ [date de dernière consultation : 3/10/2017].

49. Voir notamment, les articles de Marc Eigeldinger, Marie Claude Schapira, Peter Whyte, etc dans le volume n° 4 du *Bulletin de la Société Théophile Gautier*, consacré à l'Art et l'Artiste, désormais, en ligne : http://www.theophilegautier.fr/wp-content/ uploads/2014/10/BSTGnum%C3%A9ro4tome2.pdf [date de dernière consultation : 8/11/2017].

50. « Gautier s'y entendait », continue-t-elle, « lui qui, dans *Histoire du romantisme*, recueil d'articles tardivement réunis dans un souci légèrement nostalgique, fête l'heureux temps où les arts fraternisaient, et trace de Delacroix un portrait significatif —en l'imaginant "composé de tous les métaux en fusion" » (Larue 1998 : sp). Sur la transmutation poétique voire alchimique, évoquée plus haut, j'y reviendrai également, ci-dessous.

51. Dans les *Portraits et souvenirs littéraires* de Gautier, nous pouvons lire que cette amitié débute par la présentation de Gautier à l'écrivain allemand dans les années 1830 (Gautier [1856] 1875: 108). L'admiration de Gautier envers Heine ne cessera jamais. « Je vis », écrit-il, « beaucoup Heine pendant cette période divine, c'était un dieu charmant —malin comme un diable— et très-bon quoi qu'on en ait pu dire. Qu'il me regardât comme son ami ou comme son croyant, cela ne m'importait guère, pourvu que je pusse jouir de son étincelante conversation » (Gautier [1856] 1875 : 112). Pour Gautier « Heine est le plus grand lyrique de l'Allemagne, et se place naturellement à côté de Goethe et Schiller » (Gautier [1856] 1875 : 121). Sa mort lui procura un profond deuil, car « penser que ce cerveau lumineux, pétri de rayons et d'idées, d'où les images sortaient en bourdonnant comme des abeilles d'or, il ne reste plus aujourd'hui qu'un peu de pulpe grisâtre, est une douleur qu'on n'accepte pas sans révolte » (Gautier [1856] 1875 : 117).

52. La sculpture grecque suscitait chez l'auteur des réflexions comme celle qui suit: « de tous les arts celui qui se prête le moins à l'expression de l'idée romantique, c'est assurément la sculpture. Elle semble avoir reçu de l'antiquité sa forme définitive. Développée sous une religion anthropomorphe où la beauté divinisée s'éternisait dans le marbre et montait sur les autels, elle a atteint une perfection qui ne saurait être dépassée. Jamais l'hymne du corps humain n'a été chanté en plus nobles strophes, la force superbe de

la forme a resplendit d'un éclat incomparable pendant cette période de civilisation grecque qui est comme la jeunesse et le printemps du génie humain. Que peut la statuaire sans les dieux et les héros de la mythologie qui lui fournissent avec des prétextes plausibles le nu et la draperie dont elle a besoin et que le romantisme proscrit ou du moins proscrivait en ce temps de première ferveur? Tout sculpteur est forcément classique. Il est toujours au fond du cœur de la religion des Olympiens, et ne peut lire sans un profond attendrissement *Les Dieux en exil* d'Henri Heine. Nous-même, à cause de nos études plastiques, nous ne pouvions pas nous empêcher de regretter Zeus à la chevelure ambrosienne relégué sur l'île des Sapins dans la mer du Nord, Aphrodite enfermée sous la montagne du Venusberg, Ampelos, sommelier d'un couvent de moines, et Hermès, commis de banque à Hambourg » (Gautier [1874] 2011 : 80).

53. L'indifférence de Gautier envers le Moyen Age n'est qu'apparente. Il a recours aux représentations gothiques —du moins, sous forme ironique—, lorsque, par exemple, dans *Onuphrius* il écrit : « des cheveux (…) aplatis et lustrés à la mode gothique, comme on en voit aux anges de Giotto et Cimabue (…) car je n'ai pas besoin de vous le dire, Onuphrius était Jeune-France et romantique forcené» (Gautier [1832] 1873 : 79). N'oublions pas non plus, son Elias Wildmanstadius ou « homme moyen âge » n'aimant que les tableaux du XVᵉ siècle, que « Mabuse, Jacquemain Gringoneur, Giotto, Pérugin et quelques peintres de ce genre. Raphaël », commençant déjà « à être trop nouveau pour lui » (Gautier [1833] 1873 : 206–206).

54. L'auteur, songe-t-il ici, au *Saint Michel* de Raphaël (1505, Huile sur bois, 31 × 27 cm, Paris, Louvre) ? A propos de ce tableau, il écrit: « regardez encore, dans le Salon carré, deux petits tableaux de Raphaël appartenant à sa première manière toute charmante et se ressentant encore de la naïveté de l'art avant la Renaissance. Le *Saint Michel combattant un dragon* qui s'enroule autour de sa jambe, au milieu de monstres chimériques, de ruines en flammes et de diables torturant des damnés, à l'air, ainsi que le *Saint Georges frappant de son cimeterre l'Endriague* qu'il a déjà percé de sa lance (…) » (Gautier [1882] 1904 : 34–35). Mais il a pu également s' inspirer de ce *Saint Michel terrassant le dragon* de Dürer (1497–1498, gravure de l'*Apocalypse,* Bois, 39,2 × 28,3 cm, monogramme en bas au centre), si ce n'est de l'ensemble de représentations, tellement l'iconographie de ces deux saints guerriers s'avère riche à partir du XIVᵉ siècle.

55. En continuant avec l'idée de la réapparition du beau à la Renaissance, l'auteur ajoute: Titien dora l'idéal « de sa couleur d'ambre », Paul Véronèse « l'habilla de ses riches brocarts ramagés » (Gautier 1864. Cité par Spoelberch de Lovenjoul [1887] 1968 : II, 264–265).

56. « Véronèse », écrit Marc Eigeldinger, « est dans l'école vénitienne, le peintre de la fête, de la musique, des mélodies de la lumière, alors que la peinture de Michel-Ange est en relation d'analogie avec Beethoven » (Eigeldinger 1982 : 300).

57. « Il est évident », précise Marie Claude Schapira, « que son appréhension du monde est naturellement scopique, qu'une [intrigue] ne peut se lever qu'à partir d'un décor soigneusement mis en place au début de chaque récit, que les motivations et les

conduites des personnages sont moins établis psychologiquement que pensées en situations et en couleurs » (Schapira 1982 : 270).

58. Pour Marc Eigeldinger, « la peinture de Rubens séduit » avant tout, « par le flamboiement de la couleur, destinée à célébrer l'exaltation de la vie et de la chair, la luxuriance et la sensualité, l'ondoiement lumineux des chevelures », tout en reprenant « un idéal de la féminité, alliant harmonieusement les qualités de la poésie et de la réalité » (Eigeldinger 1982 : 299).

59. Revue *L'Artiste* du 14 décembre 1856, 6/III, p. 3–5. C'est le premier numéro « à paraître sous sa direction personnelle ». Ce prospectus a été « réimprimé », aux dires de Peter J. Edwards, « comme l'introduction au volume 3 de la 6ème série » (Edwards 1982 : 260).

60. « Quant à Ingres », écrit Marc Eigeldinger, Gautier « voit en lui le continuateur de Raphaël et le portraitiste, préoccupé d'exprimer la beauté féminine à travers une sorte de solidité sculpturale » (Eigeldinger 1982 : 300).

61. Marie Claude Schapira souligne comment Gautier « saisit immédiatement l'originalité du plus grand coloriste de l'époque romantique, Delacroix » (Schapira 1982 : 274), lequel «a jeté sa verve, son génie, en couleur, sa hardiesse, sa férocité dans cette peinture trop sage, trop rangée, trop bourgeoise où la propreté est considérée comme une vertu» (Gautier [1874] 2011 : 422).

62. Delacroix, *Des Variations du Beau*, 1857. Cité par Huyghe 1960 : 208. Les pages qui suivent montreront combien ces mots correspondent parfaitement avec l'idée gautiériste de la création.

63. Ce syncrétisme, cher à l'esprit de 1848, regroupera par exemple, aux dires de Marie Antoionette Grunewald, « les symboles des principales religions du Moyen-Orient » (Grunewald 1980 : 144).

64. D'après René Huyghe, la culture européenne sous-entend une dualité inhérente: c'est « un dualisme », dit-il, « que l'on peut *grosso modo* désigner, si on remonte à son origine, comme celui de l'attitude platonicienne et de l'attitude aristotélicienne et que l'on peut plus simplement encore résumer en ces deux formules antagonistes: la vérité est dans l'esprit ou la vérité est dans les sens » (Huyghe 1960 : 186).

65. Après avoir comparé « le souvenir de [l']adorable figure » de la Monna Lisa, « à l'un des motifs de Mozart », et par conséquent avoir mis en pratique sa personnelle conception des transpositions d'art, l'auteur conclut : « tous ces dieux de la peinture s'emparent ainsi de notre âme et y jouent à tout jamais la divine musique, écho du monde radieux, surhumain, où nous voyons apparaître le Beau » (Gautier [1882] 1904 : 223). Quoique puisant dans le réel, le beau s'avère surtout pour Gautier, tel que je l'expliciterai plus bas, un idéal.

66. Marie Antoinette Grunewald souligne combien « Chenavard » est « partisan d'une "Théorie de la décadence" bien avant 1850, bien avant les Décadents de la fin du siècle », car il avait élaboré « dès le milieu du siècle », « un Calendrier de l'évolution de l'humanité qu'il intitulait froidement : "le Calendrier du Désespoir" » (Grunewald 1980 : 146). J'y reviendrai plus bas.

67. Grâce au *Catalogue des livres composant la bibliothèque de feu M. Théophile Gautier*, nous savons aujourd'hui que Gautier connaissait l'œuvre de Creuzer, car on y trouve un volume de sa «Religion de l'antiquité, considérées principalement dans leurs formes symboliques et mythologiques, ouvrage traduit de l'allemand, du docteur Frédéric Creuzer, complété et développé, par J. A. Guigniaut, Paris, Treuttel et Würtz, 1825 ; 4 tomes ou 11 part. en 11 vol. planches, dem.-rel. mar.n » (1873a : 55, n. 352).

68. Henri Heine fit la connaissance du cercle romantique pendant son séjour parisien (1831–1856): Geneviève Bianquis écrit, « sans doute il a mieux connu la bohème romantique que l'Olympe » (Bianquis 1948 : 29). Gérard de Nerval et Gautier pouvaient le compter parmi l'un des amis communs. L'article cité par Gautier est apparu pour la première fois dans *La Revue des Deux mondes,* daté du 1er avril 1853. Il y promettait une deuxième partie, jamais publiée. Les seuls articles publiés avant sa mort (17 février 1856), dans cette revue seraient: « Les aveux d'un poète » et « Le Livre de Lazare », en 1854.

69. Gautier évoque ici la « Divine Tragédie » de Paul Chenavard. La *Divine Tragédie* fut appelée aussi *La Fin des Religions* (orthographiée aussi par Chenavard et ses amis *Tragoedia* ou bien *DA. TA.*) et, à l'origine, *La Mort dans le Ciel.* Cette toile de 4,00 mètres de hauteur sur 5,50 mètres de long est entrée au Musée de Luxembourg le 4 juillet 1871; elle a été transférée au Sénat vers 1923; puis au Louvre en 1974. Désormais placée dans les "réserves". Elle a été l'objet des Expositions suivantes: Paris: Salon de 1869 (N° 472); Munich: Internationalen Kunstamstellung — 1869 (n° 1580); Paris: Le Musée du Luxembourg en 1874, Grand Palais (mai-novembre 1974) — (n° 47). Catal. pp. 48–50 Planche 47. Tous ces précieux renseignements sur le tableau du peintre lyonnais ont été pris de la très intéressante thèse : (Grunewald 1985).

70. Henri Boucher nous parle de l'existence d'un portrait au crayon de Gautier que Chenavard aurait peint à Paris, vers 1836. Malheureusement, il a disparu. Cela prouve, néanmoins, que l'amitié reliant les deux artistes datait des débuts littéraires de l'écrivain. Le critique le rappelle comme suit: le peintre lyonnais « portait à l'époque de mes recherches, le surnom si caractéristique de "vieux chêne" que Gautier lui avait donné dans les derniers temps. Quand l'écrivain allait voir le peintre, il avait coutume de lui dire en entrant: "Tu sais, vieux chêne, je viens me retremper dans ta sérénité". Ami de Gautier, et séduit par sa tête pleine d'expression, Chenavard avait fait au crayon un portrait très léger du poète. C'était une simple tête presque de face et de dimension minime. Ce portrait, à peine achevé, passa aux mains de Gérard de Nerval » (Boucher 1913 : 11). Après quoi, il semble avoir disparu. De plus, il existe une lettre (n° 3158), datée probablement de janvier 1864, qui insiste sur cette amitié: Chenavard s'adresse à Gautier, lui demandant de "protéger" Asselineau, ce nouveau peintre monté à Paris. Et avant de le quitter, il ajoute: « j'ai du plaisir à m'adresser à *ta vieille amitié,* laquelle est chez moi, tressée d'une admiration contemporaine. Pl Chenavard » (Lacoste-Veyssière 1993 : vol. 8, 251. C'est moi qui souligne).

71. Voir Richer 1963. Voir aussi, Muray 1984 : 421–424, où il écrit : « d'abord le socialiste Ledru-Rollin, ministre de l'Education nationale, qui commande en 1848 une décoration pour l'ancienne église Sainte-Geneviève. Ensuite Chenavard qui a reçu cette commande et qui va chercher Nerval pour lui demander des idées. Puis Nerval qui dicte à Gautier le projet d'ensemble des fresques et l'interprétation ésotérique de chacune d'elles. Mais Chenavard ne se borne pas à Nerval. Il puise aussi à d'autres sources, fait des emprunts à l'influence magique de Fabre d'Olivet ou de Ballanche » (Muray 1984 : 424). Mais l'échange des matériaux fonctionnait dans les deux sens, car, si Nerval avait procuré quelques notes à Gautier pour la description du Panthéon, « l'article sur Henri Heine, signé du seul Gérard et publié dans la *Revue des Deux Mondes* le 15 juillet 1848 était en réalité le fruit du travail des deux écrivains » (Richer 1963 : 6).

72. « Dans le même ordre d'idée », continue Marie Antoinette Grunewald, « rappelons qu'en 1867, tandis que Chenavard commence son tableau, paraît une traduction en français des visions écrites par Swedenborg » (Grunewald 1985 : t. 2, 62).

73. « Chenavard était déjà à l'œuvre en 1865, mais il y songeait certainement depuis longtemps » (Grunewald 1985 : 7). Il a élaboré très probablement, son tableau entre 1863 et 1869.

74. Je fais ici, allusion à la *Magnificence du Christianisme* d'Henri Kitzler, cité par Henri Heine dans son ouvrage.

75. Heine reproduit le dialogue qu'il a maintenu lui-même avec Henri Kitzler avant de mettre au feu sa *Magnificence du Christianisme* (Heine 1853 : 9).

76. En puisant dans les croyances populaires, les poètes allemands ont composé « leurs plus belles inspirations » car en rencontrant des statues, leurs héros se trouvent « sous l'attrait du charme antique » et pressentent « sous ce marbre une vie plus ardente que celle qui coule sous les joues empourprées des jeunes filles de son pays » (Heine 1853 : 20).

77. En suivant les traces des légendes populaires, Heine assure que Vénus « se serait réfugiée au fond d'une montagne mystérieuse » (Heine 1853 : 30); Diane est devenue « le génie malfaisant dans les décrets des évêques » (Heine 1853 : 46); Apollon, « paraît s'être résigné à entrer au service d'éleveurs de bestiaux » (Heine 1853 : 48); Mars « aurait poursuivi ses anciennes habitudes en qualité de chevalier-brigand » (Heine 1853 : 49); Bacchus, dont le sort « a été plus heureux que celui de Mars et Apollon » (Heine 1853 : 50), a continué à célébrer ses bacchanales avec la permission d'une partie de l'église catholique; sous une « piètre figure d'épicier » se cache « Hermès Psychopompos », le conducteur d'âmes Mercure (Heine 1853 : 74); Pluton, « le dieu du monde souterrain » et son frère Neptune, « le dieu des mers », « n'ont pas émigré comme leurs parents, les autres dieux » (Heine 1853 : 77); sur Jupiter, enfin, souligne Heine, « on perdit les traces de l'ex-dieu » (Heine 1853 : 80).

78. Spoelberch de Lovenjoul assure que cet article « complètement inédit » doit « dater du commencement de ses débuts littéraires » (Spoelberch de Lovenjoul [1887] 1968 : I, 133). Voir également : (Spoelberch de Lovenjoul [1887] 1968 : I, 133–39).

354 | *Gautier, au carrefour de l'âme romantique et décadente*

79. « Le romantisme », écrit Béresniak, « veut réunir les religions en une synthèse supérieure, et retrouve dans le catholicisme les dieux païens qui ont survécu. Henri Heine évoque la mort du Grand Pan: l'ombre de la croix voile le soleil; les dieux ont froid. Ils couvrent leur nudité sous une robe de pure. D'où un panthéisme diffus et la curiosité pour les civilisations non-européennes » (Béresniak 1987 : 115).

80. «Jamais nature», précisera-t-il, également, « ne fut composée d'éléments plus divers que celle de Henri Heine ; il était à la fois gai et triste ; sceptique et croyant…classique et romantique (…) A la plastique grecque la plus pure il joignait le sens moderne le plus exquis » (Gautier [1856] 1875 : 121–122). Que le tempérament mélancolique et bon vivant, athée mais mystique, spiritualiste et visionnaire, classique, romantique et décadent de l'auteur de Tarbes me semble proche de l'auteur allemand !

81. Voir Grunewald 1985 : 11–14.

82. Dans son projet de décoration du panthéon, le peintre lyonnais avait déjà préfiguré son « culte syncrétiste », en y représentant « la procession de tous les dieux, demi-dieux, héros, poètes et inventeurs depuis le XVIe jusqu'au XVIIIe siècle » (Grunewald 1977 : 2–3).

83. D'un côté, Théophile Gautier, avec sa "théorie de l'art pour l'art" —aux dires d'Albert Cassagne, dans un premier temps comprise comme seule réaction « contre les règles étroites du classicisme » et devenant ensuite, un art, soi-disant, « indépendant de la morale, de la politique, de la science » (Cassagne 1906 : 142) —et de l'autre, Chenavard, avec sa conception de l'œuvre en tant qu' « hiéroglyphe », en raison de sa fréquentation des Nazaréens, dont les « conceptions didactiques et philosophiques, si éloignées de la "théorie de l'Art pour l'Art", ont profondément marqué le peintre. Pour lui », continue Marie Antoinette Grunewald, « l'œuvre doit enseigner. (…) Mais (…) il faut que le spectateur découvre après un effort d'interprétation » (Grunewald 1985 : 85). On verra toutefois, comme René Jansinski l'a évoqué, comment malgré la fidélité de Gautier « à l'art pour l'art » lui faisant même s'abstenir « de toute thèse politique ou morale », cette « apparente impersonnalité » n'excluait point son « moi » (Jansinski 1948 : 152).

84. Marie Antoinette Grunewald affirme qu'« au moment du projet de décoration du Panthéon, l'un des principaux reproches qui sera fait à Chenavard par les "cléricaux" sera justement cette "réhabilitation de la chair" dans la figure androgynique » (Grunewald 1985 : 158). Heine, nous l'avons vu plus haut, avait également ironisé sur la religion chrétienne dans son article *Les Dieux en exil*. Gautier, enfin, préférait la joie de la vie antique à l'austérité de la vie catholique. Même *Spirite,* pouvant s'éloigner un peu de ces idéaux antiques, laisse la voie ouverte à l'imagination, car l'union de deux âmes dans l'éthérée, loin d'être décrite dans le plus pur contexte platonique, invite également à une lecture plutôt charnelle…

85. Le nombre trois est par ailleurs, très présent ici. D'après Marie Antoinette Grunewald, la division de la *Divine Tragédie* correspond parfaitement à la division stoïcienne et héraclitienne en trois zones: la terre, séjour des hommes, la zone sublunaire, séjour

des dieux et des héros, la lumière, séjour du dieu suprême. « N'est-ce pas là exactement », écrit-elle, « la division de la Divine Tragédie en trois zones: en bas à droite la Terre; au centre, le combat des dieux et des héros; tout en haut, l'Empyrée céleste? On peut donc supposer que le tableau représente les épreuves qui attendent les âmes entre le temps de notre infortuné séjour terrestre et le moment du retour à l'Unité par la montée vers la lumière » (Grunewald 1985 : 100). Et n'est-ce pas également, en trois parties que j'ai divisé ma spirale alchimique gautiériste avant d'atteindre le feu des *Nuptiae chymicae*? Et, n'est-ce pas aussi, trois parties, la terre —domaine du réel, de l'écrivain—, "l'au-delà négatif" —domaine de son "inconscient fantastique"—, et enfin, "l'au-delà positif" —séjour de la femme idéalisée— que l'écrivain semble avoir voulu représenter dans son dessin à l'encre rouge?

86. Mère du Bouddha Gautama —le maître fondateur du bouddhisme—, elle est souvent représentée comme une femme d'âge mur.

87. Sur celui que l'on surnommait « l'éminence jaune du Parnasse », voir : http://www.theophilegautier.fr/tin-tun-ling/ [date de dernière consultation : 20/11/2017].

88. « Creuzer l'étudie dès le Tome I de 1825: "le monde n'a d'existence que par Maya, par la division accidentelle de l'Unité divine". Et: "le premier homme et la première femme se confondent avec Brahm-Maya" » (Creuzer, cité par Grunewald 1985 : 129). Le critique fait ici référence au grand ouvrage de l'allemand Creuzer, traduit en français en 1825, sous le titre, *Les Religions de l'Antiquité considérées principalement dans leurs formes symboliques et mythologiques*. Le Paris intellectuel se passionnait pour cet ouvrage: Chenavard, Gautier —qui d'ailleurs, tel que je l'ai évoqué plus haut, possédait cet ouvrage dans sa bibliothèque !— … ne pouvaient qu'y succomber.

89. « Tout cela », précise Marie Antoinette Grunewald, « était donc inscrit dans ce qu'on peut appeler la "mythologie obsédante" de Chenavard, puisque le carton décrit par Gautier est antérieur à 1851 » (Grunewald 1985 : 144).

90. Quant aux divinités nordiques, Grunewald écrit: « elles aussi se rattachent à des espoirs eschatologiques. (…) Odin , à gauche du tableau se trouve être, comme son symétrique à l'extrémité droite, Hermès, un Psychopompe: c'est un dieu chronofunéraire; il est le chef des âmes des héros défunts, qu'il introduit au Walhala; similitude de plus avec Hermès, il est aussi magicien. La branche de frêne qu'il tient à la main symbolise l'arbre Yggdrasill, c'est-à-dire l'"arbre du monde" qui fait la liaison entre le monde des vivants et celui de morts (encore un médiateur?). Quant au dieu Thor, pas d'hésitation: (…) Le combat entre Thor et le monstre Jourmoungardour [Mitgard, c'est nous qui soulignons], tel que nous le montre la *Divine Tragédie*, c'est l'éternel combat du Mal et du Bien, celui dont la prochaine défaite est annoncée par la chute de Typhon. Thor porte d'ailleurs sur la tête la couronne de rayons solaires, insigne d'un dieu de la lumière. Dieu-Sauroctone, comme Hercule, comme Persée, il est comme eux, à l'image du Soleil et du feu purificateur. La lutte de Thor et du Serpent est une lutte de la lumière et des ténèbres » (Grunewald 1985 : 153–154). Là aussi, "philosophie chenavardienne" et "philosophie gautiériste" marchent ensemble: la

lutte de l'ombre et des lumières a déjà suscité quelques commentaires de ma part, et se trouve à l'origine de travaux aussi explicites que ceux de Marcel Voisin.

91. Malgré quelques différences essentielles entre l'androgyne romantique, et l'androgyne décadent, « entre la vigueur optimiste de Gautier et le nihilisme de l'androgyne décadent, entre la vivacité et l'abandon », dues, d'après Françoise Grauby, à « une défaite », l'androgyne s'avère avant tout « la seule représentation possible de la perfection » (Grauby 1994 : 107). A ce propos, Françoise Grauby cite Péladan, qui, à mon avis, lance une idée assez proche de la pensée de Gautier: « "Léonard a trouvé le canon de Polyclète, qui s'appelle l'androgyne… L'androgyne est le sexe artistique par excellence, il confond les deux principes, le féminin et le masculin, et les équilibre l'un par l'autre. Toute figure exclusivement masculine manque de grâce, toute autre exclusivement féminine, manque de force" » (Péladan, J., *Léonard de Vinci*. Cité par Grauby 1994 : 106).

92. Winckelmann préconisait l'imitation des Grecs comme moyen d'atteindre la perfection dans les arts et Gautier a bien su profiter de cet enseignement.

93. Pour l'auteur de « Du Vrai, du Beau et du Bien », « l'art est aussi à lui-même une sorte de religion. Dieu se manifeste à nous par l'idée du vrai, par l'idée du bien, par l'idée du beau… » (Cousin [1836] 1854 : 299. Cité par Cassagne 1906 : 39). Ces idées, « d'influence germanique », écrit Albert Cassagne, —« si l'on se rappelle que c'est après son voyage en Allemagne de 1817 qu'il fit son cours de 1818 dont *le Vrai, le Beau et le Bien* n'est que le résumé » (Cassagne 1906 : 39)— n'ont pas influencé l'auteur de Tarbes, car ne s'intéressant pas vraiment à la philosophie éclectique, il « ne lisait », aux dires d'Albert Cassagne « ni Schelling, ni Hegel, ni Cousin » (Cassagne 1906 : 43).

94. Seuls les Grecs, précise Annie Becq, « vu les conditions dans lesquelles ils ont vécu, ont eu la possibilité d'observer la belle nature » (Becq 1994 : 520). D'où que, seuls les artistes grecs aient pu créer le beau idéal, qui ne serait ainsi, qu'un beau réel perfectionné. Le contenu de cette notion de "beau idéal" ne peut, donc, être conçu qu'en corrélation avec celui d'imitation.

95. Winckelmann écrit: « toute beauté devient sublime par l'unité et par la simplicité » (Winckelmann 1781 : t. II, livre IV, p. 39). Il établit la classification suivante: « La formation de la beauté est ou individuelle, c'est-à-dire, qu'elle est modelée sur un seul individu; ou elle est collective, c'est-à-dire, qu'elle est un choix de belles parties prises de plusieurs individus. Nous dirons donc que la combinaison des parties pour former un tout, est ce qu'on appelle l'idéal; et nous ajouterons cette modification, qu'une chose peut être idéale sans être belle » (Winckelmann 1781 : t. II, livre IV, p. 41). Gautier n'est pas très loin de cette idée lorsque dans la plupart de ses récits, la beauté féminine commence justement par un fragment. C'est ainsi que pour constituer le beau idéal gautiériste, à savoir, l'androgyne, Gautier a procédé « comme un jardinier industrieux qui ente sur une tige, des greffes d'une meilleure qualité », car « l'idée de la beauté des maîtres Grecs n'était pas restreinte au seul beau individuel, comme

elle l'est quelquefois chez les poètes tant anciens que modernes, et chez la plupart des artistes de nos jours. Les Grecs cherchèrent à réunir le beau de plusieurs beaux corps, ainsi que nous le voyons par l'entretien de Socrate avec le célèbre peintre Parrhasius. (…) Ce choix des belles parties et leurs rapports harmonieux dans une figure, produisirent la beauté idéale, qui par conséquent n'est pas une idée métaphysique » (Winckelmann 1781 : t. II, livre IV, p. 44–45).

96. Et qu'est-ce que le beau idéal si ce n'est cette réunion des beautés mâles et femelles dans une seule figure plastique? Comme le souligne Frédéric Monneyron, « Winckelmann voit donc dans les statues de l'Hermaphrodite, dans l'union de contraires en une seule forme une ambiguïté physique délicieuse » (Monneyron 1994 : 50). Cette figure —oh combien importante pour Gautier !—semble résumer, ainsi, toute la philosophie néoclassique du Beau qui n'est pas du tout étrangère à l'auteur de Tarbes.

97. A l'origine, cette fameuse doctrine n'avait pas été conçue en tant que telle: il s'agissait, en effet, d'une longue lettre de 476 vers adressée à ses amis, les frères Pisons. *De Arte Poetica Liber* traite sur les problèmes du théâtre romain, mais, en réalité, les problèmes propres à l'art dramatique ne sont abordés que dans la partie centrale (v. 153–294) de l'épître. En revanche, —et c'est cela qui m'intéresse ici— le début et la fin sont consacrés à des questions d'esthétique générale. Les vers 361–365, contenant l'essentiel de cette doctrine, sont reproduits, en langue d'origine, puis, en langue de traduction, pour mieux apprécier le rôle décisif, surtout du premier vers, dans sa renommée postérieure.

> « Ut pictura poesis; erit quae, si propius stes,
> te capiat magis, et quaedam, si longius abstes;
> haec amat obscurum, uolet haec sub luce uideri,
> iudicis argutum quae non formidat acumen;
> haec placuit semel, haec deciens repetita placebit ».

« Un poème est comme un tableau: tel plaira à être vu de près, tel autre à être regardé de loin; l'un demande le demi-jour, l'autre la pleine lumière, sans avoir à redouter la pénétration du critique; l'un plaît une fois ; l'autre, cent fois exposé, plaira toujours » (Horace 1967 : 268). J'évoquerai plus bas dans quelle mesure, Gautier s'est laissé influencer par cette "doctrine" du Ier s. av. J.-C.

98. Dans son *Histoire du Romantisme*, l'auteur nous parle de son adhésion à cette doctrine comme suit: « en ce temps-là, les peintres et les poètes se fréquentaient beaucoup, échangeant de mutuelles admirations. Quoique le précepte *Ut pictura poesis* fût classique, il avait cours dans la nouvelle école, et certes le talent de tous gagna à cette familiarité des deux arts » (Gautier [1874] 2011 :192).

99. Et Albert Cassagne d'y ajouter, « Les Goncourt, comme Gautier, comme *les autres à un degré moindre*, ne voient rien dans la nature qui ne leur soit un rappel et un souvenir de l'art, et c'est le morceau peint, gravé ou sculpté qu'ils reproduisent » (Cassagne 1906 : 369).

100. Jolanta Bialostocka écrit, lorsque « les humanistes » s'emparèrent des doctrines hora-
     tiennes, « dans leur désir de conquérir pour la peinture les prérogatives déjà acquises
     par la poésie, ils perdirent de vue le sens originel et firent d'un simple parallèle
     littéraire un principe rigide ». Ainsi, « ils n'hésitèrent » pas à baser « une doctrine
     de l'art » sur « les deux formules classiques qu'ils appliquèrent, de la manière la plus
     artificielle, à la peinture ». Depuis la Renaissance, la doctrine *ut pictura poesis* s'est
     vue, donc, limitée aux seules idées d'« *imitatio* » d'après les « *exemplaria graeca* »
     (Bialostocka 1964 : 19–20).

101. Chez Lessing, en revanche, la beauté "visible" était exclusivement réservée aux arts
     plastiques, car la beauté dans la poésie appartenait au domaine moral.

102. Je reproduis ici et la version que Spoelberch de Lovenjoul recueille dans son œuvre
     (gauche), et la version finale présentée par René Jansinski (droite). Cette mise en
     parallèle des deux versions me permettant de corroborer mon hypothèse sur le rôle
     du temps dans l'ouvre gautiériste. D'après de Lovenjoul, ce fut « le 13 de septembre
     1857 » que Gautier écrivait « dans *L'Artiste* » les vers ci-dessus, avec le titre « *A
     Monsieur Théodore de Banville, réponse à son Odelette (L'Art)* » (Voir : Spoelberch de
     Lovenjoul [1887] 1968 : II, 137–139 et Gautier, Th., « L'Art » (texte définitf, 1872),
     in Gautier [1881–1882] 1970 : vol. 3, pp. 128–130).

103. « La *Divine Tragédie* est placée sous le signe de la régénération », dit Marie Antoi-
     nette Grunewald. « Régénération » ou « Palingénésie » sont des mots clés de la phi-
     losophie du XIXᵉ siècle: « à l'origine, on le trouve dans le vocabulaire des Maçons
     Illuministes de la fin du XVIIIᵉ par exemple chez Claude de Saint-Martin, le "Philo-
     sophe-Inconnu", chez Mesmer et chez Cagliostro qui font tous les trois, retentir
     la ville de Lyon de leurs mystérieuses théories … Le mot passe dans la terminologie
     révolutionnaire et c'est à qui voudra régénérer la patrie … Sous l'Empire, puis
     sous la Restauration, on le retrouve aussi bien chez un chrétien "plébéianniste"
     comme Ballanche, un Lyonnais … que chez un "ultra" comme Joseph de Maistre,
     savoyard, lui, mais "initié" à la Maçonnerie par Willermoz, un Lyonnais … (…) »
     (Grunewald 1985 : 93–94).

104. J'ajoute ici, une définition de Creuzer, qui me semble mieux s'adapter à l'esprit
     romantique et à l'imaginaire gautiériste en particulier: « c'est là véritablement la
     Palingénésie, qu'il faut bien distinguer de la métempsychose ou "métemsomatose".
     Tandis que celle-ci, croyance grossière, fait voyager les âmes de corps en corps,
     l'autre, doctrine épurée, admet seulement que l'âme universelle, l'âme du monde,
     par une éternelle vicissitude, circule dans tous les phénomènes du monde matériel,
     dont elle est le principe vivifiant, principe sans la présence duquel se briserait la
     chaîne entière des êtres, s'éteindrait la force créatrice qui produit incessamment des
     corps nouveaux » (Creuzer 1858 : tome III, 3ᵉ partie. Cité par Grunewald 1985: 22).

105. Collections Spoelberch de Lovenjoul, p. 486. F° 14. Communiqué par M. Ziegler.
     Cité par Grunewald 1985: 21. Selon Marie Antoinette Grunewald, ce discours a
     donné comme fruit un texte, dont on ne connaît pas avec certitude l'auteur, mais

que la critique a attribué à Gautier: c'est son "Salon", publié dans le journal *L'illustration* de mai 1869.

106. Il s'agit, en effet, de cette « secrète tradition, sous-jacente au romantisme triomphant » qui trouve ses premiers balbutiements « chez les occultistes du XVIIIᵉ siècle » et qui ne parvient à son épanouissement que « dans les illuminations de Nerval luttant contre la démence et la mort, de Hugo vieux penché sur le gouffre, de Baudelaire poursuivant la possession de l'Eternité (…) » (Béguin 1939 : 328–329). Sans oublier d'y ajouter, Gautier, enfin, à la recherche de l'unité androgynique artistique pour l'éternité.

107. Marcel Voisin souligne comment même si, « dans le cadre des "références culturelles", c'est-à-dire, de ses allusions, comparaisons et modèles essentiellement descriptifs puisés dans les admirations esthétiques, la part de la peinture est fort belle », Gautier fait à plusieurs reprises également des rapprochements « par sa sensibilité de la sculpture et de la poésie » (Voisin 1981 : 315, 317).

Bibliographie

Aziza, Cl. (1996) « Les Romans de momies: fantasme(s) d'archéologie ou d'histoire? », in *L'Egyptomanie à l'épreuve de l'archéologie*. Paris : Musée du Louvre et Bruxelles : Ed. du Gram.

Baudelaire, Ch. (1859) *Théophile Gautier par Charles Baudelaire. Notice littéraire précédée d'une lettre de Victor Hugo*. Paris : Poulet-Malassis et de Broise Libraires-éditeurs (publié également dans *L'Artiste* du 13 mars 1859, « Galerie du XIXᵉ siècle » ; et plus tard, dans *L'Art romantique* (Paris : Michel Lévy, 1868).

Baudelaire, Ch. (1972) *Les Fleurs du mal*. Paris : Gallimard (1ʳᵉ édition 1857 ; édition de 1861).

Becq, A. (1994) *Genèse de l'esthétique française moderne. De la Raison classique à l'Imagination créatrice. 1680–1814*. Paris : Albin Michel, coll. bibliothèque de « l'évolution de l'humanité ».

Béguin, A. (1939) *L'Âme romantique et le rêve*. Paris : Librairie José Corti.

Béresniak, D. (1987) *Franc-Maçonnerie et Romantisme*. Paris : Chiron, coll. « Janus ».

Bergerat, E. ([1877] 2015) *Théophile Gautier, peintre. Etude suivie du catalogue de son œuvre peint, dessiné et gravé*. Paris : BNF, coll. XIX. (1ʳᵉ édition : 1877, Paris : J. Baur).

Bergerat, E. (1879) *Théophile Gautier. Entretiens, souvenirs et correspondance*. Paris : Charpentier.

Bialostocka, J. (1964) « Introduction » à Lessing, *Laocoon, suivi des lettres concernant l'antiquité et comment les Anciens représentaient la Mort*. Paris : Hermann.

Bianquis, G. (1948) *Henri Heine, l'homme et l'œuvre*. Paris : Boivin et Cⁱᵉ.

Borbein, A. H. (1995) *La Grèce antique. Histoire et civilisations*. Paris : Bordas (trad. Babel C., Tovati, E.).

Boucher, H. (1913) *Iconographie générale de Th. Gautier*. Paris : Librairie Henri Leclerc.

Brunerie, C. (2015) « Le fonds Théophile Gautier de la Maison de Balzac », in Chantal Georgel (dir.), *Choisir Paris : les grandes donations aux musées de la Ville de Paris* (« Actes de colloques »), [En ligne] depuis le 04 novembre 2015, consulté le 28 octobre 2017. URL : http://inha.revues.org/6944

Buisine, A. (1990) « Préface et dossier critique » des *Contes et récits fantastiques* de Th. Gautier. Paris: Le livre de Poche.

Carré, J. M. (1932) *Voyageurs et écrivains français en Egypte*. Le Caire : Institut français d'archéologie orientale.

Cassagne, A. (1906) *La Théorie de l'art pour l'art en France chez les derniers romantiques et les premiers réalistes*. Paris : Lucien Dorbon.

Cermakian, M. (1982) « Les années d'apprentissage de Théophile Gautier : peintre ou poète ? », in *BSTG, n° 4 : l'Art et l'artiste*. Montpellier : Université Paul Valéry, t. 2, pp. 223–230.

Chambers, R. (1972) « Gautier et le complexe de Pygmalion », in *Revue d'Histoire littéraire de la France*, n° 4: Théophile Gautier, (s.l.), Juillet-Août 1972, pp. 641–658.

Clair, J. (1989) *Méduse. Contribution à une anthropologie des arts du visuel*. Paris : Gallimard, coll. « Connaissance de l'inconscient ».

Cottin, M. (1961) *Théophile Gautier (1811–1872) : Exposition*. Paris : Bibliothèque Nationale.

Cousin, V. ([1836] 1854) *Du vrai, du beau, et du bien*. Paris : Didier éditeur.

Creuzer, F. (1858) *Les Religions de l'Antiquité* (trad. française, Guigniaud). Paris : Firmin Didot Frères.

Delacroix, E. (1857) « Des Variations du Beau » in *Revue des Deux Mondes*, 1857 (mai–juin), vol. 9, pp. 908–919.

Durand, G. ([1979] 1992) *Figures mythiques et visages de l'œuvre. De la mythocritique à la mythanalyse*. Paris : Dunod. (1ʳᵉ édition, Berg International éditeurs, 1979).

Durand, G. (1989) *Beaux-arts et archétypes. La religion de l'art*. Paris : PUF.

Edwards, P. J. (1982) «Théophile Gautier, rédacteur en chef de l'artiste» in *BSTG, n° 4 : l'Art et l'artiste*. Montpellier : Université Paul Valéry, t. 2, pp. 257–268.

Eigeldinger, M. (1982) « L'inscription de l'œuvre plastique dans les récits de Gautier », in *BSTG, n° 4 : l'Art et l'artiste*. Montpellier : Université Paul Valéry, t. 2, pp. 297–309.

Eliade, M. (1956) *Forgerons et Alchimistes*. Paris : Flammarion, coll. « Homo Sapiens ».

Fauchereau, S. (1991) *Peintures et dessins d'écrivains*. Paris : Belfond.

Feydeau, E. (1856) *Histoire des usages funèbres et des sépultures des peuples anciens*. Paris : Gide et J. Baudry.

Freud, S. (1925) *L'Interprétation du rêve*. Paris : Gallimard.

Gardair, J.-M. (1986) « Préface » au *Roman de la momie* de Th. Gautier. Paris : Gallimard.

Gautier, J. ([1867] 1902) *Le Livre de Jade*. Poésies traduites du chinois. Paris : F. Jouven. Nouvelle édition (1ʳᵉ édition en 1867, sous le nom de Judith Walter).

Gautier, Th. ([1832] 1993) « Onuphrius ou les vexations fantastiques d'un admirateur d'Hoffmann », in (1873) *Les Jeune-France (Romans goguenards, suivis de Contes humoristiques)* Paris : Charpentier et Cie, Libraires éditeurs, pp. 25–70. (1ʳᵉ parution : « Onuphrius Wphly », *La France littéraire*, août 1832). Edit. de référence : (1993) *Récits fantastiques*. Paris : Bookking International, pp. 23–59.

Gautier, Th. ([1833] 1873) « Elias Wildmanstadius ou l'homme moyen âge », in *Les Jeune-France (Romans goguenards, suivis de Contes humoristiques)*. Paris : Charpentier et Cie, Libraires éditeurs, pp. 201–210. (1ʳᵉ parution : in *Annales romantiques* pour 1833, [octobre ou novembre] 1832).

Gautier, Th. ([1834] 1990) « Omphale. Histoire rococo », *Contes et récits fantastiques*, Paris : Librairie Générale Française, « Le Livre de poche » classique, pp. 65–76. (1re parution : « Omphale ou la tapisserie amoureuse », in *Le Journal des gens du monde* n° 9, 7 février 1834).

Gautier, Th. ([1835] 1966) *Mademoiselle de Maupin*. Paris : Classiques Garnier. (1re édition : *Mademoiselle de Maupin, double amour*. Paris : Eugène Renduel, 2 vol. datés 1835 et 1836 [parus sans doute dès novembre 1835]).

Gautier, Th. ([1835] 1997) *Mademoiselle de Maupin*. Paris: Booking International.

Gautier, Th. ([1839] 1990) « La Toison d'or », *Contes et récits fantastiques*. Paris : Librairie Générale Française, « Le Livre de poche » classique, pp. 189–245. (1re parution : « La Toison d'or », *La Presse*, 6 au 12 août 1839).

Gautier, Th. ([1840] 1990) « Le Pied de momie » in *Contes et récits fantastiques*. Paris : Librairie Générale Française, « Le Livre de poche » classique, pp. 247–262. (1re parution : « Contes étrangers: le Pied de momie », *Le Musée des familles,* septembre 1840.

Gautier, Th. (1841) « La divine épopée, de M. Alexandre Soumet », in (1841) *La Revue des Deux Mondes*, tome 26e (4e série). Paris : pp. 107–126.

Gautier, Th. ([1844] 1990) « Le Roi Candaule » in *Contes et récits fantastiques*. Paris : Librairie Générale Française, « Le Livre de poche » classique, pp. 263–327. (1re parution : « Le Roi Candaule », *La Presse*, 1er au 5 octobre 1844).

Gautier, Th. ([1845] 1964) *Voyage en Espagne*. Paris : Julliard. (1re parution : [1843] *Tra los montes*. Paris : Victor Magen, libraire, 2 vols. Puis revue et corrigée en 1845 sous le titre *Voyage en Espagne*. Paris : Charpentier).

Gautier, Th. ([1847] 1856) « Du beau dans l'art », in (1856) *L'Art Moderne*. Paris : Michel Lévy-Frères, Libraires-Editeurs, pp. 129–166. (1re parution : *Revue des Deux mondes*, 1er septembre 1847).

Gautier, Th. ([1848] 1856) « Marilhat », in (1856) *L'Art Moderne*. Paris : Michel Lévy Frères, Libraries-Editeurs, pp. 95–128. (1re parution : *Revue des Deux-Mondes,* 1er juillet, 1848).

Gautier, Th. ([1848a] 1856) « Le Panthéon. Peintures murales », in (1856) *L'Art Moderne*. Paris : Michel Lévy Frères, Libraries-Editeurs, pp. 1–94. (1re parution : *Revue des Deux-Mondes*, 1er septembre, 1848).

Gautier, Th. (1852) *Émaux et Camées*. Paris : E. Didier.

Gautier, Th. ([1852] 1990) « Arria Marcella », in *Contes et récits fantastiques*. Paris : Librairie Générale Française, « Le Livre de poche » classique, pp. 329–371. (1re parution : « Arria Marcella, souvenir de Pompéi », *La Revue de Paris*, mars 1852).

Gautier, Th. (1856) « Introduction » in *L'Artiste. Journal de la littérature et des beaux-arts*. Paris. 6ème série, t. 3, 1ere livraison, le 14 décembre 1856, pp. 3–5.

Gautier, Th. ([1856] 1875) *Etude sur Henri Heine*, in Heine, H. *Reisebilder. Tableaux de voyage*. Paris: Michel Lévy Frères Éditeurs. Et in Gautier, Th. (1875) *Portraits et souvenirs littéraires*. Paris : Michel Lévy Frères Éditeurs, pp. 105–128.

Gautier, Th. ([1856] 1990) « Jettatura », in *Contes et récits fantastiques*. Paris : Librairie Générale Française, « Le Livre de poche » classique, pp. 487–597 (1re parution : « Paul d'Aspremont, conte », *Le Moniteur universel*, 25 juin au 23 juillet 1856).

Gautier, Th. ([1856a] 1990) « Avatar », in *Contes et récits fantastiques*. Paris : Librairie Générale Française, « Le Livre de poche » classique, pp. 373–485. (1ʳᵉ parution : « Avatar, conte », *Le Moniteur universel*, 29 février au 3 avril 1856).

Gautier, Th. ([1857] 1986) *Le Roman de la momie*. Paris : Gallimard/Folio. (1ʳᵉ parution : « Le Roman de la momie », *Le Moniteur universel*, 11 mars au 6 mai 1857. Et ensuite : (1858) *Le Roman de la momie*. Paris : Hachette).

Gautier, Th. ([1868] 1904) « La collection du Comte de ˣˣˣ » in *Souvenirs de théâtre, d'art et de critique*. Paris : E. Fasquelle, pp. 291–298. (1ʳᵉ parution : « La collection du Comte de ˣˣˣ », 17 décembre 1868).

Gautier, Th. (1871) *Tableaux de siège : Paris, 1870–1871*. Paris : Charpentier.

Gautier, Th. ([1874] 2011) *Histoire du Romantisme suivi de Quarante portraits romantiques*. Préface d'Adrien Goetz, avec la collaboration d'Itaï Kovács. Paris : Gallimard, 2011. Voir en version numérisée, une édition plus complète : (1874) *Histoire du Romantisme, suivie de notices romantiques et d'une étude sur la poésie française (1830–1868)*, Paris : Charpentier.

Gautier, Th. ([1880] 1978) *Tableaux à la plume*, in *Œuvres Complètes*. Genève : Slatkine Reprints, vol. 2. (1ʳᵉ parution : Paris : Charpentier).

Gautier, Th. (1880a) « Le Salon de 1869 » in *Tableaux à la plume*. Paris : Charpentier, pp. 267–336.

Gautier, Th. ([1881–1882] 1970) *Poésies Complètes de Th. Gautier* (publiées par R. Jansinski). Paris : A.G. Nizet, 3 vols. (1ʳᵉ parution (1881–1882): *Poésies Complètes*. Paris : G. Charpentier et Cⁱᵉ Éditeurs, 2 vol.).

Gautier, Th. ([1882] 1904) *Guide de l'amateur au musée du Louvre, suivi de la vie et des œuvres de quelques peintres*. Paris : Charpentier. (1ʳᵉ parution : [1867] « Le Musée du Louvre » in *Paris. Guide par les principaux écrivains et artistes de France*, sous la direction de Victor Hugo. Paris : Librairie internationale de Paris).

Gautier, Th., Houssaye, A. et De Saint-Victor, P. (1864) *Les Dieux et les demi-Dieux de la peinture*. Paris : imprimerie Raçon et Cie, Librairie Morizot.

Girard, M.-H. (2015) « Théophile Gautier et *La Presse*, ou les débuts d'un critique influent », in Lachenal, L., Méneux, C. (éd) *La critique d'art de la Révolution à la Monarchie de Juillet*. Actes du Colloque organisé à Paris, le 26 novembre 2013. Paris : Site de l'HISCSA. Mis en ligne en juillet 2015, pp. 68–90.

Grauby, F. (1994) *La Création mythique à l'époque du symbolisme*. Paris : Nizet.

Grunewald, M.A. (1977) *Paul Chenavard et la décoration du panthéon de Paris en 1848*. Lyon : Musée des Beaux-Arts.

Grunewald, M. A. (1980) « La théologie de Paul Chenavard : Palingénésie et régénération », in Baude, M. et Münch, M. M. (1980) *Romantisme et religion. Théologie des théologiens et théologie des écrivains* (colloque interdisciplinaire organisé à la faculté des lettres de Metz les 20, 21, 22 octobre 1978, sous le patronage de la société des études romantiques). Paris : PUF, pp. 141–152.

Grunewald, M. A. (1985) *Chenavard et son temps*. Paris, 8 vols. (Thèse de doctorat d'état Paris IV, sous la dir. de B. Dorival). Voir surtout : t. 2, *La Divine Tragédie. Description et essai d'interprétation*, 221 pp. et t. 2 bis *Annexe: photographies*, 40 pp.

Hartleben, H. (1983) *Champollion*. Paris: Pygmalion/Gérard Watelet.

Haskell, F. et Penny, N (1988) *Pour l'amour de l'antique. La statuaire gréco-romaine et le goût européen 1500–1900* (trad. F. Lissarrague). Paris : Hachette.

Heine, H. (1853) *Les Dieux en exil*. Bruxelles : A. Lebègue. (1re parution : *Revue des Deux Mondes*, Paris, 1er avril, 1853, p. 5–38).

Horace (1967) « Art poétique » in *Œuvres*. Paris : Garnier, Flammarion (trad., introduction et notes par F. Richard), pp. 257–272.

Huyghe, R. (1960) *L'Art et l'âme*. Paris : Flammarion.

Huyghe, R. (1976) *La Peinture française au XIXe siècle. La Relève de l'imaginaire. Romantisme, Réalisme*. Paris : Flammarion.

Jansinski, R. (1948) « Genèse et sens du *Capitaine Fracasse* », in *Revue d'Histoire Littéraire de la France*. Paris: PUF, p. 131–192.

Lacoste-Veyssière, Cl. (1991, 1993) *Théophile Gautier. Correspondance générale*. Genève-Paris : Droz. Vol 5 (1991) ; Vol 8 (1993).

Larue, A. (1998) « De l'*Ut Pictura poesis* à la fusion romantique des arts », in Caullier, J. (1998) *La Synthèse des arts*. Lille : Presses du Septentrion.

Lessing, G.E. (1880) *Laocoon ou des limites respectives de la poésie et de la peinture*. Paris : Hachette et Cie, (trad. A. Courtin).

Magnol-Malhache, V. (2007) *Théophile Gautier dans son cadre*. Paris : Somogy, édit. d'art.

Monneyron, F. (1994) *L'Androgyne romantique. Du mythe au mythe littéraire*, Grenoble : Ellug.

Moulène, M. (2013) « L'œuvre de Goya au Cabinet des Estampes » in Blog Gallica. Voir : http://gallica.bnf.fr/blog/01012013/loeuvre-de-goya-au-cabinet-des-estampes

Muray, Ph. (1984) *Le XIXe siècle à travers les âges*, Paris : Denoël, coll. L'Infini.

Picard, Ch. (1939) *Manuel d'archéologie grecque. La Sculpture*. Paris : Ed. Auguste Picard.

Pline l'Ancien, *Histoire naturelle*, XXXV, 86–92. Ed. de réf.: (1985) *Histoire naturelle*. Paris : Les Belles Lettres, (trad. J.M. Croisille), vol. XXXV.

Puech, P.F. (s.d.) « Nyssia : sculpture « archéologique" de Jacques Pradier"», in: https://www.academia.edu/9011099/Nyssia_sculpture_arch%C3%A9ologique_de_James_Pradier [date de dernière consultation : 02/02/2018].

Richer, J. (1963) « Une collaboration inconnue: la description du Panthéon de Paul Chenavard par Gautier et Nerval », *Archives de Lettres Modernes* (sous la dir. de M. J. Minard), n° 48: Archives nervaliennes 3, Paris : Editions Lettres modernes.

Richter, G.M.A. (1960) *A Handbook of Greek Art*. London: The Phaidon Press.

Sarment, J. (1983) *Dessins d'écrivains français du XIXe siècle*. Catalogue d'exposition à la Maison de Balzac du 25 nov. 1983 au 26 fév. 1984 (avec une préface de Claude Pichois). Paris : Les Presses artistiques/Maison de Balzac.

Schapira, M.C. (1982) « Le langage de la couleur dans les nouvelles de Th. Gautier », in *BSTG*, n° 4 : *l'Art et l'artiste*. Montpellier : Université Paul Valéry, t. 2, pp. 269–279.

Sloane, J. (1962) *Paul-Marc-Joseph Chenavard, artist of 1848*. Chapel Hill: The University of North Carolina Press.

Spoelberch de Lovenjoul, Ch. ([1887] 1968) *Histoire des œuvres de Théophile Gautier*. Génève : Slatkine Reprints (1re édition, 1887, Charpentier).

Ubersfeld, A. (1989) « Théophile Gautier ou le regard de Pygmalion », in *Romantismes*, n° 66: Folie de l'Art (1989-IV trimestre). Paris : CDU-SEDES, pp. 51–59.

Ubersfeld, A. (1992) *Théophile Gautier*. Paris: Stock.

Vivant Denon, D. (1829) *Voyage dans la Haute et Basse-Egypte pendant les campagnes du général Bonaparte*. Paris : Dufour & Cie.

Voisin, M. (1981) *Le soleil et la nuit. L'imaginaire dans l'œuvre de Gautier*. Bruxelles : édition de l'université de Bruxelles.

Wetzel, Chr. (1996) *Le Nu dans l'Art*. Paris : Herscher, (trad. Canal, D.-A.).

Whyte, P. (1982) « La référence artistique comme procédé littéraire dans quelques romans et contes de Gautier » in *BSTG, nº 4 : l'Art et l'artiste*. Montpellier : Université Paul Valéry, t. 2, pp. 281–295.

Winckelmann, J. J. ([1755] 1954) *Réflexions sur l'imitation des œuvres grecques en peinture et en sculpture* (trad. L. Mis). Paris : Aubier, ed. Montaigne, coll. « Bilingue des classiques étranges ».

Winckelmann, J. J. (1781) *Histoire de l'art de l'antiquité*, (trad. de Huber). Leipzig : Chez l'auteur et chez Jean Gottl. Imman Breitkopf, 3 tomes.

Winckelmann, J. J. (1789) *Histoire de l'Art chez les Anciens*. Paris : Barrois et Savoye, (trad. de M. Huber) 3 vols.

(1873a) *Catalogue des livres composant la bibliothèque du feu M. Théophile Gautier :* dont la vente aura lieu les lundi 24 et mardi 25 février, 1873. Paris : A. Labitte.

(1873b) *Collection de Théophile Gautier. Tableaux, aquarelles, dessins, gravures, eaux-fortes, lithographies, photographies, etc. Bronzes et objets d'art*. Vente à l'hôtel Drouot les 14, 15 et 16 janvier 1873 (exemplaire de l'expert Étienne-François Haro).

Conclusion

« Dans cette négation du non-sens et de la mort
réside ce qu'après des poètes nous avons appelé
"l'honneur des poètes" et qui est aussi l'honneur de la conscience mythique ». (Durand
1996d : 46)

« Le sentiment répond: "Qu'importe!
Qu'est-ce après tout que la beauté?
Spectre charmant qu'un souffle emporte
Et qui n'est rien, ayant été! ». (« La nue » in
Gautier [1881–1882] 1970 : vol. 3, p. 116)

A mi-chemin entre un imaginaire romantique et décadent, l'œuvre de Gautier
s'affirme, sans aucun doute, dans son originalité, sa perspective synthétique et
son éclectisme. Ce n'est donc pas, sans raison qu'un admirateur et "disciple"[1] de
la taille de Baudelaire avait souligné son rôle pionnier, et "innovateur", tel que je
l'ai évoqué au chapitre dix (Baudelaire 1859 : 60–61). En reprenant donc, des
sujets classiques et artistiques avec une procédure de réécriture pouvant tout aussi
bien être qualifiée de « baroque », —car œuvrant « par le moyen d'inversions, de
parodies ou de trompe-l'œil » (Wunenburger 2016 : 84)— Gautier a sans doute,

placé son œuvre à un carrefour, entre tradition et innovation ; à mi-chemin, certes, entre classicisme et romantisme mais aussi, aux devants de la génération qui suivit la sienne. «Qui peut se vanter», écrivait Baudelaire encore, « d'être aussi heureusement doué, et de pouvoir appliquer une méthode qui lui permette de revêtir, à coup sûr, de *lumière et de pourpre* la pure trivialité » (Baudelaire [1868] 1962 : 679. C'est moi qui souligne), si ce n'est Gautier? Autrement dit, qui peut se vanter d'appliquer une méthode qui lui permette de transmuer les données du réel en sacré, dans une immersion hautement régénératrice et révélatrice ? L'iné-puisable inspiration du maître, puisant toujours, dans une vaste culture, faisait encore écrire au disciple:

> Ainsi va, dans son allure variée, cette muse bizarre, aux toilettes multiples, muse cosmopolite douée de la souplesse d'Alcibiade; quelquefois le front ceint de la mitre orientale, l'air grand et sacré, les bandelettes au vent; d'autres fois, se pavanant comme une reine de Saba en goguette, son petit parasol de cuivre à la main, sur l'éléphant de porcelaine qui décore les cheminées du siècle galant. Mais ce qu'elle aime surtout, c'est, debout sur les rivages parfumés de la mer intérieure, nous raconter avec sa parole d'or "cette gloire qui fut la Grèce et cette grandeur qui fut Rome"; et alors elle est bien "la vraie Psyché qui revient de la vraie Terre-Sainte!" (Baudelaire [1868] 1962 : 681)

Muse hétéroclite, polyvalente et plurielle donc, faisant de Gautier un artisan-al-chimiste du verbe par sa « connaissance de la langue (…) jamais en défaut », comme le soulignait Baudelaire (Baudelaire 1859 : 39) ; par son savoir redire et réécrire le mythe aux aguets d'un vaste réseau symbolique, artistique et personnel. Un réseau dont l'origine, tel que l'évoquait encore l'auteur des *Fleurs du Mal*, résidait dans son « immense intelligence innée de la correspondance et du symbo-lisme universels » et lui permettait de « définir l'attitude mystérieuse » des « objets de la création », « devant le regard de l'homme » (Baudelaire 1859 : 39–40).

Pénétrer dans ce dédale mythico-artistique n'aurait pas été possible, —et je ne peux qu'en être plus convaincue à l'écriture de ces lignes de conclusion !—, sans faire appel à une théorie mythocritique, mythanalytique, enfin, mythodolo-gique, que Françoise Bonardel n'hésite pas à qualifier d' « anthropologie de l'ima-ginaire (…) à part entière herméneutique » (Bonardel 2002 : 176). Tout en pra-tiquant à mon tour, une espèce d'anamnèse, me permettant de retrouver dans le champ culturel du XIXe siècle la permanence de scénarios mythiques initiatiques, proches des idéaux alchimiques et hermétistes chez Gautier, le but premier de mon entreprise théorico-pragmatique me semble avoir été atteint. Car, suite aux prémisses théoriques sur la pertinence d'une complémentarité méthodologique pluridisciplinaire, des conclusions concordantes ont été établies, à la fin de mon étude mythocritique et mythanalytique. Certes, dès le chapitre trois, j'étais partie, à l'affût des thèmes, motifs, décors et figures mythiques dans l'œuvre, afin de dégager un « isotopisme » chez Gautier, s'érigeant, somme toute, en « véritable symptôme » pouvant nous permettre de « diagnostiquer la structure » (Durand [1960] 1984 : 432–433) d'une œuvre. C'est ensuite, grâce aux « synchronici-tés mythiques » (Durand [1979] 1992: 343), fournissant l'orientation du mythe implicite ou complexe personnel, que son intégration au sein d'une époque, a été viable, grâce à l'approche mythanalytique.

Mais reprenons l'aventure, "pas à pas", depuis le début ! La complémentarité de la méthode mythocritique a-t-elle suffisamment, fait ses preuves ? A la lumière de cette étude, la réponse me semble pouvoir être affirmative ! Car, c'est tout aussi bien en partant du niveau verbal (schèmes) qu'en ancrant mon étude sur « l'émer-gence » du nom (Brunel 1992 : 73) —dont la piste certes, plus visible, a aussi faci-lité l'accès aux procédés de récriture mythique chez Gautier— qu'une telle "forêt de symboles" m'a apporté quelques pistes autour du mythe latent. Autrement dit, m'a-t-elle conduit à l'établissement d'« un mythologème (…) en quête d'un nom qui le fixe », tel que l'écrivait Durand (Durand 1996a : 164) ; ou d'un mythe par « irradiation souterraine », tel que le suggérait Brunel (Brunel 1992 : 83). Et ce, à partir de quelques épithètes inhérents à la figure d'Hermès. Un mythe en défini-tive, aux échos décadents, mais à lire encore au sein d'une mythocritique, tel que je le précisais à la fin du chapitre sept, comme du «soleil noir » (Brunel 1992 : 83) !

Un soleil noir, certes, qu'une approche mythanalitique a progressivement permis de dévoiler et éclaircir dans la troisième partie de cet ouvrage, si ce n'est totalement, du moins, je l'espère, partiellement ! L'ensemble du "mythe hermé-tiste" érigé d'emblée, en complexe personnel, en métaphore obsédante de ce pen-chant oxymoronique et synthétique de Gautier —à mi chemin entre le régime diurne et nocturne de l'image—, s'est avéré corroboré, en inscrivant Gautier au sein de son époque, sous l'égide de la philosophie occultiste, aux côtés de Nerval, Baudelaire, Heine, Chenavard, et bien d'autres. Malgré toute cette atmosphère occultiste, ayant pu être respirée dans le Paris littéraire depuis le milieu du siècle et ayant pu attirer et influencer ce rêveur de chimères et chercheur d'idéal, le roman-tique subversif, païen —cet homme pour qui le Christ n'était pas encore venu ! selon la célèbre expression de D'Albert (Gautier [1835] 1966 : 189)— et supers-titieux qu'était Gautier a laissé poindre quelques mythèmes de la décadence, dès ses premières œuvres.

Gautier m'a semblé par conséquent, pouvoir être placé à un moment clé, un creux, une cuvette, un carrefour, un moment, en définitive, où deux mythologies

—que Durand n'hésite pas à qualifier de prométhéenne, puis de dionysiaque, annonçant déjà le siècle hermétique— coexistent, tout en agglutinant et les alluvions des deltas romantiques et les nouveaux sédiments des ruissellements du nouveau bassin décadent! Le chapitre neuf, axé sur les philosophies de l'occulte dans l'œuvre de l'auteur de Tarbes m'a permis, dans un premier temps, de lire le mythème alchimique décadent du Grand-Œuvre chez l'Hermès Trimégiste et "parfait magicien" qui s'est avéré Gautier. Evoquer, ensuite, son idéal féminin, guidée par la métaphore aurifère, en tant que progressive et lente maturation, en tant qu'épuration croissante du myste culminant avec l'or, par le biais d'une spirale alchimique —inspirée de Jung et Solié— m'a semblé s'imposer. Une spirale, aux échos artistiques tantôt, piranésiens tantôt, rembrandtiens, certes, mais gardant également, un certain écho de la prédilection de cet écrivain-peintre pour ses "affinités secrètes".

C'est ainsi, en reproduisant le phénomène de sublimation du héros, que cette lecture alchimique s'est avérée plus que productrice car elle a permis, enfin, d'en extraire au moins, trois mythèmes décadents clé, esquissés chez Gautier, bien avant 1860. Trois mythèmes décadents, dont la « subversion au carré» concerne non seulement l'Art d'Hermès et la thématique androgynique qui en découle mais, aussi, celle transformant la « femme elfique du romantisme » en « femme fatale, terrible ». Une troisième subversion concernant, enfin, non seulement la mort du « Dieu chrétien » (Durand 1989 : 169–170) mais, la mort de toute une cohorte de divinités illustrée par la « Divine tragédie » du peintre et ami de Gautier, Paul Chenavard.

Chercher l'unité artistique dans cette « alchimie spirituelle » (Juden 1971 : 116) a été en outre, le but de ma troisième partie. C'est la raison pour laquelle, après une introduction sur la double procédure d'enchevêtrement « artistico-mythique » proposée par Gautier, la troisième subversion décadente a permis d'associer son "innovateur" refuge de pierre, de toile et de mots —sans doute, hérité de la théorie romantique de l'art pour l'art, mais pas que !—, avec la « Divine Tragédie » du peintre-philosophe palingénésique lyonnais. Histoire de voir, précisais-je au chapitre dix, si cette "encyclopédie de la peinture", si ces multiples intertextes picturaux n'insistaient pas, justement du fait de leur diversité historique voire géographique, sur le rêve d'unité gautiériste, analysé au niveau scriptural et pictural. Et par la même occasion, il s'agissait de savoir si, en tant que critique, Gautier aurait pu partager ses idées de représentation microcosmique et syncrétique avec la pensée de deux consciences philosophiques, voire polémiques, et subversives telles que Heine et Chenavard. Des idées sur une "théorie de la décadence" —sous l'influence de Creuzer, Edgar Quinet, les anciens Stoïciens, les Gnostiques ou

Spinoza,— commençant en effet, à circuler dans les milieux artistiques et maçonniques autour de Gautier, bien avant 1850. De la totalité cosmogonique à l'unité syncrétique, panthéiste et palingénésique le chemin semblait court !

Enfin, c'est en réfléchissant sur les rapports que le verbe et l'image entretiennent dans l'œuvre de Gautier que deux influences majeures, au niveau des idées esthétiques, ont été signalées dans les écrits de l'auteur de Tarbes. D'un côté, la conception horatienne de la création artistique —et sa, non moins célèbre, doctrine de *l'ut pictura poesis*— et de l'autre, celle de Winckelmann et la philosophie néoclassique du beau —notamment, grâce au mythe de l'androgyne que Gautier situera au centre d'une interrogation sur le Beau, en tant que symbole de perfection esthétique. Deux influences, entre autres, qui associées à la théorie de l'art pour l'art, redéfinie dès l'introduction de l'*Artiste* (Gautier. *L'Artiste*, 14 décembre 1856), tel que je l'ai rappelé au chapitre précédent, ont ouvert la voie à la théorie de la "correspondance des arts" baudelairienne, préfigurée somme toute, par les « affinités secrètes » d'un Gautier poète. Des affinités secrètes qui, notamment dans l'art, s'avèrent clé dans le processus de symbolisation car elles ne peuvent qu'activer la fonction euphémisante de l'imagination, contre le pouvoir entropique du temps. Ainsi « l'art, comme l'amour », avait précisé Gautier en 1850, « n'est qu'un effort de l'âme qui veut se soustraire à la mort. (…) Tout homme digne de ce nom cherche à s'assurer l'immortalité de corps ou d'esprit, et c'est ce qui fait qu'il n'y a de réel au monde que l'art et l'amour, les deux seules choses qui créent » (*La Presse*, 11 février 1850. Cité par Laubriet 1991 : 27).

En effet, Gautier ne se trouve pas seulement au cœur de ce « moment d'équilibre » (Durand 1996a : 114) qu'est le Romantisme, et dans lequel la critique a l'habitude de l'ancrer. La dimension particulière donnée à la figure androgynique, figure par excellence, mais non exclusive, de l'ambigüité sexuelle ; sa personnelle "philosophie de l'occulte" —enrichie d'un féminin fatal, avant d'aboutir au mythème de l'amour-fusion dans l'œuvre au blanc— ; ou encore, la théorie de la décadence —que le flux culturel dont il s'est imprégné, a fait affleurer, mythanalytiquement parlant!— corroborent, au même titre que les constellations d'images débouchant sur un complexe personnel, —du point de vue de la mythocritique !— l'impossibilité d'ancrage de l'œuvre de l'auteur dans une seule période. Hermès —et son successeur, le Trimégiste— constituant alors, le pont permettant de relier Classicisme, Romantisme et Décadentisme : encore une fois, la pluralité s'est transmuée en unité ! A la fusion chaotique des codes artistique et mythique dans le texte, Gautier a préféré l'hégémonie du premier sur le second. Son métalangage, cette « imagerie "seconde" de la littérature » (Durand [1979] 1992 : 65) s'avère ainsi, un "métalangage artistique". Le rêve d'unité gautiériste se réalise ainsi, également dans et pour l'art. L'auteur ne trouve autre échappatoire face au monde chaotique et éphémère du présent que de se réfugier dans l'unité du monde de l'art. « Vivre l'art comme un art de vivre », comme dirait Marcel Voisin, n'était-ce pas « le rêve suprême » (Voisin 1981 : 309), le seul but de Gautier? Essentiel et polymorphe, son rêve s'est révélé être un rêve de beauté dans l'harmonie éternelle.

Je voudrais clore cet ouvrage par ce commentaire —sous forme de *mea culpa* !— de son contemporain, Sainte-Beuve, dont la sage et lucide lecture de l'œuvre de Gautier dans *Le Constitutionnel* (16, 23, 30 novembre 1863) vaut, à mon avis, bien le détour :

> Mais à côté de ce Gautier usuel et commode, il en est un autre qui n'est bien apprécié et goûté que des initiés. Je voudrais aider à le faire comprendre. Autrefois, j'ai pu moi-même ne pas être très juste pour lui à ses débuts. J'étais en train de m'éloigner, de me détacher du tronc romantique au moment où il s'y greffait et où il entrait pour en ressortir avec son épanouissement particulier. J'étais sensible à quelques excès, à quelques efforts dont la singularité me choquait, dont l'originalité ne m'était pas démontrée. Je me suis accrochée à quelques angles en le croisant. Aujourd'hui je le juge en lui-même dans son développement entier et continu, dans sa nature d'artiste complète. La tige a donné avec le temps tous ses jets et poussé tous ses nœuds successifs : elle a bien son port à elle, son unité, son attitude, sa couronne et son luxe de feuillage, ses fleurs éblouissantes, d'un pourpre ou d'un blanc de neige éclatant, ses fruits d'or de forme étrange, élégante, de saveur amère, et dont les plus voisins du tronc sont légèrement empoissonnés. Il est et il restera une des productions les plus à part, et les plus compliquées comme les plus brillantes, de cette époque d'art qui a tant donné ». (Sainte-Beuve [1863] 1866)

Son immortalité et sa postérité, Gautier la doit-il alors, à cet « épanouissement particulier », aux fleurs "pourpres " ou "blanches ", à ses «fruits d'or de forme étrange»? A un imaginaire syncrétique, hermétique et pluriel, ancré au carrefour de l'âme romantique et décadente? A un raisonnement proche de celui d'Hermès, dont « l'art de dissoudre et de coaguler », et dont « la maîtrise des pondérations » n'a d'égal que « son habileté (…) inimitable à faire soudain *renaître du sens*» (Bonardel 2002 : 180. C'est l'auteur qui souligne) ? En définitive, avec Gautier, tel que le souligne Paolo Tortonese, on s'apprête à voyager « sur le chemin de l'expérience esthétique et de la réflexion sur cette expérience », car il nous invite constamment, à nous retrouver en même temps « dans le passé, dans l'avenir et dans le présent » (Tortonese 1997 : 84). C'est la raison pour laquelle, tel que le rappelle Voisin, «Huysmans y puisera le goût de l'artifice », alors que Mallarmé

« celui d'une ascèse, le Parnasse », en revanche, « ses effets picturaux et sculptu-raux, son sens de la matière et du détail vu », ou enfin, Baudelaire « "la sorcellerie incantatoire", etc. ». Contre les critiques le considérant comme "trop classique", il a su ériger la liberté de l'art pour l'art, « qui ouvrit le chemin à Rimbaud, au sur-réalisme et à toute la poésie moderne » (Voisin 1981 : 309). Celui qui cherchait à faire de son œuvre une œuvre immortelle et inclassable ne peut que se féliciter car la critique n'a pas pour autant, épuisé le sens d'une œuvre mise souvent, exclusi-vement, sous l'étiquette du romantisme, sans tenir compte de ce particulier « port à elle » évoqué par le confrère Sainte-Beuve (Sainte-Beuve [1863] 1866). Presque deux siècles plus tard, l'étonnante pérennité d'une œuvre aussi riche et féconde, sous l'ombre projetée du géant Baudelaire, semble, en définitive, pouvoir appeler à une herméneutique ouverte et plurielle, sous le patronage d'Hermès!

Note

1. « Au poète impeccable/au parfait *magicien* ès Lettres Françaises/à mon très-cher et très vénéré/maître et ami/Théophile Gautier (…) » (Baudelaire [1861] 1972 : 29). Baudelaire conclut ainsi sa célèbre dédicace: « avec les sentiments de la plus profonde humilité je dédie ces fleurs maladives C.B. ».

Bibliographie

Baudelaire, Ch. (1859) *Théophile Gautier par Charles Baudelaire. Notice littéraire précédée d'une lettre de Victor Hugo.* Paris : Poulet-Malassis et de Broise Libraires-éditeurs (publié également dans *L'Artiste* du 13 mars 1859, « Galerie du XIXᵉ siècle » ; et plus tard, dans *L'Art romantique* (Paris : Michel Lévy, 1868).

Baudelaire, Ch. ([1861] 1972) *Les Fleurs du mal.* Paris : Gallimard (1ʳᵉ édition 1857 ; édition de 1861).

Baudelaire, Ch. ([1868] 1962) *Curiosités esthétiques. L'Art Romantique et autres œuvres critiques.* Paris: Garnier Frères. (1ʳᵉ édition: Baudelaire, Ch. (1868) *L'Art Romantique.* Paris : Michel Lévy frères).

Bonardel, F. (2002) *La Voie hermétique.* Paris : Ed. Dervy (*L'Hermétisme.* Paris : PUF, 1985).

Brunel, P. (1992) *Mythocritique. Théorie et parcours.* Paris : PUF. Nouvelle édition augmentée : (2016) Grenoble : ELLUG/coll. « Ateliers de l'imaginaire ».

Durand, G. ([1960] 1984) *Les Structures anthropologiques de l'imaginaire. Introduction à l'archétypo-logie générale.* Paris : Dunod/Bordas.

Durand, G. ([1979] 1992) *Figures mythiques et visages de l'œuvre. De la mythocritique à la mythana-lyse.* Paris : Dunod. (1ʳᵉ édition, Berg International éditeurs, 1979).

Durand, G. (1989) *Beaux-arts et archétypes. La religion de l'art.* Paris : PUF.

Durand, G. (1996a) *Introduction à la mythodologie. Mythes et sociétés*. Paris : Albin Michel.

Durand, G. (1996d) « Mythe et poésie », in Durand, G. *Champs de l'imaginaire (textes réunis par D. Chauvin)*. Grenoble : Ellug, pp. 35–47.

Gautier, Th. ([1835] 1966) *Mademoiselle de Maupin*. Paris : Classiques Garnier. (1ʳᵉ édition : *Mademoiselle de Maupin, double amour*. Paris : Eugène Renduel, 2 vol. datés 1835 et 1836 [parus sans doute dès novembre 1835].

Gautier, Th. ([1881–1882] 1970) *Poésies Complètes de Th. Gautier* (publiées par R. Jansinski). Paris : A.G. Nizet, 3 vols. (1ʳᵉ parution (1881–1882): *Poésies Complètes*. Paris : G. Charpentier et Cⁱᵉ Éditeurs, 2 vol.

Juden, B. (1971) *Traditions orphiques et tendances mystiques dans le Romantisme français (1800–1855)*. Paris : Ed. Klincksieck.

Laubriet, P. (1991) « Th. Gautier, un annonciateur de l'esprit "fin de siècle" ? » in *BSTG n° 13*. Montpellier : Université Paul Valéry, pp. 7–34.

Sainte-Beuve, Ch.-A. ([1863] 1866) « Théophile Gautier. Poésies.-Voyages.-Salons.-Critique dramatique. Romans : *Le Capitaine Fracasse* » in *Nouveaux lundis,* Paris : Michel Lévy, t. VI (septembre), pp. 265–292 (1ʳᵉ parution : *Le Constitutionnel,* 16 novembre, 1863, pp. 2–3, dans la rubrique « Variétés. Littérature ») ; in *Nouveaux lundis,* Paris : Michel Lévy, t. VI (septembre), pp. 293–314 (1ʳᵉ parution : *Le Constitutionnel,* 23 novembre, 1863, pp. 2–3, dans la rubrique « Variétés. Littérature ») ; in *Nouveaux lundis,* Paris : Michel Lévy, t. VI (septembre), pp. 315–339. (1ʳᵉ parution : *Le Constitutionnel,* 30 novembre, 1863, pp. 2–3, dans la rubrique « Variétés. Littérature »). Voir : http://www.theophilegautier.fr/wp-content/uploads/2010/06/Sainte-Beuve.pdf [date de dernière consultation 15/04/2017].

Tortonese, P. (1997) « Gautier classique, Gautier romantique. Considérations en marge de l'exposition Gautier au musée d'Orsay » in *BSTG*, n° 19. Montpellier : Université Paul Valéry, pp. 75–93.

Voisin, M. (1981) *Le soleil et la nuit. L'imaginaire dans l'œuvre de Gautier.* Bruxelles : édition de l'université de Bruxelles.

Wunenburger, J. J. (2016) *L'Imaginaire.* Paris : PUF, « Que sais-je ? ».

Index

Figures mythiques, mythes

Terminologie de l'imaginaire

Currents in Comparative
Romance Languages and Literatures

Tamara Alvarez-Detrell and Michael G. Paulson
General Editors

This series was founded in 1987, and actively solicits book-length manuscripts (approximately 200–400 pages) that treat aspects of Romance languages and literatures. Originally established for works dealing with two or more Romance literatures, the series has broadened its horizons and now includes studies on themes within a single literature or between different literatures, civilizations, art, music, film and social movements, as well as comparative linguistics. Studies on individual writers with an influence on other literatures/civilizations are also welcome. We entertain a variety of approaches and formats, provided the scholarship and methodology are appropriate.

For additional information about the series or for the submission of manuscripts, please contact:

Acquisitions Department
c/o Peter Lang Publishing, Inc.
29 Broadway, 18th floor
New York, NY 10006

To order other books in this series, please contact our Customer Service Department:

800-770-LANG (within the U.S.)
212-647-7706 (outside the U.S.)
212-647-7707 FAX

or browse online by series at:

www.peterlang.com

Lightning Source UK Ltd.
Milton Keynes UK
UKHW022007070621
385112UK00002B/503